席珍

儒 有 席 上 之 珍 以 待 聘

The Analects Revisited
Critical Notes on Confucianism
in Its Historical World

论语新劄（修订版）

孔学的历史世界

李竞恒　著

ZHEJIANG UNIVERSITY PRESS
浙江大学出版社
·杭州·

图书在版编目（CIP）数据

论语新劄：孔学的历史世界 / 李竞恒著. -- 修订版. -- 杭州：浙江大学出版社，2025.6. -- (席珍丛书). -- ISBN 978-7-308-26017-6

Ⅰ. B222.25

中国国家版本馆CIP数据核字第 202599SD08 号

论语新劄（修订版）：孔学的历史世界

李竞恒　著

责任编辑	吴　庆
责任校对	姜泽彬
封面设计	项梦怡
出版发行	浙江大学出版社
	（杭州市天目山路148号　邮政编码 310007）
	（网址：http://www.zjupress.com）
排　　版	云水文化
印　　刷	浙江省邮电印刷股份有限公司
开　　本	710mm×1000mm　1/16
印　　张	39.25
字　　数	470千
版 印 次	2025年6月第1版　2025年6月第1次印刷
书　　号	ISBN 978-7-308-26017-6
定　　价	118.00元

初版序

　　与竞恒初识，缘起于他的一篇文章《耶儒之间》。当时，我主编《原道》的主题正好是研究中国儒家文化与基督教思想的对话，而他的文章，正好是在探讨晚清、民国以来儒家思想与基督教融合的问题。他以蒋中正的日记为线索，考察了这位近代人物如何以儒学背景来信仰基督教的经历，这让人觉得很新颖。因为，治近代史之人，往往喜欢研究具体的历史事件，却很少从思想史的角度，对一个人的观念进行跨学科的比较与考察。而治基督教神学思想或是儒学思想的文章，又很少涉及中国近代史的领域。竞恒是治先秦和考古出身的青年学者，却对近代史料、基督教神学思想、儒家文化也非常熟悉，驾驭了从甲骨卜辞中的"天"字到圣奥古斯丁、阿奎那等人对"罪"的认识，一直到分析蒋中正日记中如何以"太极"等概念来理解耶稣，又梳理了从唐代景教、蒙元信奉天主教的儒生一直到明清时期的"耶儒对话"，给我留下了深刻的印象。作为《原道》的主编，我最大的快乐还不是读到好稿子，而是发现好稿子的作者是年轻人。竞恒就给我带来了这样的快乐。因此，竞恒的这篇文章，也就收入了《原道》第20辑。

　　后来，我们一直通过网络进行联系，得知竞恒在撰写一部研究《论语》的著作。当时我想，《论语》的研究，从汉代以来两千多年，早已汗牛充栋，佳作迭出，现在已经很难有新的突破了，竞恒选择这一研究对象，似乎并不明智。事后，陆续读了一些他发来的样稿，证明这一担忧是多虑了。这些样稿，确实如竞恒《论语新劄》的书名一样，其"新"意非常明显，汇通了古文字学、考古学、音韵学、思想史、东西方文化比较，甚至包括了哈耶克、阿伦特等思想家的理论。

以音韵训诂治经典，是我们所熟悉的清代乾嘉学路径，典型者莫过于钱大昕在《经籍籑诂序》中强调"有文字而后有诂训，有诂训而后有义理"。以此种路径治《论语》，迨至程树德的《论语集释》，已臻于登峰，几无后世可多置喙的余地，除了撰写零敲碎打的小文，再以传统训诂治《论语》，几乎成为不可能之事。竞恒此书的新意，很大程度上便是跳出只走传统训诂的"六道轮回"，假手于现代新发现的出土文献、古文字、考古学，这足以让人眼前一亮。

治《论语》，既简单又不简单。说简单，那是因为妇孺皆知，各路大众畅销书漫天横飞，"心灵鸡汤"、"成功宝典"铺天盖地，任何人穿上一领长衫，也能乱讲一气，自成一说。说不简单，那是从专业知识人角度而言都深知，《论语》的成书过程非常复杂，汉代《齐论》甚至有二十二篇，与现代人读到的二十篇是不同的。且莫说在战国时代传抄过程中的文字、音韵通假问题，就是汉代的三家《论语》，其流传、抄写、融合也是巨大的漩涡，遑论后世两千年流传过程中的讹误、变化。因此，竞恒选择《论语》为研究对象，也是需要勇气的。

近几十年来，地不爱宝，从马王堆汉墓的帛书、竹简大量出土以来，先秦、秦汉文献经历过多次的大规模发现。可以说，汉儒所未见者，我们这些两千多年后的现代人却有幸得见，这对我们更为深入地认识古代经典，提供了重要的知识与理据。而竞恒能运用这些知识来对我们早就习以为常的《论语》传世本进行研究，试图更进一步去逼近古代《论语》的原始面貌，这对于关注思想与传统文化的人们来说，是一个好消息。

举例来说吧，翻开《论语新劄》第一页，就很有趣。"有朋自远方来，不亦乐乎"，这是小学生也能熟背的句子。可是，竞恒的考察却告诉我们，早期《论语》的写本中，原文很有可能是"朋友自远方来"。这不但是早期《古论》、《齐论》中的写法，而且也更符合周代青铜器铭文上的语言。竞恒进一步考察了先秦铜器铭文和古文献中的"朋友"的用法，指的是有血缘关系的兄弟亲族，而孔子用"朋友"一词来指称远道而来共同求道的陌生人，正是打破了狭隘的血缘宗法关系，从更普遍的"人"之意义上来实现共同体的认同。这样的考察与解释，不但有充足的古文字学、考古学证据作为支持，而且硬是从我们最习以为常的地方挖掘出新意来。

竞恒熟悉考古资料，书中熟练运用考古学知识，将我们习以为常的句子，变为形象的考古图片，也有助于现代读者更直观地进入经典。例如，孔子赞赏颜回安贫乐道，"一箪食一瓢饮"，可是颜回吃饭的"箪"是什么样的？从来不见谁画出来。竞恒则根据郑玄注释中说"箪"是圆形竹筒的这一解释，在江陵等地东周墓中发现了对应的器物，将图片放出来，读者一看就明白了，原来这是一个竹子编成的圆形"饭盒"。而至于孔子在齐闻《韶》，居然是陶埙演奏出来的，这也是很有趣的解释。当抽象的经典文献一点点在你眼前复活，慢慢地在骨骼上生出肌肉与发肤，你会发现，古代的思想是这样生动、形象，如同就在你眼前。

如果说，出土文献也好，古文字考察也好，包括考古资料的运用等等，这些其实也还是广义上的"汉学"。而竞恒的这一著作，又有他自己"宋学"的思考与诉求蕴含其中。就我看来，早期儒家思想中的君臣关系、国家与社会、商人与自由贸易等问题，都是作者非常关注的对象。通过对考古资料、传世文献的梳理，竞恒呈献给我们的早期儒家思想中，君臣之间是一种尊重人格和双向选择的关系，而古儒主张国家对社会的控制和管理应该保持在一个比较"小"和"松"的水平上，而更有趣的发现则是，孔子与柏拉图、亚里士多德敌视商业的思想不同，《论语》中的孔子对商人和商业表现出相当的亲和色彩，他不但喜爱用商业术语"沽之哉"，而且赞赏保护商人的子产是"惠人"。这些思想史的问题意识，对于现代人如何重新认识我们的传统，如何对传统思想进行新的阐释，均具有相当重要的意义。

当然，竞恒这部书的意义，并非体现在每一个具体考证方面都确切无疑，那也是不可能的。书中一些考察与见解，我也未必完全同意，例如讲到"束脩"一词的含义，作者借用法国学者库朗热《古代城邦》中的概念，称共同分享祭肉者为一个具有宗教色彩的共同体，因此孔子收"束脩"不是收学费，而是与弟子们履行共同体的宗教仪式。此说非常新颖，而且也让我们换一个角度来看问题。可是，中国是否具有和古代希罗文明相同的祭肉分享礼仪，或者说"束脩"就完全具有这一功能，至少在我看来，还是可以存疑的。又如，作者解释"吾党之小子狂简"，将其中的"小子"推测为少年时代的子张，我认为也有些问题。按照钱穆先生的考证，当时子张只有十四岁，甚至更小。以这样的年龄，是否一定就会引起孔子的重视呢？我觉得完全可以存疑。

　　陈寅恪先生在纪念王国维先生的碑铭中曾谈到："先生之学说，或有时而可商。惟此独立之精神，自由之思想，历千万祀，与天壤而同久，共三光而永光。"作为一位具有浓厚文化保守主义气质的知识人，陈寅恪先生身上，却又具有浓厚的自由色彩，充分体现在他对思想自由和学术自由那份类似信仰的执着之上。陈先生对学术的态度，完全可以作为我们考察和评价研究成果的圭臬。竞恒这部著作，就内容而言，也是"或有时而可商"之处，甚至"可商之处"很多。不过，他以独立思考和自由探索，用新颖的材料与考察方法去直逼古代经典原旨的尝试，则是颇为可贵的。我也希望他能够再接再厉，保持这一份对传统、学术、文化的敬意，坚持"独立之精神，自由之思想"，在学术研究和文化传统的这条大路上，继续走下去。

　　余英时先生在《原"序"》中说："'序'的心理起源于'同声相应，同气相求'，它体现了中国知识人追求彼此之间在心灵上的自由交流。这一追求是中国文学、思想、学术得以不断推陈出新的精神根据。"竞恒请我为他写序，也正是在"同声相应，同气相求"的意义上，对我这位长辈的信任。同样，我也希望在"同声相应，同气相求"的心灵共鸣之中，对他表示支持与鼓励。

　　是为"序"。

陈明

2014 年 3 月

于北京望京花园半学斋

初版前言

在这个"心灵鸡汤"大行其道的年代，谈《论语》，有时会沦为一个笑话。这不仅仅因为两千多年以来，《论语》的传播和研究已经蔚为壮观，以传统朴学注解为代表的研究成果，早已堆积到了最高峰，几乎不可能再有超越的余地，更是在于，任何一个三家村学究，像模像样地大笔一挥，也能"著作"迭出，赢得叫好一片。一本稍微严肃的《论语》研究著作，也非常容易在铺天盖地的浓烈鸡汤味中被深深掩埋，最后与鸡精浓汤一起沉入到不断熬煮的鼎镬深渊。

可是，任何一位对于传统经典、知识、思想史具备了严肃态度与责任感的人，必然肩有某种义务，必须捍卫这些知识的严肃性。在最低限度上，至少能认识到，诸如《论语》一类的古书，不是拿来"防雾霾"的"空气净化器"，而是数千年流传下来的先秦文本，需要以一种自尊的态度去面对的。在更为积极的意义上，则需要通过智识的方式，尝试对此类经典进行深入解读，同时面向我们当下的语境，化解"古今之争"，以正确的观念去回击错误的观念。我想，这是我们这个时代，阅读、研究和理解《论语》的最佳方式。

先谈谈书名，之所以叫"新劄"，自然与研究《论语》的"新"思路有关。晚清、民国时代以来，由于以甲骨文发现为代表古文字学的长足发展，金文、汉简、古印、封泥等研究取得了相当的新成果[1]。以于省吾先生为代表的"新证派"，便开始以甲骨文、金文订正先秦古籍的文字，"一直在学界享有盛誉"[2]。于省吾先生以出土新材料，先后做出了《尚书》、《易经》、《诸子》、《论语》的"新证"，取得了很多前人未获的新发现。这些新发现的前提，正是地下出土文字资料的重要意义所在。于省吾先生曾谈到，《论语》一书，看起来似乎是人人都容易理解的，但其实难度非常大。必须既跳出朱熹的注解，也跳出汉代经学家的解释；既尊重他们合理的观点，也具备"疑古"而不盲从的态度，通过对古文字本身的形音义源流考察，自然就能有新的发现[3]。

实际上，本书书名中的"新"，就与"新证派"意义上的"新"有联系，尝试通过地下出土文献、古文字资料、古音学知识对《论语》进行研究。从晚清、民国以来，以甲骨文为代表的古文字研究不断发展。在二十世纪七十年代以来，马王堆汉墓、云梦秦简之后，先秦、秦汉古书大量出土。由于《论语》在两千多年的流传过程中，版本众多，传抄混乱，在汉代的《齐论》版本，甚至比现代人看到的《论语》多出《问王》、《知道》两篇，可见古书流传的讹杂程度。传世本《论语》的现代面貌，也绝非今人想象中那么理所当然。因此，运用这些早期古文字、文献材料来尽可能复原《论语》的原始面貌，就成为一项非常重要的工

1　裘锡圭：《阅读古籍要重视考古资料》，见裘锡圭：《古代文史研究新探》，江苏古籍出版社，1992 年，第 62 页。
2　刘钊：《卜辞"雨不正"考释：兼〈诗·雨无正〉篇题新证》，见刘钊：《古文字考释丛稿》，岳麓书社，2005 年，第 71 页。
3　于省吾：《论语新证》，《社会科学战线》1980 年 4 期，第 132 页。

作。因为《论语》的文字面貌，就直接决定了现代人对孔子和早期儒家思想的理解状况。

举几个例子来说。比如，《里仁》中有"君子怀刑"的说法，从汉代的经学到宋代的朱子等人，都认为这是孔子说君子要研究研究刑法，用刑法来治理社会。可是，如果通过大量古文字材料的分析就会发现，实际上，其中的"刑"字只是"型"的另一种写法，先秦文献中很常见。"型"是模范、表率的意思，这句话就不能理解为君子整天在琢磨刑法，而是君子整天在琢磨怎么做出道德的表率。显然，新的研究成果更能符合孔子的思想。又比如，《公冶长》中，孔子说"粪土之墙"，现代人都认为"粪"是 shit，所以感觉孔子在骂学生。但如果知道先秦文字中，"粪"字是扫除、扫地的意思，那么含义就变化了。在先秦语境中，孔子并没有侮辱学生的人格，孔子的意思，其实是希望学生珍惜时间，光阴易逝，等到房子老得刷刷掉土那天，就不好修补了。再比如，《子路》中，孔子说"善人教民七年，亦可以即戎矣"，一般都理解为孔子说，君子教化民众七年，就可以让他们去打仗了。但出土文献显示，早期写本中，不是"即戎"，而是"节戎"，而且战国文字中"节"写作"即"很常见。这样，意思就完全反过来了，孔子不是叫大家去打仗，而是说可以不打仗了。

类似的例子，在《论语》中非常常见，如果没有古文字、出土文献的知识和眼光，只是拿着一本现代《论语》教材，反复诵读说孔子境界高，就是境界高，孔子喊你心怀刑法，也是境界高，孔子骂学生是粪便，也是境界高，孔子喊大家去打仗当炮灰，也是境界高，全是境界高，不愧是圣人啊。最终，这笑话只能熬成浓浓的心灵鸡汤，用以抵御雾霾的入侵。

所以说，治《论语》，应该重视并强调出土文献的重要性。正如黄人二先生所说："《论语》一书为两千多年来古今中外学者、士子、老妪、小儿诵读至熟之书，但真能了解清楚，以高标准要求者，古往今来，殆不出数人。而历代相关著作，堪称汗牛充栋，在此基础，站在巨人肩膀，往前踏上一步都很困难"，因此"竹简出土文献必能再度贡献出它的参考价值"[1]。廖名春先生也谈到："在资料的搜集上，我们还没有一部书能超越 1940 年代程树德的《论语集释》。在译注的信实上，还没有一部书能比肩 1950 年代杨伯峻的《论语译注》。人们都以为《论语》里并没有多少搞不懂的东西，只要拿过来，或批判，或继承就可以了。其实，问题并不如此简单，《论语》里弄不明白的地方还很多"[2]。

确实，正如两位先生所言，以传统方式治《论语》，已经很少有剩余的空间，但仍有很多疑问有待解决。因此，地下出土材料再加上历代巨人的肩膀，才能让现代人看到更广阔、更辽远的视野。这就需要我们，尽可能多地调动古文字、古音学、出土文献等知识，踩在历代巨人的肩膀上，去窥望遥远先秦时代的思想火光。

本书之"新"，还并不仅仅是对出土文献、古文字等新材料的运用，也还包括了考古学、古气候学甚至人类学材料的使用。实际上，这些知识既能够帮助现代人理解《论语》文本中记载的那个时代，进入"孔子的历史世界"，也能够帮助现代人更好还原《论语》的真实内容。

1　黄人二：《上博五〈君子为礼〉与〈弟子问〉试释：兼论本篇篇名为"论语弟子问"与〈论语〉之形成和主要编辑之时间》，见黄人二：《战国楚简研究》，上海古籍出版社，2012 年，第 302 页。

2　廖名春：《从〈论语〉研究看古文献学的重要性》，《清华大学学报》2009 年 1 期，第 23 页。

举例来说，在《先进》著名的"吾与点也"一章中，曾皙谈到自己的理想是在暮春时节与冠者五六人、童子六七人，"浴乎沂"。按字面理解，是在沂水中洗澡。后世有很多学者认为这种理解有问题，第一种以王充、王夫之等人为代表，他们认为，正岁二月还很冷，完全不适合在河水中沐浴。但如果从古气候学的知识出发，就可以发现王充、王夫之的意见其实不能成立。因为古气候学的研究表明，孔子生活时代山东地区的气候，温暖湿润，生长着大片的竹林，环境与现代长江流域相似。那个时代，不是"冬季到台北来看雨"，而是"冬季到鲁国来看雨"。因此，暮春时节的鲁国郊外，是完全可以在户外洗浴的。实际上，古气候学表明，王充生活的东汉时代是一个"小冰期"（Little Ice Age），当时晚春时节的首都洛阳还冻死过人，所以王充不信孔子时代可以"浴乎沂"。而王夫之生活的时代，又称"明清小冰期"，也是异常寒冷。因此，由于无法理解孔子时代的气候环境，进而怀疑到《论语》的内容，这些都是现代人值得思考的问题。

第二种反对"浴乎沂"的意见，以唐代的韩愈、李翱为代表，他们认为在河水中洗澡，是一种"裸戏"，不合于礼制。实际上，这就需要人类学和宗教思想史的知识来回应。实际上，大量的考古学、人类学、宗教学的材料均能表明，沐浴活动是一种洁净行为，先秦文化中就有以水禳祓的仪式。正如伊利亚德（Mircea Eliade）所说，在宗教思想史中："在一切重大的宗教活动之前都要沐浴，使人预备好进入神圣的体系"[1]。

1　［美］米尔恰·伊利亚德著，晏可佳等译：《神圣的存在：比较宗教的范型》，广西师范大学出版社，2008 年，第 185 页。

这也表明，"浴乎沂"不是"裸戏"，而是严肃庄重的古礼。古气候学加人类学、宗教学视野可以证明，《论语》中"浴乎沂"的记载，是可信的，可以放心使用，来研究早期儒家的思想。

陈少明先生曾谈到，有两个《论语》的世界，一个是前《论语》时代就已经形成的语言、文字、婚姻、货币、物资生产技术以及基本政治结构；另一个世界则是主观性的，是通过语言文字传递的历史经验[1]。确实，一般读者所关注的，是以后者为中心的《论语》，强调了自古以来"义理"的传承。陈少明先生说，这两个"世界"之间不同，有时甚至会有冲突。不过，这两个世界之间，也存在着非常密切的联系。在我看来，对前一个"世界"的理解，其实也有助于更深刻把握后一个"世界"的思想、背景，乃至于精神气质。

日本学者高木智见曾说，我们距离先秦的历史世界太遥远了，有时想一想孔子的生活时代，会令人瞠目结舌。他举例说："我们可以想象一下，就算是圣人孔夫子，当年恐怕也凭依祖先灵魂的'尸'行礼，直接坐在铺席子的地上，不用筷子而直接用手抓食物往嘴里塞着吃，用手指蘸腌制的蚂蚁卵"，"我只是认为，要想理解孔子，就必须首先理解孔子所实际生活的那个时代"[2]。笔者同意高木智见的意见，实际上，他正是希望我们用生动的手段，去让枯燥抽象的古代经典"活"起来。如果我们可以进入"孔子的历史世界"，用最贴近当时人们生活方式、环境、气候、习俗的背景去进入《论语》，我想，我们远离的仅仅是心

---

1 陈少明：《〈论语〉的历史世界》，《中国社会科学》2010 年第 3 期，第 39 页。
2 ［日］高木智见著，何晓毅译：《先秦社会与思想：试论中国文化的核心》导言，上海古籍出版社，2011 年，第 11 页。

灵鸡汤的浮躁世界，贴近的则是古代中国的伟大传统。

因此，这就需要以考古学的资料，去逼近《论语》的历史语境，让现代读者在直观感受上也能呼吸到孔子生活那个时代的空气。只有呼吸着这种空气，才能进入先秦，进入历史，贴近《论语》文本的元在。为此，我借助考古学，也尽量还原当时的器物、技术与图像，将这一个"世界"与《论语》的"义理世界"整合起来。通过阅读，读者将会知道，"邦君树塞门"的"塞门"在考古图像中的面貌，"瑚琏之器"为何物，"与之釜"、"与之庾"的器物与单位，"子在齐闻韶"是怎样的乐器所奏，《乡党》篇中那些古老礼仪、器物的各种细节与考古发现，甚至于颜回"一箪食一瓢饮"的"箪"是什么形象，凡此等等。

实际上，器物层面的世界，是非常容易被遗忘的。朱熹曾谈到，说"物才数年不用，便忘之"。他举例说，北宋时代有一种用水晶制作的器物叫"柱斧"，到了徽宗时代就逐渐消失。在他生活的南宋时代，不但大家不再认识什么是"柱斧"，而且连名称也忘了[1]。朱熹以生动的经历，谈到了器物层面的变化之迅速，实际上也就意味着直追三代之古有多么的遥远。可是另一方面，一个文明早期礼乐的最初形式，又会具有非常重大的意义，"追远"其形式与面貌，往往又是后世重新认识古代，以至于是重新塑成自身的重要途径。考古学家指出，对古礼器、建筑等礼乐层面的"追远"，其实是一种世界性的现象。在古代美洲的古典玛雅、印加，都在艺术品和建筑风格上有"追远"的特征。而在古埃及的古王国崩溃后，尽管原有古老的艺术和建筑随之消失，但当埃及得到重建，

1　〔宋〕黎靖德编，王星贤点校：《朱子语类》第八册，中华书局，2004年，第3067页。

古老的艺术与建筑形式就得到迅速的模仿和恢复。而在中国，史前和三代的玉器、青铜器复古，一直在后世进行，并不断模仿[1]。如此广泛的复古现象表明一个事实，即象征了这一文明最古老的经典形式，包括了艺术、建筑、器物甚至历法等，对于后世不断溯源和认识自身具有非常重要的意义。实际上，宋代士大夫政治"回归三代"的强烈诉求，正是与古文字的研究、青铜器的考察、古代礼器的复古等活动交织在一起的。

如果认识到这一背景，那么在《论语》研究中重视器物层面的考察和复原，让读者尽可能呼吸到贴近孔子那个时代的空气，就更是一件有意义的工作。正如朱熹所说，器物极其容易遭受遗忘。孔子时代，中国的北方温暖湿润，竹林分布广泛，雨水充沛，人们席地而坐，用东周段的上古音交谈，不用筷子而用手抓食物，用手指蘸蚂蚁卵腌制的酱吃，听着一种用鹅卵形陶器"埙"所吹奏出来的古朴音乐。总之，《论语》的历史世界古老甚至陌生，但不断尝试逼近这个世界，是中国历史上的精英们一直不曾放弃的诱惑。我也希望能通过这本书，让更多的读者能踩着古代祖先的足迹，走进孔子的历史世界，去体会《论语》的精妙所在。

有后现代主义者认为，读者绝对不可能了解到作者的"本意"，"文本本意"与"作者本意"是不同的。此种思想，目前在中国也颇有服膺者。但中国古人相信，作者"本意"虽然难以把捉，但通过各种努力，是可以遥接作者之心于千百年之上的。从孟子、司马迁、朱熹等人一直以来，此种努力和传统，一直从未中断[2]。《论语》的研究，两千多年

1　陈淳：《文明与早期国家探源：中外理论、方法与研究之比较》，上海书店出版社，2007年，第228页。
2　余英时：《陈寅恪晚年诗文释证》，台北东大图书公司，1998年，第9页。

来，尽管诸议驳杂，很多地方真义难显，至今还迷雾重重。但正如前面所述，通过站在前代巨人们的肩上，加上现代丰富的出土原始资料、古文字等工具，我们在逼近《论语》为代表的古儒"本意"道路上，又有了更为广袤的视野，也在不断接近古儒的"本意"。很多地方，已经可以确定为"遥接作者之心于千百年之上"的确论。这也正是中国文化，历经千百年而生命不衰的内在力量之一。

由于本书只是一本"新劄"，尝试以"新"的途径去揭示出古老传统的奥义元在，但本身也仅仅是一种抛砖引玉的尝试。它的形式，是"劄"，即依据《论语》传世本的基本序列，对现代读者可能有疑惑，或是历史上存在争议较大之处进行研究、分析，并基于思想史和现代的问题语境进行某种诠释。因此，这也决定了本书不是一本类似于杨伯峻先生《论语译注》那样的翻译体书籍。希望感兴趣的读者，将本书与《论语译注》一类的翻译体书籍进行对读，或许会有愉快的发现。本书所提供的，更多是有争议的问题、难点、疑点，并且提供重要的先秦语境、考古的资料，以便让读者进入"孔子的历史世界"。但没有争议或疑点的内容，就不多置笔墨，因为多几句一般《论语》读物中都能提供的语言，实在意义不大，也是在浪费读者的时间。希望本书的写作与研读方法，能起到抛砖引玉的作用，既能有助于普通读者、传统文化爱好者加深对《论语》的理解，也能做到曾子所云"以文会友，以友辅仁"，引出相关的问题，得到更多博雅君子的指正，共同切磋商兑，将《论语》的研究，推向一个更高的高度。

书中，引用《论语》原文编号，以传世本为准。如果通过考证，证明此处应该删掉衍文某字，或是增加某字、某内容，则在《论语》原经文中以［　］符号标出。例如，《子路》13.2 中，传世本"先有司，赦小过，举贤才"一句中没有"老老慈幼"四字，但通过对上博楚简的研究可知，传世本原文应该抄掉了"老老慈幼"四字，因此补为"［老老慈幼］，先有司，赦小过，举贤才"。在文字考订方面，如果涉及传世本某字实际上原本应当为某字，则以（　）标出其原始本字。如"君子怀刑"，就标注为"君子怀刑（型）"。希望这样的格式，能有助于读者更加贴近《论语》的早期面貌。

孔子的时代，距离我们已经太过遥远。在朱熹讲述的故事中，距离他不到一百年的事物，已经显得陌生。可是，孔子的"两个世界"，却被后人反复追溯，不断讲解。我想，这正是因为，两千多年前轴心时代的东亚，伟大的思想在这里诞生，如同暮色中的星火，照见着大地，也划过了寂静的夜空。

李竞恒

2014 年 4 月 14 日

目录

学而第一

1.1 子曰：学而时习之，不亦说（悦）乎？有朋（朋友）自远方来，不亦乐乎？

根据程树德先生的考察，与今传世本关系密切的《鲁论》中的"有朋"，在《齐论》和《古论》中作"朋友"[1]。李学勤先生研究认为，《古论》是战国六国文字书写，是在齐鲁系文字基础上受到楚文字影响的书写文本[2]，代表了更早期的文献面貌。战国文字中，"友"、"有"二字形近[3]，上古音皆在匣母之部，因此"朋友"很容易被抄混为"有朋"，"朋友自远方来"应当才是早期面貌。

有趣的是，在西周、春秋的语言中，"朋友"并非指无血缘关系意义上的 friend，而是指有血缘关系的兄弟或族人[4]。周代铜器铭文中多有"用卿（饗）朋友"之类的说法。如《杜伯盨》铭"用享孝于皇神曰（祖）考于好朋友"（《集成》04450）；《乖伯簋》"好朋友与百诸婚媾"（《集成》04331）；《先兽鼎》"朝夕饗厥多朋友"（《集成》02655）；《麦鼎》"用饗多诸友"（《集成》02706）；《毛公旅鼎》"我用饮厚暨我友"（《集

1　程树德撰，程俊英、蒋见元点校：《论语集释》第一册，中华书局，2008年，第5页。

2　李学勤：《论孔子壁中书的文字类型》，见李学勤：《中国古代文明研究》，华东师范大学出版社，2005年，第201页。

3　何琳仪：《战国古文字典》上册，中华书局，1998年，第11页、第13页。

4　陈絜：《周代农村基层聚落初探：以西周金文资料为中心的考察》，朱凤瀚主编：《新出金文与西周历史》，上海古籍出版社，2011年，第121页。

成》02724）；《祈伯簋》"其用于厥朋友"（《铭图》04738）[1]；《命簋》"命其用以多友簋飤"（《集成》04112）；《伯绅簋》"其用飤正，御史、朋友、尹人"（《铭图》05100）；《叔女弋簋》"用侃喜百姓、朋友暨子妇"（《集成》04137）；《伯康簋》"用飨朋友"（《集成》04160）；《室叔簋》"于室叔朋友"（《铭图》05207）；《史颂簋》"令史颂省苏姻友"（《集成》04232）；《应侯再盨》"用绥朋友"（《铭图》05639）；《弭仲簋》"诸友饪飤俱饱"（《集成》04627）；《伯公父簋》"用绍诸老、诸兄"（《集成》04628）；春秋晚期《王孙遗者钟》"用乐嘉宾、父兄及我朋友"（《集成》00261）。应国墓 M84 出土铜盨铭文"用妥（绥）倗（朋）友"[2]。《再簋》"以友卅人"，即血缘宗族三十人[3]。周代铜器铭文中多见"用飨诸友"，就是当时贵族笼络、团结宗族成员的一种方式[4]。

"朋友"一词在西周金文中"本是亲族称谓"[5]，"'朋友'实在是氏族社会中氏族成员"[6]。实际上，超越血缘关系的"朋友"概念，最初都来源于血缘兄弟、族人，是一个世界性的现象，在古代欧洲亦然。英文中的 free 一词，源自于古高地日耳曼语 fri，本义为"亲爱"，与

1　《集成》谓《殷周金文集成》，中国社会科学院考古研究所编；《铭图》谓《商周青铜器铭文暨图像集成》，吴镇烽编著，上海古籍出版社，2012 年。后文均用省称。
2　河南省文物考古研究所、平顶山市文物管理局：《平顶山应国墓地 I》上册，大象出版社，2012 年，第 576 页。
3　高婧聪：《西周宗族形态及德教：以再器所见遣氏宗族为中心的考察》，《历史研究》2016 年第 6 期，第 5—6 页。
4　杨坤：《器、名与治道：论商至西周早期铜器铭文内容的转变》，《出土文献》2020 年第 2 期，第 47—48 页。
5　［日］白川静著，曹兆兰选译：《金文通释选译》，武汉大学出版社，2000 年，第 126 页。
6　杨向奎：《宗周社会与礼乐文明》，人民出版社，1992 年，第 184 页。

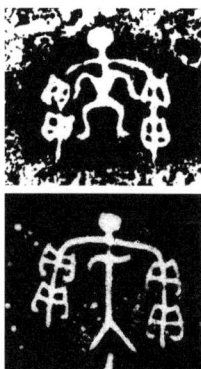

图1.1　铜器徽识上，背着贝壳串"朋"的形象，采自《集成》1006、3151

friend "朋友"同源，指有血缘关系的人 [1]；马克·布洛赫在《封建社会》一书中指出："在法国，当人们谈到亲属成员时，通常直接称之为 amis（朋友），在德国则称之为 Freunde（朋友）。一份写自 11 世纪法兰西岛的法律文献这样列数家族成员：'他们的朋友们，即他们的母亲、兄弟、姐妹们以及血缘或婚姻维系的亲属。'" [2]

这些排在"父兄"后面的"好朋友"，就是指有血缘关系的宗人。显然，《古论》"朋友自远方来"更符合春秋时代的语言习惯，对此句的理解，也需注意到此一背景。但孔子对"朋友"的理解，实际又超越了当时血缘宗法的范围。

"朋"字的初文作珏，甲骨文中也写作𢆶等形 [3]，金文作珏 [4]，形状为一串物品。王国维认为，上古将五枚贝壳串连称为"系"，两串"系"则为"朋" [5]。徐中舒认为，上古时期将一串贝壳或玉串连，一串玉石称为珏，一串贝壳则称为"朋"，但二者在古文字中实际上是一个字 [6]。无论怎样，"朋"的最初含义与一串紧密串连在一起的物品（贝、玉）有关，引申为某种联系。在商代铜器徽识中（图 1.1），就有这类人抬着长串贝、玉之"朋"的形象（《集成》1005、1006、1007、3138、3140、3151 等）。

1　陈国华：《宪法之祖〈大宪章〉》，见陈国华译：《大宪章》，商务印书馆，2016 年，第 17 页。

2　［法］马克·布洛赫著，张绪山译：《封建社会》上卷，商务印书馆，2017 年，第 216 页。

3　孙海波：《甲骨文编》，中华书局，1965 年，第 16 页。

4　容庚：《金文编》，科学出版社，1959 年，第 350 页。

5　王国维：《观堂集林》上册，河北教育出版社，2002 年，第 96—97 页。

6　徐中舒主编：《甲骨文字典》上册，四川辞书出版社，2005 年，第 37 页。

最初，"朋友"一词指血缘宗族的兄弟、堂兄弟、族兄弟等，"好朋友"们通过血缘这条线如同贝壳一样联系在一起。孔门之中，虽然也有来自孔子母族颜氏的"孔门八颜"，以及孔子的侄儿孔忠，但绝大多数都是没有任何血缘关系的人。孔子将远来之人称为"朋友"，实际上打破了"朋友"狭隘的血缘关系。人们的关系不再由狭隘的血缘串连在一起，而是依靠某种更高的意义联系起来。

刘宝楠《正义》引宋翔凤《朴学斋札记》说"朋"即指孔子的弟子[1]。《尚书大传》记载孔子说"丘亦得四友焉"，孔子的"四友"即颜回、子贡、子张、子路。因此，有学者据此材料认为"到孔子之世，师弟子已成为朋友这一社会组织的成员"[2]。应该说，孔子谈到朋友从远方来，应该具有两层含义：一是对自己而言，从远方而来的弟子；另一层则是对已经在门下的弟子而言，从远方而来的新同门。无论是对师弟子还是同窗而言，这里的"朋友"都不再是以前狭隘的血缘宗法关系，不再依靠如同绳子一样的血缘串连在一起，而是依靠更高的理想、精神与意义世界的价值追求串连在一起的共同体。

人不知而不愠，不亦君子乎？

郭店楚简《语丛二》简30云："愠生于性，忧生于愠"，意思是"愠怒生成于天性"[3]。李零早已指出，《论语》本身很可能是从上博楚简、

1　〔清〕刘宝楠撰，高流水点校：《论语正义》上册，中华书局，2007年，第4页。
2　查昌国：《友与两周君臣关系的演变》，《历史研究》1998年第5期，第100—101页。
3　刘钊：《郭店楚简〈语丛二〉笺释》，见刘钊：《古文字考释丛稿》，岳麓书社，2005年，第277—278页。

郭店楚简、大小戴《礼记》等篇章中摘录的，郭店楚简和上博楚简中一些句子和《论语》很相似，"这对研究《论语》很重要"[1]。

显然，郭店楚简中的这一条资料对理解《论语》中的"不愠"很有意义。根据楚简可知，原始儒学认为"愠"是人的一种天性，这种天性会导致"忧"。孔子认为，一个君子应该克制"愠"这种天性。《述而》"君子坦荡荡，小人长戚戚"，《卫灵公》"君子固穷，小人穷斯滥矣"，《尧曰》说君子"泰而不骄"。可知，君子的心态能保持平和，坦荡、固穷、安泰，并能克制自己的天性"愠"，从而不会忧戚。不要因别人无心之过而愠怒，也是克制天性之"愠"，从而提升德性的一种践行。

"君子"最初是贵族的身份和专称，但随着春秋时期的礼崩乐坏，贵族社会开始崩坏，所谓"奕、邵、肯、原、狐、续、庆、伯，降在皂隶"（《左传·昭公三年》），大量的老牌贵族家族没落，平民开始登上历史舞台。孔子尝试从平民中选拔精英，让他们去肩负过去贵族承担的工作，如作为地方自治的精英凝结核等角色。这一时期常出现"士庶人"、"士庶子"，表明低级贵族"士"和平民"庶人"之间的界限已经非常模糊[2]。在银雀山汉简《禁》篇中，也有"士庶人不麛不卵"[3]，其文本形成的战国时期，"士庶人"之称当为一种流行词汇。新发现的春秋铜簋盖铭文中，也有"献以飤士庶子及我父兄"[4]的记载。裘锡圭先生认为"庶子"是士以

1　李零：《简帛古书与学术源流》，生活·读书·新知三联书店，2004 年，第 298 页。

2　余英时：《士与中国文化》，上海人民出版社，2013 年，第 78—79 页。

3　银雀山汉墓竹简整理小组：《银雀山汉墓竹简（贰）》，文物出版社，2010 年，第 208 页。

4　河南省文物考古研究院、南阳市文物考古研究所：《河南南阳春秋楚彭氏家族墓地 M1、M2 及陪葬坑发掘简报》，《文物》2020 年第 10 期，第 6 页。

子弟为仆隶[1]，表明士之庶子与底层的交集。《孟子·万章下》也提到"下士与庶人在官同禄者"，显示出最低级贵族与平民精英的边界融合趋势。

应该说孔门弟子，其实大部分都属于"士庶人"、"士庶子"这类阶层，甚至孔子本人，其出身其实也是这个阶层的。孔子开始鼓励平民精英去模仿贵族范，跻身于"士庶人"这个阶层，一个通过知识和教养掌握了贵族范、贵族心理与教养的平民精英，也可以称为君子。克服普通平民在自然状态下那种动辄"愠"和"戚戚"的天性，自我训练成一种贵族性"泰而不骄"的人格，这就是成为"贵族范"的一条文化通道。

1.2 有子曰："其为人也孝弟，而好犯上者，鲜矣；不好犯上，而好作乱者，未之有也。君子务本，本立而道生。孝弟也者，其为仁之本与！"

有若为孔门弟子，《史记·仲尼弟子列传》："有若，少孔子三十三岁"，《论语》邢疏及《檀弓》疏引作"四十三岁"。笔者认为，有子应该小孔子四十三岁，而不是《史记》说的三十三岁。因为从甲骨文到汉代文字，"四"都写作三，和"三"非常容易混淆，到东周时才有异体出现[2]。抄手在抄写时，很容易少写一横线，误抄为"三"，如晋公戈中"四年"被误写为"三年"[3]，甚至有时少抄两条横线，误写为"二"，如马王堆帛书《衷》就将"四千"误写为"二千"[4]。因此，

1　裘锡圭：《战国时代社会性质试探》，见裘锡圭：《古代文史研究新探》，江苏古籍出版社，1992 年，第 889 页。
2　吴良宝：《先秦货币文字编》，福建人民出版社，2006 年，第 217—218 页。
3　李学勤：《再论〈晋公戈〉及其历日》，见李学勤：《中国古代文明研究》，华东师范大学出版社，2005 年，第 346 页。
4　廖名春：《出土简帛丛考》，湖北教育出版社，2004 年，第 226 页。

应该是《史记》为误，乃错抄的结果。既然有子比孔子小四十三岁，就应该属于孔门中非常晚期的弟子了。

关于有子此说，陈来先生认为孝是仁爱的一种，仁爱是比较普遍的一种，而孝则是对父母一种特别的仁爱[1]。程树德则认为："孝弟即仁也，谓孝弟为仁本，终属未通"，"则以孝弟为立人之道，于义为长"[2]。上博楚简《内礼》简10云："悌，民之经也。"[3]古文中的"人"、"民"为一义，多可通，因此"民之经"就是"人之本"。竹简的内容，比较倾向于程树德的观点，即孝悌为立人之本。

1.3 子曰："巧言令色，鲜矣仁！"

上博楚简《弟子问》附简云："考（巧）言窒色，未可谓慇（仁）也。"整理者指出，窒训为善，"窒色"即"善色"[4]。巧言加上善色，《论语》认为这样的人中很少有仁人。而楚简则干脆直接说，巧言加上善色，则根本就不能叫仁，持完全否定态度。这是因为，要守护一个具有自治功能的小共同体，其实更多需要遵循的是基于古老传统、习俗、信仰、自发秩序和各种不可言说的"默会知识"（Tacit Knowledge）。遵从这些不成文法则，以"刚毅木讷"的方式去践行，才能更好地守护古老自由与小共同体。反之，很多看起来"深刻"的现代"主义"，往往都是用精致和"深刻"的话语进行了包装。当一切价值尺度上的问题

1　陈来：《东亚儒学九论》，生活·读书·新知三联书店，2008年，第189页。
2　程树德撰，程俊英、蒋见元点校：《论语集释》第一册，中华书局，2008年，第13页。
3　马承源主编：《上海博物馆藏战国楚竹书（四）》，上海古籍出版社，2004年，第228页。
4　马承源主编：《上海博物馆藏战国楚竹书（五）》，上海古籍出版社，2005年，第281—282页。

都可以被拿来"深刻分析"后，任何支撑共同体的价值都会轻松遭到各类"巧言令色"的解构与嘲讽，人们将变为拥有浅薄小聪明，牙尖嘴利的原子个体，且引以为荣。当一切被解构之后，浅薄小聪明的原子化人们，其实就是最脆弱的存在。

西方文化有"两希传统"的源流，但这两希传统，对"巧言令色"的态度却颇为不同。对希腊传统而言，智者的诡辩术，乃是值得推崇的技艺之一，甚至苏格拉底也"原是一个最大的诡辩家"[1]。而希伯来传统，则反对"巧言令色"，如《诗篇》中就反对"油滑的嘴唇和夸大的舌头"[2]，在这一点上倒是与先秦儒家有一些共同语言。

1.4 曾子曰："吾日三省吾身：为人谋而不忠乎？与朋友交而不信乎？传（专）不习乎？"

曾子名参，关于曾参名字的读法，历来有分歧。清代学者一般认为应读为 cān，如王引之《春秋名字解诂》中就认为，参读为骖，理由是曾参字子舆，与驾马拉车有关。现代学者如吕友仁也主张读 cān[3]。李零认为，"参"在清代以前旧读为 shēn，这种读法是正确的，理由是参宿与舆鬼之星有联系[4]。据《左传·昭公元年》参宿为"晋星"，实与晋

1　罗念生译：《〈云〉原编者前言》，见《罗念生全集第四卷：阿里斯托芬喜剧六种》，上海人民出版社，2004 年，第 256 页。当然，希腊传统中后起的斯多葛主义（Stoicism），便对巧言令色和诡辩术持批评态度，但"雄辩"仍然是一种美德。见［古罗马］马可·奥勒留（Marcus Aurelius Antoninus）著，何怀宏译：《沉思录》，生活·读书·新知三联书店，2009 年，第 6 页。
2　《诗篇》12：3，《耶经》和合本。
3　吕友仁：《曾参之"参"当读 cān》，《古汉语研究》1998 年第 2 期，第 50 页。
4　李零：《丧家狗：我读〈论语〉》附录，山西人民出版社，2007 年，第 88 页。

国的夏正历法关系密切。金文"参"作🐦或🐦[1]，从三，"三"为声符，古音参、三皆在心母侵部，声韵全部相同[2]。可见，金文"参"旁的"三"是声符，而🐦则是"星"。《说文》："星……从晶生声……🐦古文星。"在甲骨文中，星字也突出了三颗星的形状，写作🐦[3]。可见，古文字中的"参"本来就是表示星宿的原初含义，"三"是其声符，今音参（shēn）古音在生母侵部，三在心母侵部，齿音同韵，星部分是其意义，骖则为后起字，曾参之名应该读为 shēn。

　　《卫灵公》中孔子谈到，理想的历法为"行夏之时"。对夏正历法而言，参宿是春耕季节的标志，据天文学家以岁差推算，公元前 2100 年的中原，参宿位于春分点东面约 35° 处，每当春分前后，太阳下山不久，参宿就正处在西方的地平线上，夏人因此以参宿为极其重要的崇拜对象[4]。曾参的父亲曾晳为孔门早期弟子，跟随孔子学习多年。据《先进》"侍坐"章的描述，曾晳的精神趣味，带有对"天地万物上下"的浓厚旨趣（朱注）。曾氏家族，是一个没落贵族后裔，是夏朝王室的遥远子孙。据清代秦嘉谟《世本》辑补本记载："曾氏，夏少康封其少子曲烈于鄫。襄六年莒灭之鄫，太子巫仕鲁，去邑为曾氏。巫生阜，阜生晳，晳生参。"[5]基于孔子对夏正历法的高度推崇，而曾晳家族又正好是夏王朝的贵族后裔，曾晳本人也对天道历法具有兴趣。因此，他将自己的儿子命名为星宿"参"，正是符合了早期儒家对夏正历法的尊崇。

1　容庚：《金文编》，科学出版社，1959 年，第 374 页。
2　徐宝贵：《石鼓文整理研究》上册，中华书局，2008 年，第 761 页。
3　孙海波：《甲骨文编》，中华书局，1965 年，第 292 页。
4　詹鄞鑫：《神灵与祭祀：中国传统宗教综论》，江苏古籍出版社，1992 年，第 33—34 页。
5　〔汉〕宋衷注，〔清〕秦嘉谟等辑：《世本八种》，中华书局，2008 年，第 236 页。

　　曾参强调要三省吾身，多自我反省。唯有这样，才能对人做到"忠"，对朋友做到"信"。牛泽群先生专门谈到，《论语》中的"忠"，并非后世所谓臣道之忠（loyalty），而是包摄了一切的人，译为 fidelity、utmost、honesty 都可以，但"唯不宜 loyalty"[1]。此说甚为有理，《论语》中的"忠"，是忠恕、忠信、忠厚，是对所有人着想，而不是什么"忠君"。佐藤将之先生也谈到，《论语》中的"忠"，范围置于少数或具体人际关系之中，属于一种"个人德目"[2]。

　　"传不习乎"的"传"，一般被理解为师传，如朱注的解释。《鲁论》中作"专"，一些观点也理解为"所专之业"[3]。但章太炎先生从朴学的角度指出，"专"在《说文》中为"六寸簿"，书籍名簿也称为"专"，此处的"专"即"今言'札记'也"[4]。顾颉刚也谈到，"专"为六寸木板，类似今人"笔记簿"，假借为"传"[5]。程石泉亦云："盖'专'者乃簿书典籍也。"[6]此说可从，该处"传"当读为"专"。因此，曾参此句话的意思是，通过三省吾身，每天日常学习的笔劄记录细节等都会获得巩固。也才能做到为人着想，对朋友诚信。

　　苏格兰启蒙运动思想家哈奇森（Francis Hutcheson）与中国的儒家都深信，绅士、君子的道德反省、反思能力必须超越于普通人，培育道

1　牛泽群：《论语札记》，北京燕山出版社，2003 年，第 5 页。

2　［日］佐藤将之：《国家社稷存亡之道德：春秋、战国早期"忠"和"忠信"概念之意义》，台湾《清华学报》新 37 卷第 1 期，第 27 页。

3　程树德撰，程俊英、蒋见元点校：《论语集释》第一册，中华书局，2008 年，第 19—20 页。

4　章太炎：《国故论衡》，上海古籍出版社，2006 年，第 53—54 页。

5　顾颉刚：《秦汉的方士与儒生》，上海古籍出版社，2005 年，第 42 页。

6　程石泉：《论语读训》，上海古籍出版社，2005 年，第 4 页。

德上对他人与共同体的关心，如此才可以为好的政治奠定伦理基础[1]。曾参强调的三省吾身，是包括了培育关心他人（为人谋）、共同体（朋友交）、习得（专）之善的长期过程。苏格兰启蒙思想家与儒家对绅士、君子都提出了反省力的要求。

1.5　子曰："道千乘之国，敬事而信，节用而爱人，使民以时。"

"道"为治理、引导之义。"千乘之国"在春秋晚期，属于体量和规模很大的政治体了，那么对于体量如此巨大和复杂的国家，其治理方式，究竟是以传统温情脉脉的小共同体为主，还是基于时代发展的变化，以新的标准为主？比如在传统那些大大小小"土围子"规模的小邦中，当然主要是以有点血缘关系的温情为主，而"千乘之国"的规模就得考虑到陌生人社会，以及科层化的官僚组织等元素。

孔子认为，治理千乘大国的方法，是政府敬慎公事并对民众讲信用，节约开支以爱民，珍惜民力。在三代时期的封建习惯中，讲究要给温情脉脉，以及古老习俗留下足够的余地。贵族为君主服役，民众的村社小共同体为领主服役，时间和规模上都限定在古老封建习惯的限度之内。"使民以时"，就是要遵从这些古老的封建习惯，爱惜、养育民力，而不是要扩大官府对基层的动员能力，去榨干民众的血汗。战国以后，秦国那种彻底摧毁了传统小共同体、封建习惯的社会，官府一竿子插到底，尤其是外来的"流官"，对于当地世世代代的熟人社会、乡土情感、习俗规矩什么的，完全没有感情和敬畏，只知道一味对官府上级负责，对

1　姚中秋：《君子或绅士中心的秩序》，《读书》2010 年第 12 期，第 32—40 页。

基层民众和劳动力进行全面耕战动员。

互联网上近年涌现的"大秦帝国"粉，会盛赞这些"赳赳老秦"很能干活，大秦真是强大，能够打破一个个的"土围子"，将人们变成原子散沙，官家由此可以汲取出大量劳动力和炮灰。但是从云梦睡虎地出土秦简《日书》乙种中，可以看出当时秦民的真正想法，他们最怕的就是各种国家动员"兴"和"王事"。在简文中，将国家动员的"兴"和"有疾"相提并论，"人们害怕国家兴事征丁，希望过上安定和平的生活"。在《行行祠》简文中，直接祝愿"无王事"，希望不要有开疆拓土的战争、劳役，修筑宫殿、陵墓等大型工程的"王事"。《日书》乙种中还记载一些苦难的秦民，说"生子，老为人治也，数诣风雨"（简一〇七壹），这些苦难的低级秦人，一直干活到老，都还要被鞭打，并在风雨中劳作[1]。这些都说明，即使是"赳赳老秦"们，也不是像"大秦帝国粉"们那样喜欢折腾和耕战。他们同样渴求"节用爱人，使民以时"，只是没有那个条件罢了。

上博楚简《仲弓》简 11，仲弓请教孔子："敢问道民兴悳（德）如何？"[2]楚简中仲弓请教"道民"，与"道千乘之国"是一个意思，即治国治民。"道民"的同时，是培育社会公序良俗的美德，即所谓"兴德"。关于如何"道民兴德"，孔子的回答在第 11—13 简，今已残缺，李锐先生读为："孔子曰：陈之，服之，缓施而顺力之，虽有孝德，其……"[3]此简虽不完整，但大致意思还能窥见：孔子主张培育社会公序良俗，但不能紧迫，而要

1　吴小强：《秦简日书集释》，岳麓书社，2000 年，第 226 页。
2　马承源主编：《上海博物馆藏战国楚竹书（三）》，上海古籍出版社，2003 年，第 271 页。
3　李锐：《仲弓》新编，载 http://www.confucius2000.com/qhjb/zhonggongxinbian.htm

"缓施"，并对社会和民众"顺力之"。在《子路》篇中，孔子也讲到，对民众要先"富之"，再"教之"。结合此条材料与竹简对读，就很清楚了。

换言之，孔子认为培育社会的公序良俗固然重要，但不应急迫，而应缓慢，并顺从社会自身的力量。政府应该首先节省民力，藏富于民，让社会富足，然后才能缓缓地培养社会的公序良俗等美德。

1.6 子曰："弟子入则孝，出则弟，谨而信，泛爱众而亲仁。行有余力，则以学文。"

这一段，孔子强调了小共同体中基于传统、习俗、经验的"默会知识"才是构筑小共同体和社会自治的基石，只有在巩固了这个基石的前提之下，再提升到当时封建军事贵族技艺的"学文"（六艺知识）高度，才是有意义的，顺序不可本末倒置。

在殷周以来的古老小共同体中，宗族家长在血缘上是父辈，在经验传授和组织结构中是"师"，在共同体的政治层面还有"君"的含义。所以，"君亲师"本身就有共同的古老起源。杨宽先生最早指出，西周的"师氏"、"大师"、"师尚父"之类是统率军队出征或防守的军官，乃至是最高级别的武官，这些武官在大学中培养贵族子弟的军事骨干，因此也产生了教师的含义[1]。当时军队就是基于宗法血缘的宗族共同体组成的，最早扮演师的，就是家族长老，也就是亲和君。另一方面，家族中的"子弟"和后来没有血缘关系，但是模拟家族子弟加入共同体的

---

1 杨宽：《西周史》下册，上海人民出版社，2016 年，第 722—726 页。

人，就是"弟子"了。弟子一词，源自周代封建宗
法血缘关系，即宗族内对子、弟的统称，由父家长、
宗子统帅，身份为血亲兼君臣，最早的君臣关系就
源自于家族内部的父子、兄弟。子弟、弟子，就是
作为子在父那里是臣，作为弟在兄那里是臣，如西
周铜器《虡簋》铭文中弟弟虡对哥哥"君公伯"行
礼（图1.2），自称"厥臣弟"（《集成》04167）；《繁
卣》铭文中辛公为兄，繁为弟，两人之间行君臣之
礼（《集成》05430）。

图 1.2 西周铜器《虡簋》铭文记载哥哥"君公伯"给弟弟"厥臣弟"赏赐土地

朱熹说三代时期的古人"待臣仆若子弟，待子弟如臣仆"[1]，就是
发现了子弟、弟子最初源自家族组织内"臣"的身份。《论语·为政》
"有事，弟子服其劳"，此处"弟子"正是描述家族内子弟对父兄行孝
悌之道；《论语·学而》"弟子入则孝，出则悌"，邢昺疏"言为人弟
与子者，入事父兄"，可以很明显看出"弟子"一词源自家族血缘共同
体的身份。《仪礼·士相见礼》"与老者言，言使弟子"，贾公彦疏引
南朝雷次宗云"学生事师虽无服，有父兄之恩，故称弟子也"，可见孔
门师徒之间是模拟封建时代血缘宗法的君臣—父兄关系，孔子说"回也
视予犹父也"（《论语·先进》），正是对此种模拟宗法血缘的描述。

孔子主张，一个家族小共同体中的年轻子弟，应该首先基于对古老
习俗、传统、经验的尊重，学会参与共同体的运转。对于父母，要做到
孝；对于长兄，进行协作与尊敬，叫做"悌"。在父母和兄弟姊妹这一

---

1 （宋）黎靖德编，王星贤点校：《朱子语类》卷13，中华书局，2004年，第235页。

伦之外，又进一步将核心小共同体内养成的善意与良风美俗，向外推向更多外围和比较疏远的人群，这一过程即"泛爱众"。在小共同体和熟人社会中，由于博弈线条更长，人的信誉口碑也比流动的陌生人社会更为重要。说通俗一点，就是在村里也要讲究"兔子不吃窝边草"。所以，也更容易养成"谨而信"的品质。这样一个在"土围子"里面认真做事且踏实的年轻人，可能没读多少"书"，但其元气淋漓，生命力饱满，却是守护古老小共同体与维持自治的基本德性。

有了这一前提，孔子认为就可以再做进一步的提升，如果再有余力的话，就可以深入"学文"的高度了。我们在现代语境中，会感觉"学文"是学习"文化知识"，这种语感是错误的。"学文"的"文"，是"文学"，当时的"文学"，就是封建军事贵族的经学知识，其中大量和战争或者财税算账、战争前对军队的动员相关，还包括怎么拿龟壳占卜，怎么祭祀祖宗，怎么杀牛取内脏、取血液去献祭之类。《隋书·经籍志》中说"古者登高能赋，山川能祭，师旅能誓，衰纪能诔，作器能铭，则可以为大夫"[1]，就是讲述这种古老封建时代学过"文"的贵族，能够搞战前动员，能够悼念死人，能够祭祀山川鬼神等，迥异于后世理解的"才子"背诵一大堆风花雪月、唐诗宋词、才子佳人那种"学文"。

---

1 《诗经·鄘风·定之方中》"卜其云吉，终然允臧"，这一句《毛传》解释也有类似表达："建国必卜之，故建邦能命龟，田能施命，作器能铭，使能造命，升高能赋，师旅能誓，山川能说，衰纪能诔，祭祀能语，君子能此九者，可谓有德音，可以为大夫。"

1.7 子夏曰："贤贤易色，事父母能竭其力，事君能致其身，与朋友交言而有信。虽曰未学，吾必谓之学矣。"

子夏认为，能做到"贤贤易色"，又竭尽全力善待父母，舍身忘己地侍奉君主，与朋友交往有信义。就算没有经过知识意义上的学习，但也称得上是学习过的人。此句难点不大，有争议的地方集中在"贤贤易色"四字。孔安国、皇侃、朱熹一直到刘宝楠等人都认为这里的"色"是指"女色"，要么说用好色的心来好贤人，要么说改变好色之心来好贤人，或者是像刘宝楠那样要轻蔑好色，只好贤人。总之，大多是围绕着"女色"来进行解释。

实际上，程颐和南宋蔡节都曾谈过，"色"不是"女色"，而是"神色"。马王堆汉墓帛书《五行》中即有"独不色然于君子道"，"独不色贤人"，"独色然辨于贤人"等内容。"色然"，在文献中多指变色、改变容貌。因此《论语》此处的"易色"，实际上和"色然"意思相同[1]。笔者同意这一解释，帛书《五行》中"独不色贤人"的"色"字，显然就是改变容貌的意思，与"色然"相同。因此，这里子夏是在说，尚贤的态度，应该是见到贤人就流露出愉悦的神色。

子夏的这一段话，涉及儒家看待父母、君臣、朋友的三种关系。值得注意的是，这段话首先将父母置于君之前，又将君置于朋友之前，这一现象，其实涉及早期儒学中的政治与伦理观念，而这种观念在汉代儒学法家化之后则逐渐被陌生化了。

1　牛鹏涛：《简帛零札二则》，见李学勤主编：《出土文献》第三辑，中西书局，2012年，第200—201页。

在郭店楚简《六德》中记载："为父绝君，不为君绝父。"李零先生根据简文指出："父重于君，其实这是古代儒家的一贯讲法……早期儒家认为，父子是亲情，君臣是义务，前者不可选择，而后者可以选择。国君不好，可去可拒，而父亲不可以"[1]。秦晖先生也谈到："古儒当初本以西周社会作为它的理想。而西周社会本来就是以小共同体本位为特征的族群'封建'体制，它那种'孝高于忠'的观念，'家高于国'的观念，'父重于君'的观念都很突出"[2]。法家化的专制主张"大义灭亲"，鼓励父子相斗，爹亲娘亲不如秦始皇亲，要"破家为国"，"忠孝不能两全"。但对于早期儒家而言，家庭和亲属的重要性远在抽象的国家之上。

郭店楚简《语丛一》简80—81云："友、君臣，无亲也。"简87云："君臣、朋友，其择者也。"[3]对于此一材料，庞朴先生明确指出："因为它认为，君臣是一种朋友关系，一种互相选择的关系。"[4]实际上，在最初的西周时代，"朋友"是指具有血缘的宗族关系，而西周分封制下的"君臣"又是基于血缘宗法制的结构。因此，大宗为君，小宗为臣，朋友、君臣本为一体。《诗·大雅·既醉》中，就描绘了这种宗法血亲关系下的君臣关系，是一种和"朋友"一伦的温情脉脉。"朋友攸摄，摄以威仪"，郑笺："朋友，谓群臣同志好者也。"《大雅·假乐》"之纲之纪，燕及朋友"，毛传："朋友，群臣也。"顾炎武说："古者人君，

1　李零：《郭店楚简校读记》，北京大学出版社，2002年，第138页。
2　秦晖：《在继续启蒙中反思启蒙》，《经济管理文摘》2006年第14期，第40页。
3　李零：《郭店楚简校读记》，北京大学出版社，2002年，第160页。
4　庞朴：《初读郭店楚简》，《历史研究》1998年第4期，第8页。

于其国之卿大夫皆曰'伯父'、'叔父'，曰'子大夫'，曰'二三子'。不独诸侯然也。《曲礼》言：列国之大夫入天子之国曰'某士'，自称曰'陪臣某'，然而天子接之犹称其字。"[1]这些宗法血缘中的庶子之类，形成了嫡长子之君最初的"群臣"。

在早期的宗法血缘时代，君臣关系本就源自血缘，家族的嫡长子作为君，他长辈庶出的伯父、叔父之类，最初就是一个血缘共同体的自然状态，后来再引申为对臣的一种敬称，将没有直接血缘关系的臣，也称为比较平等的"二三子"。甚至跨越一级，诸侯的臣去见周天子，周王也会用平辈的称呼"字"，而不是直接喊对方的名。当时的君臣关系，既有血缘上温情脉脉的联系，也有模拟血缘的那种相对性，以及尊重和善待。

但到了儒学出现后，"朋友"、"兄弟"等血族称谓被赋予了新的含义，如《颜渊》："四海之内，皆兄弟也。"因此，"朋友"成了没有血缘关系，但具有共同理想的远方之人。人们选择朋友，也选择君臣，因此朋友与君臣本为血缘一体的情况，逐渐演变为双方基于理想或认同选择的关系。汉代的公羊学，北宋的一些政治观念中，仍在相当程度上保留了君臣为朋友相互选择的这一观念[2]。

所以，这段话涉及父母、君臣、朋友三伦，按照早期儒家的价值观，父母一伦为根本，而君臣、朋友为一伦，属于双方基于道义或认同选择的结果。

1　〔清〕顾炎武：《日知录》卷四《人君称大夫字》，见〔清〕顾炎武著，黄汝成集释，栾保群、吕宗力点校：《日知录集释》上，上海古籍出版社，2015 年，第 236 页。

2　《公羊传·定公四年》"君臣言朋友者例"解释，见龚鹏程：《儒学新思》，北京大学出版社，2009 年，第 92 页；北宋马永卿记刘安世《元城语录》中说王安石："得君之初，与人主若朋友。"

1.10 子禽问于子贡曰："夫子至于是邦也，必闻其政。求之与？抑与之与？"子贡曰："夫子温、良、恭、俭、让以得之。夫子之求之也，其诸异乎人之求之与？"

陈亢字子禽，是一位来自陈国的孔门弟子，出身于没落的陈国公族旁系，属于典型的没落贵族。他曾经向孔子的儿子伯鱼，请教孔子是否对他进行过特别的知识传授。在此，他向子贡请教孔子如何能够得到各诸侯国的信任。

在战国楚简中，"子贡"的"贡"字写作"贛"[1]。子贡的名，为端沐赐，字贛。"子贡"当本作"子贛"，清人梁玉绳指出，古人名和字之间是对应关系。"贛"是赐的意思，"端木子之字当为子贛无疑"，"贡"为后起写法[2]。在天星观楚简中，有"贛"的记载："祷卓公顺至惠公大牢，乐之，百之，贛"[3]。包山楚简244也有"贛之衣、裳各三称"，整理者指出"贛"读为"贡"[4]。在葛陵楚简中，也颇有对人鬼行"贛"的活动，如"祷于文夫人酭牢，乐且贛之"(乙一: 11)[5]。从这些材料来看，"贛"与对鬼神的"祷"颇有关系，楚简中有向鬼神"贛"、"祷"同言的，也有向鬼神贡献衣物的。因此，"贛"应当是向鬼神的一种祷求，而鬼神答应了人的祷求，便会赐福。因此，"贛"与"赐"，原意当是宗教性的对应关系。

1　李学勤：《上博楚简〈鲁邦大旱〉解义》，见李学勤：《上博馆藏战国楚竹书研究续编》，上海书店出版社，2004年，第97页。

2　〔清〕梁玉绳撰，贺次君点校：《史记志疑》，中华书局，1981年，第1213页。

3　滕壬生：《楚系简帛文字编》，湖北教育出版社，1995年，第1172—1173页。

4　湖北省荆沙铁路考古队：《包山楚简》，文物出版社，1991年，第36、58页。

5　河南省文物考古研究所：《新蔡葛陵楚墓》，大象出版社，2003年，第202页。

子贡是卫国人，属于殷人旧畿，巫风盛行，其名、字均有古老的宗教色彩，实属正常。不过可贵之处在于，子贡也是孔门中祛魅精神最强烈的弟子。成年后，信人道，黜占卜，最终成为一位了不起的儒商。

此处，子贡提到，孔子具备了温、良、恭、俭、让这五种美德，因此人们乐于将本邦的国政告诉他。从出土资料来看，这五种美德中，有四种经常被提到。有一件古鼎铭云："温、良、圣、每（敏）[1]"，此处"温良"并称，与《论语》此处完全相同，可知为古人熟悉的用法。在上博楚简《郑子家丧》中有"将保其恭俭"，楚简《慎子曰恭俭》中也有"恭俭以立身"之说。可见，"恭俭"并称，也是一种在先秦时期流行的说法[2]。从考古资料来看，"温良"和"恭俭"既然有固定的搭配和用法，则可知为先秦时期习语。子贡以"温良"、"恭俭"叙述孔子的美德，也是当时的习惯称谓。

因此，这一条中不同于当时习语的，便是"让"。孔子对"让"的价值有高度的肯定，在《泰伯》中，孔子赞美泰伯是"至德"，因为他能做到"三以天下让"；在《里仁》中，孔子强调"不能以礼让为国，如礼何？"《先进》中，他笑子路"为国以礼，其言不让"；在《八佾》中，主张"君子无所争，必也，射乎！揖让而升，下而饮，其争也君子"。因此，子贡描述孔子这五条美德中，"让"又具有特别重要的价值，超越了当时固定习语中的"温良"和"恭俭"，这一点特别需要注意。

---

1 刘钊：《释愠》，见刘钊：《古文字考释丛稿》，岳麓书社，2005 年，第 152 页。
2 冯时：《〈郑子家丧〉与〈铎氏微〉》，《考古》2012 年第 2 期，第 77 页。

1.14 子曰："君子食无求饱，居无求安，敏（勉）于事而慎于言，就有道而正焉，可谓好学也已。"

君子应该"敏于事"，此"敏"字有快速、疾速之意，《里仁》也有"君子欲讷于言而敏于行"之说。有学者认为，"敏"训为疾速，不符合孔子的思想。如《子路》就有"毋欲速"之说。且《述而》"敏以求之者"刘宝楠《正义》云："敏，勉也"，意思是勤勉。且"敏"与"勉"的古音也可通，因此包括《里仁》处的"敏"也应该作"勉"，意为"多做事，少说话"[1]。李永也认为，《里仁》处的"敏"应当作"勉"[2]。应该说，训"敏"或"勉"于此句理解影响不大，但将训"勉"之说附记于此，可供读者参考。就笔者理解而言，"勉"更有"努力"的意思，而"敏"则更偏向速度，"勉"字含义更厚重，更符合君子的气质。孔子的意思，是君子不必太在意吃住，但应该勤勉做事，谨慎说话。

1.15 子贡曰："贫而无谄，富而无骄，何如？"子曰："可也，未若贫而乐，富而好礼者也。"

清代以来，阮元、武亿等学者，便根据皇侃本《论语义疏》认为《古论》中的孔子回答是"贫而乐道"，比传世本"贫而乐"多一个"道"字。现代学者如黄怀信先生亦从此说[3]。实际上，这个"道"字是衍生出来，在唐代晚期才固定下来，见于唐开成石经、敦煌本《集解》、日本皇侃《义疏》本、正平本、足利本、津藩本、天文本等。这个衍出"道"字的版

1　李亚明：《〈论语〉札记二则》，《古汉语研究》2003 年第 4 期，第 90 页。
2　李永：《〈论语〉札记二则》，《古籍整理研究学刊》2007 年第 2 期，第 89 页。
3　黄怀信：《论语汇校集释》上册，上海古籍出版社，2008 年，第 86—88 页。

一般常见于朝鲜、日本等国家。清代学者所主张的观点，恰恰是来自从日本回传的皇侃《义疏》[1]。在早期的中国材料中，均显示没有这个"道"字。如《礼记·坊记》："贫而好乐，富而好礼。"

上博楚简《颜渊问于孔子》简 13 有孔子云："贫而安乐。"[2] 这就极好地证明了，先秦原始材料中，没有那个"道"字，且很可能掉了一个字，原为"贫而好乐"或"贫而安乐"以与后面"富而好礼"四字对应，这恰恰也可以很好地回应黄怀信先生坚持"贫而乐道"才能与"富而好礼"对应之说。因此，"贫而乐"处当作"贫而好乐"或"贫而安乐"，笔者认为，竹简本"贫而安乐"似更佳。

关于子贡的出身，《荀子·大略》："子贡、季路，故鄙人也。"可知，子贡并非周代的国人等级，而是出身于边鄙的庶人。由于子贡的家乡卫国属于殷商旧畿，也有浓厚的商业氛围，因此不难推测他自幼以来便熟谙此道。"商人"、"商业"词汇的来源，便是商族人、殷商核心地区是擅长经商的商民族。《尚书·酒诰》说商民族的人"肇牵车牛远服贾，用孝养厥父母"，他们驾驶着牛车到远方经商，赚钱孝养自己的父母。商民族的祖先首领王亥、王恒等人，也是擅长经商的，《周易·大壮》、《旅卦》分别提到他们"丧羊于易"、"丧牛于易"，赶着牛羊四处经商，并因遭到有易部落的袭击而丧生。部族首领亲自经商，甚至为此而死，说明商民族有重视商业活动的传统。甲骨卜辞和商代金文材料显示，当时殷人有较繁多的商业活动。如"呼雀买，物呼雀买"（《合集》10976 正），

1　单承彬：《"贫而乐富而好礼"校证》，《孔子研究》2001 年第 3 期，第 117—120 页。
2　马承源主编：《上海博物馆藏战国楚竹书（八）》，上海古籍出版社，2011 年，第 156 页。

"其买"、"弗买"（《合集》11433、21776）等，都涉及商业买卖。甲骨卜辞中有"多贾"，见于宾组，历组中尤多。也有具体某地的商贾，如"亳贾"等。师组卜辞中，还记载商贾将龟甲引入商朝[1]。商代金文族徽中，有些是人背着贝串的图像，代表了以贸易为职业的氏族，以商贸为族徽，也显示了商业具有受人尊敬的社会地位[2]。殷墟发掘的郭家庄南 M1、M2，刘家庄 M2，殷西 M907、M1118，戚家庄 M63 等商贾墓葬，随葬青铜器都有"贾"字铭文。随葬成套青铜礼器，显现出作为商贾的墓主拥有一定的社会地位[3]。花东甲骨卜辞中，记载"子乎多贾见于妇好"（《花东》37），即大贵族"子"，介绍多名商贾，去面见女领主妇好，进行商业活动。

商朝灭亡以后，商王畿地区的遗民仍然擅长经商，如殷遗民的聚居中心洛阳，在周代发展为重要的商业中心，商贾众多。西周铜器《颂簋》铭文记载周王命颂"司成周贾，监司新造贾用宫御"（《集成》04332），可见殷遗民扎堆的成周商业十分活跃，因此周王专门指定人对此加以管理，并采买王室所需商品。《史记·货殖列传》说聚集了大批商族后裔的洛阳地区，商人"东贾齐、鲁，南贾梁、楚"，遍布各地，十分活跃。在一般民间，如原商王畿的卫国，商业活动也活跃，人们熟悉的《诗经·卫风·氓》，就描写当时卫地民间"抱布贸丝"的商业活动。而著名的儒商子贡就出生于卫，从小受到此种风俗的熏陶，对于商业和致富具有敏

---

1 李学勤：《兮甲盘与驹父盨》，见李学勤：《新出青铜器研究》，人民美术出版社，2014 年，第 122 页。
2 张光直：《中国考古学论文集》，生活·读书·新知三联书店，1999 年，第 382 页。
3 杜金鹏：《殷墟铁三路 89 号墓葬讨论》，《江汉考古》2024 年第 4 期，第 88 页。

感与天赋。

余英时先生推测，当子贡问这个问题时，"他必定要么已经富有，要么正在变得富有"[1]。换言之，子贡的这一问题，正是自己作为一名商人所关注的。朱注也曾推断，子贡可能早年贫寒，通过经商而致富，"故以此为问"。有意思的是，孔子的回答既肯定了贫而安乐的生活方式，同时也鼓励了商人的富而好礼。因为他一直主张先富而后教，富裕的生活更容易让人守护廉耻心，以及去追求"马斯洛需求层次理论"中那些更高层面的内容。平民精英在经济富裕之后，跻身于"士庶人"的阶层，逐渐开始以潜在贵族的标准定位自己，对于"礼"产生出浓厚兴趣。"礼"实际上是一种囊括了殷周时代各种贵族不成文习惯，以及各类社会治理中的习惯法之总称[2]。富而好礼，其实就已经上升到社会治理层面中的自然精英的身份自觉。

哈耶克（Friedrich August von Hayek）曾谈到，远古以来的人无法理解商业活动的实质。他们看到商业"贱买贵卖"，因此将其视为一种可怕的魔法。柏拉图与亚里士多德，都对商人表示藐视[3]。然而通过孔子与子贡这位成功商人的对话，显示出他对商业活动毫无蔑视之意。陈焕章早就注意到："孔子从未轻视商人，在汉朝以前，从未有孔教徒提倡重农抑商的政策。"[4]在孔子看来，贫而安乐是人的美德，经商致富也是好事，如果富商能培养"好礼"这一美德，则更为可嘉。

---

1 余英时：《商业文化与中国传统》，见余英时著，程嫩生、罗群等译：《人文与理性的中国》，上海古籍出版社，2007年，第276页。
2 李竞恒：《试论周礼与习惯法》，《天府新论》2017年第6期，第44—52页。
3 ［英］弗里德里希·奥古斯特·哈耶克著，冯克利、胡晋华等译：《致命的自负》，中国社会科学出版社，2011年，第101—102页。
4 陈焕章著，韩华译：《孔门理财学》，商务印书馆，2015年，第322页。

为政第二

2.1 子曰："为政以德，譬如北辰，居其所而众星共（拱）之。"

这句中，孔子以"北辰"之星来比喻好的政治，颇可玩味。先来看"北辰"这一星宿，古代天官称为"北极"、"极星"、"太一"、"太乙"、"泰一"等。先秦古人认为，天圆地方的宇宙北极极点，是永恒不变的。但李约瑟（Dr.Joseph Needham）的研究却发现，由于岁差的原因，不同时期的天极点有不同的位置。如公元前 2000 年初期，天极在天龙座 3067i，到了公元前 2000 年晚期，天极变成了天龙座 42 或 184，而到了公元前 1000 年的西周初期，则变成了小熊座 β，从此一直到战国秦汉，未加变动[1]。换言之，孔子所见到的"北辰"，并非天龙座诸星，而是小熊座 β 星。这一星称"太乙"，源自商汤死后的庙号，在东周的南方系统如楚国文献中，则继续保持着殷代的名称，而北方系统则称为"北极"、"北辰"[2]。

孔子作为殷人后裔，并未沿用殷代以来的传统，将北极星称为"太乙"，而是遵从了鲁国和宗周的传统，将其称为"北辰"，这与他对周代文化的推崇有关。尽管从现代天文学知识而言，中国上古的"北极星"在不断变化，但需要注意，在孔子时代人们的观念中，北极星是永恒不变的：它安静地安处于宇宙的极点，无所作为，而众多的星辰则围绕着

1　[英]李约瑟著，中国科学技术史翻译小组译：《中国科学技术史》第四卷《天学》第一分册，科学出版社，1975 年，第 200—205 页。
2　王晖：《商周文化比较研究》，人民出版社，2001 年，第 57—58、62 页。

它，如同拱卫一般。

孔子本人推崇、敬仰北极星，并以周文化的方式描述和赞美它。因为在孔子看来，好的政府，就应该如同这颗静默的北极星一样，实行"小政府、大社会"，不要对社会干涉太多，而应该尊重社会本身的自发秩序。在《卫灵公》中，他同样赞美了舜的政府，因为舜"恭己正南面而已矣"，能做到"无为而治"，政府的干涉最小化，这就叫"为政以德"。

有意思的是，孔子一直赞美静默不动的北极星——北辰。可是，到了汉代文献中，孔子却变成了崇拜北斗星之人，这背后就寓示着对儒学思想的改动。《太平御览》卷十四引《搜神记》："孔子修《春秋》，制《孝经》既成。孔子斋戒，向北斗星而拜，告备于天。"汉代纬书直接宣称"圣人受命，必顺斗"（《诗纬含神雾》），孔子受天命"为汉制法"，向北斗跪拜，正是对北斗的顺从。汉代文献中的北斗，一般指帝王皇权。《史记·天官书》："斗为帝车，运于中央"，司马贞《索隐》引宋均："言是大帝乘车巡狩"；纬书《春秋元命苞》也宣称"斗为帝令"，纬书《春秋说题辞》则强调"斗居天中而有威仪，王者法而备之"。在东汉的武梁祠石刻中，就表现了"大帝"乘坐北斗这一权力形象（图 2.1），臣子正在向这位高高在上的"大帝"跪拜。

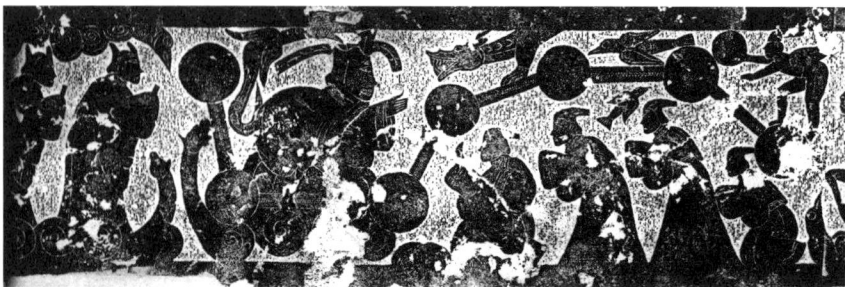

图 2.1　东汉武梁祠石刻中的北斗"大帝"，臣子们在君权面前俯首跪拜

北斗星不同于静寂沉默的北极星，它一年四季总是处于主动的变化之中。这变动的北斗星，如同秦汉专制主义无上崇高的皇权，既能封禅巡狩，又能修建万里长城，还能实行盐铁垄断专卖，或是穷兵黩武攻打匈奴，总之无所不为，无所不能。正如龚鹏程先生所言："北斗信仰在汉代有增强的趋势，其势甚至常凌驾或取代了北辰。……我推测，北斗地位之所以日趋重要，是由于汉儒的政治观强调君王施政的主动性。"[1]

北辰隐喻的政治，是国退民进；而北斗隐喻的政治，是国进民退。孔子本人，高度推崇前者的价值，主张小政府，大社会。而到了儒学法家化和君主专制日益强化的汉朝[2]，北斗崇拜取代了北辰的地位，孔子甚至被描述为向北斗这一帝王跪拜的形象。他修《春秋》、作《孝经》，成为了服务于北斗这一"大帝"的奴颜婢膝之行。汉儒的这一转换，显然严重扭曲了孔子的形象，这是非常需要注意的。

2.2 子曰："《诗》三百，一言以蔽之，曰'思无邪'。"

对于这一句的理解，人们一般解读为，孔子说《诗经》的全部内容，用一句话总结，叫没有邪念，没有歪的思想。这种理解，倒是很符合很多人想象中迂腐古板的"儒家"和"礼教"形象。但实际上，这并不符合古文字和训诂。

李零说《诗经·鲁颂·駉》篇中就多有"思无疆"、"思无期"、"思无邪"、"思无斁"等句子，其"思"多为虚词，没有实义。夏含夷

1　龚鹏程：《儒学新思》，北京大学出版社，2009年，第34页。
2　余英时：《中国思想传统的现代诠释》，江苏人民出版社，1989年，第91—104页。

最早考证，周原甲骨卜辞中的"田"就是"思"字。楚国占卜竹简上，这个字也写作思[1]。李学勤、王宇信在研究中发现周原甲骨中亦有"囟又正"、"并囟克事"、"大还囟不大追"等卜辞，其中"囟"字读为"斯"，"思"与"斯"相通，也有"惟"的意思，如《我行其野》"不思旧姻"在《白虎通》中引为"不惟旧因"。《师询簋》中"其万囟年"，与《诗·下武》中"于万斯年"相同[2]。在新发现姚河源城出土西周甲骨卜辞中，也有"曰：囟稼穑卜"的内容[3]。此一卜辞，替换为"惟稼穑卜"含义也相通，可见也有"惟"意。李学勤先生指出："读为'思'或'斯'的'囟'，在西周卜辞中多用在全辞最后一句，也有时用于单句构成的辞。"如"囟亡（无）咎"、"囟亡（无）眚"等[4]。普遍使用与"思"相通的"囟"字，是周人语言和周人甲骨卜辞中的常见现象，《诗经》中的各种"思无X"，也应当放置到这一背景中去理解。类似的"思无X"句式，也见于郭店楚简《语丛三》简49"思无疆，思无期，思无邪，思无不由我者"[5]。

关于"无邪"，清代以来严虞惇、陈奂等很多学者都指出，"邪"应该读为"徐"。"邪"字在郭店楚简《语丛三》中从丝从牙，古音以"牙"在鱼部，在上古音中"思无斁"的斁也与之同音义，可以解决古

1　李零：《丧家狗：我读〈论语〉》，山西人民出版社，2007年，第69—70页。

2　李学勤、王宇信：《周原卜辞选释》，见中山大学古文字研究室编：《古文字研究》第四辑，中华书局，1980年，第250—251页。

3　马强：《姚河源城址出土"稼穑"甲骨文及其相关问题》，《江汉考古》2023年第4期，第140页。

4　李学勤：《考古发现中的筮法》，见李学勤：《周易溯源》，巴蜀书社，2006年，第199页。

5　荆门市博物馆：《郭店楚墓竹简》，文物出版社，1998年，第211页。

来学者"无邪犹无斁"的问题[1]。"思无疆"、"思无期"、"思无邪"、"思无斁"这些都有无穷无止，没有尽头的意思。因此这句话的意思应该是，《诗三百》篇的内涵、意蕴，那是无穷无尽，没有尽头的啊。从上博楚简《孔子诗论》中可以看出，每一首诗都是有具体背景和含义的。但是《诗三百》的内涵，却可以无穷无尽，其原因就是因为周代封建贵族引用《诗》，在礼仪和外交场合，都是采用一种"断章取义"的方式。通过截取某首诗中的一些句子，进行各种打乱的排列组合，以及含义引申、借题发挥和再创作，就可以呈现出成千上万种含义不同的内容。如此含义丰富的经典用语宝库，自然是"思无邪"，其含义是可以无穷无尽的。

2.3 子曰："道之以政，齐之以刑，民免而无耻；道之以德，齐之以礼，有耻且格。"

"耻"字，定州汉墓竹简本《论语》作"佴"[2]。此段中，孔子讲到了两种不同的政治。第一种，是以行政和严刑峻法手段治国，第二种则是以德政和培育伦理为本的政治，二者导致的结果也不同。

如果以严刑峻法治国，民众或许在酷刑的威慑之下能免于刑罚，但这种政治却不能培养社会的公德，民众也不知道什么是耻辱。用王夫之的话说，就是"政刑烦而民之耻心荡然"[3]。越是繁剧地依靠官僚行政

1　康石佳：《"思无邪"诠释辨证八则》，《北京社会科学》2020年第8期，第35—36页。
2　河北省文物研究所定州汉墓竹简整理小组：《定州汉墓竹简〈论语〉》，文物出版社，1997年，第11页。
3　〔清〕王夫之著，舒士彦点校：《宋论》卷一，中华书局，1964年，第5页。

命令，以及"繁于秋荼，而网密于凝脂"的复杂成文法律令，而民间社会风气却越是荡然不知羞耻。在云梦秦简中可以看到，以法家专制主义立国的秦制，对社会实行高度严格、残酷的控制，在这个社会，民众被按照户籍制度束缚在土地上，终生不得自由迁徙，哪怕只是盗窃了不值一钱的桑叶，也会被判处 30 天的劳役[1]。这样的社会，正是典型的"道之以政，齐之以刑"，以官府的行政动员来掌管和指挥一切，以严酷的刑法作为国家与社会治理的唯一准绳。

民众长期生活在这样一种严酷控制的社会下，早已麻木为只会服从官府命令的机器人，所谓"甚畏有司而顺"（《荀子·强国》），很少违反法令。但这并不是因为他们德性有多高，恰恰相反，这些听令的秦民，是非常无耻，或者压根就没有"耻"这种概念的。针对严刑峻法以治国的思想，汉儒杜林就说"夫人情挫辱，则义节之风损；法防繁多，则苟免之行兴"（《后汉书·杜林传》）。这正是看到了，繁密的严刑峻法，根本无法培育节义和德性，而只会增加人们打擦边球，免于犯法的各类技巧。

可从秦国社会广泛流行的《日书》中可知，这个严刑峻法的社会，爹亲娘亲不如秦王亲，人民之间，即使是父母之亲，也不过是互相算计的关系。例如，在《病》中记载"甲乙有疾，父母为祟，得之肉，从东方来"（简 68 正贰）。可见，秦人相信，父母的鬼魂，为了骗得一点肉吃，就会对儿子作祟，让他生病。有时，生病则是因为祖父或祖母的鬼魂作

1　云梦秦简规定："有为故秦人出，削籍，上造以上为鬼薪，公士以下刑为城旦。"可见，如果帮助秦国人逃出国境，就会被判为奴隶，见睡虎地秦墓竹简整理小组：《睡虎地秦墓竹简》，文物出版社，1978 年，第 130 页。盗采桑叶被判处劳役，见同书第 154 页。

祟，这时用肉、雄鸡、索鱼、酒，就可以让他们不再作害[1]。贾谊写秦国社会的风俗是："借父耰鉏，虑有德色；母取箕帚，立而谇语。抱哺其子，与公并倨；妇姑不相说，则反唇而相讥"（贾谊《治安策》）。父母用了属于自己小家庭中的一点儿东西，立刻闲言碎语，抱怨得不可开交。妻子一边抱着小孩哺乳，一边以最不礼貌的姿势与公公坐在一起。有一点儿矛盾，婆媳之间便反唇相讥，互骂不已。"（秦）时不知德，惟爵是闻。故间阎以公乘侮其乡人，郎中以上爵傲其父兄"（《晋书·庾峻传》），在秦的乡村邻里之间，爵位比邻居高一点，就可以公开欺凌侮辱别人；而在家庭之中，爵位略高，则可以傲慢骄横地对待父亲和兄弟。更有甚者，秦法鼓励父子、兄弟互害，"以子诛父，以弟诛兄，亲戚相坐"，"至于骨肉相残，父子相背，兄弟相慢"（《盐铁论·周秦》）。云梦秦简《日书》乙种中，记载了大量秦人夫妻互相斗争和内耗的内容，表明这是秦人原子化小家庭生活的常态。如角宿，"娶妻，妻妒"（九七壹）。心宿，"娶妻，妻悍"（一〇〇壹）；"娶妻，妻多舌。生子，贫富半"（一〇二壹）。日书《嫁子》中，多有嫁到西南方向夫妻相斗，嫁到西北方向夫妻相斗，嫁到东北方向，夫妻相斗的记载（一九八—二〇〇）。

岳麓书院收藏秦简中，有一个秦统治下的案件《得之强与弃妻奸案》，可以窥见何为无耻民风：一个叫"得之"的秦隶臣抛弃了妻，后来一次遇到，便使用暴力"捽偃"和"殴"，将她强行拖到"里门"去强奸。这时遇到了一个叫"颠"的人，她向"颠"求救"救吾！"，但是"颠

1　王子今：《睡虎地秦简〈日书〉甲种疏证》，湖北教育出版社，2003年，第181—183页。

弗救，去，不知它"[1]。同一个社区的邻居，见到对方遭受暴力和强奸呼救，却只是冷漠地转过身去离开，这就是当时原子化社会的基本风貌。转身冷漠离去，确实也就远离了官府的"官司缠身"。从中也能看出，秦统治下民众，除了畏惧官府和法令之外，是完全不知德性、羞耻为何物的。

可以说，秦国这样实行高度专制和严刑峻法的社会下，普通人恐惧官府和严酷刑律，因此犯罪的概率并不非常高，此即"民免"。可是，正是这样一个"民免"的社会，人与人之间的关系，却最为无耻。父母、祖父母这样的至亲，也不过是为了一点酒肉就彼此冰冷地算计，互相谋害。家人之间没有爱，没有信任，也没有尊敬，只剩下赤裸裸的利益与家庭暴力。同一个社区的邻居之间，也没有信任与关爱，只有冷漠的眼神与算计。在严刑峻法的暴政下，社会伦理彻底溃败。这样的社会，只能培养专制国家对外扩张的战争炮灰——甚至这些炮灰之间也为了抢夺敌军的脑袋，而如同疯狗一样互相残杀[2]。这样的政治和社会，正是孔子最为反对的。

另一种，则是将德政与培育社会伦理作为根基的政治。在成都2010年年底发现的东汉《裴君碑》中说："民免有耻，囹圄虚旷。"[3] 可见，"有耻且格"的意思，就是"民免有耻，囹圄虚旷"。"格"字，在此处是"止"的意思，而非旧说所谓"正"。《小尔雅·广训》："格，止也。"《字汇·木部》："格，沮隔不行。"民止于刑法，也是免于刑法之意。好的政治，并非依靠严刑峻法来威慑民众不敢犯罪。那样的

1　朱汉民、陈松长主编：《岳麓书院藏秦简（叁）》，上海辞书出版社，2013 年，第 196—201 页。
2　睡虎地秦墓竹简整理小组：《睡虎地秦墓竹简》，文物出版社，1978 年，第 257—258 页。
3　赵超、赵久湘：《成都新出汉碑两种释读》，《文物》2012 年第 9 期，第 64 页。

社会，只能是一种刚性的控制，只有强大的政府，而没有发育健全的社会。这样的刚性秩序，非常容易在极短时间内崩溃。好的政治，一定能培育健全并有伦理基础的社会。在这样的社会下，民众止于刑法，并非因为他们畏惧，而是因为他们具备了社会伦理，懂得是非善恶。而只有一个具备了是非善恶伦常判断的社会，人们建立起公序良俗的秩序，才有最基本的社会自组织能力，而不需要被大秦官吏的鞭子管着。这种能够"有耻且格"的社会，才能长治久安，这才是孔子推崇的治道。

2.6 孟武伯问孝。子曰："父母唯其疾之忧。"

在《卫灵公》中，孟武伯这位大贵族，鲁国"三桓"中"孟孙氏"的家族首领，其实相当于就是一个小国的君主一样。他曾向孔子打听子路、冉求、公西赤这三名擅长行政的学生。《左传·哀公十七年》中还记载他向孔门弟子高柴打听会盟的问题。看来，孟武伯对孔门很有好感，对孔子的学生们也很有兴趣。孟武伯是孟懿子的儿子，据《史记·孔子世家》记载，其父孟懿子在小时候就曾向孔子求教和学习，所以孟武伯面对孔子，属于"孙子辈"了。这一"问孝"的时间背景中，孔子的年龄已经接近晚年，对于很多问题的思考与体悟，达到了人生中最醇厚的状态。

此处孟武伯向孔子请教"孝"，孔子说孝是"父母唯其疾之忧"。此句的理解有两种：一种认为，"父母"是"忧"的对象，孝子应该对父母的疾病常有忧虑，如王充、高诱即主此说[1]。另一种则认为，"父母"

1　程树德撰，程俊英、蒋见元点校：《论语集释》第一册，中华书局，2008 年，第 84 页。

是"忧"的发出者，而不是子女，主此说者有马融、朱熹、杨伯峻等。有现代学者用语言学方法，将此句进行过分析。引用《左传·襄公三年》"寡君将君是望"、《左传·昭公元年》"老夫罪戾是惧"、《国语·晋语三》"寡人其君是恶"等先秦语言材料，指出"寡君"、"老夫"、"寡人"等都是施事主语，因此《论语》此条中的"父母"亦是施事主语，是"忧"的发出者[1]。笔者认为，此说有语言学的实证基础，最为合理。因此，第二种观点是对的。孔子的意思是父母爱子女，总是担忧他们生病。子女也应该将心比心，"以父母之心为心"（朱注），既照顾好自己，也以父母忧虑自己之心那样忧虑父母。

对于"孝"，张祥龙先生有深入的思考。他指出在各种动物中，哪怕是人类的近亲黑猩猩、波诺波猿中，也没有任何与"孝"有关的证据。长期的研究表明以前很多被视为是人类独有的特点，如使用工具、自身意识、运用语言符号、政治权术等，其实在人类近亲的猩猩类动物中都有发现。但唯独"孝"这种现象，却是只见于人类（智人）之中，属于极其独特的一种现象。智人独有的"孝"，这与智人才具备的内在时间意识有关，通过养育子女，将本能记忆、内隐记忆中父母的养育与当下为人父母之养育，交织并感通起来，反复出现。此种人的意识本能的时间实现，构成了"孝"意识的时间触机。"孝心的出现，表明人的时间意识已经达到相当的深度与长度，能够做宏大尺度的内翻转"[2]。这种"父母唯其疾之忧"的心智代入感，也正是对于超长度时间之深刻体悟的能

1　杨逢彬、蒋重母：《〈论语〉词语考释五则》，《上海大学学报（社会科学版）》，2011年9月，第128—129页。

2　张祥龙：《家与孝：从中西间视野看》，生活·读书·新知三联书店，2017年，第104—106页。

力，是将本能记忆、内隐记忆中父母对于自己疾病之忧的意识，在时间纵深的维度中反复交织代入的能力。在反复超越时空维度中，实现"以父母之心为心"。

2.7　子游问孝。子曰："今之孝者，是谓能养，至于犬马；皆能有养，不敬（憼），何以别乎？"

此章的断句，涉及对原文的理解。杨逢彬先生从语言学的角度分析，发现对此章的断句，关键在于对古汉语中"至于"用法的理解。在《诗经·小雅·六月》、《小雅·小明》、《大雅·绵》、《左传·隐公元年》、《僖公二十三年》、《襄公三年》等大量文献证据表明，先秦语言中"至于"的用法，是"延及于"、"扩展到"、"甚至于"的意思。而汉代语言中，"至于"转变成了"说到"、"谈到"、"讲到"之意。所以，汉代以来至今多断句为"今之孝者，是谓能养。至于犬马，皆能有养；不敬，何以别乎？"如果按照先秦时代"至于"的用法理解，则此章当断句为："今之孝者，是谓能养，至于犬马；皆能有养，不敬，何以别乎？"意思是："现在的所谓孝，是说能够养活（爹妈），甚至连狗和马都能够饲养。若不心存敬畏地孝顺父母，那养活爹娘和饲养狗马有什么区别呢？"[1]

对于共同体成员之"养"，是人类的古老传统，也是从蒙昧走向文明最初的第一步。早在旧石器时代，人类就开始供养丧失了生存能力的伙伴与老人。在 Shanidar 遗址曾发现过一名大约 40 岁的男性尼安德特

1　杨逢彬：《〈论语〉"至于犬马皆能有养"解》，《长江学术》2012 年 2 期，第 96—101 页。

人，左眼部分失明，右臂自小就萎缩无用，脚趾骨上有裂缝，膝盖和髁部有关节炎。考古学家指出，如果没有别人对他的帮助和供养，像这种人是不可能活下去的[1]。可见，养活丧失生存能力的老弱，本来就是人类自野蛮蒙昧时代就具有的行为，是从野蛮走向文明的一项重要内容。而在理解父母、长辈的关系方面，人类曾长期满足于停留在提供食物或宴飨之"养"的水平上。非洲的布须曼人就认为，如果对祖灵的宴飨招待不周，祖灵就会通过隐形的箭给后辈带来疾病、死亡与不幸[2]。商代的甲骨卜辞显示，殷商王族理解的长辈、父母与后辈的关系，大致便是以降下灾祸为威胁手段，向儿孙们榨取吃喝——所谓"养"。上文中谈到秦简中反映的秦人社会，也与此颇为相似。

换言之，前轴心时代人类理解长辈与儿孙的关系，完全以吃喝之"养"为中心。长辈（或长辈之鬼魂）通过作祟向儿孙榨取吃喝，儿孙也通过向长辈提供"养"来换取保佑、平安。这种"养"，当然也是属于"孝"的一种比较原始和粗糙的形式。作为智人这个物种才具备的独有能力与现象，本身已经是一种重要的文化成就。但在这样一种水平和认识水平中，双方的关系中既没有太多的敬，也没有更多的爱和尊敬。孔子主张，要在"养"的基础之上，更上一层楼，将其提升到心灵和伦理的层次。

在中国文化史上，周人首先提出了"敬"的观念[3]。正如刘源先生

1　[英]科林·伦福儒、保罗·巴恩著，中国社会科学院考古研究所译：《考古学：理论、方法与实践》，文物出版社，2004 年，第 447 页。

2　Marjorie shostak, NISA: The life and words of a !Kung woman, Cambridge, Mass: Harvard University Press, 2000, P259.

3　徐复观：《评训诂学上的演绎法》，见徐复观：《中国思想史论集》，上海书店出版社，2005 年，第 178 页。

所总结："在周人的头脑中，祖先不是使人害怕的鬼魂，而是具有光荣功绩的典范"[1]，周人对祖先、父母的态度中，敬意已占有相当的分量——尽管周人也认为"神嗜饮食"（《诗·小雅·楚茨》），但饮食（养）已不再是主导祖孙、父子们的唯一要素。在周人的《诗经·小雅·蓼莪》中，西周的诗人已经在用心灵的感动，回忆起童年时"哀哀父母，生我劬劳"；"哀哀父母，生我劳瘁"的辛劳与记忆。诗人对于"孝"，发出了出自肺腑的感动与哀伤："父兮生我，母兮鞠我。抚我畜我，长我育我，顾我复我，出入腹我。欲报之德，昊天罔极！"这种对于"孝"的认知与感动，表明在西周时代那些受过教育的心智，已经早已不再停留于商代那种偏向于对父母之"养"或对祖先鬼魂作祟的恐惧，而是上升到了情感的层面。

在中山王方壶[2]、阜阳汉简《苍颉篇》中，"敬"就写作"憼"[3]。这个心字底，很好地表明了古人将"敬"理解为一种发自内心的心灵活动。因此，孔子强调的"敬"，恰恰是发扬了周代以来逐渐打破前轴心时代缺乏伦常感的文化，亲人间的关系不再是以获取饮食（养）为中心的冰冷计算，而是以心灵、伦理性的"敬"来取代此前非伦理的单纯饮食关系，实现了伦理的轴心突破。因此，对此章的理解，需要放置到世界轴心时代的大背景下去体会。正如雅斯贝斯（Karl Theodor Jaspers）在讨论轴心时代的意义时指出："与轴心期光辉的人性相比，以前最古老的

1　刘源：《商周祭祖礼研究》，商务印书馆，2004 年，第 281 页。
2　张守中：《中山王𧊒器文字编》，中华书局，1981 年，第 73 页。
3　阜阳汉简整理组：《阜阳汉简〈苍颉篇〉》，《文物》1983 年第 2 期，第 31 页。

文化十分陌生，似乎罩上了面纱，人仿佛仍未真正苏醒过来。"[1] 可以说，孔子发扬了周人以伦理性取代"吃喝关系"的古老蒙昧之"养"，让心灵、伦理的力量真正获胜，从而使人得以"苏醒过来"，其意义颇为深远。将旧石器时代晚期以来，智人早期文化中孕育出来的那种懵懵懂懂的"孝"的意识，提升和拔高到更高的心智阶段。

2.8 子夏问孝。子曰："色难（戁）。有事，弟子服其劳；有酒食，先生馔，曾是以为孝乎？"

对于"色难"的理解，历代注家几乎都将"难"字理解为"困难"的"难"，解释为和颜悦色侍奉双亲具有困难[2]。不过，黄群建先生认为，这里的"难"应该读为"戁"，并引《尔雅》、《诗经》、《荀子》等材料，指出"戁"的古义为惧、恐之意，意思是对父母双亲要有敬畏之貌[3]。笔者赞同黄说，先秦写本中，该字当为有心字部的"戁"，读音为 nǎn。有大量例子显示战国文字中一个字可以有后来两个或多个汉字的意思，而这些字多在汉代整理者手中被今文字形取代，造成字意的转变。战国文字中，就有一些心字部被混淆的例子[4]。

《说文·心部》："戁，敬也"，段注："敬者，肃也。"《字汇·心部》："戁，恭也。"在郭店楚简《性自命出》简 25 中有："则悸如也斯戁。"

1　［德］卡尔·雅斯贝斯著，魏楚雄、俞新天 译：《历史的起源与目标》，华夏出版社，1989 年，第 13 页。
2　程树德撰，程俊英、蒋见元点校：《论语集释》第一册，中华书局，2008 年，第 90 页。
3　黄群建：《〈论语〉札记三则》，《古汉语研究》1989 年第 2 期，第 48 页。
4　［美］夏含夷著，周博群等译：《重写中国古代文献》，上海古籍出版社，2012 年，第 28 页。

饶宗颐先生将该字读为"戁"，训为与"悌"意近的"敬"、"惧"、"恐"[1]。笔者认为，"戁"字虽有"惧"、"畏"、"恐"之意，但同时也有"敬（憼）"、"恭"、"肃"之意。这里的"色戁"，应该与前文的"不敬，何以别乎"对应，不能理解为面对双亲有恐怖、畏惧的神色，而应该理解为：面对双亲，应当有恭敬、肃穆的容貌。

子夏重视礼法的仪式、行为，重视礼法行为对人的约束、规范，而往往忽视了心灵方面的意义。在《子张》篇中，子游就曾对子夏及其门人只重视"洒扫、应对、进退"之类的仪式而忽略了心性的培育表示了批评。陈来曾借用韦伯（Max Weber）提出的"仪式伦理"与"心志伦理"的概念与区分，来讨论周代思想中的德行体系。仪式伦理重视专注于仪式、礼仪的行为，而不会深入思考这些行为的意义基础，正如子夏关注的"洒扫、应对、进退"以及"弟子服其劳，有酒食先生馔"等仪式性的行动[2]。仪式伦理关注的都是消极性、强制性的义务，而不会关注内心的动机、心灵的感动。陈来先生指出："一切较为成熟的伦理宗教解除了禁忌体系的消极的重负，发现了宗教义务的更为深刻的含义：这些义务不是强制的约束，而是新的积极的理想。"[3]

换言之，子夏对"孝"的认识，大致还停留在尚未真正成熟的非伦

1　饶宗颐：《涓子〈琴心〉考：由郭店雅琴谈老子门人的琴学》，《中国学术》2000年第1期，第7页。

2　"有酒食，先生馔"，描述了东周时代一般士人的饮食情况。上博楚简《天子建州》中记载，天子、邦君、大夫吃剩之后，士才能吃剩下的饭菜。实际上，《礼记》的《内则》中也有记载儿子和媳妇应该吃父母的剩饭。吃父母、主君的剩饭，是东周士人常见的饮食状况。见杨华：《古礼新研》，商务印书馆，2012年，第439页。因此，"有酒食，先生馔"只是当时的一种普遍情况，不是"孝"的核心精神。

3　陈来：《古代思想文化的世界：春秋时代的宗教、伦理与社会思想》，生活·读书·新知三联书店，2002年，第288页。

理型宗教认识水平上，认为"孝"只是包含了"弟子服其劳，有酒食，先生馔"等一系列消极强制责任的系统。而孔子强调了"色难"，则是针对子夏的认识，将对"孝"的理解，上升到韦伯所谓"心志伦理"的高度。"难"的心字底，很好地显示了"难"作为一种肃敬的心理，本身属于高级的心智范畴。孔子认为，只有发自内心的恭敬，才真正具有"孝"的道德意义，这种复杂的心志，通过"色难"展现出来。

可以说，西周发展出的所谓"周公之礼"本身是一系列的偏向消极责任与义务，而孔子对周礼的解释，使得以"仪式伦理"为中心的系统完成了轴心突破，向真正成熟的道德转型。"孝"不再被理解为一种消极、沉重的责任与义务，而是积极的理想与关注心性的心志伦理。

2.12 子曰："君子不器。"

"器"字，甲骨文中尚未见到，最初出现在西周的金文中，意思是指青铜器。在文献和金文中，可知当时的器物有多种称谓，如"吉器"（《仪礼·既夕礼》），"食器"（《尚书·旅獒》），"祼器"（《周礼·春官宗伯·郁人》）；金文则有"彝器"[1]、"宝尊器"、"尊器"、"念器"、"祥器"等[2]。从文献和出土资料来看，当时的"器"，有着非常具体的使用功能划分：如"祼器"，便是举行祼礼时所使用的礼器；如"食器"，便是专门用于饮食的器物；如金文的"祥器"，按照阮元的解释，则为丧礼大小祥之器用，诸如此类。

---

1 唐兰：《西周青铜器断代》，中华书局，1986 年，第 293 页。
2 杨树达：《积微居金文说》，上海古籍出版社，2007 年，第 288、219、339、359 页。

因此可知，在"器"字出现的周代，各种各样的专门之器分别有不同的功能划分，正如同现代的"小专家"一般，一个专门之"器"便对应了一种功能，一门"学问"。一件"器"，如果离开了自己所对应的功能、专业划分，便无所适从。孔子正是用自己所生活时代对于各种职能不同之"器"的定义，引申到人格养成的比喻之中。

孔子说，君子不器，意味着一位君子并不将自己限定为专门的器用之能，而是成为一种健全并充分发育的博雅人格。李泽厚先生将此种人格理解为"公共知识分子"（Public intellectuals）[1]；陈少明先生则将其视为"本身就是目的、价值"，反对"成为某种工具"[2]；李零亦指出"博通是为了追求道"[3]。几位学者对"君子不器"的解释均有不同侧面的倾向，或倾向于现实公共性，或倾向于知识的广博性，这些解释也都大致符合孔子的立意。也只有避免沦为"食器"、"裸器"、"祥器"等形形色色的小格局，成为发育健全的博雅人格这一前提下，才能够或者成就广博知识的积累，或者成就公共性的价值。

在殷周时代的文化背景下，国人阶层是属于"世其业"的群体。其中的贵族"世卿世禄"，儿子与子孙继承家族产业或官职。工匠、百工家族，也是"世其业"的。但是二者之间，又存在着一些区别。百工家族，其专业性特别强，所谓"工匠精神"显现出的就是一种"器"的特质。如"长勺氏"、"尾勺氏"之类就扎扎实实琢磨和继承做勺子的技艺，"陶氏"就认认真真琢磨陶器的制作工艺，"豢龙氏"就特别专业

1　李泽厚：《论语今读》，生活・读书・新知三联书店，2004 年，第 57 页。
2　陈少明：《说器》，《哲学研究》2005 年第 7 期，第 48 页。
3　李零：《丧家狗：我读〈论语〉》，山西人民出版社，2007 年，第 79 页。

地研究怎么把鳄鱼养好。这些百工家族的特质，正是"器"。然而殷周时期的军事贵族"君子"，其知识结构与人格特质，作为不同圈层的决策者，恰恰要突破百工性质的"器"，而做到"多才多艺"。贵族的技艺与能力，不但要包括"六艺"，还有"登高能赋，山川能祭，师旅能誓，丧纪能诔，作器能铭"等多种具体的技能和应对灵活多元的综合能力。因此，孔子推崇贵族的格局，鼓励平民精英不是拿百工一类的高级匠人做榜样，而是以"多才多艺"，具有复合型能力的贵族典范为榜样。

2.14 子曰："君子周而不比，小人比而不周。"

对于此句的理解，关键在"周"和"比"二字。

"周"字，金文作囲或田[1]，形如田制。徐中舒先生指出："囲象界划分明之农田，其中小点象禾稼之形。"[2]郑玄《易论》认为"周易"之"周"为"周普"之意，陆德明《周易音义》载："周，至也，遍也，备也"，"周易"的"周"。"周"字用法，有周全、普遍、周备之意，这些含义当最初起源于对农田形象的认识，即整齐周划的农田具有"周遍"之意，因此，可以引申为周全、普遍、遍及。即贵族人格的典范，要照顾到众多共同体成员的周全，但这种周全的关系是堂堂正正的，是让所有共同体成员能看见、能评判、能共享的，而非利益小圈子之团团伙伙。平民精英模仿贵族范，建设共同体，就要模仿这种"周"，而不是平民圈子中常见的那种"比"。

1　容庚：《金文编》，科学出版社，1959年，第57页。
2　徐中舒主编：《甲骨文字典》上册，四川辞书出版社，2005年，第94页。

"比"字，金文写作 ⸲⸲，字形与"跟从"的"从"字 ⸲⸲字形、含义均甚为接近[1]。日本学者白川静谈到，古文字"比"的字形会意为两人相从亲密、密切。因此，"周而不比"中"比"的意思是"只同一部分人关系密切"[2]。换言之，一位贵族君子的处世之道，是用周遍、周全所有人的方式，对一个族群或文化共同体之内的所有人接纳、开放，是一种具有公共性的开放之态。而平民亚文化中，小民庶人们的处世之道，则是只和自己私生活中一小部分人相从亲密，并且"好行小惠"，搞"宫斗"式的小团伙，重点在自己的私人领域，而缺乏义理厚度。

笔者认为，对于君子、小人处世之道的不同理解，需要考虑到周代语境中"君子"、"小人"的用法。吕思勉先生云："君子、小人，盖以士民为大界"[3]，周代社会实行国野制度，统治集团以城堡为据点，国君、大宗的宗族成员都属于广义的"君子"或称"国人"，"君子"首先是一种政治身份。而"小人"，则属于普通乡野村社组织中的普通农夫，属于被君子（国人）统治的民众。杜正胜研究周代君子、国人的政治生活，总结出这些城中的居民们享有相当的议政权利，具有较为充分的公共生活，议政的内容包括了国君废立、外交和战、国都迁徙等许多方面，因此，他将这样的组织称为"城邦"[4]。君子、小人最初本是一种身份，而不是道德概念转变。词性向道德概念，属于后起的意义延伸。

如果借用康德（Immanuel Kant）"积极公民"与"消极公民"的

1　容庚：《金文编》，科学出版社，1959 年，第 459—460 页。

2　［日］白川静著，苏冰译：《常用字解》，九州出版社，2010 年，第 368 页。

3　吕思勉：《先秦史》，上海古籍出版社，2006 年，第 271 页。

4　杜正胜：《周代城邦》，联经出版事业公司，1985 年，第 29—45 页。

概念划分，关注与所有人关系（周而不比）及公共生活的国人君子，属于周代的"积极公民"；而只关注私人密切关系（比而不周）与私人领域的小人，则属于"消极公民"。

在孔子的思想中，君子、小人的词性正在从原初的身份转向道德含义。周代社会中的贵族、国人君子更重视一个共同体中与所有人的普遍关系，庶民小人只与私人生活小圈子在私利层面发生关系。孔子并不主张身份世袭，也不反对庶民小人对私人领域的兴趣，但他仍然推崇贵族国人君子的价值观：积极关注共同体中的公共生活，在公共生活中关注与所有人的普遍关系。只有在一种君子性的普遍关系和公共生活中，人才得以实现人格的充分发育与心智的成熟健全。

2.15 子曰："学而不思则罔，思而不学则殆。"

于省吾先生曾考证，认为此句中的"罔"应当读为"忘"。理由是，东瀛古本《尚书》、敦煌《尚书》本都写作"亡"或宝盖头下面一个"亡"。甲骨、金文中，凡是经传"罔"训为无者，都写作"亡"，而古籍中"亡"、"忘"二字可以通假。又引《子张》"月无忘其所能，可谓好学也已矣"，证明学之贵在"无忘"。因此，此处原文"罔"当作"忘"[1]。

于省吾先生是著名古文字学家，对古代文献流传与古文字字体的演变关系，有深厚的学养与独特心得。此处"罔"是否当作"忘"，笔者尚不能确定。在此提供省吾先生的观点，以备博雅君子参考。如果此说成立，则"学而不思则罔"的意思就变成了：学习而不思考就容易遗忘。

1　于省吾：《论语新证》，《社会科学战线》1980 年第 4 期，第 132—133 页。

这句话，一般可以引申为"知识与思考"、"学术与思想"、"考据与义理"、"狐狸与刺猬"这一类关于追求学问路径的探讨，孔子的态度是二者都需要，不可偏执一端。

2.16 子曰："攻乎异端，斯害也已！"

邢昺说"异端"是指"诸子百家之书"，朱熹则说"异端"是"如杨墨是也"。

此句中的核心是"异端"一词，从来被理解为孔子反对"异端思想"，因此而备受后人批评。

对于将此解释为孔子要攻"异端邪说"的观点，程树德质疑道："圣量至广，无所不容"，又怎么会去"攻乎异端"呢[1]？程树德的质疑，确实有道理：第一，如果说孔子在反对"杨墨"，但孔子是第一个打破"王官学"垄断的人，也正是通过孔子，才开创了后面的"百家言之新风气"[2]。换言之，在根本不存在所谓"异端"（百家言）的情况下，又何来"攻乎异端"？第二，孔子生活时代最符合"异端邪说"标准的，是那些具有道家思想的隐者。但通过《论语》记载可知，孔子对隐者颇为欣赏，从未有过所谓"攻乎异端"之事。更有趣的是，孔子的发小原壤，多有败坏礼俗的行为，《礼记·檀弓下》中甚至记载，孔子帮助原壤死去的母亲修治木椁，原壤还在木椁上唱歌，笑孔子的手"卷卷然而柔弱"（孔疏）。这首歌据学者考证，属于一首没有被收入"《诗》三百"的

1　程树德撰，程俊英、蒋见元点校：《论语集释》第一册，中华书局，2008 年，第 110 页。
2　钱穆：《孔子与〈春秋〉》，见钱穆：《两汉经学今古文平议》，商务印书馆，2003 年，第 279 页。

逸诗，是《狸首》中繁荣一章。其内容蕴含有在乐会时，神人不期而会的原始内蕴[1]。原壤这样行为，从者们都认为太过分，但孔子却并未去"攻乎异端"。

有些学者即使是试图为孔子辩护，但也仍然将"异端"解释为"异端邪说"或百家言之类。如李泽厚将此句解释为"攻击不同于你的异端学说，那反而是有危害的"，认为这"表现了儒学的宽容精神"[2]。李泽厚的说法，显然太过于牵强附会。其问题，就在于不理解历史背景，总认为孔子生活的时代存在着很多"异端邪说"。

实际上，早在清代，戴震就已经指出了，"端"是"头"的意思，"凡事有两头谓之异端"（孔广森《经学卮言》引）。现代学者谭承耕指出，"攻"在古代文献中的用法，是专治玉、石、金、木之攻，是"他山之石可以攻玉"中"攻"的意思。在此不能理解为"小子鸣鼓而攻之"的"攻"。清人戴震、宋翔凤都发现了，"异端"是指"两头"、"两端"。谭承耕认为，孔子讲的"两端"，就是"学"和"思"。一位君子应该像是攻玉一样仔细琢磨，调整好学和思的关系[3]。当然，也有可能是戴震所说，"言业精于专，兼攻两头，则为害耳"，指的是学习中要分清先后主次，不能同时"兼攻两头"。

无论是戴说、宋说还是谭说，解释虽有不同，但都认为"异端"是"两头"、"两端"之意，既符合先秦原始文献中的词汇用法，也符合孔子时代的历史背景。

1　胡宁：《原壤所歌：逸诗〈狸首〉考》，《历史研究》2014 年第 4 期，第 178—188 页。
2　李泽厚：《论语今读》，生活·读书·新知三联书店，2004 年，第 60 页。
3　谭承耕：《〈论语〉考释两则》，《古汉语研究》1989 年 3 期，第 50 页。

2.19 哀公问曰："何为则民服？"孔子对曰："举直错（措）诸枉，则民服；举枉错（措）诸直，则民不服。"

此句中的"错"，实际上是"措"字。中山王𧊒壶铭文有"进𢍰（贤）散（措）能"之语。张政烺先生引郑玄注《论语》"措，犹投也。谓投之于枉者之上位"。中山王壶的铭文意思是，能将贤者、能者投之于上位。由铭文可知，"措"的意思，与"进贤"的"进"相似[1]。

此句的理解中，容易困惑之处在于，孔子说"举直错诸枉"，字面意思大致为推举正直之士，舍弃败坏之人。这样，"错（措）"就很容易被理解为"举"字的反义词，如朱注就认为"错"是"拾置也"。可是，如果"错（措）"是"举"的反义词，那么又如何理解中山王壶中所说的"进贤措能"？那岂不成了在歌颂舍弃有能力的贤人了？因此，对此处的误读，恰恰是因为缺乏对古文字用法的知识。

正如张政烺先生所揭示的，"错（措）"字是使动用法，意思是"将……置于……之上"。"错（措）"的意思不是"举"的反义词，而是近义词。所以，孔子原话的意思是，要举用正直之士，将他们置于恶枉者们之上，这样民众才会信服。

2.22 子曰："人而无信，不知其可也。大车无輗，小车无軏，其何以行之哉？"

孔子讲到了信义对人的重要，在此举了车马器物的例子。大车的一

1　张政烺：《中山王壶及鼎铭考释》，见《张政烺文集·甲骨金文与商周史研究》，中华书局，2012年，第316页。

个构件叫"輗"，小车的
一个构件叫"軏"。东周
齐印中有"大车之玺"[1]，
当为管理"大车"之职。
由此可知，东周车制中确

图 2.2　山东长岛出土的东周铜鉴刻纹

有"大车"。郑玄的注认为，"大车"即"百（柏）车"，"小车"即
"羊车"[2]，此说与朱注颇为不同。东周使用车的形象（图 2.2），见于
山东长岛出土的东周铜鉴刻纹[3]。

如果大车没有"輗"，小车没有"軏"，都不能行驶。"輗"、"軏"
为何物？《说文·车部》："輗，大车辕端以持衡者也。"段注："辕
与衡相接之关键也。"在曾侯乙墓出土遣策竹简 76、120 中有"𨏥"的
记载，根据《说文》，"𨏥"是"輗"的异体，"𨏥"即古书中所谓"軿
輗"车[4]。过去，学者曾长期将"軿輗"看作是连接车盖杠上节和下节
的铜管箍，但通过对古代文献的仔细分析，此物乃是"车轵中央或车舆
某处用于括约固定盖杠的环或环形构件"[5]。

东周时有"軿輗"车，则"輗"为此车的重要构件。根据学者研究，"輗"
可以是固定车上伞盖杠杆的环形构件，也就是衔接固定的一处关键零件。

1　陈光田：《战国玺印分域研究》，岳麓书社，2009 年，第 44 页。
2　王素：《唐写本论语郑氏注及其研究》，文物出版社，1991 年，第 14 页。笔者案，郑玄
所谓"羊车"，在殷墟郭家庄就曾发现过两只用于拉车的羊，见中国社会科学院考古研究所：《安
阳殷墟郭家庄商代墓葬：1982 年—1992 年考古发掘报告》，中国大百科全书出版社，1998 年，
第 158 页。而在曾侯乙墓出土竹简 275 号，则记载了"一乘羊车"，整理者认为这就是《礼记·曲
礼》中的"祥车"。究竟是以羊拉车，还是作为"葬之乘车"的"祥车"，尚不能确定。
3　孙机：《中国古舆服论丛》，文物出版社，2001 年，第 11 页。
4　萧圣中：《曾侯乙墓竹简释文补正暨车马制度研究》，科学出版社，2011 年，第 184 页。
5　汪少华：《"軿輗"考：〈考工记〉名物考证之一》，《语言研究》2002 年第 4 期，第 62 页。

根据《说文》段注，"輗"为车前端车辕与车衡木衔接的关键零件，而"辌輗"则为固定盖杠的重要零件。因此，"輗"字的重要特征，乃是衔接车辆不同部位的关键零件，如果没有这一零件，车辆就无法运作。

"軏"字，朱注认为是"辕端上曲，钩衡以驾马者"。清人戴震则在《释车》中说"辀端持衡其关键名軏"。那么，什么是"辀"？《说文》"轩，曲辀藩车也。"段注："小车谓之辀，大车谓之辕。"可见，"辀"是小车的车辕。包山楚简 270 中有"彫敨"，即"彫辀"。《周礼·冬官·辀人》孙诒让《正义》："小车曲辀……大车直辕。"可知，小车的车辕"辀"是弯曲的，这在考古资料中亦有所见。湖北江陵天星观楚墓出土的木车辀就是弯曲的[1]（图 2.3）。由此可知，"軏"是小车曲形车辕"辀"与衡木端头衔接的关键零件，朱注混淆了"辕"和"辀"的区别。当然，"軏"与"輗"的功能非常相似，都是衔接车辆重要部位的核心零件。

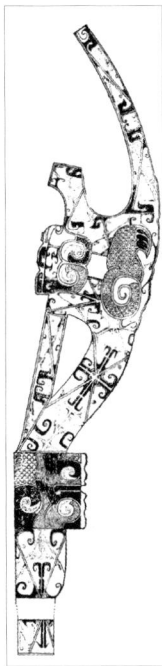

图 2.3　湖北江陵天星观楚墓出土之曲辀

综合起来看，"輗"的用法要丰富一些，既指大车车辕与衡木衔接的零件，也指固定伞盖杠杆的环形零件。"軏"则专指小车的弯曲形车辕"辀"与衡木衔接的销钉类零件。这些部位，是车辆得以运转的重要部件，如果缺失，车辆就无法正常运行。

这些对车辆部件的知识，应当属于当时人们的日常常识，因此孔子

1　湖北省荆州地区博物馆：《江陵天星观一号楚墓》，《考古学报》1982 年第 1 期，第 90 页。

才用这些零件部位打比方，说如果人没有信义，就像是车辆没有这些重要零部件一样，根本无法正常运转。

2.23 子张曰："十世可知也？"子曰："殷因于夏礼，所损益，可知也；周因于殷礼，所损益，可知也；其或继周者，虽百世可知也。"

孔子的晚期弟子子张，向孔子请教"十世"之后的情况，是否可知。若以三十年为一"世"，那么子张就是询问预测三百年后的世界。孔子告诉他，社会与历史的演进，虽然存在各种变革与"损益"，但仍然有一以贯之的那种不变的自发秩序。"虽百世可知"，就算是三千年后的基本概况，也是能大概不变的。无论器物、技术如何变迁，但私有制的产权、家庭作为社会最基本的细胞，父母有教育子女的义务，子女有赡养和照顾父母的责任，陌生人之间通过市场经济进行分工协作等情况，其实在这两千多年后，仍然是一以贯之的。

在孔子生活的时代，人们都相信"三代"中的夏是一个真实存在的王朝，他的创始者禹被孔子称赞为"吾无间然矣"（《泰伯》）。但在中国现代学术建立的过程中，由于白鸟库吉"尧舜禹抹杀论"的影响与疑古思潮的大背景，夏代的存在受到了质疑与否定。顾颉刚怀疑夏禹为青铜器上的虫纹，古史辩的杨宽认为"夏史大部为周人依据东西神话辗转演述而成者"[1]；陈梦家则认为"夏世即商世"，夏王即商先王[2]。当代海外学者许倬云认为："我个人认为夏不是一个朝代，夏是周人的投影，

1　杨宽：《中国上古史导论》，见《古史辨》第七册上，上海古籍出版社，1982 年，第 281 页。
2　陈梦家：《商代的神话与巫术》，《燕京学报》第 20 期，第 491—497 页。

投射过去的，使他自己的政权合法化。"[1] 日本学者白川静也认为"迄今仍无法确证夏王朝的真实性"[2]。

关于夏王朝的历史存在，西方学术界多持否定态度，或以夏代为周人杜撰出来的一个历史的"倒影"[3]。由于涉及学术范式与方法论背景的差异，长期以来，对于文献中"夏"是否为真实历史王朝的争议，尤其体现在国内学界与国际汉学的分歧之上。李零表述为："有人说凡是黄皮肤的都说'有夏'，白皮肤的都说'无夏'。可见这才是'古史'拉锯战的前沿"[4]。当然，在国内受过早期教育的学者，则普遍将二里头遗址视为"夏代晚期"遗存，肯定夏的历史存在[5]。也有一些学者持保留态度，如张光直、蒲慕州、许宏、刘莉、吴锐等，既不肯定有夏，也不忙于否定夏的存在[6]。

笔者认为，传世文献中的夏王朝之存在，不能轻易加以否定。所谓夏朝是周人"发明"出来的一段历史之说，似乎过于强调社会中某种人群主观理性设计的力量。实际上，哈耶克曾批评考古学家柴尔德《人

1　许倬云口述，李怀宇撰写：《许倬云谈话录》，广西师范大学出版社，2010年，第55页。但许倬云先生的弟子邢义田先生，不从师说，主张有夏。他认为："自河南偃师二里头遗址发现以后，传说中的夏朝已非子虚"，见邢义田：《天下一家：皇帝、官僚与社会》，中华书局，2011年，第85页。

2　[日]白川静著，加地伸行、范月娇译：《中国古代文化》，文津出版社，1983年，第29页。

3　[英]艾兰著，汪涛译：《龟之谜：商代神话、祭祀、艺术和宇宙观研究》，四川人民出版社，1992年，第80页。

4　李零：《说考古"围城"》，《读书》1996年第12期，第9页。

5　Li Liu and Xingcan Chen, Sociopolitical Change from Neolithic to Bronze Age China, Edited by Miriam T.Stark: Archaeology of Asia, Blackwell Publishing, 2006, P163.

6　李永迪：《与张光直先生谈夏文化考古》，见《四海为家：追念考古学家张光直》，生活·读书·新知三联书店，2002年，第181页；许宏、刘莉：《关于二里头遗址的省思》，《文物》2008年第1期，第50页；蒲慕州：《墓葬与生死：中国古代宗教之省思》，联经出版事业公司，1993年，第39页；吴锐：《中国思想的起源》第二卷，山东教育出版社，2002年，第531页。

创造了自己》一书，因为柴尔德相信，通过人类的理性可以创造出一种革命性或支配性的新的积极力量，理性可以自觉地设计社会与历史进程[1]。而实际上，哈耶克认为，历史与社会的演进过程高度复杂，是一种类似于自然法则一般的自发秩序，natural 一词的拉丁语词根和希腊语中同义词physical的词根，原意都是来自描述各种成长现象的动词。传统的、自发演化而来的历史、道德，完全是自然的而非人为的。因此，古人不可能运用现代人的"理性设计"，通过有意识地主观设计，大规模的理性建构，去编造一个王朝，创造一段子虚乌有的历史，来服务于现实的政治需要。中国文化有漫长的历史传统，延绵不绝的历史记忆与历史书写，正是中国本土文明自发秩序传统中的一部分。用理性编造一段"历史"，只不过是现代理性主义者自己思维的古代投射而已，夏朝的存在，不可能是子虚乌有，理性"发明"的结果。

正如张国硕先生所说，周初距离夏代不过五六百年时间，犹如今人谈明、清王朝，不必借助文献，仅靠口头传承，一般人甚至文盲也能略知一二。周人不可能凭空绕开这些在一般社会中印象深刻的历史记忆，而去"杜撰"出一个王朝出来[2]。所谓文明突然在商朝出现"大爆发"，实现了各项领域的革命性突破，这正是哈耶克批评柴尔德强调人类历史中各种"革命突破"——诸如农业革命、城市革命之类的思路。

在这个前提下，孔子说"殷因于夏礼"，"周因于殷礼"，就是

1　[英]弗里德里希·奥古斯特·哈耶克著，冯克利、胡晋华等译：《致命的自负》，中国社会科学出版社，2011年，第20—21页。
2　张国硕：《"周代杜撰夏王朝说"考辨》，见张国硕：《先秦历史与考古研究》，科学出版社，2016年，第164页。

从历史角度讲述那种自发秩序的一以贯之。考古学家吉德炜（David N. Keightley）总结道，周代精英提供了新的意识形态及社会结构的提升，但仍然高度基于商代的传统。商代是中国文化形成的重要祖源[1]。王爱和也谈到，"周人并没有抛弃商的传统。相反，他们继承了商人的大多数宗教观念和礼仪习俗，包括祭祀祖先、上帝的概念，以及四方的概念，以此作为他们政权合法的基础"[2]。

冯时先生举了一个实例，来证明周礼与殷礼的传承关系。在周初殷遗民的我方鼎铭文中，竟完整地记载了关于启殡到埋葬过程中朝庙奠、祖奠、大遣奠、包奠、读赗等诸古礼，仪节完整，能够与后世儒家文献全部印证[3]。周初殷遗民坚守的殷礼，竟能与后世古儒文献一一印证，这本身就是一个很好的例子，可以说明殷周之间礼制、文化的连续性。《礼记·王制》记载养老之礼："夏后氏以飨礼，殷人以食礼，周人修而兼用之"，可见周人的礼俗中吸收了夏商两代的内容。《尚书·康诰》"兹殷罚有伦"，孔颖达疏："殷家刑法有伦理者兼用之"，"又周承于殷后，刑书相因，故兼用其有理者。"《礼记·礼器》记载三代用尸之礼："夏立尸而卒祭，殷坐尸，周旅酬六尸。"孔疏："周旅酬六尸者，此周因殷而益之也。"

周代礼乐文化并非凭空产生，而是在继承和吸纳了商代文化传统的基础之上，有所损益，逐渐形成的新传统。孔子认为，无论怎样新起的

1　David N. Keightley, The Ancestral Landscape:Time, space, and Community in Late Shang China. ca.1200—1045B.C.Institute of East Asian Studies, University of California, Berkeley, 2000, P129.

2　王爱和著，〔美〕金蕾、徐峰译，徐峰校：《中国古代宇宙观与政治文化》，上海古籍出版社，2011年，第79页。

3　冯时：《我方鼎铭文与西周丧奠礼》，《考古学报》2013年第2期，第185—210页。

制度、文化，都是在以前旧有基础之上发展、积累和损益的结果。"其或继周者，虽百世可知也"，乃是对未来的预测。正因为人类无法通过所谓"伟大的理性"、"突发的力量"、"根本的断裂"来彻底断绝与过去、传统的联系，去创造"新天新地"，在"白纸上画出最美的图画"。因此，孔子认识到人类历史的发展，只能是如同周文化是在商文化基础之上点滴积累、温和渐进、有所损益的历史那样，而不可能是去彻底破坏原有秩序之后再去凭空创造一个"新天新地"。所以，继承了周代制度文化的未来朝代，以至于非常遥远的未来（百世），都仍然会在继承中国社会与文化传统这一最基本的自发框架内发展。

孔子对政治文化的理解，对现代人的政治文化同样具有非常重要的意义。哈耶克强调："可以合理地把任何自发成长的、不是由某个头脑特意设计的东西一概称为'自然的'。从这个意义上说，我们传统的、自发演化而来的道德规范，完全是自然的而非人为的，因此把这些传统规则称为'自然法则'（natural law）也许没有什么不妥。"[1]孔子"百世可知"的传统连续性，正是自然生发成长的自发秩序。哈耶克第一位中国嫡传弟子周德伟先生，也正是从这个角度理解孔子这句话的[2]。现代极权的残酷教训，恰恰使我们能更深刻地意识到"想在世界上建立天堂的人，都把地球弄成地狱"[3]。追求"人间天国"、"新天新地"的

1　[英]弗里德里希·奥古斯特·哈耶克著，冯克利、胡晋华等译：《致命的自负》，中国社会科学出版社，2011年，第163页。

2　周德伟：《哈耶克的自由哲学与中国的圣学》，见《周德伟论哈耶克》，北京大学出版社，2005年，第125页。

3　[英]卡尔·波普尔著，王凌霄译：《二十世纪的教训：卡尔·波普尔访谈演讲录》，广西师范大学出版社，2004年，第138页。

思潮和实践，只能给人类带来最深重的灾难。要在人间建立"新天新地"的思想，就必然意味着对自发演化的传统进行颠覆，妄图在破坏一切旧传统的废墟上去建立天国的乌托邦。追求人间天国的狂妄激进主义，最终只能给人间带来地狱般的结果。

　　文明是一点一滴，数千年缓慢积累、逐渐生长的结果。文明的存在与发展，只能是在传统自发秩序的基础上，渐进"损益"而行，就如同商文化在夏文化的基本框架内产生，在商文化的结构与传统上又逐渐生成周代文化，即所谓"周因于殷礼"。这种缓慢演进的基本结构，一直到现代社会，其实仍然是一以贯之的。孔子的观点，对于现代文明同样具有深刻的意义。只有理解了这一点，才能真正领会自由与传统文化的关系。

2.24 子曰：非其鬼而祭之，谄也。

　　法国历史学家库朗热（Fustel de Coulanges）早就发现，古希腊、罗马社会的宗教是家族组织的最基本原则，宗教也是城邦的基础[1]。古希腊、罗马的家族组织，也各有其家火崇拜、祖先和家人的墓地区域。在祭祀方面，也严格遵循拒绝"非其鬼而祭之"的行为。其实在很多方面，传统"西方"和"中国"之间，没有那么多想象中的"巨大文化差异"。

　　同样，中国古代政治也是若干个世系久远的家族组织联合体，祭祀是国家和家族的核心。所谓"国之大事，在祀与戎"（《左传·成公十三年》）。

1　［法］库朗热著，谭立铸等译：《古代城邦：古希腊罗马祭祀、权利和政制研究》，华东师范大学出版社，2006年，第31—32页、145—155页。

先秦时代如果要建造宫室建筑，首先就需要建造祭祀祖先的宗庙，然后才是马厩和仓库，最后才是自己的居室。而器物的生产则需要以祭器为先，最后再生产生活用具[1]。因此，对祖先之鬼魂的祭祀，是家族和政治生活的核心事件。

《左传·成公十年》记载晋国杀死赵氏之裔后，赵氏祖先的大鬼便对晋侯作祟，导致了晋侯之死。《左传·昭公七年》也记载了贵族伯有的鬼魂四处作祟，执政的子产立伯有之子主持祭祀，鬼魂便不再作祟。在先秦时代的人看来，"假如某个诸侯的祖先一直接受着自己祖孙的祭祀，而你却消灭了这个国家，同时也消灭了执行祭祀活动的子孙，那么，从此你就得面对厉鬼作祟的恐怖"[2]。因此，古代政治的稳定，在古人看来完全取决于祭祀。每一个家族都对应着对自己祖先鬼魂的祭祀，如此则天下自然安定无事。

祖先的鬼魂关注自己家族的传承，一般来说，也只接受自己子孙所提供的祭祀。《左传·僖公十年》"神不歆非类，民不祀非族"，说的正是此意。在一个组织良好，井然有序的古代政治结构中，应该是每一个家族都祭祀自己的祖先，既没有家族因绝灭而导致其祖先成为作祟的厉鬼，也没有家族超越自己的义务，出于谄媚去讨好别的家族之鬼，这样的政治结构，才堪称符合于礼，否则便是对礼俗的破坏。所以，《礼记·曲礼下》中说："非其所祭而祭之，名曰淫祀，淫祀

1　《礼记·曲礼下》："君子将营宫室，宗庙为先，厩库为次，居室为后。凡家造，祭器为先，牺赋为次，养器为后。"

2　[日]高木智见著，何晓毅译：《先秦社会与思想：试论中国文化的核心》，上海古籍出版社，2011年，第119页。

无福。"

此处，孔子主张每一个家族祭祀自己的祖先即可，反对出于各种理由去祭祀别人的祖先。换言之，每一个小共同体各自具有权利和义务的边界，无论出于什么样的理由去僭越这一界限，都是对既定秩序的破坏。此种超越边界的谄媚不仅仅是私德的败坏，更是对公共生活的败坏。

见义不为，无勇也。

郑玄认为，"见义不为"指的是"见君亲有危难之事"[1]。清人刘宝楠《正义》认为此处所说的"见义不为"，必是有所指。具体所指，可能是季氏对泰山之神进行的祭祀，因为这一祭祀违背了礼制[2]。程树德也说，前人认为此处的"鬼"只能是人鬼，而不能是山水之神。但这里的"鬼"也可以是通指淫祀，"不专言人鬼"[3]。如果按照这种说法，则季氏对泰山之神的祭祀，也就是"非其鬼而祭之"了。孔子批评季氏家臣冉有不能阻止此事，即属于"见义不为，无勇也"。

笔者认为，此处无论作何种语境的阐释，至少都可知孔子对"勇为"精神的推崇。《卫灵公》篇中，孔子讲过："志士仁人，无求生以害仁，有杀身以成仁。"对"杀身成仁"的要求对象，是"志士仁人"，是一个社会的精英，而不是普通民众（庶人、小人、野人）。作为精英，需要比普通人具备更多的美德，德性的要求也在普通人之上。因此，精英应当为了美德和正义而奋斗，甚至可以杀身成仁，这是原始儒学的最基

1　王素：《唐写本论语郑氏注及其研究》，文物出版社，1991 年，第 14 页。

2　〔清〕刘宝楠撰，高流水点校：《论语正义》上册，中华书局，2007 年，第 74 页。

3　程树德撰，程俊英、蒋见元点校：《论语集释》第一册，中华书局，2008 年，第 133 页。

本价值观之一。为了捍卫正义的价值，精英应当见义勇为。孔子反对无意义的勇猛行为，诸如"暴虎冯河"之类。因为这些看似勇猛的行为，背后并不具有任何道德价值。只有为了正义而做出牺牲的勇敢行动，才是真正高贵的美德。这种意义上的"勇"，才构成一种价值。

八佾第三

3.1 孔子谓季氏："八佾舞于庭，是可忍也，孰不可忍也？"

"八佾"是一种舞蹈（图3.1）。于省吾先生就曾指出，在上古音的声母系统中，喻母四等字古读定母，同时喻母四等字有的古也读为来母[1]。"佾"属于喻母四等，"列"属于来母，因此"佾"和"列"古音相通。"八佾"就是"八列"，即每列有八人的舞蹈队形。程石泉引董作宾对甲骨"翌"字的分析，认为"翌"即"佾"，是羽毛的形状，"八佾"就是八个人持羽毛跳舞[2]。"佾"应该是兼有古音、意的双重含义，为八列持羽毛跳舞的队形。

清人陈立归纳，以《公羊》、《穀梁》为代表的今文经学认为，天子使用"八佾"之舞，公爵使用六佾之舞，侯爵使用四佾之舞；古文经则认为天子使用"八佾"之舞，诸侯使用六佾，大夫使用四佾，士等级使用二佾[3]。朱注与后者观点相同，可知朱熹对"八佾"的理解采用了古文经学

图3.1 明代古书《阙里志》中记载的成化时期"八佾舞图"

---

1 于省吾：《甲骨文字释林》，中华书局，2009年，第149—150页。
2 程石泉：《论语读训》，上海古籍出版社，2005年，第24页。
3 〔清〕陈立疏证，吴则虞点校：《白虎通疏证》上册，中华书局，2007年，第104页。

的观点。但无论怎样，今文、古文都同意，"八佾"这种舞蹈，只能是专属于周天子的礼仪。"八佾"由八列舞者构成，每一列有八位舞者，一共为六十四人的方阵。

此处的"季氏"，李零认为可能是季平子[1]。一个诸侯国大夫使用天子的礼乐，僭越了礼制。在周代礼仪中，八佾的舞蹈方阵在中廷内表演。1999 年秋至 2000 年，周原考古队在陕西扶风云塘发现的西周宗庙遗址，主体建筑前有一长 24 米，宽约 10 米的庭院[2]。可以推知，周王的八佾，诸侯的六佾之类舞蹈，就是在这类建筑的庭院中举行的。

按照礼乐制度，季平子在自己的中廷内最多只能使用四佾（古文说四佾，如果从今文说，则不及四佾）。可是，东周以来礼崩乐坏，陪臣执国命。季平子这样的诸侯之臣，也敢于使用周天子的礼制，公开使用八佾之舞。对此，孔子认为不能忍受。

为什么孔子对礼仪系统的破坏感到如此不可接受？政治的合法性，必须基于源自某种古老习俗与礼仪的共识，此种人人皆认可和遵循的礼俗，虽不是成文法律，却是支撑起公共秩序与政治合法性的基石。或者说，人们都尊重和敬畏这种不成文的礼俗之法，才更有可能守护古老的自由。在前现代政治中，这一点显得尤为突出，而现代政治则将此基于神意般的礼俗代之以人为约定和世俗生活[3]。对于现代的政治而言，各种进步主义要消灭传统礼俗，要理解孔子时代的"八佾"问题，就必须回归前

1　李零：《丧家狗：我读〈论语〉》，山西人民出版社，2007 年，第 87 页。
2　徐良高、王巍：《陕西扶风云塘西周建筑基址的初步认识》，《考古》2002 年第 9 期，第 27—35 页。
3　［美］列奥·施特劳斯著，申彤译：《霍布斯的政治哲学》，译林出版社，2008 年，第 155 页。

现代的视野和问题意识。对于当时的政治而言，其合法性必须诉诸古老的礼俗。天子用八佾，诸侯用X佾、陪臣用Y佾（佾数今古文解释不同），这些都是不必通过理性和知识进行论证，只需要这样做，政治就是合法的。而一旦破坏这种基于传统礼俗的秩序，损害其象征物的等级结构，就会意味着整个公共政治稳定的基础被抽空了。一旦如此，政治就不再是基于礼俗—道德合法性的公共场域，而将转变为野心家、政客、军头、僭主们赤裸的野蛮角逐，由拳头的力度决定一切是非。因此，孔子不能忍受的，就是政治合法性的丧失，最终导致社会沦为弱肉强食的"自然状态"。

3.2　三家者以《雍》彻。子曰："相维辟公，天子穆穆"，奚取于三家之堂？

《雍》本来是《诗经·周颂》中的一首祭祀用诗。《毛诗》认为是"禘大祖也"，"雍"这首诗名当与祭祀有关。甲骨文有"雝"，隶作"雍"，有用作祭祀之称。周代金文中，也有"以雍宾客"的说法。于省吾考证，"雍"可通"饔"，"乃进熟食以祭"[1]。金文中的"饔"，杨树达指出，"鼎铭中用为动词"[2]，也是与祭祀程序有关。《周礼·天官冢宰》中有"外饔"，乃是"掌外祭祀及邦飨孤子耆老割烹"，此"饔"作为职名，当与掌管祭祀的"雍"原初含义有关。

"彻"字，李零先生指出，该字从鬲从又，象以手拿走鬲，撤出是

1　于省吾：《甲骨文字释林》，中华书局，2009年，第203页。
2　杨树达：《积微居金文说》，上海古籍出版社，2006年，第262页。

其本义，指祭祀完毕后的撤祭[1]。综合来看，"雍"原义当为进献熟食祭祀，后来成为周人歌颂其祭祀周王先祖的一首诗歌，专为周天子使用。可是，到了"礼崩乐坏"的春秋晚期，居然成为了鲁国三大权臣孟孙氏、叔孙氏、季孙氏的祭祀诗歌，并在自己家族祭祀完毕后，一边演奏天子才能用的《雍》，一边撤出祭器和祭品。

不过，具有讽刺意味的是，三桓家族尽管僭越使用周天子的《雍》诗，在撤祭时歌唱。但《雍》的诗句中，有"相维辟公，天子穆穆"的内容。"辟"，在金文中多指诸侯，如《禹鼎》中"朕辟之命"，即武公之命[2]；《师害簋》"以召其辟"，即师害教其子相导其君[3]。因此，诗句中的"辟公"即诸侯，天子为周王。诗句内容正是描述周王祭祀其祖先，庄重肃穆，而诸侯担任相礼，协助天子祭祀。整首诗全是描述并赞美天子的祭礼，参与者只有天子和诸侯，与作为大夫身份的三桓家族毫无关系。如此浅显直白的诗句，三桓家族居然还拿来用，不但僭越无礼，更显得具有讽刺意味。

3.4 林放问礼之本。子曰："大哉问！礼，与其奢也，宁俭；丧，与其易也，宁戚。"

林放是什么人？有文献记载说是孔子弟子，也有文献说是平王世子林开的后裔，过去学者如程树德等均未得出明确结论[4]。李零先生怀疑

---

1 李零：《丧家狗：我读〈论语〉》，山西人民出版社，2007 年，第 88 页。

2 徐中舒：《禹鼎的年代及其相关问题》，《考古学报》1959 年第 3 期，第 53—54 页。

3 杨树达：《积微居金文说》，上海古籍出版社，2006 年，第 182 页。

4 程树德撰，程俊英、蒋见元点校：《论语集释》第一册，中华书局，2008 年，第 143 页。

林放是"季氏掌礼的专家"[1]。笔者则认为，林放很可能为季氏的世袭家臣。《左传·昭公二十六年》记载季平子与齐国的战争中，有一名叫"林雍"的家臣被齐国人割掉了耳朵；《左传·定公八年》记载一名叫"林楚"的家臣担任季桓子的车御；《左传·哀公十一年》中还记载了叫"林不狃"的鲁士在与齐国的战斗中阵亡，他的战友正是季氏的家臣冉求。从这些材料来看，林氏曾长期担任季氏的家臣，参与各种政治及军事活动，也应该掌管或负责一些礼仪。林放很可能是林不狃死后的继承者。

　　因此，林放应该是林氏家族的一位成员，而绝不是什么"孔子弟子"，他的身份是季氏的家臣，也负责掌管一些礼仪活动，因此有问礼之事。在河北定县汉墓出土竹简《儒家者言》简 2150 有"林放问礼"的记载[2]。

　　孔子的回答，显然是针对季氏的礼仪活动而发的。孔子指出，礼仪的本质，不在于仪式伦理的表演性，而在于心志伦理的真意义。季氏对礼仪的认识，大致就停留在宏大奢侈讲究排场的水平，为了排场甚至僭越使用天子的"八佾"之舞。因此孔子说，没有心志修养和真情参与的礼仪，奢不如俭。反之，如果是真正具有情感性的投入，即使简朴，也远胜前者的空虚排场。同样，丧礼也应该是以真正的情感为主导，而非虚讲排场。于省吾先生考证，认为"与其易也，宁戚"的"易"，应该读为"物"。因为金文中"易"作 $\mathscr{S}$ ，"勿"作 $\mathscr{S}$ ，字形接近易讹，又以甲骨、金文及古文献中"勿"、"物"二字相通，读"易"为"物"。

1　李零：《丧家狗：我读〈论语〉》，山西人民出版社，2007 年，第 88 页。

2　定县竹简整理组：《〈儒家者言〉释文》，《文物》1981 年第 8 期，第 19 页。

《礼记·檀弓》有丧礼"哀不足而礼有余"之说，这里的"物"，正是丧礼厚葬之物[1]。因此，针对丧礼的奢华浮躁，孔子认为尽心哀戚才是面对亲人死亡的态度，如果哀戚不足却大搞丧礼，多用厚重之物陪葬，都是违背了"礼之本"。

3.6 季氏旅于泰山。子谓冉有曰："女弗能救与？"对曰："不能。"子曰："呜呼！曾谓泰山，不如林放乎？"

这条文献中，记载季康子打算在泰山举行"旅"这一规格的祭祀活动，孔子反对，并询问冉有能否去阻止这件事。

何谓"旅"？程树德认为"旅"应该读为"胪"，理由是《史记》、《汉书》中"旅"、"胪"古音接近，《古论》中也作"胪"[2]。不过，文献与古文字中，确实有"旅"的直接记载。《周礼·天官·掌次》："王大旅上帝。"郑注："大旅上帝，祭天于圆丘。国有故而祭亦曰旅。"这里看来，"旅"确实是一种规格很高的祭祀，天子用来祭祀上帝，诸侯在"国有故"时也举行。《礼记·礼器》也说"大旅具矣，不足以飨帝"，提到"旅"与祭祀上帝的关系。

在甲骨卜辞中有"卢"祭（《屯南》496）。于省吾考证卜辞中的"卢彤力自上甲"，将"卢"读为"旅"，"当即周代之旅祭"[3]。在《殷周金文集成》中，收录有412件铭文称为"旅"的青铜器，学术上称之为"旅器"。从功能上来说，类似旅器的，还有行器、从器、走器、戎

1　于省吾：《论语新证》，《社会科学战线》1980 年第 4 期，第 133 页。
2　程树德撰，程俊英、蒋见元点校：《论语集释》第一册，中华书局，2008 年，第 151 页。
3　于省吾：《甲骨文字释林》，中华书局，2009 年，第 54—55 页。

器等，"为器物隐性用途铭辞"[1]。黄盛璋根据周代铜器铭文对"旅"器进行研究认为，在早期古文字中，旅有"移动"的含义。旅器、旅彝是可以挪动和移动的器物，既可以用于宗庙祭祀，也可以用于野外的行旅和征伐等。这种旅器，在春秋晚期礼崩乐坏以后，就消失了[2]。

在出土周代铜器金文中，也经常出现标注"旅"名称的青铜器。2001年在山西北赵晋侯墓葬出土了一件猪尊，其内铭文为"晋侯作旅飤"[3]；传世的邓公簋，铭文有"登（邓）公作旅簋"的内容[4]；在山东滕县薛国故城遗址出土了一件铜簋，铭文为"薛子中（仲）安作旅簋[5]"；还有一件青铜卣记载了一位诸侯奔走王事，因此铸造了"旅彝"。此外，还有如"旅匜"、"旅盨"等物[6]。可见，"旅"是和祭礼密切相关的，无论是大邦晋侯、邓公，还是小国薛子，他们都作祭祀有关之旅器。旅器最重要的特征，便是能被移动、挪动到野外去进行祭祀活动，如《史免簋》铭文云"史免作旅簋，从王征行"（《集成》4579）；《陈公子叔邍父甗》铭文云"陈公子子叔邍父作旅甗，用征用行"（《集成》947）。有学者总结出《集成》中，一共有十六件标注了"用征用行"的旅器[7]。这些都能看出，"旅"可以将祭器通过"行"运送到野外去进行祭祀活动。

1　邹芙都：《铜器用途铭辞考辨二题》，《求索》2012年第7期，第110页。

2　黄盛璋：《释旅彝》，见《中华文史论丛》第十辑，上海古籍出版社，1979年，第112—113页。

3　北京大学考古文博院、山西省考古研究所：《天马—曲村遗址北赵晋侯墓地第六次发掘》，《文物》2001年第8期，第20页。

4　徐少华：《邓国铜器综考》，《考古》2013年第5期，第64页。

5　万树瀛、杨孝义：《山东滕县出土杞薛铜器》，《文物》1978年第4期，第95页。

6　杨树达：《积微居金文说》，上海古籍出版社，2006年，第212、261、272页。

7　郭倩：《对〈殷周金文集成〉中旅器的考察》，《洛阳师范学院学报》2013年第3期，第44—45页。

　　"旅"本身不是问题，然而"旅"的对象却非常重要。季康子是鲁国国君之臣，郑玄注本专门强调季氏只是一个"陪臣"[1]，陪臣却以"旅"的方式，携带大量旅器去祭祀周天子、鲁侯这些等级才能祭祀的泰山，就是一个僭越的问题了。这种行为和八佾舞于庭、以《雍》撤祭礼性质差不多，都是破坏封建习惯法的僭越行为，因此孔子颇为反对。因为这些建立在封建习惯法之上，对于"名"和"器"的敬意，才是阻止各种凭借权力去僭越、践踏一切，甚至搞出秦政的一道防线。

　　尽管孔子表示反对，可是担任季康子家臣的冉有也毫无办法。因此孔子感慨，说"曾谓泰山，不如林放乎"这里的"曾"字，清人钱大昕指出应该读为 céng（音层）[2]。正如笔者前面所分析的，林氏家族也负责掌管季氏的礼。因此提出对泰山进行"旅"祭，很可能是林放出的主意。孔子反对季康子对泰山行旅祭，但又拿季氏没办法，最后感叹，至少泰山之神绝不会接受季氏的旅祭。堂堂泰山之神，难道还不如林放这个不知礼的小家臣吗？

　　在云南昆明河泊所汉代遗址中，就出土了《论语》此处关于"季氏旅于泰山"的记载，如"季氏旅于"，一片写着"能救与对曰不"的相关文字[3]。这也表明，汉代时《论语》等华夏文化，以及关于"季氏旅于泰山"的讨论，已经传播到了遥远的西南夷地区。

1　王素：《唐写本论语郑氏注及其研究》，文物出版社，1991 年，第 19 页。

2　〔清〕钱大昕：《十驾斋养新录》卷三，商务印书馆，1957 年，第 48 页。

3　伍晓阳、严勇：《出土简牍：〈论语〉两千年前已在西南边疆传播》，《新华每日电讯》2024 年 5 月 21 日。杨勇：《河泊所出土简牍封泥与汉代西南边疆国家治理》，《中国史研究动态》2024 年第 6 期，第 63 页。

3.7 子曰："君子无所争，必也射乎！揖让而升，下而饮，其争也君子。"

射礼，是先秦时代礼乐文化中的重要内容。《礼记·射义》说，君子们通过射礼，可以"观德行矣"。射礼分为三轮，有司射负责主持，宾、主、大夫都要参加，双方拱手谦让，下来后一起饮酒，第三轮时乐工还要演奏《诗经·召南》中的《驺虞》，射手还要按照音乐的节奏射箭，否则视为违规。君子们优雅地升台射箭，彬彬有礼地恭敬揖让，尊敬自己的对手。

在战国铜壶上，就有表现先秦射礼的图像（图 3.2）[1]。从图像中也可以看出，射礼时，比赛的射手是两人为耦，进行活动，下一轮的射手持弓在后面等待，司射则跪坐于射手旁，主持射礼仪式。

儒家重视射礼，将射礼视为提高德行修养的一种训练。在具有深厚儒学传统的韩国，至今保存着射礼的"弓道"，弓道协会有二十多万会员。在射礼活动中实践儒家"发而不中，反求诸己"等射义的古训[2]。这一鲜活的传统，仍然承载着通过射礼活动，提升君子人格修养的功能。

不过，金文资料显示，早期的周代射礼活动，还并不具备浓厚的德行修养色彩，而是弥漫着浓烈的竞争气氛。如西周的《柞伯簋》中就记载，周王命南宫"率王多士"参加比射活动。在比赛现场，展示了"赤

图 3.2　战国铜壶上表现的射礼图像

1　傅熹年：《中国古代建筑十论》，复旦大学出版社，2004 年，第 64 页。
2　彭林：《中国古代礼仪文明》，中华书局，2004 年，第 160 页。

金十反（钣）"的丰厚奖品，要求比射活动参与者"获则取"[1]。从金文记载可见，西周时代的射礼，并不具有太多道德意义上的色彩，而是更接近纯粹比赛武艺的竞争，周王拿出丰厚的财富奖赏，作为获胜者的物质奖励。应该说，这种竞争，与儒家主张的君子之争，属于完全不同的精神气质。

孔子将射礼理解为一种培育君子人格的活动，赋予这一竞争活动更多的伦理色彩。射艺不再是赤裸裸的力量与军事素质之竞技，而成为了彬彬有礼，学习如何尊敬自己对手的一门修养；竞争不再是仅仅为了获取天子或诸侯们的重金奖励，而成为了培养绅士风度的优雅礼仪。

只有具备绅士和君子的品格，才能真正成为负责任的政治人，建立起文明的公共生活方式。米塞斯（Ludwig von Mises）曾谈到："自由主义尽力避免一切政治诡计。它完全依靠自己的思想的内在生命力和说服力，它鄙视其他一切政治斗争方式。它一向不屑于使用政治计谋，一向不会下作地从事煽动。老派的自由主义一贯诚实耿直，忠于自己的原则。"[2] 对于现代人而言，老派的辉格式保守自由主义者们，正是用自己彬彬有礼的君子品格坚守良好的公共生活方式。对君子们而言，为达目的不择手段、毫无底线的斗争方式，是粗鄙和野蛮的，是通往奴役之路的狂暴。只有真正培育起"其争也君子"的文明人格，才能捍卫文明

1　袁俊杰：《再论柞伯簋与大射礼》，《华夏考古》2011 年第 2 期，第 134 页。根据汪涛先生的研究，"赤金"是发亮的赤黄色青铜，"十钣"，则是十片金版。因此，"赤金十反（钣）"就是十大版青铜，[英] 汪涛著，郅晓娜译：《颜色与祭祀：中国古代文化中颜色含义探幽》附录三，上海古籍出版社，2013 年，第 282—283 页。
2　[奥] 路德维希·冯·米塞斯著，王建民、冯克利等译：《社会主义：经济与社会学的分析》，中国社会科学出版社，2008 年，第 432 页。

与自由。

白彤东先生讲，哈佛的桑德尔教授（左派）与右派的曼斯菲尔德、威尔合开公共课，立场不同，却在理解对方的基础上批评对方，同时保持着绅士的风度，让人颇为受益。而国内学界则多有互贴标签、丑化对方甚至为达目的不择手段，动用厚黑之术，意图置对方于死地的现象，不由非常感慨[1]。白先生所言，对现实很有意义。文明的政治与公共生活，只有文明的君子人格才能建立和承载。古代儒家通过射礼，培养了优雅的竞争方式——尊敬你的对手。只有懂得尊敬对手人格的古典绅士色彩公共生活，才是真正自由和文明的重要基石。当然，这就需要一个前提，就是这些绅士们必须首先属于一个分享了最低或最薄底线的价值或文化共同体。如果在一个高度"文化多元"和充满了大量异质性外来文化的状态下，将很难保证这种绅士文化共同体的存在。

3.9 子曰："夏礼吾能言之，杞不足征也；殷礼吾能言之，宋不足征也。文献不足故也，足则吾能征之矣。"

顾颉刚认为，孔子之所以这样说，是因为"恐怕那时人对于夏、殷的故事都随便说，孔子也不能免。所谓'不足征'的，是史料。所谓'吾能言'的，是传说"[2]。顾颉刚的推测，有一定道理。傅斯年在参与了殷墟的历年发掘之后，最深刻的印象便是殷代习俗在其灭亡后五六百年

1　白彤东：《桑德尔的魅力与局限》，《读书》2013 年第 4 期，第 95 页。
2　顾颉刚：《战国秦汉间人的造伪与辨伪》，见顾颉刚：《古史辨自序》上册，河北教育出版社，2001 年，第 125 页。

就已被"完全忘却"，因此博闻的孔子也无处征得殷礼[1]。

傅斯年先生所讨论的殷礼，属于知识论的范畴，即历史实证意义上真实的殷代文化之礼。这种历史实证意义上的殷礼，伴随着周公东征、制礼作乐等历史事件，逐渐被遗忘[2]。因此，孔子说真实历史上夏代、商代后裔的国家"杞"和"宋"都"不足征"，因为在经历了周文化的强烈洗礼之后，这些古国对自己祖先的古礼也早已遗忘。但孔子又说自己能言夏礼、殷礼，这就表明，孔子所说自己能言的"夏礼"、"殷礼"并非完全是历史实证和知识论意义上的客观历史，而更多是一种文化象征。

周公东征后五百年的时间，到孔子生活时代，早已遗忘了此前殷代的古老习俗。这些古老习俗细节究竟怎么样？其实并不是最重要的。没有这些知识细节，孔子照样能言说夏礼、殷礼。夏的后裔杞国没有完整保存真实历史上夏代的古老礼制，商的后裔宋国没能完整保存真实历史上殷代的古老传统，这些都不影响孔子心目中的三代之礼。在孔子的心中，夏商之礼不是现代人知识世界中以考古学实证构拟出来的那些图景，诸如灰坑、地层、陶器、类型学、绿松石铜牌、玉器、亚字形大墓、宗庙遗址、青铜礼器分期之类。孔子心目中的三代之礼，是古来圣贤、君子们创造和不断发展的文化系统，类似于英美判例法体系下那种不断积累判例，因此过去一些古老的历史或判例，也就与当下的社会与生活之间具有血脉的联系。这一文化系统不是断裂式的，而是"殷因于夏礼"，

1　傅斯年：《性命古训辨证》，广西师范大学出版社，2006年，第90—91页。
2　李竞恒：《干戈之影：商代的战争观念、武装者与武器装备》，中华书局，2024年，第88—103页。

"周因于殷礼"，有所损益而已；是基于对文化传统、自发秩序基本结构下的传承与创新，是兼顾保守与进步的丰富遗产。

3.10 子曰："禘自既灌而往者，吾不欲观之矣。"

"灌"是"祼"的假借字，是一种非常古老的祭祀方式，见于甲骨卜辞，很多种情况都可以举行祼祭。有时是直接祼祭祖先，如"祼侑祖□"（《甲骨缀合汇编》886）。有时发生虫灾，则"祼秋于上甲"（《屯南》867）；非王卜辞中贵族梦到鬼，则"祼告于妣庚"（《花东》352）之类。卜辞中的祼，往往又和"宾"祖有关，如"宾大乙祼"（《合集》22721）、"宾大戊祼"（《合集》22834）。出组卜辞系联材料中，亦多见"王宾祼"、"王宾夕祼"、"王宾夙祼"的记载[1]。卜辞中的"宾某"多与祭祀中用尸有关[2]，因此商代时的以酒祭祀之"祼"，就与活人扮演祖先和神灵的"尸"这些仪式相关。非王卜辞中，还有贵族祭祀女性用"祼"的，如"祼至中母"、"祼圆中母"、"祼至妇力"[3]等，可见"祼"的使用并不仅限于王室。

禘与用酒祭祀有关，卜辞中有"酒禘"（《合集》14554、15703）的记载。周代的禘礼，既是丧礼结束后国君除服所举行的祭祀，也是对死去国君的常规祭祀。祼是用加有郁金的香酒（郁鬯）灌于地，它的香气就会吸引祖神的降临，来到祭祀现场。在祭祀中，祖神往往由大活人去扮演"尸"，

---

[1] 彭裕商主编：《殷墟甲骨文分类与系联整理研究》，四川辞书出版社，2023年，第577、第604—610页。

[2] 晁福林：《夏商西周史丛考》，商务印书馆，2018年，第250—256页。

[3] 彭裕商主编：《殷墟甲骨文分类与系联整理研究》，四川辞书出版社，2023年，第1186—1187页、第1193页。

裸献给祖神的郁金酒，其实也就是献给尸的，尸
再把祭酒浇灌在地上。如《周礼·春官·司尊彝》：
"裸用鸡彝。"郑玄注："裸，谓以圭瓒酌郁鬯，
始献尸也。"《尚书·洛诰》："王入太室裸。"
孔疏："'裸'者，灌也。王以圭瓒酌郁鬯之酒
以献尸，尸受祭而灌于地。"

图 3.3 西周《鲜簋》铭
文中"禘"祭与"裸"祭
一起的记载

在西周金文中，有两处涉及"裸"祭与"禘"
祭联系在一起。《小盂鼎》中记载了"用牲禘周
王、武王、成王"后，又进行了"王裸"（《集成》
2839）；《鲜簋》铭文（图 3.3）中也记载"禘于昭王"，在裸祭之后，
还有"王赏裸玉三品"（《集成》10166）。应该说，周礼中"禘"祭与"裸"
的礼仪程序是联系在一起的。禘礼是鲁国礼乐政治中非常重要的礼仪活
动，尤其涉及对本国早期先祖的追溯，以及合法性的建构叙事。

孔子为什么在禘礼灌郁金酒后就不想看下去了呢？历来说法很多，
孔安国就认为是鲁国祭祀中扰乱了昭穆的秩序，所以孔子不想看下去。
也有说法是，周成王赏赐给鲁国禘祭周公的特权，但鲁国群公杂用，便
属于非礼，因此孔子看不下去[1]。杨伯峻先生则说，孔子之所以不想看
鲁国的禘礼，是因为周王允许对周公举行禘礼，但后世鲁国则继续沿用，
因此是"僭用"了天子之礼[2]。

从考古资料来看，商周时期的"禘"并非只是王者所用。商代非王

1　程树德撰，程俊英、蒋见元点校：《论语集释》第一册，中华书局，2008 年，第 165 页。
2　杨伯峻：《论语译注》，中华书局，1980 年，第 26 页。

卜辞中，贵族亦可举行禘祭，如午组卜辞云"禘下乙"（《合集》22063），"禘二十少牢"（《合集》22073），"岁于禘牢"（《合集》22075）。在商代与子组卜辞关系密切的"YH251、330 两坑卜辞"，其占卜主体身份低于子组卜辞主人，属于中等贵族领主。但其祭祀礼仪中，亦多有"禘"[1]。从出土周代金文资料来看，周代的天子、诸侯、贵族都可以使用"禘"这一规格的祭礼，并不仅仅是东周礼书中所谓"不王不禘"（《礼记·丧服小记》）。如《大簋》禘"乃考"，《繁卣》禘"辛公"，都不是王者[2]。因此，杨伯峻先生等人的说法，其实是不成立的。不但周公后裔的鲁国可以禘祭周公，行祼礼，其他周公后裔的诸侯国也可以禘祭周公，并对列代群公行祼礼。例如，穆王时器《沈子也簋》铭文"沈子作祼于周公宗，陟二公，不敢不祼"，又称"先王、先公廼妹克衣（殷）"。可知，沈子为周公的后裔，"周公宗"也是沈国的太庙。"二公"是沈子也的祖、父辈，沈子是周公的曾孙[3]。这件铜器记载的，正是周公的另一位诸侯国后裔在祖庙禘祭中对本国先君举行祼礼。这也证明，西周的古礼中，不但诸侯使用"禘"并非"僭越"，而且对除了周公之外的列代先君行祼礼也是符合礼制的。

因此，笔者认为，对于熟知周礼的孔子而言，他之所以不想观看祼礼之后的仪式，并不是因为鲁国没有资格行禘礼，或是对周公之外的"群公"行了禘礼是"僭越"。要理解这一点，就得和下一条对读。在《论语》下一条 3.11 中记载："或问禘之说。子曰：'不知也。知其说者

1　常耀华：《殷墟甲骨非王卜辞研究》，线装书局，2006 年，第 391—392 页。

2　刘源：《商周祭祖礼研究》，商务印书馆，2004 年，第 71 页。

3　王琳：《〈沈子也簋〉与沈国地望问题》，《华夏考古》2012 年第 3 期，第 63 页。

之于天下也，其如示诸斯乎！指其掌。"这当是孔子不观看禘祭裸礼之后，有人提出的疑问，说既然不想看裸礼之后的仪式，一定是很精通禘祭的奥妙了。但孔子则回答，说自己对"禘"不够了解，真正理解"禘"之奥妙的人，对于治理天下也就相当容易了。

由此可知，当时鲁国的人对"禘"的细节已经掌握不够清楚，而孔子也对西周的"禘"所知不够详细。由于当时人已经不知道禘祭裸礼之后继续行礼的仪式细节，因此孔子对裸礼之后继续的"山寨版"禘祭表演不感兴趣。孔子真正感兴趣的，是西周古礼中禘祭的各种细节与奥妙，这些知识可以有助于当时重建政治秩序。可惜的是，素来以保持周礼传统著称的鲁国，也未能很好地保存禘的完整细节，特别是裸礼之后。因此孔子遗憾地表示，他只希望看真正周代的禘礼，而不想看当时鲁国的混合了古礼和后人想象的"山寨版"。

应该说，《论语》此条记载了孔子对真正周礼的敬意与向往。前人历代注疏中，大谈"不王不禘"的说法，严重误导了后人对"禘"的理解。通过青铜器铭文材料的研究，才得以尽可能地恢复孔子说这句话时的具体语境。

3.12 祭如在，祭神如神在。子曰："吾不与祭，如不祭。"

定州汉墓竹简本"神"字作"魓[1]"，《说文》："魓，神也。"笔者认为，此处是"鬼神"二字的合文。言祭祀对象为鬼神，亦符合《论

---

[1] 河北省文物考古研究所定州汉墓竹简整理小组：《定州汉墓竹简论语》，文物出版社，1997年，第17页。

语·泰伯》中孔子赞美禹"致孝乎鬼神"的说法。

段渝师认为，孔子谈"祭如在"，反映了当时祭礼中用尸的心态[1]。李泽厚也认为"祭如在"本是祭祀中的"尸"[2]。董作宾、詹鄞鑫等先生认为，商代已有用尸的制度[3]，刘源先生则指出没有证据显示周代之前有用尸之礼[4]。晁福林认为，甲骨卜辞中的"宾"于某，就是一种用尸之礼，如《合集》1402片就是卜问大乙、大甲、下乙和帝四位神的尸，在祭典上的排序问题[5]。所谓用尸，就是活人穿着死者祖先的衣服，扮演死者或神灵，在宗庙和祭祀场所吃喝。高级的尸由卿士扮演，低级的大夫则让家臣或孙子来扮演尸。即所谓"天子以卿为尸，诸侯以大夫为尸，卿大夫以下以孙为尸"（《公羊传·宣公八年》何休注）。

殷周时代的人相信，祭祀时通过馨香，可以降鬼神，让鬼神凭附到"尸"的身体之上。这时，尸就不再是死者的孙辈，而是死者鬼神的真实降临。对于鬼神，孔子持不可知论的态度，以"敬鬼神而远之"的心态来面对。换言之，孔子未必就相信在祭礼中尸的扮演者已经凭附了受祭者的亡魂。可是，为什么孔子仍然主张严肃地参与祭祀的礼仪呢？

笔者认为，此处孔子所谈，既是针对扮演尸的人员，也是针对向尸献祭之人，要求整个礼仪中都做到静穆之心，就如同受祭的鬼神真的凭降来临一般。扮演尸的人，诚心诚意，就如同真有祖灵凭降在自己体内

1　段渝：《酋邦与国家起源：长江流域文明起源比较研究》，中华书局，2007年，第311页。

2　李泽厚：《论语今读》，生活·读书·新知三联书店，2004年，第83页。

3　董作宾：《甲骨文断代研究例》，见刘梦溪主编：《中国现代学术经典：董作宾卷》，河北教育出版社，1996年，第82页；詹鄞鑫：《神灵与祭祀：中国传统宗教综论》，江苏古籍出版社，1992年，第294—295页。

4　刘源：《商周祭祖礼研究》，商务印书馆，2004年，第308页。

5　晁福林：《夏商西周史丛考》，商务印书馆，2018年，第250—256页。

一般；向尸献祭的人，也严肃认真，即使尸是他的儿子、臣子，也毫不敢怠慢，侍死如生。只有做到这样的静穆之仪，用尸的祭礼才具有意义，人们参与这一礼仪活动，才不是对自身道德修养毫无促进意义的冰冷表演，而是通过真诚地参与，在整个仪式的过程中提升了修养。

孔子是不可知论者，既不热衷于谈论鬼神，也不强烈否定鬼神的存在。前现代的政治，即是宗教、礼俗的同构体，人们生活于习俗之中，绝不会想到用理性或知识怀疑、否定习俗的世界。而现代启蒙主义，则强调人类知识、理性可以突破习俗、礼法、宗教，用理性设计更完美的社会制度。前者对世界毫不怀疑，心安理得地生活在威权、秩序、确定性与蒙昧的古老黑暗中；后者走向极端，则打破一切传统、习惯、秩序，走向哈耶克所谓"致命的自负"，试图用"理性"和"科学"去设计人间天国，最后却走向人间地狱。可以说，这两种思路，都有致命的缺陷，可能导致灾难性的后果。但孔子的态度，则超乎此二者之上：他既远离构成当时人们习俗的鬼神—政治秩序[1]，但也不会将理性、知识推向极端，去彻底否定传统的礼俗。在面对与自己知识、理性不太契合的古老礼仪时，他宁愿选择认同和参与——尽管此种参与背后的精神品质早已大异于对礼俗毫不怀疑的蒙昧主义。

孔子的这一态度，对现代人同样具有深刻的意义。笔者认为，这一态度的现代意义正是：给理性、知识、怀疑都留下足够的余地，但也不将理性主义发挥到极致，去彻底否定一切传统或理性不应该涉足的领域。

1　陈来：《古代思想文化的世界：春秋时代的宗教、伦理与社会思想》，生活·读书·新知三联书店，2002年，第79—106页。

只有这样，才能更好给社会的公序良俗，那些古老小共同体的传统、习俗、信仰等留下足够的敬畏与空间，进而稳健、温和而渐进地培育出好的政治。

3.13 王孙贾问曰："与其媚于奥，宁媚于灶，何谓也？"子曰："不然，获罪于天，无所祷也。"

王孙贾是周天子的后裔，所以称为"王孙"，但却在卫国出仕，是卫国掌管"军旅"的大夫（《宪问》）。这段对话发生的时间，钱穆先生认为应该在鲁定公十五年，即公元前 495 年[1]。

王孙贾问道，与尊贵的"奥"相比，卑贱的"灶"似乎更值得去讨好亲近，这意味着什么？这句话背后，实有所暗示。"奥"，是中国古代居室建筑的西南角部分。考古发现，早在距今 6000 多年前的半坡时代居室，西南位部分便略呈高突，表面坚硬光洁，有隔墙与房子其他部分隔开（如 F3）[2]。可见中国人认为，室内的西南角是一处特别神圣的空间，这种观念早在新石器时代就出现了。白川静分析了"奥"的字形，古文字作"𡩃"，描述了双手供奉兽肉，贡献于室内西南角落的祭台。"此处为家室的深处，家中最神圣的场所"[3]。可知，"奥"的神灵对一家人来说，是最神圣的。但每家每户除了"奥"，还有做饭的灶。在包山二号楚墓中，就曾发现过书写了"灶"字的木主神位，与"室"、"门"、

---

1 钱穆：《孔子传》，生活·读书·新知三联书店，2002 年，第 45 页。
2 杜正胜：《从村落到国家》，见邢义田、林丽月主编：《社会变迁》，中国大百科全书出版社，2005 年，第 11 页。
3 ［日］白川静著，苏冰译：《常用字解》，九州出版社，2010 年，第 24 页。

"户"等共五个小神并列[1]。"奥"不在其中，说明"奥"的地位在这五位小神之上。可是，虽然灶神的地位，远在"奥"之下，可是灶神却可以司掌祸福。有学者指出，"灶"就是包山楚简中的"司祸"[2]。"《礼记·祭法》郑玄注说灶"居人之间，司察小过，作遣告者尔"，这和现代人期望灶神能"上天言好事"是一脉相承的。

"奥"虽然神圣，对人的威胁和控制力却远不如司祸的"灶"——得罪了灶神，就会有灾难的降临。王孙贾对孔子谈起这样的民间信仰，自然是有所暗示。皇疏、朱注认为"奥"是卫君，"灶"就是他自己，暗示孔子来投奔自己这个灶神。也有说"灶"是权臣弥子瑕[3]。也有说"灶"是南子[4]。还有说"灶"是"朝廷之上"[5]。由于不可能重现上帝视野的语境，王孙贾疑问中的"灶"究竟是指什么，很难有一个绝对值得信服的答案，笔者在此存而不论。

不过，这段话中的精髓，恰恰与谁是"灶"的关系不大。最重要处，是孔子的回答"获罪于天，无所祷也"。先秦时代的"祷"，陈梦家先生总结出有三种：代祷；祷雨；告罪。告罪之祷，如武王告商罪于天，又如《诅楚文》中秦向大神巫咸、大神亚驼告楚王之罪[6]。一旦告罪于天，便是极大的罪恶，天就会降下灾祸，这时罪人再怎样去讨好"司祸"的灶，也是没用的。因此，最关键的内容，是自修德行，则天自然会庇佑。

1　湖北省荆沙铁路考古队：《包山楚墓》上册，文物出版社，1991年，第156页。

2　陈伟：《包山楚简初探》，武汉大学出版社，1996年，第169页。

3　程树德撰，程俊英、蒋见元点校：《论语集释》第一册，中华书局，2008年，第179—180页。

4　李零：《丧家狗：我读〈论语〉》，山西人民出版社，2007年，第96页。

5　钱穆：《孔子传》，生活·读书·新知三联书店，2002年，第45页。

6　陈梦家：《尚书通论》，中华书局，2005年，第319—320页。

否则，无论是去讨好奥，还是去讨好灶，都是毫无意义的。孔子的意思，便是只要按照正义的方式去生活、践行就可以了，而不必考虑具体政治环境中的盘根错节、小智小慧、明哲保身。

3.14　子曰："周监于二代，郁郁乎文哉！吾从周。"

"监"字，金文作𝕊[1]。形状为人以器皿盛水，观看自己在水中的倒影。在孔子看来，周人正是以夏、殷二代为水鉴，更进一步提升的高度文明。

顾颉刚说，孔子是用致用的观念来看夏、殷，"而不拿历史观念来看夏、殷，这个意思表达得非常清楚。在这种观念之下，与周有关的尚可仅凭传说，而与周无关的自然更不妨让它渐灭了"[2]。此处，顾氏的分析是有道理的。正如前面所分析的，孔子理解的夏、殷之礼，不能简单视为绝对的历史真实，而应该视为一种信念中的真实。这种信念的真实，有助于现实意义的致用。

在孔子的信念中，夏、殷、周三代的礼是一种有所损益，但又连绵因袭的生发关系。如果我们用历史的眼光来看，会认为三代的制度文化差异还是很大，但这并不有损于孔子所谈的三代连续性。信念真实中的周礼，正是继承了夏、殷的基本结构下，逐渐演进生成的一种高度的文明。夏代的社会文化氛围，是"尚忠"，比较讲究古老的忠诚、忠厚、朴实的价值。到了商代，则推崇"质"，讲究接近质朴、实在、实用，

1　容庚：《金文编》，科学出版社，1959 年，第 463 页。

2　顾颉刚：《战国秦汉间人的造伪与辨伪》，见顾颉刚：《古史辨自序》上册，河北教育出版社，2001 年，第 125—126 页。

而且宗教感浓郁。夏、商两代的"时代精神"都更加古老质朴，好处也明显，不需要太多虚文装饰，憨厚质朴的心智也有利于忠于传统习俗或政教伦常，去经营或守护一个古老共同体。但弊端则在于，"质胜文则野"，意识不到更高人文主义精神或心智的更高维度突破，甚至在崇尚原始生命力等方面，走向以野蛮有力为荣。要改变这一情况，就得推崇周人的"文"，以文饰、文教、人文去提升质朴的拙玉，将其雕琢工整、精细。

这一"郁郁乎文哉"的伟大文明，并不是凭空产生，它是在深刻借鉴了夏、殷传统的基础之上才逐渐产生的。因此，在孔子看来，即使是湮灭的东西，也不能以虚无视之。"过去"并非一种不堪忍受的罪恶，而是在相当程度上，有助于当下有所损益、有所借鉴，并以此逐渐推进，才能走向繁荣与伟大的文明。

3.15 子入大（太）庙，每事问。或曰："孰谓陬人之子知礼乎？入大（太）庙，每事问。"子闻之，曰："是礼也。"

孔子每次进入鲁国周公的太庙，都会凡事请教。这时就有人说，"陬人之子"不懂礼，如果懂礼，怎么还会到处请教？

这里，孔子被称为"陬人之子"。"陬"字，在金文中出现过，作 𦥑[1]，即"取"字。周代《取它人鼎》，铭为"取它人之善鼎"，杨树达从刘体智读为"陬"[2]。陬地贵族能够铸造膳鼎，西周时应当也不是

1　容庚：《金文编》，科学出版社，1959 年，第 357 页。
2　杨树达：《积微居金文说》，上海古籍出版社，2007 年，第 325 页。

小邑。王献唐先生认为，陬即邹，也即是邾娄，在今昌平乡，原来属于邾国的故地，在孔子出生时，已经被鲁国占领[1]。孔子的父亲叔梁纥，就曾担任过这一鲁国新占领区的大夫。因此，孔子也被称为"陬人之子"。当然，"陬人之子"的身份，也是孔子努力争取而来的。因为他生而无父[2]，长期是被母家颜氏所养大。实际对他影响最大的，恰恰是自然血脉联系的母家，即姥爷颜襄、母亲颜徵在这些母家人。孔子的学生中，有"孔门八颜"，即颜路、颜回、颜幸、颜高、颜祖、颜之仆、颜哙、颜何。其中颜路很可能是他母亲的侄儿，即孔子的母家表兄弟，而颜回作为颜路之子，也就是孔子在母家的侄儿。孔子对颜回的感情，很多时候也是与母家的深厚情感交织在一起，而颜回也将孔子视为像父亲一样亲近的人。而颜氏出自鲁君伯禽的支庶，以封地颜邑作为氏名[3]。从母系来讲，孔子的血统可以通过颜氏，追溯到周文王。他对周文化那种发自内心的认同，应当与这一背景也有关系。

从自然情感而言，孔子其实和母家人关系最为密切，但他深知文明阶层不能只知其"质"，不知其"文"。"尔爱其羊我爱其礼"，父亲虽然遥远，但却是礼和文明的象征。如果没有父亲这一符号，他将停留在知母不知父的这一层次。因此，孔子选择了公开将母亲与父亲合葬，宣示了自己是陬邑大夫叔梁纥的继承者，并继承和延续了父亲的"孔"氏。孔子通过母亲颜徵在去世之后，先在五父之衢大张旗鼓行殡礼，然

1　王献唐：《三邾疆邑图考》，齐鲁书社，1982年，第40—41页。
2　《史记·孔子世家》说孔子出生，其父亲叔梁纥就去世了。《索隐》引《家语》，说孔子三岁时，叔梁纥死。不管哪种说法，孔子从小的成长中，确实是没有父亲的。
3　〔汉〕宋衷注，〔清〕秦嘉谟等辑：《世本八种》，中华书局，2008年，第197页。

后将她埋葬到防山，与父亲合葬（《史记·孔子世家》）。因为通过这一行为，才能公开展现自己是贵族孔氏父系的孩子，不是没有父亲的"野人"阶层，而是有明确父母合葬墓的低级贵族——士[1]。而这一展示，得到了鲁国社会的公认，从此他就不再是"只知其母，不知其父"的庶民野人状态，而是得到鲁国社会承认的"陬人之子"，是一位年轻的低级贵族，是在有教养圈子内绅士的一员了。

此条的解释，一般都认为，是说孔子每次进入太庙助祭，都会凡事请教。别人说，看来陬人叔梁纥的儿子孔丘还是不懂礼，因此到处问。孔子则说，我凡事请教这种行为本身就是礼[2]。清人俞樾则有一个有趣的解释。他说，古文字中的"也"和"邪"是通用的，《论语》中几处疑问句末表疑问语气的"邪"字就写作"也"。由于鲁国僭用天子的祭礼，所以孔子每次进入太庙，什么都要问一问，用意是表示讽刺。但鲁国人不知道孔子的用意，便以为孔子不懂礼。孔子看这些不懂礼的人还反咬一口，于是问道"是礼邪？"——你们这一套真的是礼吗[3]？

俞樾的说法，相当有个性。不过，这种说法不能成立。因为俞樾这样设想的前提是，鲁国太庙之礼是一种"僭越"。但正如笔者前面所分析的，鲁国太庙对周公、群公的禘祭，其实是符合周礼的，鲁国并没有"僭王礼"。应该说，对此条的理解，主流意见是正确的。孔子在太庙中凡事请教，本身就是一种谦谨之礼，是在太庙这一鲁国"公共空间"

1　李竞恒：《爱有差等：先秦儒家与华夏制度文明的构建》，广西师范大学出版社，2024年，第135—136页。

2　杨伯峻：《论语译注》，中华书局，1980年，第28页。

3　〔清〕俞樾：《群经平议》，《续修四库全书》第178册，经部·群经总义类，上海古籍出版社，2002年，第488页。

中，按照古老"绅士俱乐部"的传统，来展现自己是一位有教养，懂得传统礼教、规矩和默会知识的年轻绅士。朱熹说孔子这种行为是"敬谨之至"，并不为过。

3.16 子曰："射不主皮，为力不同科，古之道也。"

"诸侯"的"侯"字，在甲骨文中作**𠂤**或**𠂤**[1]，形状为箭矢射中了靶子。"侯"字，最初指的是射箭的靶子，后来引申为以看靶子上的成果选取诸侯。《礼记·射义》："天子以射选诸侯。"《诗经·齐风·猗嗟》有"终日射侯"之说。《周礼·天官·司裘》中记载了"虎侯"、"熊侯"、"豹侯"等靶子，郑注说这些靶子是用老虎、熊、豹子的皮做的。所以说，先秦时代射箭的靶子"侯"，就是各种动物的皮革。

一些作为射"侯"的动物皮革非常坚硬，需要很大的力气才能射穿，但孔子显然并不认为力气大是特别重要的，所以说"射不主皮"。射礼的精髓，是通过这些仪式提升人的修养，而不是像动物一样比赛蛮力。所以，射礼不看是否射中皮革靶子，因为射手们的体力不同，应当注意的，是射手的德行与修养[2]。儒家理解的射，其核心为修德。而法家秦国理解的射，便是赤裸裸的暴力，没有任何伦理色彩。龙岗秦简中，记载要将"善射者"集合起来，编队去集体射猎[3]。法家秦国对"射"的理解，大致也就停留在这样一个低级的水平上。

儒家的射礼培育了君子们彬彬有礼，尊敬对手的人格修养。在文明

1　孙海波：《甲骨文编》，中华书局，1965年，第243页。
2　彭林：《中国古代礼仪文明》，中华书局，2004年，第158页。
3　张金光：《秦制研究》，上海古籍出版社，2011年，第79页。

的竞赛中，君子们互相揖让而升，下堂共饮，共同提升德行。至于谁力气大，射中了几层牛皮之类，对古儒来说毫无意义。儒家从来不认为简单的肌肉发达，兵强马壮就是伟大。值得推崇的事物，不是因为它有雄健的肱二头肌，而是因为它具备了仁爱、正义的品质，或是能凝聚起共同体与世道人心的人格魅力。一般人总认为，晚清时儒家最初只愿意学习西方的"船坚炮利"，而不接受制度与文化层面的观念。可是，正如秦晖先生所指出的，晚清儒家从接触西方一开始，就首先接受了人道主义的观念，赞美当时古典自由的泰西比清廷更"仁义"。最初吸引他们的，并不是西人的兵强马壮、船坚炮利，反而是现代西人政治文明的"仁义"，在他们看来，这样的泰西更接近早期华夏的面貌，可比拟华夏文明的"三代"[1]。余英时先生也谈到，"正是儒家的人道主义，才使得晚清儒家如此欣然地接受西方人权理论与实践"[2]。儒家推许"尚德不尚力"，晚清儒家将当时泰西、西学视为类似华夏"三代"时期那种元气淋漓的德性而加以赞许[3]，正是这一思想理路的结果。

3.17 子贡欲去告朔之饩羊。子曰："赐也，尔爱其羊，我爱其礼。"

告朔，"告"字读为 gù。告朔之礼，是殷周时代以来的古制。有学者就谈到过《商父丁爵》铭文有"父丁朔"，正是殷人告朔之器。另

1　秦晖：《晚清以来西儒关系的演变和影响：从"差异原则"理解儒家》，载"爱思想网"，https://www.aisixiang.com/data/33420.html。

2　余英时：《在 2006 年克鲁格奖颁奖仪式上的演讲》，见余英时著，程嫩生、罗群等译：《人文与理性的中国》，上海古籍出版社，2007 年，第 422 页。

3　李竞恒：《失落"黄金时代"的乡愁》，《读书》2015 年第 7 期，第 103—110 页。

一件商代铜器铭文，包含了告元年，可能表明商代告庙已经包括了告朔和告元年的内容[1]。告朔之礼的成熟，应当形成于周代。根据《左传·文公六年》的记载，诸侯每个月都要去参与一次"告朔"，鲁文公就是因为闰月没去告朔听政，就遭到了批评（杜注"怠慢政事"）。为什么诸侯每个月都要去参加一次告朔呢？《公羊传·文公六年》何休解诂说，周天子每年将十二月的月朔历书颁发给诸侯，诸侯将这些历书收藏在祖庙，每个月都到祖庙去告朔，大夫就代表天子拿给诸侯，诸侯再北面接受。

应该说，即使是此前一百年的鲁文公时代，告朔之礼还是得到了很好的执行，鲁文公也仅是闰月才不去告朔。一百年后，则早已荒废。根据古礼，诸侯每个月告朔时，要杀一只羊，称为"饩羊"，用来供奉祖庙，再回朝听政。但由于鲁君早已不告朔，有司却继续杀羊供奉，实际上形成了毫无必要的浪费。

子贡是商人，具有较强的实用理性精神，对殷周神秘文化不感兴趣。马王堆出土帛书《要》中，就记载子贡对孔子晚年读卜筮之书表示不解[2]。上博楚简《鲁邦大旱》中，也记载了子贡对祭祀山川神灵的反对[3]。对子贡这样具有商业实用理性，强烈反对神秘主义文化的士人来说，废除早已形同虚设的"告朔之饩羊"，具有充分的理由。定州汉墓竹简，有"问□告朔[4]"之文句，可能便与子贡试图废除告朔饩羊之礼有关。

可是，孔子认为政治就是需要捍卫一些早已失去了实用价值的传统。

1　刘正：《金文庙制研究》，中国社会科学出版社，2004 年，第 191—192 页。
2　李学勤：《周易溯源》，巴蜀书社，2006 年，第 373 页。
3　廖名春：《试论楚简〈鲁邦大旱〉篇的内容与思想》，《孔子研究》2004 年第 1 期，第 10 页。
4　定县竹简整理组：《〈儒家者言〉释文》，《文物》1981 年第 8 期，第 19 页。

古礼失去了实用价值，但它的存在仍然具有深刻的意义。首先，它能使政治精英感受到，在自己之上，有一个古老的传统压力，因此所有的行事，总得有所顾忌与敬畏感，至少不会认为天马行空是理所当然；其次，一些毫无意义的古礼存在，让人不可理解，心生敬畏。就像是华夏一直从三代沿用到明朝的各类古老冕旒、衮服、古器、古乐，或是西方如苏格兰国家加冕王座使用的"斯昆石"，英美法庭中法律人使用的奇怪假发，大学典礼中使用的中世纪礼乐与服装等。它以静默的方式，宣示着某种古老的"道统"，就像是那些没有实用含义的"告朔之饩羊"，令人敬畏且神秘，使人不会狂妄地就认定现代进步主义的新潮流就绝对伟大、正确、光荣；其三，这些古礼，让现实政治的改良、发展不至于日趋千里，而是与过去、传统发生关系，在某种前提与连续性下渐进地前行。

3.19 定公问："君使臣，臣事君，如之何？"孔子对曰："君使臣以礼，臣事君以忠。"

正如秦晖先生所说，古儒所讲的君臣之道，并不是五四话语后建构出来的所谓"专制"想象，而是一种"对双方都有约束"的关系[1]。原始儒学到孟子也讲"君之视臣如手足，则臣视君如腹心；君之视臣如犬马，则臣视君如国人；君之视臣如土芥，则臣视君如寇雠"（《孟子·离娄下》）；"抚我则后，虐我则仇"（《孟子·梁惠王下》）。

正如前文所析，郭店楚简《语丛一》简80—81云："友、君臣、

1　秦晖：《西儒会融，解构"法道互补"》，见秦晖：《传统十论：本土社会的制度、文化及其变革》，复旦大学出版社，2004年，第173页。

无亲也。"简 87 云："君臣、朋友，其择者也。"[1] 庞朴先生等人也早已指出，古儒认为君臣和朋友属于同一伦的关系，是基于双方自愿选择的结果。《语丛三》中也强调"友，君臣之道也"[2]，原始儒学的君臣关系与理念，是从最初血缘、宗法之友，到超血缘但人格对等之友发展演变而来。所以，孔子说国君如果以礼对待大臣，大臣们也会用忠信之道来回报国君。这是一种基于"友"这种关系维度意义上，人格独立，双方自由选择的契约关系。儒家士君子有"从道不从君"的传统，如果国君背离了道，士君子也不会支持这位国君。

随着汉代儒学的法家化，秦制的尊君卑臣逐渐上升。尽管儒家士君子对帝王专制进行了抗争，如用"天人感应"来吓唬帝王，但实际也表明儒家知识分子地位的下降[3]。当然，另一面则是天人感应等理论，也确实对限制皇权的非理性起到了一定效果。到了明清专制主义的高峰，朱元璋读了《孟子》中"草芥"、"寇雠"这类话，甚至对孟子都动了杀心；而清帝雍正，则说孔子只配"自尽其臣子之常经"，认为孔子只剩下对皇帝磕头的份了[4]。于是，在新文化运动以来的法、德、俄式启蒙话语中，孔子便被视为那些明清专制君主的奴才智囊团，如同古埃及奴才那样以亲吻法老的臭脚为荣[5]。

1　李零：《郭店楚简校读记》，北京大学出版社，2002 年，第 160 页。
2　荆门市博物馆：《郭店楚墓竹简》，文物出版社，1998 年，第 209 页。
3　葛兆光：《中国思想史》第一卷，复旦大学出版社，2004 年，第 269 页。
4　余英时：《中国思想传统的现代诠释》，江苏人民出版社，1989 年，第 121—122 页。
5　古埃及铭文记载："当陛下为一件事情赞扬他的时候，陛下允许他亲吻其足下，陛下不让他亲吻土地"，见李晓东译注：《埃及历史铭文举要》，商务印书馆，2007 年，第 41 页。由此可知，古埃及人平时只配亲吻法老脚边的泥土，如果偶尔被允许亲吻法老的脚，便被视为莫大荣幸，还要记载在铭文中。

可是，孔子从来反对尊君卑臣，"邦无道，则可卷而怀之"（《卫灵公》），君臣为朋友相择，如果合不来，直接走人就是。孔子推崇封建时代的文化，而封建时代君臣关系的重要特征，便是权、责之间的对等。如在西周时代《肃卣》的铜器铭文上，就记载着伯氏赐给"肃"六家的家臣，但是这些家臣基于对习惯法的理解不同，不但拒绝为新领主服役，而且搞出了"大宫争"，即在领主的宗庙中去进行抗争[1]。又如《国语·周语中》记载周襄王把阳、樊等邑赐给晋文公，但是阳邑的人不服，进行抗争，最后搞得晋君撤走。还有《左传·昭公十二年》记载周原伯绞这位君主"虐"，于是被原人驱逐。"他因暴虐，而被采邑内的臣民赶跑"[2]。封建时代的君臣关系中，充满了这类元气淋漓的博弈关系，哪怕是天子之尊的周厉王，严重违背封建习惯的话，最终也会遭到"国人"们的驱逐。孔子所推崇，君臣之间关系的核心，就在于双方博弈能力，以及权利与责任的对等，而不是什么作臣的一方就对君跪地叩头，口呼"天王圣明、臣罪当诛"之类，而是君必须首先待之以礼，臣才会报之以忠。

3.21 哀公问社于宰我。宰我对曰："夏后氏以松，殷人以柏，周人以栗，曰使民战栗。"子闻之曰："成事不说，遂事不谏，既往不咎。"

此条中的"社"字，《鲁论》作"主"，清代今文家学者主张"主"，以为庙主，古文家主"社"，为社主[3]。如康有为就谈到这个字是"木主"

1　王沛：《刑书与道术：大变局下的早期中国法》，法律出版社，2018年，第17—18页。
2　吕文郁：《周代的采邑制度》，社会科学文献出版社，2006年，第133—134页。
3　〔清〕陈立：《白虎通疏证》下册，中华书局，2007年，第576—577页。

的"主"，说"社"字是"伪古文"的错谬[1]。单承彬先生经过研究认为，《古论》、《鲁论》皆作"主"，不作"社"。将"问主"误作"问社"，最早见于何晏的《论语集解》，所谓《古论》"问社"，是因为《古文论语》中训"主"为"社主"，注文被误窜入经文，由"问社主"变成了"问社"。因此，原文应该是"问主"[2]。

不过，笔者认为《鲁论》和今文家的这一说法是错误的。宰我讲的"社"，是一种令人恐惧的东西，可以"使民战栗"。显然，这必然和殷周远古习俗有关。

　　　　《尚书·甘誓》："弗用命，戮于社。"
　　　　《左传·僖公十九年》："宋公使邾文公用鄫子于次睢之社。"
　　　　《左传·昭公十年》："献俘，始用人于亳社。"（此季平子讨伐莒国，用俘于社。）
　　　　《左传·定公六年》："阳虎又盟公及三桓于周社，盟国人于亳社。"

上引诸种文献表明，"社"是殷周时期诛杀人的地方，在江苏铜山就曾发现过商代杀人的"社"之遗迹[3]。这些材料都反映，"社"是一个令人恐惧之所，也是诛杀有罪之人的刑场，是盟誓国人的场所。"社"有时确实被称为"社主"，（《周礼·春官·小宗伯》、《淮南子·齐俗训》），但

1　康有为：《论语注》，中华书局，1984年，第41页。
2　单承彬：《〈论语〉校正一则》，《孔子研究》2000年第1期，第113—115页。
3　俞伟超：《铜山丘湾商代社祀遗迹的推定》，《考古》1973年第5期，第296页。

根据文献记载，这些社主都是石头，而不是宰我说的松、柏、栗等树木。因此，种植了树木，并且能令民众恐惧的地方，不可能是"社主"。

再来看"主"。"主"确实可以是木头制成，称为"木主"，如周武王曾"为文王木主，载以车"（《史记·周本纪》）。杨伯峻先生就臆测，说这里应该是"主"字，因为车上载着木主，才好去打仗[1]。显然，杨伯峻先生是将武王载文王木主去打仗，当作了古代的一般通例。其实，在古代战争中，载着木主打仗，并不是一般通例。恰恰相反，当时的木主一般都收藏于石室之中，非常幽密，不肯轻易示人。甲骨文中有匚字，商先公报乙、报丙、报丁之甲骨文名号，皆作此藏于石室之形[2]。甲骨文中又有彐字[3]，形象为将木主（示）藏于石室之内。以石室藏神主，周代称"宗祐"（《左传·庄公十四年》）。于省吾先生早就谈到，"神宫幽邃，故言閟也"[4]。巫鸿先生也指出，"中国祖庙独特之处在于对宗教'秘密'的深藏不露"[5]。这些深藏于石室中的木主，体现了深藏秘密的远古观念。既然殷周时代的木主，深藏于幽暗的宗庙石室中，人们还刻意保持其幽秘的特点，必须秘不示人。自然不可能公开展示，也不可能作为示众于民，达到"使民战栗"效果的公共空间。

因此，殷周时期既有树木，又具有公开示众效果的场域，便只有"社"，

1　杨伯峻：《论语译注》，中华书局，1980 年，第 31 页。
2　王国维：《殷卜辞中所见先公先王考》，见王国维：《观堂集林》上册，河北教育出版社，2002 年，第 270 页。
3　孙海波：《甲骨文编》，中华书局，1965 年，第 501 页。
4　于省吾：《甲骨文字释林》，北京：中华书局，2009 年，第 62 页。
5　［美］巫鸿著，郑岩等译：《礼仪中的美术：巫鸿中国古代美术史文编》下卷，生活·读书·新知三联书店，2005 年，第 533 页。

图3.4　1988年摄长葛的古社柏

图3.5　今长葛古社柏

而不可能是"主"。战国《中山王䚟鼎》中的"社"字写作䄔[1]，冯时先生指出，这个"社"字正是立树木植于土地上之形象[2]。在葛陵楚简中，"社"也写作䄔[3]，也是立树木于土地之上。所以，"社"的重要特征，正是各种神圣的树木。至现代河南中部的长葛（又名"长社"）还残存着两千多年前的古代社树。图3.4为考古学家陈星灿先生1988年夏天在长葛拍摄的古社柏，此处现存23株，南北成排，东西成行。陈星灿先生谈道："当地百姓有关社柏的神奇传说，反映了他们对它的尊敬和恐惧。"[4]他认为，古人相信土地的力量附着于社树之上，对社的敬畏，亦即对土地的敬畏。由此可见，"社"是一处公共展示的场域，那里种植着各种神树（松、柏、栗），古代的刑戮也常在此进行（戮于社），因此民众非常恐惧，甚至至今都对社树怀有恐惧感。

以上实证可以充分说明，《论语》此处能"使民战栗"的地方，只能是"社"，而不可能是秘藏的"主"。《鲁论》和今文经的学者，显

1　张守中：《中山王䚟器文字编》，中华书局，1981年，第36页。
2　冯时：《中国天文考古学》，中国社会科学出版社，2010年，第170—171页。
3　河南省文物考古研究所：《新蔡葛陵楚墓》，大象出版社，2003年，第210—211页。
4　陈星灿：《长葛·长社·社：古代社的活化石》，见陈星灿：《考古随笔》，文物出版社，2002年，第66—67页。

然都讲错了。

《论语·阳货》中记载，宰我觉得死了父母，照样吃好饭，穿好的衣服，可以心安理得，孔子觉得他这种心灵是"不仁"。由此可见，宰我是个同情心比较淡漠的人，甚至对父母都是如此。因此，鲁哀公问他"社"的问题，他便大谈"社"具有刑杀的功能，可以作为治国的重要手段（使民战栗）。杀谁？有人认为是杀三桓[1]。当然，也有可能指可以通过刑杀手段来治国。

孔子听了宰我给国君说这些话，自然会很反感。可是，他还是说，既然做了便不必再解释；没法挽回的事，也不多说了；已经过的事，也不多追究了。孔子向来反对刑杀，所谓"孔子诛少正卯"的传说，是法家故事在汉代窜入的结果，是不可信的。这一点，后文中将有讨论。"社"为刑戮罪人之所，所谓"弗用命，戮于社"（《尚书·甘誓》），鲁昭公十年时，季平子也在"社"刑戮莒国人，就遭到过臧武仲的批评，说周公都不会接受鲁国的礼，因为这种行为是"无义"（《左传·昭公十年》）。周公之礼反对刑杀于社，孔子之道更是反对这些野蛮的行为。朱熹讲，宰我想搞"使民战栗"的社，这种想法"启时君杀伐之心"，是非常糟糕的。好的政治，一定是文明的，是博弈双方都分享了共同底线的公共生活，而不是用"杀伐之心"来经营的铁血秩序。鲁国政治本来就够乱的，宰我还给鲁君大讲一套杀伐的道理，当然有百害而无一利。

可是，话从口出，无法收回了。孔子只能对宰我的这种行为，表示"既往不咎"。宰我说这些话，是相当不负责任的。孔子也不大骂棒喝，

1　程树德撰，程俊英、蒋见元点校：《论语集释》第一册，中华书局，2008 年，第 205 页。

而是用一种平静的口吻，让宰我去反省，朱注说这种口吻，恰恰是"深责之"。这种对学生大错的批评方式，本身就是一种文明，一种教化。

3.22 子曰："管仲之器小哉！"或曰："管仲俭乎？"曰："管氏有三归，官事不摄，焉得俭？"

管仲是辅佐齐桓公几次击败蛮族，保卫了华夏文明的贤臣。应该说，管仲也算是成器之人，但孔子仍认为他就算是成器，也是小器。一个很重要的原因，便是管仲作为政治家，并不具备"俭"的美德。

管仲对齐国霸业有大功，而齐国风俗轻薄，管仲也不能免，搞了"三归"出来，显得骄奢。那么，什么是"三归"？程树德总结前人诸说，有人说是管仲一次娶了三国九女，这是诸侯才能有的礼制；有人说管仲的封地叫"三归"；有人说"三归"是"三馈"，是用三牲供奉于庙，是僭越诸侯之礼；也有说"三归"是管仲家有三处，每处都有专门的官员负责，没有兼管的，所以叫"官事不摄"；有的说是"三归"是高台，用来藏财宝，甚至还有解释说管仲的"三归"是来掩护齐桓公之奢侈的；还有的说"三归"是对市租收取的常例，诸如此类。程树德本人倾向于认为"三归"是收藏钱财的小金库[1]。钱穆先生最认同"三处府第"的解释[2]，顾颉刚主张"三归"是"三个钱库"[3]，杨伯峻则坚持"市租"的说法[4]。总之，众说纷纭，如同话语"罗生门"故事，让后现代主义

1　程树德撰，程俊英、蒋见元点校：《论语集释》第一册，中华书局，2008年，第207—212页。
2　钱穆：《论语新解》，生活·读书·新知三联书店，2002年，第80页。
3　顾颉刚：《由"蒸"、"报"等婚姻方式看社会制度的变迁》，见《文史》第十五辑，中华书局，1982年。
4　杨伯峻：《论语译注》，中华书局，1980年，第31—32页。

者们看了特别高兴。

不过，笔者认为，"三归"为封邑之说更为合理。李衡眉先生曾分析，发现《晏子春秋·内篇杂下》中记载说，齐景公因晏子要辞邑，便提到齐桓公曾赏赐给管仲"三归"。这些"泽及子孙"的三归，当为齐侯赐给大臣的封邑。所谓"三归"，并不一定是确指三处封邑，而是"多处"封邑的意思。管仲在每一处封邑中，都设置了邑宰或家臣，管理机构庞大，因此形成了"官事不摄"的情况，因此便很难称之为"俭"[1]。

应该说，将"三归"解释为封邑和政府组织，比较符合春秋早期的社会结构。"三归"的管理，需要大量有编制的行政人员，孔子认为这种扩大政府组织的行为，不能称之为"俭"。显然，正如前文中所分析的那样，孔子理想中的政府，不能过于庞大，对社会干预过多。政府能做到精简之"俭"，显然是值得肯定的。管仲的错误，在于扩大了政府组织，增加了管理和机构的复杂程度，因此导致"官事不摄"。好的政治，应该是"居其所而众星拱之"，小政府良性地运转，没有冗杂机构，却能真正做到"官事摄"。

"然则管仲知礼乎？"曰："邦君树塞门，管氏亦树塞门；邦君为两君之好，有反坫，管氏亦有反坫。管氏而知礼，孰不知礼？"

管仲这位齐国政治家，对礼的了解如何呢？孔子举了两个例子。第一个，是"塞门"，是宫殿建筑入口前的门屏，也称为"萧墙"、"影壁"、"照壁"。从考古来看，二里头遗址宫殿建筑没有塞门，偃师商

1　李衡眉：《〈论语〉"三归"另解》，《孔子研究》1992 年第 3 期，第 125—128 页。

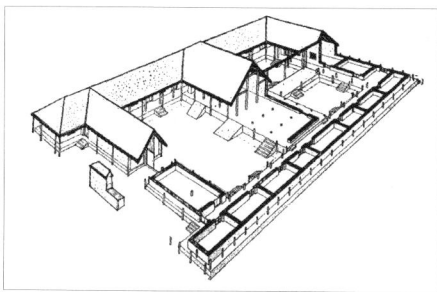

图 3.6　周人岐山凤雏甲组宫殿建筑复原图，大门前树立的墙，就是"塞门"

城、安阳洹北商城宫殿均未发现此物[1]。但周人的凤雏甲组宫殿建筑中，就有塞门，在宫殿大门口 400 厘米处，树立了东西长 480、厚 120 厘米的塞门，上面还有盖顶（图 3.6）[2]。这应该表明，塞门是周人礼制中的建筑附属物，是周礼中诸侯等级才能使用的建筑标准。管仲只是一位诸侯的陪臣，却给自己的住宅的大门口也建造出塞门，显然是违背了礼制。这种僭越行为，比季氏僭越使用天子礼乐"八佾舞于庭"和三桓家族"以《雍》撤"要稍微好一点，但也好不到哪去。

第二个，是"反坫"。根据钱玄先生研究，中国古代有三种东西都被称为"坫"，造成了很多理解上的混乱。他区分认为，第一种"坫"即文献中记载分布于室内四角的土台；第二种是东、西两根大柱子之间的土台，用于两君会饮行礼时将喝过的酒爵倒放在上面。他认为，此种"坫"也可能是用木头制作的，行礼后可以撤掉。第三种，则是室内用于置放食物的土台[3]。按照此说，《论语》中的"反坫"即为第二种，即设于堂内两根大柱之间的土台，用于放置喝过的酒爵。此种"反坫"的形象，在考古中尚未有发现。徐中舒说金文"丑"字、召字之字形，

1　宋镇豪：《夏商社会生活史》上册，中国社会科学出版社，2005 年，第 76—82 页。
2　杨鸿勋：《西周岐邑建筑遗址初步考察》，《文物》1981 年第 3 期，第 24—25 页。
3　钱玄：《三礼名物通释》，江苏古籍出版社，1987 年，第 117—118 页。

正象酒器在坫上之形，应
该属于这一种[1]。但第一种
"坫"，则见于考古资料。

张光直先生曾谈到，
上古中国人有一种"十"
字形的宇宙观。在陕西凤
翔发现的春秋时代宗庙遗
址中，庙宇建筑便具有十
字形的结构，体现为室内

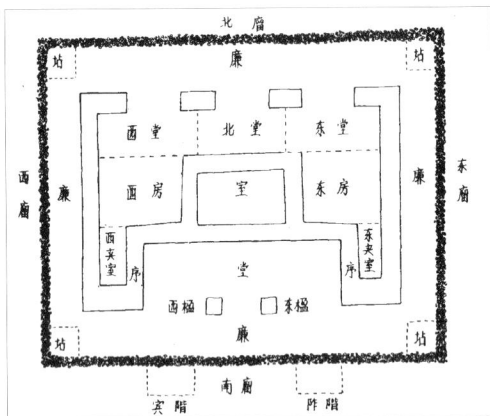

图3.7　陕西凤翔发现之春秋宗庙遗址，室内四角各有一个坫

四角各有一个土台"坫"（图3.7），符合《仪礼·释宫》"堂角有坫"
之说，即角内堆土比地面其他地方为高。这样，去掉了四个角的坫，实
际上便是一个十字形结构，与金文中的形象是一致的[2]。

钱玄先生强调了这三种坫之间的区别，但笔者认为，这三者仍然是
同一类名物，并且具有共同的起源。由于十字形的宇宙观非常古老，可
以推知室内四角的土台坫是其最初形式。由于这四个小土台可以放置器
物，因此逐渐在行礼过程中被转移到堂前两根大柱子之间，便于宾主之
间会饮放酒爵。再往后，土台可能变为木制可移动的坫，行礼后撤走。
随着实用功能的上升，最后演化为放置食物的室内小台。换言之，坫最
初是远古宗教世界观的象征，随后发展为礼仪用具，再演化为实用家居。
这里所说的"反坫"，正是"坫"发展的第二个阶段，即诸侯会饮之礼

1　徐中舒：《说尊彝》，《古器物中的古代文化制度》，商务印书馆，2015，第211页。
2　张光直：《说殷代的"亚形"》，见张光直：《中国青铜时代二集》，生活·读书·新知
三联书店，1990年，第89页。

的礼仪用具阶段。在这一时期，"反坫"是诸侯等级的礼仪用具，与此前更早阶段的诸侯宗庙建筑之室内四坫等级有传承和联系。

"邦君"一词，定州汉墓竹简本作"国君"，当是避刘邦之名讳所改。《诗经·小雅·雨无正》有"邦君诸侯"。穆王时铜器有"邦君"[1]，共王时器《豆闭簋》亦有"邦君"之称[2]，九店楚简也有"邦君得年"的内容[3]。李峰先生认为"邦君"可能是"宗族的领导者"[4]，朱凤瀚先生则认为"邦君"指一切王畿内外的诸侯，也指内服王臣和子弟采邑[5]。笔者认同朱凤瀚先生之说，即周代多种身份的人都可能叫"邦君"。不过，在孔子谈到的语境中，这里的"邦君"，肯定不是采邑主，因为管仲本人也是采邑主。所以，这里的"邦君"就是指诸侯国的君主。

反坫作为礼仪用具的使用，是由诸侯们的宗庙礼仪设施演化而来，最初源自宗庙神圣的十字形结构，是诸侯身份的体现。管仲作为陪臣，显然不能使用"邦君"等级的会饮小土台"反坫"，可是他却这样做了。综合来看，管仲的住处门口，僭越了诸侯礼制的塞门，管仲的正堂，则设置了僭越诸侯等级的反坫。应该说，这比起季氏僭越天子之礼，应该说好一些。但无论怎样说，管仲都僭越了礼制。无论他是否意识到这个问题，总之他被孔子归入最不懂礼的那群人之中。

1　唐兰：《西周青铜器铭文分代史征》，中华书局，1986年，第357页。
2　陈梦家：《西周铜器断代》上册，中华书局，2004年，第151页。
3　湖北省文物考古研究所、北京大学中文系：《九店楚简》，中华书局，2000年，第48页。
4　李峰著，吴敏娜、胡晓军等译：《西周的政体：中国早期的官僚制度和国家》，生活·读书·新知三联书店，2010年，第184页。
5　朱凤瀚：《商周家族形态研究》，天津古籍出版社，2004年，第389—390页。

3.24 仪封人请见。曰："君子之至于斯也，吾未尝不得见也。"从者见之。出曰："二三子，何患于丧乎？天下之无道也久矣，天将以夫子为木铎。"

"封"，金文中作䤈[1]，形为一人种植或管理树木。先秦的边界，普遍种植树木，称为封树，以这些林木作为各种土地的边界。周代《散氏盘》中，有"楮木"、"边柳"，《格伯簋》中有"杜木"、"旅桑"之类，杨树达先生指出这些都是周代用以标明边界的封树[2]。类似的，古印度的田和村社边界，也是栽种大树，如尼耶格罗萨树、阿斯跋陀树、金修伽树等，作为边界标志[3]。张金光先生认为周代每一个邑都有下面都有"封人"，管理诸侯国内部各种边界[4]。过去一般讲，只有诸侯国之间的边界才叫"封"，由"封人"管理。张金光先生说，诸侯国内部也有"封"和"封人"，此说较有道理，也符合金文材料显示的情况。不过，考虑到西周、春秋时的"邑"大小不等，很多"邑"其实只是农村聚落，因此不能说每一个邑下面都有封人。卫国的"仪封人"，未必就是卫国边境掌管封疆之人，他也可能是卫国内部"仪"这个邑掌管封疆的人。

这位"乡干部"是什么人，文献没有记载，朱熹推测是隐居的贤者。这位平时管理各种边界林木的乡干部，说只要是路过他地盘的贤人，他都要去见见。于是，他也去见了孔子。交谈一番出来，大为感慨，给孔

---

1 容庚：《金文编》，科学出版社，1959 年，第 690 页。
2 杨树达：《积微居金文说》，上海古籍出版社，2007 年，第 54 页。
3 ［法］迭朗善译，马香雪转译：《摩奴法典》，商务印书馆，1985 年，第 193 页。
4 张金光：《秦制研究》，上海古籍出版社，2011 年，第 159 页。

门弟子说，你们可别觉得落魄，现在天将降重任于孔夫子了。

谈到天降重任，仪封人将孔子比喻为"木铎"。"铎"，在殷周墓葬中多有发现。宋镇豪先生说，"铎属于摇铃之较大者"，在殷墟妇好墓中出土带有舌捶的大小铜铃18枚，在殷墟西区 M701 出土有14件铜铃，它们是与磬一起出土的[1]。郭沫若说，铎的形状与钟相同，但是更小，口向上，有一个执柄拿着可以摇响。他认为，铎是商代的一种礼器[2]。徐中舒先生认为，甲骨文中"告"、"舌"、"言"等字的形象都是仰放的铃，下面是铃身，上面是铃的舌，突出铃舌会意为"舌"。古代酋长要讲话之前，都会摇动这种叫"木铎"的大铃来聚集众人[3]。综合这些分析来看，木铎的起源必然非常古老，是远古以来的政教礼器，有时与编磬一起使用，更多时候则用以召集众人，是酋长和统治者权威的象征。

在战国的中山王大鼎铭文中，还说在战争中"奋桴振铎，开启封疆，方数百里"[4]。铎也被用于战争，效果和战鼓同列，可见声音响亮洪大，能传播很远。先秦铎的形象，可参见图 3.8[5]。

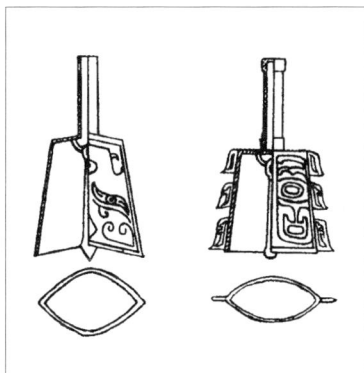

图 3.8 左边为周代之铎，右边为山东临沂凤凰岭春秋晚期郯国邦君墓出土之铎

---

1 宋镇豪：《夏商社会生活史》上册，中国社会科学出版社，2005 年，第 526 页。

2 郭沫若：《两周金文辞大系图编序说：彝器形象学试探》，见《郭沫若全集·考古编第七卷》，科学出版社，2002 年，第 4 页。

3 徐中舒主编：《甲骨文字典》上册，四川辞书出版社，2005 年，第 85 页。

4 张守中：《中山王署器文字编》，中华书局，1981 年，第 106—107 页。

5 李纯一：《先秦音乐史》，人民音乐出版社，1994 年，第 82 页；山东省兖石铁路文物考古工作队：《临沂凤凰岭东周墓》，齐鲁书社，1987 年，第 20 页。

仪封人将孔子比喻为天的木铎，这是将天拟人化的理解。在他看来，天下无道，政治秩序溃败，诸侯之间忙于攻伐称霸，民众的生存日益艰辛，面对此种危局，上天必将有所作为。天不会直接干预人事，但天会选择一个人，担任它的木铎，发出巨大的声响，来体现天的意志；也通过木铎，来召集天下之人，宣示天意。仪封人的此种说法，既是鼓励孔门弟子坚信天将降重任于孔子，也是对孔子政治理想的高度评价。在他看来，孔子的一言一行，都是间接体现出了天的启示。

里仁第四

4.1 子曰："里仁为美。择（宅）不处仁，焉得知（智）？"

要理解此条，必须了解一下春秋晚期的基层社区组织。从考古来看，殷墟时期的民众，一般聚族而居，一个基层地缘单位，也就是一个"族"的聚居所在。不过，到了西周中晚期，由于贵族在处理属民的过程中对他们进行异地迁徙，以血缘为基础的社会关系逐渐遭到破坏，农村聚落的血缘共同体逐渐被撕裂[1]。在春秋晚期，基层的社区单位被称为"里"，而不再是某族。

李峰先生认为"里"在西周时期已经是一个地缘单位，面积大于乡村之邑，由"里君"管理[2]。张政烺先生则认为西周的"里君"和作为族长的"百姓"性质最接近[3]，换言之，"里"还是血缘组织。李零先生根据铜器铭文"在宜王人"（即宜地的周移民）是由"里"计，由"里君"管理，指出他们是住在邑里之中[4]。朱凤瀚先生则认为，西周时期的"里"是一种地缘组织，一个大邑中划分有若干个"里"，如金文中的"成周里人"。"里"的设置，主要是为了治理殷人遗民，将殷人遗民的血缘

1 陈絜：《周代农村基层聚落初探：以西周金文资料为中心的考察》，见朱凤瀚主编：《新出金文与西周历史》，上海古籍出版社，2011年，第126—128页。
2 李峰著，吴敏娜、胡晓军等译：《西周的政体：中国早期的官僚制度和国家》，生活·读书·新知三联书店，2010年，第182页。
3 张政烺：《古代中国的十进制氏族组织》，《张政烺文集·甲骨金文与商周史研究》，中华书局，2012年，第97页。
4 李零：《西周金文中的职官系统》，见李零：《待兔轩文存·读史卷》，广西师范大学出版社，2011年，第137页。

家族组织置于地缘性的"里"中，以"里君"来控制[1]。

笔者认同李零和朱凤瀚先生的解释。西周时期，作为政治中心的城市，最早出现了"里"这样的地缘单位，周人统治者将殷遗民的家族组织安置到"里"，让"里君"管理。这个过程中，周人移民也逐渐被纳入到"里"的编制中。换言之，"里"最初是用地缘套血缘，但随着社会的变动，"里"中的血缘组织越来越分散瓦解，"里"日趋变为地缘组织。同时，随着农村血缘氏族的瓦解，出现了地缘性的"乡"，如《左传·庄公十年》中的"其乡人曰"，这些乡人并非曹刿同族，春秋时代鲁国的"乡"是一个地缘组织。伴随这一过程，"里"由最初的城市地缘单位，扩大到整个包括农村在内的社会。在孔子时代，"里"已经是一个纯粹的地缘单位概念。住在"里"中，可能周围的邻居都是没有血缘关系的人。如颜回住在陋巷，一箪食一瓢饮，完全是独门独户，并非合族同居。

"择"字，古书或引作"宅"，李零以为更佳[2]。儒家推崇古制，这是一个常识。不过，儒家对古制的赞许，并不意味着儒学就主张全盘复古。古制中，一个最小的地缘单位也一般对应着一个血缘小共同体，这样的社会，更有利于"人人亲其亲，长其长"（《孟子·离娄上》），人们在血缘家族中过得温情脉脉，其乐融融。按这种说法，古代血缘小共同体为本位的消亡，孔子应该深感遗憾，对"里"这样纯粹按照地缘的组织进行猛烈批评。可是，这里孔子没有批评乡里制度，倒是在乡里制

1　朱凤瀚：《商周家族形态研究》，天津古籍出版社，2004 年，第 274—279 页。

2　李零：《丧家狗：我读〈论语〉》，山西人民出版社，2007 年，第 103 页。

度既成事实的框架内，提出住宅要选择自己的邻居，要和仁人做邻居。在《论语》中，孔子对"邻里乡党"这种非血缘的关系，同样给予了高度的重视和尊敬，"乡人傩朝服立于阼阶"（《乡党》），给足了这些地缘社区小共同体成员的面子。

因此，孔子的复古理想，并不能视之为机械性地完全重建古制，就像王莽那样。"古制"不是一张"理想蓝图"，可以当作一个理念范型，只要朝着社会一套，就万事大吉。对"伟大蓝图"的推崇，本身就可能导致灾难性的结果。如颜元就主张命令家家户户都诵读《孝经》之类的"伟大真理"，并诛杀那些不肯服从其新国教的人[1]。在颜元这样激烈的理想主义者看来，"伟大真理"就放在那儿，只要轻轻拿起一用，就能拯救世界。

孔子尊古制，自然称许以血缘为纽带和基础构建的小共同体。但随着历史的演变，到了他生活的时代，血缘共同体逐渐遭到破坏，人口的移动在加速，代之以地缘组织的乡、巷、里。这时候，在地缘上和谁成为邻里就有了选择的空间和更多的可能。孔子提出，应该选择仁人做邻居，恰恰是从既成事实的具体历史处境出发的，而不是以"伟大蓝图"的古代血族制度来彻底批判现有状态。立足于历史现实，本身就是一种深刻。而在现代社会，如何在陌生人形成的新邻里社区之间建立信任、互助，形成一种良性小共同体，而不是原子化的陌生人互害，就成为一项重要且有现实意义的事项。

1　龚鹏程：《儒学经世的问题》，见龚鹏程：《儒学新思》北京大学出版社，2009年，第170页。

4.2 子曰："不仁者不可以久处约，不可以长处乐。仁者安仁，知者利仁。"

孔子说，不仁之人不能长期处于"约"的状态。此句中的"约"，郑玄解释为"贫"[1]，皇疏理解为"贫困"，朱注也解释为"穷困"。笔者认为，这些解释都不能成立。

上博楚简《弟子问》简16："子曰：'贫贱而不约者，吾见之矣。'"[2]此处，简文说有人贫贱却还"不约"，显然可知"贫贱"不是"约"。《说文》中说"约，缠束也"。包山楚简268有"紃约"，整理者指出"约"为"绳"，"紃约"就是以缘为绳[3]。望山楚简32—34有"纆约"[4]。在战国楚简文字中，"约"或为绳子，为"缠束"之意[5]。战国文字中的"约"，是绳子，也引申为捆扎成束。《颜渊》篇中有"约之以礼"，正是借用了绳子捆扎的意象，形容礼的约束。孔子的意思，并不是说不仁者不能忍受贫困，而是说他们不能长久忍受像被绳子一样缠束起来。这些像是绳子一样能约束人的机制，是包括了习俗、伦理、礼制、责任、义务等一整套文明的秩序。

实际上，很多不能忍受人类文明约束的人，却往往歌颂贫困、歌颂野蛮状态下的大自然。孔子谈到的"处约"，恰恰是成为社会人，在复杂的社会网络中，接受文明的既定秩序，而不是对文明秩序进行反抗。

1　王素：《唐写本论语郑氏注及其研究》，文物出版社，1991年，第33页。
2　梁静：《上博简〈弟子问〉文本研究》，见中国文化遗产研究院：《出土文献研究·第十辑》，中华书局，2011年，第67页。
3　湖北省荆沙铁路考古队：《包山楚简》，文物出版社，1991年，第65页。
4　湖北省文物考古研究所、北京大学中文系：《望山楚简》，中华书局，1995年，第110页。
5　何琳仪：《战国古文字典：战国文字声系》，中华书局，1998年，第310页。

例如，在十九世纪的美国，共和国"公民"的这一身份（相当于周代的"士"）本身就是沉重的，当时的公民应该"身着最为简朴的乡土粗布衣裳"、"衣服的每一部分都很朴素"、"美国公民的朴素衣服充分展现他们对共和制度的忠诚"。此外，公民还应该不停工作，"既不抽烟也不喝酒，还不跳舞。他衣着朴素吃饭简单。他一分钱也不会花在娱乐上，从不出去玩。他只和妻子发生性关系，而且只以繁衍后代为目的"。与之形成对比的则是，"相对于自由美国人，身为奴隶的最大优势，就是他们不用承担公民的基本义务"。由于不需受公民礼教的约束，黑奴能穿各种华服，"许多人的衣服都是最新的流行款式"，而且"绝大多数庄园的黑奴们在周六晚上都会举行舞会，在平日的晚上，他们也会临时起意办聚会"[1]。十九世纪北美的情况，或许是一个比较极端的例子。但周代"礼不下庶人"，本身也就意味着包括士在内的各级贵族，承受着更为沉重的礼教之"约"，而庶民则一般不在礼的"约"之内。在《诗经·国风》中，我们能看到当时庶民的生活氛围其实更为随意。

"士"及其以上承受礼教之"约"，此种意义，对现代人同样含义重大。哈耶克曾谈到，从卢梭到福柯到哈贝马斯，这些德、法思想界人士都认为人类被文明、秩序"强加于"他们，因此他们的追随者都倾向于认为文明是不堪忍受的[2]。如果按照孔子，那些歌颂大自然"高贵野蛮人"的卢梭们，都是不能"处约"的"不仁者"。"仁"的实现，先

1　[美]撒迪厄斯·拉塞尔著，杜然译：《叛逆者：塑造美国自由制度的小人物们》，山西人民出版社，2013年，第46—80页。

2　[英]弗里德里希·奥古斯特·哈耶克著，冯克利、胡晋华等译：《致命的自负》，中国社会科学出版社，2011年，第70页。

决条件就必须是肯定文明、秩序、传统、伦理、责任，以及人是社会与公共生活的身份，只有在认同和实践文明的前提下，才有可能接近"仁"。

4.5 子曰："富与贵是人之所欲也，不以其道得之，不处也；贫与贱是人之所恶也，不以其道得之，不去也。"

这一句子不难理解，孔子说人都喜欢富贵，但不能通过不正确的手段去获取富贵。人都厌恶贫贱，但不能通过不正确的手段来远离贫贱。不过，如果细心观察，就会发现前面"富贵"也是用的"得之"，"贫贱"也是用了"得之"。

张诒三先生就指出，此处"得之"的解释历来有误。"得之"富贵与"得之"贫贱，显然是矛盾的。为了解决这个矛盾，有的注家将"得之"贫贱改为"去之"，或者以之为"反训"。应该说，这些解释都有问题。他根据《说文》"得"字的段注，认为应当将其解释为"遇到而获得"之意。这样，该句就可以断句为："富与贵，是人之所欲也，不以其道，得之不处也；贫与贱，是人之所恶也，不以其道，得之不去也。"[1]

笔者同意张诒三的观点。这样的断句，既符合《说文》训诂对"得"的解释，语法、逻辑也清晰。按照这样的断句，孔子这句话是说：富贵，是人们喜欢的，但不通过正确的方式，就算遇到并获取富贵，也不能接受；贫贱，是人们厌恶的，但不通过正确的方式，就算遭遇了贫贱，也不能拒绝。

1　张诒三：《〈论语〉训解释疑两则》，《孔子研究》2010 年第 2 期，第 37—39 页。

4.8 子曰："朝闻道，夕死可矣。"

孔子的这句话非常有名，在魏晋齐梁时期，由于道家学说的盛行，此章的"道"便正好迎合了当时的玄风。而宋儒又将"道"理解为"君臣父子夫妇朋友之伦"，将"闻道"理解为听闻了"道"的知识[1]。这种解释，自宋以来，大致就定型为主流意见。

不过，正如廖名春先生所说，这种解释，将"闻道"理解为"知道"或"领会道"，恰恰是与孔子思想相矛盾的。因为孔子的终极追求是德、仁，而非知识论意义上的智。在孔子的价值观中，"尊德性"高于"道问学"。此外，孔子并非缺乏对"道"的知识。例如，孔子"志于道，据于德"（《述而》），"鲁一变，至于道"（《雍也》），"君子学道则爱人"（《阳货》），诸如此类，皆可知孔子懂得"道"的知识，并且主张"人能弘道，非道弘人"（《卫灵公》）。廖名春先生谈到，大量的古汉语资料证明，"闻"字并不仅仅是"听到"，而是也具有"达到"的意思。在早期文献中，"闻"和"达"具有相似的意思，常常"闻达"并用。例如，《诗·大雅·思齐》"不闻亦式，不谏亦入"，郑笺有"仁义之行而不闻达者"之说。《淮南子·主术》："而臣情得上闻。"高诱注："闻，犹达也。""闻达"连言，还见于《三国志》、《太平广记》等搜录的汉晋文献。在《论语·颜渊》中，也有孔子将"闻"与"达"并称对比之例。因此，"闻道"也可以训为"达道"。这里的"闻道"，应该理解为"达到了道"，即在现实社会中实现了"道"[2]。

1　程树德撰，程俊英、蒋见元点校：《论语集释》第一册，中华书局，2008 年，第 244—245 页。
2　廖名春：《〈论语〉"朝闻道，夕死可矣"章新释》，《清华大学学报（哲学社会科学版）》2009 年第 6 期，第 151—155 页。

笔者赞同廖名春的分析。此处，孔子的意思是，一旦天下能真正实现有道，那我马上死去也甘心。宋代的思想家，就经常感叹长久以来，"道"没有在现实政治生活中实现。如程颐在 1050 年《上仁宗皇帝书》中就感叹"王道之不行二千年矣"（《河南程氏文集》卷五），朱熹也感慨，说"尧舜、三王、周公、孔子所传之道，未尝一日得行于天地之间也"（《答陈同甫》，《朱子文集》卷二十六）。这些宋代思想家，都认为自己了解"道"的知识，但感慨"道"没有一天在世界上实现过（或很久没实现了）。他们理解实现"道"的理想，也就是孔子所说的"闻道"。尽管尧舜以来的"道"未曾一日在天地之间实现过，但孔子仍然希望有实现的一天。如果天下实现了"道"，如此则死而无憾。

4.10 子曰："君子之于天下也，无适（敌）也，无莫（慕）也，义之与比。"

这一句，讲的是君子如何处理天下风气（现代人叫"大众意识形态"）与贵族精神（义）之间的关系。

比较混乱的，是对"适"和"莫"的解释。郑玄将"适"解释为"敌"，将"莫"解释为"慕"[1]，意思是敌对，爱慕两种态度，清人刘宝楠、俞樾都认同郑玄的观点；《论语稽求篇》等认为"适"是厚，"莫"是薄，但俞樾认为这种解释"其义至陋"；唐人韩愈、李翱则将"适"解释成可，将"莫"解释为不可；朱熹则以"适"为"专主"，以"莫"为其相反之意。甚至还有《华严经》慧苑《音义》引《汉书注》说"适"是"主"，"莫"

1　王素：《唐写本论语郑氏注及其研究》，文物出版社，1991 年，第 34、38 页。

是"定"[1]。李零先生的观点接近韩愈，将"适"理解为可以，将"莫"理解为"不可以"，说这句话的意思为"无可无不可"（《微子》）[2]。

笔者认为，郑玄、刘宝楠、俞樾等的理解，应当比较可信。在战国文字中，常有一个字皆有"适"和"敌"两种读法。如包山楚简154"以■■之田"，望山楚简二·七七"■剑"，隶定之"■"字，在包山简中读为"适"，作"以适■之田"，而在望山简中，则读为"敌"，作"敌剑"。又如中山王器的■，隶定为"倜"，在鼎铭中读为"克敌大邦"的"敌"，而在方壶中读为"适遭"之"适"[3]。而在定州汉墓竹简本中此字写作"谪"[4]。这就说明，在早期抄本中，该字根本就没定型为现在的"适"字。在战国抄本中，该字很有可能就是诸如"■"或"倜"之类的写法，读为"敌"，汉代抄本也写作"谪"，后来被抄写为"适"。

"莫"字，应当原作"慕"。在战国文字中，"慕"作■，而"莫"作■[5]。只要稍有不慎，抄漏掉一个心字底■是非常容易的。这样，如果按照战国文字的情况推测，原文当为"君子之于天下也，无敌也，无慕也"，郑玄、俞樾等人的意见应当比较符合真实情况。孔子的意思是，君子对于天下的风气，既不必去敌对，也不必去恋慕，他唯一应该遵循的原则只有"义"。

1　程树德撰，程俊英、蒋见元点校：《论语集释》第一册，中华书局，2008年，第248—249页。

2　李零：《丧家狗：我读〈论语〉》，山西人民出版社，2007年，第107页。

3　何琳仪：《战国古文字典：战国文字声系》，中华书局，1998年，第748页。

4　河北省文物研究所定州汉墓竹简整理小组：《定州汉墓竹简〈论语〉》，文物出版社，1997年，第19页。

5　何琳仪：《战国古文字典：战国文字声系》，中华书局，1998年，第720页。

孔子说的"天下"，其实就是天下人的主流意见，现代人称为"大众意识形态"。面对现代大众意识形态，诸如消费狂欢、看娱乐节目、追星、网络游戏、玩"心灵鸡汤"之类，普通人觉得这是天经地义，是个人就该这样活。古代也有当时的"大众意识形态"，先秦是各类"郑卫之音"，明清以来则是各种面向老百姓的戏曲、评书之类。面对现代大众意识形态，西方保守派知识分子有批判，如施特劳斯学派等大骂现代社会太虚无，把研究古希腊文的老教授和看娱乐节目的识字半文盲都拉平了，好坏不分，高低抹平，大家一起当傻子[1]。也有左派大骂说这是全球化资本主义市场作了孽，要通过人类学等多种边缘视野去抗议这个系统[2]。这些观点，在国内均有市场。如果按照孔子，这些人对于"天下"，恰恰就是"敌"的态度。也有人特别热衷于大众意识形态，打网络游戏，看娱乐节目，听流行音乐，谁要是对这些大众意识形态说个不，他一听就急，说你这是要搞"哲人王"那套，用精英文化的"权力"压迫人民，是自由的敌人云云[3]。这种人，对于"天下"，恰恰是"慕"的态度。

1　刘小枫：《刺猬的温顺》，上海文艺出版社，2002 年，第 170—237 页。实际上，施特劳斯本人的思想具有某种含混性，而美国的施特劳斯学派，内部亦有很大纷争。例如，东岸派的阿兰·布鲁姆（Allan Bloom）就倾向于强调"美国是现代国家"，而"现代性是坏的"。而西岸派的哈里·雅法（Jaffa, Harry V.）则专注于"美国是好的"这一命题，并且喜爱哈耶克、弗里德曼的著作。实际上，国内施派更喜爱援引布鲁姆等人的学说，而漠视了雅法等人的思想，这可能是一种有意为之的选择。施派内部的差异，参见 ［美］凯瑟琳·扎科特、迈克尔·扎科特著，宋菲菲译：《施特劳斯的真相：政治哲学与美国民主》，商务印书馆，2013 年，第 278—299 页。

2　Alan Barnard, *History and theory in Anthropology*, Cambridge University Press, 2004, PP166—167.

3　参见梁文道对香港社会主流文化的分析，梁文道：《香港的原罪》，见河西：《自由的思想：海外学人访谈录》，生活·读书·新知三联书店，2012 年，第 116 页。

孔子的观点是，君子对于大众意识形态，既不必去敌对，也不必去爱慕，自己按照"义"的标准坚持下去就行了。普通大众网络游戏，娱乐节目，网红流量，自不必去理会，精英就是精英，大众就是大众，没必要用精英的标准去要求普通人，说你们这是一片低俗和虚无。同样，既然愿意追求精英文化，用精英文化去经营自己的家庭、朋友、社交小圈子之类"绅士俱乐部"的小环境，则应该以精英的标准要求自己，去打造小环境，而不能降格为普通人，说精英文化压迫了大众之类。不同的生态位，有不同的小共同体圈层，以及不同的亚文化。君子，就应该"义之与比"——正如前文所析，"比"的古文字含义，是相从亲密。"义之与比"，是对精英的要求，一切以"义"为唯一的规矩准绳，与"天下"的标准保持距离。

4.11 子曰："君子怀德，小人怀土；君子怀刑（型），小人怀惠。"

此条中的"刑"字，古代注疏一般都理解为"刑法"之"刑"。例如，孔安国认为是"安于法"。郑玄认为，"刑"是"法也[1]"。朱注认为是"谓畏法"。

可见，古代注疏系统都是从"刑法"这个字面意思进行理解的。甚至到了程树德先生那里，仍然将此处理解为刑法之刑[2]。牛泽群先生曾指出，将此处"刑"引申为法律制度是不可信的。因为这样就与《为政》中"齐之以刑，民免而无耻"的义理相矛盾了[3]。程石泉也曾引《毛伯

1　王素：《唐写本论语郑氏注及其研究》，文物出版社，1991年，第35页。

2　程树德撰，程俊英、蒋见元点校：《论语集释》第一册，中华书局，2008年，第250—252页。

3　牛泽群：《论语札记》，北京燕山出版社，2003年，第78页。

班簋》铭文"文王子孙，亡不怀型"，指出"'君子怀刑'之刑非刑罚之刑，乃典型之型"[1]。笔者同意牛泽群、程石泉先生的质疑。《论语》中，除了"民免而无耻"可证孔子一直反对任刑之外，上博楚简《季康子问于孔子》简9—10中，孔子也曾引臧文仲之言"好刑不祥"[2]，即以刑法为不祥之事。对任刑的反对态度，一目了然。因此，此处不能作刑法来理解。

笔者认为该处的"刑"应当作"型"，意思是"铸造器物的范型"之意。《说文》："型，铸器之法也。"清人朱骏声《说文通训定声·鼎部》："刑，假借为型。"例如，《荀子·强国》："刑范正"，王先谦云："刑范，铸剑规模之器也。"这样的例子也见于出土古文字材料。例如，郭店楚简《缁衣》引《诗》："仪刑文王，万邦作孚"，李零先生读"刑"为"型"[3]。在上博楚简《曹沫之陈》简1中，就有"鲁庄公将为大钟，型既成矣"[4]的记载，意思就是鲁庄公造好了铸造大钟的器物范型。在穆王时器《沈子也簋盖》中，就有"克有井（型）教懿父廼是子"之句[5]。在这一句子中，"型"正是引申为与教化、懿德有关的用法。山西翼城大河口西周墓M2002出土《格姬簋》铭文中，讲到周礼继承制的不成文法典，也说"典先王既又（有）井（型）"[6]，也指一系列的先王判例与典型、法则。2013年成都新出西汉竹简《脉死候》有"一曰刑死"之说，对应"气死"、

1 程石泉：《论语读训》，上海古籍出版社，2005年，第50页。

2 马承源主编：《上海博物馆藏战国楚竹书（五）》，上海古籍出版社，2005年，第215—216页。

3 李零：《郭店楚简校读记》，北京大学出版社，2002年，第63页。

4 马承源主编：《上海博物馆藏战国楚竹书（四）》，上海古籍出版社，2004年，第243页。

5 唐兰：《西周青铜器断代》，中华书局，1986年，第321页。

6 严志斌、谢尧亭：《格姬簋铭研究》，《中国国家博物馆馆刊》2023年第9期，第77—78页。

"心死"、"志死"、"神死"，整理者指出此处"刑死"当读为"型死"，这也是"刑"当读为"型"的一项最新证据[1]。这些材料都说明，"刑"与"型"古文可以相通，而"型"是一种铸造器物的范型，可以引申为铸造德性的表率之意。

按照这样的解释，"君子怀刑"的含义就不当是具有法家意味的"畏法"了，而应该是具有儒家"教化"思想的背景。意思是，君子应当胸怀道德之范型，将自己和民众修养、教化成器。联系到《论语·阳货》中孔子对子游教化武城民众的赞赏，可以说，子游正是一位"怀型"的君子，以礼乐教化了武城的民众。子游学派的《礼运》一文[2]中，正有"刑仁"之说。郑注指出，此"刑"为"则"，孔疏："民有仁者，用礼赏之，以为则也。"此处的"刑"，也具有范型和塑造的意思。子游学派对"刑仁"的强调，正是"君子怀刑"的体现。当然，另一方面，"怀型"也应当具有君子自我道德塑造的含义，将自己训练塑型为美器。

其实，将先秦儒家文献中的"型"理解为法家意味的"刑"，并不仅仅见于此处。郭店楚简《缁衣》中的"刑（型）"，也本是指"统治者应该成为人民的榜样"，是"模型"之意。但汉代的《礼记》整理者，却将该字解读成了"刑罚"[3]。这就表明，先秦早期儒家的问题意识与经历过秦汉法家专制主义语境的问题意识之间具有非常大的区别。汉代

1　成都文物考古研究所、荆州文物保护中心：《成都市天回镇老官山汉墓》，载《考古》2014年第7期，第62页。
2　李学勤：《孔孟与老庄之间》，见李学勤：《文物中的古文明》，商务印书馆，2008年，第405页。
3　［美］夏含夷著，周博群等译：《重写中国古代文献》，上海古籍出版社，2012年，第66—68页。

和宋代学者对《论语》此章作"刑法"的理解，正是汉代儒学法家化及其问题意识建立之后发展的结果。如何剥离这些色彩，尽可能地回归先秦儒学原始语境中的真实含义，是一个非常重要且有意义的话题。

4.15 子曰："参乎！吾道一以贯之。"曾子曰："唯。"子出。门人问曰："何谓也？"曾子曰："夫子之道，忠恕而已矣。"

如前文所析，曾参之名读为 shēn，是孔子晚年弟子（见 1.4）。此处记载，孔子对曾参谈到自己"一以贯之"之道。在《卫灵公》篇中，孔子也曾对子贡谈到过"予一以贯之"。徐复观先生讲"一以贯之"，说"'一贯'之'一'并不排斥多，并且须由多中提炼而出，也自然向多中流贯而去。但提出问题时，有时重点是放在多的方面，有时则是放在一的方面"[1]。

徐复观先生的说法，是谈到了理解"一以贯之"的要点所在。孔子一以贯之的道理，在此处体现为"忠恕"，但此作为"一"的忠恕之道，并不远离其他方面的"多"，如博学多识和多能。

"忠恕"一处，汉代有文献引作"君子之道，忠恕而已矣"（《风俗通义·过誉》）。作"君子之道"显然不及"夫子之道"。孔子一以贯之的道，乃是"忠恕"。《左传·昭公六年》孔疏"如心为恕"，《周礼·大司徒》疏也谈"如心为恕"。《学而》"为人谋而不忠乎"，"忠"正是处处设身处地为他人着想，"恕"也是以他人之心为心，为他人着想，

1　徐复观：《〈论语〉"一以贯之"语义的商讨》，见徐复观：《中国思想史论集》，上海书店出版社，2005 年，第 204 页。

所谓己所不欲勿施于人。

此处所论，核心在"尊德性"。徐复观先生，强调了一以贯之的尊德性并不与"多"矛盾。思想家以赛亚·伯林（Isaiah Berlin）曾借用希腊诗人阿基洛科斯残篇"狐狸知道得很多，而刺猬则只知道一件大事"，将知识人分为"刺猬"与"狐狸"两种。前者专注于一个"一以贯之"的大问题中，而后者则徘徊于许多个小问题中[1]。余英时先生曾借用此概念，将重视义理的戴震、章学诚划为"刺猬"，将爱好繁复考据知识的主流乾嘉学者们称为"狐狸"。余英时总结认为，"狐狸"与"刺猬"之间，存在着不同程度的紧张感与疏离感[2]。显然，"一"与"多"，"尊德义"与"道问学"等方面都构成了某种张力。此处徐复观先生所说，对理解"一以贯之"的启发在于，儒家的理想是并不将二者视为截然对立，而是"一"与"多"互为前提，蕴"尊德性"与"道问学"于一体。

4.16 子曰："君子喻于义，小人喻于利。"

此处中的"喻"字，《集解》、皇疏、朱注等都认为是"晓"，即知晓之意。也有人主张《说文》无"喻"，所以此字应当为"谕"[3]。定州汉墓竹简本作"踰"[4]。有人认为，定州竹简本的写法可能是对的。

1　［英］以赛亚·伯林：《狐狸与刺猬》，见［英］以赛亚·伯林著，彭淮栋译：《俄国思想家》，译林出版社，2011年，第25—26页。
2　余英时：《论戴震与章学诚：清代中期学术思想史研究》，生活·读书·新知三联书店，2000年，第93—127页。
3　程树德撰，程俊英、蒋见元点校：《论语集释》第一册，中华书局，2008年，第267—268页。
4　河北省文物研究所定州汉墓竹简整理小组：《定州汉墓竹简〈论语〉》，文物出版社，1997年，第20页。

理由是，《为政》"七十而从心所欲，不逾矩"，《子张》"大德不逾闲"等处，"逾"和"踰"同义，都是超越、超过的意思。因此，此句可被理解为君子能超越义，趋向仁；小人能超越利，趋向义[1]。

笔者认为，这一假说从出土本引申而来，有一定趣味，故附载观点于此。不过，这一假说也存在遗漏问题。其一，《论语》中"不逾矩"、"不逾闲"等文字都是"逾"，而不是"踰"。当然，我们可以说传世本《子张》"丘陵也，犹可逾也；仲尼，日月也，无得而逾焉"句中的两个"逾"字，定州竹简本皆作"踰"[2]，因此可以确定汉简中的"踰"就是传世本的"逾"。但是说"踰义"，就是超越"义"，达到"仁"这种解释，恐怕尚有问题；其二，《论语》中对中人以上，有志于做君子的士人，都提出了不同程度的道德要求。但未见孔子要求所有的庶民（小人）都去达到某种道德高度。实际上，包括后世以来主流的儒家学说，总体上都倾向于对精英分子提出更高的德性要求，但对普通庶人的要求则不是非常明显。此处若解释为"踰"，要求庶民们都去超越一己之利，恐怕不太符合古儒的观念。将"喻"解读为"踰"，是一个有趣的假说，但笔者对此尚表示怀疑，谨将此观点与怀疑理由皆附记于此，以俟博雅君子教正。

其实孔子并不反对获利，而只是反对小民、庶人眼界水平的那种只知狭隘之小利，而不知大义。对于贵族范的精英生态位来说，当义和利

1　刘洪波、刘凡：《〈论语·里仁〉"君子踰于义，小人踰于利"新解》，《古籍整理研究学刊》2004年4期，第52—55页。

2　河北省文物研究所定州汉墓竹简整理小组：《定州汉墓竹简〈论语〉》，文物出版社，1997年，第94页。

处于最极端的零和博弈状态下时，当然一定是选择"喻于义"，甚至是舍生取义。就像文天祥《正气歌》中所说，天地正气既包括了"在秦张良椎"，也包括了"或为渡江楫，慷慨吞胡羯"。对内反抗秦皇，而不是贪图"秦富贵"是一种君子之义；对外抗击五胡，就像祖逖渡江的慷慨，而不是去做汉奸获利，也是君子之大义所在。文天祥本人最终舍生取义，也正是"君子喻于义"的生动写照。

但是在非极端情况下，尤其是市场经济活动中，"义"和"利"往往还是能调和一体，甚至以"利"来促进"义"的。《吕氏春秋·察微》、《淮南子·齐俗》、《说苑·政理》等篇中，都记载了一个关于"子贡让金、子路受牛"的寓言故事："鲁国之法，鲁人为人臣妾于诸侯，有能赎之者，取其金于府。子贡赎鲁人于诸侯，来而让不取其金。孔子曰：'赐失之矣。自今以往，鲁人不赎人矣。取其金则无损于行，不取其金则不复赎人矣。'子路拯溺者，其人拜之以牛，子路受之。孔子曰：'鲁人必拯溺者矣。'"各文献对于此事的记载，叙述不同，如《淮南子·齐俗》中提出"子路受而劝德，子贡让而止善"，恰恰就强调出"义"和"利"在常态下，往往是一体的，而非零和博弈关系，而且通过获利，能够鼓励更多普通人去向往义，以及践行义。尤其是对于现代工商业社会来说，那种在义和利之间生死零和选择的极端情况，其实是大为减少了。更常见的情况，反而是"《论语》加算盘"式的"义利一体"。这是现代人理解此条，需要注意的一个补充背景。

4.19　子曰："父母在，不远游。游必有方。"

此条也见于湖北荆州新发现的王家嘴 M798 出土战国楚简《孔子

曰》："父母才（在），不远游，游必又（有）方。"[1] 战国时期，一般是在包括楚国在内的东方六国墓中，才出土这些《论语》类、《诗》、《书》和诸子百家语等种类的丰富文献。而在秦国墓葬中，则只随葬法律、行政文书、算命《日书》之类的东西。谁是文明，谁是野蛮，可谓一目了然。

在春秋晚期以前，其实很少有"游士"这一现象。人们更多是生活在比较固定的共同体社会中，通常并不远离父母。但孔子生活的时代，社会流动加速，"游士"的现象不断增多。孔门弟子中，除了鲁国的本地人，其实大量也是来自各地的游士，前来跟随孔子学习，周游列国。"游"既然无可避免，那么对于"游"的方式，孔子说，应该是父母活着时，最好不要出远门。如果实在必须远行，也得"有方"。什么叫"有方"，传统旧注有不同的解释。郑玄说"方"是"常也"[2]，皇疏的解释差不多。朱注则将"方"理解为东南西北意义上的方位。

张谊三先生则没有单独考察"方"，而是整理了先秦语言中"有方"的用法，发现"有方"是一个固定词组。如《礼记·檀弓上》"左右就养有方"，《礼记·经解》"谓之有方之士"，《礼记·缁衣》"故君子之朋友有乡，其恶有方"，《大戴礼记·曾子立事》"言必有主，行必有法，亲人必有方"。这些资料显示，先秦语言中的"有方"，就是"有道理"，"有原因"的意思。因此，"游必有方"的意思，是"如

1　赵晓斌：《湖北荆州王家嘴 M798 出土战国楚简〈孔子曰〉概述》，《江汉考古》2023 年第 2 期，第 46 页。

2　王素：《唐写本论语郑氏注及其研究》，文物出版社，1991 年，第 35 页。

果要远游，必须有远游的道理和原因"[1]。

笔者同意张先生的观点，此处的"方"，不是常规、经常、方位，而是有道理和原因。春秋晚期，殷周以来原有以小共同体为本位的社会正在走向解体。正如前文所析，"朋友"一词原为血缘之亲，在儒家则理解为志同道合之人。因此孔子对"朋友自远方来"（《古论》），表示了相当的肯定和赞许。换言之，孔子主张父母在，不远游，尽量捍卫小共同体的利益。但时代变革之际，亦可循时代的现实情景，肯定远游的价值。尤其是，孔门中后期门徒里有大量的外邦子弟，他们来孔门学习，都是"远游"的结果。这些弟子们远游之"方"，就是学习。

4.24 子曰："君子欲讷于言而敏（勉）于行。"

"讷"字，古代文献中或作"詘"。《史记·万石张叔列传》曾引用《论语》此句，《集解》引徐广云："'讷'字多作'詘'，音同耳。古字假借。"

詘，音 qū，秦兵器铭文中有名"詘"之人（《集成》11406）。《广韵·物韵》："詘，词塞"，清人朱骏声《说文通训定声·履部》："詘，字从言，当与吃同意。"《墨子·公输》："公输盘詘。"《史记·李斯列传》："辩于心而詘于口。"从这些材料来看，古代文献中的"詘"，是指口吃，说不出话的样子。

孔子说，君子说话，就要詘，如同口吃难言一般。可是，做事却要

---

1 张谊三：《"游必有方"和"粪土之墙"正解》，《中国文化研究》2007 年夏之卷，第 93—94 页。

勤勉。"敏"字，与《学而》中"敏（勉）于事而慎于言"一样，都读为勉，指做事勤勉。此句话，与《学而》"敏（勉）于事而慎于言"意思相同，都强调了君子不能巧言令色，而当勤勉于事，说话谨慎，甚至像是口吃不能言一般。此条与前文中孔子所说"刚毅木讷近仁，巧言令色鲜矣仁"，以及"敏（勉）于事而慎于言"含义相近。

4.26 子游曰："事君数，斯辱矣；朋友数，斯疏矣。"

言偃，字子游，亦称言游，典型的鲁地儒者[1]。晚清以来，康有为、梁启超、周予同、郭沫若等一些学者就提出怀疑，说宋儒建构出来的"思孟学派"有问题，真正的思孟之学，倒很可能与子游的关系更大[2]。应该说，子游在早期儒门中，是一位非常重要的人物。在《礼记》等原始儒家文献中[3]，经常可以见到子游对曾参讲一番道理，曾参觉得很受教之类（《檀弓上》）。孔门被困于陈蔡之间，过去《史记》都只说是子贡在危难中去找了楚昭王，最后才得以解围。但现在从出土文献来看，陈蔡的解围，子游也做出了相当的贡献[4]。所以，对早期儒学的研究中，子游应该受到足够的重视。

1　《史记·仲尼弟子列传》说子游是吴国人，崔述、钱穆都指出这是错记，子游的儿子言思也是鲁国人，子游是世代居住在鲁国之人。见 钱穆：《先秦诸子系年》，商务印书馆，2002年，第72页。案，《史记》的误述，可能是竹简抄本中"鲁"误抄为"鱼"，"鱼"的古音在疑母鱼部，"吴"的古音也在疑母鱼部，因此发生混淆。

2　康有为：《孟子微·自序一》，中华书局，1987年，第1页；梁启超：《论中国学术思想变迁之大势》，上海古籍出版社，2001年，第28页；周予同：《从孔子到孟荀：战国时的儒家派别和儒经传授》，见周予同：《周予同经学史论》，上海人民出版社，2010年，第562页；郭沫若：《十批判书》，中国华侨出版社，2008年，第94页。

3　李零：《简帛古书与学术源流》，生活·读书·新知三联书店，2004年，第205—206页。

4　马承源主编：《上海博物馆藏战国楚竹书（八）》，上海古籍出版社，2011年，第120页。

子游在此，将君臣、朋友视为一类，进行讨论，符合早期儒学中视君臣之伦为朋友的观念。子游认为，君臣、朋友为一伦。西周宗法制下，"朋友"即兄弟关系，大宗即小宗之君，因此君臣即朋友，和父子、夫妇一样，都属于天伦。在西周宗法制下，倒也不存在君臣、朋友之间的选择关系，一切都是天伦既定。但到了早期儒家的阶段，血缘宗法制溃败，"朋友"变为了没有血缘的互相选择关系，"君臣"也变为互相选择，选择的双方都讲究权利和义务的对等关系，保持一种谨慎的微妙平衡。在这样的背景下，睿智的子游，提出一定要避免双方关系中的"数"这一行为。

"数"这种行为：梁武帝说是讲自己的功劳，皇侃说是见面不看时间，吴嘉宾说是过分亲昵，焦循说是双方不信任，俞樾说是当面提意见太过分[1]。李零先生认为"数"是过分亲昵，日久天长，反而会疏远[2]。应该说，吴嘉宾、李零的说法是正确的。《汉书·贾山传》中，东方六国世代博士官学问传家的贾山，给汉文帝上书中就说"古者大臣不媟"，王先谦《补注》就指出是君臣之间不能狎近而亲慢。

儒家认为，君子的交往模式，应该是"和而不同"（《子路》），"群而不党"（《卫灵公》），所谓君子之交淡如水即可。如果是天伦，如父子、夫妇，包括西周时的"君臣"、"朋友"，有时过于亲昵，至少不会损害到整个关系的基础。但东周时，君臣、朋友一伦，属于陌生人社会之间的道义相择，更多公共色彩，尤其需要讲究一些必要的技巧与边界感。

1　程树德撰，程俊英、蒋见元点校：《论语集释》第一册，中华书局，2008年，第282—283页。
2　李零：《丧家狗：我读〈论语〉》，山西人民出版社，2007年，第110页。

这样，如果用私人天伦的亲昵态度，去处理这些公共关系，必然引起问题，自取其辱。

公冶长第五

5.1　子谓公冶长，"可妻也。虽在缧绁之中，非其罪也"。以其子妻之。

　　孔子将自己的女儿，嫁给了一个叫公冶长的人。这位公冶长，身份是"在缧绁之中"。"缧绁"，主流的注疏解释，说是捆绑罪人的黑色绳索。公冶长身份虽然是罪犯，实际上却是无辜的，而且人品还不错。有一条先秦文献，可供参考，说明"缧绁"的含义。《史记·管晏列传》"越石父贤，在缧绁中"，《正义》引《晏子春秋》："晏子之晋至中牟，睹弊冠、反裘、负薪，息于途侧。晏子问曰：'何者？'对曰：'我石父也，苟免饥冻，为人臣仆。'晏子解其左骖赎之，载与俱归。"在这条材料中，"在缧绁中"的越石父，其身份是"臣仆"，而不是囚徒。值得注意的是，这种臣仆"在缧绁中"的状态，并不是一般想象的，被黑色的绳索给绑起来，关在监狱中。而是在外面背柴，累了还在路旁休息一下。

　　越石父这种"缧绁之中"，倒是很接近秦律中的隶臣妾。在秦律中，隶臣妾被政府用于各类事务，如传送文书、监管城旦、工厂劳动等，有时也卖给或暂时借给私人。有人怀疑说，公冶长被关押在监狱中，如何完婚？其实，如果不仅仅将"缧绁"狭隘地理解为黑色绳索的捆绑，而是从历史角度，将"缧绁"理解为广义的臣仆状态，参与各类劳务，就容易理解了。在竹简所见秦律中，隶臣是有家室的，秦律规定"禀衣者，隶臣、府隶之毋（无）妻者及城旦，冬人百一十钱，夏五十五钱"。意思是说，隶臣有妻室的，就由妻室给他置办冬、夏衣服。如果没有妻室，就由政府发放买衣服的钱。在另一条秦律中还规定，说"隶臣有妻，妻更及有外妻者，责衣"，意思是隶臣的妻子是更隶妾或庶人身份的，应该给隶臣提供衣服[1]。

当然，笔者并不是说春秋晚期的齐国（公冶长是齐国人）和战国时代的秦国有完全相同的隶臣妾制度。但借助秦的材料，有助于去推测公冶长的"缧绁"和"臣仆"身份。李零谈到，战国工官，常以"公"字表示官营，并称呼负责铸造铜器或铁器的官员为"冶师"或"冶"[2]。在战国器物中，"冶"的铭文常伴有"右官"、"右库"等使用罪人为劳动力的铸造工厂名号[3]。战国兵器铭文中也有"冶臣"之说[4]。秦简中，亦有"工隶臣"[5]，即让隶臣在工厂中从事冶铸和兵器生产等活动。在魏国兵器上，多有掌管左右库、上库罪徒的工厂中，由一线劳工署名"冶X"的辞铭[6]。《史记·仲尼弟子列传》说公冶长名叫"长"，字也叫"长"，显然是有问题的。可能的解释，就是他根本没有字，单名就是"长"。若按照魏国兵器刻辞的标准，公冶长应该写作"冶长"。而银雀山汉简《守法守令十三篇》，是保存齐国的法令，其中就将"罚为公人"作为一种处罚[7]。"公人"，也就是齐国的奴隶。按此，齐国人"公冶长"的"公"

1　睡虎地秦墓竹简整理小组：《睡虎地秦墓竹简》，文物出版社，1978年，第67页、87—88页。
2　李零：《丧家狗：我读〈论语〉》，山西人民出版社，2007年，第112页。
3　何琳仪：《战国古文字典：战国文字声系》，中华书局，1998年，第543页。
4　裘锡圭：《战国时代社会性质试探》，见裘锡圭：《古代文史研究新探》，江苏古籍出版社，2000年，第394页。
5　睡虎地秦墓竹简整理小组：《睡虎地秦墓竹简》，文物出版社，1978年，第93页。
6　苏辉：《魏国纪年兵器研究》，见江林昌等主编：《中国古代文明研究与学术史》，河北大学出版社，2006年，第98—99页。
7　陈苏镇：《〈春秋〉与"汉道"：两汉政治与政治文化研究》，中华书局，2011年，第127页。

字，也当作此理解。

综合这些材料，大致可以推测，公冶长的名应该只是"长"，因为是缧绁之臣，被安排在"公"的官府工厂部门从事冶铸等工作，因此被称为"公冶长"。如果用秦律中的术语，他的身份应该是"工隶臣"，齐国术语，叫"公人"。此人品行应当不错，不知因什么原因犯了法，成为缧绁之臣，在官府工厂冶铸铜铁。不过，他的清白，孔子很清楚，因此说"非其罪也"。公冶长显然并非孔子门徒中最优秀者，后世"儒分为八"的门派中，也不见他有门徒或思想传世。

孔子说公冶长"非其罪也"，却沦为缧绁之臣，从春秋晚期和战国常见的情况来看，属于连坐之"孥"的结果。儒家主张罪止其身，反对累及他人。《左传·昭公二十年》引《康诰》"父子兄弟罪不相及"，《孟子·梁惠王下》"罪人不孥"，都明确反对株连无辜者。陈梦家先生认为，《甘誓》中有"予则孥戮汝"之句不见于早期《墨子·明鬼》所引《禹誓》，也跟早期《康诰》的精神相违背，却完全符合秦法"夷三族"的精神，因此是秦代官儒因秦法而增的结果[1]。后世儒者，虽未详考《甘誓》"孥戮"所出，但都提出过类似的见解。《后汉书·杨终传》："善善及子孙，恶恶止其身，百王常典不易之道也。"北宋王禹偁认为元和、长庆名贤所制诏书有胜于《尚书》者，如元稹《牛元翼制》"孥戮示众，朕不忍闻"，就远胜于"予则孥戮汝"。宋人听后的反应是"众皆伏之"（《丁晋公谈录》），可见这种观点在宋儒那里是受到普遍认同的。明初宪典火烈，明太祖动辄屠杀连坐，儒士解缙上书："夫罪人不孥，罚勿及

1　陈梦家：《尚书通论》，中华书局，2005 年，第 141—142 页。

嗣。连坐起于秦法，孥戮本于伪书。"（《明史·解缙传》）

而作为一项制度，奴隶制从不被儒家认为是合法的。《论语》、《孟子》与其他儒学文本对普遍人性和人类尊严的表述，也是同样清晰。在公元 1 世纪，儒家文献中关于人类尊严的内容，已经开始被作为禁止买卖和杀害奴隶的法律依据[1]。两汉禁奴隶的诏令，主要根据便是"天地之性人为贵"的儒家观点[2]。当然，汉代社会高度法家化，尊君卑臣，国家机构的运作极其残酷。在此严酷条件下，儒家仍然希望"去奴婢，除专杀之威"（董仲舒语，见《汉书·食货志》）。到了宋代，儒家学说相当程度地成为了推进政治发展的合法依据。宋代儒者明确提出，要修改汉唐以来法家化的刑律，尤其要删除"奴婢贱人，律比畜产"之类的残酷律文（赵彦卫《云麓漫钞》卷四）。而实际上，宋代儒家对保护人权，作出了对世界具有划时代意义的贡献。大量的宋代笔记和法律使用可以证明，最迟到南宋，在法律制度层面上，废除了良贱制度，奴婢制度转化为雇佣关系。法律意义上的奴隶制被废除，代之以雇佣制，所有人在法律层面上都是良民[3]。这是人类历史上，第一次以国家制度化的形式宣布：所有人都是自由的。

这一制度性突破，正是儒家人道主义观念下的结果。但令人遗憾的

1　余英时：《民主、人权与儒家文化》，见余英时著，程嫩生、罗群等译：《人文与理性的中国》，上海古籍出版社，2007 年，第 328—329 页。

2　余英时：《中国思想传统的现代诠释》，江苏人民出版社，1989 年，第 17—18 页。

3　戴建国：《唐宋变革时期的法律与社会》，上海古籍出版社，2010 年，第 300—356 页。南宋时期，法律上所有人都是良民，表明奴隶制作为一种制度被废除。当时的"人力"、"女使"，在事实上与雇主是雇佣关系，属于自由雇佣，但同时又具有"主仆名分"。这一点，与 19 世纪英国的雇佣制有相似之处。在 1875 年废除《主仆法》之前，英国的雇主与雇工之间，也具有"主仆名分"。见刘成：《英国现代转型与工党重铸》，生活·读书·新知三联书店，2013 年，第 84—85 页。

是，随着崖山海战与南宋的灭亡，蒙古征服者在中国重新引入奴隶制，清朝的统治，更是强化了奴隶制度。但必须了解，这一系列野蛮化的过程，均是部族政权武装征服的结果，而这些时代的儒家思想，也是被压迫最为深重的时期。一直到晚清，恰恰是儒家的人道主义，使得中国精英能够迅速地接受西方的人权观念。

5.4 子贡问曰："赐也何如？"子曰："女（汝）器也。"曰："何器也？"曰："瑚（簠）琏（簋）也。"

子贡问孔子，说我这个学生怎么样？孔子说，你是个器物。子贡追问，说我是个什么样的器物呢？孔子说，你是"瑚琏"一般的器物啊。

"瑚琏"是什么样的器物呢？先来看"瑚"。在河南三门峡虢氏墓地 M2013 出土青铜器《虢仲瑚》，其铭文中将"瑚"写作匫，隶定为匫。于省吾先生指出，彝器之匫，即《论语》"瑚琏"之"瑚"[1]。高明先生也说，宋人以来将"瑚"作"簠"，理解为方形之器。但此字当作"盙"，见于《说文》，亦有周原器《白公父盙》，该字金文作"匫"[2]。应该说，"瑚"就是金文中的匫，这是大家都公认的。"瑚"（匫）这种器物，出现于西周晚期后段，在战国之后绝迹[3]。其流行时代，正是孔子和子贡生活的阶段。图 5.1 为三门峡虢氏墓地出土《虢仲瑚》及其铭文[4]，可见孔子所谓"瑚"之形象。

1　于省吾：《论语新证》，《社会科学战线》1980 年第 4 期，第 133 页。

2　高明：《盙、簠考辨》，《文物》1982 年第 6 期，第 72 页。

3　李零：《关于铜器分类的思考》，见李零：《入山与出塞》，文物出版社，2004 年，第 259 页。

4　河南省文物考古研究所、三门峡市文物工作队：《三门峡虢国墓地 M2013 的发掘清理》，《文物》2000 年第 12 期，第 27、28 页。

"琏"的情况比较复杂。高明先生认为，战国文字中的"簋"写作匦、瓺、朹、轨等字形，其中的"瓺"或"轨"在抄写中被误作"连"，加上玉字偏旁。战国文字中"瑚琏"很可能是写作"胡瓺"[1]。于省吾先生也认为，"簋"字古

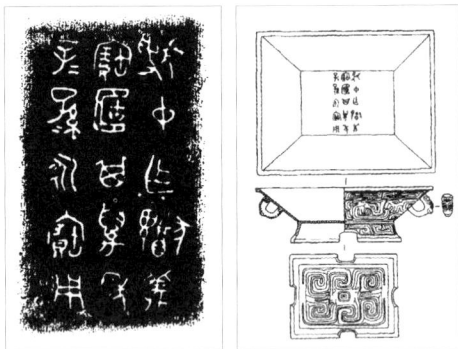

图 5.1　左为《虢仲瑚》铭文，右为《虢仲瑚》之器形，可知"瑚"的样式

文作"轨"，因而传抄为"连"、"琏"[2]。此说从战国文字入手，分析字形，颇有道理。按照这一解释，则"簋"的形象当如图 5.2[3] 所示。

从图像可知，瑚是方形的，而簋是圆形的。瑚琏，是一方一圆两种青铜器的组合，应当具有更深的含义。在青铜器铭文中，经常将在"簋"、"瑚"前缀"宝"字，如"宝瑚"、"宝簋"等。这就说明，先秦时代人将这些瑚、簋这样的青铜器视为宝物。也有学者说，"瑚琏"的范围不仅仅指瑚、簋两种器物，其所指范围更广泛。如 1964 年洛阳庞家沟 M410 西周墓出土了鬲、簋、罍、壶等一组青铜器，这些铜器上都有铭文"考母作医联（联）"。一些学者认为，医联就是"瑚琏"[4]。如果此说可以成立，则"瑚琏"的所指的范围，就不仅仅是瑚、簋两种青铜器了，而应该是指至少包括了青铜鬲、罍、壶等在内的成组宝器。笔者

1　高明：《𥃐、簋考辨》，《文物》1982 年第 6 期，第 70—71 页。

2　于省吾：《论语新证》，《社会科学战线》1980 年第 4 期，第 134 页。

3　山东省文物考古研究所、山东省博物馆、济宁地区文物组、曲阜县文管会：《曲阜鲁国故城》，齐鲁书社，1982 年，图版捌拾。

4　李伯谦：《叔夨方鼎铭文考释》，《文物》2001 年第 8 期，第 41 页。

倾向于认为，"瑚琏"有两层含义：最初，匡就是瑚，簋就是琏（轨），本身是指一一对应的一方一圆两种青铜器。这应该是瑚琏的原始字意，也是狭义的意思。但在这层含义之外，还有扩展和引申，指包括了青铜鬲、罍、壶等在内的各种青铜器，引申为广义上的宝器。

图 5.2　曲阜鲁国故城乙组墓出土之铜簋

《左传·哀公十一年》中，孔子自称"胡簋之事，则尝学之矣"。用"胡簋"代指宗庙礼乐，含义是高远的。孔子将子贡比喻为簠、簋，甚至是鬲、簋、罍、壶等一整套宗庙礼器，显然是对他非常高的评价。《史记·孔子世家》记载说，孔子死后，别的学生都为孔子守丧三年，唯独子贡在坟冢上住了六年，可见子贡对孔子感情之深厚。《史记·货殖列传》中记载子贡"鬻财于曹、鲁之间，七十子之徒，赐最为饶益"。孔子不反对财富，甚至希望贤德的弟子能富裕。《史记·孔子世家》中孔子笑着对颜回说："颜氏之子！使尔多财，吾为尔宰。"他假设颜回很富有，自己愿意成为这位富人的管家。因此，通过商业活动取得成功的子贡，也获得了孔子的好评。正如《学而》1.15 章中，笔者提到哈耶克反对柏拉图、亚里士多德对商业活动的鄙视。但在孔子这里，商业、富裕从来都未曾遭受指责[1]。而且，孔子认为拥有财富和懂得礼乐，二者并存——

1　一些经济学家对儒学有偏见，如罗斯巴德（Murray Rothbard）就认为，儒家与法家接近，而老庄才主张自由经济，鲍芝（David Boaz）也认为，老子是第一个自由经济的主张者。实际上，随着认识的深入，已经有经济学家指出，根据《论语》、《孟子》甚至《盐铁论》等文献中反映的儒家思想，恰恰是主张自由经济和商业传统的。见 Roderick T. Long; Austro-Libertarian themes in early Confucianism. Journal of Libertarian Studies: Volume 17, no.3 (Summer 2003), PP35-60.

一位有教养的商人，是非常可贵的。子贡，就是这样一位富有教养的商人，这样的精英，就是簠簋一般的宝物。

不过，即使是簠簋一样品质的儒商子贡，也曾遭受到同门的嘲讽。"安贫乐道"的原宪，用"匿于穷巷"的行为对子贡表示抗议。当子贡带领车骑侍从们进入穷巷，对他表示敬意时，他却指责子贡"学道而不能行者谓之病"，好让子贡感到"惭"（《史记·仲尼弟子列传》）。后世的腐儒，有许多人都会为原宪击节叫好，说安贫乐道才叫"真君子"。可是，孔子和柏拉图、亚里士多德不同，他从未将商业活动和富裕视为一种罪恶。富裕如子贡，贫贱如颜回，只要努力进德，做好一位君子，都是值得赞赏的。孔子甚至希望贫穷的颜回能够"多财"，自己为他担任管家。

米塞斯（Ludwig von Mises）教授谈到，人的理性行为，应当是永远不会放弃通过有目的的活动而提高自己的福利，这也是一种美德[1]。那些认为商业活动和富裕是一种罪恶的观念，恰恰是人类文明之敌。真正的商业活动，必须具有道德的实践。只有像是子贡这样，既是彬彬有礼的君子，又能深谙商业活动的精髓，这样的人才是真正的胡簋之器。正如亚当·斯密所言，道德与市场，二者缺一不可。哈耶克曾谈到，远古以来的人无法理解商业活动的实质。他们看到商业"贱买贵卖"，因此将其视为一种可怕的魔法。西方柏拉图与亚里士多德，都对商人表示藐视。西方的两希传统中都镌刻着蔑视商业活动的基因，柏拉图在《理想国》中嘲讽商人是"是些身体最弱不能干其他工作的人干的"。哈耶

1　［奥］路德维希·冯·米塞斯著，冯克利、姚中秋译：《官僚体制 反资本主义的心态》，新星出版社，2007 年，第 115 页。

克说："在古希腊，当然主要是斯巴达人，即那些最强烈反对商业革命的人……在柏拉图和亚里士多德那儿，我们便可发现一种向往恢复斯巴达行为方式的怀乡病。"[1] 此外，"两希传统"中的耶稣则把商贩驱逐出圣殿，并认为富人升天比骆驼穿过针孔更难，早期基督教的基本盘就是奴隶、贫民和各种社会边缘人，实行和推崇财产共有，敌视家庭、私有制、商业与致富。

与之形成对比的，是华夏以孔孟之道为代表的原始儒学。孔子、孟子那里从来没有对商人、商业或财富行为的讥讽，相反，孔子经常熟练使用商业术语，并主张富而好礼、富而后教，原始儒学的贤人中更是出了儒商子贡这种簠簋之器，而到了孟子这里仍然强烈地为自由贸易进行辩护，这种对市场的态度，是原始儒学的重要属性之一。

5.6　子使漆雕开仕。对曰："吾斯之未能信。"子说（悦）。

图 5.3　齐陶文"丘齐漆雕里"

"漆雕"，本来为一种工匠技艺，即漆器的雕刻。战国陶文中有"漆雕里"（图 5.3）[2]。在齐国的陶文中，还有诸如"木雕里"、"杉雕里"之类的"里"名[3]。从这些名称可知，"木雕里"是木雕行业从业者的聚居区，"杉雕里"是杉木雕刻从业者聚居地。同理，"漆雕"即漆器行业工匠聚居地。

1　[英]弗里德里希·哈耶克著，冯克利等译：《致命的自负》，中国社会科学出版社，2011 年，第 31 页、第 101—102 页。
2　高明：《古陶文汇编》，中华书局，1990 年，第 200 页。
3　陈直：《读金日札》，中华书局，2008 年，第 173 页。

这样看来，"漆雕开"之名当与他居住的"漆雕里"或此类行业有关。换言之，漆雕开的出身可能属于手工业者。宋立林教授推测，"漆雕氏"既然有"氏"，那么应该不是一般平民工匠，而是掌管漆雕工匠的世官之名为氏，随着后来"王官失守"，转学于孔门[1]。孔门弟子中还有"漆雕哆"、"漆雕徒父"二人（《史记·仲尼弟子列传》），应该也属于"漆雕"氏家族的成员，但其与漆雕开的血缘远近，则难以考证了。《墨子·非儒下》中记载说"漆雕刑残"，孙诒让《间诂》说这位受过肉刑因而残疾的"漆雕"不是漆雕开。钱穆先生则认为，也有可能是漆雕开[2]。如果真是这样，那么这位和手工业有关的漆雕开，就有可能是受过肉刑的残疾人。

《仲尼弟子列传》中谈到漆雕开，《正义》引《家语》说他是蔡国人，字"子若"，比孔子小十一岁，"习《尚书》，不乐仕"。漆雕开学习《尚书》，应当对文教有所保存。《汉书·艺文志》载汉代时儒家还有十二卷《漆雕子》，是漆雕开后的作品。但杨树达说，这不是什么"漆雕开后"，直接就是漆雕开的作品[3]。如果按杨树达的说法，则漆雕开的这部作品，可能也与《尚书》的传习有关。

梁启超先生认为，《韩非子·显学》中任侠的"漆雕氏之儒"，"纯属游侠的性质"，说孔门中讲究勇敢的如《孟子》中的北宫黝、孟施舍，都是受了漆雕开的影响[4]。如果按梁启超先生的说法，漆雕开这位"工

1　宋立林：《儒家八派新探》，线装书局，2023 年，第 113—114 页。

2　钱穆：《先秦诸子系年》，商务印书馆，2002 年，第 93 页。

3　杨树达：《汉书窥管》上册，上海古籍出版社，2006 年，第 223 页。

4　梁启超：《儒家哲学》，天津古籍出版社，2004 年，第 123—124 页。

人子弟"最擅长的就不是教《尚书》，而是手提长剑喊打喊杀。不过，目前还没有证据可以证明漆雕开就一定是"漆雕氏之儒"的鼻祖。因为"漆雕氏"也可能是漆雕哆、漆雕徒父。《说苑·权谋》中甚至说臧文仲有个家臣叫"漆雕马人"，这位漆雕马人，还受到过孔子的称赞，说他"君子哉"。所以，梁启超先生的讲法，似乎是过于确定了。

笔者看来，漆雕开玩刀弄枪的可能性并不大。理由一，正如杨树达说，漆雕开学习《尚书》，还有自己的作品传世，不像是任侠的作风；第二，漆雕开还有自己独特的人性理论。《论衡·本性》："密子贱、漆雕开、公孙尼子之徒，亦论性情，与世子相出入，皆言性有善有恶。"可知，漆雕开既不主张性恶论，也不像孟子那样主张性善论，而是主张"有善有恶"。玩刀弄枪的游侠，不可能有这种深层次的思考。第三，《论语》此处漆雕开强调了"信"，说明他对自身的修养非常重视。这种观念，有学者推测郭店楚简《性自命出》有可能就与漆雕开有关[1]。此外，如果说还有一点理由，那就是《墨子》中说的"漆雕"刑残，如果就是漆雕开，那就更不可能去当游侠了。

因此，读《论语》中这段话，还是将漆雕开理解为一般常态下的"士"即可，不必一定从"游侠"角度切入。孔子让漆雕开去出仕。漆雕开回答说，我还不能做到"信"。梁涛先生认为，这里的"信"，就是对出仕没有信心，因为自己还不能做到"敬其事"[2]。徐前师先生认为此处"信"是"明"、"审"、"悉"，即"明白"之意，是知道详尽的意思。漆

1　丁四新：《郭店楚墓竹简思想研究》，东方出版社，2000年，第202页。
2　梁涛：《〈缁衣〉、〈表记〉、〈坊记〉思想试探》，见杜维明主编：《思想、文献、历史：思孟学派新探》，北京大学出版社，2008年，第101页。

雕开是说，自己对出仕的了解还不够[1]。李亚明先生则认为"信"在《礼记·儒行》、《易·系辞》、《周礼·考工记》等处都与"伸"相通。《论语》中，孔子的思想并无覆盖"信心"。而古文中"伸"是"通达"之意[2]。

笔者以为，作"信心"的理解可以首先排除。徐说、李说，意思上是比较接近的。无论是漆雕开说自己对出仕还不够了解，还是说对出仕不够通达，大致都表现出一种谨慎的精神，因此孔子表示喜悦。从这里更可以判断，这位比较谨小慎微且审慎的漆雕开，不太可能是玩刀弄枪的"漆雕氏之儒"。

5.7 子曰："道不行，乘桴浮于海。从我者其由与（欤）？"子路闻之喜。子曰："由也好勇过我，无所取材（哉）。"

这一条很有意思，孔子感慨说天下无法实现道，就打算出海去了，那时子路还是会跟随我。子路听了很高兴。回过头，孔子却说，子路你太过于好勇。

因为这一条很有趣，所以引得后人无边遐想。康有为就发挥说："使当时孔子西浮印度、波斯以至罗马，东渡日本以开美洲，则大教四流，大同太平之道，当有一地早行之也。"[3] 看了这种话，现代学者除了苦笑，可能还是苦笑。

孔子说"乘桴"的"桴"字，一般解释为"筏"。如郑玄就说，"编

---

1 徐前师：《〈论语〉札记二则》，《古籍整理研究学刊》2001 年第 4 期，第 41 页。
2 李亚明：《〈论语〉札记二则》，《古汉语研究》2003 年第 4 期，第 89 页。
3 康有为：《论语注》，中华书局，1984 年，第 58 页。

竹木浮之于水上，大曰筏，小曰桴"[1]。将该物解释为一种小竹筏。邢
昺也将之解释为"竹木所编小筏也"。朱注则解释为"筏也"。

可是，生活经验表明，竹筏一般只能用之于水面平静的淡水湖泊或
溪流，并不适于渡海，更遑论小竹筏了。笔者认为，此处"桴"在古文
中可以读作"泡"或"包"，意思是"包船"，也即"浮船"之意。

在定州汉墓出土竹简《论语》中，该字作"泡"[2]。而在里耶秦简 J1（9）
981A 面有"包船"的记载。马怡先生指出"包船"即"浮船[3]"。"包"
字的上古音在帮母幽部，"泡"字的上古音在滂母幽部，古音极其接近，
可以相通。实际上，"桴（泡）"即是秦简中所说的"包船"，也就是
"浮船"。换言之，孔子说出海乘坐的"桴"，是一种能漂在海上的"浮
船"，而不是什么小竹筏。按照这样理解，意思就清楚了。

古人理解此句，有时视为不管凶多吉少，也要追随到底的精神。例如，
尹湾汉简《神乌赋》中，描写一对恩爱的鸟，雌鸟受伤将死，雄鸟表示："吉
凶浮泭（桴），愿与汝俱。"[4] 意思是，不管凶多吉少，即使乘船漂流，
艰难险阻，也要和你在一起。显然，在先秦时代的航海技术条件下，乘
坐"浮船"出海，是一件非常危险的事。因此，只能是将生死置之度外，
有最大勇气追随孔子。孔子感慨如果不能实现"道"，就要冒险乘坐浮
船出海，如此危险的事，恐怕只有子路有勇气一直跟着我。

1　王素：《唐写本论语郑氏注及其研究》，文物出版社，1991 年，第 42 页。
2　河北省文物研究所定州汉墓竹简整理小组：《定州汉墓竹简论语》，文物出版社，1997 年，第 22 页。
3　马怡：《里耶秦简选校》连载二，原载"简帛网"，http://www.bsm.org.cn/show_article.php?id=95.
4　裘锡圭：《〈神乌赋〉初探》，《文物》1997 年第 1 期，第 53 页。

《史记·仲尼弟子列传》记载，子路最初见到孔子时，头戴雄鸡冠，想欺负孔子。古人相信，猛禽的羽毛象征着力量与勇敢，从殷墟时期开始，武装的古人就用猛禽的羽毛来装饰武器和自己[1]。子路戴雄鸡冠，应当就是在冠上有雄鸡的羽毛，取义于斗鸡的勇猛。海昏侯汉墓出土孔子衣镜铭文中也记载子路"性鄙好勇力，伉直冠雄鸡，配佩豭豚陵暴孔□"[2]。子路虽然足够勇武，但最终服膺于孔子的君子之道。一直以来，孔子对子路那种初民古朴的勇猛评价不高，但这次，孔子却感慨说勇敢的子路会陪护他出海。子路听了，自然非常高兴。

见子路得意，孔子又说子路你对勇猛的喜爱远超过我，所以"无所取材"。什么叫"无所取材"？郑玄说"材"是造船材料；皇侃说孔子开玩笑，子路当真了，孔子不好直接拆穿，便说找不到造船的材料；朱熹说孔子讥讽子路不能裁度事理[3]。于省吾先生指出，在《尚书》、金文中，"哉"都写作"才"。此处的"材"，应该读为"哉"。将"材"解释为造船材料，纯属牵强附会[4]。

笔者赞同于省吾先生的观点。实际上，在清华简《皇门》中，"毋作祖考羞才"的"才"，也是"哉"[5]。孔子说"无所取哉"，意思是子路你勇敢很好，但太过于好勇，这是不足取的。给子路的得意降降温。从这段对话来看，孔门师徒之间，说话非常随意，还有些幽默感。

1　李竞恒：《干戈之影：商代的战争观念、武装者与武器装备》，中华书局，2024 年，第313—321 页。
2　王意乐、徐长青等：《海昏侯刘贺墓出土孔子衣镜》，《南方文物》2016 年第 3 期，第 66 页。
3　程树德撰，程俊英、蒋见元点校：《论语集释》第一册，中华书局，2008 年，第 301—302 页。
4　于省吾：《论语新证》，《社会科学战线》1980 年第 4 期，第 134 页。
5　李均明：《周书〈皇门〉校读记》，见中国文化遗产研究院：《出土文献研究·第十辑》，中华书局，2011 年，第 12 页。

5.10　宰予昼寝。子曰："朽木不可雕也，粪土之墙不可圬也，于予与何诛？"子曰："始吾于人也，听其言而信其行；今吾于人也，听其言而观其行。于予与改是。"

"朽木不可雕"、"粪土之墙"，现在被用作骂人的语言。不过，孔子是否就是在对学生破口大骂，需要对此章进行梳理，才能下结论。

现代人，容易误解为宰予大白天在课堂上打盹，不听讲，所以孔子生气。不过，孔子时代讲课，主要靠聊天，孔子教学，也很随便，学生可以在旁边弹琴。古人对"宰予昼寝"的误解，主要是不了解"昼寝"的含义。所以梁武帝、侯白、韩愈说宰予"昼寝"是"画寝"，意思是雕梁画栋太奢侈。也有人说宰予是白天和老婆行房。这些说法，都没道理。李零引用上博楚简《曹沫之陈》的内容，说鲁庄公听了曹沫的谏言，改过自新，于是"不昼寝，不饮酒，不听乐，居不设席，食不二味"。意思是，鲁庄公不再白天睡觉，变勤奋了。所以，"昼寝"就是白天睡觉。因为古人没有夜生活，睡得早，起得早，晚上睡够了，白天还继续睡，就是不像话[1]。这一对"宰予昼寝"的解释，很有道理。孔子指责宰予，就是因为他白天睡觉。不过，接下来孔子就谈到了"粪土之墙"、"朽木"等，朱熹等人都认为孔子是在"深责"宰予。这种说法，应该也是解释此章的主流意见。孔子本意是否如此呢？

这里，需要对古文字中"粪"字稍作分析。甲骨文中，"粪"字作 💢、💢 等形，隶定为禷[2]。形状为手持扫帚和箕，扫除污秽。《说文》"粪，

1　李零：《丧家狗：我读〈论语〉》，山西人民出版社，2007 年，第 118 页。
2　孙海波：《甲骨文编》，中华书局，1965 年，第 206 页。

弃除也"，段注："古谓除秽曰'粪'，今人直谓秽曰'粪'。"段注对"粪"的解释，确实点中了今人读《论语》的问题，古文中的"粪"是动词，是人用扫帚和箕扫除污秽，现代人却要理解为 shit，所以感受到的侮辱体验更深。在云梦秦简《金布律》中说"县、都官以七月粪公器不可缮者"[1]，意思是官府在七月要清除各种破烂的器物。《礼记·曲礼上》"凡为长者粪之礼，必加帚于箕上"，《左传·昭公三年》"小人粪除先人之敝庐"。这些传世文献、出土文献都证明，最早"粪"的意思，是动词，是清扫，引申为清除。

有学者就曾指出，此处的"粪土"，并不是名词。而是说，墙上的泥土，如同扫帚动一般，不断地剥落。引申为墙壁年久失修，泥土松散掉落[2]。杨新勋也认为，此处的"粪土"，并不是现代人感受到的粪便。这里并没有太大的贬责和嘲讽之意。此处，孔子描述老房子年久失修，墙体落土，重在说明一个道理：时光苦短，年华易逝，转瞬就会变成"朽木"和"粪土之墙"[3]。

所以，理解此章的关键，一定要先脱离现代汉语语感，不要看到一个"粪"字，就以为孔子也说脏话骂人。要理解孔子思想，必须进入先秦语言的语感中。孔子对宰予说的，不过是类似"逝者如斯，不舍昼夜"，时光飞逝，年华短暂，木头很快就会朽坏，不能再用于雕刻，而墙上的泥土也会剥落，渐渐朽坏，人生也是如此。在上博楚简《弟子问》简 5 中有"子曰：'小子，来，取余言。春秋不恒至，耇老不复壮'"之

1　睡虎地秦墓竹简整理小组：《睡虎地秦墓竹简》，文物出版社，1978 年，第 64 页。
2　张诒三：《"游必有方"和"粪土之墙"正解》，《中国文化研究》2007 年夏之卷，第 95 页。
3　杨新勋：《〈论语〉诂解五则》，《古籍整理研究学刊》2011 年第 5 期，第 74 页。

语[1]。看来，孔子不止一次告诉弟子，珍惜光阴的重要。老了，就不会再年轻回去。人生短暂，而美好的年华更是短暂。孔子提醒宰予，千万要珍惜光阴，等房子老得掉土那天，就再也回不去了。

5.13　子贡曰："夫子之文章，可得而闻也；夫子之言性与天道，不可得而闻也。"

清人刘宝楠以来，一直到程树德，都说孔子五十岁了才学《易》，因此只有他的晚期弟子如子夏、商瞿得到"天道"方面知识的传授。所以，子贡就感慨，说性与天道不可得而闻。

可是，这种说法，并不符合事实。李学勤先生就讲，在上博楚简《诗论》中，就有孔子谈论"民性"与"命"的内容。在马王堆帛书《要》篇中，孔子还专门和子贡讨论过《易》，不能说子贡没有"闻"过"天道"方面的知识。帛书《二三子问》、《易传》等都是讲"性与天道"的。孔子绝不是没有天道观和人性论。此处的"言"和"闻"，不仅仅是说到、听到之意，而是理解、知解的意思。子贡这句话是说，孔子关于性与天道的议论高深，连他自己都难于理解[2]。也就是说，弟子们一般也就听闻孔子讲解"文章"的各类教诲。在先秦贵族知识语境中的"文章"，当然也不是后人和现代人理解的那种"文章"，而是对于夏商周三代以来封建军事贵族各项具体知识、技巧，即所谓"六艺"之学的具体传播和解读，都是经验性、实用性和实实在在的学问与技巧，不尚各

1　马承源主编：《上海博物馆藏战国楚竹书（五）》，上海古籍出版社，2005年，第270页。
2　李学勤：《孔子之言性与天道》、《中国学术的缘起》，见李学勤：《通向文明之路》，商务印书馆，2010年，第252—253页、第281页。

类"深刻"的玄言。

孔子罕言性与天道，不是说这些部分不重要，而是谈论这些内容太容易流入于玄谈空论，流弊无穷。什么宇宙本质，"有"生于"无"，还是"无"生于"有"，什么太极先还是无极先之类。魏晋玄学兴起之时，一些好道之人，就可以突出这一点。如《三国志·魏书·荀彧传》裴注引何劭《荀粲传》中，就记载荀彧的小儿子荀粲，"独好言道，常以为子贡称夫子之言性与天道，不可得闻。然则六籍虽存，固圣人之糠秕"。将孔子所传的六艺，贬低得一无是处。

顾炎武在《日知录》中就基于晚明以来士人多袖手谈心性，而束书不观的普遍状况，感慨道："五胡乱华，本于清谈之流祸，人人知之。孰知今日之清谈，有甚于前代者。昔之清谈谈老庄，今之清谈谈孔孟"，"不习六艺之文，不考百王之典，不综当代之务"，"以明心见性之空言，代修己治人之实学"，并指出西晋灭亡的永嘉之乱时，清谈玄学领袖王衍被石勒所杀，死前才感叹说"向若不祖尚浮虚，勠力以匡天下，尤可不至今日"[1]。原始儒学崇尚实学和具体脚踏实地的经验，"天道"等抽象问题不是不重要，而是往往只能通过在实践、经验的务实过程中，假以时日和丰富的体悟，才可能得到一些认知。而这些认知，不但难以通过语言或一般知识论的方法加以传播，而且还存在沦为玄谈的潜在流弊。孔子多言文章，罕言性命天道，这正是原始儒学的一种深刻智慧。

---

1 〔清〕顾炎武著，黄汝成集释：《日知录集释》上册，上海古籍出版社，2015 年，第 402 页。

5.14　子路有闻，未之能行，唯恐有（又）闻。

子路的性格特点，是质朴无文，很有底层民众的朴素思维方式。所以孔子说他是"野哉由也"（《子路》）。这种性格，弊处很明显，好处也有。这里记载的，就是这种性格的好处。子路听了孔子讲的道理，就会尽力去做，没做好之前，就不忙着听更多的道理。

这里的"闻"字，有人解释为"文誉之闻"，说子路怕名气声誉大[1]。这种解释，有点过度阐释了。这里的"闻"字，最好还是理解为听闻的闻。听闻了道理，才能与行动发生关系。"唯恐有闻"的"有"字，应当读为"又"。战国文字中，"有"、"又"常混用。如侯马盟书中，就有多处"有"字作"又"[2]。

子路是行动派，听了道理，就要行出来。这种性格特征和行为模式，颇有古风。朱熹就曾抱怨，说子路不急着听道理，但是急着去践行。现在的人，只忙着听道理，不急着去践行（《朱子语类》卷二十九）。朱熹描述南宋时代人的情况，和现代人差不多，都重知识，轻行动。现代语言哲学认为，所有语言也都是行为[3]。古人则认为语言不是行为，将二者分开，主张少说话，多做事（讷于言而敏于行）。儒家思想，最重视的是践行，对知识的追求，则属于第二位。

1　程树德撰，程俊英、蒋见元点校：《论语集释》第一册，中华书局，2008 年，第 324 页。
2　山西省文物工作委员会编：《侯马盟书》，文物出版社，1976 年，第 305—306 页。
3　陈嘉映：《语言哲学》，北京大学出版社，2003 年，第 240 页。

5.18 子曰："臧文仲居蔡，山节藻棁，何如其知（智）也？"

臧文仲不是孔子同时代的人，他死于公元前 617 年，而孔子出生于公元前 551 年。到孔子说这句话时，臧文仲差不多都死了一百多年了。孔子评臧文仲，好像是我们评晚清人物一样。

公允地讲，臧文仲此人也算是春秋前期富于教养的君子。《左传·文公十八年》记载鲁国执政大臣季孙行父也对他行弟子礼，从他学习"事君之礼"。他还主张德政，提出"在位者恤民之患"（《国语·鲁语上》），时刻顾虑到民众的忧患。《左传·僖公二十一年》还记载，鲁国发生旱灾后，鲁僖公打算烧死巫尪来求雨。臧文仲则认为，烧死巫师没有用，防备旱灾的唯一办法应该是减少饮食，节约开支，给民众提供食物，也劝导有余力的人多施舍，并致力务农。这才是抵御旱灾之法。鲁公听进去了并照办，所以这一年虽然发生饥荒，对民众却没有造成大的伤害。可见，臧文仲是非常务实的君子，致力于民本。陈来先生说，臧文仲是用"务实的地官意识来抗衡神秘的天官传统"[1]，也是有相当的道理。可以说，臧文仲生前生后都享有盛名，并非毫无缘由。上博楚简《季康子问于孔子》简 9—10 中，孔子就曾引用臧文仲之言"好刑则不祥"[2]。可知，臧文仲这位具有民本思想的君子，也反对刑杀，而且孔子很认同他的这一思想。因此，我们就不能对臧文仲一味地否定，因为孔子对他也是有相当肯定的。

1　陈来：《古代思想文化的世界：春秋时代的宗教、伦理与社会思想》，生活·读书·新知三联书店，2002 年，第 112 页。
2　马承源主编：《上海博物馆藏战国楚竹书（五）》，上海古籍出版社，2005 年，第 215—216 页。

　　在此，孔子对臧文仲提出批评，只是针对他的私人生活方面。臧文仲"不智"，有两个原因，一是"居蔡"，二是"山节藻棁"。

　　"蔡"就是大蔡之龟，很多人理解为臧文仲养了一条大乌龟，这种理解是错误的。大蔡之龟，只是死去大龟的龟甲。甲骨非王卜辞中，就有祀"宁龟于室"（《花东》449）的记载，可知商代就开始将大龟壳藏于室内。《庄子·秋水》："吾闻楚有神龟，死已三千岁矣，王巾笥而藏之庙堂之上。"可见，古人确实将死去大龟的龟壳，视为神灵宝物，且加以珍藏。李零考证，说《太平御览》卷八〇二、卷九四一和《墨子·耕柱》引《墨子》，大蔡之龟是与"和氏之璧"、"隋侯之珠"并称的"诸侯良宝"。这种龟背有三条脊，两侧有六个小翅[1]。《季氏》也说"龟玉毁于椟中"。此类与玉器并称的龟，都是龟壳，而不是养的活龟。《礼记·礼器》云"诸侯以龟为宝"，即国君等级的封建主，往往才能占有大龟壳，将其持有并作为收藏的宝物。有学者说，中国古人对龟壳有一种特殊的观念，因为它代表了宇宙的形状，因此具有占卜的奇效[2]。在长安沣西西周墓地就曾出土过随葬的龟甲（图5.4）[3]。说明古人将龟壳视为珍宝，甚至连死后都将大龟带入墓葬。

　　从这些情况来看，臧文仲的大蔡之龟，也必然是珍奇少见的大龟壳。而臧文仲对这件龟壳非常珍爱，因此专门建造了收藏这件珍宝的房间。而且，这间藏宝密室，还经过了豪华的装修。"山节藻棁"，就是梁柱、

1　李零：《丧家狗：我读〈论语〉》，山西人民出版社，2007年，第122页。

2　［英］艾兰著，汪涛译：《龟之谜：商代神话、祭祀、艺术和宇宙观研究》，四川人民出版社，1992年，第123页。

3　叶祥奎：《陕西长安沣西西周墓地出土的龟甲》，《考古》1990年第6期，第544—549页，图见"图版柒"。

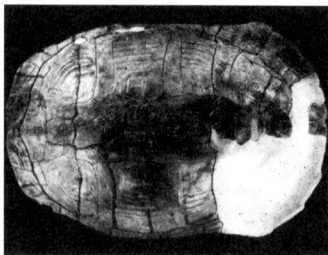

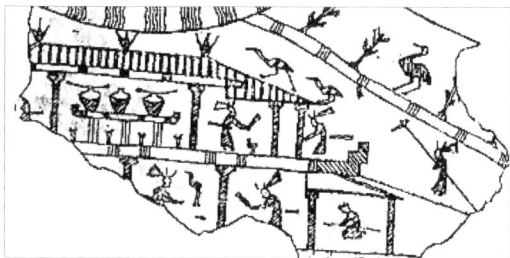

图 5.4 长安沣西的西周墓中随葬 图 5.5 东周铜器图案的建筑物，表现为丹楹刻桷
的大龟壳

橑子等部位的雕刻和彩画装饰。邢义田先生说，殷周以来，建筑物装饰的重点，一直就在梁柱雕饰方面。《国语·鲁语上》"庄公丹桓宫之楹，而刻其桷"，《国语·楚语上》说楚国章华之台"彤镂为美"，也属于丹楹刻桷之类。《礼记·明堂位》说山节藻棁是"天子之庙饰"，《汉书·货殖传》云"周室衰，礼法坠，大夫山节藻棁"[1]。在东周铜器图案中，也有建筑物上有装饰物的痕迹（图 5.5）[2]。从图像上看，这一建筑也是丹楹刻桷。

郑玄说，臧文仲的这种行为是"奢侈"[3]。除了奢侈，更糟糕的一点是，臧文仲僭用了周天子宗庙中的规格，用"山节藻棁"来装饰自己的藏宝屋。实际上，在先秦时代，即使是天子级别，彩色粉刷宫室，也被视为是一种奢侈。上博楚简《容成氏》简 38 说贵为天子的夏桀"墅为丹宫"，即为将宫室墅涂为彩饰。这种行为，正是夏桀奢豪的苛政[4]。换言之，

1　邢义田：《画为心声：画像石、画像砖与壁画》，中华书局，2011 年，第 4 页。
2　张光直：《中国青铜时代》，生活·读书·新知三联书店，1983 年，第 237 页。
3　王素：《唐写本论语郑氏注及其研究》，文物出版社，1991 年，第 44 页。
4　郭永秉：《上博简〈容成氏〉所记桀纣故事考释两篇》，见武汉大学简帛研究中心：《简帛》第五辑，上海古籍出版社，2010 年，第 225—228 页。

即使是天子之礼，也只是用涂彩粉饰宗庙。如果天子用彩色涂抹装饰宫室，也被视为奢豪。臧文仲用天子之礼和奢侈之道来装饰自己的藏宝室，确实是不智的体现。

文献中就有对臧文仲违背"礼"行为的记录。《礼记·礼器》中，孔子批评臧文仲对"奥"进行燔柴之礼的祭祀，这是老年妇女喜欢干的事，臧文仲却做了，这是不知礼。《国语·鲁语上》记载公元前634年有一种叫"爰居"的海鸟在鲁国东门外停了三天，臧文仲以为这是神，就叫国人去祭祀海鸟。这一行为，遭到过柳下惠的批评。尤其糟糕的是，臧文仲从现实政治评判的角度出发，并不反对夏父弗忌将鲁僖公的祭祀昭穆顺序置于鲁闵公之上（《礼记·礼器》），这是对周礼祭祀制度的一种破坏。

臧文仲，显然是一位重德行的君子，但他也有自身的缺点。楚简中，孔子引用他的话，显然表明孔子并未对他进行全面的否定。如果按照一般标准，臧文仲虽然称不上"仁"，但至少也算得上"君子"的标准。可孔子偏要抓住他的一些缺点，进行批评，这是为何？

笔者认为，孔子之所以对臧文仲这位贤德君子颇有微词，很大程度上是因为对他的要求与常人不同。作为政治精英，臧文仲一生历经庄公、闵公、僖公、文公四君，是四朝老臣、重臣。后世的鲁国执政，将他称为"死而不朽"（《左传·襄公二十四年》）。作为一位了不起的政治家，臧文仲一生建树颇多，赢得了人们的尊敬与好评。可是，臧文仲尽管是颇有成就的君子，但他毕竟也有很多缺点。尤其是对鲁国人而言，谈起臧文仲，似乎就是永垂不朽的丰碑，过盛的光芒遮掩了他的瑕疵与缺点。在孔子看来，对精英人物，就是应该吹毛求疵地找缺点。对普通民众，孔子不做过多的德性要求，符合最基本的公序良俗就好。对一般士人，孔子则以精英的标准要求之。但对执政者，孔子提出的要求更高。对大政治家，就是应该减少光环，多吹毛求疵找问题。

5.22　子在陈曰："归与（欤）！归与（欤）！吾党之小子狂简，斐然成章，不知所以裁之。"

刘梦溪先生说，此处"归与"、"归与"连用，可见孔子思归之心的迫切，也是知困而返，对"狂"有较高的评价。"孔子终于悟到，早年鲁国的那些乡党弟子，虽然志大而狂，却文采斐然，如果施教对症，难保不有所作为"[1]。刘梦溪先生强调了"狂简"是"志大而狂"，孔子对此总体是好评。

也有人说，"狂简"是"狂妄自大"，但又不是贬义词[2]。还有人说，"狂"和"简"要分开，"狂"是和"直"接近的一种精神品质，而"简"是类似"质"、"野"一类的性格，狂简即缺乏礼仪之文，与"斐然成章"对立。全句的意思是说，鲁地的小子们志向远大，却疏于礼乐之文，不知用什么来匡正自己，就像是一匹文理鲜明的布料，却不知道如何去剪裁[3]。

此处"狂简"，有人说读"狂狷"[4]。"狂"、"狷"二字古音虽都在见母元部，但"狷"字《说文》未见，战国文字亦未见。所以，读为"狂狷"的可能不大。因此，"狂简"的"简"，也就是"无乃太简

1　刘梦溪：《中国文化的狂者精神》，生活·读书·新知三联书店，2012年，第9页。
2　黄怀信：《论语汇校集释》上册，上海古籍出版社，2008年，第444页。
3　马昕、董洪利：《〈论语·公冶长〉"吾党之小子狂简"章新解》，《古籍整理研究学刊》2010年6期，第47—50页。
4　程树德撰，程俊英、蒋见元点校：《论语集释》第一册，中华书局，2008年，第344—345页。

乎"（《雍也》）的"简"。即子桑伯子那样，质朴简约到近乎无文的地步。

这些狂简的鲁地小子，可能说的就是某些孔门晚期弟子。孔子在陈国说这句话的时间，在公元前491年—前489年之间。季康子召冉求回鲁国，可能也了解了一些国内的情况，诸如下一代有志向学的青少年状况。笔者怀疑，这些狂简的鲁地青少年中，可能就有少年子张。子张小孔子四十八岁，当时并未如《史记》说的，追随孔子在一起，而是还在鲁国[1]。孔子说这话时，子张十四五岁，正是"吾十有五而志于学"的年纪。孔门中的"狂者"，比较有名的有曾参的父亲曾皙。但曾皙年纪太大，当时也差不多是老人了，显然不能叫"吾党小子"。另外最年轻一辈人中，子张比较有狂者的特点。胡适先生说，子张的性格是类似陈同甫、陆象山一类的人物，瞧不起曾参一类"战战兢兢"的萎缩气象[2]。有学者说子张是"不修边幅，大大咧咧"[3]，确实有狂者的气象。孔子可能在陈国时，就听说了如子张这样既有狂气，又有志于学的少年，因此做了一番感叹。而在他后来回到鲁国后，确实就收了这位狂简小子为徒。

5.24 子曰："孰谓微生高直？或乞醯焉，乞诸其邻而与之。"

微生高，程树德认为即古书中的"尾生高"。在《战国策》、《史记》

1　钱穆：《先秦诸子系年》，商务印书馆，2002年，第84—85页。钱穆先生推测，《史记》说子张是陈国人，却又说孔子死后子张居陈，这是不可信的。子张死后，曾参去吊丧，应该是死于鲁国。因此，子张最有可能是鲁国人。《吕氏春秋·尊师》说："子张，鲁之鄙家"，此说应该比较可信。

2　胡适：《中国哲学史大纲》卷上，见刘梦溪主编：《中国现代学术经典·胡适卷》，河北教育出版社，1996年，第87页。

3　王钧林：《中国儒学史·先秦卷》，广东教育出版社，1998年，第171页。

等文献中说，尾生高非常讲信义，一次和人约会，别人还没来，却发了洪水。他坚持守信不离去，最后被淹死在约会地点[1]。若是康德知道了尾生高的故事，如此不为经验世界的"禀好"所动，必当鼓掌称善[2]。可是，如果以古儒的观点来看，此种"实践理性"亦缺乏道德价值。原始儒学始终是在一种历史和经验维度中捍卫价值，既不可能走向极端的"以理杀人"，也不可能走向虚无的"有奶便是娘"。现代人引入德国古典哲学阐释宋明理学，尚有回旋余地。若是以此来生剥原始儒学，就没什么意义了。

微生高以"直"的名气而著称，却并未以"信"的名声著称。"微"、"尾"的上古音虽都在明母微部，但不能说"微生高"就是"尾生高"，毕竟这两者的事迹太不相同。定州竹简本作"尾生高"[3]，反映的当是一种汉代人的观点，即汉代人认为"微生高"是"尾生高"。东周燕国印中有"尾生"的私印，可知"尾生"确为东周之姓名[4]。但"尾生"人名的存在，并不能表明"微生"就是"尾生"。

李零先生说"微"是古国族名，"生"是外甥，西周、春秋多有以母家为氏者[5]。此说可从。由《墙盘》可知，周代的微氏家族，就起源于商王室的微子[6]。微子死后，宋国实行殷人的"兄终弟及"制度，由其弟微仲任宋国之君。微子的子嗣，就继续在周原地区担任史官，延续

1　程树德撰，程俊英、蒋见元点校：《论语集释》第一册，中华书局，2008 年，第 347 页。

2　［德］康德著，韩水法译：《实践理性批判》，商务印书馆，2009 年，第 77—97 页。

3　河北省文物研究所定州汉墓竹简整理小组：《定州汉墓竹简〈论语〉》，文物出版社，1997 年，第 24 页。

4　陈光田：《战国玺印分域研究》，岳麓书社，2009 年，第 118 页。

5　李零：《丧家狗：我读〈论语〉》，山西人民出版社，2007 年，第 125 页。

6　朱凤瀚：《商周家族形态研究》，天津古籍出版社，2004 年，第 367 页。

微氏家族。可知，微氏家族来源于商王室。而根据王晖先生的研究，殷商文化有贵女重母的习俗[1]。因此，殷人后裔的习俗，也会重视甥舅关系，以母家微氏家族之"甥"为氏，也就不足为怪了。

微生高这位"殷人外甥"，在当时以"直"的名声著称。不过，他的"直"却受到了某种质疑。理由就是，别人来向他讨要醋，他家里没有，就向邻居讨要了拿给别人。冯友兰说，微生高家里没有醋，别人来要，好言谢绝就行了。可他偏要让别人开心，想方设法揣摩别人心理。这样就容易变成跟随揣摩别人而变动之人，最后甚至会巧言令色，所以不能叫"直"[2]。这里不对冯友兰的思想作任何评述，如果仅就此处而言，冯友兰的说法，属于过度阐释，还是带有受德国古典思维影响的痕迹。清人俞樾的笔记比较有趣，他说当时有人嘲讽微生高过于"直"了，所以孔子可能用这个说法来解围。还有一种可能是，孔子还是蛮喜欢微生高的，所以说反话，开玩笑。毕竟乞醋这样的生活琐事，只能是亲身经历者所知。孔子似乎是亲身经历者，但装作不是亲历者，其实是说反话。否则，把别人这点儿琐事说出来批评，有"攻发人之阴私"的嫌疑[3]。

5.26 颜渊、季路侍。子曰："盍各言尔志？"子路曰："愿车马、衣[轻]裘与朋友共，敝之而无憾。"颜渊曰："愿无伐善，无施劳。"子路曰："愿闻子之志。"子曰："老者安之，朋友信之，少者怀之。"

孔子给颜渊、子路说，怎么不谈谈你们各自的志向？子路性格急，

1　王晖：《商周文化比较研究》，人民出版社，2001年，第385—399页。
2　冯友兰：《中国哲学史》上册，华东师范大学出版社，2006年，第59页。
3　〔清〕俞樾：《茶香室丛钞》卷一，中华书局，2006年，第52页。

先谈了一通。他的性格，有很多古朴的特征。他说，希望与同宗兄弟们分享车马和皮衣，就算破烂，也是甘心。原文"衣轻裘"，清人刘宝楠曾举出四条证据，证明"轻"字是衍文，原文应该只是"衣裘"[1]，这个解释是正确的。子路的思维方式，是过于"质"、"野"，因此有浓厚的古老特征。例如，"君子"一词，在西周时用以指称贵族及其子弟，是一种世卿世禄的位禄。但到了孔子这里，世卿位禄色彩基本被消解，而转换为具有贵族精神和伦理修养的人。但子路仍以西周时代的概念来理解"君子"。如《卫灵公》记载，孔门师徒在陈国断粮，子路生气地指责，说："君子亦有穷乎？"孔子回答："君子固穷，小人穷斯滥矣。"子路理解的"君子"，是西周的贵族，属于"肉食者"，自然不会挨饿。孔子说的"君子"，是具有贵族德性的精英，而不是位禄，因此也可能挨饿。所以，此处子路说的"朋友"，也最好理解为更质朴、古老时代，即西周意义上的宗族血亲。换言之，子路的志向，是和自己有血缘关系的人分享好处。

颜渊的性格木讷、内向、老实，因此说自己的志向，只是不浮夸自己有能力（无伐善），不吹嘘自己有功（无施劳）。

子路问孔子的志向。孔子讲，希望三种人都好。老年人可以颐养天年，没有血缘关系的朋友们，却能够互相信任。年纪小的人，能够得到关怀。子路、颜渊的志向，都是对自己而言。子路希望照顾好自己亲戚，颜渊希望提升自己的德性。孔子的理想，却是对整个华夏社会的普遍性

1　〔清〕刘宝楠撰，高流水点校：《论语正义》上册，中华书局，2007年，第204页。

关怀。上博楚简《仲弓》里，孔子谈到为政一定要"老老慈幼"[1]。"老老慈幼"的理想，正是让老者能颐养天年，让幼儿获得慈爱。这里体现的价值观，正是儒家鲜明的人道主义思想。

"朋友信之"一句，则与培育社会公序良俗有关。在西周时代，是宗法血缘社会，人们生活在血缘意义上的"朋友"共同体中，在此种以血缘为纽带的熟人社会中作恶成本太高，因此社会秩序井然。随着宗法制与血缘组织本位的溃败，春秋晚期的社会越来越接近"陌生人社会"，人口流动加速，作恶成本下降。因此，社会信任，成为一个很大的问题。如果在西周农村，大谈"信"，恐怕会被视为爱说废话。但在春秋晚期，《论语》中多次强调"信"的重要性，恰恰说明了社会信任已经成为一个严重问题。孔子希望，老者安之，少者怀之，老老慈幼。他也希望，这个社会能建立起陌生人的信任机制，基于好的政治，可以培育社会的公序良俗。这样，即使没有完全基于血缘的熟人社会，人们也能其乐融融，彼此信任，而不作奸犯科或倚强凌弱。

1　马承源主编：《上海博物馆藏战国楚竹书（三）》，上海古籍出版社，2003 年，第 268 页。

雍也第六

6.1 子曰："雍也可使南面。"

冉雍，字仲弓，以德行而著称。有学者认为，荀子所推崇的"子弓"就是仲弓。说荀子将孔子和仲弓并称，是因为他们都是"圣人之不得势"[1]。不过，荀子所称道的"子弓"是"仲弓"此说，恐怕不太可靠。笔者还是倾向于认同蒙文通先生等人的观点，即"子弓"实为传《易》的楚人"馯臂子弓"[2]，而不是仲弓。《子路》中记载，他担任过季氏的宰，向孔子请教为政的学问。上博楚简《仲弓》中，也记载了他向孔子问政。看得出来，仲弓对政治非常关注。

由于冬天的冷风自北而来，中国古代建筑便多为坐北朝南，以抵御北风。人君在室内，背对北面的挡风墙，面向南面，这是最适合避风的尊位。因此，"南面"即人君所在的尊位，代指君主身份。孔子对仲弓的评价是，此人可以南面为君，这是对他很高的评价。历代注家，有人说"南面"是指仲弓可以当天子，有人说是当诸侯，也有说是卿大夫[3]，并为此而争执不已。其实，《仪礼·丧服传》的郑玄注就提出："天子、诸侯及卿大夫有地者，皆曰君"，指出了封建时代"君"概念的广

---

1 陈荣捷：《初期儒家》，见《中研院历史语言研究所集刊论文类编·思想与文化编》第二册，中华书局，2009年，第1375—1376页。

2 蒙文通：《周秦民族与思想》，见蒙文通：《经学抉原》，上海人民出版社，2006年，第145页。

3 程树德撰，程俊英、蒋见元点校：《论语集释》第二册，中华书局，2008年，第361页。

泛性与含混性，比后世读者熟悉的那种中央集权时代"君"的概念，要广泛得多。阎步克先生曾用"等级君主制"这一概念来描述先秦贵族政治中的君臣身份[1]。赵伯雄也说，周代时"一个国家内存在着不同层次的众多君主"[2]。笔者认为，"等级君主制"这个概念，也可以帮助我们理解孔子说的"南面"。诸侯在卿大夫面前是南面，在周天子面前就要北面；而卿大夫在诸侯面前是北面，在自己家臣面前又是南面。所以，"南面"是个相对概念。孔子说的"南面"，不能被理解为具体的天子、诸侯、卿大夫中某个等级，尤其不能按中央集权时代人们一般熟悉的那种"君"的概念去理解。而应该理解为封建时代那种"等级君主制"，和多中心结构中广义的"君"。

仲弓为什么可以担任君主？诸多解释中，应该以朱熹的说法最有道理。朱注说，因为仲弓"宽洪简重，有人君之度也"。宋代虽然离先秦遥远，但宋人对重建原始儒家的努力追求，却使宋人对古儒的理解具有相当的深度。这里，宋人朱熹的解释，明显比汉儒郑玄更符合古儒的观念[3]。古儒和宋儒都主张，人君应该"无为而治"（《卫灵公》），"恭己以正南面"，安静地坐好，不要管太多事，只要做好一个礼仪、道德上的表率就是好君主。所以战国时代的儒者也强调"黄帝尧舜垂衣裳而天下治"（《周易·系辞下》）。宋儒认为，"天下治乱系宰相，君德成就责经筵"（程颐《论经筵第三劄子》）。君主是国家元首，宰相是政府首脑。宰

1　阎步克：《宗经、复古与尊君、实用（上）：中古〈周礼〉六冕制度的兴衰变异》，《北京大学学报（哲学社会科学版）》2005 年第 6 期，第 6 页。
2　赵伯雄：《周代国家形态研究》，湖南教育出版社，1990 年，第 245 页。
3　郑玄的解释，只是"言任诸侯治□之政"，没给出原因。见王素：《唐写本论语郑氏注及其研究》，文物出版社，1991 年，第 64 页。

相管理政府，所以天下治理，都是政府的工作，与君主无干。君主的重要任务，是通过经筵的学习，提升道德修养，成为一个礼仪象征。南宋陈亮也强调，以儒立国的宋代制度，对君主的要求正是"端拱于上而天下自治"（《龙川文集》卷二《论执要之道》）。因此，朱熹认为"宽洪简重"是君主的品质。君主就应该宽洪，无为，而且简单，稳重，不管事。孔子见仲弓有宽简的修养，因此觉得他可以南面为君。

6.2 仲弓问子桑伯子。子曰："可也，简。"仲弓曰："居敬而行简，以临其民，不亦可乎？居简而行简，无乃大（太）简乎？"子曰："雍之言然。"

子桑伯子，《说苑》中说他不穿衣服，喜欢"质"而反对"文"。有人推测他就是《庄子》中记载的子桑雽，是个隐士[1]。

孔子称赞仲弓宽简，可以当无为而治的礼仪性君主。仲弓就问了一个特别简约无文的人——子桑伯子。孔子说，子桑伯子这位隐士，还不错，因为他也简约。如果让这样一个无为之士担任君主，也还不错。仲弓则觉得，子桑伯子虽然简约，但却太过于无文。人君性格简约、无为，这固然是好事。可是，这种简约，是道家隐士的简，要将一切人类文明都简化到无，甚至连衣服都不要穿了。

儒家主张君主应该多扮演礼仪象征，而不多管政事。但这种礼仪象征的角色，就必须有一个文教的系统来体现。君主必须凡事做到"敬"，谨慎小心，在每一个细微处体现道德和教养。例如，北宋的仁宗皇帝，

1　程树德撰，程俊英、蒋见元点校：《论语集释》第二册，中华书局，2008年，第363页。

在经筵的课堂上，如果出现皇帝左顾右盼，或者以足敲踏床，显得漫不经心或者失礼之时，那么负责讲学的儒者孙奭，就会"拱立不讲"，一直到皇帝意识到错误，"竦然改听"为止（《续资治通鉴长编》卷九九乾兴元年十一月辛巳条）。明代的崇祯皇帝，有一次在经筵课堂上听讲，不留神之间跷起了二郎腿。给他讲学的儒臣文震孟便停止了讲授，而反复念诵："为人君者，可不敬哉？"一直到皇帝意识到错误，改正坐姿为止（《春明梦余录》卷九）。人君必须自觉到，自己是一个道德礼仪上的象征，需要时时刻刻保持良好的形象，这就叫"居敬"。道德上不断提升修养，政治上不管事，而是让政府系统掌管行政，这样的政治，就是良好的。可是，让一个完全没有礼仪文教修养的人去担任君主，这人虽然也不管事，却不能胜任君主的道德楷模形象。孔子赞同仲弓的这个观点：小政府，虚君，但这位虚君却是礼仪上的担纲者，因此不可轻慢文教。

6.4 子华使于齐，冉子为其母请粟。子曰："与之釜。"请益。曰："与之庾。"冉子与之粟五秉。子曰："赤之适齐也，乘肥马，衣轻裘。吾闻之也：君子周急不继富。"

公西赤到齐国去办事，冉子请孔子周济一下公西赤的母亲，给老人家送些米吧。孔子说，送一釜米。冉子说，这也太少了吧？孔子干脆说，那就给一庾米。关于冉子，《史记·弟子列传》说是冉有，也有人说是冉耕（伯牛）[1]。不过从行为习惯和经济状况来看，还是冉有的可能性更大。冉有希望孔子接济公西赤的母亲，孔子先说那就送一釜米去吧。

1　程树德撰，程俊英、蒋见元点校：《论语集释》第二册，中华书局，2008年，第369页。

图 6.1　山东胶县灵山卫出土的田齐 "丘关釜"（实物与平面图）

"釜"是多少？皇侃、朱熹等人说是六斗四升，也有现代学者说当时还没有升斗斛的度量衡，因此一釜是六十四升[1]。从考古资料来看，齐国的《子禾子釜》、《陈纯釜》分别为 20.46、20.58 升[2]，即 20460、20580 毫升，这是田氏齐国度量衡中的"釜"（图 6.1），似可供我们参考。春秋晚期姜齐的"釜"，至少不会与这个数据相差有天壤之别。根据李学勤先生研究，"釜"为齐国特有的量制单位，田氏齐国的"釜"实物测量为 20500 毫升，而之前的姜齐之"釜"容量更小[3]。因此，公西赤到齐国出使，孔子说的"釜"就是按照姜齐标准给出的粮食数。如果按照这个参考，虽然姜齐的"釜"容量少于田氏齐国的"釜"，但当时姜齐的一釜至少也应该有几十斤粮食。

冉有觉得，这几十斤粮食不够，说能不能再加点？这时，孔子的幽默感就表现出来了。他说，那就送一庾嘛。"庾"是多少粮食？朱熹说是十六斗，戴震说是二斗四升，后世的说法，戴震影响最大。不过，从考古资料来看，戴震的说法也可以修正。有一件东周时代三晋的小型量器，铭文标明其单位是"斟半斧"（《集成》10365），即一斟又二分之一

1　黄怀信：《论语汇校集释》上册，上海古籍出版社，2008 年，第 475 页。
2　赵晓军：《从考古材料看战国时期度量衡的检校制度》，《四川文物》2006 年第 6 期，第 59 页。
3　李学勤：《东周与秦代文明》，上海人民出版社，2007 年，第 83 页。

强之意（图 6.2）。这件量器小到什么程度？它经过中国计量科学研究院用工具显微镜和测深卡尺测量，内口径长 1.803 厘米，宽 1.814 厘米，深 1.74 厘米，容量 5.4 毫升[1]。按照这个标准，一"斛"就是 3.53 毫升。

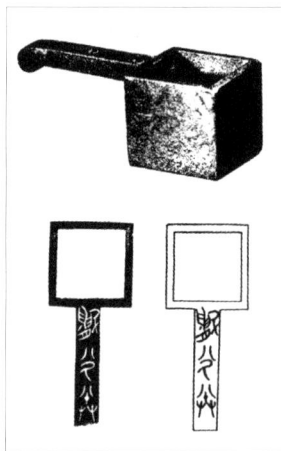

图 6.2　东周时代以"斛"为单位的微型量器

"庾"字，吐鲁番阿斯塔纳墓地 M184 出土唐代写本作"臾"[2]。"斛"也就是"臾"，以"斗"字旁标明量器字义。"斛"就是"臾"，也就是"庾"。此器虽属三晋，但与春秋晚期的齐鲁地区所用"庾"的概念，应该不会相差太远。考古材料表明，东周时期的"庾"，是一种非常微小的单位，只有 3.53 毫升，也就是几根手指轻轻抓起的一小撮米。

冉有觉得，几十斤米是不是少了点儿？孔子觉得他还没明白过来，公西赤出使齐国，坐着肥马拉的车，穿着珍贵的轻裘皮衣，经济上阔绰，你还去给他锦上添花吗？冉有没明白过来，还继续请求增加粮食数量。这时，孔子干脆给他幽默一把，几十斤不行是吧？那就给他一小撮米吧。

话说到这份上，冉有才知道孔子的意思：压根儿就没必要去送米。君子应该助人，但君子助人，应当周济贫困，对其雪中送炭，而不是去给阔人锦上添花。孔子的这一思想，至今仍是有意义的。在一个波普尔意义上的开放社会，在自发的经济秩序中，必然存在贫富差距。对君子

1　丘光明：《中国历代度量衡考》，科学出版社，1992 年，第 182—183 页。
2　王素：《唐写本论语郑氏注及其研究》，文物出版社，1991 年，第 57 页。

来说，好的政治并非追求多数人的最大幸福，而是追求最少数人的最小伤害原则[1]。通过救济危困，既是君子济世和参与重建社会的积极实践，也是培育自己德性的途径。

当然，这段话除了体现出孔子责任伦理的观念之外，本身也很有趣。过去的注家，理解孔子给冉有说送的粮食数量，先是六斗四升，又是十六斗之类的，扯来扯去，把孔子话中半开玩笑的幽默意味给遮盖了。其实，孔子先说几十斤，冉有说不够，孔子干脆说那就给一小撮米吧。这一对话，本身就看得出孔子并非人们想象中老是板着脸，他说话其实也很风趣。没有近人情活泼的人生态度，也便不可能有幽默感，这一点林语堂、韦政通先生都论之甚详[2]。

6.6 子谓仲弓，曰："犁牛之子骍且角，虽欲勿用，山川其舍诸？"

仲弓被称为"犁牛之子"。犁牛，《论衡》说是伯牛，即冉耕。《史记》说，冉耕只是仲弓的同宗。俞樾认为，仲弓是伯牛之子的这种说法，是"古《论语》家相传旧说"[3]。看来，说仲弓是伯牛之子的说法，流传非常古老了。古人"名"和"字"意思对应，有人怀疑，伯牛名"耕"，字对应"牛"，当与牛耕有关。如清人刘宝楠就引用惠士奇的说法，将"犁牛"解释为耕牛。现代学者，如黄怀信先生就说"犁牛"是耕牛，是"犁地之牛"[4]。

1　何兆武：《评波普尔和他的〈贫困〉》，〔英〕卡尔·波普尔著，何林、赵平译：《历史主义贫困论》附录，中国社会科学出版社，1998 年，第 152 页。
2　韦政通：《孔子的性格》，见韦政通：《时代人物各风流》，中华书局，2011 年，第 8—10 页。
3　〔清〕俞樾：《茶香室丛钞》卷十二，中华书局，2006 年，第 718 页。
4　黄怀信：《论语汇校集释》上册，上海古籍出版社，2008 年，第 484 页。

不过，现在还没有充分的证据证明，春秋晚期的鲁国已经在使用牛耕。仅凭名和字的联系，就推测"犁牛"是耕牛，缺乏考古学的证据。因为牛耕的出现，也是伴随着铁器的大规模普及，旧有村社的全面瓦解和编户齐民制度的确立，是编户齐民下小家庭的生产方式。春秋晚期，社会流动性加大，铁器的使用也在增加。但没有充分证据可以表明，当时出现了牛耕。因此，将"犁牛"解释为"耕牛"，现在还没有充分的证据。实际上，从商代甲骨文"勿（物）"字和"利（犁）"字存在的古音对比分析，可知"物"字与"犁"字是从一个字根发展而来，声符和意思联系紧密。在甲骨文中的"勿"、"勿牛"，一般是指有斑纹的动物，即杂色[1]。这样，结合甲骨文所体现出的古音等证据，便可以证实"犁牛"是杂色的牛。

孔子说，杂色牛生下的孩子，却是一头"骍且角"的牛，可以被用于献给山川之神。就算你不想去，山川之神怎么会舍得？

"骍"字始见于甲骨文，是指橘黄色或橘红色皮毛的牛马[2]。《礼记·檀弓上》说"周人尚赤"，"牲用骍"，红色的动物，是规格尊贵、等级高的祭品。西周共王时器有《大作大中簋》记载周王赏赐给"大"骍犅，即红色的特牛，"用禘于乃考"。陈梦家先生说："可知周人尚赤，祭先祖用牢养三月的赤色特牛"[3]。可见，周礼中以红色的牛为贵，不但用于祭祀山川之神，也用以祭祀祖先的"禘"礼，规格非常高。"角"，

1　［英］汪涛著，郅晓娜译：《颜色与祭祀：中国古代文化中颜色含义探幽》，上海古籍出版社，2013年，第88—89页。

2　［英］汪涛著，郅晓娜译：《颜色与祭祀：中国古代文化中颜色含义探幽》，上海古籍出版社，2013年，第79—81页。

3　陈梦家：《西周铜器断代》上册，中华书局，2004年，第168—169页。

则为牛角端正，无损伤。《春秋经·成公七年》："正月，鼷鼠食郊牛角；改卜牛，又食其角。"如果牛角被鼠咬坏，就被视为不祥，不能用于祭祀。

孔子将仲弓评价为红色的牛，角长得端正，无损伤。这种漂亮尊贵的好牛，你想躲起来，神灵都会看上你。为什么对仲弓评价如此之高？如果结合前文"可使南面"来看，仲弓具有可担任虚君的优良美德，这是孔子非常推崇的一种德性：虚君的宽简无为，却又厚德居敬。

6.9　季氏使闵子骞为费宰。闵子骞曰："善为我辞焉。如有复我者，则吾必在汶上矣。"

闵子骞，以孝道而著称。钱穆先生说，闵子骞是孔门中的前辈，以年高德劭获得了大家的尊重[1]。宋代墓葬流行二十四孝壁画，经常画有

图 6.3　宋代墓葬壁画中的闵子骞行孝图

"闵子骞行孝图"（图 6.3）[2]。孔子的评价是"孝哉闵子骞"（《先进》），他是以孝道著称的德行之士。

闵子骞年高德劭，孔子也不喊他的名"损"，而是称其为"子骞"，表达了相当的尊重。正因如此，季氏觉得这位孔门孝子是贤人，打算聘请他出山，担任"费"（音 bì）这座城的邑宰。费，是季氏的一座城池，也是季氏的老根据地，在齐南鲁北的边境上。山东省费县古遗址的调查显示，

1　钱穆：《先秦诸子系年》，商务印书馆，2002 年，第 79 页。
2　此处宋墓图片，见郑州市文物考古研究所、新密市博物馆：《河南新密市平陌宋代壁画墓》，《文物》1998 年第 12 期，第 28—29 页。

此处有厚达两米的文化堆积层，表明历史深厚，城墙呈长方形，总面积达420万平方米[1]。从考古情况来看，费这座城池，规模非常大，人口、税收、经济体总量都很不错，出仕在此地作邑宰，不但是个"肥差"，而且掌管季氏的根据地，平台高、资源多，也是面子十足。可是，闵子骞显然不将费城的位禄当回事。他告诉季氏的使者，说替我好好推辞，如果再逼我出仕，我就会逃到"汶上"去。

传统解释，如杨伯峻先生等都认为"汶上"是"汶水以北"。但有学者指出，先秦典籍中习见的"江上"、"淮上"、"汉上"、"沂上"、"汝上"、"泗上"、"濮上"、"济上"等，均是指水边，而不一定是指岸边。其所指范围，还包括了距离某水相当远如几里到十几里的广袤区域[2]。笔者同意这一说法，按照这样解释，闵子骞是说，再来逼我去做家臣，我就逃到汶水附近的广袤区域，让你们找不到我。

闵子骞为什么要这样逃避政治呢？笔者认为，这还是只能从原始儒学的政治观念入手才能获得解释。在《学而》1.7章中，笔者借助郭店楚简等材料和学者们的分析，指出原始儒家认为要"为父绝君"，"君臣，无亲也"。对一个重视家庭、亲人为本位的孝子来说，君臣、朋友之伦并非当务之急。朱熹说闵子骞之所以不想担任季氏家臣，是因为他觉得季氏不义，将其视为"犬彘"。其实，朱子的这个说法太过迂了。孔子并不反对与这些"僭主"合作，通过"得君行道"，去实现仁政的理想。他本人，甚至考虑过和叛臣佛肸一类名声不好的人合作。所以，

1　费县文物管理所：《山东费县古遗址调查纪要》，《考古》1986年第11期，第975页。
2　杨逢彬、蒋重母：《〈论语〉词语考释五则》，《上海大学学报（社会科学版）》2011年第5期，第131页。

唯一的解释，只能是从古儒对家庭和政治的观念入手。对闵子骞这样有孝行的君子来说，应该以家人为本位。他的这一行为，就是郭店楚简中所说的"绝君"。

6.10 伯牛有疾，子问之，自牖执其手，曰："亡之，命矣夫！斯人也而有斯疾也！斯人也而有斯疾也！"

孔子的早期弟子冉耕（字伯牛）得了恶疾，孔子去探望他。还没走进门，伯牛就伸出了手，孔子赶忙握住他的手，痛心地感叹，这么好的人，却得了这样的病。

牖，音 yǒu，即窗户。为什么孔子一定要隔着窗户去握伯牛的手呢？有很多种解释。朱熹认为，因为按照礼制，病人要躺在室内北面的窗户下，如果是君主来了，就要把病人移到南面的窗户下，好让君主从南面来探视。伯牛的家人觉得孔子很重要，所以也以这样高的礼来尊敬孔子。但孔子不能接受这样的尊礼，于是便隔着窗户去和伯牛永别。程树德则认为，孔子懂得医学，这是在给伯牛"切脉"。甚至还有人说，伯牛得了恶疾，不想让人看见自己的样子[1]。

劳榦先生提供的解释，具有一定历史的眼光。他说，当时伯牛只是一个庶民，没有"士"的身份，或者至少居住条件没达到"士"的标准，非常贫寒。庶民的房子，根本不可能具备什么正寝、斋室之类，因此只能住在平时的内寝里。内寝也是妇人居住之处，孔子走到那里，依礼就

1　程树德撰，程俊英、蒋见元点校：《论语集释》第二册，中华书局，2008 年，第 384—385 页。

不进去了。所以伯牛虽有重病，孔子却只能在窗外握住他的手[1]。劳榦先生的解释，在视野上有眼光，因为他注意到了当时历史条件鲁国下级士人的居住条件。如果按照朱子的解释，虽然显得大家都彬彬有礼，即使面对死亡，也安宁祥和，还一会"北牖"，一会儿"南牖"的，似乎伯牛的居住条件比较好，室内建筑很复杂。不过，这种解释并不符合历史语境。

劳榦先生有历史眼光，可最终还是从"礼"的角度来解释，可能尚可商榷。笔者的理解，是从考古学角度，观察当时窗户的高度。陈星灿先生曾谈到，孔子时代的窗户一般很低矮，窗棂也不复杂[2]。早在新石器时代的中国建筑中，就曾发现有窗户。屈家岭文化时期的应城门板湾房屋遗址，落地窗通高86厘米、宽88—96厘米，而窗台距离室内居住面仅仅6—10厘米[3]。在这间居室内，还发现了残存的席纹。可见，新石器时代的古人，就在室内席地而坐，睡在席子上。而窗户非常大，距离生活的竹席地面仅仅6—10厘米，非常的低矮。在曾侯乙墓葬出土彩漆棺材上描绘的大窗户，可能是供墓主灵魂出入的。该窗户和手持戈戟的卫士所站地面，几乎处于同一水平线（图6.4）[4]。从图画可知，东周时的窗户，低矮到和地面齐平。春秋时代的"伎乐铜屋"

图6.4　曾侯乙墓出土彩色漆棺上描绘的窗户

1　劳榦：《汉晋西陲木简新考》，见《"中央研究院"历史语言研究所集刊》，1985年12月，第118页。
2　陈星灿：《古代的窗户》，见陈星灿：《考古随笔》，文物出版社，2002年，第133页。
3　李桃元：《应城门板湾遗址大型房屋建筑》，《江汉考古》2000年第1期，第96页。
4　湖北省博物馆：《曾侯乙墓》上册，文物出版社，1989年，第39页。

建筑，其窗户也几乎垂延到地面[1]。

从这些考古材料来看，先秦时代中国建筑的窗户非常大，而且距离地面很接近。后世的日本建筑，还延续了一些中国的遗风，窗户低矮，便利于席地而坐的生活。这样大而低矮的窗户，孔子什么都能看得见。所以，说伯牛从窗户和孔子握手是为了遮掩病丑的说法，可以排除。至于说孔子在门口止步，是顾及"礼"，恐怕也难说通。至于"切脉"说，也不合逻辑。若是切脉，完全可以登堂入室，在屋内席地而坐，好好地切脉，何必要跑到窗户外去切呢？因此，"切脉"说也不能成立。

要理解此处，恰恰得从当时低矮的窗户来入手。伯牛生病了，就躺在地面的竹席上。窗户距离地面，也就6—10厘米，甚至更加低矮。从远处听到脚步声，睁眼就能看见孔子越来越近。伯牛见到孔子，一定非常激动，赶忙伸出手去。孔子见伯牛病体微弱，还远远伸出手来，根本来不及进屋，而是赶紧在窗口就握住伯牛的手。看到伯牛病得这样重，孔子只能感叹这是命，这么好的人，却得了这样的病。这话他重复了两遍，可见他对伯牛的病是多么关心。因此，这一段，恰恰可以看出孔门师徒之间的情谊。伯牛远远就伸出手，可见他对孔子有多么在乎。孔子也来不及进屋，就在窗口握住伯牛的手，也可见他对学生有多么关心。这些都可以看出，孔子是一个具有深厚感情的人，这种感情，也是鲜活而真实的。

1　浙江省文物管理委员会、浙江省文物考古所、绍兴地区文化局、绍兴市文管会：《绍兴306号战国墓发掘简报》，《文物》1984年第1期，第24页。

6.11 子曰："贤哉回也！一箪食，一瓢饮，在陋巷，人不堪其忧，回也不改其乐，贤哉回也！"

类似记载，也见于湖北荆州王家嘴 M798 新出土战国楚简《孔子曰》的记载："孔子曰：'一箪食，一勺浆，人不胜其□，□□不胜其乐，吾不如回也'"[1]。安徽大学藏战国楚简《仲尼曰》中记载与此非常接近："一箪食，一勺浆，人不胜其忧，己不胜其乐，吾不如回也"[2]。楚简文字与传世本有一些不同，颜回喝的"饮"是米汤一类的浆水。而孔子对颜回的评价，已经不仅仅是赞扬他"贤哉"了，而是认为自己在这方面都不如颜回了。竹简本的评价赞美语气，比传世本更加强烈。

颜回住在贫民窟，即"陋巷"。从战国陶文资料来看，"巷"是一个普遍的地缘行政单位，"巷"的下面是"里"。颜回住的"陋巷"，应该是贫民居住区的某个"里"，不是家族合聚，而是孤单的独门独户。

颜回这样的贫寒之家，生活条件非常差。只有一个竹器"箪"装的饭，一个葫芦瓢装的饮水。"箪"，郑玄注是"箪，笥也"[3]。邢昺说，郑玄注释《曲礼》时提出"箪"是圆的，"笥"是方的。说"箪"就是"笥"，只是为了方便表述，因为二者都是同一类的竹器。竹笥，是用竹子编制的器物，可以装衣服，也可以装食物。在江陵马山一号楚墓中发现了一些竹笥，有的装有丝绸衣物，有的装有漆器、铜器，有的装有各类食品。在其中，有一个被称为"圆竹笥"的器物，径长 23.3 厘米，

---

1 赵晓斌：《湖北荆州王家嘴 M798 出土战国楚简〈孔子曰〉概述》，《江汉考古》2023 年第 2 期，第 46 页。

2 安徽大学汉字发展与应用研究中心编，黄德宽、徐在国主编：《安徽大学藏战国竹简（二）》，中西书局，2022 年，第 44 页。

3 王素：《唐写本论语郑氏注及其研究》，文物出版社，1991 年，第 59 页。

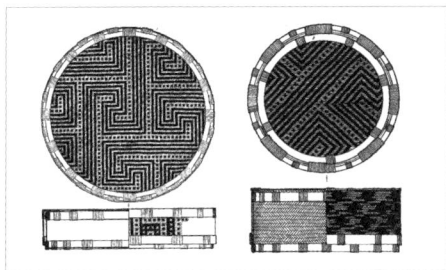

图 6.5　左为江陵马山一号楚墓出土之"箪"，右为江陵九店东周墓出土之"箪"

高 5.4 厘米，其中装着铜镜和镜衣[1]（见图 6.5）。根据郑玄、邢昺的解释，可以确定，这件圆形的竹筒就是"箪"。这种圆形竹筒"箪"，也见于包山楚墓的二号墓[2]、江陵九店东周墓[3]。可知，属于非常流行的常见器物。

颜回所用的圆竹筒"箪"，也就是这一形象，其大小、容量，差不多也就是个饭盒。类似于现代人一个便当，拿来吃一天。张光直先生说，当时最低限度的饮食标准，就是一些谷类食物和一些饮水[4]。颜回的生活标准，在春秋时代来看，也是最差的一类。在如此贫寒的条件下，颜回却能安贫乐道，这便是历来儒者所说的"颜子乐处"。

在孔子看来，富贵并非坏事，贫穷也并非美德。如果富贵可以获取，"虽执鞭之士，吾亦为之"（《述而》）。但如果不能获取富贵，则可以"从吾所好"。颜回的美德，并非在于他的贫穷。孔子主张，"贫而安乐，富而好礼"（见本书《学而》1.15 章的分析）。如果遭遇了贫困，能够固守德性的追求，乃是一种美德。换言之，贫困是一种不幸。古儒并非歌颂不幸，而是歌颂在不幸中仍能捍卫原则的君子人格。

米塞斯曾谈到，大自然一点也不慷慨，对人类维持生存不可缺的东

1　湖北省荆州地区博物馆：《江陵马山一号楚墓》，文物出版社，1985 年，第 91—92 页。

2　湖北省荆沙铁路考古队：《包山楚墓》上册，文物出版社，1991 年，第 163 页。

3　湖北省文物考古研究所：《江陵九店东周墓》，科学出版社，1995 年，第 317—318 页。

4　张光直：《中国青铜时代》，生活·读书·新知三联书店，1983 年，第 241 页。

西，它的供应非常有限。在前现代，财富很少，绝大多数的人都生活在贫困中。只有随着近代资本主义工业文明的兴起，商品才变得便宜，生产的效率上升，很多会死于前现代的人，在近现代社会才得以获得较有质量的生活[1]。在孔门中，不仅仅是颜回生活在贫困中，子路也曾感叹"伤哉，贫也"（《礼记·檀弓下》）。甚至孔子也谈到自己有时的贫困状态（"丘也贫"，《檀弓下》）。原宪住在陋巷，漆雕开是贫寒的"工人子弟"，闵子骞、伯牛等人都生活贫寒。甚至子贡的早年，也是"鄙人"（《荀子·大略》），有过贫寒的经历，后来通过经商改善了经济状况。和前现代其他的人群一样，孔门师弟普遍贫困。真正的贵族精神是"君子固穷"，即遭遇艰难也能守得住，有坚毅的内心和定力。所以，在时运不济和经济不行时，在无法保障良好生活水平的情况下，孔子赞美颜回"一箪食，一瓢饮，在陋巷"，或"饭疏食饮水，曲肱而枕之，乐亦在其中"。这些话语，一定要放到历史的语境中去理解。不是说吃肉不好、素食更佳，而是说贵族落难时，也要有一颗坚毅的心，能守得住心理防线。

可是，孔子从来未将普遍存在的贫困视为美德之源。他说"贫而无怨难，富而无骄易"（《宪问》），显然已经注意到好的经济状况，更容易让人养成知礼仪的美德，而贫困对人的进德，往往构成潜在的伤害。在教化程序上，他主张"富之"，然后才是"教之"，且"富而好礼"，

1　[奥]路德维希·冯·米塞斯著，冯克利、姚中秋译：《官僚体制 反资本主义的心态》，新星出版社，2007年，第166—171页。现代很多左翼历史学家固执地认为，前现代社会是田园牧歌，早期资本主义破坏了伊甸园，让人们过上了悲惨的生活。实际上，这是一种根深蒂固的偏见。前资本主义时代，不但存在着普遍的贫困，而且大量人口活不到成年。但正是因为资本主义工业的兴起，才挽救了大量本应夭折人口的生命，并且提升了普遍的生活水平。参见 R.M.哈特威尔：《反资本主义的精神：对一种意识形态的事后剖析》，见[英]F.A.哈耶克编，秋风译：《资本主义与历史学家》，吉林人民出版社，2003年，第140—142页。

才是更加良好的路径。他也希望颜回能富裕（《史记·仲尼弟子列传》），并称赞商人子贡是簠簋之器。在孔子经济条件较好时，他会努力帮助别人，甚至接济原宪的邻里乡党（《雍也》）。富裕的美德，不但是好礼，更是去扶危济困，帮助弱者。当然，"君子固穷，小人穷斯滥矣"。在前现代社会，人们非常容易遭遇贫穷。如果遭遇了穷困，还能坚守住进德的乐观心态，这样的人格，是真正的君子。

6.13 子谓子夏曰："女（汝）为君子儒，无为小人儒。"

程树德先生说，"小人儒"是专门搞章句训诂的小专家，这种人的成就也小[1]。钱穆先生也将"小人儒"解释为只关心考据学问，不关注公共事务的小专家[2]。胡适先生认为，"小人儒"是专门替人治丧的殷人后裔[3]。冯友兰先生说，"小人儒"是卑贱的仆役身份，他们虽然卑贱，却也懂得礼，可以帮助贵族君子应付行礼的场面[4]。杨树达先生说是无廉耻而喜欢吃喝的一类人，即所谓"贱儒"[5]。杨伯峻先生理解为"小人式的儒者"[6]。黄怀信先生则说，"小人儒"是给小人当老师，"儒"是动词[7]。李泽厚先生说"小人儒"是"老百姓的巫师"[8]。程石泉认为，

1　程树德撰，程俊英、蒋见元点校：《论语集释》第二册，中华书局，2008年，第390页。
2　钱穆：《论语新解》，生活·读书·新知三联书店，2002年，第158页。
3　胡适：《说儒》，见刘梦溪主编：《中国现代学术经典·胡适卷》，河北教育出版社，1996年，第406—407页。
4　冯友兰：《三松堂自序》，生活·读书·新知三联书店，1984年，第27页。
5　杨树达：《论语疏证》，上海古籍出版社，2006年，第139页。
6　杨伯峻：《论语译注》，中华书局，1980年，第59页。
7　黄怀信：《论语汇校集释》上册，上海古籍出版社，2008年，第501页。
8　李泽厚：《论语今读》，生活·读书·新知三联书店，2004年，第156页。

"小人儒"是"拘拘于小道末节"，缺乏"任重道远"之弘毅[1]。牛泽群先生说"小人儒"是"不要在乡野做教师"[2]。李零先生说，"小人儒"是"为了混饭吃"[3]。宋立林先生说，君子儒是追求"道术之儒"，小人儒则为"方术之儒"[4]。当然，古人、今人的解释非常多，在此不一一列举。

大致归纳，"小人儒"一词有小专家说，如程树德、钱穆；有仆役说，如冯友兰；有治丧谋食说，如胡适、李零；有巫师说，如李泽厚、宋立林；有乡野教师说，如牛泽群；有给小人当老师说，如黄怀信；有不道德的儒家说，如杨树达、杨伯峻。说法非常多，也难以形成共识。

笔者以为，无论如何解释，有一点是可以肯定的，即"小人儒"是与"君子儒"对应的。"君子儒"肯定是褒义词，"小人儒"肯定是贬义词，只是贬义到什么程度，说法有争议。此外也确实可以确定，孔子在提醒子夏，不要成为"小人儒"这种不好的人。从线索上来看，肯定与子夏只重视进退洒扫、"有酒食先生馔"等"仪式伦理"有关，可参看《为政》2.8 章的相关分析。

从原始儒学的历史语境来看，"君子儒"的含义，当然带有更浓厚的贵族范色彩，即平民精英模仿当贵族，也就是成为"君子儒"。这种人格的格局更大，有更多的公共关怀与家国乃至天下之情怀，超越了一般平民只局限于自己狭小"一亩二分田"的视野。其落脚点也在"修齐

1　程石泉：《论语读训》，上海古籍出版社，2005 年，第 91 页。
2　牛泽群：《论语札记》，北京燕山出版社，2003 年，第 151 页。
3　李零：《丧家狗：我读〈论语〉》，山西人民出版社，2007 年，第 134 页。
4　宋立林：《儒家八派新探》，线装书局，2023 年，第 203 页。

治平"之道，以及将传承三代以来先王政教礼乐知识、文明之火种为己任的自觉担纲者。那么与之形成对比的"小人儒"，其基本人格与精神气质，当然还是小人（平民、庶人）式的，虽然学到了一些六艺知识作为谋生技巧，但却和"君子忧道不忧贫"、"任重道远"的贵族式趣味不同，确实更在乎各类技术性的小细节。小人儒秉持平民精神，首先要考虑谋生、实用、现实利害与计算等利益关系。

6.14　子游为武城宰。子曰："女（汝）得人焉耳乎？"曰："有澹台灭明者，行不由径，非公事，未尝至于偃之室也。"

子游是孔门晚期弟子，在孔子晚年担任武城的邑宰。此"武城"即南武城，在山东临沂平邑县魏庄乡武城村[1]。根据《论语》记载，子游担任武城宰之时，将该处治理得井井有条，处处弦歌之声，获得了孔子的好评。

孔子认为，此地处处弦歌，是知礼之邑，应该会有人才。于是，他问子游，你在担任邑宰时，是否获得了人才？子游说，有个澹台灭明，行不由径，不是因为公事，也不会来我私人住处，是个贤人。什么叫"行不由径"？在龙岗秦简 198 中记载说"黔首皆从千（阡）佰（陌）疆畔之其田"。意思是规定，民众只能由国家规定的田路出入田亩，而不能贪图便捷横入他人之田，所谓"行由径"。《汉书·五行志》曾引用歌谣"邪径败良田"[2]。这些为了贪图便捷而践踏农田的小径，就是人们

1　王相臣：《山东平邑县南武城故城出土铜镜》，《华夏考古》2006 年第 2 期，第 73、77 页。
2　张金光：《秦制研究》，上海古籍出版社，2011 年，第 43 页。

长期"行由径"的结果。在现代中国的公园、绿化草坪中，也常能见到长期违规践踏而形成的"径"。

图 6.6　上为海昏侯汉墓出土孔子衣镜上的"澹台灭明与子夏"形象，下为复制品

尽管从古到今，总是有人喜爱行走邪径，践踏他人田园。但澹台灭明这人，就从不走这样的邪径，说明他非常自觉地遵守了社会的公序良俗，不为了贪图捷径，去随意践踏他人的田地。此外，他将公共领域、私人领域划分很清楚，不和官员搅合到一起。公事公办，如果没有公事，他绝不会没事跑到官员家中去搞些歪门邪道的东西。

《史记·仲尼弟子列传》说澹台灭明字"子羽"，是孔子的弟子，"状貌甚恶，欲事孔子，孔子以为材薄"。海昏侯汉墓出土孔子衣镜（图 6.6）铭文中也说"孔子 弟子曰'堂驺（澹台）灭明'，武城人，字子羽"[1]。钱穆先生说这位"子羽"，"亦游孔子之门"[2]。但牛泽群先生则认为，子羽不算是孔门嫡传，如孔子不称其名，只称其字。此外，他有三百弟子，却没有被收入"儒分为八"之序，可知他不是孔门嫡传[3]。笔者以为，从出土文献来看，子羽似乎对孔子不太了解，还从子贡处了解孔子的情况。如上博楚简《君子为礼》简 11 中有："子羽问于子贡曰：'仲尼

1　王意乐、徐长青等：《海昏侯刘贺墓出土孔子衣镜》，《南方文物》，2016 年第 3 期，第 66 页。
2　钱穆：《孔子传》，生活·读书·新知三联书店，2002 年，第 86 页。
3　牛泽群：《论语札记》，北京燕山出版社，2003 年，第 158—159 页。

与吾子产孰贤？[1]"居然将孔子拿来和子产作比较，还向子贡询问，可见对孔子比较陌生。而孔子对子羽，也是见其相貌甚恶，因此对其印象不佳，但后来又感慨因为"以貌取人，失之子羽"。

以此来看，孔子对子羽其实也是很陌生的，交集点也只限于对其相貌的初次印象。因此，牛泽群先生的观点应该比较符合史实，子羽不是孔门嫡传。丁四新先生将子羽划入子游、曾参、子思等人的"集团"，认为他们在思想及情感上比较接近[2]。海昏侯汉墓出土孔子衣镜中的"澹台灭明与子夏"，表现了澹台灭明在看子夏手中的竹简。这一形象，很生动地展示了他不但受到了子游的影响，而且也可能受到了子夏的影响。

子游、子夏所代表的孔门晚期"文学"科，间接影响了这位子羽。笔者倾向于认为，澹台灭明并非孔子弟子，他只是在孔子晚年结识了子游，孔子在不久后去世，他对孔子了解也不多。应该说，他受到影响最大的，可能还是子游，有时也从子贡等人那里了解一些关于孔子的知识。在他思想成熟之后，到楚地发展，有弟子三百人，思想观念比较接近思孟学派。所以，他不是孔子嫡传弟子，与子游、子夏的关系是介乎师友之间，在思想上接近思孟学派，是一位比较独特的儒家"旁出"，且对儒学思想在楚地和南方的传播，有很大的影响。

6.15　子曰："孟之反不伐。奔而殿，将入门，策其马，曰：'非敢后也，马不进也。'"

《左传·哀公十一年》记载，这一年齐国进攻鲁国，季氏组织了抵

1　马承源主编：《上海博物馆藏战国楚竹书（五）》，上海古籍出版社，2005年，第261页。
2　丁四新：《郭店楚墓竹简思想研究》，东方出版社，2000年，第192页。

抗，孔门弟子冉求、樊迟也参加了战斗。在作战中，鲁国的右军先被击溃，鲁大夫孟之反（杜注：说他叫孟之侧，字反）断后，阻击齐军。由于冉求带领了三百名来自武城的步兵，冲入了齐国军队的阵营。在激战中，冉求的队伍击溃了齐国军队，并获得了八十个敌人的首级。可以说，这次战斗，冉求和孟之反的表现各不相同。

孟之反在鲁国右军溃败时，主动选择了断后，把危险留给自己，将安全留给别人，属于一种美德。在古代战争中，断后是非常危险的，一般人往往会尽量去避免。如《后汉书·张宗传》就记载，面对赤眉大军的攻击，"众人多畏贼追，惮为后拒。禹乃书诸将名于竹简，署其前后，乱著笥中，令各探之"。大家都害怕承担断后的危险任务，最后没办法，邓禹只好用抓阄的方式，去选择人去担任殿后。孟之反能够主动挺身而出，去担任断后，可以说是既勇敢，又有德性。

到了和败兵们一起退回城中时，他又"抽矢策其马"，拔出一根箭，刺向马去，让马疼痛而跑动，表示自己很愿意逃命跑得快。他的美德是"不伐"，即不夸耀自己的勇敢与谦逊。西周金文中就有"伐"的用法，如山西翼城大河口西周墓 M2002 出土《格姬簋》中就记载"格姬伐用璋"，此处"伐"即夸耀功劳、功业，指格姬受到王朝派遣大史对其功劳的称赞之"伐"，并赠予了玉器璋以为表彰[1]。"孟之反不伐"，即他不将自己勇于断后，且谦虚给众人保留面子的美德，拿来作功劳与夸耀之资。

先秦时驾马车，不用鞭子，而是用一种尖棍，叫"策"。在殷墟之小屯，在车马坑中就曾发现马策。如 M20 舆内有 0.575 米长的马策，另

---

1 严志斌、谢尧亭：《格姬簋铭研究》，《中国国家博物馆刊》2023 年第 9 期，第 76 页。

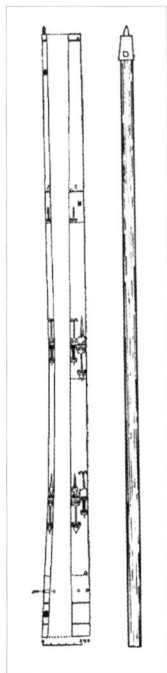

图 6.7　左为秦始皇陵陪葬车马坑中出土的"策"，右为韩城西周芮国墓出土马策，形象皆为前端有一个小尖，用来刺马

在 M40、M164、M45 中也都出土过马策，用竹子或木棍制作，前端有尖刺[1]。陕西韩城西周芮国墓地 M18，出土一件青铜尖的马策（图 6.7 右），"顶上有锥尖形细矮刺"，矮尖高 0.8 厘米[2]。秦始皇陵车马坑中发现的秦朝驾车之"策"（图 6.7 左）[3]：从策的形象可知，此物有一个尖刺，驭马者正是靠尖刺来刺激马，令其快速奔走。孟之反生活时代的策，也是这一类带尖刺的棍子。只不过当时手上没有策，便顺手抓起一支箭来代替策刺马，表示急切。

孟之反跑到城门口，看同伴们都安全抵达，这时才拔出一根箭，刺向马去，快速进了城。然后对同伴们说，不是我特别勇敢，非要断后，是我拉车的马跑不快。这样，也就顾全了其他逃命者的面子。所以说，孟之反这一行为，有三重美德：第一，将危险留给自己，主动断后；第二，照顾到别人的尊严；第三，不夸耀自己的功劳，非常谦虚。

清人张甄陶说，这次战斗中冉求、樊迟都立了功，如果没有他俩，鲁国会被齐国欺负惨。孔子这是怕他们骄傲自满，所以

1　石璋如：《小屯殷代的成套兵器：附殷代的策》，见《中研院历史语言研究所集刊论文类编·考古编》第一册，中华书局，2009 年，第 80—81 页。
2　陕西省考古研究院、渭南市文物保护考古研究所、韩城市景区管理委员会：《梁带村芮国墓地：二〇〇七年度发掘报告》，文物出版社，2010 年，第 187—188 页。
3　秦俑考古队：《秦始皇陵二号铜车马清理简报》，《文物》1983 年第 7 期，第 14 页。

拿孟之反的事例出来做榜样[1]。笔者认为，这一解释注意到了历史语境，比较合理。孔子主张，人不能居功狂傲，而应该谦虚内敛。尤其是，懂得给别人保留尊严，更是一种美德。

6.16 子曰："不有祝鮀之佞，而有宋朝之美，难乎免于今之世矣。"

这段话是孔子在卫国时说的，感叹了卫灵公身边的两个红人。祝鮀，《宪问》说他"治宗庙"，是太祝官。这位太祝官，能够掌管宗庙，并成为维持卫灵公无道统治的核心成员之一，也算是一个有才之人。但他的问题，是巧言令色，没多少原则，所以孔子说他是"佞"。

另一位，是来自宋国的公子朝，《左传》记载说他出奔到卫国，当了大夫，与卫灵公嫡母襄夫人、夫人南子乱搞男女关系。后来和齐豹、北宫喜等人作乱，卫灵公镇压了叛乱后，他逃到晋国，卫灵公却因为南子思念宋朝，又把他召回来。此人何以有如此魅力，让南子朝思暮想？原因就是公子朝长得漂亮。古代将漂亮的男子也称为"美"。九店楚简有"生子，男必美于人"[2]，就是讲生了男孩会比别人漂亮。《左传·文公十六年》记载说宋国的公子鲍，长得"美而艳"，宋襄公夫人看上他，私通后，还帮他成为宋国国君，即宋文公。看来，宋国公族经常产"美而艳"的公子，并到处私通，可能是殷商的遗风。

卫灵公的昏聩统治，就重用以上两种人。要么是有一定技术才干，但却巧言令色，让领导满意。要么便是长得漂亮，走裙带关系。其实，

---

1 程树德撰，程俊英、蒋见元点校：《论语集释》第二册，中华书局，2008 年，第 397 页。
2 湖北省文物考古研究所、北京大学中文系：《九店楚简》，中华书局，2000 年，第 49 页。

在大多数历史时期，政治都不是清明的，而是以各种非政治的方式来选拔精英。孔子时代，要溜须拍马，或是裙带关系；在秦汉，则是讨好帝王，尊君卑臣；魏晋南北朝和隋唐，则是士族门第，和尚道士；蒙元时期，直接是人分四等，九儒十丐。明清时期，怪诞之处更多。孔子这句感叹背后的预设其实是，好的政治，应该以正义的标准选拔精英。

6.24 子曰："齐一变，至于鲁；鲁一变，至于道。"

在孔子的评价中，齐国的政治、社会都不如鲁国，而鲁国距离"道"，也有相当的标准。如果要趋向于"道"，只有齐国这样混乱、崇尚功利的国家逐渐变为鲁国这样的礼乐之邦，再渐变而趋向于道。照这样看来，齐、鲁两国之间的差异非常大。也许我们会问，真的很大吗？大到什么程度？

《左传·昭公二年》说"周礼尽在鲁矣"，而《史记·三王世家》说："齐地多变诈，不习于礼义。"《史记·齐太公世家》也说："齐俗急功利，喜夸诈，乃霸政之余习。鲁则重礼乐，崇信义，尤有先王之遗风焉。"《汉书·地理志》："（齐人）夸奢朋党，言与行缪，虚诈不情。"看来，周公后裔的鲁国，保存周礼最好。但齐国文化，和周礼格格不入，齐国社会的民风，也是乱七八糟，急功近利，喜欢吹牛、诈骗。

鲁国遵循周礼之制，可以从考古学中得到证明。曲阜鲁国故城平面图（图6.8）[1]显示，曲阜故城遗址，东城垣长2531米，南垣3250米，西垣2430米，北垣3560米。东、西、北三面各三城门，南面两座，共

1　梁云：《战国时代的东西差别：考古学的视野》，文物出版社，2008年，第187页。

十一座城门。四面有护城河[1]。这些
格局，完全符合《周礼·考工记》规
定"匠人营国，方九里，旁三门，国
中九经九纬，经涂九轨，左祖右社，
面朝后市"的规定，其布局严格遵守
了周礼[2]。

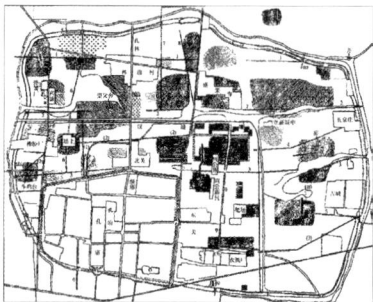

图 6.8　曲阜鲁国故城平面图

反观齐国故城遗址，有大城、小
城，大城中街道为七条，各类规划与周礼制度相差较远，但手工业遗迹
非常发达[3]。从都城的基本结构，就可以看出，鲁国从建都于曲阜开始，
便严格遵循周礼，而齐国对周礼则较为漠视，发达的手工业遗迹则显示
了齐国社会崇尚功利，却漠视礼乐的心理。

齐国的公族文化，也漠视修德，盛行淫乱。《汉书·地理志下》说
齐襄公淫乱，他的姑姊妹不嫁人。齐国民间的长女也不嫁人，名叫"巫
儿"，是为家中主持祭祀的。《管子·小匡》也说，齐桓公自称"好色"，
并谈到自己的姑姊妹都是不嫁人的。《论衡·书虚》《新语·无为》等
文献则直接说，"齐桓公妻姑姊妹七人"。这些类似的记载，也见于《荀
子·仲尼》篇。从这些记载来看，齐国文化保存了大量古代东夷的民俗，
诸如婚姻制度中的母系色彩、内婚制色彩等。齐国的统治者和民众，长
期生活在这种氛围中，早已习以为常。但如果从尊信周礼的鲁国君子看

1　山东省文物考古研究所、山东省博物馆、济宁地区文物组、曲阜县文管会：《曲阜鲁国故
城》，齐鲁书社，1982 年，第 4、6—7 页。
2　逄振镐：《东夷文化研究》，齐鲁书社，2007 年，第 549 页。
3　黄海：《曲阜鲁国故城与临淄齐国故城的比较研究》，《四川文物》1999 年第 5 期，第
35—37 页。

来，齐国的社会、文化，简直是一片混乱。

齐国国君采用的礼，有时非常奇怪。按照周礼，天子九鼎八簋，诸侯七鼎六簋，现在的出土实物也大致如此。但《齐侯中罍》铭文说"命用璧、两壶、八鼎于南宫"。齐侯采用的"八鼎"之制，既非天子，也非诸侯，鼎用偶数，显得非常奇怪[1]。此外，齐国国君也经常搞一些"庙有二主"，"庭燎"之类的僭越行为（《礼记·曾子问》、《礼记·郊特牲》郑注）。不但齐侯不知礼，齐国著名的君子贤臣，对周礼也非常陌生。前面介绍过管仲树塞门、有反坫等违礼行为，此外，他和臧文仲一样，都搞"山节藻棁"，僭越天子之礼（《礼记·礼器》孔疏）。所以《荀子·大略》说管仲"力功不力义，力知不力仁"。而以贤德著称的晏子，则是另一个极端，简朴到鄙陋的状态。晏子祭祀先祖，非常鄙陋，猪肉少得连豆器都没装满（《礼记·礼器》），一件狐裘穿三十年，大夫遣车五乘，他偏只有一乘（《礼记·檀弓下》）。齐国的贤臣，要么是极端奢侈放纵，要么是极端鄙陋简朴。在儒家看来，这两种极端都是有问题的。

与齐国一比较，鲁国虽然乱，却也还没那么乱七八糟。所以，孔子认为，像齐国这样很糟糕的国家，君臣上下，全社会都混乱一片，还不如鲁国。可是，齐国情况糟糕，要在这么一个低起点的社会"毕其功于一役"地实现"道"，显然是彻头彻尾的幻想。因此，孔子提出，对于不同的社会，应有不同的期许。齐国这样的低起点，能达到鲁国的水平，就是一种善。而鲁国这样基础比较好的社会，才可以进一步考虑实现更好的政治。其实，很多灾难，往往都是"毕其功于一役"、"彻底解决

1　刘正：《金文庙制研究》，中国社会科学出版社，2004 年，第 138 页。

问题"、"一步到位"等幼稚观念的结果。

6.25 子曰："觚不觚，觚哉！觚哉！"

这一句话，缺少语境，历来解释都很混乱，歧义多，涉及训诂和考证等问题。一般来说，"觚"是殷周时期的一种青铜酒器，流行于商代，在西周时迅速衰落。周人青铜器组合中，一开始便重食器，以鼎、簋、鬲、甗、盂等为主，基本摒弃了殷商文化中的酒礼器组合。角、觚、觯、斝、觥等酒器，虽然行用于西周，但其中没有一件可以从铭文上证明是周人所铸[1]。殷人好酒，妇女、儿童的墓葬中也随葬酒器，安阳三家庄M3儿童墓中就随葬着青铜爵等酒器[2]。可以想象，殷人嗜酒，已经到了老少皆醉的地步。因此，周人会颁布禁酒令，力挫酗酒之风。周人墓葬中重视食器，酒器很少，也很少铸造新的酒器。因此，到了孔子的时代，古代殷人的觚等酒器，不但是当时的古董，且应该非常少见了。如果有，也当保存于太庙之中，其礼仪象征地位并不算高。因此，笔者认为，孔子感叹的"觚不觚"是当时酒器的可能，似乎不大。图6.9为殷墟出土的殷代

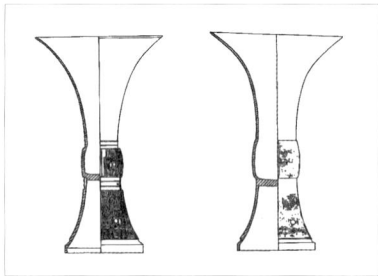

图 6.9　殷墟花园庄东地墓葬出土的铜觚

1　胡进驻：《殷墟晚商墓葬研究》，北京师范大学出版社，2010年，第324—325页。

2　中国社会科学院考古研究所安阳工作队：《安阳殷墟三家庄东的发掘》，《考古》1983年第2期，第127页。

铜觚形象[1]。

另一种解释认为，"觚"是一种"木简"，如宋人朱熹、姚宽等。姚宽甚至解释说，觚是用刀子削出来的木简，削觚时要专心，否则连削觚这样的小事都做不好，大事就更难了（《西溪丛语》卷上引《太平御览》注）。木简意义上的"觚"，考古上也有发现。敦煌玉门花海汉代烽燧遗址中出土的木觚被削为七面，断面趋近圆形，长 37 厘米，七个面上抄录着诏书和一封书信的部分文字（图 6.10）[2]。

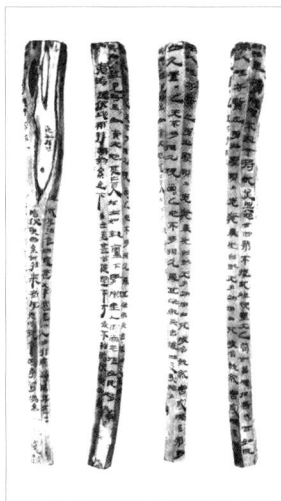

图 6.10　敦煌玉门花海汉代烽燧遗址中出土的木"觚"

作为木简意义上的"觚"，居延汉简中也有发现。简云："弟一《急就》奇觚与众异。"（49·50）编号 51·446A 为一三角截面残觚。编号 53·49D 为六面觚，四面写有字[3]。"觚"在秦代也称为"方"，云梦秦简《司空》中就有对用"方"书写的记载[4]。另外，在韩国出土的新罗、百济木简，普遍使用觚的形制，削为四面体。其形制，当为从中国传入[5]。不过，这些木觚的年代都是秦汉

1　中国社会科学院考古研究所：《安阳殷墟花园庄东地商代墓葬》，科学出版社，2007 年，第 53 页。

2　嘉峪关市文物保管所：《玉门花海汉代烽燧遗址出土的简牍》，见甘肃省文物工作队、甘肃省博物馆编：《汉简研究文集》，甘肃人民出版社，1984 年，第 16 页。图见甘肃省文物研究所：《敦煌汉简》，中华书局，1991 年，简 1448，图版壹叁柒。

3　甘肃省文物考古研究所、甘肃省博物馆、中国文物研究所、中国社会科学院历史研究所：《居延新简》上册，中华书局，1994 年，第 62、88、123 页。

4　李解民：《中国日用类简牍形制的几个有关问题》，见卜宪群、杨振红：《简帛研究·二〇〇七》，广西师范大学出版社，2010 年，第 183 页。

5　李成市著、葛继勇译：《东亚视野中的朝鲜木简》，《唐都学刊》2011 年第 5 期，第 64 页。

及其以后的，目前还没有证据表明孔子时代也在普遍流行木觚的书写。

酒器说、木简说，都是从名词角度切入的，作器物解释，"觚不觚"，意思颇不顺畅。李零先生有一个推测，说"觚哉，觚哉"就是《子罕》9.13章说的"沽（贾）之哉，沽（贾）之哉"，"是待价而沽的意思"[1]。案，"觚"、"沽"上古音都在见母鱼部，是可以存在通假现象的，笔者比较倾向于这一观点。如果"觚"可读为"沽"，那么此句的意思就非常清楚，是孔子在用商业术语举例，说自己愿意待价而沽，出来做一番事情。孔子反复说"沽"，使用商人的语言，说明他对市场非常熟悉[2]。有学者根据《孔子家语·在厄》记载孔子困于陈、蔡，"子贡以所赍货，窃犯围而出，告籴于野人"的记载，表明孔子与弟子周游列国时捎带货物，"孔子也和弟子们一起从事过商业活动"[3]。孔子以商业术语来表明心迹，既是一种幽默感，也表明他对商业没有敌意，甚至对商业活动十分熟悉。

6.28 子见南子，子路不说（悦）。夫子矢之曰："予所否者，天厌之！天厌之！"

南子是卫灵公的夫人，来自宋国。宋国是殷商后裔，保留着殷文化的作风。殷文化的特点，是没有周人那种较为严格的家庭制度，整个社会有较为浓厚的"走婚"色彩。在殷墟墓地发现的夫妻合葬墓，占墓葬总数的三分之一，其余三分之二无法推定配偶。这三分之二的人生前可

---

1 李零：《丧家狗：我读〈论语〉》，山西人民出版社，2007年，第138页。

2 余英时：《商业文化与中国传统》，见余英时著，程嫩生、罗群等译：《人文与理性的中国》，上海古籍出版社，2007年，第276—277页。

3 马涛：《儒家传统与现代市场经济》，复旦大学出版社，2000年，第68页。

能就没有专一的配偶。在各个殷人宗族内部，真正一夫一妻的家庭并不多，大多数人还过着不稳定的对偶婚及乱混生活，因此死后没有固定的配偶与之并葬，而是各自葬于自家的墓地，因此有数男或数女聚葬的现象[1]。体现在葬式上，殷人墓葬有同性双人、同性多人、异性双人、异性异穴合葬四种葬式[2]。这些复杂多样的葬式，尤其是三分之二的人没有夫妻合葬，而是埋在自家的家族墓地中。这些现象均说明，殷文化的一夫一妻制并不成熟，不稳定的对偶婚、乱婚、走婚是殷文化的习俗。还有学者指出，通过大量考古资料可以显示，稳定对偶婚姻"异穴合葬"的现象在殷墟并不多见，甚至整个先秦时期都是以男、女单身葬为主要埋葬方式[3]。这些考古资料揭示的情况，可以用来解释殷人后裔宋国公族的行为习惯。

而南子所出嫁的卫国，也是古代殷商的旧畿，礼制薄弱，常有混乱的风习。《左传·桓公十六年》就记载了卫宣公和自己的儿媳乱伦，《左传·哀公十一年》还记载了叔术娶嫂之事。宋、卫等国，本来就不同于深受宗周礼乐熏染的鲁国。因此，南子在卫国与宋国公室子弟公子朝私通，卫灵公不但不干涉，甚至还帮衬。

在儒家君子看来，宋、卫等国的旧风俗，并不值得推许，而是应当以礼节之。现代、后现代各种进步左翼思潮，流行文化相对主义，反对传统的价值中心主义。在这些现代、后现代思想家看来，人类本来很自

1　孟宪武：《殷墟南区墓葬发掘综述：兼谈几个相关的问题》，《中原文物》1986年第3期，第80页。
2　李贵昌、李守庆：《先秦合葬墓刍议》，《华夏考古》1997年第2期，第94—95页。
3　杨宝成：《殷墟文化研究》，武汉大学出版社，2002年，第80—83页。

由，但文明的发展与秩序，却以各种"规训"、"权力"的方式，限制了人类的自由，典型者莫过于福柯（Michel Foucault）之"规训"说[1]。儒家反对宋、卫淫风，希望以礼乐节之。而现代、后现代进步左翼们则会说，宋、卫有独特的文化，却被儒家想用礼乐来"规训"宋、卫和早期女性解放者南子。他们会说，儒家这是用礼乐文明，压迫了边缘文化（宋、卫），是威权保守主义，要规训、压抑南子之类。

儒家显然不会认同文化相对主义之说。对儒家来说，有德与失德之间，存在一个明确的边界，好、坏之间，不会存在真空般的虚无。只有在漫长历史自然演进中形成的传统与秩序，通过点滴改良和损益，以家庭制度，以及建立在家庭制度上的私有财产权等为基础，养成社会的各种不成文公序良俗，才能支撑起一个伟大文明的基础。因此，宋、卫、齐等国的风俗就是不好，不如鲁国。而这些国家的贵族中，也多有失德之人。

在这段对话中，子路尽管对孔子发脾气，但他与孔子都认为，南子是失德之人，见南子不是什么好事。孔子见南子，自然不是为了通过南子去求取位禄，而仅仅是一种最基本的礼貌，是封建时代贵族礼仪文化中，对于"小君"这种女领主、女贵族的尊重。但子路似乎有所误会，他觉得，孔子会通过南子这样的人向卫君求取位禄，不是正道。孔子见子路不信，便对天发誓。这个动作，叫"矢"。日本学者白川静说："在古人心目中，'矢'乃神圣之物，例如起誓时用矢作为信物，因而，'矢'

1　［法］米歇尔·福柯著，刘北成、杨远婴译：《规训与惩罚》，生活·读书·新知三联书店，2003 年，第 193—354 页。

亦可读作'誓'。折箭是起誓时的象征性动作。"[1]孔子以折箭为誓般的庄严态度表示，若真有非正道的行为，就让上天来厌弃我。

这一段对话，既可见到儒者对道德是非的明确态度，也可见孔门师徒之间言谈的率真与自然，毫无做作之态。

6.30 子贡曰："如有博施于民而能济众，何如？可谓仁乎？"子曰："何事于仁，必也圣乎！尧舜其犹病诸！夫仁者，己欲立而立人，己欲达而达人。能近取譬，可谓仁之方也已。"

此处，孔子讲的"仁者"能以他人之心为心，不但是己所不欲勿施于人，更能己所欲而达人，帮助别人实现其价值，即"君子成人之美"。当然，这种"仁"不是什么"爱无等差"或抽象地大谈"热爱全人类"之类。程树德先生说，这种仁，所谓能近取譬，是从目见耳闻所及的就近处，从身边就能做起事来践行[2]。反观那些喜欢大谈特谈"热爱全人类"的人，却往往连自己身边的亲人、朋友也不爱。例如，号称"人类之友"的卢梭，却将自己的五个孩子全部抛弃[3]。

孔子认为，将心比心，推己及人，是仁者的心。仁的实践，只能是由近及远，从最具体的身边做起。这些，就叫"仁之方"。"仁之方"，为儒家的习惯用语。如郭店楚简《性自命出》简49中，就有"慎，仁之方也"，又说"速，谋之方也"[4]。说明"……之方"为当时习惯用语。

1　［日］白川静，苏冰译：《常用字解》，九州出版社，2010年，第169页。
2　程树德撰，程俊英、蒋见元点校：《论语集释》第二册，中华书局，2008年，第430页。
3　［英］保罗·约翰逊著，杨正润、施敏等译：《所谓的知识分子》，台北究竟出版社，2002年，第28—46页。
4　李零：《郭店楚简校读记》，北京大学出版社，2002年，第107页。

楚简中认为，谨慎也是践行仁的一种方式。当然，古儒之"仁"最核心的内容，还是仁者爱人，推己及人，成人之美，但又不陈义过高，而是从身边做起，避免吹嘘成毫无意义的假大空。

述而第七

7.1 子曰："述而不作，信而好古，窃比于我老彭。"

孔子将自己比喻为老彭。老彭是什么人？为什么孔子要自比于他呢？

郑玄认为，"老彭"是老聃、彭祖[1]。王弼也持老聃、彭祖说。钱穆先生认为，如果"老彭"是兼指老聃、彭祖，而老聃在彭祖之后，就不应该叫"老彭"，而应该叫"彭老"才对，因此老聃、彭祖说有误[2]。

老聃、彭祖之说，显然有误，混入了汉晋时神仙寿考说的观念。实际上，朱熹等人都提出，"老彭"是"商贤大夫"，这一观点比较接近事实。甲骨文材料表明，殷代时确实有一彭国，也即文献中的大彭氏。杨树达先生指出，甲骨文中的"方"族，也就是"彭"国[3]。笔者以为，此说甚确。"方"上古音在帮母阳部，"彭"上古音在滂母阳部，唇音叠韵，古音即为一字。从甲骨文可知，彭国经常与殷人发生战争，是有力的劲敌。如历组卜辞中，就有"其围于彭"（《合集》20507）、"不围于彭"（《合集》20506）的记载。但到晚商时，大彭氏可能已经宾服于商，且因该族人精通巫史，所以也有人担任史官。

张政烺先生就认为，彭祖氏就是大彭氏的支裔，这一支后来世为商

1　王素：《唐写本论语郑氏注及其研究》，文物出版社，1991 年，第 81 页。

2　钱穆：《先秦诸子系年》，商务印书馆，2002 年，第 254 页。

3　杨树达：《积微居甲文说》，上海古籍出版社，2006 年，第 65—66 页。

周史官，因此有"述而不作，信而好古"
的观念和格言[1]。甲骨卜辞中记载"王令保
老因侯商"，"王令陕彭因侯商"（《屯南》
1066）；"保老因"，"陕彭因"（《屯南》
1082）（图 7.1）。此二卜辞之"保老"与"陕
彭"并举，对应即"老彭"，说明"老彭"
正是商朝的侯。

图 7.1　甲骨卜辞中的"保老"与
"陕彭"并举，对应即"老彭"

　　既然"彭"是商周的侯兼史官，那"老彭"的"老"字，当如何
解释呢？实际上，在甲骨卜辞中，诸侯老臣、卿士往往被加以"老"的
前缀，或称为"老"，见于王卜辞和非王卜辞。如"老眞侯"（《合集》
36416）、"老"（《花东》490）、"多老"、"多老舞"（《合集》16013）、
"右老"（《合集》2656 正）、"归老"（《合集》22323）等，可见殷人习惯
于将人物称为"老"，有尊敬的含义。因此，"老彭"和"老眞侯"一
样，都是国族首领而担任商朝卿士者。老彭，也就是殷周时期的史官。
历史上的"老彭"应该不止一位，即历代担任史官之彭侯，在年老德高
之后，都可以称"老彭"。《大戴礼记·虞戴德》中将这一位老彭称为
"商老彭"，其时代当在殷末周初。

　　老彭是商周典史之官，孔子为什么对这位史官如此感兴趣？俞樾
曾引《汉博陵太守孔彪碑》云"述而不作，彭祖赋诗"，说古人很多，
但孔子之所以要自比为老彭，主要是因为引述过他的格言，所以自比其

1　张政烺：《帚好略说》，见《张政烺文集·甲骨金文与商周史研究》，中华书局，2012 年，
第 190 页。

人[1]。此说比较有理，即孔子自比于老彭，只是因引述了老彭"述而不作，信而好古"之言。

这位老彭是殷末周初之人，距离孔子有五百多年。史官之学，普遍尊好古老的文化与观念，因此孔子之前五百多年的老彭便是好古之人，所好之古当然更加古老了。孔子好古，但不是无条件地好。夏商周三代，各有好处，亦当损益。相比而言，他更尊周。所以，孔子所尊的古，自然不是老彭所好更久远的史官之古，而是在可操作范围内，对现实比较具有借鉴和操作意义的周人之古。在此，他不过是引述了老彭的格言而已，并不意味着他要崇尚老彭的远古。他与老彭相通之处，都是好古，但此"古"非彼"古"。

7.5 子曰："甚矣吾衰也，久矣吾不复梦见周公。"

晚清今文学，为了发明伪经考，硬是生剥古书，说孔子不尊周公。康有为非要坚持说，《论语》这一条，是刘歆窜入的"伪古文"，目的就是尊周公来压孔子[2]。这些说法，现在看起来实属荒诞，只具有晚清思想史的意义了。孔子敬仰周公，这是毫无疑问的。但不必像古文学那样，将周公推尊为大圣，将孔子降格为教师，也实属毫无意义。对孔子与周公的关系，最好还是从思想史本身的维度出发，梳理二者的密切关系。孔子尊崇周代的礼制文明，而周公是奠定了周代文教的伟大圣贤，因此孔子追尊周公，是完全符合他一以贯之思想的。余英时先生指出，

1　〔清〕俞樾：《茶香室丛钞》第二册，中华书局，2006年，第718页。
2　〔清〕康有为：《论语注》，中华书局，1984年，第89页。

相对于其他古代文明，中国文化的轴心突破，是"最不激烈"的，也是"最为保守"的[1]。正如前面所分析的，中国的殷周之变，周文化并非彻底与殷代断裂。周文化为中国的文明发展做出了重要的贡献，但这种发展，是不激烈和保守的，是在原有夏、商文明结构与秩序中的生长，而非彻底断裂。徐复观先生所说，中国文化从周初逐渐走向人文的道路，是很有见地的[2]。周人走向人文之路，但与夏、殷也保持着历史性的联系。

王晖先生曾引用魏尔（Eric Weal）对轴心时代思考的理论，即轴心突破前必然会有一次更早的预备期，原有秩序发生变化，为后来的轴心突破奠定了基础。他认为，周人奠定的文化，是东周时代中国思想轴心突破的基础[3]。郭沂先生也认为，中国的轴心时代是从殷周之际开始的，到东周时迎来了高潮[4]。笔者同意二位先生的观点：中国的轴心突破，分为两步完成，西周创造基础，东周孔子时完成突破。因此，周公制礼作乐，孔子的进一步发展，并不是一个孰高孰低的问题，而是同一个伟大文明进程中的共同组成部分。儒家文明，从原始儒学时代诞生开始，便源自于华夏古老的"巫史传统"，与各种巫史文化之间存在着内在的血脉联系。

对于"周公制礼作乐"，不能将其理解为周公用理性设计，凭空创作出一套类似《理想国》、《乌托邦》一类的"伟大蓝图"。周公的"制

1　余英时：《天人之际》，见余英时著，程嫩生、罗群等译：《人文与理性的中国》，上海古籍出版社，2007年，第5页。
2　徐复观：《有关中国思想史中一个基题的考察：释〈论语〉"五十而知天命"》，见徐复观：《中国学术精神》，华东师范大学出版社，2004年，第20页。
3　王晖：《商周文化比较研究》，人民出版社，2001年，第175—176页。
4　郭沂：《郭店竹简与先秦学术思想》，上海教育出版社，2001年，第38页。

礼作乐"，其实更类似于古代英国的阿尔弗雷德大王，在各种更古老盎格鲁萨克逊法律基础之上，对类似《伊尼法典》、《奥法法典》等古代习惯法进行整理、汇编，从而形成的《阿尔弗雷德法典》。"阿尔弗雷德从150年前统治威塞克斯的伊尼（Ine）那里借鉴良多，但也不乏创造"[1]。类似的，周公"制礼作乐"，也是整合、损益、汇编了夏族习惯法、商族习惯法、周族习惯法，进行的汇编整理，将其上升为一个动态和能够不断创造新判例的有机灵活系统，而非机械永恒的"理想国"[2]。"周礼"是一个动态系统，其中包含了大量夏、商和其他族群、文化共同体的地方性判例，是一个新时代的整理汇编，虽然也"不乏创造"，但却并不是完全脱离了传统、经验和历史自发秩序的"理性建构产物"。

没有周公之礼的整合、汇编作为基础，很难想象儒家能发展出那样的思想高度，能实现深刻的轴心突破。同样，没有孔子，我们很难想象中国文明在古老文化生长脉络中所能企及的高度。孔子对周公的追慕与敬仰，连睡觉做梦都会梦到伟大的周公，恰恰表明了中国的两次轴心突破，是以如此具有象征性的方式实现了连续与统一。而这种连续与统一，最不具有激进色彩。这种不激进的突破，也恰恰基于对传统的温情与敬意。

7.6 子曰："志于道，据于德，依于仁，游于艺。"

孔子说的这一段话，也见于郭店楚简《父无恶》简50—51："志于道，

1　［英］哈利·波特著，武卓韵译：《普通法简史》，北京大学出版社，2022年，第12页。
2　李竞恒：《试论周礼与习惯法》，《天府新论》2017年第6期，第48—49页。

狎于德，比于仁，游于艺。"[1] 孔子的意思是，士君子应该心向往道，执守道德，靠近于仁，游心于射、御、书、数等技巧之道。

郭店楚简中，有两个字与传世本稍有不同。传世本说"据"于德，楚简则是"狎"于德。案，"狎"字，古文中多有亲近之意。《玉篇·犬部》："狎，近也。"《尚书·太甲上》："予弗狎于弗顺"，孔传："狎，近也。"《礼记·曲礼上》："贤者狎而敬之"，郑注："狎，习也，近也。"谓附而近之，习其所行也"。可知，"狎"有亲近之意，还有靠近并学习的意思。因此，楚简中的"狎于德"，比起"据于德"来说，意思也不差。而且，它除了静态的执守之外，还有动态的不断学习、践行之义。另一处，传世本是"依"于仁，楚简是"比"于仁。"依"是不违背的意思（朱注），而"比"，正如前文中所分析的，是相从之意。照此，则"比于仁"比"依于人"更多了一些积极的色彩，不仅仅是消极的不违背，还有积极主动地要去相从于仁。在这些追求的价值基础之上，再去游心于具体的技艺，以增强具体践行和处理问题的能力。

因此，笔者认为，在深入理解孔子讲的该句时，楚简本是值得对比并参考的。

7.7 子曰："自行束脩以上，吾未尝无诲焉。"

此处之"束脩"，历代注疏将"脩"理解为"脯"。郑玄将之理解为"酒脯"[2]。邢昺也将之理解为"脯"。朱注："脩，脯也。"最荒诞的解释，

1　李零：《郭店楚简校读记》，北京大学出版社，2002 年，第 147 页。
2　王素：《唐写本论语郑氏注及其研究》，文物出版社，1991 年，第 76 页。

是康有为，他将"束脩"理解为"束身修行"[1]。

案，康有为的解释，牵强附会，可以首先排除。具体到文字学中，汉宋以来将"脩"解释为"脯"也有问题。古人的"脩"和"脯"之间有区别。睡虎地秦简《日书》中有："得之于酉（酒）、脯、脩、节肉"的记载。在这条材料中，"脩"和"脯"之间和"酒"、"节肉"一样被分别记载，说明不是同样的食物。王子今先生指出，"脯"是切为薄片的干肉，而"脩"则是捶薄后加上姜桂等香料的干肉[2]。由此可见，"脩"并不是"脯"。它的特点，是加有香料。

这一条，粗看其意思，似乎是孔子收取学生学费或见面礼，是十条加了香料的干肉，这是最为常见的理解。李零先生甚至推测，说孔子三千弟子，一人一束腊肉，就可以收 30000 根腊肉，"好像还值点钱"[3]。朱维铮先生则干脆借孔广森的考证，说孔子收的束脩值五匹丝，"是很厚重的礼品"，并推测说孔门弟子有"赡养老师的义务"[4]。

可是在《论语》中，并不能发现孔子是依靠收取学生学费或见面礼为生的。恰恰相反，孔子倒是经常接济学生，甚至是学生的家人、亲戚。《微子》中，在诸侯中享受"以季孟之间待之"的孔子，尽管也有困厄于陈蔡之间的遭遇，但也有不算微薄的收入之时。《雍也》中，子华出使齐国，冉子很自然地想到为子华之母向孔子请粟。而原宪担任邑宰时，孔子还主动接济原宪的"邻里乡党"。《乡党》中，"朋友死，无所归，

1　〔清〕康有为：《论语注》，中华书局，1984 年，第 90 页。

2　王子今：《睡虎地秦简〈日书〉甲种疏证》，湖北教育出版社，2003 年，第 193 页。

3　李零：《丧家狗：我读〈论语〉》，山西人民出版社，2007 年，第 146 页。

4　朱维铮：《孔子与教育传统》，见朱维铮：《音调未定的传统》，浙江大学出版社，2011 年，第 314 页。

曰：'于我殡。'"亦可见孔子助人之勤。因此，《先进》中，颜回死后，其父颜路自然向孔子请求"请子之车以为椁"。《孔子家语》、《说苑》中也都记载了子路将远行，孔子提出"赠若以车乎？"从出土文献来看，孔子提出给子路赠车之事也见于成书于战国时期的《儒家者言》[1]。应该说，此事并非伪作，而是记载于先秦文献。所以，颜路向孔子请卖车助葬颜回，完全属于情理之中。

这些细节，表明孔子并不需要在经济上依靠"30000 根腊肉"。恰恰相反，孔子倒是经常帮助学生，不但接济其本人，还接济他们的亲人，甚至"邻里乡党"。学生及其家人常受其接济，因此一旦遇到经济困难，首先想到的就是"为其母请粟"或是"请子之车"。换言之，孔子招收学生，不是一种经济活动，而是一种理想主义的事业。

了解这一背景，才有助于我们理解"束脩"的含义。"束脩"并不具有经济层面的含义，而应当从古代宗教、礼仪的象征观念角度去理解。《史记·孔子世家》中记载：季桓子接受齐国女乐，三日不听政。子路认为，朝政昏乱，"夫子可以行矣"。但孔子还抱有一线希望："鲁今且郊，如致膰乎大夫，则吾犹可以止。"《集解》引王肃："膰，祭肉。"在孔子看来，即使是朝政昏乱，只要能重视给大夫分发祭肉，也还是有希望的，因此可以不离开鲁国。《乡党》中记载："朋友之馈，虽车马，非祭肉不拜。"更进一步揭示了，孔子重视具有高度礼仪象征意义的祭肉，将其重要性，远远置于经济价值极高的车马之上。

---

1 定县汉墓竹简整理组：《〈儒家者言〉释文》，何直刚：《〈儒家者言〉略说》，《文物》1981 年第 8 期，第 17、21 页。

　　李玄伯先生以法国学者库朗热（Fustel de Coulange）《古代城邦》一书中以宗教、家族、家神祭祀理解古希腊、罗马社会政治的思想史维度来解释先秦。在古典时期，希腊、罗马人共同分食祭台上的膰肉，体现宗教与社会共同体。如果拒绝一个人加入团体，可以拒绝分给他膰肉，表示不与他共祭祀。"故孔子'非祭肉不拜'……并且足证对送祭肉的重视"[1]。因此，孔子受弟子的束脩，作为一种加有香料的干肉，在礼仪象征层面上与祭肉是相通的，带有祭祀性或宗教性的象征含义。《礼记·檀弓上》记载："颜渊之丧，馈祥肉，孔子出受之。入，弹琴而后食之。"根据《仪礼·士虞礼》"碁而小祥"贾公彦的疏"是祭故有肉也"的解释，颜渊死后孔子分享食用的"祥肉"也是死者祭礼的宗教性肉食。孔子对爱徒的哀悼，也体现在分食祭肉的礼仪行动中。通过共同分享祭肉，孔子也与颜渊的家人、门人一起参与了对死者缅怀的庄严礼仪。

　　因此，孔子收取束脩、祭肉，并非现代祛魅后人们所理解的一种牟利活动，而是一种具有古代道德、宗教、礼仪象征色彩的实践。通过这种收取礼仪性物品的活动，孔子与新弟子建立起一种带有超越现实色彩的关系，这种师生关系，因此具有神圣性。孔子教授门徒，并不只是后世意义上的"教育"或"教学"活动，孔门本身就是模仿封建时代君臣、宗法关系建立起来的小共同体。孔子在孔门内"师"的身份，最初源自掌管领土、属民、军队的封建军事贵族，此类"师"在周代铜器金文铭文中多见。"夫子"之称，也源自早期军事贵族，周代多有领主被称为

1　李玄伯：《家邦通论》，见杜正胜编：《中国上古史论文选集》下册，华世出版社，1979年，第946页。

"夫子"。"弟子"，则源自宗法组织中有血缘关系的子弟，和宗族首领之间为君臣关系，而弟子称"徒"，也源自封建时代步行的宗族子弟。

弟子加入孔门，行"委质"之礼，也是封建时代封臣对封君效忠的仪式，弟子之间的关系则模仿西周宗法血缘称"朋友"。束脩并非只是简单的"学费"，而是共同体成员同食的祭肉。君、亲、师有着共同的来源，封建宗法组织的"君"从血缘而言作为父家长是"亲"，作为首领又掌管领导和教化功能，角色为"师"，孔门则是以模拟血亲的关系，实现了君、亲、师合一的新方式，发展出适合新时代的共同体建构方式[1]。

孔子作为孔门共同体的"君、父、师"，以领主的身份要保护和帮助自己的臣民——弟子。而加入这一共同体的新臣民，向领主献上称臣的"委质"之礼，即祭祀和宗教色彩的祭肉。孔门师徒（君臣）通过一起分享这些祭肉，从而确定了大义名分。以此方式，建立起一条在陌生人社会的时代，去模拟古老封建小共同体，而建立相关神圣符号、忠诚、效忠、归属感的新途径。

7.11 子谓颜渊曰："用之则行，舍之则藏。惟我与尔有是夫！"子路曰："子行三军，则谁与？"子曰："暴（虣）虎冯河，死而无悔者，吾不与也。必也临事而惧，好谋而成者也。"

孔子欣赏颜回，认为这位弟子和自己一样，既能够做到出山做事，

1　李竞恒：《孔门封建考：论孔门为模拟封建关系组建的小共同体》，原刊《孔子研究》2023 年第 5 期，第 99—105 页。亦载本书附录。

匡济天下，也能够在命途多舛之时，乐天知命，隐迹藏身。子路听孔子赞赏颜回，也想表现一下自己。

子路的精神气质，带有相当浓厚的前轴心时代色彩，崇尚英雄主义和力量。因此，他问孔子，您如果率领三军参与战争，是和谁一起干？潜台词也就是，尚德虽好，但也得尚力。遇到战争之类的危险活动，您老就知道我这勇士的重要性了。孔子听了，便引用《诗经·小雅·小旻》的诗句"不敢暴虎，不敢冯河"来教育子路。

关于"暴虎冯河"的解释，最荒诞的当属南怀瑾，说这是"像一只发了疯的暴虎一样，站在河边就想跳过去，跳不过去也想跳"[1]。实际上，"暴虎"的"暴"字，裘锡圭先生考证本作"虣"，甲骨文中作 ，形为以兵器戈搏击老虎。传统的解释，从汉代孔安国等学者开始，都将这个字理解为徒手与老虎搏斗，宋儒继续遵从，其实都是错误的解释。通过对甲骨文等材料的分析可知，这个字本作"虣"。殷周时代贵族狩猎，一般驾驭马车，形同作战。如果能够从马车上跳下来，徒步用青铜戈猎杀老虎，就是勇猛威武的体现[2]。普利斯顿大学艺术馆收藏一件商代的青铜瓟上，就表现有人左手持盾，右手持戈，与老虎搏斗的"暴虎"形象（图7.2）[3]。殷周时代的贵族战车，装备有弓箭等远距离武器，从远处射杀老虎等猛兽，还不算是最勇敢的行为。而

图 7.2　商代早期晚段青铜瓟上表现以戈与老虎搏斗的图像，即"暴虎"

1　南怀瑾：《南怀瑾选集》第一卷，复旦大学出版社，2003年，第282页。
2　裘锡圭：《谈谈古文字资料对古汉语研究的重要性》，见裘锡圭：《古代文史研究新探》，江苏古籍出版社，1992年，第165页。
3　［美］杨晓能著，唐际根、孙亚冰译：《另一种古史：青铜器纹饰、图形文字与图像铭文的解读》，生活·读书·新知三联书店，2008年，第168页。

且商代的戈柄一般都很短，没有比一个人高的，都是柄长 1.00 米的样子[1]，而有一些戈秘则只是 60—90 厘米的长度[2]。例如，河北藁城台西遗址 M17 的戈秘就为 87.8 厘米[3]。因此，用这么短小的武器，下车去和老虎搏斗，就显得更生猛了。

孔子的意思是说，打老虎不借助战车，而是从车上跳下来直接徒步去搏杀；要渡河不借助于船只，而是直接游过河去，最后死于这些危险的活动，却至死也不后悔的莽汉们，我是不会赞同他们的。孔子赞赏的态度，是一种小心谨慎，充分意识到危险性并因此戒惧不已的心态。战争不是儿戏，不是表现个人英雄主义而不负任何责任的舞台。"我死后哪管洪水滔天"，此种心态，正是勇猛莽汉们逞强斗胜的写照。战争涉及百姓与将士们的性命、社稷兴亡。因此，只能以戒惧的心态，小心翼翼，如履深渊，如履薄冰的态度去面对，尽可能以智谋取胜，让社会受到的破坏，减少到最轻程度。

在新发现湖北荆门王家嘴 M798 出土战国楚简《孔子曰》中，有"君子之勇也，慨于义。小人之勇也，果于死"[4]。孔子对于真正贵族精神中勇气、勇敢的理解，是这种勇敢指向了慷慨赴义，与"仁"的价值维度之间存在联系，即所谓"仁者必有勇"。而庶民、底层匹夫理解的勇，则只是简单的敢于不要命，去毫无意义地"暴虎冯河"，从而丧命。君

1　石璋如：《殷代的成套兵器》，见《"中央研究院"历史语言研究所集刊》第二十二本，1950 年，第 59—64 页。

2　石晓霆、陶威娜：《夏商时期的戈与野战方式浅说》，《中原文物》2003 年第 5 期，第 42 页。

3　杨泓：《考古学与中国古代兵器史研究》，《文物》1985 年第 8 期，第 21 页。

4　赵晓斌：《湖北荆州王家嘴 M798 出土战国楚简〈孔子曰〉概述》，《江汉考古》2023 年第 2 期，第 46 页。

子贵族的勇，一定伴随着智慧、审慎与沉思，而不是动辄拿宝贵生命去开玩笑。

马克斯·韦伯（Max Weber）曾谈到过两种伦理原则，一种叫"信念伦理"，此种伦理原则，即不考虑任何后果，只是朝向目标奋进，对后果不负责任。另一种则为"责任伦理"，此种原则并不以追求伟大目标为鹄的，而是具有相当现实与冷静的态度，去考虑事物的责任与后果[1]。按照这一分析，暴虎冯河死而无悔的勇夫们，显然偏向"信念伦理"，而此处克谨克慎的孔子，则偏向"责任伦理"。信念伦理过剩，则会流于狂热，不计一切后果。责任伦理过剩，则易走向封闭保守，暮气沉沉。韦伯认为，只有同时具备二者，才能成为一个鲜活的人。

笔者认为，韦伯此论，有些与古儒中道之说相通的色彩。孔子并不缺乏信念伦理，他的"知其不可为而为之"的执着精神，正是坚强的信念伦理之所在。孔子身上，正是这两种伦理相得益彰，协调彬彬的修养。但在此处语境中，他要给"信念伦理"过强的子路泼泼冷水，让他懂得计算后果，并考虑为这些后果承担的责任。在很多情况下，对于一些"责任伦理"过剩的弟子，他又会引导他们增强"信念伦理"的精神。诸如子夏过于执着于谨慎的小道，孔子又会告诫他，要做君子儒，不要做小人儒，要增强"信念伦理"的追求（《雍也》）。此种对各种"过头"具有针对性的纠偏，正是古儒的中庸之道所在。

1　［德］马克斯·韦伯著，冯克利译：《学术与政治》，生活·读书·新知三联书店，1999年，第105—117页。

7.12 子曰："富而可求也，虽执鞭之士，吾亦为之。如不可求，从吾所好。"

什么叫"执鞭之士"？《盐铁论·贫富》引用作"执鞭之事"。《说文》说"士，事也"，则"士"、"事"可以互通。执鞭之士，干的也就是执鞭之"事"。

郑玄说，"执鞭之士"是"士之卑者"[1]。意思是，执鞭的工作，还是卑下的。但在甲骨文中，"执鞭"似乎并非卑贱之事。卜辞中屡有言商王以鞭子驱赶麋鹿等事，说明国王也会有"执鞭之事"[2]。当然了，执鞭也并非常态，而是往往与打人有关。《左传·襄公十四年》记载说，乐师师曹鞭打嬖妾，而他又遭受了卫君的鞭打。因此，鞭子的使用，似乎与具体身份的贵贱无关，商王用鞭子驱赶猎物，乐师用鞭子打嬖妾，卫君用鞭子打师曹，还是功能最重要。

孔子要当的"执鞭之士"，余英时先生认为，这里的"执鞭之士"，就是《周礼》中说的"胥"，是市场的管理人员，每个"胥"掌管两家店。作为这两家店的保安，要负责看守大门，维护市场秩序[3]。按照余英时先生的解释，孔子说的执鞭之士，是保卫商铺和市场秩序的"守夜人"。鞭子被用来驱赶猎物，打嬖妾，打乐师，但在孔子的语境中，显然不是用来打商人，而是用来保护商人的。孔子愿意成为市场的"守夜

1　王素：《唐写本论语郑氏注及其研究》，文物出版社，1991年，第77页。
2　于省吾：《甲骨文字释林》，中华书局，2009年，第414页。
3　余英时：《商业文化与中国传统》，见余英时著，程嫩生、罗群译：《人文与理性的中国》，上海古籍出版社，2007年，第277页。清人钱坫说，《周礼》中记载，说"执鞭"有王、诸侯等不同身份出行时的侍从（《秋官》），有"胥"执鞭守市场（《地官·司市》），从"求富"来说，应该是市场保卫者（《论语后录》），余英时先生的观点，与此说相近。

人", 手持鞭子, 保护商铺, 维护良好的市场秩序。

孔子这句话, 可见他并不反对富贵, 且认为富裕是一种值得"可求"之事。甚至愿意去扮演一位基层的市场守夜人, 去保护商业与市场活动。这是我们现代人读孔子, 颇值得玩味的一点。

7.14 子在齐闻《韶》, 三月不知肉味, 日: "不图为乐之至于斯也。"

孔子在齐国听闻的《韶》乐, 据说是大舜的音乐, 孔子对这一音乐的评价是尽美尽善(《八佾》3.25章)。此种音乐的特点, 正如学者所说: "韶是古乐, 音节简单, 出自自然, 不矫揉造作, 有原始质朴的风格。……韶乐的声调, 柔和自然。听起来是一片平和气象, 可以称得上是尽美尽善。"[1]孔子青年时期, 在齐国学习这种音乐, 三个月不知道肉的味道。于省吾则根据两件东周青铜器铭文字形中"月"和"日"互用的情况, 推测"三月"为"三日"。若是照此说, 孔子是几天不知道肉味, 而不是几月。

于省吾先生说, 孔子所闻的"韶"当原作"韶", 见于甲骨和金文, 又引证出土之韶塤铭文, 证明此字为"韶"之本字。"韶乐"之"韶", 当写为韶[2]。从山东青州出土的东周韶塤判断, 齐地之"韶乐", 很可能为韶塤所演奏之乐。有学者认为, 孔子在齐国所闻的韶乐, 应当就与

---

1 何佑森:《孔子的生平及弟子》, 见《中研院历史语言研究所集刊论文类编·思想与文化编》第二册, 中华书局, 2009年, 第1490—1491页。
2 于省吾:《论语新证》,《社会科学战线》1980年第4期, 第134—135页。

这种韶埙有关[1]。图 7.3、图 7.4 为齐地出土东周韶埙的形象及铭文[2]。

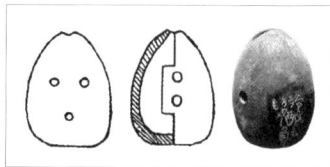

图 7.3　韶埙之形象

舜的时代，非常遥远而古朴，因此舜时的音乐，也必然是质朴而平和的。从考古发现来看，史前的乐器，主要有笛、埙、石磬等。埙是一种非常古老的乐器，目前发现最早的一件埙，是距今七千年前河姆渡时代的遗物。在距今六千年的仰韶半坡遗址中，发现过一件，能发二音。

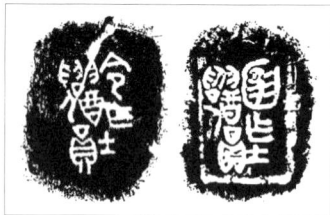

图 7.4　齐地出土的韶埙铭文，左边为"令作韶埙"，右边为"圉作韶埙"

在距今四千余年的山西襄汾陶寺遗址中，也发现了陶埙，有两个指孔，能发三音。另一件龙山文化时期的陶埙，也是两个指孔，能发三音[3]。在湖北随州枣树林 M190 东周曾侯墓葬中，也出土有一件陶埙（M190：53），器体有五个音孔，高 3.7 厘米[4]。山东龙口战国墓出土一件陶埙（M50：4），器体也是五个音孔[5]。从考古材料可知，史前大舜时代的埙，应当是那种只能发出简单二音到三音之类的古朴乐器。舜的《韶》乐，必然是音调简单、古拙、平和，但有埙的低沉厚重与质朴之美。齐国贵族陈氏，源自陈国，而陈国公族是舜的后裔。因此，通过陈氏，齐国保

1　方建军：《太室埙、韶埙新探》，《中央音乐学院学报》2009 年第 3 期，第 91 页。

2　李纯一：《先秦音乐史》，人民音乐出版社，1994 年，第 124 页。

3　秦太明：《试论埙的历史沿革》，《殷都学刊》2006 年第 3 期，第 111 页。

4　武汉大学历史学院、湖北省文物考古研究院、北京大学考古文博学院、随州市博物馆、曾都区考古队：《湖北随州枣树林墓地 190 号墓发掘报告》，《考古学报》2023 年第 1 期，第 82 页。

5　烟台市博物馆、龙口市博物馆：《山东龙口市西三甲墓地的发掘》，《考古》2022 年第 11 期，第 44 页。

存了舜的《韶》乐，还保存了演奏《韶》乐的韶埙。这种古老乐器，演进到东周时期，才慢慢演化为五孔。孔子在齐国，欣赏的就是这种苍凉古朴，却又厚重平和的韶埙之乐。

先秦的中国人，以古朴、简洁为高尚。周人的祭祀中，礼器崇尚古物，喜用古朴粗陋的古器，却不用当时看来比较时尚的先进器具；周人的祭礼，还推崇玄酒（清水）明水，认为这古老质朴的清水，比用时尚的美酒更高贵；用的音乐，则是《清庙》一类的古老之音，声音迟缓，节奏缓慢，远远没有当时的"流行音乐"诸如郑卫之音那样美妙轻快。所以，魏文侯曾给子夏说，自己听当时的"流行音乐"很快乐，听先王的古乐就昏昏欲睡[1]。

在孔子时代，社会上一般的流行文化，和现代人差不多，都是"我爱你"、"你爱我"之类的流行音乐，当时叫"郑卫之音"，通俗易懂，符合社会上普通人的口味，但孔子对这类流行音乐不感兴趣。魏文侯听古乐听得昏昏欲睡，孔子却欣赏那高远、古朴的韶埙，乃至忘记了肉的味道。孔子不会说，要强迫全社会的人都去欣赏韶埙，因为这既是对社会边界的僭越，也是对精英文化的亵渎。但孔子也不会主张，精英就降格到大众的层次，大家都去听流行音乐，说你不听流行音乐，就是用"权力"在"压迫"或"规训"普罗大众。在孔子看来，高贵的就是高贵，大众的就是大众，这是一种自然之事实，精英与大众文化之间本来就不平等，没有必要拉平。受过良好教养的精英就是喜欢韶埙，欣赏那古乐的高远、古朴。我们精英不会强迫听流行音乐的人去欣赏韶埙，但韶埙

1　王晖：《商周文化比较研究》，人民出版社，2001年，第408—409页。

就是比流行音乐高贵，这是一个基于自然的事实，任何人都没有理由去否认。

7.16 子曰："饭疏食，饮水，曲肱而枕之，乐亦在其中矣。不义而富且贵，于我如浮云。"

这里，孔子谈的还是贫贱、富贵与正义的关系。

孔子说，如果是贫贱的生活，其实也可以快乐。贫贱时，吃的是"饭疏食"。孔安国说，"疏食，菜食"，疏食就是以植物类的菜作为食品。在云梦秦简《传食律》中记载说"御史卒人使者"的工作餐是"粺米半斗"，"采（菜）羹，给之葱韭"。其他爵位的餐食，也是米饭和"采（菜）羹"[1]。从秦简规定的最低饮食标准来看，一顿最差的以"菜"为主的饭食，应该有一些粝米和葱、韭菜。因此，孔子说的疏食（菜食），应该就是吃粝米饭，就着葱、韭之类下饭。

吃粝米、葱、韭菜，质量很差了。但孔子说，吃得差，却还是可以很快乐。当时室内是席地而坐，吃了一顿很差的饭，就着地面的席子躺下去，弯着胳膊，把头枕在胳膊上，穷是穷，心情好，头枕胳膊，席地而躺，这是一种豁达、乐观、潇洒的生活态度。所以说，孔子并不总是如世人想象那样拘谨，他也豁达、潇洒。

当然，孔子并不反对富贵。他反对的，是"不义而富且贵"，即通过不正义的手段去获取富贵。亚当·斯密（Adam Smith）说，那些通过粗俗的阴谋，权术伎俩，甚至干出滔天大罪来获取富贵的人，通常会获

1　睡虎地秦墓竹简整理小组：《睡虎地秦墓竹简》，文物出版社，1978年，第101—103页。

得罪有应得的败坏名誉惩罚。即使是凑巧获取了富贵，但这富贵的荣誉，也因在攀爬过程中的卑鄙下流而遭到亵渎玷污。他会被乌黑、肮脏、发臭的内心世界所包围，真正的荣耀会认为他活得太久，他今生也不可能从别人的敬爱里享受到丝毫幸福[1]。所以说，通过不正义的手段去获取富贵，最终只能是身败名裂，众叛亲离。即使是生前没有身败名裂，死后也会永远被钉在耻辱柱上，遭受后世的谩骂和羞辱。

孔子和亚当·斯密都反对不义而富且贵，只有通过正义手段获取的富贵，才是值得敬慕的。富贵，孔子所赞许。可是，如果不能以正义的手段去获取，那还不如安贫乐道，每天吃粝米和韭菜、葱头，半饥不饱地席地而躺，不愧对良心，这样还更潇洒。

朝鲜李朝末期的儒者崔益铉，有著名诗句："万死不贪秦富贵，一生长读鲁《春秋》。"宁愿万死，也不愿为了富贵而投靠或效忠暴秦，或做出类似的行为去获取富贵。真正值得长期守护和延续的价值，不在这些"不义而富且贵"的短暂浮云，而是以"鲁《春秋》"这样为代表的、书写并承载了华夏遥远封建与古老自由时代的历史经验，以及其光荣、秩序、正义、天命与生命力生生不息重建能力的价值系统。

7.17 子曰："加我数年，五十以学《易》，可以无大过矣。"

此处，涉及孔子对《易经》的态度，也是学术史上有争议的话题。今文经学的《鲁论》中，"五十以学易"的"易"字写作"亦"，而《古论》才是"易"（陆德明《经典释文》卷二十四《论语音义》）。因此，后世"尊汉"

1　［英］亚当·斯密著，谢宗林译：《道德情操论》，中央编译出版社，2008 年，第 75—76 页。

的学者，就主张从《鲁论》的读法（惠栋《九经古义》），今文学家也尊《鲁论》，改变文字，将此处读作："五十以学，亦可以无大过矣。"[1]如果按照这种说法，孔子晚年并不推崇《易经》，而是一如既往地重人事，不关注天道。

《易经》首先是一部关于"天道"的文献，但儒家将这部书的解释，赋予了人事的解释维度。郭店楚简《语丛一》简36、37云："《易》，所以会天道、人道也。"[2]可知，儒家认为《易经》既能阐述天道，也有会通人事。天道与人事，联系密切，儒者并不会排斥天道之学。

传世和出土文献都能证明，孔门师徒都了解《易经》。《子路》："子曰……'人而无恒，不可以作巫医'善夫！不恒其德，或承之羞。"孔子所说的"不恒其德，或承之羞"，就是《周易·恒卦》九三的爻辞。另外，《颜渊》篇中"虎豹之鞟犹犬羊之鞟"，其实也是《周易·革卦》"大人虎变"、"君子豹变"等思想内容的影响[3]。上博楚简《颜渊问于孔子》中，曾引用过《易·文言》"俑（庸）言之信，俑（庸）行之敬（谨）"[4]。上博简所引《文言》即"子曰：'龙德而正中者也，庸言之信，庸行之谨。'"可知，上博简引用的《易·文言》，是孔子说出来的（子曰）。从上博简此篇的题目可知,这段对话是孔子与颜渊进行的,孔子引用《易》的内容，自然是回答颜渊的提问。《周易·系辞下》中有："子曰：'颜氏之子，其殆庶几乎？'"这一处也可以旁证，孔子与颜渊讨论《易》

1　〔清〕康有为：《论语注》，中华书局，1984 年，第 95 页。
2　刘钊：《古文字考释丛稿》，岳麓书社，2005 年，第 265 页。
3　齐冲天：《声韵语源字典》，重庆出版社，1997 年，第 149—150 页。
4　马承源主编：《上海博物馆藏战国楚竹书（八）》，上海古籍出版社，2011 年，第 141 页。

的知识，因此孔子对颜渊颇有感慨。马王堆帛书《要》中还记载，孔子晚年读《易》，子贡还表示不能理解。因此，结合传世文献与出土文献，可以确证，孔子了解《易》的知识，不但引用，还进行发挥。他不但自己学习，还传授弟子，与颜渊讨论《易》中的相关问题。

既然孔子晚年喜爱《易》，要以《易》的天道来窥知人道，那为何汉代的《鲁论》还要写作"五十以学，亦可以无大过矣"呢？问题，就出在古音上。李学勤先生指出，在以《诗经》为代表的上古音中，"易"、"亦"两字的韵母并不相同，一在锡部，一在铎部。这两个字在《广韵》中才被一并归为昔韵，因此这两字读音上的接近，是比较晚出的现象[1]。罗常培、周祖谟先生就分析过，铎部、锡部押韵，是东汉的音，西汉是没有的。因此，这种混淆是东汉以后今文学抄本上的错误。本来西汉以前的抄本，都写作"易"，但由于东汉时音韵的变化，"易"和"亦"音韵接近了，所以就出现了《鲁论》中的"亦"。再往后，迷信"汉学"的惠栋等人也去迷信"亦"，崇拜今文学的康有为等也去主张"亦"，反而违背了孔子原有的思想。

既然确信了，此句就是"五十以学《易》"，那么是孔子什么时候说的呢？郭沂先生认为，这是孔子在五十几岁到六十岁之间说的。也就是在这个时候，孔子开始学《易》。此处的"假年"，是往过去方向推，意思是"如果我再年轻几岁"[2]。笔者以为，此说可从。综合而言，《古论》"易"是对的，《鲁论》"亦"是东汉口语的误抄。孔子在五十几

1　李学勤：《周易溯源》，巴蜀书社，2006年，第79—83页。
2　郭沂：《郭店竹简与先秦学术思想》，上海教育出版社，2001年，第272—273页。

岁时开始学《易》，关注天道与人道的汇通，不但引用《易》的爻辞，还要传授颜回等弟子，并向子贡等较为务实理性的弟子解释自己之所以学习《易》的原因。

7.18 子所雅言，《诗》、《书》；执（艺）礼，皆雅言也。

孔子时代的雅言，也就是当时的雅正之言。这些雅正的语言，是诵读《诗经》和《尚书》时使用的。孔子之前，学在王官。《诗》、《书》等古典文献，都是保存在王官学，由周代的太史寮机构掌管，包括礼制、册命、图籍、历史、祭祀、占卜、天文、历法等知识文化[1]。因此，中国古老经典的形成阶段，这些典籍的读音，应该是以西周王官学的宗周音读为雅音。诸侯国的子弟，也在王官学习，他们虽然可能操着本国的方言，但在诵读、演习礼仪时称引《诗》、《书》，必然也是用的王官雅言。这一点，很像现代人用"官话"读古书。此种以"雅言"来保留典雅文化的现象，也见于东晋南朝。当时无论是士大夫还是寒门，北人还是南人，都以洛阳语音来保存和传播其古雅文化[2]。

实际上，清代学者对上古音的研究中，最初以《诗经》、《楚辞》、汉赋，甚至六朝韵文为材料，搞出一个混乱的"古音"，缺乏规律和标准。只是到了江永那里，才确立了以《诗经》作为上古韵标准的方法（《古韵标准》）。这样，实际上以《诗》韵为标准的古音研究，恰恰也就是对周代王官雅言古音的研究。由于《诗》的经典地位，材料之系统完整，

1　杨宽：《西周中央政权机构》，见杨宽：《先秦史十讲》，复旦大学出版社，2006 年，第31 页。
2　余英时：《士与中国文化》，上海人民出版社，2013 年，第 118—119 页。

因此现代学者对东周时列国的方言还所知不多，却对《诗》韵为代表的周人"雅言"知之甚详。孔子服膺周礼，尊重周代的文化，因此也自觉地以周王官"雅言"来诵读《诗》、《书》等经典，恰恰是对经典地位的捍卫。

当时各诸侯国方言之间差异极大，《礼记·王制》中说"五方之民，言语不通"，即各地各种小共同体的语言是难以沟通的，如楚国方言中将老虎称"於菟"，将荆棘称"迷阳"之类，完全迥异于中原语言。《颜氏家训·音辞》说："夫九州之人，言语不同，生民已来，固常然矣。"自古以来，各地之间方言的天差地别就是常态。如东周齐语中的脂部、微部就没有区别，支、脂、之三部之间也可以交替[1]，而在楚语中，叶、缉二部，或者鱼部、侯，东部、阳部字是可以通转的[2]。这些各国方言语音规则，都不同于以《诗经》为代表的中原语音。那么这时候就需要一种共同的"雅言"，来进行交流。孔子在当时沟通各国诸侯、士大夫之间交流的文化、礼仪场合，都使用周代各国士人都通用的"雅言"。周振鹤师指出，"雅"字借为"夏"，"夏"是西周王畿一带的古名，"所以当时的'官话'即是王畿一带的方言，也即是周室所用的语言。士大夫所作的诗和外交场合上所用的语言都是'雅言'"[3]。理解这个背景，那么《论语》这句话背后的含义就是说，孔子在非礼仪性的日常生活中，甚至包括在对鲁国籍弟子的教学活动中，会使用鲁国的方言。在凝聚诸夏各国大共同体的领域，使用大共同体的"雅言"，在小共同体中使用

1　汪启明：《先秦两汉齐语研究》，巴蜀书社，1999年，第118页。
2　湖北省文物考古研究所等编：《望山楚简》，中华书局，1995年，第120页。
3　周振鹤、游汝杰：《方言与中国文化》，上海人民出版社，2015年，第86页。

方言，孔子的这一态度，也显示了二者并非构成矛盾的关系。陈寅恪先生也指出，东晋建立之初，宰相王导通过使用吴地的吴语方言，而起到了团结吴越地方共同体，共同凝聚起抵抗北方胡族的局面[1]。

在此，作为北方精英语言的"洛阳正音"与江左吴语携手合作，共同起到了保护华夏文明延续的效果。在这个意义上，孔子的态度对后世颇有启发。即在传承经典以及沟通、建构普遍性精英大共同体认同的层面上，使用公共性更强的"雅言"。但不是要用"雅言"灭了各国方言，要搞强制性的"语同音"。"雅言"与方言不是你死我活的矛盾关系，正如大一统和地方自治并不是零和博弈的关系。恰恰相反，各地方性的精英共同使用雅言，而与地方性的普通民众一起传承地方性的方言，才能更好地将不同层次的有机体传成一体。

"执礼"，孔子也是使用雅言。这个"执"字，陈梦家先生读为"艺"字，说"艺礼"就是射、御之能[2]。熊十力解这个"执"字，曾引用方以智《通雅》，以"执"原为"艺"字，是因为二字形近，所以被误作"执"。也就是说，陈梦家的主张，早在晚明就被方以智先提出来了[3]。无论怎样说，从晚明以来确实就有学人持此说，笔者也赞同这一观点。在金文中，"艺"的初文作，本义是像在土中栽培，种植禾木类植物。后来，也引申为人类的智力活动，精神生活和各种特殊才能。如周代所用来教

---

1 陈寅恪：《述东晋王导之功业》，见陈寅恪：《金明馆丛稿初编》，上海古籍出版社，1980年，第54—55页。
2 陈梦家：《尚书通论》，中华书局，2005年，第4页，注一。
3 余英时：《钱穆与新儒家》，见余英时：《钱穆与现代中国学术》，广西师范大学出版社，2006年，第54页。

育学生的"六艺",包括礼、乐、射、御、书、数[1]。周武王得病时,周公向鬼神祈祷,说自己"多才多艺,能事鬼神",希望能让自己代替武王去死(《尚书·金縢》)。周公说的"多才多艺",显然是侍奉神灵需要的各项技能。孔子说的"艺",有礼乐、射箭、驾驭、写字、算术,其中只有行礼时,才用周王官的雅言。一般的驾车、写字、算数,也还是用鲁国方言。

7.22 子曰:"[我]三人行,必有(得)我师焉:择其善者而从之,其不善者而改之。"

此句,定州竹简本作"我三人行,必得我师焉"[2]。宋代以前的古本,如皇侃本、正平本、高丽本等也作"我三人行,必得我师焉"[3]。李零怀疑说,开头的"我"字,可能是在五代时才去掉的[4]。朱熹说,"三人同行,其一我也",清人阮元说"我三人行"这个版本最好,符合朱子强调"我"和"三人"同行(《论语校勘记》)。笔者同意此说,早期写本中,应当就是"我三人行",到五代时前面的"我"被去掉了。但这个"我"字,可以强调是"我"亲身与"三人"同行,因此"我"亲自见证三人为师,学好的,不学坏的。

"必有我师焉"的"有"字,一些早期本子作"得",也有的早期

---

1 王晖:《商周文化比较研究》,人民出版社,2001年,第382页。
2 河北省文物研究所定州汉墓竹简整理小组:《定州汉墓竹简论语》,文物出版社,1997年,第34页。
3 黄怀信:《论语汇校集释》上册,上海古籍出版社,2008年,第621页。
4 李零:《丧家狗:我读〈论语〉》,山西人民出版社,2007年,第153页。

写本就作"有"，如伯希和 2510 号郑本，就是"有"字[1]。但笔者认为，此处的"有"字，是竹简抄写的结果，原文很有可能是"得"。例如，在子弹库楚帛书中，"得"字写作𢔛，是由"目"和"又"组成的。子弹库楚帛书中的"又"也即"有"字[2]。在战国抄本中，原文本为"得"字。在抄写过程中，被抄掉了一个"目"，成了"又"，而战国文字中的"又"也即"有"，于是流传为"有"字。抄手在抄写简帛时，只会因图方便、误写甚至偷工减料而少抄，不会给"又"增加一个"目"，写作"得"，这一逻辑非常清楚。早期可能既有保存了原文"得"字的，也有误抄为"有"字的，但最后定型为"有"字本。

因此，这一段的原文很可能是"我三人行，必得我师焉"。意思是，"我"与三（多个）人同行，其他三（多）人必然有值得我学习之处。

很多人觉得，孔子说这句话平淡无奇，谈的是些常识，没多少意思。其实，这种想法本身是狂妄的。一个有开放传统的社会，其基础必然是重视经验与常识的，不会轻好标新立异之说。貌似"高远"和"深邃"的各种奇谈怪论，可以存在，但绝不会成为社会的主流。正如高全喜教授所言，苏格兰启蒙思想的精髓，恰恰就在于经验主义的底色，注重常识和经验，"不认为在常识之外还有什么玄妙的东西"[3]。最深刻的智慧，恰恰是貌似平淡无奇的经验。孔子告诉我们，与三人同行，要学习他们的好处，改正看到的坏处。这貌似平淡无奇的话背后，恰恰是最为深刻的智慧。而一个社会要培育起真正的开放传统，也必须重视苏格兰启蒙

1　王素：《唐写本论语郑氏注及其研究》，文物出版社，1991 年，第 78 页。

2　李零：《长沙子弹库战国楚帛书研究》，中华书局，1985 年，第 101、82—83 页。

3　高全喜：《何种政治？谁之现代性？》，新星出版社，2007 年，第 63 页。

思想的借鉴，重视孔子这样伟大老人强调的经验与常识。

7.23 子曰："天生德于予，桓魋其如予何？"

钱穆先生推定，此事发生于鲁哀公三年，即公元前 492 年。宋国的司马桓魋特别不喜欢孔子，甚至打算杀害孔子。他趁着孔门师徒在大树下习礼时，派人砍掉大树，孔门师徒便快速离开宋国的领地，一路上不穿先王的古衣冠，所以史书中叫"微服"[1]。

桓魋想杀害孔子，但孔子却相信自己会逢凶化吉，理由就是天生有"德"。显然，这里孔子说的"德"，并非我们习以为常的"道德"，是说自己有道德，所以桓魋无法拿自己怎么样。此处的"德"，是一种比较古老的殷周观念。

"德"字，有学者认为商代甲骨中即有其"初文"[2]，此说最初源自罗振玉，后世也有学者从此说[3]。卜辞中的字是否就包含了"德"之初文，目前还不能确证。但殷人确实有此种古老之"德"的观念，似乎是可信的。当商王受到批评时，他强调："呜呼！我生不有命在天？"（《尚书·西伯戡黎》）商王的意思是，我有一种来自上天所赋予的特殊品质、性状，不以人事为转移。商王强调的这种天赋品质，就是"德"。

汉学家艾兰（Sarah Allan）说，"德"字在某些语境中应当译为 favor（天赐的德性）或 grace（天赋的德行）。在青铜器铭文中，世系传递之"德"，正是源于上帝。因此，孔子感慨桓魋处的"德"，正是这一早期"德"

1　钱穆：《孔子传》，生活·读书·新知三联书店，2002 年，第 50—51 页。
2　杨荣国：《中国古代思想史》，人民出版社，1973 年，第 9 页。
3　孙海波：《甲骨文编》，中华书局，1965 年，第 74 页。

之含义[1]。在周代的青铜器铭文中，常可以见到某种来自祖先并可以传递的"德"，如《师𩛥鼎》中的"先祖烈德"，《单伯钟》"余小子肇帅朕皇祖考懿德"等[2]。这些通过祖先的血统而世袭传递的"德"，正是早期具有神秘色彩的"德"，而非后世普遍理解的"道德"。周人说"同姓则同德"（《国语·晋语四》），正是描述每一个血族源流（姓）都有一个世代传承的"德"，即该血统源流的特殊品质、性状。

孔子认为，自己也具有独特的"德"。但这种"德"，不是来源于父亲叔梁纥的家族血统，而是源自上天赋予自己的特殊品质。既然天将以夫子为木铎，则孔子之"德"自然不同于常人。此种认为自己有特殊天命之"德"的观念，一直传播于后世。甚至儒生王莽也认为，自己受天命进行社会改革，因此"天生德于予，汉兵其如予何？"（《汉书·王莽传下》）。

孔子平时很少谈论神秘主义之事，他平时所称的"德"，显然是仁义、道德维度上的"德"。可是，临及危急时刻，他必然又以天降重任于己作为一种自我鼓励，对于渡过危难，巩固信心，又有相当的意义。因此，这里称引殷周时最古老意义上的"德"，并不是孔子和儒家理解的"德"，而是一种自我激励，坚信"天降重任于斯人"，桓魋这样的暴虐军事首领，又能怎样呢？

1　[美]艾兰著，张海晏译：《水之道与德之端：中国早期哲学思想的本喻》，上海人民出版社，2002年，第117页。
2　杜廼松：《西周铜器铭文中的"德"字》，《故宫博物院院刊》1981年第2期，第88页。

7.27 子钓而不纲，弋不射宿。

孔子对捕鱼、捉鸟有自己的理解。

"纲"，据朱熹解释，是一种用大绳子穿起的大网，能在河流中绝底捕捞，抓光水中的大鱼。古人重视资源的可持续利用，对抓鱼鳖、用网子有各种规定。如《孟子·梁惠王上》说要"数罟不入洿池，鱼鳖不可胜食也"，《逸周书·大聚》："夏三月，川泽不入网罟，以成鱼鳖之长。"云梦秦简也规定，不到夏天，不允许毒杀水中的鱼鳖，也不允许布置网罟[1]。这些都说明，在先秦时期，黄河流域的资源已经开始过度消耗，因此出现了这些规定，来搞"可持续发展"。看到这，读者可能会认为，孔子不用大网子捞鱼，是一种"可持续发展"的思想。当然，孔子自然有反对滥耗资源的观点。但此处，却还有另一层意思。

古书、秦简都规定说，春天不下网，但到了夏天，就可以任意网捕鱼鳖了。可是孔子却始终如一地坚持只是钓鱼，而不网鱼，即使夏天也

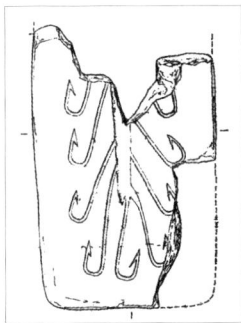

图 7.5　东周侯马晋国铸铜遗址出土铸造铜鱼钩之范

是如此。这说明，他的这一行为，已经超越了节约资源的考虑。考古材料证明，在黄河流域和长江流域，至迟距今七千年左右，就开始出现了结网而渔，网坠大量出土。反之，从新石器时代开始，鱼钩数量就不多，在渔具中所占比例很小[2]。考古资料说明，新石器时代以来，渔业最主要的工具就是有网坠的大网，而鱼钩（图 7.5）非常少。

1　睡虎地秦墓竹简整理小组：《睡虎地秦墓竹简》，文物出版社，1978 年，第 26 页。
2　王仁湘：《中国史前饮食史》，青岛出版社，1997 年，第 95—96 页。

孔子只钓鱼，不网鱼，显然就是故意选择了当时捕鱼效率最低下的工具。这是一种对当时军事贵族低烈度战争文化的模仿。

孔子说"杀人之中，又有礼焉"（《礼记·檀弓下》），战斗杀人的习惯法细节，是当时贵族君子最为熟悉的。孔子说"不教民战，是谓弃之"（《论语·子路》），甚至要将战争与杀人的技巧、勇气，传授给更普通的平民。当然，前提是这是一种低烈度的军事文化，即王夫之所说西周和春秋时期"以车战而不以徒战，追奔斩馘，不过数人，故民之死也不积"[1]。孔子本人也狩猎、钓鱼，但遵守一些类似战斗中"不重伤，不擒二毛"之类的军事贵族习惯，对猎物实行"钓而不纲，弋不射宿"（《论语·述而》），即只是不射杀睡眠中的猎物（类似在战争中拒绝偷袭），至于没睡觉的猎物都可以射杀，捕鱼则不用渔网即可。陈焕章说："狩猎也为农田利益而捕杀野生动物，以及练习作战的技能，以上所述均为孔子赞成狩猎的依据。"[2]

孔子本身对杀死动物非常熟悉，动辄笑着说出"割鸡焉用牛刀"的比喻（《论语·阳货》），杀牛、杀鸡，都是为了祭祀和吃肉，并有专门的刀具。当时贵族文化的古礼中，"春蒐、夏苗、秋狝、冬狩"（《左传·隐公五年》）一年四季定期狩猎，本来就是封建军事贵族的文化，杀死猎物也用来祭祀祖先，提供血食。

有一条材料，可以帮助我们理解古人的这种观念。《史记·殷本纪》中记载，有人在四面都结网，希望"天下四方"的禽兽都进入自己的罗

1　〔清〕王夫之：《读通鉴论》卷十七，中华书局，2020年，第523页。
2　陈焕章著，韩华译：《孔门理财学》，商务印书馆，2015年，第191页。

网。商汤除去了其中三面网，祝祷说"欲左，左。欲右，右。不用命，乃入吾网"。诸侯们听说后，都认为"汤德至矣，及禽兽"。这条史料当然不能反映真实商代的历史，但可能说明至少东周以来人们对"及禽兽"的认识。在东周的人们看来，有德之人必然将将对于军事贵族的文化规则，以戏剧性的方式向狩猎禽兽的手段延伸。如果说对待禽兽都能有这样的底线，那还何况对人？ 因此，孔子即使是到了开网时节的夏天，也不会用网捞鱼，而是有意识选择了最低效率的钓鱼，恰恰与商汤一样（东周人心目中的商汤），通过泽及禽兽，来实现有德之行，是一种对军事贵族礼仪文化发自内心的体认。

同样，弋射的例子也能反映这一考虑。"弋射"，在古代是一种流行的活动。《周易·小过》六五："公弋取彼在穴"，可见早在西周时期，公侯贵族的弋射，会射击在巢中的鸟。孔子则反对射击在巢穴中宿眠的鸟，显示出一种不同于公侯贵族们的态度。"弋射"，即用一种连着丝线的箭矢射击猎物，便于将猎物取回。大量考古出土的图像，显示了古人的"弋射"活动的场景[1]，敦煌悬泉出土汉简中也提到"毋矢蜚（飞）鸟[2]"，也是弋射鸟类的记载。这些图像显示，东周时代的弋射活动，也射杀栖息在树上的鸟。

从图7.6、图7.7可见，古人的弋射规模非常大，会有许多人集体出动，弋射飞鸟。而曾侯乙墓衣箱上的图像更是反映，东周时的人会射杀宿鸟，和西周早期一样，他们认为"公弋取彼在穴"是很正常的，因此也描绘

1　参见 宋兆麟：《战国弋射图及弋射溯源》，《文物》1981 年第 6 期，第 75—76 页；罗明：《秦始皇陵园 K0007 陪葬坑弋射场景考》，《考古》2007 年第 1 期，第 87—96 页。

2　甘肃省文物考古研究所：《敦煌悬泉汉简释文选》，《文物》2000 年第 5 期，第 34 页。

图 7.6 曾侯乙墓出土衣箱 E.61
上弋射宿鸟的图像

图 7.7 左为故宫博物院藏战国铜壶上的弋射，右为成都
百花潭出土战国铜壶弋射

在日用家具（衣箱）上，用以装饰。徐中舒先生认为弋射衰竭于东晋以后，原因是逐渐被胡人骑射所取代[1]。在此之前，弋射是一种非常正常的生活方式与经济活动。孔子也同样在狩猎中射杀飞鸟，只是不杀宿睡的鸟，类似军事贵族战争中的不偷袭。

三代时期的贵族文化，不但要讲究贵族有狩猎权，平民也是有狩猎权的。《诗经·周南·兔置》"肃肃兔置，施于中林"，即猎人将捕猎野兔的网子，隐藏在树林中狩猎；《小雅·采绿》"之子于狩，言韔其弓。之子于钓，言纶之绳。其钓维何？维鲂及鱮"，不但可以在山中用弓箭狩猎，在水泽中也能自由钓鱼。孟子对狩猎的讲法，也更平民化，他只是告诉齐宣王，周文王的狩猎场，也允许平民使用，"雉兔者往焉"，在其中猎杀野鸡和兔子（《孟子·梁惠王下》），仍然捍卫平民有狩猎的古老权利。孔孟之道的落脚点在乎古老的人道，所谓"厩焚，子退朝，曰：'伤人乎？'不问马"（《论语·乡党》）。

狩猎和充分采集、利用山川、森林中的动物、植物资源，是一种古老的封建习惯法与自由。战国时期一些君主搞出禁苑，杀麋鹿如同杀人

---

1 徐中舒：《徐中舒论先秦史》，上海科学技术文献出版社，2008 年，第 169 页。

之罪，这就是贵畜而贱人，一直遭到原始儒学的批评。后来到战国时期，孟子所说"君子之于禽兽也，见其生，不忍见其死；闻其声，不忍食其肉"。类似的表示，还见于其他一些战国文献，如《大戴礼记·保傅》，以及西汉海昏侯大墓出土齐论《论语·知道》"后君问于巫马期曰：'见其生，不食其死'"；以及新发现湖北荆门王家嘴 M798 出土战国楚简《孔子曰》中记载的"其生也，不食其死也"。这些说法，其实代表了战国时期为了启发君主仁政思想，而提出的一种方法，针对的是那种有发动战争能力的君主，是一种叙事技巧而已，而不是后人那种接近佛老的解释维度[1]。

理解孔子捕鱼、狩猎的态度，就需要回到古老的封建习惯时代，而不是像后人多引用佛老去理解。

7.31 陈司败问："昭公知礼乎？"孔子曰："知礼。"孔子退，揖巫马期而进之，曰："吾闻君子不党，君子亦党乎？君取于吴为同姓，谓之吴孟子。君而知礼，孰不知礼？"巫马期以告。子曰："丘也幸，苟有过，人必知之。"

"司败"，陈国、楚国将司寇称为"司败"（《左传·文公十年》杜注）。在包山楚简中，多次出现司法官员"司败"。而且可以发现，楚国地方县级政府专职司法官员为"司败"，不少封君和中央政府

1　李竞恒：《传统文化：吃素还是吃肉？》，见李竞恒：《爱有差等：先秦儒家与华夏制度文明的构建》，广西师范大学出版社，2024 年，第 208—209 页。

的职能部门也设有"司败"[1]。因此，"司败"即为司法官员，有很多个大小级别，差不多相当于"法官"的意思。"陈司败"，也就是陈国的大法官。

孔子在陈国出仕，陈国大法官问他，说鲁昭公懂不懂礼？孔子说懂礼。但陈国大法官却在孔子走后，对巫马期说，孔子怎么也搞小团伙？为鲁昭公遮丑？鲁昭公娶了吴国的女子，还忌讳人家说三道四，将这女人称为"吴孟子"。鲁昭公都懂得礼，那谁还懂得礼？

吴国，传说中是周文王大伯父泰伯建立的国家。但根据王明珂先生的研究，"泰伯奔吴"的"吴"，实际上是姜姓的夨国，就在陕西宝鸡附近，与长江下游的"吴"不是一个地方。但是到了东周，长江下游的吴国在与华夏的接触中，接受了华夏文化，宣称自己是就是泰伯的后裔。而中原的华夏国家，在遭受楚国等"南蛮"的入侵时，很乐于发现在南方还有一个"兄弟之国"，来帮助华夏的兄弟。因此，长江下游的蛮夷吴国，借着"泰伯奔吴"的传说，将自己塑造为华夏，提升了地位。而华夏国家，则乐意见到南边有个远房兄弟，来抵御楚国[2]。

按照周礼不成文习惯法，同姓之国是不能通婚的，因为他们有共同的祖先。在封建时代，"姓氏"是贵族才特有的，普通平民没有姓氏。氏和姓之间功能不同，当时贵族，男子称氏，女子称姓，男性贵族受封，得到一块领地，就可以建立新的氏，但该男贵族的姊妹、女儿，还是继续使用从父系的姓，用来辨别婚姻，同姓的家族、国家之间不婚。按照

---

1 湖北省荆沙铁路考古队：《包山楚简》，文物出版社，1991 年，第 11 页；陈伟：《包山楚简初探》，武汉大学出版社，1996 年，第 149 页。

2 王明珂：《华夏边缘：历史记忆与族群认同》，社会科学文献出版社，2006 年，第 170—179 页。

汉代以后习惯和现代人理解，周文王、武王应该叫"姬昌"、"姬发"，周公叫"姬旦"，秦始皇叫"嬴政"，其实这都是错的，这是用汉朝以来的姓概念来理解先秦贵族。实际上，周公应该叫周旦，秦始皇应该叫赵政，周公的姊妹和女儿才叫姬某某，秦始皇的姊妹和女儿才叫嬴某某，因为秦君家族以赵为氏，以嬴为姓。类似的，前些年电视剧《芈月传》中，芈月的兄弟楚怀王，也不应该叫"芈槐"，而应该叫"熊槐"，因为楚王家以熊为氏，以芈为姓，楚王家可以不断分裂产生出新的氏，什么屈、景、昭之类，但熊氏也好，屈氏也好，景氏也好，昭氏也好，他们家族的姊妹、女儿，都还是芈姓，叫做芈某某，所以这些有共同"姓"之源头的家族之间是不通婚的。

先秦贵族姓的功能，其实还是从父系，只是标注父系家族中的女性不应该和父系同源的家族男性通婚而已。"姓"的女字旁，意思就是这个。"姓"的"生"这部分，则是一个上古音的表音符号而已。"姓"字上古音在心母耕部，"生"字上古音在生母耕部，齿音叠韵，发音基本相同，所以"生"只是标注"姓"字的音而已。"姓"字不是望文生义地解读为"女性所生，代表母系"，其"女"只是标注父系家族中的女性才用"姓"，"生"则只是一个表音部分。有了这个用"女"来标注的父系家族中女性成员的"姓"符号，就可以区别和实行周礼习惯法的"同姓不婚"。

吴国王室，本来与周人没有血缘关系，实际上并不存在"同姓不婚"的问题。但由于春秋晚期吴国已经华夏化，吴王室宣称自己是泰伯的后裔，最关键的还在于华夏国家也都愿意相信吴国是泰伯之后。因此，作为周王室后裔的鲁国，就不能与同为周王室"后裔"的吴国通婚。鲁昭公娶了吴国王室的女子，因此也就违背了礼。陈国人和孔子都相信，吴国是泰伯之后，这是最关键的一点。礼的约束力，其实并不完全依靠事实，而是约束人们愿意相信模拟出来的关系。例如，没有血缘关系的男女，如果结为模拟的亲属，他们之间的男女之情也会被视为乱伦。"乱伦"的观念，保护的不仅仅是自然的血缘关系，更是一种社会结构。因此，就算孔子通过现代历史学知识，了解了吴国并不是真正泰伯的后裔，他仍然会将鲁昭公娶吴女视为乱伦。

当然，孔子心里清楚鲁昭公娶吴女违背了礼。但在外国人面前，需要对本国故君有所避讳，这也是礼的要求。因此孔子只能说，感谢指出我认知的过错。这种对国君的避讳，源自于更古老的家庭之中，儿子对父亲的避讳，与"子为父隐"之间有关联。按照一些现代人的观点，就应该口无遮拦，哪怕是对于自己小共同体内的不体面之事，也要进行批判。但其实在封建和绅士的时代，讲究很多绅士圈子内的"默会知识"，比如巧妙的避讳来守护这些体面，这些往往是必须生活在贵族社会中，才能理解和领悟的那种不必言说，心领神会的体面。贵族社会崩溃以后，强大君权结合平民官僚，更倾向于推行将一切细节讲清楚的各种成文律令、法规、文件，全部逐条罗列，各种成文规则恨不得"繁于秋茶，密于凝脂"，一切照章办事即可。而历史走到这一步，都赤裸裸地摆在桌面上，自然也不必要再讲多少体面了。

7.33 子曰："文莫，吾犹人也。躬行君子，则吾未之有得。"

李零读"文莫"为忞慔。孔子是在说努力方面，我和别人没什么两样，躬行的君子，我也还没做到[1]。于省吾引用刘台拱《论语骈枝》，"文莫"即忞慔、黾勉、密勿等，古音都是一声之转。黾勉，黾音 mǐn，"黾勉"是勉励、尽力的意思。于省吾先生认为，"莫"通"谋"，即议论谋断。孔子是说，文谋是虚的，躬行是实的。文章谋议，只要坐而论道就行了，而躬行君子，则需要更多的努力和践行，不能一蹴而就[2]。照此二说，虽然解释不同，但孔子都是一种谦逊的态度。尤其是，按于省吾先生之说，孔子谦称自己只是坐而论道，不是躬行君子，那就更谦逊了。

7.35 子疾病，子路请祷。子曰："有诸？"子路对曰："有之。《诔》曰：'祷尔于上下神祇。'"子曰："丘之祷久矣。"

孔子生病后，子路请他祷告。孔子说，有这个说法吗？子路便引用了当时民间流行的丧葬文书《诔》，说里面就记载了可以向"上下神祇"祷告。

商代时，神灵被称为"下上"，如卜辞：

若于下上？（《合集》808 正）

不若，左于下上？不左，若于下上？（《合集》809 正）

下上勿若？（《合集》6506）

下上若？受……（《合集》6418）

下上弗若不我？（《合集》6201）

1　李零：《丧家狗：我读〈论语〉》，山西人民出版社，2007 年，第 158 页。
2　于省吾：《论语新证》，《社会科学战线》1980 年第 4 期，第 135 页。

下上弗若（《合集》6315—6317；6318—6321）

王比下上若（《合集》7428）

　　胡厚宣先生说，卜辞中的"上"是天帝，"下"是先王[1]。谈"下上"的思维，还保存在周代的卫国等殷人旧畿中，如卫人之诗《燕燕》、《凯风》就有"下上其音"的说法[2]。可见，殷文化中习惯讲"下上"，包括先王、天神。卜辞中反复卜问的，就是能否获得人王、天神的保佑。周代以后，则开始习惯讲"上下"。《尚书·召诰》中周公说："其自时配皇天，毖祀于上下。"康王时器《井候簋》云："克奔徒（走）上下帝。"[3]《周礼·春官·小宗伯》："及执事祷祠于上下神示。"《国语·楚语下》："使名姓之后，能知……上下之神，氏姓之出。"新蔡葛陵楚简甲二40亦云"上下内外褆（鬼）神"[4]，睡虎地秦简《日书》甲种之《除》云："以蔡，上下群神乡之。"（简3正贰）[5]可见，周代以后流行的"上下"，既指帝神，也可以指"鬼神"、"群神"。在出土的拍马山战国楚简中，是目前唯一一份战国时期的《诔》文，其中也提到"为君所□□上下祓"[6]。

　　子路是一个具有古老思维习惯的人，他理解的"君子"，不是孔门讲的有道德之人，而是西周时的贵族；他理解的"朋友"，不是孔门讲的共同理想者，而是西周时代的血缘亲族。因此，在孔子生病时，他会

1　胡厚宣：《甲骨学商史论丛初集》上册，河北教育出版社，2002年，第215—217页。

2　陈梦家：《商代的神话与巫术》，《燕京学报》第20期，第530页。

3　唐兰：《西周青铜器铭文分代史征》，中华书局，1986年，第159页。

4　杨华：《古礼新研》，商务印书馆，2012年，第136页。

5　王子今：《睡虎地秦简〈日书〉甲种疏证》，湖北教育出版社，2003年，第19页。

6　李天虹、彭浩：《荆州拍马山027号楚墓竹简反映的丧葬礼俗》，《江汉考古》2024年第2期，第148页。

想起一些古老的习惯，向上下群神祷告，而且还向孔子讲老百姓丧葬用书《诔》中的内容。《诔》这样的东西，放到现代，就是乡镇地摊上卖的《周公解梦》、《四柱预测真途》一类的东西。这也可以反映，子路平时读的大概就是这类贴近底层社会，非常古老的东西。

陈梦家先生总结说，先秦时代的"祷"，分为三类，有代祷，祷雨，告罪[1]。楚简中多有祷词，如九店楚简有"祷祠"[2]，望山楚简中则说人如果胸痛，就可以"祷之"[3]。包山楚简，更是生病后不断卜问的祷辞[4]。应该说，孔子时代的人，在生病后向"上下群神"祷告，是一种非常普遍的现象。

如果子路只是拿出《四柱预测真途》一类的东西，让孔子学学老百姓，也"近鬼神"一下，最多也就是遵从民俗。但最糟糕的是，他居然引用丧葬用书《诔》中的内容。《诔》是专门写给死人的文字。如孔子去世后，鲁哀公就为他作了《诔》文："天不遗耆老，老莫相予位焉。呜呼哀哉！尼父"（《礼记·檀弓上》）。古代大夫都要学习作《诔》，所谓"古者登高能赋，山川能祭，师旅能誓，丧纪能诔，作器能铭，则可以为大夫"（《隋书·经籍志》）。按照这个标准，在丧礼时能作《诔》，是一个大夫最基本的能力。因此，《诔》就是写给死人的。

子路引用死人书，作为请孔子祷告的理由。孔子听了，自然觉得子路说话很不得体。可是，子路毕竟是关心他，为他着想，又不好直接否

1　陈梦家：《尚书通论》，中华书局，2005年，第319—320页。
2　湖北省文物考古研究所、北京大学中文系：《九店楚简》，中华书局，2000年，第50页。
3　湖北省文物考古研究所、北京大学中文系：《望山楚简》，中华书局，1995年，第72页。
4　湖北省荆沙铁路考古队：《包山楚简》，文物出版社，1991年，第12页。

决，伤子路的自尊心。这一点，郑玄的注释说得好，叫"且顺子路之言也"[1]。既然不直接否决，那就顺着子路的话说，我已经祷告很久了。

这一章，也能很好反映孔门师徒的性格。子路，贴近俗文化，脑子里有很多"原始文化"。但子路是一心一意关心孔子，只是性格笨拙，不懂得说话，因此口无遮拦，将孔子和死人书扯到一起。孔子的立场，自然仍旧坚持"敬鬼神而远之"的理性态度，不可能去学老百姓，搞些关公发财一类的东西。但子路讲错了话，孔子并不直接否决，对他的好意进行伤害，而是顺着子路的话头，委婉地拒绝，顾及对方的自尊心。

1　王素：《唐写本论语郑氏注及其研究》，文物出版社，1991年，第80页。

泰伯第八

8.4 曾子有疾，召门弟子曰："启予足！启予手！《诗》云：'战战兢兢，如临深渊，如履薄冰。'而今而后，吾知免夫！小子！"

此处明言是曾参"有疾"，结合下一条"曾子有疾"而谈论死亡，可知"有疾"是病得已经非常严重了。曾参病重，说这些"启予足"，"启予手"的话，历代注释大致都倾向于认为，这是曾参重视孝道，因此要检查自己的手足，看是否损伤了，因为"身体发肤，受之父母，不敢毁伤"[1]。

不过，也有学者指出，"启"字的解释不能从"不敢毁伤"的角度去理解。《说文》引《论语》此处作"跻予之足"，可能出自《古论》。"跻"字是移动的意思。与"跻"音同的还有"逴"，《说文》说是"迁徙"，也是移动的意思。"启"字在这里，就是移动的意思。曾参叫弟子"启予足"，"启予手"，就是让他们帮着动一动僵硬的手脚[2]。笔者同意这一说法。这样，曾参对弟子的教育，是从"《诗》云"往下才开始的。前面，只是请弟子帮忙动一动自己病痛僵硬的手脚，描述的是曾参病得很重。弟子一边帮他活动手脚，他一边讲到《诗》中说要战战兢兢，小心谨慎。

《礼记·檀弓下》记载曾参是在换席子时去世的，《论语》也提到

1　程树德撰，程俊英、蒋见元点校：《论语集释》第二册，中华书局，2008年，第517—518页。
2　黄群建：《〈论语〉札记三则》，《古汉语研究》1989年第2期，第49页。

曾参死前说的话，说明曾参之死，给儒家留下了深刻的印象，后学们便记录下来。曾参的性格，是小心谨慎，战战兢兢，与有狂气的子张合不来。子张一类的狂儒，一般瞧不起曾参，觉得这是萎靡、萎缩之气[1]。后世知识人中，性情乖张狂放之人，往往会喜欢子张，蔑视曾参。如康有为就大谈，说后人错误地尊奉曾参，抑制子张，这是混淆黑白，颠倒高下的事[2]。经历了现代各种残酷历史的经验表明，狂放的浪漫主义气质，虽然极富美感，但却非常容易导致最凶残恐怖的政治，具有"狂者"的气质。而能够捍卫自由生活的观念，却往往平常、中庸，捍卫常识，会让狂者们觉得索然无味，太萎靡不振。但是，恰恰是各种貌似庸常的观念和精神气质，才能捍卫开放和自由的生活常态。因此，在这个问题上，笔者更赞赏曾参的谨小慎微，小心翼翼。

8.5 曾子有疾，孟敬子问之。曾子言曰："鸟之将死，其鸣也哀；人之将死，其言也善。君子所贵乎道者三：动容貌，斯远暴慢矣；正颜色，斯近信矣；出辞气，斯远鄙倍矣。笾豆之事，则有司存。"

曾参说的这句话，现在成了流行语言，好像没受过古典教育的人也能随口引用，可见确实是发自肺腑，颇为真诚，表达出了最普遍的人性。

这段话，有一篇失传的汉代故事中就引用过。1993 年在连云港东海县尹湾汉墓出土的《神乌赋》（图 8.1），就讲了一个死亡的故事。故事说，一对鸟夫妻，雄鸟出去找建材，雌鸟欢欢喜喜建造新房子。这

1　胡适：《中国哲学史大纲》卷上，见刘梦溪主编：《中国现代学术经典·胡适卷》，河北教育出版社，1996 年，第 87 页。
2　〔清〕康有为：《论语注》，中华书局，1984 年，第 286 页。

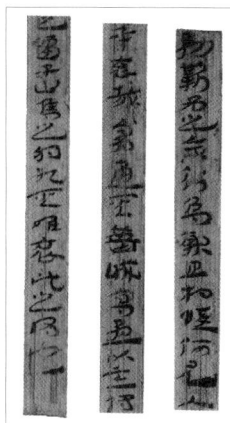

图 8.1　汉简《神乌赋》中引用曾子"鸟之将死,其鸣也哀"的部分

时冒出来一只"盗鸟",跑来偷取鸟夫妻的建筑材料,被雌鸟发现。雌鸟喊他归还建材,盗鸟却还反咬一口,说"甚哉,子之不仁"。最后双方都怒了,打斗一场,雌鸟负伤,又被盗鸟打昏。雌鸟昏倒后,又被官府的"贼曹"捕取,后又被放回,但捆绑的残绳将她缠绕在树枝上,遍体鳞伤,命在旦夕。四处搜寻的雄鸟这时赶来,雌鸟已经奄奄一息,交代后事。作者的《传》最后感叹说:"曾子曰:'鸟之将死,其唯(鸣)哀。'此之谓也。"[1]

《神乌赋》用语比较通俗,和当时比较典型的文人赋比较而言,较为接近当时的"白话体"。换言之,当时民间阅读的文学故事中,就引用了曾参的这句话,恰恰反映了至少到西汉晚期,曾参的这句话已经被社会一般人所接受,所以才用来描述死亡。这也可以表明,曾参死前说的这些话,确实很真诚,能够表达普遍的人性。

8.9　子曰:"民可使由之,不可使知(折)之。"

孔子的这句话,经常被解释为儒家主张神道设教,实行愚民政策的证据。即使是尊敬孔子的人,也往往从这个角度去解释。如杨树达先生就说,这是因为"以民为愚不可知,于是乃假手于鬼神以恐之"[2]。但

1　连云港市博物馆:《尹湾汉墓简牍释文选》,《文物》1996 年第 8 期,第 31 页。
2　杨树达:《论语疏证》,上海古籍出版社,2006 年,第 195 页。

这种解释，很容易引起人的误解。钱穆先生就说"近人疑《论语》此章谓孔子主愚民，便专制"[1]。实际上，很多现代学者也都认为这是孔子要搞愚民政策。说起此章，似乎成了一种条件反射似的本能，谈起来，就非要"愚民"一把。

可是，在文献中，没有其他证据表明孔子主张愚民专制。相反，孔子并没有将民众理解为"不可使知之"的愚昧群氓。群氓大众在很多公共问题上，会呈现出"乌合之众"的非理性状态。可是在很多涉及其具体利益的现实问题上时，民众却并非愚昧。王夫之就认为，在治理之中，需要"从、违听之编氓"（王夫之《李沆以报罢上书为报国》，《宋论》卷三）。即对具体政策之善恶，要从民众的选择与态度中得到真切判断。如果是愚蠢荒谬的政令，民众一定会有各种阳奉阴违的办法去对付。因此，这也说明民众在涉及自己切身利益时，是具有理性认知的。

在《左传·襄公三十一年》中，子产拒绝毁坏民众议政的乡校。"乡校"本就是周代乡遂制度下，以"乡"为地缘共同体进行自治的方式。冯天瑜认为："这便开启了耕读并举，耕读传家的传统。近代民主派提倡区域自治，常援引周制的乡治、乡校先例"[2]。子产对"乡校"自治传统的维护，孔子因此给出了"人谓子产不仁，吾不信也"的高度评价。《论语·季氏》中，孔子也强调"天下有道，则庶人不议"。从这些材料可知，孔子对民众的议政和言论自由，给予了积极的评价。余英时先生就谈到，孔子认为"天下有道，则庶人不议"的思想，恰恰表明，当君主有错误

1　钱穆：《论语新解》，生活·读书·新知三联书店，2002 年，第 221 页。
2　冯天瑜：《周制与秦制》，商务印书馆，2024 年，第 164 页。

时，任何一个普通人也有权批评。孔子主张的言论权，在后世儒学精神中一直得到传承，从汉代"党锢"中士人的"处士横议"，宋代太学生之伏阙请愿，一直到晚明黄宗羲时代的士人[1]。"黄宗羲是以古代的'乡校'为他学校理想之所寄，而他的'议政'精神也正是上承子产和孔子而来"。如果孔子是一位主张"神道设教"，大搞"愚民政策"的思想家，那又如何解释他为民众言论权的辩护，如何解释继承了他思想的历代士人们两千年来的奋斗史呢？

其实，这看似矛盾的问题，就出在古代文献的训诂上。在郭店楚简《尊德义》简 21、22 中说："民可使道之，不可使智（知）之；民可道也，而不可强也。"可知，简本中讲的是民众可以引导，却不可以强迫。至于"不可使知之"中的"知"，必然是一个与"强"意思接近的词。廖名春先生指出，这个"知"字，是"折"字的借字。廖先生还指出，《大戴礼记》中的"朽木不知"，是后人通过《荀子》才改正为"朽木不折"的。《晏子·杂》篇中"而知冲千里之外"，实际是"而折冲千里之外"。俞樾在研究《周礼·地官司徒下》时，也发现"孝德以知逆恶"当作"孝德以折[2]逆恶"，因为"知"和"折"古音相近。此外，陆德明《经典释文》、王引之《经义述闻》等很多著作中都提到了"折"是"知"的通假字。实际上，"折"就是用强力制服的意思，正好与郭店简中的"强"是近义词[3]。

1　余英时：《民主、人权与儒家文化》，见余英时著，程嫩生、罗群等译《人文与理性的中国》，上海古籍出版社，2007 年，第 325 页。

2　余英时：《中国思想传统的现代诠释》，江苏人民出版社，1989 年，第 71 页。

3　廖名春：《从〈论语〉研究看古文献学的重要性》，载《清华大学学报（哲学社会科学版）》，2009 年 1 期，第 23—24 页。

通过训诂，再结合郭店楚简，孔子的原话是"民可使道之，不可使折之；民可道也，而不可强也"，"民可使由之，不可使折之"。孔子说的是，可以引导人民，但不可用暴力制服人民；人民可以被引导，但不会被强迫。这样看来，孔子反对政府用暴力迫使民众就范。一个正义的开放社会，自然应该有一个较薄意义上的"共同善"来鼓励（引导）和慢慢养成社会的公序良俗。但如果使用强制手段，那就是一种极大的错误，民众也不会被强制手段所折服。孔子的这一思想，与他支持庶人议政，反对关闭乡校的立场，也是完全相通的。

8.12 子曰："三年学，不至于谷，不易得也。"

"谷"字，孔注说是"善"，汉碑、郑注、皇疏、朱注等都说是俸禄 [1]。在西周、春秋早期的世袭贵族时代，由于实行世卿制度，因此不存在所谓"俸禄"的问题。但随着贵族人口增多，以及资源的有限，春秋后期的贵族渐成没有食邑的贫困状态。随着古老封建和贵族社会的逐渐瓦解，世卿世禄的贵族生态逐渐被领取俸禄的各种家臣所取代。至此，俸禄制出现，他们出仕是为了领取俸禄 [2]。从贵族领取的也就是粮食谷物，因此"谷"即俸禄。下层"士"的技艺、服务，渐渐成为获取谷物的手段。这一背景，伴随的便是地方贵族自治权，向早期职业官僚、技术官僚发展的过程。从这个意义上来说，原始儒学向平民精英敞开了传统贵族阶层垄断的贵族知识、贵族技艺，但这些模仿了贵族心智、仪态、

---

1 程树德撰，程俊英、蒋见元点校：《论语集释》第二册，中华书局，2008 年，第 537—538 页。
2 何怀宏：《世袭社会：西周至春秋社会形态研究》，北京大学出版社，2011 年，第 154 页。

技巧的知识人"儒"，却必须要面对新的时代，即寻找一位领主，去担任其家臣或邑宰，谓之"出仕"。出仕作为一种职业生态，既有传统封建家臣遗风余韵的尾巴，又是新时代领取俸禄的早期职业官僚之滥觞。

现代人对孔子往往有一种根深蒂固的观念，认为儒者求学，是为了当官，领取俸禄。尤其是经历过科举制以后，儒书被拿来当作考试内容，更使得儒学文本被世人视同于升官发财的"敲门砖"。不过，孔子反对的是，正是将学习作为一种牟利的手段，当作"敲门砖"。尤其是对原始儒学旨趣的理解，不可将其视为一种"做题家追求作官僚"的学问。在当时的历史背景下，儒者求学，固然是为了出仕。但君子应当是"君子谋道不谋食"，"君子忧道不忧贫"(《卫灵公》)。正如余英时先生所说，孔子称赞学习三年尚不存作官食禄之念的人为难得，"正是因为他要纠正当时一般青年人为'仕'而'学'的风气"。孔子一方面主张知识人有原则地参政，另一方面也强调当政者选拔人才，这对世卿世禄是有挑战意味的[1]。实际上，我们可以看到，拒绝出仕的"工人子弟"漆雕开，甚至逃官的闵子骞，在儒家的评判系统中有很高的地位。这并不意味着，儒学主张拒绝公共生活，要退归到私人的"内在自由"中去。儒学主张入世，去努力践行"道"的理想。但政治理想，又往往必须通过出仕来践行。这就会造成一种矛盾，让人觉得儒学就是为了培养官员。

实际上，子张这样年轻气盛的晚期弟子，最热衷于学习当官之道(《为政》"子张学干禄")，以为拯救天下，舍我其谁。子路让师弟子羔去担任费宰，孔子认为这是"贼夫人之子"(《先进》)。孔子针对这些现象说的这番话，

---

1 余英时：《中国思想传统的现代诠释》，江苏人民出版社，1989年，第66—67页。

其实颇有针对性：学习古典的知识、圣贤的格言、君子的修养，首先是完成君子人格的塑造，对践行"道"的志向，而不是将知识降格为谋食的工具。除了出仕获取俸禄之外，儒者在具备古代贵族知识、技艺的能力后，也能通过从事工商业，或占有土地去经营自己的小共同体等方式，去建立一番事业。无论是以儒商子贡通过市场方式，还是汉代、魏晋以来通过儒学构建家学、新的世家与地方性"豪族共同体"，一直到宋明以来的义庄、乡约、行会组织与"士商一体"等成就，都是儒学在不同历史和社会条件下探索演进路径的重要方式[1]。

出仕并获取"谷"，当然是一种路径，但将整个儒学文化史都理解为"官僚"，则是一种狭隘的视角。到了近现代，尤其是伴随着工商业与市场经济的崛起，儒者生态位的丰富性得以进一步拓展。如作为状元之才的张謇，在民国时期创建纱厂、油厂、肥皂厂、面粉公司、电话公司等大量企业，极大拓展了近现代以来儒者参与"修齐治平"公共领域的空间。而现代"钱塘江以南中国"的社会，传统"儒"的文化资源往往能很好对接现代企业、海外拓展等模式，对于整个中国的经济、社会、文化产生了非常积极的意义[2]。从这个意义上讲，现代致力于"传统文化"者，与其多关注"三年学，不至于谷"或"三年学，至于谷"之类，其实都还不如多关注现代经济、新的技术与组织方式等前沿问题，从新的维度与平台进行对传统的拓展。

1 李竞恒：《不断重建自治共同体的中国史》，见李竞恒：《岂有此理？：中国文化新读》，四川人民出版社，2023 年，第 73—87 页。
2 姚中秋：《钱塘江以南中国：儒家式现代秩序》，《开放时代》2012 年第 4 期，第 37—47 页。

8.15 子曰："师挚之始，《关雎》之乱（嗣），洋洋乎盈耳哉！"

封建时代的贵族文化中，音乐的教养具有非常重要的意义。所谓"乐者为同，礼者为异，同则相亲，异则相敬。以礼教中，以乐教和"（《礼记·乐记》），意思就是封建时代的政治与社会治理结构中，作为习惯法之"礼"主要是呈现和经营基于身份的差序格局，体现不同层级共同体之丰富等差。而"乐"的功能，则是将这些不同差序格局下的层级共同体，又抟成一体，形成一种更高文化意义上的共同体认同感。可以说，"礼乐"之并称，其重要性需要首先对于"封建"具有较为深入的体悟，前者求异，而后者求同，形成一体之两面功能。孔子高度重视音乐，后来六经所传，《乐》是其中重要的内容。

但遗憾的是，殷周时代贵族礼乐所要求具备的大型礼仪空间，以及重型乐器如编钟、编磬乃至乐队组合等，在贵族社会崩坏后的社会与经济条件下，其实已经很难得到延续。仅就封建贵族文化"乐悬制度"而言，所谓"王宫县，诸侯轩县，卿大夫判县，士特县"（《周礼·春官·大司乐》），高等级贵族才能置办完整"悬乐"重器。孔子也只是偶尔"击磬"于其他贵族之家，自己是没有这些重型乐器组合的。孔门所传乐器，更多也只是"士"这一等级的陶埙、琴瑟等轻型乐器，虽也能陶冶君子情操，但毕竟难以完整传承宗周礼乐之皇皇钟鼓。

在这条中，孔子讨论了与《诗经》相关的音乐文化。师挚是鲁国的乐官，但后来跑到齐国去了（《子张》）。"乱"字，郑玄[1]、皇侃说是师挚能整理清楚音乐中的紊乱，朱熹、刘台拱等说"乱"是音乐的结束，还有人

1　王素：《唐写本论语郑氏注及其研究》，文物出版社，1991年，第95页。

说是合奏[1]。但这些解释似乎都没有注意到"乱"实际上是一个后起字。

于省吾先生指出，"乱"实际上是一个后起字，见于《诅楚文》。此前的"乱"字，训为"治"，作圖。金文中多见"治"作圖，嗣、嗣等字形，都是继承、嗣续的意思。因此，"《关雎》之乱"，应该作"《关雎》之嗣"，就不是说《关雎》是演奏的最后一首，而是从《关雎》往后的《葛覃》、《卷耳》等不断继续的音乐[2]。笔者赞同于省吾先生之说，按此，则孔子说的是，由太师挚开始演奏，从《关雎》开始（而不是结束），一直持续着往后，满耳都回荡着美妙的音乐。

8.20 舜有臣五人而天下治。武王曰："予有乱臣十人。"孔子曰："才难，不其然乎？唐虞之际，于斯为盛。有妇人焉，九人而已。"

"乱"训为"治"。孔子说，舜的时代，治理天下，只有五个贤臣，一个小政府，就完成了这样的大治。到了周武王时期，就不能和舜时代比了，但也很了不起，十位贤臣的政府，就实现了国家的良好治理。而且，这十位贤人中，其实还有一位女士，因此真正的大臣，只能算是九位。

这一条，涉及殷周之际妇女参与政事活动。武王治国的十位助手中，怎么还会有一位女士？后儒们往往觉得不可思议，这一定是弄错了，女性怎么可以参与管理国家？因此，《鲁论》就将"妇人"改为"殷人"，说武王政府中有一位殷人帮助，真正的周国贤臣只有九位。顾炎武也在《日知录》中怀疑，说"太姒、邑姜自在宫壸之内，必不与军旅之事"，

1　黄怀信：《论语汇校集释》上册，上海古籍出版社，2008 年，第 714 页。
2　于省吾：《论语新证》，《社会科学战线》1980 年第 4 期，第 135 页。

否则的话，不就成了"牝鸡司晨"，和商纣同罪了？因此，"此理之不可通，或文字传写之误"[1]。《鲁论》的抄手，顾炎武等研究者之所以认为原文作"妇人"不对，恰恰是因为他们认为伟大的周武王不会允许卑贱的女性参与政治活动。实际上，这是不了解殷周时代贵族社会、文化，以及周代王室管理制度的结果。

殷周时代，多有女贵族、女领主活跃于政治、经济和军事领域，如著名的商代妇好，一条典宾卜辞记载妇好从自己的封地上提供了三千人的武力（《合集》39902）。妇好是女领主，有自己的封地、财产、封臣及武力，并率领军队出征，她不是商王的奴仆，而更类似合作伙伴。另外一位女领主妇姘，也是有自己封地和臣民的，如典宾卜辞记载"妇姘不受年"（《合集》9756）、"妇姘不其受黍年"（《合集》9607），是占卜向神灵询问，妇姘领地上的农作物是否能获得丰收。此外，甲骨卜辞中还有其它一些被称为"妇"的女领主，如妇庞有封地叫"庞田"，还有妇良、妇杏、妇杞、妇喜、妇息等女领主，王卜辞中多有她们向朝廷进贡财物的记录，表明这些女领主各有自己的领地，并享有经济管理之权。在甲骨卜辞中，往往将这些女封君、女贵族统称为"多妇"，仅武丁时期的这些女领主就至少有六十四人之多[2]。

商代还多有女性武士，如师宾间卜辞记载"妇"在𠙶地进行武装守卫（《合集》7006、7007）。安阳刘家庄商代墓地 M9 的墓主是一位女性，墓中随葬着戈、矛、箭镞等十多件武器（《华夏考古》1997 年第 2 期）；河北

1　程树德撰，程俊英、蒋见元点校：《论语集释》第二册，中华书局，2008 年，第 556 页。
2　胡厚宣：《甲骨学商史论丛初集》上，河北教育出版社，2001 年，第 97 页。

藁城台西 M38 墓主是一名三十岁的女性武士，她的墓葬中出土了青铜戈、青铜箭镞和三只警犬（《藁城台西商代遗址》）；在山东滕州前掌大商代遗址墓葬中，M119 的墓主是一位三十至三十五岁的女性，她的墓中随葬着青铜戈、青铜箭镞以及磨砺武器的砺石。M120 的墓主也是一位女性，墓中出土有青铜刀、戈、斧和磨砺武器的砺石；M17 的墓主是三十岁女性，墓中随葬两件青铜戈[1]。据专家对人骨进行的体质的测量分析，M120、M104 墓主的"肢骨极其粗壮"。这些商代女性武士，可谓先秦"女汉子"，是当时女性贵族的常态。

周代的青铜器铭文中也多有女封君、女贵族治理领地、管理封臣的记录，最出名一位是王姜。如《作册夨令簋》铭文就记载了"作册夨令尊宜于王姜，姜赏令贝十朋、臣十家、鬲百人"。女领主王姜对臣下赏赐了贝壳、封臣，显然是自己拥有大批财产、领地和人口的女领主。《蔡簋》铭文记载，周王室的家宰蔡负责掌管王室百工，并"出入姜氏命"，可见姜氏也掌管工业生产。周王告诫蔡，"汝毋弗善效姜氏人"，就是说要客气地对待姜氏的人，姜氏显然掌管着一个庞大的臣属团队。

《旟鼎》铭文中，也记载了"王姜"给领主史旟赏赐了三块土地。周康王时器的《叔簋》则记载，"王姜使叔使于太保"（《集成》4132），即命令臣下"叔"前往重要大臣太保的领地执行任务。据《集成》2789 鼎铭记载，王姐姜还命令内史，赏赐有战功之臣，受赏者"对扬王姐姜休"，对这位女君表示拜谢。《作册睘卣》铭文记载，"王姜令作册睘安夷伯"（《集成》5407），即命令一位叫作册睘的封臣，去负责招待一位东夷诸侯，

---

1 中国社会科学院考古研究所：《滕州前掌大墓地》上册，文物出版社，2005年，第84—104页。

可见王姜还负责政治和外交。这位王姜，"不但率军出征，主持封赏，而且自有僚属……她地位之崇高，权力之重大，周初彝铭中除周公、伯懋父、召公等人外，很少能与之相比的"[1]。

此外，《季姬方尊》铭文中，记载西周女领主"王母"被称为"君"，管理臣属宰，并赏赐给女儿季姬土地、人口、马牛、粮食等；《螨鼎》也记载，女君"任氏"被家臣称为"皇君"，赏赐给家臣人口。琱生诸器中的召氏家族女领主"召姜"被称为"君氏"，《琱生尊》铭文中召姜赐给琱生礼物，说"余老止，仆庸土田多扰"，并提出大宗召氏和小宗的分家方案。这位女领主召姜，显然掌管着体量巨大的土地、附庸和财产[2]。《次尊》、《次卣》铭文都记载女领主"公姞"命令一个叫"次"的封臣"司田人"，即管理自己领地上农业，并且赏赐给他马、裘衣；《邢姜太宰簋》铭文记载"邢姜太宰巳铸其宝簋"，即女领主邢姜有自己的太宰名字叫"巳"，显然是属于邢姜的封臣。西周早期《奢簋》铭文记载，一个叫公姒的女贵族给一个叫"奢"的臣赏赐贝壳，这位奢很可能就是她的封臣。

新公布的西周《霸姬盘》铭文中，女领主霸姬和自己的封臣"气"打官司，向大领主穆公诉讼，因为气违背了封臣的誓言，没有将投奔自己但原属于霸姬的"仆驭臣妾"归还给霸姬（《考古学报》2018年2期）。在此，西周女贵族不但拥有众多家臣，还能通过司法，与违背契约的封臣之间进行诉讼。在《霸姬簋》铭文中则记载，霸国的庶子霸仲在担任新君之

1　杜正胜：《古代社会与国家》，允晨文化实业股份有限公司，1992年，第348页。
2　陈絜：《琱生诸器铭文综合研究》，见朱凤瀚主编：《新出金文与西周历史》，上海古籍出版社，2011年，第85、95页。

前，霸国的统治者是霸姬[1]。西周昭王时期的《胡应姬鼎》铭文，记载周昭王南征楚国时，路过胡国，"胡应姬见于王，辞皇，赐贝十朋，玄布二匹，对扬王休"。胡应姬作为胡国的女性统治者，面见周天子，表示胡国在军事上对周王南征的配合，因此得到周王赏赐[2]。

1975 年在陕西扶风出土的一件周代铜簋铭文记载，某贵族率领师氏攻击戎胡，该贵族的"文母"也参与了这次战争，"很可能是一位出众的女将军"[3]。《论语·泰伯》中周武王说自己有十位能臣，其中一位是"妇人"，也就是王后女君。西周王后，也掌管王室的工业和武器生产[4]。不但西周王后参与治国和管理，诸侯国君的夫人也参与治理，如《晋姜鼎》铭文记载，晋文侯的夫人晋姜及其姑妈——晋穆侯的夫人都曾经"君晋邦"，即担任晋国的治理者，具有"君"的身份以"治我万民"，她们没有闲暇逸乐，而是审慎地辅佐晋侯治国。

又如周代南方的诸侯曾国，源自周人之南宫氏，其国君的夫人也具有"君"的身份，如随州擂鼓墩二号墓出土青铜簋（M2：49）铭文是"盛君縈之御簋"[5]，曾君的夫人盛君縈，也是一位女君。又如淅川和尚岭二号墓出土"曾仲化君"镇墓兽铭文[6]，这位墓主是一号墓主的配偶，也是女性称君之例。2019 年 5 月在随州枣树林墓地 M169 出土的《嬭加编钟》

1　冯时：《霸姬簋铭文所见西周宗法与家族伦理》，《文物季刊》2023 年第 4 期，第 77—83 页。
2　黄锦前：《新刊两件胡国铜鼎读释》，《出土文献》第十辑，中西书局，2017 年，第 37—41 页。
3　吕文郁：《周代的采邑制度》，社会科学文献出版社，2006 年，第 39 页。
4　沈长云：《金文所见西周王室经济》，见沈长云：《上古史探研》，中华书局，2002 年，第 200—202 页。
5　随州市博物馆：《随州擂鼓墩二号墓》，文物出版社，2008 年，第 46 页。
6　河南省文物考古研究所、淅川县博物馆《淅川和尚岭与徐家岭楚墓》，大象出版社，2004 年，第 109 页。

铭文记载，曾共公的夫人嬭加"行相曾邦"，掌管曾国之权。她不但"典册厥德"，而且是"民之氐巨"，即掌握了治国的典章制度，并且是曾国百姓的依靠。并按照宗法封建领主的称谓，自称"小子加嬭"（《江汉考古》2019 年第 3 期）。铭文中这位女君的记载，显然是封建女领主的口吻。

这些证据都可以表明，殷周时期女性贵族与军事、统治领域的关系非常密切。西周王后手中有大量土地、人口等资源，常用于赏赐。此外，她们也掌管王室的工业和经济活动。西周的诸侯国、贵族宗族，也常常由称为"君"的妇女管理，这些女君手中同样拥有大量的土地、人口、经济资源，或者负责诸侯国、宗族的经济事务管理，或者直接就是宗族的管理者。西周女性，其实也是政治主体，国家的兴盛，也有她们的操劳与贡献。理解这一点，就可以很容易地了解这句话的意思。既然西周王后掌管工业和王室经济活动，因此武王伐纣等战争所需的武器、军需品、后勤供应等都自然与她的管理密切相关。所以，帮助武王实现胜利的，除了九位贤臣，还有武王的一位"贤内助"，加起来一共是十人。《鲁论》将"妇人"改为"殷人"，显然是错误的。

"三分天下有其二，以服事殷。周之德，其可谓至德也已矣。"[1]

孔子谈到了周武王有贤臣九人，贤内助一人，一共十人辅佐他。这时，

1　关于《论语》中句末语气词"也已矣"，有学者指出，先秦两汉早期写本中，都没有"也已矣"的用法，而是作"矣"或"也"。理由是，今本中作"也已矣"处，汉石经、定州汉墓竹简本都只是"矣"或"也"。更重要的是，出土先秦文献上博楚简中，百分之九十五的句末都是以单字作语气词，百分之五为双字，如"也夫"、"也欤"、"也已"，但绝无"也已矣"。《论语》中最早出现"也已矣"的句末语气词，是从唐敦煌写本中出现的。见［韩］曹银晶：《谈〈论语〉句末语气词"也已矣"早期的面貌》，见武汉大学简帛研究中心：《简帛》第五辑，上海古籍出版社，2010 年，第 195—205 页。

他又谈到了周人的品德。周人的品德，是"三分天下有其二"，已经非常强大了，却仍然继续服侍"老盟主"商朝[1]。不过，这是周文王时代的事。孔子是先谈了武王的助手们，又来谈他的父亲文王。

周人是怎么取得天下三分之二的呢？过去不太清楚，现在出土文献回答了这个问题。上博楚简《容成氏》记载，"九邦"叛乱，商纣王就释放了周文王，让他去平定叛乱。"九邦"分别是丰、镐、舟、石、于、鹿、耆、崇、密须。文王派兵去平叛，其中七个诸侯降服了文王。但仍有丰、镐两国，继续反抗。文王三次击鼓进军，却又三次不忍心进攻，下令击鼓撤退。最后，丰、镐被感动，投降了文王。根据李零先生考证，丰、镐在今西安、咸阳一带；密须在甘肃灵台；舟在河南新郑；鹿、崇在河南嵩山；于在河南沁阳；耆在山西长治；石可能在河北石家庄鹿泉一带。换言之，周文王时，周人的势力范围已经包括了宝鸡周围地区，进而扩展到整个关中，还占领了东方的河南、晋南、冀南等地，对殷墟地区形成了合围[2]。

看来，周文王时期，周人的政治力量已经扩展到殷墟附近，对殷商形成了合围夹击之势。天下之大，有三分之二的区域已经是周人的势力范围。但周文王时，还没有对商朝动手。在儒家看来，这是因为周人修德，对"老盟主"有眷恋之情，有不忍之心，因此尽管商王无道，但仍旧继续侍奉这个"扶不起的阿斗"。一直到文王去世后，武王才在包括

1　王国维先生说，周初以前，天子、诸侯还没有君臣之分，"天子"不过相当于后世的"盟主"。王国维：《殷周制度论》，见王国维：《观堂集林》上册，河北教育出版社，2002 年，第 296 页。
2　李零：《三代考古的历史断想》，见李零：《待兔轩文存·读史卷》，广西师范大学出版社，2011 年，第 83—86 页。

女君在内"十人"的辅佐下，颠覆了商朝，转移了天命。在儒家看来，文王、武王都是有德。文王以强大力量服侍较弱的商朝，是不忘"老盟主"，有不忍之心。武王行革命，诛灭无道昏王，行仁政。二者看似矛盾，但都统一在儒家理解的"至德"中。

8.21 子曰："禹，吾无间然矣。菲饮食而致孝乎鬼神，恶衣服而致美乎黻冕，卑宫室而尽力乎沟洫。禹，吾无间然矣。"

孔子赞美了舜，也赞美了文王、武王的美德。这里，他赞美禹的品质。

禹的第一个美好品质，是他饮食节俭，却尊敬地侍奉鬼神。可是，"孝"只是子女对父母的关系，对鬼神为什么也要叫行孝呢？

实际上，古人对"孝"的理解，比后人广泛得多。郭店楚简《唐虞之道》云："孝之施，爱天下之民。"[1] 可知，对远古以来的政治精英而言，爱天下之民，就是一种孝。《大戴礼记·曾子大孝》："夫子曰：'伐一木，杀一兽，不以其时，非孝也。"正如前面分析的，先秦时伐木、捕鱼、捕兽在春天是禁止的，只能在夏天进行，否则就会破坏资源的再生，影响到整个生态和民众的生活。孔子说，非可持续发展的资源利用，也不是孝。《礼记·祭义》中，曾子也曾引用这句话，作"夫子曰：'断一树，杀一兽，不以其时，非孝也'。正如周予同先生所说："在曾子的眼光，'孝'不仅是个人的道德，社会的伦理，而且是宇宙的原则。"[2] 既然"孝"不仅仅是对父母，也是对社会，甚至对宇宙，因此古人也相

1　李零：《郭店楚简校读记》，北京大学出版社，2002 年，第 95 页。
2　周予同：《周予同经学史论》，上海人民出版社，2010 年，第 60 页。

信对"神"的虔诚，也是"孝"。《国语·周语下》："言孝必及神"，"昭神能孝"。而在社会关系中，天子养三老，以"父事三老为孝"[1]。一直到后世东汉时期，源自上古大酋长的那种通天、通神之"孝"，仍然具有宇宙论的含义。如《后汉书·荀淑传》中就认为："夏则火生，其精在天，温暖之气，养生百木，是其孝也。"《后汉书·襄楷传》则云："夫天子事天不孝，则日食星斗。"

综合这些情况来看，古人理解的"孝"，尤其是政治精英的"孝"，一定比普通人高。普通人，对父母行"孝"即可。政治精英，从上古大酋长到后世天子之类，不但要把"三老"当作父亲来侍奉才叫"孝"，而且要爱天下之民众才叫"孝"。除此之外，他还要维护整个自然生态，保障民众有资源可用，对于神，他必须虔诚供奉，并且以虔诚宗教士或祭司的身份，去小心维系宇宙的平衡与秩序，这也才叫"孝"。因此，大禹自己的饮食很节省，却虔诚地侍奉神，这本身也就意味着他在践行以"爱天下之民"为孝等在内的一整套伦理。

禹的第二个美德，是他不讲究穿奢靡的好衣服，却讲究礼服的精美。他自己私人的穿着，是质量不高的衣服，但却非常致力于礼仪活动中衣服的华美。他举了两个例子：大禹在礼仪服装中的"黻"、"冕"都非常的精美。

黻，《尔雅·释言》："黼黻，彰也。"郭注："黼文如斧，黻文如两己相背。"《左传·桓二年》："衮冕黻珽。"杜注："黻，韦韠，

1　蒙文通：《儒家政治思想之发展》，见蒙文通：《经学抉原》，上海人民出版社，2006 年，第 169 页。

图 8.2 明代帝王礼服上的黻纹

图 8.3 宋人聂崇义《新定三礼图》淳熙刻本中戴"冕"装饰"黻"纹的形象

以蔽膝也。"从这两条记载来看，"黻"是古人下裙围的蔽膝上某种纹饰，这一纹饰的形状是两个"己"字相背。沈从文先生认为，这种两己相背的符号，是从古代铜器上两龙、两兽纹对峙或相蟠的形象演化而来[1]。在明代帝王陵出土的服装上，就有黻的形象（图 8.2）。宋人的《三礼图》中，也有穿着冕，下裙的蔽膝装饰有"黻"纹的形象（图8.3）。

"冕"字，最初见于殷器。西周金文，本字作"免"，写作𠆳[2]，形状为人头上戴冕之形。在战国文字的包山楚简中，也作此形。到云梦秦简中，"冕"字也是"免"，但代表头顶冕的符号已经嵌入"人"身中，再加上为了与"兔"字区别，因此又加上一个同头，代表头上所戴之冕[3]。可知，"冕"的形制，在中国有古老的源流，从有文字可考以来便一直沿用流传。这一饰物，是礼仪活动中戴在头上的礼帽。孔子赞美大禹，自己穿得朴素，可是精心准备礼仪活动的服饰。说明在儒家看来，礼仪活动，具有崇高的象征意义。

---

1 沈从文：《中国古代服饰研究》，上海书店出版社，2006 年，第 42 页。
2 容庚：《金文编》，科学出版社，1959 年，第 456 页。
3 邱德修：《古文套字"弁""冠""免"考：兼论楚简"卞"字之来由》，见复旦大学出土文献与古文字研究中心编：《出土文献与传世典籍的诠释：纪念谭朴森先生逝世两周年国际学术研讨会论文集》，上海古籍出版社，2010 年，第 179 页。

　　禹的第三个美德，是不讲究自己私人的住所，但却热心关注公共的水利工程。当然，大禹治水的故事，我们耳熟能详，被视为儒家想象出来的圣贤美德。在出土青铜器铭文、简牍材料中，也记载了大禹治水之事。如北京保利艺术博物馆收藏西周青铜器《遂公盨》铭文中，就记载"天命禹敷土，随山浚川"[1]。随州义地岗墓群发掘的 M169 出土"嬭加编钟"铭文中，也有"伯舌（括）受命，帅禹之堵，有此南洍"[2]的记载，即周人贵族南宫适，沿着大禹南下治水的道路，前往淮河流域建立新的曾国。此外上博楚简《容成氏》中记载舜时大禹担任司空，受命治水，辛苦劳作至于"手足胼胝，面奸鯖（皯），胫不生之毛"[3]；上博楚简《禹王天下》中则记载了"禹疏江为三，疏河为九，百川皆导，塞敷九十，决渎三百"[4]等大型治水工程之复杂辛劳。传世文献、出土文字材料，以及大禹生活时代龙山文化时期的考古情况，都能证明当时大禹"尽力乎沟洫"之艰难。

　　考古学家指出，大致接近禹生活时代的伊洛地区龙山文化，治水等公共工程，确实对社会的团结、复杂化、一步步走向文明起到了非常关键的作用。例如，刘莉先生就发现，豫中和豫北区域的龙山文化（大致相当于禹的时代），很少有高等级的建筑和高级贵族物品，但却热衷于

1　李学勤：《论遂公盨及其重要意义》，见李学勤：《中国古代文明研究》，华东师范大学出版社，2005 年，第 126 页。

2　郭长江、李晓杨、凡国栋、陈虎：《嬭加编钟铭文的初步释读》，《江汉考古》2019 年第 3 期，第 9 页。

3　马承源主编：《上海博物馆藏战国楚竹书·二》，上海古籍出版社，2002 年，第 247—292 页。

4　马承源主编：《上海博物馆藏战国楚竹书·九》，上海古籍出版社，2012 年，第 226—235 页。

公共建设，进而保护社会抵御洪水、战争等[1]。

实际上，从考古学反映的事实可知，在禹的时代，山东龙山文化的社会发展水平比传说中禹所在的河南更高。山东龙山文化有很多贵族的高级建筑、贵族奢侈品。可是，禹所在的河南龙山文化，几乎没有高等级的建筑，也没有高级奢侈品。但这一社会致力于抗洪等公共工程建设，通过这些活动，河南的龙山社会，加强了团结合作、社会组织水平，提高了抵御灾害的能力。因此，中国最早的文明，并不是出现在奢靡而发达的山东龙山文化，而是出现在"卑宫室而尽力乎沟洫"的河南龙山文化，这一切绝不是偶然的。

1　LiLiu, The Chinese Neolithic: Trajectories to Early states, Cambridge University press, 2004, P248.

子罕第九

9.1 子罕言利，与命与仁。

孔子很少谈论并追求利益，这一点从前文对"束脩"的分析，可以得到很好的证实：孔子热衷于帮助学生，甚至接济他们的"邻里乡党"，并不是靠收取"束脩"牟利。在孔门师徒看来，祭肉具有神圣的色彩，师徒共吃祭肉，象征着某种追求的共同体。

孔子很少谈论利益，这一点历来无疑问。疑点出在，既然孔子很少谈利益，却为什么也很少谈"命"，谈"仁"呢？这一点，历来有多种说法。比较流行的说法，如朱注说天命深奥玄微难言，仁道博大难明，因此孔子很少说。于省吾先生说，《论语》中常见"仁"字，不能说孔子"罕言"仁。古文字中，仁、尸、夷三字相通，字形接近，因此这里应该是"夷"字，意思是孔子很少谈天命，很少谈夷狄[1]。于先生此说，虽然有古文字学依据，但"利"、"命"都是价值范畴，"夷"是民族或文化范畴，二者内涵差距甚大。杨伯峻先生就认为，此说"未必确"[2]。

实际上，"利"、"命"、"仁"都属于价值范畴，放在一起并没有问题。理解此处，关键不在"利"、"命"、"仁"，而在"与"字上。金人王若虚、清人史绳祖都说，"与"是"许"的意思。这样，孔子罕言利益，却赞许"命"和"仁"。王叔岷先生也说，这里的"与"字当

1　于省吾：《论语新证》，《社会科学战线》1980 年第 4 期，第 136 页。
2　杨伯峻：《论语译注》，中华书局，1980 年，第 87 页。

作"攀"。"攀犹言也"，意思是孔子罕言利益，但谈论命、仁[1]。张家清先生则说，此处的"与"字据《说文》为"攗"，义为"明群也"。"与命与仁"，即和从天命、行仁道之人为朋群[2]。无论是"赞许"说，"谈论"说，还是"朋群"说，都一致认为，命、仁这两种价值，都是孔子所肯定的。因此，程朱理学将利、命、仁都视为孔子所否定的观点，是不能成立的。

9.2 达巷党人曰："大哉孔子！博学而无所成名。"子闻之，谓门弟子曰："吾何执？执御乎？执射乎？吾执御矣。"

"达巷"，是一个地缘单位"巷"的名称。在战国陶文中，常出现"巷"的名称。如"繇巷"、"貯巷"、"丘巷"、"巷"、"巷"等[3]。包山楚简中也有"州巷"的记载[4]。可知，"达巷"也和战国文字中的这些"巷"一样，是一个普通的街巷，而不是《汉书·董仲舒传》注及皇甫谧《高士传》以来，以及孟康、钱穆先生等人说的"项橐"、"大项橐"。"达巷党人"，即住在此处的一位普通居民，甚至没有留下名字。

这位普通居民，早已听说过孔子"博学"的大名，因此感慨，说孔子博学，却不成为某一方面的小专家。朱注说，这位居民在感慨中也惋惜孔子虽然博学，却没能以某一小专业领域（一艺）而出名。按此说，

1 王叔岷：《论语斠理》，见王叔岷：《慕庐论学集》第一册，中华书局，2007年，第167—168页。
2 张家清：《"子罕言利与命与仁"的正确理解》，《读书》2013年第4期，第99页。
3 高明：《古陶文汇编》，中华书局，2004年，第20、34页。
4 赵平安：《新出简帛与古文字古文献研究》，商务印书馆，2009年，第341页。

则这位居民对小专家还是颇有好感的，因此叹息孔子虽博，却少了小专家的"专精"。

孔子大概从弟子那儿听说了这一评价，于是对弟子们举了个比喻。说，我"执"什么呢？"执"字，陈梦家先生说，此处应当为"艺"之误。"艺"在当时，指的包括射、御[1]。西周铜尊铭文中记载周王指定贵族"司六师暨八师艺"（《铭图》11814），应当就是掌管教育、传授此类军事贵族技艺。射箭、驾车，都是技艺，但这两种技艺还有不同。李零说古代车战，射箭是专门盯着一个目标射，关注的是小问题。而驾车手，则拉着射手到处跑，全方位地选择更合适的进攻目标[2]。应该说，李零先生的这一分析颇有道理。射手、御手虽然都从事的是"艺"，但两种"艺"差异很大。前者是专家之"艺"，关注一个小点；后者是通人之"艺"，关注整全性问题。孔子说，我是哪一种"艺"？是专家之"艺"吗？是"通人"之"艺"吗？我是通人之"艺"啊。孔子的理想，就是做面对整全性问题和世界丰富性的通人，而不是某一领域的技术小专家。

9.4 子绝四："毋意，毋必，毋固，毋我。"

在郭店楚简《父无恶》简 64a、65a 中，有"毋意，毋固，毋我，毋必"[3]的相同表述。

"意"字，读作"億"，根据《说文》段注，是测度的意思，也就是毫无依据的测度；"必"，是武断；"固"，是固执己见；"我"是

---

1 陈梦家：《尚书通论》，中华书局，2005 年，第 4 页，注一。
2 李零：《丧家狗：我读〈论语〉》，山西人民出版社，2007 年，第 176 页。
3 李零：《郭店楚简校读记》，北京大学出版社，2002 年，第 149 页。

主观性太强。孔子坚决反对四种缺点：毫无根据地猜度，下结论武断，固执己见，过于主观，这四项，一般人很难避免。郭店楚简中，与《论语》排序不同，内容完全一致。这说明，早期古儒流传的文献中，孔子坚决反对这四项缺点的见解，得到了广泛的学习与传播，这也恰恰证明了人们很容易犯这四种缺点。尤其是，即使是博雅的知识人，也往往有知识结构上的盲点，如果不能根绝这四种缺点，往往容易犯错误，过于自信，动辄胡乱猜测，要么就固执己见，非常武断。

9.5 子畏（困）于匡，曰："文王既没，文不在兹乎？天之将丧斯文也，后死者不得与于斯文也；天之未丧斯文也，匡人其如予何？"

钱穆先生考证，孔子被围困在匡，其实也就是在蒲地。当时公叔氏以蒲地叛乱，叛乱者不希望孔子离开，去帮助政府，因此尽量阻止孔子前行，这便导致了孔门师徒与该地的叛军发生武装冲突，经过一系列打斗，才得以离开[1]。这时，是鲁定公十四年春，即公元前496年，他可能刚经过卫国仪封人的地区，不久前还被赞美为天之木铎。

此处用"畏"字，一般人可能理解为，孔子面对匡地的叛军，感到畏惧，所以叫"畏于匡"。其实，这种理解是很大的错误。《礼记·檀弓上》云："死而不吊者三：畏、厌、溺。"这说明，"畏"不是一种活人的情绪，而是一种死亡的方式。清人孙希旦《集解》云："谓被迫胁而恐惧自裁者。"这里解释得很清楚，"畏"是受到威胁、逼迫，最后在恐惧中自杀的人。秦二世最后被迫自杀，就可以叫"畏"。根据《礼

---

1 钱穆：《孔子传》，生活·读书·新知三联书店，2002年，第41页。

记》记载，这种人，死得窝囊，因此一般人不必去为他吊丧。

孔子在匡地受到公叔氏叛军的威胁、逼迫，但并未因恐惧而自杀，这里为何要用"畏"字？这不是成了在侮辱孔子了吗？笔者认为，这是战国文字在传抄中产生的错误。

战国文字中，"畏"字一般写作从"鬼"之字，如"愧""塊""魁"等，《诅楚文》中的"畏"也写作𩳁，从"鬼"之形[1]。李天虹先生认为，楚简文字"畏"作偏旁使用时，混同于"鬼"[2]。在《子罕》中的"不为酒困"，《鲁论》作"不为酒魁"。这里，"困"被写成了从"鬼"之字，实际上就是"畏"。此外，《仪礼·大射》中，"取矢梱之"，注云："古文梱作魁。"可知，战国文字的"困"有时被写作"魁"之类从"鬼"的字，而"畏"的字形，往往从"鬼"，因此字形上容易发生错误。从古音上讲，上古音"困"在溪母文部，"畏"在影母微部。文部、微部是对转关系[3]，声纽一在牙音，一在喉音，也是邻近关系。因此，古音上也非常接近，容易发生误混。

所以，此处的"畏"原当作"困"，"子困于匡"，和"困于陈蔡"是一个意思。孔子在匡地遭遇叛军，被围困之后，通过打斗才得以突围而走。在围困中，孔子和在宋国遭遇桓魋威胁一样，感叹说凡事自有天命。若天命如仪封人所说那样，要让我担任木铎，将"斯文"的火种传下去，那匡人的武装威胁，又能拿我怎样呢？在此，孔子强调了自己肩负天命的自觉，其使命是将三代以来的贵族"王官学"之生命与所承载

1　何琳仪：《战国古文字典：战国文字声系》，中华书局，1998年，第1185—1187页。
2　李天虹：《楚简文字形体混同、混讹举例》，《江汉考古》2005年第3期，第84页。
3　杨树达：《积微居金文说》，上海古籍出版社，2006年，第273页。

的知识[1]，以不绝如缕的方式传承下去，播种给新时代平民社会的精英。在那里，古老的火星将逐渐燃烧并壮大，进而四处蔓延，最终成长为足以肩负起为华夏文明续命的巨大体量。

9.6 太宰问于子贡曰："夫子圣者与（欤）？何其多能也？"子贡曰："固天纵之将圣，又多能也。"子闻之，曰："太宰知我乎？吾少也贱，故多能鄙事。君子多乎哉？不多也。"

太宰问子贡，说孔夫子是圣人吧？否则何以有如此多的能力？子贡对孔子，有特殊的崇敬之情，孔子死后，唯独他一人独自住在孔子坟墓旁，一住就是六年，可见感情之深厚。而孔子死后，在上层社会宣扬孔子是圣人，子贡出力最多。子贡这样做，可以想见他的内心，对孔子是何等的敬仰。因此，他对太宰说，孔子能力多，是天赐的，不是我们凡人能具备的。

孔子听了，觉得这话不对，说太宰不了解我呀。我年轻时，地位卑贱，因此做过许多基层工作，如"委吏乘田"之类，具备了很多技能。据《孟子·万章下》记载，"孔子尝为委吏"、"尝为乘田"，作为掌管仓库账目的会计、出纳、账目，以及苑林畜牧等管理，可谓繁杂且冗剧，但也能训练做事的具体能力。"委吏"又称"委胥"，湖南常德汉寿聂家桥乡15号墓出土战国楚印中，有"郢室委胥之玺"[2]。委吏、委胥，

1　李竞恒：《治理的技艺：三代王官学新说》，《原道》第39辑，长沙：湖南大学出版社，2020年，第205—212页。

2　鲁鑫：《新发现的几则有关楚县的战国文字材料》，见杜勇编：《叩问三代文明》，中国社会科学出版社，2014年，第461页。

皆是这些职务属后世"胥吏"一类所负责低级且烦剧之事。

关于"乘田",也见于简牍资料。如曾侯乙墓竹简205、206就有"乘田人"的记载,整理者指出这即"苑囿之吏"的职务[1]。又如包山楚简中,也有"乘田"记载,意为扩大土地之事务[2]。结合来看,孔子年轻时做过掌管仓库会计的小吏,也负责管理林苑中的牛羊放牧、植物管理,以及部分涉及土地开垦等事务的工作,积累了丰富的事务性经验。但孔子强调说,这不是我天资高,而是早年生活的经历所决定的。孔子这句话,其实也隐含有对子贡的委婉建议:别造神,要讲事实。

上博楚简《弟子问》中有"子闻之曰:'赐,不吾知也'"的记载[3]。孔子对子贡的评价非常高,子贡对老师的敬慕之情也很深。但子贡有一点不足,就是太过于崇拜孔子,有时讲得太夸张,如同描述神灵一般。子贡觉得孔子博雅多能,是天赋的结果。孔子却多次说,自己多能,一是早年经历,二是有好学之心,并不是一切都是天赋。但孔子的解释,只会让子贡更进一步觉得孔子除了天赋,还有谦虚的美德。因此,孔子会觉得,子贡其实并不了解自己,是"不吾知也"。

文中"太宰"这一人物,具体是哪国人,哪一个级别的"太宰",现在都不清楚。郑玄、皇侃等认为是吴国太宰,程树德认为是鲁国太宰。出土资料中,鲁国铜器有"大宰原父簋",楚简、三晋玺文等材料中都有"太宰"。由于"宰"最早是掌管膳食的人员,在历史过程中逐渐演

1　湖北省博物馆:《曾侯乙墓》,文物出版社,1989年,第527页。

2　湖北省荆沙铁路考古队:《包山楚简》,文物出版社,1991年,第44页。

3　梁静:《上博简〈弟子问〉文本研究》,见《出土文献研究·第十辑》,中华书局,2011年,第66页。

化为太宰、小宰、宰夫、邑宰等。总之，"太宰"在春秋战国不同时期、国家、级别都颇为不同[1]。因此，此处的"太宰"究竟为哪一级别的官员，哪一个诸侯国的官员，确实无法给出确切答案。当然，在掌握新发现的确切证据之前，也不必强求，一定非要给出一个定论。

9.10 子见齐衰者、冕衣裳者与瞽者，见之，虽少必作，过之必趋。

这里记载说，孔子见到三种人，都要起立，从他们面前经过，都会迈着小碎步快速走过，是一种礼貌。这三种人，分别是齐衰者、冕衣裳者和瞽者。

"齐衰"（图9.1）不是读 qi shuai，而是读作 zī cuī，是古代五等丧服中的第二等，仅次于"斩衰"。为父亲服丧是斩衰（父亲为嫡长子服丧，也是斩衰），粗麻布衣服，边缘粗糙有毛边，相当于一刀斩卜块麻布就披上，无心再多想其他，以此表示特别伤心。齐衰则是为母亲、继母、妻子以及母亲为长子所服之丧服，麻布边缘缝制整齐，没有毛边，因此次于斩衰。"齐衰"也分为不同的类别和等级，有齐衰三年，齐衰杖期则为一年，为曾祖父母服丧则为齐衰三个月[2]。这里的"齐衰者"，泛指各类服丧之人。

"冕衣裳者"，有人说这里的"冕"当从《鲁

图9.1 明代古书《三才图会》中的"齐衰"形象

---

1 吴晓懿：《〈上海博物馆藏战国楚竹书（四）〉所见官名辑证》，见武汉大学简帛研究中心：《简帛》第五辑，上海古籍出版社，2010年，第244—245页。
2 彭林：《中国古代礼仪文明》，中华书局，2013年，第219—220页。

论》作"縗"，是一种较轻的丧服。但程树德认为，既然前面说了丧服，这里又来说丧服，意思重复，因此不可从[1]。这里的"冕"，仍然只能从礼服的角度来理解。根据《说文》，冕是"大夫以上冠也"，所以，冕衣服之人，即有大夫及其以上爵位之人。

孔子见到穿丧服的人，就算年纪不大，孔子也会起立，或从他身边迈着小碎步疾速走过，表达某种敬意。这是因为，这人失去了亲人，孔子以礼相待，表达了对有丧者的同情、哀悯，是对"伤心人"的礼貌。而对大夫以上的贵族，表达某种敬意，本身也属于贵族精神和绅士风度。比较难理解的是，他对"瞽者"的敬意。

"瞽者"，是盲人。历来的解释大致是说，孔子对盲人行礼，是因为他们残疾，所以孔子表示哀矜。可是，残疾人有很多种，有聋哑人，有四肢残缺者，但为何孔子只对盲人表达特殊的敬意？实际上，这只能从当时的文化背景去理解。

在先秦文化中，瞽者往往是精通宗庙礼乐之人。《诗·周颂·有瞽》云："有瞽有瞽，在周之庭。设业设虡，崇牙树羽。应田县鼓，鞉磬柷圉。既备乃奏，箫管备举。喤喤厥声，肃雝和鸣。先祖是听。"这首诗是描述周人庙堂之上，盲人乐师"瞽"悬挂钟鼓之座架，按照顺序设置各种乐器，主持奏乐合鸣，祭祀祖先的音乐高贵典雅，因此祖先们都在庙堂中倾听。这里可知，瞽就是盲乐师。在古老的三代时期，他们的地位很高，负责在周人的殿堂上演奏先王雅乐，献于列祖。《国语·周语上》云："天子听政，公卿至于列士献诗，瞽献曲，史献书。"可知，

1　程树德撰，程俊英、蒋见元点校：《论语集释》第二册，中华书局，2008年，第592—593页。

天子要行王道，需要各级士大夫参与诗教，瞽者则献上雅乐，参与乐教，史官献上书籍，是为文教。瞽者的地位，与诗教、文教一样重要，是礼乐文明的重要组成部分，可见周礼文化中，瞽者往往有很高的修养。

古希腊文明早期的荷马史诗，在希腊社会中具有类似中国"经学"的崇高地位[1]。根据维柯的研究，荷马就是一位盲人，"Homēros 在伊阿尼亚土语里意思就是'盲人'"。而且《奥德赛》中歌唱的诗人们往往也是盲人，他们为贵人在筵席、求婚欢宴上歌唱。维柯谈到，这些盲人都具有惊人的记忆力[2]。换言之，早期华夏、西方的政教礼乐传播中，"瞽者"都曾经扮演过重要的传播者角色，因此而受到尊重。

周人的礼乐文化，非常重视音乐的礼仪、教化功能。而最精通音乐文化者，往往就是盲人"瞽"。到了孔子生活的时代，虽然已经礼崩乐坏，但鲁国的盲人乐师，仍然继承了西周以来的乐教修养。《卫灵公》中，记载了孔子晚年对盲乐师"师冕"的尊敬，而他的晚期弟子子张，已经不太明白这是什么意思了。可见，伴随着礼崩乐坏，盲乐师的地位在逐渐下降，不复具有周礼兴盛时期的尊崇地位。但孔子敬仰周礼，也尊敬礼乐文明中传承乐教的盲乐师"瞽者"们。

综合起来看，孔子对三种不同的人行礼，具有三种不同的含义：对穿着丧服的人行礼，是对失去亲人者的同情与悲悯；对大夫及其以上戴冕的贵族行礼（孔子本人也是大夫），是贵族文化与绅士风度的教养；对盲人行礼，是因为他们有乐教的修养，是宗周礼乐文明的守护者。

1　刘小枫：《〈弓弦与竖琴〉中译本前言》，见［美］伯纳德特著，程志敏译：《弓弦与竖琴：从柏拉图解读〈奥德赛〉》，华夏出版社，2003 年，第 1—6 页。
2　［意］维柯著，朱光潜译：《新科学》下册，商务印书馆，1997 年，第 469—470 页。

9.12 子疾病，子路使门人为臣。病间，曰："久矣哉，由之行诈也。无臣而为有臣。吾谁欺？欺天乎？且予与其死于臣之手也，无宁死于二三子之手乎？且予纵不得大葬，予死于道路乎？"

孔子得了大病，日益严重[1]。子路以为孔子这次病危，便组织"门人"担任"臣"，要为孔子准备后事了。

"门人"，一般都理解为孔子弟子。但"门人"一词，与"弟子"有所不同。《经稗·四书》："欧阳子有言，受业者为弟子。受业于弟子者，为门人。"在上博楚简《子道饿》简1中，有孔门弟子提出"子将道饿死焉"，后面就有"门人谏曰"[2]。在简文中，提问的孔门弟子是子游，而门人对子游说话，是"谏曰"。可知，追随孔子周游的弟子，还带有自己的门人。因此，这里孔子大病，子路安排担任臣的"门人"，应该是他自己的门人，而不是孔子的弟子。

这些子路的门人，奉命担任丧礼中服务的臣。白川静说，"'臣'原本是侍奉神灵的职称，传说中辅佐殷人建国的伊尹，在甲骨文里就被称为'小臣伊'"[3]。可知，"臣"最初在殷周时，是侍奉神灵之人，后来也引申为侍奉死者亡灵之人。在侍奉死者葬礼的过程中，这些"臣"需要处理很多巫术性礼仪的事务，如给死者修理头发、胡须、指甲等，沐浴死者遗体，以及"饭含"（以珠、玉、贝、米等物纳入死者之口，图9.2）和招魂、迁尸等具体内容。子路预先安排好自己的门人，打算

1　郑玄注云："病益困也。"见王素：《唐写本论语郑氏注及其研究》，文物出版社，1991年，第106页。
2　马承源主编：《上海博物馆藏战国楚竹书（八）》，上海古籍出版社，2011年，第121页。
3　［日］白川静著，温天河、蔡哲茂译：《金文的世界：殷周社会史》，联经出版事业公司，1989年，第20页。

等孔子死后，置办他的丧礼，侍奉他的灵魂。但根据礼制，这是大夫僭越诸侯之礼[1]。

可是，孔子的病，却又好转了。他得知子路行僭越之礼

图 9.2　韩国电影《思悼》中，死去李朝世子入殓时，"饭含"将米放入口中

后，觉得这是在对上天行欺诈之事。正如前面多次分析的，子路的思维方式，还停留在更远古的殷周时代，平时读《谏》这一类的东西，对"君子"、"朋友"等概念的理解，也是很古老的。因此，他见孔子病危，也不管是否合于礼，首先想到需要侍奉亡灵的"臣"，因此专门安排自己的门人去忙碌。

但孔子说，你让我僭越诸侯的礼，这是欺天啊。况且就算要我死在陌生人"臣"的手中，我宁愿死在你们几位弟子的手里。就算我死后得不到隆重的葬礼，难道我还会死在远行的道路上吗？在古人看来，远行于路上是危险和容易死亡的，因此远行前多有"祖道"仪式，以祈求平安[2]。在云梦秦简《日书》甲种中，多次提到出行可能遭遇"死亡"、"必死"、"死"、"亡"等结局[3]。因此，对古人来说，出行是危险的，非常容易导致死于非命。死在路上，也是可悲而凄凉的。孔子有周游列国的经历，几次遭遇危险，因此拿死于远行的路上作比喻。他的意思是，就算我得不到隆重的葬礼，但死在你们二三子（孔门几位核心弟子）诸位的手上，也算不错，至少不会有死在远行道路上的凄凉。

1　程树德撰，程俊英、蒋见元点校：《论语集释》第二册，中华书局，2008 年，第 599 页。
2　詹鄞鑫：《神灵与祭祀：中国传统宗教综论》，江苏古籍出版社，1992 年，第 439—441 页。
3　王子今：《睡虎地秦简〈日书〉甲种疏证》，湖北教育出版社，2003 年，第 247、254 页。

9.16 子曰："出则事公卿，入则事父兄，丧事不敢不勉，不为酒困，何有于我哉？"

孔子说，在外服事公卿，在家服事父兄，丧事不敢不勤勉努力，不被嗜酒所困，这些我都做到了哪些呢[1]？

服事公卿，"公"即诸侯国君，文献中一般也称"公"；"卿"则是卿士，是诸侯国的重要宰执。"出则事公卿"是说出仕诸侯，或在卿士那里担任家臣。在家中，则事奉父亲和兄长，对父亲的侍奉为孝，对兄长的顺从为悌。如果遭遇丧事，就不能不勤勉应对。皇侃疏云："勉，强也。"秦简《日书》甲种祝马禖之辞有"勉饮勉食"之语，即"努力"之意[2]。"不为酒困"，于省吾先生以为是"不为酒魁"，即坐在酒尊边尽欢的角色[3]。程石泉也据《礼记·檀弓》，以及《丧大记》"九月之丧，五月、三月之丧，食肉饮酒不与人乐之"等记载，将此处读为"酒魁"，"此言为酒魁，谓不敢倡群饮也。文承丧事不敢不勉而言"[4]。孔子问自己在这些方面做到了哪些，是一种谦辞。就是描述自己侍奉公卿、父兄，以及在办理严肃丧葬的礼仪活动中，勤恳尽力。在主持这些活动中时，不倡导集体饮酒，而是保持审慎做事的勤勉态度。

---

1 程树德云："此章之义本不可解。"解释此章，确有难度，有些注家干脆就回避未解，如杨树达。"何有于我哉"的解释，笔者从杨伯峻先生观点。杨伯峻：《论语译注》，中华书局，1980 年，第 92 页。

2 刘钊：《江苏高邮邵家沟汉代遗址出土木简神名考释》，见刘钊：《古文字考释丛稿》，岳麓书社，2005 年，第 347—348 页。

3 于省吾：《论语新证》，《社会科学战线》1980 年第 4 期，第 137 页。

4 程石泉：《论语读训》，上海古籍出版社，2005 年，第 153 页。

9.17 子在川上曰："逝者如斯夫，不舍昼夜！"

川，《说文》说是"贯穿通流水也"，也就是流水边。阜阳汉简木牍中有"孔子临河而叹"的内容[1]。"河"即黄河，汉简记载孔子在黄河边发出过感叹。《史记·孔子世家》也记载孔子想去见赵简子，在黄河边感叹"美哉水，洋洋乎"。结合传世与出土文献来看，孔子最有可能是在黄河边感叹出这席话。钱穆先生指出，孔子未曾想去见赵简子，只不过在经过匡蒲地区时，曾到过晋卫边境的黄河南岸，动念想从佛肸之召，结果被后人误传为想见赵简子[2]。钱穆先生说孔子到黄河南岸，是在经过匡蒲地区时，那也就是在公元前496年。按照这样推测，孔子感叹"逝者如斯"时，他五十六岁，已过了"知天命"之年。

孔子五十六岁，在黄河边感叹的这番话，是因为"言人年往如水之流行，伤有道而不见用"[3]。郑玄的这一解释，未免太过于政治化，而忽略了更深刻的时间体验。程朱的解释，则大谈"道体"，说天运不停，日月运转，水流不断，这些都是"道"的体现。显然，程朱理学的分析，是一种过度阐释。笔者认为，解释较为合理的是皇侃。皇疏说孔子在河边，见到河水流动，没有停止，所以感叹人的年华逝去，也是如此，"向我非今我"。

9.19 子曰："譬如为山，未成一篑，止，吾止也。譬如平地，虽覆一篑，进，吾往也。"

这里，孔子是拿堆土为山的工程作比喻。古代工程，大型宫台类建筑，

1　阜阳汉简整理组：《阜阳汉简简介》，《文物》1983年第2期，第23页。

2　钱穆：《孔子传》，生活·读书·新知三联书店，2002年，第43页。

3　王素：《唐写本论语郑氏注及其研究》，文物出版社，1991年，第107页。

图 9.3　马王堆三号汉墓中发现的竹编运土工具"篑"

都是堆土为山筑造而成。到了更往后的战国、秦汉，大型墓葬的封土也是用堆土为山筑造而成。堆土要用竹筐一筐一筐地积累，非常漫长艰难，因此孔子以"为山"作比喻，形容做事要坚持。

古人用来堆土之"篑"的形象，在考古中有发现。马王堆三号汉墓的填土中，就曾发现过一个用以装土的竹筐。口径约 43 厘米，带耳高 26 厘米，用毛竹编织而成，筐孔较大，筐口处有绞篾提手两个，通体都很结实[1]。显然，这一运土竹筐，就是文献中的"篑"（图 9.3）。

孔子说，用竹篑运土堆山，山都快要堆成了，这时停下来，就少那一篑土，这也是中道而止。如果是刚刚开始，在平地上倒下第一篑土，但只要坚持不断，积少成多，也会最终成功。谚语说，"不怕慢，就怕站"，也是这个道理。中途停下，站立不动，就很容易功亏一篑，前功尽弃。

9.27　子曰："衣敝缊袍，与衣狐貉（貂）者立而不耻者。其由也与（欤）？'不忮不求，何用不臧？'"子路终身诵之。子曰："是道也，何足以臧？"

子路有一种美德，便是能恪守朴素的志节，不为外在的富贵所动。在冬天，他穿着装满破败麻絮的"缊袍"。但是与穿着貂皮大衣的人站在一起，一点儿也不觉得丢人。

1　文保：《马王堆三号汉墓出土的铁口木臿》，《文物》1974 年第 11 期，第 45 页。

　　"缊"字最初见于西周金文，意思是赤黄色[1]。另外，也见于汉简"绿纬孤与缊检皆完"[2]。刘宝楠《正义》引《韩诗外传》："曾子褐衣缊絮，未尝完也"，《汉书·东方朔传》"衣缊无文"，师古注"缊，乱絮也"。"缊"的赤黄色含义，应当就来源于对破乱麻絮颜色的描述。缊袍，一般是用粗麻制成的（褐衣），衣服有夹层，冬天冷了，就填充破麻布、麻丝，如同后世填充棉花一样。秦律中记载，囚犯刑徒的衣物，就是用粗麻布制作的褐衣[3]。可见，孔子弟子中的子路、曾子所穿的敝缊袍、褐衣缊絮应当属于古代社会中质量最差的那一类衣物。

　　"貉"是常见动物，价钱便宜，豪贵都耻以为裘。实际上，在金文中有"貉"字，而此处"狐貉"并称，正如段玉裁所言，应该读为"貈"。此处也当从陆德明读为"貈"，也就是貂裘。周代青铜器《九年卫鼎》、《乖伯簋》中都有"貂裘"的记载[4]。因此，这里的"貉"字应该读为"貂"，意思是貂皮大衣。

　　所以，孔子是称赞子路，虽然穿着最低劣的粗麻破麻絮旧袍，但与那些穿着貂皮大衣的人站在一起，一点儿也不自卑。贫贱、富贵，这些外在的事物，一点也不能打动子路的心，他有着坚定的志向。因此孔子引用《诗·卫风·雄雉》说："不嫉妒，不贪求，干什么都会顺利的。"（不忮不求，何用不臧）孔子对子路这一德性的赞许，让他很受鼓励，

1　［英］汪涛著，郅晓娜译：《颜色与祭祀：中国古代文化中颜色含义探幽》附录二，上海古籍出版社，2013年，第250页。
2　胡平生、张德芳：《敦煌悬泉汉简释粹》，上海古籍出版社，2001年，第111页。
3　睡虎地秦墓竹简整理小组：《睡虎地秦墓竹简》，文物出版社，1978年，第66—67页。
4　张政烺：《周厉王胡簋释文》，见《张政烺文集·甲骨金文与商周史研究》，中华书局，2012年，第252页。

终身记诵此言。但孔子又告诫他，对于"道"的追求，永远没有尽头，怎么能够只是停留在"不耻恶衣恶食"这么一些比较起码的君子德性，然后就一直叨念不已？那得不断进取，不断提升自己的认知与境界高度才行，而不是原地踏步，一直吃老本。

9.28 子曰："岁寒，然后知松柏之后彫（凋）也。"

这一段，孔子在讲能捍卫底线的人。这里的"彫"，即"凋谢"的"凋"字。孔子说，要等到天气最寒冷时，松柏才会最后"凋"。不过，常识告诉我们，松柏即使在严寒的气候中，也不会凋谢。孔子说松柏凋谢，这是不是违背常识呢？或者是，"凋"字的含义不同于"凋谢"？

对于春秋时代的气候，竺可桢先生早有分析。根据研究可知，春秋时代处于一个相当温暖的时期，当时鲁国的冬天，往往没有冰。华北地区广泛生长着亚热带的竹林和梅子[1]。也有学者提到，春秋时期山东南部的气候类似于今天上海的气候，年平均温度为15.3℃，比现代高了3℃[2]。换言之，孔子生活时代的鲁国，气候和现代江南地区最为接近，温暖湿润，冬季少冰雪。松树能适应零下15到零下25摄氏度的低温，而柏树能适应零下20摄氏度到零下38摄氏度的低温。这种古代气候条件下，松柏即使在冬天，也根本不可能凋谢。甚至很多比松柏更不耐寒的常绿阔叶树，也能在冬天继续保持青翠。因此，这里的"凋"，并不是后世意义上的树叶全部凋谢。

1　竺可桢：《中国近五千年来气候变迁的初步研究》，《考古学报》1972年第1期，第20页。
2　［美］布雷特·辛斯基著，蓝勇、刘建等译：《气候变迁和中国历史》，《中国历史地理论丛》第18卷2辑，第55页。

《说文》"凋，半伤也"，段注："半伤，未全伤也。"应该说，理解"凋"，不能理解成树叶全部凋谢，而是树叶半伤，较为凋敝。出土古文字也表明，"凋"字也用指人身体为时气所伤。如华山出土战国秦玉牍云："厥气戕周（凋）余身曹（遭）病"[1]。可知，这里的"凋"是遭受时气所伤。用这个例子去理解"松柏后凋"，就比较贴切了。《后汉书·襄楷传》中就说，东汉时寒冷"其冬大寒，杀鸟兽，害鱼鳖，城旁竹柏之叶有伤枯者"。李贤注"延熹九年，洛阳城旁竹、柏叶有伤者"。东汉时期是气候史上，著名的寒冷期。当时冻死大量鸟兽，并能冻伤柏树的叶子，就是极寒冷天气下，发生的"松柏之后凋"。

这样看来，孔子说的意思，就应该是：到了天最冷时（当时在 0℃左右），松柏才最后被这寒气所损伤。这里明是说松柏，当然是在比喻人。严寒的气候，是最极端的环境，能在这最极端环境中捍卫底线，坚守原则与信念的，才是像松柏一样的君子。郑玄说，这是"论（喻）贤者虽遭困厄，不改其操行也"[2]。南宋的范成大，出使金国，拒绝用下跪礼给女真人递交国书，差点被金国太子杀害。但凭借这种险境中的勇气，范成大终于守护了宋朝的尊严，《宋史》对其给予了高度评价："成大致书北庭，几于见杀，卒不辱命。具有古大臣风烈，孔子所谓'岁寒，然后知松柏之后凋'者与？"[3]这样的例子，古今中外，不胜枚举。不但古人有，现代也有。

1　李学勤：《秦玉牍索隐》，见李学勤：《中国古代文明研究》，华东师范大学出版社，2005 年，第 172 页。
2　王素：《唐写本论语郑氏注及其研究》，文物出版社，1991 年，第 108 页。
3　《宋史》卷三百六十八，中华书局，1985 年，第 11870 页。

9.31 "唐棣之华，偏其反而。岂不尔思？室是远而。"子曰："未之思也，夫何远之有？"

这是一首"逸诗"，即传世《诗经》三百篇之外的古老诗歌。在孔子之前，有大量的各种《诗》，所谓"古者《诗》三千余篇"（《史记·孔子世家》）。孔子从这三千多篇中，选取"可施于礼义"的三百篇，作为早期儒门的教材。但孔门的三百篇，和社会上继续流传的"三千余篇"，在当时两条线是平行存在和演进的。

汉代今文经学认为，孔子编订《诗》、《书》，作《春秋》，为汉制法。因此，编订《诗》之外，就不可能有所谓"逸诗"。例如，康有为就主张，这里引的《诗》，一定是齐、鲁、韩之诗，不可能是"逸诗"[1]。

说孔子编订《诗》后，就没有"逸诗"的说法，是不能成立的。在孔子之后的战国文献中，多次出现"逸诗"。如郭店楚简《缁衣》就引用过逸诗[2]；郭店简《唐虞之道》中引用的《虞诗》，也是逸诗[3]；上博楚简中，也有逸诗《交交鸣鸟》、《多薪》[4]。这样的例子，还有不少。实际上，这些材料所反映的情况，当恰如学者所言：孔子选定的《诗》，是儒家教授门徒的教材。"诗三百"不大可能包括当时"诗"的全部[5]。换言之，孔子以"诗三百"作为儒家教材教育弟子，但此前更古老的王官之"诗"，在社会上仍继续流传。因此后来《左传》、《庄

1　〔清〕康有为：《论语注》，中华书局，1984年，第141页。

2　李零：《郭店楚简校读记》，北京大学出版社，2002年，第62页。

3　荆门市博物馆：《郭店楚墓竹简》，文物出版社，1998年，第158页。

4　李守奎、曲冰、孙伟龙：《上海博物馆藏战国楚竹书（1—5）文字编》，作家出版社，2010年，第856—857页。

5　马承源主编：《上海博物馆藏战国楚竹书（四）》，上海古籍出版社，2004年，第173页。

子》，以及战国竹简等文献中都在不断出现各类"逸诗"。

这些未选入"诗三百"的古诗，并不意味着就全无价值。孔子在此就引用这首"诗三百"以外的古诗，还作了品评和引申。可以说，在孔子时代，数量巨大的"诗"，和孔门选取作为教材的"诗三百"，二者之间虽然存在联系，但却是属于两个概念。

乡党第十

10.2 君召使摈，色勃如也，足躩如也。揖所与立，左右手，衣前后，襜如也。趋进，翼如也。宾退，必复命，曰："宾不顾矣。"

此条，从郑玄到朱熹，都认为是迎接宾客的活动。陈梦家先生发现，此条记载的启示是孔子参与周礼的册命仪式，并担任傧相[1]。根据学者对周代金文的研究，在册命仪式上能担任"摈"的身份，一共有六种，分别为：宰、司徒、司马、司工、司寇、公族[2]。因此，这一条记载，必然是孔子在鲁国担任"司寇"时的记录，是年五十二岁[3]。

周人的册命仪式，选择时间一般在"旦"，即清晨刚刚天亮时。仪式的参与者分为两班人，即册命的主君（天子或诸侯）及其内史等秘书，他们一般在太室、宗庙的台阶之上，南面参与仪式。受命者并不独自参与仪式，而是在一位礼仪陪同者（傧相）的陪伴下，一起由大门进入中庭。受命者走左边的小路，傧相（即"右者"）走右边的小路。二人在仪式中，会按照礼仪互相答拜，因此有"揖所与立"的记载，即孔子在右边与左边的受命者平行站立，并互相揖拜。此册命仪式，也可见图10.1。

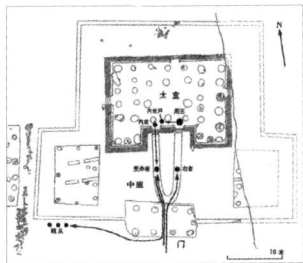

图10.1 周人册命仪式程序，孔子即担任图中的"右者"。图采自李峰《西周的政体》第114页

1 陈梦家：《西周青铜器断代》上册，中华书局，2004年，第407页。
2 陈汉平：《西周册命制度研究》，学林出版社，1986年，第107—108页。
3 钱穆：《孔子传》，生活·读书·新知三联书店，2002年，第108页。

在庭中站立好之后，国君会宣布，自受命者的祖先以来包括受命者本人，都做出过很多贡献，有怎样的功劳，希望他能继承其祖先的事业。在某件事务上，他做得很好，因此要得到君主赏赐，故在此宣布赏赐给受命者多少礼物，或是嘉奖他的功绩，并进行勉励，受命者会对国君行再拜稽首之礼。这时，国君的秘书会将册命文书交给受命者。仪式完成之后，受命者会拿着册命文件出门，从门外的随从处拿一件玉璋，将其献给主君[1]。换言之，孔子等到"宾退"并"复命"时，一定是受命者献出了玉璋，第二次走出大门之后，才对鲁君进行的报告，说"宾不顾矣"。

正因为孔子参与过册命仪式，并在仪式中严格遵守了宗周的礼制。因此，他注重册命仪式在礼仪活动中的重要性。例如，《季氏》中，孔子教导孔鲤"不学礼，无以立"。陈梦家先生指出，"无以立"是不知道在礼仪活动中站立的位置[2]。正是因为册命仪式礼仪的复杂性，给孔子留下了深刻印象，因此他才会向孔鲤强调学习礼，并正确掌握站立位置的重要性。

另外，"翼如也"一句，李零先生正确指出，不是朱注所谓"如鸟舒翼"，而是"小心翼翼"的"翼"[3]。由此也可见孔子在册命仪式上的谨慎心态。

10.3 入公门，鞠躬如也，如不容。立不中门，行不履阈。过位，色勃

---

1 李峰著，吴敏娜、胡晓军等译：《西周的政体：中国早期的官僚制度和国家》，生活·读书·新知三联书店，2010 年，第 113—114 页。

2 陈梦家：《西周青铜器断代》上册，中华书局，2004 年，第 407 页。

3 李零：《丧家狗：我读〈论语〉》，山西人民出版社，2007 年，第 192—193 页。

如也，足躩如也，其言似不足者。摄齐升堂，鞠躬如也，屏气似不息者。出，降一等，逞颜色，怡怡如也。没阶趋，翼如也。复其位，踧踖如也。

孔子每次进入国君宫城的大门，都会谦恭地缩小身体，如同门太小，不能容下自己的身高一样。这种姿态，表示谦恭虚己。考古发掘表明，鲁国的宫城，在曲阜古城之中，是大圈套小圈的结构。宫城的四周，都有夯土围墙[1]。因此，孔子要进入宫城上朝，就得穿过这些夯土围墙的一道道大门。

穿越宫墙的"三重门"之后，他来到国君听朝的路寝庭院，在"过位"，即群臣站立处站好。李零先生指出，这里也就是西周金文中常提到的"入门，立中庭"，在路寝庭院的左右站好[2]。当然，他进入路门时，绝不会踩到大门的"阈"，即门槛。

到了升堂上朝时，他会继续保持谦恭并缩小身体的姿态，在登上台阶时，小心地提起下裳。齐，读作 zī，《礼记·曲礼》："两手抠衣，去齐尺"，郑注："齐，谓裳下缉也。"可见，齐是下裳的下摆部分。这一动作，自然是小心，为了防止下裳绊住脚，上台阶时摔倒失礼。上堂后，进入路寝面君，小心翼翼，就像是屏住呼吸一样。根据日本学者前川捷三的研究，殷周时已经出现了气息的观念，并认识到气息与人生命活动的联系[3]。这里描述孔子屏住呼吸，恰恰也是在表现他的恭敬严肃，在面君时达到了相当肃穆的情形。

1　山东省文物考古研究所、山东省博物馆、济宁地区文物组、曲阜县文管会：《曲阜鲁国故城》，齐鲁书社，1982 年，第 213 页。
2　李零：《丧家狗：我读〈论语〉》，山西人民出版社，2007 年，第 193 页。
3　[日]前川捷三：《甲骨文、金文中所见的气》，见[日]小野泽精一等编著，李庆译：《气的思想：中国自然观和人的观念的发展》，上海人民出版社，1992 年，第 27 页。

上朝完毕，从路寝朝堂出来，他降下台阶，开始逐渐舒缓颜色，从紧张中逐渐放松开来，出现了平和喜悦的表情。尽管如此，他仍然小心翼翼，保持恭敬地回到自己所站立的位置。整个这一段，描述了孔子入朝的修养，即所谓"事君尽礼"。

10.4　执圭，鞠躬如也，如不胜。上如揖，下如授。勃如战色，足蹜蹜，如有循。享礼，有容色。私觌，愉愉如也。

"圭"，是玉制礼器，在礼仪活动中必不可少。图 10.2 为曲阜鲁国故城东周甲组墓 M212 出土之石圭[1]，可参考其形制。

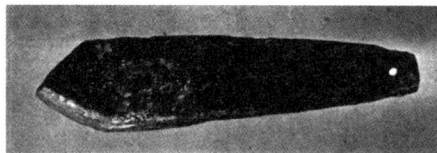

图 10.2　曲阜鲁国故城东周甲组墓 M212 出土之石圭

孔子拿着圭，仍是谦恭地缩着身体，就像是拿不动，很吃力一样。拿着圭的双手，与心口平衡，上不过作揖的高度，下不过递给别人东西的高度。他的脸上表现出战战兢兢的容貌。他的脚迈着小碎步，"举前曳踵"而走，脚跟是不能离地的。

在别国使臣来聘的享礼上，他和颜悦色。如果是他私下与某人相见，则轻松愉悦，不太过拘谨。

1　山东省文物考古研究所、山东省博物馆、济宁地区文物组、曲阜县文管会：《曲阜鲁国故城》，齐鲁书社，1982 年，图版伍贰。

10.5　君子不以绀、緅饰，红紫不以为亵服。当暑，袗絺、绤，必表而出之。缁衣，羔裘；素衣，麑裘；黄衣，狐裘。亵裘长，短右袂。

这一长段，讲的是孔子对衣物穿着之礼的讲究。上博楚简《孔子见季桓子》简 19 云："衣服好礼"之文。意思即为"孔子重衣服之礼"[1]。可知，孔子对衣物上体现出来的礼制，也非常重视。这里记载了他私下穿着、居住用品、配饰、丧服、朝服、浴衣的讲究。

绀、緅，分别是两种颜色，读为 gàn、zōu。"绀"，《说文》说是"帛深青扬赤色"，应该与紫色接近。楚简中也写作"繝"，曾侯乙墓出土竹简中有"绀蔽"，即这种颜色的车顶竹席，也有被用于车马器的记载[2]。楚简与传世文献中，绀色多被用于装饰车马器，未见用于服饰，显然是符合孔子所提倡观念的。"緅"字，《说文新附》云"帛青赤色也"，包山楚简牍 1 有"緅秋之紤"的记载[3]。紤字，当为《说文》中的"绉"。《说文》解释是"纬十缕为绉。"可见，包山楚简中记载的这种东西，肯定是某种纺织品，即接近紫色的纺织物，但也是马车上的装饰，而非衣物。这些材料表明，东周时期的这两种接近紫的颜色，一般都被用于装饰车马或车马器，不被用于衣服，这大致是符合孔子原则的。

这两种接近紫的颜色，君子不应该拿来装饰衣服，不要用来装饰领口和袖口，但可以用来装饰车马或车马器。

红色和紫色，不能用于制作私下穿着的衣物，因为这不是两种正色。

1　马承源主编：《上海博物馆藏战国楚竹书（六）》，上海古籍出版社，2007 年，第 217—218 页。
2　宋华强：《楚墓竹简中的"喁"字与"繝"字》，原载"简帛研究"网，http://www.bamboosilk.org/ADMIN3/HTML/songhuaqiang01.htm
3　湖北省荆沙铁路考古队：《包山楚简》，文物出版社，1991 年，第 39 页。

在古人看来，朱色才是正色，而红色、紫色是过渡色，不正，因此君子不应该穿着。

到了夏天暑热，私下里可以穿"袗絺"或"袗绤"，音读 zhěn chī、zhěn xì。"袗"，郑玄注本说是"缜，单也"，"若今单衣"[1]。这种"单衣"，据郑玄说就算穿着还是"形褻"，所以见人时还是要在外面穿一件衣服遮羞。单衣非常轻薄，《说文》"襌衣不重"，《大戴礼记》中也记载说"襌，单也"，《礼记·玉藻》："襌为絅。"郑注："絅，有衣裳而无里。"可知单衣就是襌衣，只有薄薄的一层。马王堆汉墓中曾出土过一件襌衣，非常轻薄。这种衣服，夏天穿着凉爽，但因为太薄，所以仍是"形褻"，见人时外面还要穿衣服。单衣的原料，可以由细葛布（絺）或粗葛布（绤）制成，葛可以制成葛纱，非常轻盈。

到了天冷时，就需要穿各种裘，即动物的皮大衣。不过，每一种皮大衣，都要搭配具体的外衣，不让动物的毛直接露在外面，这种衣服，也叫裼衣。如果穿黑羊羔的皮衣，外面就应该搭配缁衣，即黑色的衣服。《礼记·缁衣》正义记载，缁衣也是朝服，是非常正规的礼服。"麑"字也见于甲骨文，作 𩣡 等字形[2]，形为没有长角的小鹿。如果穿小鹿的皮衣，外面就罩一件白色的素衣。如果穿黄色的狐皮大衣，就罩一件黄色的外衣。古人认为，黑、白、黄都是正色，不同于红紫等不正的颜色，君子就应该搭配正色的衣服。

1　王素：《唐写本论语郑氏注及其研究》，文物出版社，1991 年，第 119 页。
2　孙海波：《甲骨文编》，中华书局，1965 年，第 403 页。

必有寝衣，长一身有半。狐貉（貉）之厚以居。去丧无所不佩。非帷裳，必杀之。羔裘玄冠不以吊。吉月，必朝服而朝。齐，必有明衣，布。

何谓"寝衣"？孔安国、郑玄都说是被子[1]。朱熹则认为这是斋戒时专门用于就寝的一种衣服。直到现代，仍有学者沿用朱熹的观点，认为"寝衣"是一种类似睡衣的衣服，在就寝时穿在身上[2]。

康有为、程树德都认为，日本还保留着"寝衣"，有领有袖，在睡觉时用来盖在身上，即"古寝衣之制"[3]。《说文·衣部》："被，寝衣，长一身有半。"此外，在睡虎地秦简《日书》甲种、乙种中有"夫妻同衣"的记载，有学者指出，"夫妻同衣"即夫妻同被，亦即夫妻同房[4]。可见，战国到秦代夫妻同盖的并不是"被子"，而是一种"衣"。而这种"衣"并不是穿在身上，而是盖在身上的。否则，夫妻就寝，怎么可能同"穿"寝衣？从这些材料推知，先秦、秦汉时的被子，应当和现代日本的"寝衣"较为接近，还保存着"衣"的基本形制，但这种"衣"，不是穿在身上。因此，它既不是现代的"被子"，也不是斋戒时的一种衣服，而是具有现代被子功能并具有"衣"之外形的一种寝具。

狐貉，依张政烺先生所释，读为狐貂[5]。私居时，则以狐皮、貂皮御寒。

1　王素：《唐写本论语郑氏注及其研究》，文物出版社，1991年，第120页。

2　晁福林：《夏商西周的社会变迁》，北京师范大学出版社，1996年，第207页。

3　〔清〕康有为：《论语注》，中华书局，1984年，第149页；程树德撰，程俊英、蒋见元点校：《论语集释》第二册，中华书局，1990年，第675页。

4　王子今：《睡虎地秦简〈日书〉甲种疏证》，湖北教育出版社，2003年，第247—249页。吴小强：《秦简日书集释》，岳麓书社，2000年，第93、220页。

5　张政烺：《周厉王胡簋释文》，见《张政烺文集·甲骨金文与商周史研究》，中华书局，2012年，第252页。

服丧期满之后，可以任意佩
戴玉饰。周人的佩玉非常复杂，
图 10.3 为北赵晋侯墓地发现的
佩玉组合[1]。由图中可知，周人
玉组饰数量多，形制复杂。"无
所不配"，当与此繁复的佩玉制
度有关。

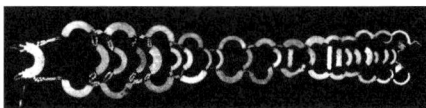

图 10.3　北赵晋侯墓地发现的周代佩玉组合

帷裳，就是上衣下裙的衣服
结构。这种服饰是朝服，宽裙大
袖。而古儒也穿深衣，深衣有曲

图 10.4　楚地出土穿深衣的形象，与帷裳相比，
深衣确实做到了"杀"，更加修长

裾，与帷裳比起来比较狭窄[2]。正如沈从文先生所说，楚地出土曲裾木
俑的衣着都趋于瘦长[3]。图 10.4 为楚地木俑穿着深衣（即曲裾），与宽
袍大袖的帷裳比起来，深衣确实是做到了"杀"（读作 shài），即递减，
也就是从宽大到瘦长。孔子如果不穿宽大的帷裳，就穿较为修长的深衣。

若是吊丧，就不能穿黑色的羔裘，戴黑色的玄冠，因为黑色是婚礼
之色，吊丧要用麻衣。在吉月之时，穿朝服拜国君。最后，斋戒（齐）
必须沐浴，沐浴后要穿着布制的明衣。

1　山西省考古研究所、北京大学考古学系：《天马—曲村遗址北赵晋侯墓地第四次发掘》，《文
物》1994 年第 8 期，第 20 页。
2　郑玄注云："非帷裳者，谓深衣也。"见王素：《唐写本论语郑氏注及其研究》，文物出
版社，1991 年，第 120 页。
3　沈从文：《中国古代服饰研究》，上海书店出版社，2006 年，第 59—60 页。

10.6 齐（斋）必变食，居必迁坐。食不厌精，脍不厌细。食饐而餲，鱼馁而肉败，不食。色恶，不食。臭恶，不食。失饪，不食。不时，不食。

孔子对斋戒虔敬，斋戒时要改变日常的食品。先秦时期，斋戒都要改变日常的食物结构。例如，周天子平时吃牛羊猪的太牢(《国语·楚语下》)，但斋戒时却要吃"玉屑"，即玉的碎屑（《周礼·天官·玉府》郑玄注）。孔子是大夫，斋戒时不用吃玉的碎屑，但也不能吃荤菜。古人所谓荤菜，是指葱、姜、韭菜等[1]。当然，也不能饮酒。另外，斋戒时也要改变平时坐的位置。孔子敬鬼神而远之，但仍旧恪守斋戒之礼，这是他虔敬重礼的表现。

食不厌精，脍不厌细，现在已经是习语了。脍，就是现在还保留在日本的生鱼片。于省吾先生考证，甲骨文中已有"芥"字[2]，而刘桓先生考证甲骨文中有"鲜"字，是用于祭祀和饮食的生肉[3]。可知，至迟在商代，古人当已用芥末酱蘸生鱼或生肉来吃，这就是脍。东周《陈叔簋盖》有"穌脍"的记载，陈直先生考之为调和鱼脍，以用于祭祀。《宋庄公孙趮亥鼎》中有"会鼎"的铭文，也是用鼎器盛脍[4]。胡适先生就认为，此处孔子的"不撤姜食"，是要用姜来减生鱼的腥气[5]。"不得其酱不食"，也是说用于蘸脍生的芥末酱，如果不搭配芥末酱杀菌，这些生鱼、生肉

1　马王堆帛书《五十二病方》中，就有"荤菜"的记载，根据《仪礼·士相见礼》注"辛物，葱韭之属"，《礼记·玉藻》注"姜及辛菜也"。见马王堆汉墓帛书整理小组：《五十二病方》，文物出版社，1979年，第35页。

2　于省吾：《甲骨文字释林》，中华书局，2009年，第427—428页。

3　刘桓：《甲骨集史》，中华书局，2008年，第239—240页。

4　陈直：《读金日札》，中华书局，2008年，第73—74页。

5　胡颂平：《胡适之先生晚年谈话录》，新星出版社，2006年，第43页。

吃了是会影响健康的。因此没有芥末酱，就不吃生鱼。

另外，食物变质、颜色不对、有味道、没做熟、不到吃饭时间，他都不会吃。可知，孔子对生活有一种严谨的态度。只有对自己负责的人，才可能对他人负责，对社会负责。这种"食不厌精，脍不厌细"对生活品质的讲究，也表明原始儒学从不反对富贵和体面的生活方式。在有条件富贵之时，尽可能过上一位体面绅士应该具有的高品质生活。如果没有条件的话，当然以君子固穷、饭蔬食饮水乐在其中以自励。但原始儒学是追求和模仿做贵族的学问，只要具备条件的话，就一定要过好世俗生活，其最终落脚点不是墨家和基督教那样的苦行。

割不正，不食。不得其酱，不食。肉虽多，不使胜食气（既）。唯酒无量，不及乱。沽酒市脯不食。不撤姜食，不多食。

先秦时割肉，往往与祭祀有关。礼书中多有天子、诸侯肉袒割牲，祭祀宗庙或供奉养老的记载（《礼记郊特牲》、《礼记乐记》）。所以，割肉之正，其实还寓示着礼乐之敬，祭祀之诚。孔子不吃切割不正的肉，不仅仅是一般的饮食态度，也是对待礼仪的恭肃态度。

用餐时的肉虽然充足，但并不多吃。"气"，《鲁论》作"气"，《古论》作"既"。笔者以为，《古论》作"既"更好。因为古文字中，"既"作𣅀、𣈪等形，是人吃饱后掉头打算离去的形象[1]。因此，"既"的意思，就是已经吃饱饭。这里是说，就算肉多，也应该以主食为主，不以肉来吃饱肚子。

---

1 徐中舒主编：《甲骨文字典》上册，四川辞书出版社，2005年，第558—559页。

在饮酒方面，据说孔子酒量很大，可以喝到"百觚"（《论衡·语增》）。孔子是殷人的后裔，殷人本有饮酒的传统，张光直先生认为殷人大量饮酒，应当与国家祭祀的宗教礼仪有密切的关系[1]。此种政教文化，流风所及，波及整个社会的习俗，均以饮酒为尚[2]。在垣曲商城二里岗上层M1的女性墓葬中，就随葬着酒器青铜爵[3]，安阳三家庄 M3 的墓主只是一个儿童，但墓中也随葬着青铜爵等酒器[4]。这表明，殷人社会普遍饮酒，妇女儿童概莫能免。甲骨卜辞中，甚至记载了贵族因饮酒而导致的酒精中毒[5]。实际上，酒用于礼乐，本无可厚非，但在殷文化中则愈演愈烈，成为一种病态，波及整个社会。

因此，周初之时，周公便颁布了禁酒令。在《周礼·司虣》中记载，如果游饮于市，就应当禁止，否则就诛杀。周人认为饮酒只是成礼，君子应该"酒以成礼，不继以淫"（《左传·庄公二十二年》）。清华简《耆夜》记载武王八年，武王与周公、召公、毕公饮酒，周公向毕公作歌，就劝诫毕公不要再饮[6]。可知，周人以对酒的克制为美德。《噩侯鼎》中就宣称"毋敢酗于酒"[7]，《大盂鼎》中也谈到"酒无敢酣"[8]。体现在考

1　张光直：《中国青铜时代二集》，生活·读书·新知三联书店，1990 年，第 64 页。

2　陈淳：《文明与早期国家探源：中外理论、方法与研究之比较》，上海书店出版社，2007 年，第 485—486 页。

3　中国历史博物馆考古部等：《垣曲商城：1985—1986 年度勘察报告》，科学出版社，1996 年，第 211 页。

4　中国社会科学院考古研究所安阳工作队：《安阳殷墟三家庄东的发掘》，《考古》1983 年第 2 期，第 127 页。

5　温少锋、袁庭栋：《殷墟卜辞研究：科学技术篇》，四川省社会科学院出版社，1983 年，第 329 页。

6　黄怀信：《清华简〈耆夜〉句解》，《文物》2012 年 1 期，第 79 页。

7　于省吾：《双剑誃吉金文选》，中华书局，1998 年，第 130 页。

8　唐兰：《西周青铜器铭文分代史征》，中华书局，1986 年，第 170 页。

古上，就是周初以来，青铜酒器的大量减少[1]。周人的青铜器，是用礼器中的食器组合，取代了殷人的酒器组合[2]。所以，可知纯正的周文化对饮酒之风非常抵触，以至于纠枉过正[3]。

孔子是殷人后裔，虽然能饮，不限定酒量，但前提却是"不及乱"，不酗酒败德，这又是不同于殷人的。同时，他尊奉周礼，却也并不如纯正的周人那样，谈酒色变，完全禁止。孔子对待饮酒，是一种中庸的态度，既顺乎人情，又节之以礼。他不是简单地完全赞同殷文化"唯酒无量"，也不是简单地完全机械照搬周文化"酒无敢酣"。吕思勉先生谈到，即使在周初严格的禁酒令政策下，仍然有许多殷人冒着生命危险，偷偷饮酒[4]。这说明，饮酒作为一种民俗和生活方式，是根本无法以强制手段来根除的。合理的方式，是既能顾及民俗风情，但又以礼节之，不至于演变为殷末那样的酒池肉林。从这一点，也可以窥见孔子的中庸之道，对"礼"与"俗"之间关系的认识。

10.9 虽疏食、菜羹、瓜祭，必齐（斋）如也。

这里讲，孔子即使是吃一餐最简陋的饭菜，也同样虔敬如斋戒。

韭菜之类的简单菜蔬，或是菜叶煮的汤，瓜菜这些简陋食品的一餐，孔子也毫不含糊，虔敬持礼。饭前，行荐祭礼。根据宋镇豪先生对甲骨

1　陈梦家：《西周铜器断代》上册，中华书局，2004 年，第 103 页。
2　胡进驻：《殷墟晚商墓葬研究》，北京师范大学出版社，2010 年，第 324—325 页。
3　李竞恒：《酒的思想史》，见李竞恒：《岂有此理？：中国文化新读》，四川人民出版社，2023 年，第 324—325 页。
4　吕思勉：《先秦史》，上海古籍出版社，2006 年，第 302 页。

卜辞的研究发现，殷人的宴会饮食，都是在祭祀之后举行的。先祭祀祖先，再移到庭院中举行生人的宴席。这样，就衍生出荐祭礼，即在吃饭前，象征性地祭祀祖先。《国语·周语中》，东周青铜铭文《王子钟》、《沇儿钟》、《邾公华钟》、《郳陵君豆》等器物中都反映有饮食与宴席前荐祭礼的内容[1]。

实际上，在西方的荷马史诗中，举行宴会前人们也会略微以酒食奠祭神祇[2]。正如维柯（Giovanni Battista Vico）所论述，荷马作品中的宴享都带有献祭礼的性质，他们自己扮演司祭的角色[3]。在古罗马社会，则一般将掉在地上的食物，作为给祖坟和亡人的祭品，并产生出在餐厅地上用马赛克画出食物的风俗[4]。在古代，日常饮食和祭祀之间的关系，比现代人想象的更为密切。哪怕是吃菜和瓜，也有肃穆"祭"的一面。朱熹的注释，解释了"瓜祭"这一习俗，正是在饮食前从每种食物中各拿出少许，放在食器之间，用来代表祭祀先祖。应该说，朱熹的解释是正确的。《礼记·玉藻》中记载了瓜祭："瓜祭上环，食中，弃所操"，即吃瓜时要先把瓜从上面横切一刀分开，然后用连着瓜蒂的那部分（上环）祭祀祖先，接着吃掉中间大部分的瓜。

此处的瓜菜饭，其瓜并非现代中国人熟知的西瓜。西瓜是五代或北宋时期契丹从西域地区引入中国，在南宋获得较为广泛的种植[5]。黄瓜

1　宋镇豪：《夏商社会生活史》上册，中国社会科学出版社，2005 年，第 487 页。

2　[古希腊]荷马著，王焕生译：《荷马史诗·奥德赛》，人民文学出版社，2005 年，第 122 页。

3　[意]维柯著，朱光潜译：《新科学》下册，商务印书馆，1997 年，第 447 页。

4　[法]让—诺埃尔·罗伯特著，王长明、田禾 等译：《古罗马人的欢娱》，广西师范大学出版社，2005 年，第 95—97 页。

5　王大方：《敖汉旗羊山 1 号辽墓"西瓜图"》，《内蒙古文物考古》1998 年第 1 期，第 39—43 页。

则是汉武帝"凿空"西域以后引入。中国本土原产
的瓜，是甜瓜。《诗经·豳风·七月》中的"七月
食瓜，八月断壶"，就是指甜瓜。马王堆一号汉墓
保存的古尸体内，就发现了大量的甜瓜种子。在西
汉海昏侯大墓出土的植物遗存中，就有土黄色的甜

图 10.5　海昏侯汉墓
出土甜瓜种子

瓜（Cucumis melo）种子（图 10.5）[1]。《韩诗外传》、
《说苑》等文献中记载的曾子耘瓜，也是在种植甜瓜。

　　孔子吃一顿简朴的饭菜，即使是"瓜菜代"，也要行荐祭礼，而且
如同斋戒一般虔敬。这是从最细末处，践行居敬的修养。

10.11　乡人饮酒，杖者出，斯出矣。

　　这里是讲孔子参加"乡饮酒礼"的活动，体现出的绅士风度，以及
对周礼习惯法的敬意。这里的"乡"不是秦以来到现代人熟悉的那个"乡
村"、"乡镇"的"乡"。周代恰恰是国人、士人等级居住在城和城周
边的人群，才有乡、遂这样的地缘共同体组织。冯天瑜指出，在三代时
期的社会，还保留着"原始民主"的遗存，其中周代的"乡治"，就是
一种自治团体，"由乡民推举的乡大夫、党正、族师、闾胥主事"。这
种与"原始民主"和宗法传统密切相关的民间基层自治，一直到明清时
期江南的乡绅自治，仍然有其流风余韵[2]。"原始民主"等概念或许可商，
但"乡"作为一种早期的地缘自治组织，其共同体精英带有乡选里举的

1　蒋洪恩、杨军、祁学楷：《南昌海昏侯刘贺墓粮库内出土植物遗存的初步研究》，《南方
文物》2020 年第 6 期，第 228—229 页。
2　冯天瑜：《周制与秦制》，商务印书馆，2024 年，第 162—163 页。

推举色彩，也是在情理之中的。

根据《乡饮酒义》的记载，地方上的社区举行酒会，是为了体现尊老的观念。所以，六十岁的老人才可以坐下。六十岁的老人面前，有三个装食物的豆，也就是三盘菜。七十岁的老人吃四个豆的菜，八十岁吃五个豆的菜品，九十岁则享受六个豆的菜肴。根据《仪礼·乡饮酒礼》的记载，这一酒会的礼仪非常繁琐复杂，由乡大夫作为主人，还有"介"负责辅佐行礼，邀请的老人们为"众宾"。在酒会中，还有乐队演奏《周南·关雎》、《葛覃》、《卷耳》；《召南·鹊巢》、《采蘩》、《采蘋》等音乐。

不过，正如有人提到，在乡饮酒礼结束时，响起了《陔》这一首音乐，主人将众宾客们送到大门口，并且再拜行礼。但宾客们一起出去，就没有个先后顺序[1]。因此，让持杖的老人们先走，就是一种绅士风度。"杖者"即社区共同体中的老人，在甲骨文中，"老"字作𦥑、𦦎等形，正如裘锡圭先生所说，其字正是老人扶拐杖之形[2]。可知，殷代时即以杖者为老人的特点。在孔子生活的东周时代，当时的老者一般使用鸠杖，拐杖的上端有青铜的鸟或雕刻出鸟首。在曲阜鲁国故城乙组墓 M3 中，就出土过一件错金银铜鸠杖首，蛇身鸟喙，回首张目[3]。春秋晚期太原金胜村青铜双鸟首杖，饰有鳞形羽纹[4]。在荆门郭店一号楚墓中，出土了两

1　程树德撰，程俊英、蒋见元点校：《论语集释》第二册，中华书局，2008 年，第 705 页。

2　裘锡圭：《关于殷墟卜辞的"𢆅"》，见王宇信、宋镇豪、孟宪武主编：《2004 年安阳殷商文明国际学术研讨会论文集》，社会科学文献出版社，2004 年，第 1 页。

3　山东省文物考古研究所、山东省博物馆、济宁地区文物组、曲阜县文管会：《曲阜鲁国故城》，齐鲁书社，1982 年，第 156—157 页。

4　中国青铜器全集编辑委员会：《中国青铜器全集 8·东周 2》，文物出版社，1995 年，第 133 页。

件鸠杖（M1：B34、B36），杖首为勾喙曲颈的鸟类形象，通体饰有错金银羽状纹和卷云纹[1]。在荆门左冢二号楚墓，出土铜鸠杖首，鸟作俯卧状，冠尾上翘[2]。在江陵雨台山楚墓，发现有用树藤制作的拐杖，一件杖首雕刻为蛇头，一件杖首雕刻为鸟头，一件长 100 厘米，一件长 94 厘米，均涂有红黑两种颜色的漆（图 10.6）[3]。

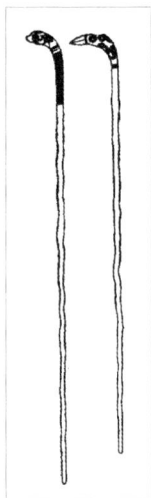

图 10.6 雨台山楚墓出土的藤制漆杖，左为蛇首杖，右为鸟首杖

孔子时代的鲁国老人，应该也是使用鸟首的鸠杖。在当时，只有老者和盲人（瞽）才用杖，孔子对二者均表示出相当的尊重。在乡饮的酒会结束之后，当音乐《陔》响起，主人将众宾客都送到大门口。这时，孔子要让扶着鸠杖的老人们先走，等这些老人们都离去，自己再出来。这一行礼之末的细节，亦是儒者绅士风度的体现。不仅仅是在"礼"的践行过程中注意仪容，当礼成之后，同样也以礼的修养，去注意各种细节。乡饮酒礼是一种基于自治地缘社区的公共活动，区别于血缘性质的宗族、家族聚会。在这一共同体活动中，由于不讲究血源性的宗法身份，因此主要以"序齿"作为排列顺序的依据，以年龄大小来体现身份。如果乡人长伯兄一岁，那么就应该先给乡人酌酒，以示尊敬。如果年齿更长的杖者出，也就跟随而出。这些都是通过地缘共同体中超血源性的

1　湖北省荆门市博物馆：《荆门郭店一号楚墓》，《文物》1997 年第 7 期，第 38 页。

2　湖北省文物考古研究所、荆门市博物馆、襄荆高速公路考古队：《荆门左冢楚墓》，文物出版社，2006 年，第 154 页。

3　湖北省荆州地区博物馆：《江陵雨台山楚墓》，文物出版社，1984 年，第 109 页。

年齿来排序，而不是基于血缘宗法身份[1]。

孔子参加"乡饮酒礼"，本身就是在参与当时一种"社区自治"的议事活动。在周代"乡遂制度"下，"乡"本身是一种城堡内及其周边国人、士这一等级人群所处的社区组织。在社区组织内部，除了血缘共同体的宗族之外，还有基于以地缘共同体的"乡"为单位的公共议事，带有社区自治的色彩。

在小共同体的层面，"乡饮酒"作为一种共同体通过举行酒会，实现社区共同体议事、凝聚情感等功能的活动，仍然具有一定公共性的色彩。《论语·乡党》提到"乡人饮酒，杖者出，斯出矣"，孔子积极参与小共同体"乡"这一社区自治的活动，并在活动中体现出尊老等古典的绅士风度。其中的"杖者"，乃是社区自治中的自然精英、自然权威等人，在乡饮酒礼活动中扮演着重要角色，因此赢得了孔子的尊重。

杨宽先生指出："礼起源于氏族社会的习惯，作为全体成员自觉的规范。'乡饮酒礼'是由军事民主时期的'议事会'转变而来，具有长老会议的性质，是借用酒会商讨和决定军政大事"[2]。吕思勉在《燕石续札》中有"乡校"一条，介绍以前滇西地区的习俗，以论述先秦时期社区小共同体的治理："时曰茶铺，众所集会之所也。议公事，选举乡保长，摊筹经费，办理小学皆于此。婚丧祝寿等事亦于此行之。"这个庙旁的茶铺，其实就是"村之议会也，公所也，学校也，礼堂也，殡仪

1　晁福林：《周代社会与"乡遂制度说"》，见晁福林：《夏商西周史丛考》，商务印书馆，2018年，第876页。
2　杨宽：《"乡饮酒礼"与"飨礼"新探》，见杨宽：《古史新探》，复旦大学出版社，2016年，第232页。

馆也，而亦即其俱乐部也。"滇西地区的社区议会是茶铺，喝茶来商讨社区的公共治理。先秦时期的基层社区"乡"的议会，其实就是乡饮酒会议，人们通过在社区开酒会，增进共同体的情感，讨论共同体社区的治理细节。

社区酒会中的长者、杖者们，扮演着仲裁者、调节者的角色，具有社区内的声望和权威。乡饮酒礼，在基层社区自治领域则仍然发挥有与小共同体治理、习惯法等领域有关的功能。孔子对于这些基层社区自治共同体中的自然精英"杖者"们，保持着一位绅士应有的礼貌与敬意。

10.12 乡人傩，朝服而立于阼阶。

此处也是记载，孔子对于自治社区"乡"中古老习俗的尊敬。《礼记·郊特牲》中对此也有类似的记载，说孔子"朝服立于阼，存室神也"，都是讲乡人举行"傩"这种祭祀活动，孔子虔敬地参与，并且穿上了最高礼仪等级的朝服。他所站立的"阼阶"，是建筑物的东西台阶，属于建筑物主人所站立的地方。根据汉代孔安国的解释，这是因为乡人们举行大傩驱赶鬼魅，孔子则"恐惊先祖，故朝服而立于庙之阼阶"。按照此说，则孔子的这一礼仪行为，既是对乡人大傩驱鬼习俗的尊重，同时也是对自己家庙和祖先的一种守护，是兼顾了两个层次共同体的一种行为。

"傩"是一种古老的驱鬼、驱疫病活动，通过巫师如"方相"之类戴上恐怖的面具，将能制造疾病的鬼魅给驱赶走。《周礼·夏官·方相氏》记载这种傩的巫师："方相氏，掌蒙熊皮，黄金四目，玄衣朱裳，执戈扬盾，帅百隶而时难，以索室殴疫。大丧，先匶，及墓，入圹，以戈击

图 10.7　左为甲骨卜辞记载的方相大傩，右为
曾侯乙棺上的戴面具方相大傩

图 10.8　1919 年朝鲜李朝君主高宗的葬礼
上，"四目"的方相面具以傩驱鬼

四隅，毆方良"。巫师"方相"举行傩仪时佩戴的恐怖面具，有四个眼睛，手中拿着戈盾等武器，模仿攻击住宅或墓室中的鬼魅。这种举行傩时，巫师佩戴的面具，也叫做"頍"。《说文》中记载："頍，丑也。从页其声。今逐疫有頍头"，正是描述这种面具的凶恶，以及驱赶鬼魅和瘟疫的功能。在甲骨卜辞中，就记载有巫师方相佩戴"頍"举行傩的活动："頍夹方相二邑"（《合集》6063 正），意思大致为巫师方相戴着面具，在两座城邑中举行傩，以驱赶鬼魅带来的瘟疫（图 10.7）。该卜辞中的"頍"字写作，正是头戴凶恶面具的"方相"巫师形象。这种头戴"頍"驱鬼的方相形象，也见于东周曾侯乙墓中棺材上的彩绘图案，描绘了十二个"掌蒙熊皮"且"执戈扬盾"以驱赶墓中的鬼魅[1]。大傩的巫术与礼仪活动，在后世一直得到延续，如东汉驱鬼大傩礼的十二方相等。在东亚儒家文化圈，一直到近代 1919 年朝鲜李朝君主高宗去世的葬礼上，都还出现了按照古礼驱鬼的"方相氏"（방상시，图 10.8）。从这些商代到东周时期的考古与图像资料，也可以推断出孔子时代，当时鲁国"乡

1　詹鄞鑫：《神灵与祭祀：中国传统宗教综论》，江苏古籍出版社，1992 年，第 399 页。

人"们举行大傩时的大致情景，以及孔子面对这一活动时，身穿朝服站立在庙阶前的景象。

程石泉根据《世本》中记载商民族早期酋长上甲微作五祀之傩的记载，而其父王亥又被有易部落所杀。推测认为"是王亥实不得其死者，岂傩所却之强死鬼即王亥乎？"又进而推测，上甲微创作商族和商代驱鬼的傩，在周代仍然盛行于民间，而孔子不忘自己是"殷人之后"，朝服立阼阶，是对此上甲微的傩仪表示尊敬[1]。此种解释，过于夸大了"傩"的族群属性，将其与商族早期酋邦历史进行了深度绑定。实际上，周代之"乡"是一个地缘单位，"乡人"的构成并非血缘性质的宗法共同体。因此，"乡人"并不是周人或都是商遗民，而是包含了周人、商遗民，以及祖先来自其他诸侯国的不同人群。因此"傩"本身虽颇为古老，但不能就将其理解为商的文化。傩作为一种古老习俗，一直在各个诸侯国、各区域的社会中流行。孔子尊重"乡"的民间礼俗，他在"乡饮酒礼"中尊敬那些"杖者"，在此也尊重乡人。除了穿朝服，以表示郑重，且亲身参与"傩"的仪式之外。他站立在家庙的东、西阼阶上，作为家族代表的身份，同时也在守护自己家庙的先祖，希望他们不要因此受惊。孔子的这一行为与态度，同时尊重和守护了两个层次的小共同体：家庙所代表的孔氏家族共同体，以及更大圈层的"乡"这一自治社区共同体。

10.14 康子馈药，拜而受之。曰："丘未达，不敢尝。"

季康子给孔子送药，这是孔子晚年时候，周游列国后再回到鲁国的

1　程石泉：《论语读训》，上海古籍出版社，2005年，第176—177页。

事。季康子作为大领主，但又是晚辈，给孔子送药当然很有礼貌。孔子赶紧行拜礼接受馈赠，但却说自己还不敢尝这药。孔安国认为，不敢尝药，是因为"未知其故"，即孔子不知道康子为何会馈药给自己，所以不尝。郑玄认为："不尝者，慎之至。"[1]朱熹认为，答拜但却不尝药这种态度代表了与人相交的诚意。

　　实际上，早期的药往往有毒性，服用风险很大。上古集体记忆中的"神农尝百草"中毒，其实是一种历史记忆的投射。《淮南子·修务》中，就说神农尝百草，"一日而遇七十毒"，冒着极大的风险。《孟子·滕文公上》引《书》逸篇："若药弗瞑眩，厥疾弗瘳"[2]，赵注："瞑眩，药攻人疾，先使瞑眩愦乱，乃得瘳愈。"说明中国的早期药物，很容易产生眩晕甚至致幻现象，重者会对身体产生伤害。正因为在早期的巫医传统中，药物具有的致幻或昏眩现象，张光直先生指出早期巫觋会通过服用酒或药物进入迷狂状态[3]。在河北藁城台西商代遗址发现的分装药物陶器中，就发现有大麻，在传统医学中有祛风、活血通经等功效，此外还有桃、李等种子，有药用价值，但也可能产生中毒等副作用[4]。在马王堆出土《五十二病方》中，常见以有剧毒的乌喙为药。由于病人可能出现乌喙中毒，因此，病方中又专门指出"毒乌喙者"的解毒方法[5]。直到汉代，服用药物都伴随着不可预知的危险。因此，武

1　王素：《唐写本论语郑氏注及其研究》，文物出版社，1991年，第121页。
2　《国语·楚语上》中引武丁言："若药不瞑眩，厥疾不瘳。"
3　张光直著，郭净译：《美术、神话与祭祀》，辽宁教育出版社，2002年，第37页。
4　耿鉴庭、刘亮：《藁城台西商代遗址中出土的植物》，见河北省文物研究所：《藁城台西商代遗址》，文物出版社，1985年，第193—196页。
5　马王堆汉墓帛书整理小组：《五十二病方》，文物出版社，1979年，第47—48页。

威东汉日忌木简记载："未毋饮药，必得之毒[1]。"北京大学藏汉简《苍颉》简 3 中，也有"毒药医工"之语[2]，可见面对医药手艺确实与"毒"相关，需要审慎。

正因为早期对药物、药性的掌握还未成熟，因此古代有尝药的礼仪。《礼记·曲礼下》"君有疾饮药，君有疾饮药，臣先尝之；亲有疾饮药，子先尝之。医不三世，不服其药"，显示了先秦古人对服药的谨慎。这种谨慎"尝药"的心态背后，同样表明了早期药物的危险性。

因此，康子馈赠药物，孔子一方面出于儒者的谨慎，不敢尝药。另一方面则礼貌地表示"丘未达"。既尊重了季康子，也保证了服药的谨慎。

10.15 厩焚。子退朝，曰："伤人乎？"不问马。

厩，是马棚。甲骨卜辞云：

王畜马在兹厩。（《合集》29415）

马在中晚商时期通过中亚或北亚，间接传入中国[3]。也就是在这一时期，中国也出现了马厩。此后，东周齐印中有"厩玺"，乃专门管理马厩之职[4]。战国中山王墓有两个车马坑的殉马，马的颈部之上或下方各置有一个长约 15 米的横木，用以象征马厩内位于马槽之上供拴马的

1　中国社会科学院考古研究所、甘肃省博物馆：《武威汉简》，文物出版社，1964 年，第 136 页。
2　北京大学出土文献研究所编：《北京大学藏西汉竹书（壹）》，上海古籍出版社，2015 年，第 155 页。
3　李竞恒：《干戈之影：商代的战争观念、武装者与武器装备》，中华书局，2024 年，第 383—386 页。
4　陈光田：《战国玺印分域研究》，岳麓书社，2009 年，第 37 页。

横木。车马坑的顶部，还用大量圆木铺排两层以构成棚顶。秦始皇陵东垣外的马厩坑，还出土了陶灯，用作夜间照明的设施[1]。可见，东周时的马厩是用大量圆木铺排建成的棚顶，且为了夜间照明，还有陶马灯。这样，陶灯的火种非常容易点燃马槽的草料，而马厩的圆木棚更是易燃。因此，孔子的马厩，应该也是在此类情况下引起火灾的。火灾发生后，孔子才退朝。由于古人上朝时间很早，因此可以推知，火灾是因半夜使用马灯照明所引发的。

孔子退朝见马厩发生火灾，赶忙问是否有人受伤，而不问马的伤亡情况。郑玄说，这是"重人贱畜"[2]的体现，这应该更接近先秦的观点。后世由于佛教的传入，中国思想受到"众生平等"观念的影响，于是连主张排佛的韩愈，也认为这是孔子先问人，听说没人受伤，于是再问马。朱熹则说，孔子不是不关心马，但更关心人。到了康有为那里，甚至干脆说还没到"极平之世"，所以"只能爱人类"[3]。后世学者，如王叔岷就主张"不"字读为"后"[4]。说孔子问人，然后问马。其实，这些说法都在不同程度上，自觉不自觉地受到了佛教的影响，总想要让孔子对动物表现出关爱，甚至可能在理想状态下也去爱"众生"。

如果我们脱离佛教传入后对汉语思想的影响，尽可能回溯到先秦语境，就不难作出判断：面对大火的灾难，孔子只能是重人贱畜。也许读者会反问，说孔子钓而不网，弋不射宿，不是对动物也有仁心吗？当然，

1　宋玲平：《晋系墓葬制度研究》，科学出版社，2007年，第142页。
2　王素：《唐写本论语郑氏注及其研究》，文物出版社，1991年，第121页。
3　〔清〕康有为：《论语注》，中华书局，1984年，第154页。
4　王叔岷：《论语"伤人乎不问马"新解》，见王叔岷：《慕庐论学集》第一册，中华书局，2007年，第201—203页。

在渔猎等不太紧要的活动中，孔子将仁心也施于对鱼、鸟的关系。但这种仁心，与商汤捕飞鸟的传说一样，都与佛教传入后的动物观念非常不同。商汤捕鸟的传说中，商汤仍旧会捕捉飞鸟，只是减少了数量。孔子钓鱼，弋射飞鸟，同样只是减少了捕杀数量而已，其实质是模仿周代军事贵族在战争中的"不鼓不成列"，不偷袭敌人而已。在先秦人看来，这样做，便是仁德施于禽兽。这与佛教传入后主张对禽兽也有的"爱"，甚至舍身饲虎之类，是非常不同的。在后来的孟子那里，与掌握着犬马等动物并实行"率兽食人"政策的斗争，一直是一个严峻的问题。因此，要理解孔子这句话，只能回归当时的语境，只有问人，而没有什么"问马""后问马"的。孔孟之道，都是贵人而贱畜的。

10.23 凶服者式之，式负版者。

式，是在车中手扶车前横木，俯身行礼，表示敬意。

孔子乘车，在路上遇到穿丧服之人，就立刻俯身行礼，与对着齐衰者的态度，是一样的。此外，他对"负版者"，也要行式礼。何谓"负版者"？

旧注都认为，"负版者"是手持国家图籍的文官，程树德先生认为这是错误说法的沿袭[1]。这种批评，是有道理的。先秦时期，确实有国家的图籍。铜器《宜侯夨簋》铭文记载，周王在四月丁未这一天，"省武王、成王伐商图"，"遂省东国图"[2]。可知，至迟在西周时期，已

1　程树德撰，程俊英、蒋见元点校：《论语集释》第二册，中华书局，2008 年，第 726—727 页。
2　李学勤：《宜侯夨簋与吴国》，《文物》1985 年第 7 期，第 13—15 页。

经出现了专门的图籍，国王还时而阅读。国家专门的图籍，都收藏于庙堂之上，甚至可能是史官掌管。但无论如何，也不可能与乘车发生什么关系。因为"式"是在马车上的敬礼，总不可能是乘车跑到庙堂上去敬礼，或是拿着图籍到大街上走。因此，理解为图籍，无论如何说不过去。

还有一种解释，认为"负版"是古代丧服的一种。当时丧服前有衰，后面有负版。如果负版者迎面走来，看到的是衰服，如果背对马车，看到的就是负版。但即使只是对着丧服的背影，也应该在车上行礼，表示重丧[1]。这种说法，似乎有道理。但仔细揣摩，也很有问题。既然前面说"凶服者式之"，那么齐衰、负版都属于凶服，为何此处单独谈负版者？这不是意思重复了吗？所以，此说也不对。

还有一种观点认为，"负版"应为"负贩"。按此说，则"负贩"，就是背货卖东西的人[2]。"版"、"贩"古音都在帮母元部，古文字字形也接近，确实有通假的可能。但具体到《论语》的语境中，孔子为何要如此尊敬背货的小商贩？这是无法获得解释的。因此，这一说也不可从。

笔者认为，这里的"负版者"，应该是为国家背负版筑之人。《韩诗外传》卷一、《说苑·立节》中都谈到"荆伐陈，陈西门坏，因其降民使修之。孔子过而不式"。因此，子贡才对孔子提出，为何不式的疑问。这就表明，孔子在一般情况下，都会对修筑城门、城墙之人，行"式"之礼。可能读者会说，这些修筑城墙的民众，并非庙堂君子，孔子为什么要对他们行"式"礼？其实，古书中，常见圣贤对普通民众行"式"

1　〔清〕俞樾：《茶香室丛钞》第一册，中华书局，2006 年，第 53 页。黄怀信先生亦从此说，见《论语汇校集释》下册，上海古籍出版社，2008 年，第 941 页。
2　李零：《丧家狗：我读〈论语〉》，山西人民出版社，2007 年，第 202—203 页。

礼。如《荀子·大略》中记载"禹见耕者耦立而式"，就表明大禹对耕者农夫也行式之敬礼。《礼记·檀弓下》记载，孔子经过泰山，见到被苛政逼迫躲入深山的妇人哭泣，"夫子式而听之"。这里，也是对普通民众行"式"之礼。

白川静先生谈到，"版"字的"片"，乃是指建筑作业中对称竖立的木板。"版"、"板"可能为同字，都是指版筑所用的木板[1]。可知，"负版"的"版"，就是版筑所用的宽大木板。早在仰韶晚期，古城已经使用版筑技术。当时的夯土版一般长 1.5 米—2 米，最大长 3.5 米，宽 1.5 米[2]。这些两米左右的木板，被竖立起来，中间夹黄土，用木棍夯实，可以非常坚固。"负版者"，也就是背负着这些夯筑木板的人。在古籍中，记载了这些负版民众在政治上的威力。《左传·襄公二十三年》记载，楚国讨伐陈国，陈国修筑城墙防御。但"板队而（坠）杀人。役人相命，各杀其长，遂杀庆虎、庆寅"。这说明，背负木板筑造城墙的役人民众，并不是任人宰割的蝼蚁。版筑中的工程事故，最后演变为一场骚乱，导致了政局的改变，这充分说明了民众在政治上的力量。

综合这些分析来看，"负版者"就是为国家背负版筑的民众，他们为国家做出了贡献，在政治上也具有相当的力量。孔子与古代圣贤一样，早就认识到民众的重要性，对他们为国家的贡献表示尊敬，因此行"式"之礼。孔子的这一礼容，恰恰是他民本位思想的体现。由此也可知，后世孟子"民为贵"的思想，并不是凭空而来。

1　［日］白川静著，苏冰译：《常用字解》，九州出版社，2010 年，第 364 页。
2　张学海：《试论山东地区的龙山文化城》，《文物》1996 年第 12 期，第 45 页。

先进第十一

11.1 子曰："先进于礼乐，野人也；后进于礼乐，君子也。如用之，则吾从先进。"

周代的国野制度，武装殖民的君子贵族居住于城中，而原住民野人农夫则住在荒郊野地，所以称为"野人"[1]。清人戴望就推测，说"先进"是夏商的士君子，"后进"是周人的士君子。这一思路，在民国有颇为著名的殷周之别说。傅斯年先生就说，"先开化的乡下人自然是殷遗，后开化的上等人自然是周宗姓婚姻了"[2]。按照这种说法，最早是商代人文化高，但他们亡国后，地位下降为野人。周人虽然是后进，文化原本没商人高，但却是君子贵族。后来李泽厚亦从此说，认为孔子说这话代表他"崇古"[3]。

不过，此说的产生背景，是近代历史学的新方法、新史观引入的结果。孔子未必清楚，近代人所谓"殷周之变"的历史背景。在孔子看来，三代不过是一以贯之的同一种文明不同侧重面的延续，夏重视忠，殷重视质，周重视文，如此而已。如果按照傅斯年、李泽厚他们的解释，"如用之，则吾从先进"，就是孔子想使用殷文化，这是他崇古的体现。可是，孔子虽好古，但对三代都是有所损益，并且更尊周。解释为孔子崇

---

1 许倬云：《西周史》，生活·读书·新知三联书店，2001年，第159页。
2 傅斯年：《周东封与殷遗民》，见《中研院历史语言研究所集刊论文类编·历史编·先秦卷》，第一册，中华书局，2009年，第59页。
3 李泽厚：《论语今读》，生活·读书·新知三联书店，2004年，第266—267页。

尚殷文化，实在是解释不通。

李零注意到，孔门早期弟子，如颜氏家族、冉氏家族、子路、漆雕开等，都出身卑贱，是鄙人、野人，而且居于民间不出仕。而晚期弟子们，则纷纷出仕，成为仕宦的君子[1]。孔子说这句话，可以和下一条"从我于陈蔡者，皆不及门也"对读，都是孔子晚年回忆、总结自己弟子们的话。晚年的孔子回忆说，自己早期的学生们，出身贫寒，但他们最早接触到教育，进于礼乐，都有德性。而晚期的学生们，较晚接触到礼乐教育。但他们纷纷当官，成了贵人君子。

在孔子看来，晚期弟子们聪明、有才干，如文学科传经的子游、子夏，政事科的冉求等。但这些弟子，往往聪明过头，甚至其中一些人有了油滑的趋向。如孔子警告子夏，不要当"小人儒"，对敛财的冉求，甚至想"鸣鼓而攻之"。这些晚期弟子，社会地位高了，但德性却比早期弟子们低了。早期弟子，颜回德性最高，三月不违仁。冉雍，甚至被视为可以南面。因此，孔子感慨，德性才是最重要的。如果要用世，做出番事业，他还是愿意用早期弟子，那些德性高尚，却刚毅木讷之人。

11.7 季康子问："弟子孰为好学？"孔子对曰："有颜回者好学，不幸短命死矣，今也则亡。"

颜回生于鲁昭公二十九年，即公元前 521 年，卒于鲁哀公十四年，即公元前 481 年，享年为四十岁。古人寿命短，四十岁算是中年偏大。古人认为："年十九至十六为长殇，十五至十二为中殇，十一至八岁为

1　李零：《丧家狗：我读〈论语〉》，山西人民出版社，2007 年，第 207 页。

下殇，不满八岁以下，皆为无服之丧。"（《仪礼·丧服》）可知，只要活到二十岁，就不叫"殇"，只能叫"短命死"。

《论衡·命义》说"颜渊困于学，以才自杀"。说颜回的死因，是过度致力于学习、学问，其才学导致了类似自杀的结果。这种说法，属于胡搅蛮缠。朱维铮说，颜回早死，"极可能与不讲卫生有关"，因为他"居陋巷，吃剩饭，喝生水"[1]。可是，《论语》只记载颜回"一箪食一瓢饮"，并没说那"一瓢饮"就是生水。颜回早死，也未尝见得就是"不讲卫生"的结果。青年时代的颜回，是很有武德与勇气的。孔门与蒲人的战斗中，颜回与众人走散，孔子甚至担心他战死。钱穆先生在《孔子传》中指出颜回"斗乱中失群在后"，当时颜回二十五岁，正是能打的年龄，很可能承担了战斗的殿后任务。"善于殿后，需要高超的武艺。颜渊在孔门师徒'斗于蒲'突围之际，为了掩护老师和同学脱险，独自担当了殿后的任务"[2]。如果稍有军事常识，或至少打过"群架"都会知道，殿后是最为危险，需要高度的战斗技巧和勇气。颜回不但承担了殿后任务，而且成功脱身，这对其身体状况的要求其实很高。

《史记·仲尼弟子列传》记载说颜回二十九岁时，头发就全白了。《论衡·书虚》中说颜回是"发白齿落"，连牙齿都掉了。古人二十九岁，实际上是虚岁，即今人的二十八岁。二十八岁，放到现代人中，还是很年轻的年龄，颜回的头发却已经全白了。现代医学认为，情绪紧张，食物缺乏蛋白质以及各类维生素，都会导致青年人出现白发以及掉

1　朱维铮：《何敢自矜医国手》，见朱维铮：《音调未定的传统》，浙江大学出版社，2011年，第69页。
2　高培华：《卜子夏考论》，社会科学文献出版社，2012年，第115页。

落牙齿等现象。从颜回的食物结构来看，基本是以谷物类食品为主（一箪食），缺乏蛋白质和丰富的微量元素。美国学者马文·哈里斯（Marvin Harris）通过考古学材料证明，狩猎时代人类摄入的动物蛋白质等营养水平较高，但由于环境改变，冰河时期巨兽的灭绝，导致狩猎资源的枯竭。因此，人类被迫从事定居农业。但农业生活以谷物为主的食物结构，导致了蛋白质的缺乏，造成营养状况的全面恶化[1]。颜回的营养结构，是新石器时代以来大多数人的常态。

因此，颜回的头发早白，是长期缺乏蛋白质的营养不良所导致的。再加上颜回长期致力于进德，在简陋的生活条件下，虽不无孔颜乐处，但克勤慎微，努力致力于提升"仁"的修养，也必然在一定程度上造成紧张感。因此，颜回的短命早逝，应该与其生活条件的简陋匮乏密切相关。

在孔子看来，富贵和生活富足并非坏事，贫穷也并非美德。如果富贵——，虽执鞭之士，吾亦为之"（《述而》）。但如果不能获取富贵，则可以"从吾所好"。颜回的美德，并非在于他的贫穷。颜回以"孔颜乐处"的方式守住了贵族精神，但遗憾的是，颜回早逝的原因其实和营养条件有关。我们需要学习的，是颜回坚守贵族精神的心灵品质，而不是说有条件而不吃肉，以素食、贫困为更高尚的价值取向或生活方式。孔子赞美颜回"一箪食一瓢饮在陋巷"，或"饭疏食饮水，曲肱而枕之，乐亦在其中"。这些话语，一定要放到历史的语境中去理解。不是说吃肉不好，也不是说贫困和恶劣饮食更佳，而是说贵族落难时，也要有一颗坚毅的心，能守得住心理防线。至于君子的日常状态，只要有条件，

1　［美］马文·哈里斯著，黄晴译：《文化的起源》，华夏出版社，1988 年，第 11—20 页。

当然是要尽量吃肉的，以保障一个强健的身体。孔子主张，"贫而安乐，富而好礼"（见本书《学而》1.15 章的分析）。如果遭遇了贫困，能够固守德性的追求，乃是一种美德。换言之，贫困是一种不幸。古儒并非歌颂不幸，而是歌颂在不幸中仍能捍卫原则的君子人格。

米塞斯曾谈到，大自然一点也不慷慨，对人类维持生存不可缺的东西，它的供应非常有限。在前现代，财富很少，绝大多数的人都生活在贫困中。只有随着近代资本主义工业文明的兴起，商品才变得便宜，生产的效率上升，很多会死于前现代的人，在近现代社会才得以获得较有质量的生活[1]。在孔门中，不仅仅是颜回生活在贫困中，子路也曾感叹"伤哉，贫也"（《礼记·檀弓下》）。甚至孔子也谈到自己有时的贫困状态，自称"丘也贫"（《礼记·檀弓下》）。原宪住在陋巷，漆雕开是贫寒的"工人子弟"，闵子骞、伯牛等人都生活贫寒。甚至子贡的早年，也是"鄙人"（《荀子·大略》），有过贫寒的经历，后来通过经商改善了经济状况。和前现代其他的人群一样，孔门师弟普遍贫困。

可是，孔子从来未将普遍存在的贫困视为美德之源。他说"贫而无怨难，富而无骄易"（《宪问》），显然已经注意到好的经济状况，更容易让人养成知礼仪的美德，而贫困对人的进德，往往构成潜在的伤害。他也希望颜回能富裕（《史记·仲尼弟子列传》），并称赞商人子贡是瑚琏之器。在孔子经济条件较好时，他会努力帮助别人，甚至接济原宪的邻里乡党（《雍也》）。富裕的美德，不但是好礼，更是去扶危济困，帮助弱者。

1　［奥］路德维希·冯·米塞斯著，冯克利、姚中秋译：《官僚主义 反资本主义的心态》，新星出版社，2007 年，第 166—171 页。

当然，"君子固穷，小人穷斯滥矣"。在前现代社会，人非常容易遭遇贫穷。如果遭遇了穷困，还能坚守住进德的乐观心态，这样的人格，是真正的君子。

颜回努力进德的精神，是现代君子们应当效法的榜样。但颜回的中年早逝，也给现代君子以某种启示。好学固然重要，君子忧道不忧贫，谋道不谋食。但如果能创造更好的生活环境，具备更优质的生活质量，提升健康水平，也就不至于重蹈前辙。求道与安身立命，对现代君子而言，更应该将二者结合起来。在更好安身立命的条件下，在各个领域做出更大的成就。

11.8 颜渊死，颜路请子之车以为之椁。子曰："才不才，亦各言其子也。鲤也死，有棺而无椁。吾不徒行以为之椁，以吾从大夫之后，不可徒行也。"

这里讲到，颜回死后，他的父亲颜无繇请求孔子卖掉马车，来为颜回置办木椁。先秦墓葬中，死者的埋葬除了敛以棺之外，有条件的还会在墓圹中置办木椁，再将棺材放置于木椁中埋葬。巫鸿先生就谈到，椁区别于墓穴与棺材，是真正为死者设计和建造的"阴宅"[1]。应该说，在当时只要稍有条件的人家，应该都会尽力为死者置备椁室，以便死者在地下也有"住所"。

在曲阜鲁国故城发掘的 44 座中小型墓葬中，拥有一棺一椁的达 29

1　巫鸿著，郑岩等译：《礼仪中的美术：巫鸿中国古代美术史文编》上卷，生活·读书·新知三联书店，2005 年，第 115 页。

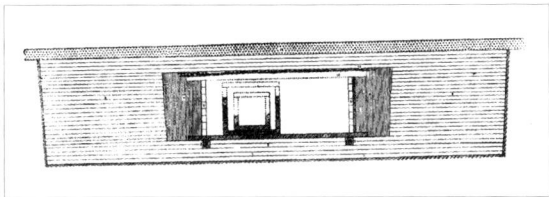

图 11.1　曲阜鲁国故城春秋晚期 M2 木椁墓剖面图

座（图 11.1），有棺无椁的 11 座[1]。有椁的达到百分之六十六左右，这就表明，即使是在鲁国的中下层社会，大多数人还是有条件置办木椁的。像颜回这样死而无椁的，应该算是非常贫困的家庭。

颜无繇疼儿子，觉得颜回活着贫寒，希望死了能稍微好一点，至少在地下有个木椁。由于孔子经常接济弟子，甚至弟子的"邻里乡党"，所以他决定请求孔子卖车，为颜回置办木椁。

孔子告诉颜无繇，我们都谈谈自己的儿子吧。我的儿子孔鲤也死了，因为我家境贫寒，因此也只能为他置备棺材，却没有木椁。我之所以不卖掉马车去置办木椁，就是因为我是大夫，而按照礼制，大夫是不能步行的。这时的孔子，距离他去世，还有三年。这三年间，他的经济状况，也并不太好。《礼记·檀弓下》记载，孔子曾对子贡感叹"丘也贫"。应该说，孔子的经济状况是不断变化的。在条件较好时，他接济学生，甚至接济学生的家人、邻里乡党。在穷困时，要么"子道饿"，要么甚至不能为儿子置办木椁。

古代学者，如许慎、王肃等认为，当时孔鲤还没死，这是孔子的假设之词，即"假如孔鲤死了，我也不徒行以为之椁"。钱穆先生早就指出，

---

[1]　山东省文物考古研究所、山东省博物馆、济宁地区文物组、曲阜县文管会：《曲阜鲁国故城》，齐鲁书社，1982 年，第 117 页。

这种解释是极其荒谬的，由文献考证可知，孔鲤确实死于颜回之前[1]。因此，孔子说孔鲤死后，有棺无椁，完全是真实的，并不是什么假设。这种状况，完全是基于当时自己的经济状况。

孔子将颜回视为自己的儿子，对待他，和对待儿子孔鲤一样。如果有条件，自然会为他们准备木椁。但既然没条件，那也一视同仁。无论如何，大夫的礼不能废。

11.11 颜渊死，门人欲厚葬之。子曰："不可。"门人厚葬之。子曰："回也视予犹父也，予不得视犹子也。非我也，夫二三子也。"

"门人"，正如前面所分析的，"门人"不同于"弟子"。"弟子"是学生，"门人"是"弟子"的学生。此处的"门人"，是颜回的学生。宋立林教授指出："颜子有能力亦有资格招收弟子，起码也可以代师授徒，有其门人。"这些门人，后来以颜回为宗师，形成了历史上著名的"颜氏之儒"[2]。黄怀信先生就谈到此处所言门人是"颜渊门人"[3]，这一观点是正确的。

颜回死后，颜无繇为他置办葬礼，想为他备一副木椁。先找到孔子，孔子坚持大夫之礼不能废，这也是将颜回与孔鲤一视同仁的态度。于是，颜无繇干脆去找颜回的学生们，让他们凑钱去安葬自己的老师。学生们听了，纷纷表示同意，要厚葬老师。

孔子听说颜回的学生要厚葬老师，便表示反对。理由很简单，我把

1　钱穆：《先秦诸子系年》，商务印书馆，2002 年，第 60 页。
2　宋立林：《儒家八派新探》，线装书局，2023 年，第 106 页。
3　黄怀信：《论语汇校集释》下册，上海古籍出版社，2008 年，第 983 页。

颜回当作自己的儿子，既然我的儿子孔鲤也是薄葬，那颜回也应该薄葬，否则我还怎么能作他的父亲呢？当然，颜回的学生们却并不听孔子的话。中古西欧大陆国家封建制有一句话叫"我的封臣的封臣，不是我的封臣"[1]，区别于英国诺曼征服以后的那种皆为国王之臣。我们也可以说，孔子学生的学生，不是孔子的学生。于是，这些不是孔子学生的学生，厚葬了孔子的学生。

他们厚葬了颜回，孔子的心情却很沉重。他感叹说，颜回把我当父亲，我也想把颜回当作儿子，怎么对孔鲤，也就怎么对颜回。孔子从小生活在母家颜氏，这个颜氏家族对于他的记忆、生命、情感，具有特别重要的意义。孔子的姥爷颜襄、母亲颜徵在，应该从小就教育和影响着他。孔子的学生中，"孔门八颜"中就有颜回的父亲颜路（颜无繇）。颜路很可能是孔子母亲的侄儿，那么他就应该是孔子在母家的表兄弟。而颜回作为颜路之子，也就是孔子在母家的侄儿。从血缘上来说，本身就是母家那边子侄辈的血脉亲人。从文化共同体身份来说，孔子也是一直非常疼爱颜回，他们之间的感情绝不仅仅只是一般师生之情，而是带有类似父子之情的色彩。可是孔子却感慨，你们却让我不能把颜回当儿子。这不是我的过错，是你们"二三子"做得太过了。在孔孟的儒家思想中，"父父子子"是一种双方对等的权利与义务关系。如果父不父，则自然子不子。厚葬颜回，是让孔子无法以对待儿子孔鲤的方式对待颜回，自然也就造成了父不父则子不子的格局，因此孔子无法对颜回行父

1　中世纪欧陆封建的这种关系，又称为"我的附庸的附庸，不是我的附庸"，可以理解为"我的领主的领主，不是我的领主"。见侯建新：《中世纪英格兰国王的土地产权》，《历史研究》2023年第6期，第143页。

道，将他视为自己的儿子。

11.12 季路问事鬼神。子曰："未能事人，焉能事鬼？"曰："敢问死。"曰："未知生，焉知死？"

正如前面多次出现的情形，子路是一个深受民间"小传统"底层观念影响的人，脑子里面装满了当时的"原始文化"。佩戴野人庶民的雄鸡豭豚，平时读读死人书《诔》，要么叫自己的门人给孔子准备葬礼，好侍奉其遗体和灵魂。说起"君子"，就是西周的位禄者，说起"朋友"，就是古老的宗法血亲。孔子生了病，他想到的是请向鬼神祷告。因此，这里他向孔子请教如何侍奉鬼神，也就不足为奇了。

孔子对殷周传统文化有敬意和继承，正如前面所分析，中国的轴心突破，是全世界几大文明中最不激烈的，断裂最少的，这本身就体现了一种自发生长而非断裂的文化传统。但同时也必须看到，孔子对殷周以来的巫史传统，仍然做出了修订，而不是简单、机械地继承。在马王堆帛书《要》篇中，孔子自称"吾与史巫同涂（途）而殊归者也"[1]。可知，孔子非常清楚，自己开创的儒家思想与早期殷周巫史文化的联系，所谓"同途"。但发展到孔子思想的阶段，由于轴心突破，产生了伟大的伦理人文传统，以性命与仁为归依的心性之学，因此又不是简单地停留在殷周巫史文化的水平上，因此又是"殊归"。

子路非要以轴心突破前的巫史文化为根基，去理解孔子的伦理心性

---

1 陈松长、廖名春：《帛书〈二三子问〉、〈易之义〉、〈要〉释文》，见陈鼓应主编：《道家文化研究》第三辑，上海古籍出版社，1993年，第435页。

之学，因此往往不搭调。子路按照殷周巫史标准，认为侍奉鬼神是庙堂君子的大事，因此向孔子求学，请教如何侍奉鬼神，行祭祀之礼。孔子却强调，政治、礼仪与教化的核心，并不是以鬼神为归依，而是以人道、人文为宗旨。这恰恰是发扬了春秋以来"先民后神"的思想[1]。子路见孔子不回答侍奉鬼神之礼，便又请教死后灵魂的知识。因为按照殷周巫史文化看来，鬼神之所以需要祭祀，乃是因为先王、贵族死后仍旧地下有知，需要按时供奉祭祀[2]。但孔子，却对此提出了自己的意见，以一种不可知论的态度去理解死亡。既然死亡不可知，那么真正值得关注的，便不是那幽冥的死后世界，而应该是鲜活的人间世界。

正如余英时先生所说："其实孔子并不是逃避，而正是诚实地面对死亡的问题。死后是什么情况，本是不可知的，这种情形一直到今天仍然毫无改变。但有生必有死，死是生的完成，孔子是要人掌握'生'的意义，以减除对于'死'的恐怖。这种态度反而与海德格尔非常接近。"[3]

11.13 闵子［骞］侍侧，訚訚如也；子路，行行如也；冉有、子贡，侃侃如也。子乐（曰）："若由也，不得其死然。"

此处称"闵子"，不妥。李零谈到，古本此处多作"闵子骞"而不是"闵子"。况且除了孔子、有子、曾子外，《论语》中无人称"子"[4]。因此，这里应当是掉了一个"骞"字。

1　陈来：《古代思想文化的世界：春秋时代的宗教、伦理与社会思想》，生活·读书·新知三联书店，2002年，第116—122页。
2　蒲慕州：《追寻一己之福：中国古代的信仰世界》，上海古籍出版社，2007年，第70—74页。
3　余英时：《中国思想传统的现代诠释》，江苏人民出版社，1989年，第44页。
4　李零：《丧家狗：我读〈论语〉》，山西人民出版社，2007年，第212页。

闵子骞以德行著称，侍立在孔子身边，谈话语气和悦，彬彬有礼；子路崇尚勇武，当年佩戴野人的雄鸡猳豚，甚至想"凌暴孔子"（《史记·仲尼弟子列传》）。后来即使是孔子以礼教化，他仍时不时呈现出暴力倾向。因此，在孔子身边说话，五大三粗，刚强有力。冉求、子贡，一个是政界精英，一个是商界精英，都能说会道，侃侃而谈。这些弟子，都有各自不同的性格特征。可以说，早期儒门有着一个非常丰富的生态。

孔子根据子路的性格，觉得这脾气招事，容易惹来祸患，搞不好会"不得其死"。奇怪之处出现了，既然子路的性格不好，甚至有可能死于非命，孔子他"乐"什么？难道他希望子路横死？显然不是。此处的"乐"字，是一个衍文，原文应当作"曰"字。

在平壤出土的贞柏洞竹简《论语》简6作"子乐曰"[1]。值得注意的是，早期注本，如皇侃本等，也是"子乐曰"[2]。宋人《示儿编》就推测，说"子乐"本当为"子曰"，后来因声近转"曰"为"悦"，再转"悦"为"乐"。黄怀信先生亦从此说[3]。笔者认为，此说是正确的。古本、平壤竹简本等"子乐曰"的材料表明，此处很可能是首先由音转意近的"曰"变"乐"，衍生出一个"乐"字。再往后，"曰"字被视为衍文消失了。即从"子曰"变为"子乐曰"，再变为"子乐"。因此，最后一句只能是"子曰"，即孔子很中性地评价子路的性格缺陷。

---

1 李成市、尹龙九、金庆浩：《平壤贞柏洞364号墓出土竹简〈论语〉》，见中国文化遗产研究院编：《出土文献研究·第十辑》，中华书局，2011年，第187页。
2 程树德撰，程俊英、蒋见元点校：《论语集释》第三册，中华书局，2008年，第764页。
3 黄怀信：《论语汇校集释》下册，上海古籍出版社，2008年，第988页。

图 11.2　楚国府库之玺印"大府"

11.14 鲁人为长府。闵子骞曰："仍旧贯，如之何？何必改作？"子曰："夫人不言，言必有中。"

　　"府"字，战国文字多从"贝"，如 𩇕（鄂君启节）、𧴪（包山楚简）等 [1]。古人以贝为财货，"府"，即为收藏货贝财物之所。在安徽寿县发现的楚国器物中，就多有"大府"的铭文（图 11.2）。"大府"，就是楚国的朝廷府库 [2]。在东周楚印中，还有诸如"行府"、"造府"、"高府"、"六行府"之类的府库名称 [3]。鲁国原本应该也有属于自己的"大府"一类府库，用以收藏货贝财物、各类器用。但后来已经破败了，便又继续新建"长府"。

　　字从"贝"，是存放钱贝等财物之处。战国燕国铜戈刻辞有"右贯府"的铭文 [4]，为制作和储藏这件兵器的府库。因此，"旧贯"就是原有的旧府库，闵子骞的意思，是继续沿用原来的旧府库即可。

　　闵子骞听说此事后，感慨说，还不如就因袭以前的老建筑就行了，干嘛劳民伤财去改建？这里的"仍"字，于省吾先生从鲁读为"仁"，指出这个"仁"字当作"夷"，即"夷丑"之"夷" [5]。于省吾先生此说，虽然从文字学的角度讲，可能也符合古文字的通假情况。但放到具体语境中，读为"夷"，实不可通。不知收藏财货之"府"与"夷丑"究竟有何关系？

1　何琳仪：《战国古文字典：战国文字声系》，中华书局，1998 年，第 393 页。
2　李学勤：《东周与秦代文明》，上海人民出版社，2007 年，第 104 页。
3　陈光田：《战国玺印分域研究》，岳麓书社，2009 年，第 135—136 页。
4　河北省文物管理处：《河北易县燕下都 44 号墓发掘报告》，《考古》1975 年第 4 期，第 234 页。
5　于省吾：《论语新证》，《社会科学战线》1980 年第 4 期，第 137 页。

因此，此处仍只能从传世本，作"仍"字。闵子骞的意思很简单，就是说政府仍旧用老建筑就行了，何必还要去大兴土木，劳民伤财？孔子听了，说闵子骞平时老成持重不说话，刚毅木讷，可是一旦说法，句句恰到好处，非常赞赏闵子骞的观点。

在原始儒学看来，好的政府应该是一种小而强的政府，类似于西周那种在该强硬领域，则保持强硬手段与能力。而在一般情况下，则应该倾向于"居其所而众星共之"，"无为而治"，"端己以正南面"。在不需要强力的领域，政府尽量不要多事、扰民，而是扮演社会守夜人的角色，维持基本的社会秩序就行了。大兴土木，万里长城，这些都不是原始儒家的主张。实际上，在政治领域践行了一些古儒思想的时代，比如两宋，都有"官不修衙"的传统。例如，苏轼在杭州担任知州时，说杭州的政府建筑已经一百多年没修整过了，非常破败，成了危房。以至于通判官们"每遇大风雨，不敢安寝正堂之上"，后来危房还压伤了"分书手二人"（苏轼《乞赐度牒修庙宇状》，见《苏轼集》卷五十六）。不但地方政府如此，南宋的宫殿建筑，更是寒碜，不但面积狭小局促，而且只有一间正衙。因此，各种礼仪活动，原本需要在不同殿衙举行的，在南宋只能都在这一间殿上举行。根据不同的礼仪活动，不断更换殿门的牌子，一会换成"文德殿"，一会换成"紫宸殿"之类[1]。

可见，宋代的地方政府建筑、宫殿建筑都非常简陋，甚至是寒碜。宋代社会是非常富裕的，但政府建筑如此破败凋敝，却仍旧坚持不扩建、新修，其思想恰恰就来自于古儒的政治观念："端己以正南面而已矣。"

1　杨宽：《中国古代都城制度史研究》，上海古籍出版社，1993年，第351—352页。

老建筑，虽然破败，但依然可以"仍旧贯"，凑合着用下去。宋代社会富裕，是藏富于民。宋代政府建筑破败，而民间却高楼大厦林立。这些观念，全部可以追溯到古儒和孔门师徒那里。古儒的主张，就是官僚科层部分退出不需要多作为的领域，尊重各类前例之旧，不给各类寻租利益链条留下空间。

11.15　子曰："由之瑟，奚为于丘之门？"门人不敬子路。子曰："由也升堂矣，未入于室也。"

孔子认为，音乐可以陶冶人的性情，提升人格的修养，甚至将其作为养成贵族人格的重要内容。"乐"作为"六经"之一，其失传主要因为贵族时代的硬件条件难以在平民化时代继续保持和延续，特别是钟、磬一类重型乐器，以及大型礼乐空间的这些必备硬件。但也能看出，音乐在原始儒学思想与旨趣中，具有的重要地位。因此，孔子非常重视音乐教育，欣赏韶埙，甚至不知肉味。他本人也长于鼓琴、击磬。由于琴瑟这类乐器，相对于贵族阶级钟、磬这类高规格硬件来说，相对更容易在孔门弟子这种"士庶人"阶层中采购与普及（见本书《学而》1.1章），因此孔子在对学生的教育中，经常让他们鼓瑟，作为音乐教养的手段。子路是尚勇之人，对音乐的教化功能理解不深，弹奏瑟的曲调，气质刚勇，却中和不足（朱注）。

瑟这种乐器，起源古老，在考古发掘中也有实物出土。例如，与孔子时代非常接近的东周曾侯乙墓中，就一共发现了12件瑟，分为三种式样。I式瑟（图11.3）共有10件，有25个弦孔，用整木雕成，全长

167.3 厘米，身宽 42.2 厘米。通体施有黑漆和朱漆，并有彩绘的饕餮纹、龙、蛇等图案。Ⅱ式瑟也是 25 个弦孔，面板、侧板用黑漆勾勒边缘。Ⅲ式瑟，也是 25 个弦孔，无雕饰，无彩绘[1]。

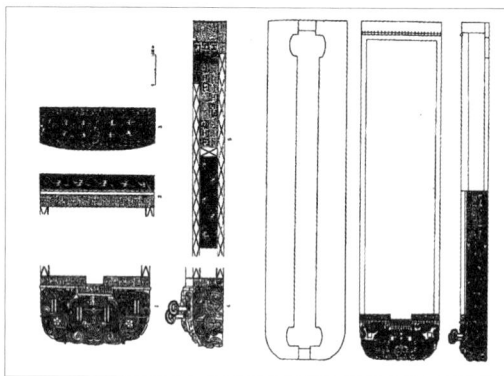

图 11.3　曾侯乙墓出土之Ⅰ式瑟，左为瑟上的花纹，右为瑟的形制

从曾侯乙墓出土的瑟，可以参考大致同时期孔门师徒所使用瑟的形制。瑟这种弦乐器，在当时有 25 根弦，做工比较讲究，表面涂有黑漆或朱漆，再讲究一点的，甚至装饰着龙、蛇等图案。孔门师徒所使用的瑟，形制上恐怕没有国君曾侯乙的瑟那么考究，但形制应当大致相差不远。

孔子说子路演奏的瑟，气质太过于刚勇，何必在我的室内演奏？这里的"门人"，当为子路的门人，就是子路打算用来在孔子丧礼上担任"臣"的那帮人。孔子说子路的音乐修养差，子路的学生们就对他不太尊敬了。孔子觉得，还是该给子路留些尊严，毕竟都带自己的学生了。于是又说，子路的音乐修养，也还是不错的，他已经从庭院中沿着台阶，一步步走到大堂了，只是还没进到室内。换言之，意思是已经算不错了，只是还没达到最高境界。

这段话，既表明孔子对音乐修养的要求非常高，同时也显示了他也在乎别人的尊严。即使是时有批评，但也会给予足够的肯定。

1　湖北省博物馆：《曾侯乙墓》上册，文物出版社，1989 年，第 155—159 页。

11.17 季氏富于周公，而求也为聚敛而附益之。子曰："非吾徒也！小子鸣鼓而攻之可也。"

此处孔子对于冉求帮助季康子敛财，以及对于领地中的民众汲取各种资源的行为，进行了严厉批评。孔子专门拿季氏和古代的周公进行对比，来显现出封建习惯法被破坏后，新僭主们对社会汲取力效率的高度提升。周公是鲁国的先祖，是曾经称王的先王[1]。但周公遵守古老的封建不成文习惯，无论是夏族习惯法的"五十而贡"，还是商族的习惯法"七十而助"，抑或是周族习惯法"百亩而彻"。这些古老习惯法中，领主对于税赋与劳役的使用量，受到严格古老习惯与契约的约束。周公所代表的高级权位者，政治身份与礼仪等级虽高，但却必须要尊重这些约定。因此其手中能收入的财富、劳力数量，其实并不算多。

可是现在的季康子，只是鲁国的一位领主，地位是周王的"陪臣"而已，但是通过勇于破坏古老的封建习惯，却能够以僭主的手段，从自己领地上汲取更多的资源与财富，形成"富于周公"，比周公的财富与资源多得多的局面，显示了"礼崩乐坏"的实质，是伴随着保护古老自由的条条框框，一条条被僭越和破坏。而令人遗憾的是，孔门弟子冉求，却帮助季氏这样的僭主去破坏古老传统，甘心作一位僭主的聪明爪牙。对于冉求的这一无底线行为，孔子认为他已经不配做一名孔门弟子，并要求其他弟子对冉求鸣鼓而攻之。

湖北荆州王家嘴 M798 出土战国楚简《孔子曰》中，也有对此事的

1　钱穆：《周公》，九州出版社，2011 年，第 24 页。杜勇：《〈尚书〉周初八诰研究》，中国社会科学出版社，1998 年，第 27 页。

记载："孔子曰：'君子愆（荡），此（斯）辱矣。'子路为季氏宰。
（孔子）曰：'（由）也为季氏宰，亡（无）能改于亓（其）惪（德），
亓（其）布粟倍它（他）日矣。（由）也，弗吾徒也已，小子鸣鼓而攻
之，可矣。'"[1]这一段的记载内容，与《孟子·离娄上》的记载相似：
"'求也为季氏宰，无能改于其德，而赋粟倍他日。孔子曰：'求，非
我徒也，小子鸣鼓而攻之可也。'"但是根据楚简记载，孔子要求进行
"鸣鼓而攻之"的对象，不是《论语》、《孟子》中记载的冉求，而是
子路。因为子路也担任僭主季氏的家臣，并且协助季氏"布粟倍他日"，
汲取出大量的赋税与粮食，不但增加了属民的经济负担，更是从"判例
法"的角度，制造了很坏的新"判例"，打破了古代以周公之礼为代表
的那种更能保护社会与民众的不成文条条框框，从历史深渊的眼光来看，
这是非常糟糕的行为，对后世影响恶劣。

那么孔子批评的弟子，到底是传世本中的冉求，还是楚简本中的子
路呢？笔者认为，历史真相是同时批评了这两位"哼哈二将"。从后文
中季子然问孔子评价子路、冉求，以及孔子评价此二人顶多是不弑君杀
父而已，可以看出孔子、季氏家族成员，都是将这两位放在一起来看的，
因为他们在季氏都从事同样的工作，确实是一对"哼哈二将"。在著名
的"季氏将伐颛臾"中，孔子也是将冉求、子路这两位"活宝"放在一
起来批评，说他们作为家臣，却不能劝阻季氏搞祸起萧墙的蠢事。这一
段的原始文本，可能是："季氏富于周公，而求也、由也为聚敛而附益

---

1 赵晓斌：《湖北荆州王家嘴 M798 出土战国楚简〈孔子曰〉概述》，《江汉考古》2023 年
第 2 期，第 46 页。

之"，最后孔子号召全体弟子，一起鸣鼓而攻的对象，应该是冉求、子路这两位。

11.20　子张问善人之道。子曰："不践迹，亦不入于室。"

子张是孔门的"狂简小子"（见本书《公冶长》见 5.22 章），是孔子晚年回到鲁国收的最后一批弟子。孔子去世时，子张才二十出头，正是轻狂的年龄。这位轻狂少年问孔子，什么才叫"善人"？谭承耕先生说，孔子的回答，是针对子张的偏激性格来说的（师也辟）。因为轻狂、偏激的性格容易在修养和学问上多求创新，不循前人旧迹。因此，孔子提出要接受前人经验，吸取成果，才能达到更高的层次[1]。

这一段对话，可以从中解读出很丰富的信息。子张是才气纵横的年轻人，这个年龄和性格，最容易偏激，觉得前人经验、传统都是"旧教条"，是腐朽、没落的，认为要打破传统，多求创新，才能实现进步。在思想史中，这种要破除旧传统，抹掉过去，想在白纸上画"最美图画"的倾向，被哈耶克称为"致命的自负"[2]。轻狂而自负的年轻人，对历史、传统、社会都并不算了解，但越是陌生，就越是蔑视和充满敌意。不顾数千年来人类经验的点滴积累，而自诩通过创新、奇巧、新颖，可以开创出崭新的乌托邦。近代以来的历史经验表明，这种"致命的自负"，对社会的正常发展，有极大的破坏和负面影响，可以造成灾难性的后果。

孔子提供的办法，是走出"致命的自负"。对于旧传统、前人数千

1　谭承耕：《〈论语〉考释两则》，《古汉语研究》1989 年第 3 期，第 51 页。
2　［英］弗里德里希·奥古斯特·哈耶克著，冯克利、胡晋华等译：《致命的自负》，中国社会科学出版社，2011 年，第 73—100 页。

年以来丰富的经验积累，一定要做到"践迹"，亲自去践踩前人留下的脚印。那些前人的一个个脚印，就是历史中最智慧的经验，也是最宝贵的财富之一。不重视那些前人的经验与脚印，也就很难登堂入室，达到理想的高度。

11.23 子畏（困）于匡，颜渊后。子曰："吾以女（汝）为死矣！"曰："子在，回何敢死？"

正如前文所分析，"子畏于匡"的"畏"，应该读为"困"（见本书《子罕》9.5章）。那么，既然孔子只是被困于匡地，又怎么会出现颜回掉队，甚至差点儿死掉的事呢？

根据钱穆先生考证，被困于"匡"地与被困于"蒲"地，实为同一件事，在《史记·孔子世家》中被误认为是两件不同的事[1]。当时，公叔戍背叛卫国，盘踞"匡"（蒲）地，"止孔子"，根据《史记·孔子世家》中记载，叛乱者之所以要阻止孔子前行，就是希望他"苟毋适卫"。而后面记载，孔子师徒到了卫国，卫灵公非常高兴，甚至在郊外迎接。这就表明，公叔氏叛军不希望孔子去帮助卫国政府，而卫灵公则很高兴孔子站在自己这边。由此可知，双方都希望在政治力量的博弈中，孔门师徒不要站到对方的阵营中去，因此也可知孔门师徒确实是一支不可小视的力量。

公叔氏的叛军，强行制止孔门师徒前行，因此造成了"困于匡"的局面。在混斗之中，颜回与众人走散，孔子甚至担心他战死。钱穆先生《孔

---

1 钱穆：《孔子传》，生活·读书·新知三联书店，2002年，第41页。

子传》中指出颜回"斗乱中失群在后"，当时颜回二十五岁，正是能打的年龄，而且继承了孔门军事传授军事贵族技艺的传统，颇具武德[1]。在此事中很可能承担了战斗中最危险的殿后任务。"善于殿后，需要高超的武艺。颜渊在孔门师徒'斗于蒲'突围之际，为了掩护老师和同学脱险，独自担当了殿后的任务"[2]。

《史记》记载，孔门弟子中有一位公良孺，身高体强有勇力，带了私车五乘，与匡地的叛军发生了武装冲突，要救孔子出去。另外，孔门弟子中，子路等人也有勇力擅于武事。根据上博楚简《子道饿》记载可知，孔子的弟子中，一些人还带着自己的学生"门人"（见《子罕》9.12章）。这样看来，孔门师徒不但有两位勇士，还有众多人手，算是有一定力量。打斗起来，让公叔氏措手不及，因此是"蒲人惧"，最后与孔子盟誓。盟誓的内容是，我放你们走，但你们不能去卫国。

这样，就可以梳理出当时的情景：孔门师徒众人先是被困在匡地，后来与叛军发生战斗，武装冲突中师徒众人也走散了。孔子离开后，见颜渊这时不在身边，担心他的生命安全。结果后来，走散的颜渊赶上了队伍，孔子既惊又喜，说我以为你不幸罹难了！颜渊说，夫子您在，我怎么敢死？这既是让孔子放心，也是向孔子表达天不丧斯文，自己将终身追随以行道的信心与决心。

1　李竞恒：《早期儒家是个能打的武力团体》，见李竞恒：《岂有此理？：中国文化新读》，四川人民出版社，2023年，第236—239页。
2　高培华：《卜子夏考论》，社会科学文献出版社，2012年，第115页。

11.24 季子然问："仲由、冉求，可谓大臣与（欤）？"子曰："吾以子为异之问，曾由与求之问。所谓大臣者，以道事君，不可则止。今由与求也，可谓具臣矣。"曰："然则从之者与（欤）？"子曰："弑父与君，亦不从也。"

季子然，据《氏族谱》的记载，他是季平子的儿子[1]。此人很可能是季平子的庶子，在季氏宗族中担任一定职务。冉求担任季氏家臣，是公元前 492 年，所以季子然问孔子这话时，已经是季康子时代。按照辈分排，季子然是康子的叔叔，算是家族中的长老辈了，仍继续为宗子效力。因此，这位庶子长老辈到孔子那儿打听子路、冉求两位家臣的情况，可能是受了季康子的委派。

他向孔子请教和询问，子路、冉求这两位弟子算得上是"大臣"吗？在先秦语言中，与"大臣"相对的一词是"小臣"。孔子说，大臣是"以道事君，不可则止"。"大臣"在殷周时期，一般是"贵戚之卿"。封建贵族政体下的君主，不可能做到清帝那种乾纲独断，而是只能和各级贵族一起共同治理，权力受到多方面的制衡。孟子所说的贵戚之卿，对于君权有极大的制衡力量，君主犯了大过错，"反复之而不听，则易位"（《孟子·万章下》），即君主不听贵族劝阻，就会被赶下君位，如周厉王就是被赶走的典型。还有一种是师保之臣，君主犯大错可以惩罚他，如楚文王沉溺声色犬马，便被太保用"细荆五十"给打了一顿（《吕氏春秋·直谏》），伊尹放太甲更是人们耳熟能详的典故，而伊尹在甲骨卜辞中得到了隆重祭祀（图 11.4），也证明了贵戚之卿传统的巨大能量。所谓"有

1　程树德撰，程俊英、蒋见元点校：《论语集释》第三册，中华书局，2008 年，第 792 页。

图 11.4　甲骨中合祭商汤和伊尹君臣的记载，伊尹就是典型殷周时期的“大臣”

君而为之贰，使师保之，勿使过度”（《左传·襄公十四年》），意思是要有和君主同样博弈能力的大臣，来规训君权，不能让它放纵。也即顾炎武所说“太宰之于王，不惟佐之治国，而亦诲之齐家也”（《日知录》卷五）。这些“贵戚之卿”与“师保之臣”都分别从不同的侧面展现出“大臣之体”的最初面貌。

与“大臣”形成对比的，则是殷周以来那种依附于王权的“小臣”。小臣的社会地位低下，不能作为一种独立、体面的制度性的社会力量，去制衡或约束君权，而只能依附于王权，作为君主的爪牙与工具。如商纣王就喜爱重用小臣，以绕开传统的各类大臣制约。《尚书·微子》、《诗经·大雅·荡》、《周本纪》等篇中就反复指出纣王“咈其耇长旧有位人”、“殷不用旧”、“遗其王父母弟不用”，这些“旧有位人”就是商朝的世袭贵族领主、宗族长老、重臣们，属于传统上“贵戚之卿”、“师保之臣”这样的大臣。这些大臣、贵族们，属于政治上的有效与独立阶层，并不依附于王权，而是依靠传统“成汤之典”、“盘庚之政”这样的“不成文宪法”等合法性依据，来约束君主，实现共治。

纣王打击和绕开这些大臣，提拔只听命于王权的“小臣”，以扩大自己的王权。据《左传》、《周本纪》等文献记载，这些小臣多为“四方逋逃”、“亿兆夷人”、“四方多罪”，可见纣王喜欢在身边用脱离了共同体，不受任何规则约束，只有依靠王权的罪人、逃人、外族人[1]。这些小臣唯一能够依靠的，只能是王权，其人格特点，也就是对君主的顺从。可以说，在先秦历史文化和语境中，"大臣"、"小臣"之间就具有了完全不同的品质与含义，对"大臣"的要求标准也非常高。

在原始儒学以及其后来所开辟的华夏正统文化中，"大臣之体"是一份很重要的人格与境界成就，其标准甚高。如东晋宰相王导，能调和上下、北人吴人，保守江左以抗五胡南窥之野心。其政网漏吞舟之鱼，且令"后人当思此愦愦"，可谓是得大臣之体。北宋圣相李沆不从君命而引烛焚诏，也可谓是得大臣之体。范仲淹劝阻富弼不要逞一时之积愤，而轻启人主"诛戮臣下，他日手滑，虽吾辈亦未敢自保也"，其智慧洞见之深远，后来得到富弼感慨"范六丈，圣人也"之感叹（苏辙《龙川别志》卷下）。范仲淹的这种人格与智慧，也是典型的能得大臣之体。

子路、冉求两位作为季氏家臣，只能算是一般听话的臣，算不得什么"大臣"，距离得大臣之体，那就太远了。季子然问，那他们算是什么话都要绝对服从的那种臣子了哦？孔子回答，叫他们去杀父、杀君，这种事他们还是不会干的。"弑父与君"的"弑"字，定州竹简本、平壤贞柏洞竹简本都作"杀"[2]。可能是汉代抄本中的简写，原文还是应该作"弑"。孔子的潜台词中，这两位弟子的生态位，其实已经堕落得和"小臣"有些接近了。当然，也还不至于完全跌破底线。

1　李竞恒：《纣王形象和殷周鼎革史实》，见李竞恒：《岂有此理？：中国文化新读》，四川人民出版社，2023 年，第 271—272 页。

2　李成市、尹龙九、金庆浩：《平壤贞柏洞 364 号墓出土竹简〈论语〉》，见中国文化遗产研究院编：《出土文献研究·第十辑》，中华书局，2011 年，第 190 页。

　　现代很多以讹传讹的人都认为，儒家是主张"奴隶性"价值观的，以绝对服从为美德，而不考虑是非。他们认为"臣罪当诛兮，天王圣明"（韩愈《羑里操》）就是儒家思想，认为儒家就是主张磕头，除了磕头，就是山呼"万岁"。实际上，这种对"儒家"的想象，既来自对古籍和历史知识的无知，更重要的，也来自晚清和新文化运动以来德、法、俄式启蒙话语叙事中，将清廷那种高度君权专制体制视为"儒家"的结果。如果能平心静气，以真正历史的态度面对古儒的思想，就会得出非常不同的结论。这里，就涉及古儒理想中"大臣"的问题。

　　孔子说，"大臣"一定是"以道事君"的，即所谓"从道不从君"。在儒家看来，"道"作为一种价值，显然是远远高于实君统治的事实层面。儒者从道不从君，只对道负责，而不是对人君奴颜婢膝，言听计从。这样的人，才能称为"大臣"。王夫之曾盛赞北宋的宰相李沆，说他做到了"以道事君"，可以算是"大臣"（《宋论》卷三《真宗三》）。李沆的事迹，见于史书。宋真宗想立刘氏为贵妃，亲自写了封手诏，遣人交给宰相李沆，要他照办。李沆看了后，当着使者的面"引烛焚诏"，说"但道臣沆以为不可"。皇帝的这一计划，也就落空了（《宋史》卷二八二《李沆传》）。大臣，就是从道不从君，甚至要让人君"快意事便做不得一件"（侯延庆《退斋笔录》）。仁宗时的宰相杜衍，对皇帝私下许诺提拔官员的诏书，"一切不与，每积至十数，则连封而面还之"。以至于皇帝自己也说，谁来请求我私下允诺的封官，我都会告诉他们宰相不同意（《太子太师致仕杜祁公墓志铭》，《居士集》卷三十一）。正如余英时先生所说，古儒的思想资源在宋代对政治发挥了实在的影响，坚持与君主"同治天下"、"共治天下"，"迭为宾主"是儒家士大夫坚持的一项原则[1]。共治天下的原则，就是遵循先秦原始儒学所开创之"道"。

孔子说，子路、冉求这样的臣，并不是以追求"道"作为其安身立命之本。他们仕途的归旨，不是顺从对"道"的信念，积极参与公共秩序的重建，而仅仅是消极停留在对君主的顺从层面，生态位上接近"小臣"。季子然问，既然他们是顺臣，那他们会遵从君主的所有意志吗？当然，孔子了解自己的学生，弑父、弑君这些事，他们至少还做不出来，算是有一个很薄的底线。但这一层薄薄的底线，比起原始儒学"大臣"的厚重理想，那就差得太远了。

11.26 "莫（暮）春者，春服既成，冠者五六人，童子六七人，浴乎沂，风乎舞雩，咏而归（馈）。"

这一段是《论语》中的名句，子路、曾皙、冉求、公西赤侍坐，孔子和他们聊天，其中曾皙还在一边弹奏瑟。优雅的音乐声中，弟子们各自谈了自己的理想，子路要治大国军旅；冉求想为小国理财；公西赤想为诸侯担任礼官。这些，都是读者耳熟能详的内容。最重要的部分，是曾皙的理想。

曾皙，是曾参的父亲。他给曾参取名，就是使用了夏正历法中尊崇"参宿"的思想（见《学而》1.4 章），践行孔子"行夏之时"的理念。《孟子·尽心下》记载说："如琴张、曾皙、牧皮者，孔子之所谓狂矣。"

可知，曾皙的性格，有"狂"的特点。在孔子看来，如果不得中行，"狂"就是一种值得肯定的态度。

曾皙这位"狂者"谈到自己的理想，不是治大国军旅，也不是为诸侯理财或担任礼官，而是去参与一场祭礼。暮春时节，穿上新的单衣，与五六位成年人，六七位童子，一起去参与舞雩之祭。"浴乎沂"，韩愈、李翱认为，裸身在水中洗浴，是不合于礼的，因此这个"浴"字应该是"沿"字之误。于省吾先生也说，周正暮春是夏正的一月，不是适合洗浴之时。这里的"浴"字应该读为沿，意思也是沿[1]。朱凤瀚根据海昏侯汉墓出土竹简《论语》此处"容乎沂"，将其读为"颂乎沂"，也认为在沂水旁"郑重地朗诵"，比"春凉难以洗澡的疑难，更为合理"[2]。

这里必须明确一个前提，即这些人都要参与"舞雩"的活动。甲骨卜辞中即有"舞雨"的记载，如"于癸舞雨"（《合集》20398、《屯南》4513），或云"奏舞雨"（《合集》12819、12820），即以音乐配合舞蹈娱神以求雨。学者认为，甲骨卜辞中的"舞雨"，即最早的"舞雩"求雨活动[3]。后世继承了商代以来的这一传统，以舞求雨，并有"舞雩"之台。曲阜鲁国故城的舞雩台遗址（图11.5），位于曲阜故城城南东门正南1735米，至今台基呈方形，东西120米，

图 11.5 曲阜鲁国故城的舞雩台遗址

---

1 于省吾：《论语新证》，《社会科学战线》1980 年第 4 期，第 138 页。
2 朱凤瀚主编：《海昏简牍初论》，北京大学出版社，2020 年，第 170—171 页。
3 连劭名：《商代的舞雩》，《古籍整理研究学刊》1997 年第 4 期，第 1—4 页。

南北 115 米[1]。舞雩台的功能，就是雩坛。皇侃疏讲得很明白，舞雩之坛也就是"请雨之坛"，请求下雨的祭祀就叫"雩"。如果需要请求降雨，就可以"祭而巫舞"。

因此，这里的"浴"字，一定要和舞雩的祭祀之礼联系起来理解。徐中舒先生曾谈到"需"字，是"象人沐浴，濡身之形，为濡之初文……上古原始宗教举行祭礼之前，司礼者须沐浴斋戒，以致诚敬"[2]。《管子·小匡》："鲍叔祓而浴之"，就是说鲍叔举行沐浴和禳祓之祭。《周礼·春官·女巫》记载"掌岁时祓除衅浴"。郑玄注："岁时祓除，如今月上巳如水上之类。"当然，学者可以说上巳禳祓是汉代才出现的习俗[3]，但无法否认先秦观念中的祭祀与沐浴有密切关系。正如陈梦家先生所说，先秦时的沐浴，其实属于宗教性的清洁行为[4]。陈梦家先生也将《论语》此处视为古代祭祀中的禳祓之浴。正如伊利亚德（Mircea Eliade）所说，在宗教思想史中："在一切重大的宗教活动之前都要沐浴，使人预备好进入神圣的体系"[5]。远古和商代以来的祭祀，往往都要伴随着宗教性的沐浴，这是一个非常重要的早期中国宗教礼仪传统[6]。

显然，在水中的沐浴并不是王夫之所谓的什么"裸戏"（《四书稗疏》），而是舞雩之祭前庄严的洁净行为，通过沐浴净身，达到祭祀通神的虔敬

1　山东省文物考古研究所、山东省博物馆、济宁地区文物组、曲阜县文管会：《曲阜鲁国故城》，齐鲁书社，1982 年，第 15 页。

2　徐中舒主编：《甲骨文字典》下册，四川辞书出版社，2005 年，第 878—879 页。

3　程树德撰，程俊英、蒋见元点校：《论语集释》第三册，中华书局，2008 年，第 810 页。

4　陈梦家：《商代的神话与巫术》，《燕京学报》第 20 期，第 558—559 页。

5　［美］米尔恰·伊利亚德：《神圣的存在：比较宗教的范型》，晏可佳等译，广西师范大学出版社，2008 年，第 185 页。

6　李竞恒：《斋戒沐浴可以祀上帝》，见李竞恒：《爱有差等：先秦儒家与华夏制度文明的构建》，广西师范大学出版社，2024 年，第 216—221 页。

效果。东汉的王充怀疑，说正岁二月还很冷，怎么能在北方的水中沐浴呢？（《论衡·明雩》）。王夫之、于省吾先生都提出了这样的疑问。其实，这也是古气候学的问题。需要注意的是，王充生活的东汉初期，"我国天气有趋于寒冷的趋势"，有几次严寒，晚春时国都洛阳还冻死了人。而王夫之生活的明末清初，气候比现代温度还要寒冷，十七世纪中叶天津运河的结冰期远较今日为长[1]。《后汉书·襄楷传》中就说，东汉时寒冷，"其冬大寒，杀鸟兽，害鱼鳖，城旁竹柏之叶有伤枯者"。于省吾先生也是以近现代东北辽宁的生活经验来推测先秦气候。

寒冷说最早源自王充，但恰恰是王充生活的东汉早期，突然出现的寒冷气候使得晚春都冻死了人，他对此应当有深刻的印象，因此认为孔子生活时代的春秋晚期，晚春也能冻死人。王夫之、于省吾先生，都是以他们所生活的时代、环境来推测古代。此种思路，正如现代人见撒哈拉是沙漠，就认定七千年前撒哈拉也一定是沙漠。实际上，正如前文所分析，孔子生活时代的春秋晚期，中国北部气候温暖湿润，相当于现代的亚热带地区。在亚热带气候条件下，暮春时节在水中沐浴，是很合适的，并不会感到寒冷。

这些沐浴之人，都是将要参与舞雩祭祀的。正如刘宝楠所说，冠者属于巫祝一类，而童子则是舞雩祭祀上跳舞的人[2]。他们风乎舞雩，参与祈雨的雩祭。冠者做祝祷方面的祭祀礼仪工作，未成年的童子们则翩翩起舞。他们的口中念念有词，咏颂着祭祀的歌谣。歌舞之中，他们也

1　竺可桢：《中国近五千年来气候变迁的初步研究》，《考古学报》1972年第1期，第21、30页。
2　〔清〕刘宝楠撰，高流水点校：《论语正义》下册，中华书局，2007年，第479页。

开始行馈祭之礼。

　　"咏而归"的"归"字，属于《鲁论》。《古论》原作"馈"字。实际上，这里《古论》才是正确的读法。《阳货》中，"归孔子豚"《孟子注》引作"馈孔子豚"。《书序》王命唐叔归周公于东，作《归禾》，《史记·鲁周公世家》作"馈"。《广雅·释诂》："归，遗也。"《国语·晋语五》"敢归诸下执政"，注："归，馈也"。在西周金文《中方鼎》、《貉子卣》等"归"皆"馈"之意[1]，读为馈。"馈"也是祭祀之名。李善注引《仓颉篇》："馈，祭名也。"望山楚简中，就有"馈祭"之文[2]。在新蔡葛陵楚简中（甲三：209），就记载用"大牢馈"的方式，向楚平王献祭[3]。《尚书·酒诰》"尔尚可羞馈祀"，"馈祀"即以"馈"为祭祀的内容。《文选·祭颜光禄文》："敬陈奠馈。"可知，"馈"为祭祀之名，此一仪式当与馈献饮食有关。在海昏侯汉墓中出土竹简本《论语》中，此字写作"逯"，朱凤瀚也读为"馈"，"指馈飨神灵的祭祀"，即通过馈祭之礼，在春旱之时求得澍雨，造福于民[4]。

　　可知，舞雩之祭，一定要有祝者与舞者，他们首先需要沐浴洁净，然后再行祝祷和舞蹈，一边口中念念有词，咏颂着祭礼的歌谣，一边由祝者准备酒食，行献祭"馈"之礼。这一切的活动，都是为了鲁国春天的祈雨，不至于干旱。

　　曾晳的理想，就是在暮春时节，参与这样一场既生动有趣，又能为

1　陈梦家：《西周铜器断代》上册，中华书局，2004年，第123页。
2　湖北省文物考古研究所、北京大学中文系：《望山楚简》，中华书局，1995年，第77页。
3　河南省文物考古研究所：《新蔡葛陵楚墓》，大象出版社，2003年，第195页。
4　朱凤瀚主编：《海昏简牍初论》，北京大学出版社，2020年，第167、173页。

社会做出贡献的郊外祈雨祭礼。曾皙的性格，比他的儿子曾参洒脱，不那么"战战兢兢"，而是有狂者气象。狂者喜欢洒脱、生动有趣的户外活动，而不是一板一眼的拘谨。郊外祭祀，既轻松有趣，却又不失祭祀的庄重虔敬；既能满足个体郊野气息的生活趣味，又不是只顾及了自己快活，同时也考虑到了社会的风调雨顺，祈雨求福，包含有公共的情怀。

换言之，孔子之所以会说"吾与点也"，赞同曾皙的志向，原因就在于：这既不是一般人理解的那种有些偏向"庄禅精神"的逍遥自然，也不是一般意义上无比庄重严肃，令人感到压抑沉闷的宗庙祭祀。而是一种结合了二者，达到平衡的中庸状态。既结合了逍遥放松，又不失礼仪的虔敬；既顾及个体的愉悦，也关注到了社会与民众普遍利益的公共事务。孔子觉得，这种状态，才是最好的，是一种值得赞许的理想。

颜渊第十二

12.1 颜渊问仁。子曰："克己复礼为仁。一日克己复礼，天下归仁焉。为仁由己，而由人乎哉？"颜渊曰："请问其目？"子曰："非礼勿视，非礼勿听，非礼勿言，非礼勿动。"颜渊曰："回虽不敏，请事斯语矣。"

此条内容的文字，也见于海昏侯汉墓孔子衣镜铭文的颜回传记图[1]。颜渊请教孔子，什么是"仁"？孔子说，必须要克制自己，回复于礼，这才叫"仁"。《左传·昭公十二年》中记载孔子引《志》"克己复礼，仁也"，可知这是引用了更古老的《志》书。这些《志》书类文献，在春秋时期被引用很广泛，有"周志"、"郑志"，甚至有更古老的"仲虺之志"、"史佚之志"等，这些都是构成春秋时代思想所称引的经典[2]。孔子称引古代经典，就是要强调克己复礼的重要性，没有克制自己，就不可能实现仁。西方耶教的思想与伦理叙事中，也讲到"爱是恒久忍耐"[3]。实现"仁"，需要克制自己；实现"爱"，需要忍耐自己。而所克制、忍耐的，都是人性中幽暗的部分。正如张灏先生所说，洞见并克制人性中的幽暗部分，是东西方思想中都具有的深刻主题[4]。孔子对颜渊的引导，就蕴含了这样一种"幽

图 12.1 上博楚简中的"颜渊"二字

---

1 王意乐、徐长青等：《海昏侯刘贺墓出土孔子衣镜》，《南方文物》，2016年第3期，第65页。
2 陈来：《古代思想文化的世界：春秋时代的宗教、伦理与社会思想》，生活·读书·新知三联书店，2002年，140—143页。
3 《哥林多前书》13：4，《耶经》和合本。
4 张灏：《幽暗意识与民主传统》，新星出版社，2006年，第23—43页。

暗意识"。

颜渊问，"克己复礼"的条件有哪些。孔子说："非礼勿视，非礼勿听，非礼勿言，非礼勿动。"这一内容，也见于上博楚简《君子为礼》简1—2，孔子告颜渊：

图 12.2　日本东照宫的浮雕墙上的"非礼勿视，非礼勿听，非礼勿言"猴子

"言之而不义，口勿言也；视之而不义，目勿视也；圣（听）之而不义，而勿圣（听）也；动而不义，身毋动安（焉）"[1]。《论语》中的讲法，比楚简更简洁，但意思完全相同。在日本东照宫的浮雕墙上，就有表现这段话的内容。形象是三只猴子，分别遮住眼睛、耳朵、嘴巴，表示"非礼勿视，非礼勿听，非礼勿言"（图 12.2）。日文为见ざる、闻かざる、言わざる、ざる与日语中猴子音近，所以这里是取谐音。

12.5　司马牛忧日："人皆有兄弟，我独亡！"子夏日："商闻之矣：死生有命，富贵在天。君子敬而无失，与人恭而有礼，四海之内，皆兄弟也。君子何患乎无兄弟也？"

司马牛的困惑与处境，其实在现代社会，尤其是现代大城市那种普遍高度原子化的生活状态中，十分常见。这里，首先涉及东周时对"兄弟"一词理解的变化。正如前面所分析的，西周宗法血缘社会下，只有血缘亲属关系，才叫"朋友"。到了孔门师徒这里，打破了"朋友"狭隘的血缘关系，而代之以道义认同的新关系。同样，"兄弟"一词的含

1　马承源主编：《上海博物馆藏战国楚竹书（五）》，上海古籍出版社，2005年，第254—255页。

义，也在不断变化中。在西周的《伯公父簋》中，就谈到了"用召诸考、诸兄"，春秋早期《殳季良父壶》中说"用享孝于兄弟"，春秋早期《贩叔多父盘》中有"朋友、兄弟、诸子"并称。正如朱凤瀚先生所说，青铜器铭文和《诗经》中歌颂的"兄弟"关系，实际为血缘宗族之情，那些"兄弟"的宴饮，也是宗法血缘关系中的大宗、庶弟等各种关系的整合[1]。

换言之，铜器铭文、文献中反映出的早期"兄弟"概念，是与宗法血缘制度紧密联系在一起的。"兄弟"固然也指同父母的亲生兄弟，但更多被用以作为宗法同辈各种关系的指称。"兄弟"一词最核心的内容，并不一定就是同父母的亲生兄弟，而是宗法制度的共同血缘。因此，"兄弟"一词的含义，与"朋友"非常接近。在西周和春秋早期，指有共同宗族血缘的同辈男子。后来"朋友"被儒家视为超乎血缘，有共同信念、理想的人群。后世和现代人熟悉的那种"朋友"概念，就是逐渐从这里引申出来的。同样，"兄弟"本是宗族血亲，经过儒家的解释，成为了互相尊重、关系良好的超乎血缘关系。现代人也说，某某非血亲的人是自己的"兄弟"，也就是从这里发展而来。

司马牛的身份，根据《左传·哀公十四年》的记载，桓魋在宋国叛变之后，逃往卫国。司马牛便交还了自己在宋国的封地、世官所用的玉珪，表示自己不同于叛乱的桓魋。杜注说，司马牛是桓魋之弟。不过，按照当时的宗法制度，司马牛与桓魋的"兄弟"关系，未必就是今人理解的亲生兄弟。桓魋叛变事件后，桓氏家族的向巢先辞别宋公离去，司

1　朱凤瀚：《商周家族形态研究》，天津古籍出版社，2004年，第297—298页。

马牛也离去。从这些材料看来，司马牛更应该只是桓氏家族的一个小宗，他与桓魋的"兄弟关系"，是族兄弟，不是亲生兄弟。

因此，司马牛对子夏感叹自己没有"兄弟"时，是感叹桓氏家族作为世卿，在宋国消失了。别的世卿，都有家族、族人，而自己流亡在外，孤独飘零，游离于宗族之外，这是非常悲惨的。按照何怀宏先生推测，宋国的桓氏家族存在了五到八世 [1]。这样的世袭传承，必然可以形成相当的规模。司马牛生活在一个庞大家族中，却在一场政治动荡之后，失去了这一家族共同体组织，其痛惜感慨，都出于情理之中。

过去的解释，如郑玄、皇侃等都主张司马牛这是在骂桓魋的恶行 [2]。其实，司马牛自然不认同桓魋的行径，但这里感叹别人都有兄弟，就自己没有，与骂桓魋已经关系不大了。因此，子夏用他听闻孔子的话来劝慰他：君子待人接物，都能恭敬有礼，那四海之内的人，都会敬爱你，帮助你。意思也就是，虽然你们没有宗法的血缘关系，但这样的敬爱互助，有没有血缘其实都一样。在此，子夏引用孔子的话，再一次表明，儒家尽管主张"亲亲"，但也讲究"容众"。"朋友"、"兄弟"二词的词性变化，其实就是价值观的深刻变化。有亲亲之爱固然美好，但在亲亲血缘之外，同样可以有容众之爱。

"司马牛之忧"，对于现代人来说，可能比一般古人读者更能引发共鸣。因为一般古人读者，或多或少都还有兄弟姊妹，很多人还有宗族乡党，对于司马牛这种对自己原子化个体孤独的处境，难以产生很深的

1　何怀宏：《世袭社会：西周至春秋社会形态研究》，北京大学出版社，2011 年，第 152 页。

2　程树德撰，程俊英、蒋见元点校：《论语集释》第三册，中华书局，2008 年，第 830 页。

代入感。然而现代大城市中处于原子化生存状态的人们，对于司马牛的这种感受则会更深切。希腊化和罗马帝国时代的国际化大城市中，也存在大量脱离了传统家族、小共同体的原子化个体，在官僚机构提供"面包加马戏"中混日子。而耶教在罗马帝国的大城市中崛起，正是因为擅长给这些原子化个体提供"小共同体"互助以及其心灵归宿等原因。例如，有学者研究就认为，当城市中瘟疫暴发时，耶教的小共同体救助会产生更高存活率，可以达到80%，而其他非耶教人群的存活率则为50%。这种不同群体之间存活率的差异，会被古人视为"神迹"而进一步吸收更多散沙化的人群[1]。

"异教徒"pagan 一词来自晚期拉丁语 paganus，意思是"住在 pagus（乡下的人）"，与 peasant（村民、乡下人、农民）同源。这就意味着，耶教最初的崛起就伴随着先占领城市，给大量原子化的个体提供共同体归宿与各类服务。倒是当时罗马帝国的农村，还保留着更传统的罗马式信仰、文化与小共同体，因此未皈依耶教。换言之，当时欧洲农村地区有更丰富的家族、社区等传统小共同体资源，因此西方版的"司马牛"们更少，所以可以更长久地保留本族群的历史文化传统。

12.6 子张问明。子曰："浸润之谮，肤（䫈）受（缕）之愬，不行焉，可谓明也已矣。浸润之谮，肤（䫈）受（缕）之愬，不行焉，可谓远也已矣。"

子张问，什么才能叫清楚明白？孔子举了小人进谗言的例子。谮，

1　［美］罗德尼·斯塔克著，黄剑波、高民贵译：《基督教的兴起：一个社会学家对历史的再思》，上海古籍出版社，2005年，第87—116页。

读 zèn，是诋毁人的谗言，此说历来争议不大。愬，读 sù，《汉书》、《后汉书》等都引作"诉"[1]，意思便是背后诬告。浸润之谮，便是如同水滴那样，润物细无声地慢慢诋毁你，造谣生事，一点也感觉不出来。肤受之愬，于省吾先生以金文和传世文献对读，指出应该读为"覼缕"luó lǚ[2]。就是说话弯弯曲曲，详细而又缓慢。于先生此说颇为有理，意思理解起来更为通顺。

覼缕之愬，意思和"浸润之谮"接近，也是爱说是非之人，弯弯曲曲、一点一滴，慢慢地诋毁造谣，润物细无声一般败坏你的名誉。孔子说，如果让是非之人用这一招都对付不了你，那你才真能叫明了。显然，这一提醒，是针对子张大咧咧的狂放性格而言的。恃才放旷，树大招风，最容易招受到是非人的嫉恨、诋毁。只有明白这一点，防着他们，才能叫明白人。

12.7 子贡问政。子曰："足食足兵，民信之矣。"子贡曰："必不得已而去，于斯三者何先？"曰："去兵。"子贡曰："必不得已而去，于斯二者何先？"曰："去食。"自古皆有死，民无信不立。"

这段话在理解上难度不大，在孔子看来，"信"是政治活动中最核心的部分之一。上博楚简《从政》简甲 10："从政所务三：敬、慎、信。信则得众。"[3] 从楚简的内容来看，儒家理解的"信"，显然是指政府

1　程树德撰，程俊英、蒋见元点校：《论语集释》第三册，中华书局，2008 年，第 833 页。

2　于省吾：《论语新证》，《社会科学战线》1980 年第 4 期，第 138 页。

3　李守奎、曲冰、孙伟龙：《上海博物馆藏战国楚竹书（1—5）文字编》，作家出版社，2010 年，第 793 页。

要讲究"信"。一个能讲究信誉，获取信任的政府，才能得到民众的认同（得众），建立起一种高度信任的公共机制。而没有信誉的政府，也就不可能获取民众的信任，社会生活必然陷于溃败，导致各种触目惊心的恶行。

出土竹简显示，儒家理解从政的"信"，是对政府而言。这一证据，与当年徐复观先生的推论，完全一致。徐复观先生曾分析道："首先孔子所说的'足兵'，是就政府而言，因为人民没有兵；由此可以推知'民信之矣'的'之'字，必就政府身上说，即是'人民信任政府'，才可讲得通顺。这两句既都是就政府身上说，即可推定'足食'也是就政府身上说。去兵是去政府之兵，去食乃去政府之食，即是停止征收赋税；则'民无信不立'，乃说的是人民不信任他的政府，则政府站不起来。"[1]

一些人解释此处，将"去食"理解为不给人民饭吃，反正"自古皆有死"，那就让他们饿死吧。其实，这种理解是非常错误的。后面的一章（12.9）中，鲁哀公问有子说，政府征税不够用。有子回答说，如果社会、民众没有余财，政府自然就会穷；社会、民众富了，政府才有用度。可知，古儒的主张，是大社会、小政府，希望藏富于民，宁愿政府收入减少。再结合徐复观先生的论述，这里的"兵"、"食"、"信"都是指政府。因此，"去食"就是指政府停止征收赋税，并不是说要禁止民众吃饭。就算政府手上没兵、没钱，但只要有最基本的信用，是一个提供良好服务信用的政府，那必然就具有合法性，也就能立得起来。如果民众丧失了对政府的这种"信"，就很容易陷入"塔西佗陷阱"的悖论。

1　徐复观：《两汉思想史》第二卷，华东师范大学出版社，2002 年，第 366 页。

12.11 齐景公问政于孔子。孔子对曰："君君，臣臣，父父，子子。"公曰："善哉！信如君不君，臣不臣，父不父，子不子，虽有粟，吾得而食诸？"

"君君臣臣，父父子子"这席话，是被近代中国深受德、法、俄启蒙话语解释系统误读最深的一句。按照此种解释系统，"君君臣臣父父子子"就是"吃人的礼教"，是"四千年的黑暗史"，是需要被"抛到茅坑"去的，或者是需要被"大批判"的[1]。实际上，这既不是一种历史的态度，对于厘清思想史中的真正问题，也意义不大。

古儒这种权、责对等的思想，本身就孕育在古老的封建时代及其历史文化背景中。所谓"抚我则后，虐我则仇"；"君使臣以礼，臣事君以忠"；"君之视臣如手足，则臣视君如腹心。君之视臣如犬马，则臣视君如国人。君之视臣如土芥，则臣视君如寇仇"。这一类权利、责任对等的思想，在封建时代和原始儒学精神中，可谓俯拾皆是，属于一种古老的常识，而不是什么君或父那种单方面的无限权力和权利。在郭店楚简《六位》（又名《六德》）中谈到一句话："故夫夫，妇妇，父父，子子，君君，臣臣，六者各行其职，而谗谄无由作也"[2]。早期儒书竹简的内容表明，古儒确实非常重视夫妇、父子、君臣这三种社会关系，认为只有建立起好的关系，才不会出现各种弊病。古儒认为，人类出现

---

1 对"五四"为代表的中国近现代深受德、法、俄启蒙话语塑造及其与激进主义思潮的研究，可参见余英时：《20世纪中国的激进化》，见余英时著，程嫩生、罗群等译：《人文与理性的中国》，上海古籍出版社，2007年，第334—355页；张灏：《重访五四：论五四思想的两歧性》、《扮演上帝：20世纪中国激进思想中人的神化》，见张灏：《幽暗意识与民主传统》，新星出版社，2006年，第200—226页、252—267页。
2 李零：《郭店楚简校读记》，北京大学出版社，2002年，第131页。

后，首先是男女，然后结为夫妇，才能有家庭。夫妇在家庭中孕育子女，因此有父子。有了父子，就会需要君臣之伦。在这些关系中，每一个角色都有各自的权利和义务，权利与义务之间，是对等的关系。

先来看夫妇。米塞斯教授曾谈到，"今天，使东西方之间形成最关键差别的因素，便是女性的地位和对女性的态度"[1]。确实，一个较为合理的社会，妇女的地位必然不至于沦为仅仅"是性对象，是生育工具，是保姆"。谭嗣同早就发现，在古儒的礼书中，公婆飨宴媳妇，行一献之礼，送爵荐脯，是宾主之礼，"诚以托付之重，莫敢不敬也"。谭嗣同作为近代激进主义思潮的祖辈，其整体思想姑且不论，但他对早期古儒精神中这一点的观察，则是正确的。但到了晚清时代，妇女的地位，却已经非常卑贱[2]。在古儒那里，妇女也有"下堂求去"的主动离婚权。先秦贵族制下女子"三从"，实际上只是表述贵族妇女服丧之礼。《仪礼·丧服》记载，"妇人三从之义"意思是女子出嫁前为父亲服斩衰的丧服，出嫁后如果丈夫死则为丈夫服斩衰，夫死从子意思是改嫁后，前任丈夫的儿子为继父服一年的齐衰，所以该女子可以按照儿子为继父的标准，也服一年齐衰就可以了。五四以后很多人不读古书，却将"三从"片面地理解为人身管辖权，这是非常错误的解读。实际上，古儒的经典中，从来没有"夫为妻纲"之说。据余英时先生考证，"夫为妻纲"最早源出《韩非子·忠孝》篇："臣事君，子事父，妻事夫，三者顺则天

1　〔奥〕路德维希·冯·米塞斯著，王建民、冯克利等译：《社会主义：经济与社会学的分析》，中国社会科学出版社，2008 年，第 69 页。

2　〔清〕谭嗣同：《仁学》，华夏出版社，2002 年，第 124—125 页。

下治，三者逆则天下乱。"[1] "三纲"之说，本来就是法家专制主义的思想，在汉代"儒表法里"的君权扩张过程中渗入了儒家。

法家最早提出了"夫为妻纲"。这一思想，目前已经得到了考古学的印证。在最新发现的北京大学入藏秦简中，有一篇《善女子方》，内容就是论述如何成为一个"善女子"的规则。"夫与妻，如表与里，如阴与阳。"为妻者要"善衣（依）夫家，以自为光"。要尊重丈夫，以至于"虽与夫治，勿敢疾当"，而且要"屈身受令"。此外还要做到"亦从臣妾"，"和弱心肠"，彻底成为奴性状态。这一文献的成书时代，不晚于秦始皇，比班昭的《女诫》早了三百年[2]。法家的秦朝，要求妇女绝对服从丈夫，如同一种"阴阳"的关系，这恰恰是法家的"三纲"观点。实际上，云梦秦简中描述了很多"妻悍，夫殴治之"的情景。在继承了秦代法家专制主义思想的汉初《二年律令》中[3]，规定"妻悍，而夫殴笞之非以兵刃也，虽伤之毋罪"[4]。可知，在秦汉法家专制主义的法律中，丈夫可以任意殴打妻子，只要不使用兵器，即使是殴打伤残，也不必负任何法律责任。官府赋予丈夫极大的夫权，恰恰是编户齐民一夫一妇小家庭管理的需要。杨宽先生就说，秦朝"用法令来对女子作严厉的压迫，是此前所未有的"[5]。秦降低妇女地位，对于改嫁的女子，

1　余英时：《中国思想传统的现代诠释》，江苏人民出版社，1989年，第100页。
2　北京大学出土文献研究所：《北京大学藏秦简牍概述》，《文物》2012年第6期，第67页。
3　曹旅宁先生指出，"二年"即为汉高祖二年。见曹旅宁：《张家山汉律研究》，中华书局，2005年，第8页。陈苏镇先生也指出，秦律被萧何和刘邦集团完全继承，"汉承秦制"是实实在在的。见陈苏镇：《〈春秋〉与〈汉道〉：两汉政治与政治文化研究》，中华书局，2011年，第64页。
4　王子今：《张家山汉简〈贼律〉所见"妻悍"、"妻殴夫"等事》，见王子今：《古史性别丛稿》，社会科学文献出版社，2004年，第203页。
5　杨宽：《战国史》，上海人民出版社，2016年，第493页。

秦始皇规定儿子不承认她是母亲。"这样的讲究女子贞操，用法令来对女子作严厉的压迫，是前此所未有的"，"随着专制主义和中央集权的加强，对于女子的迫害也更厉害了"[1]。在这一背景下，也可以更好地理解秦始皇以大批妇女为自己殉葬之事。如 2013 年秦始皇陵园发现了十座小墓，墓道填土中发现大量未成年女性散乱人骨，人骨都不完整，"墓道散置的人骨个体是经肢解后埋入这批墓葬中的"。如考古报告图一四的小型墓 GDHM3 中，出土散乱女性人骨，就直接认定为"人牲遗存"[2]。

可是，在古儒的经典中，从来没有出现过"夫为妻纲"的话语，更没有要随意殴打、凌辱妇女的思想与内容。在尊重古儒思想的宋代，儒士范仲淹制定的义庄规定中，明确提出，如果妇女要再嫁，家族就支援她二十贯钱，而男子要再娶，家族就不给钱[3]。可知，儒家不但允许妇女再嫁，还愿意在经济上支持她们，去实现她们的自由。而对于男子的再娶，经济上则不持鼓励态度，这恰恰是对弱者的保护。很多人指责儒家要求妇女缠足，实际上，缠足的社会习俗，恰恰是儒家所反对的。南宋理学家车若水就指责道："妇人缠足不知始于何时？小儿未四五岁，无罪无辜，而使之受无限之痛苦。缠得小来，不知何用？。"（《脚气集》）理学创立

1　杨宽：《战国史》，上海人民出版社，1998 年，第 294 页。

2　秦始皇帝陵博物院：《西安市秦始皇帝陵》，《考古》2014 年第 7 期，第 56—57 页。

3　梁庚晓：《南宋的农村经济》，新星出版社，2006 年，第 258 页。

者程颐的所有后代，一直到元朝都忠实沿袭不缠足的家族传统[1]。

如果公正理性地面对历史，就不难得出结论。古儒，以及秉承了古儒观念与传统的主流华夏文化，是尊敬和保护女性的。中国历史中那些降低妇女地位的传统，或者来自法家、儒表法里，或者来自外来征服与入侵，降低了文明的发育水平。古儒所谓"夫妇"之道，是一种权利与义务的对等关系，而不是男方单方面的绝对强权和压迫。

在明确了夫妇之伦的前提下，要理解父子与君臣两伦，也就不难了。君臣之伦中，君作为上位者，更应该先履行责任，做好表率。《汉书·武五子传》中壶关三老茂给武帝上书中有一句话叫"故父不父则子不子，君不君则臣不臣"，可以算是对"君君臣臣父父子子"的最好注解。杨联陞先生据此指出，孔子的这句话，是"指两对交互相应的德性"[2]。意思是，如果君没有尽到君的责任，臣就可以不尽臣的责任；父亲不像个父亲，儿子也就可以不像个儿子。《左传·僖公三十三年》中就引《康诰》说"父不慈，子不祗。兄不友，弟不共（恭），不相及也"，是从

1　余英时著，程嫩生、罗群等译：《人文与理性的中国》，上海古籍出版社，2007年，第329页。对此，俞正燮看得很清楚，他的《癸巳类稿》引用元朝《湛渊静语》"伊川先生后人居池阳，其族妇人不缠足"，指出这是"其族女子不肯随流俗缠足也"。此外，朝鲜半岛的理学家态度，也可以作为一个例证。如果缠足是"理学"倡导的结果，那么以理学立国，甚至比同时期中国更加虔信理学的朝鲜李朝，应该是缠足大国才对。但是历史资料恰恰相反，朝鲜李朝前往清朝的燕行使臣，对缠足提出了大量批评。如李在学就说缠足是"骷髅"且"丑恶"，并认为这是起源于"妲己"的不良风俗（《燕行记事》，《燕行录全集》第五十九卷）；朴趾源则将缠足称为"足厄"，并将其归入和吸烟恶习一样的"三厄"之一（《热河日记》，《燕行录全集》第五十四册）；金允植则说缠足是"伤父母之遗"，"自戕之为尤可哀也"（《金允植全集（贰）》，《韩国近代思想丛书》），将缠足视为伤害父母所遗完整身体的可哀自残行为。从理学家程颐的家族坚守，到信奉理学的朝鲜士人态度都能看出，缠足这种丑恶的畸形审美习俗，根本就不是什么"理学"造成的，而"理学"一直就反对缠足。
2　杨联陞：《报：中国社会关系的一个基础》，见杨联陞：《东汉的豪族》，商务印书馆，2011年，第201页。

很远古时代的精神，就讲权利和责任的对等，尤其是上位者更应该要先做好表率。清华简儒书《治政之道》中记载："上施教，必甚服之；上不施教，则亦无责于民"；"上不为上之道，以欲下之治，则亦不可得"[1]。很明显，原始儒学的落脚重点，就在于上位者首先做好表率，对于君、父来说，尤其如此。

这一点，很多学者都注意到了。如杜维明先生也谈到，君君臣臣父父子子，就是要君像个君，臣要像个臣。君要是不像君，臣就可以不像臣，可以辞职，也可以革命[2]。秦晖先生则进一步，将"君君臣臣"之说理解为一种"契约"。即君不履行契约，则臣也可以不履行契约[3]。后世《颜氏家训·治家》中，也延续了这种精神"夫风化者，自上行于下者也，自先而施于后者也。是以父不慈则子不孝，兄不友则弟不恭，夫不义则妇不顺矣"。其道理一脉相承，就是上位者具有更重的义务和责任。

实际上，君君臣臣之说，也就是古儒的一种权责对等论。体现在理解社会关系的层面中，便是夫妇之间的权责要对等，而不是妻子单方面的"屈身受令"，丈夫单方面的"夫殴治之"。夫妻之间应该是举案齐眉，如宾如友。如果丈夫不像个丈夫，妻子可以"下堂求去"。如果妻子不像个妻子，丈夫也可以提出离异；如果父亲不像个父亲，儿子可以进谏、躲避、不告而娶；如果儿子不像个儿子，父亲可以庭训教育；如果君不像个君，臣可以退隐、甚至于汤武放伐。如果臣不像个臣，君也

1　李守奎：《清华简〈治政之道〉的治理理念与文本的几个问题》，《文物》2019年第9期，第44—45页。
2　河西：《自由的思想：海外学人访谈录》，生活·读书·新知三联书店，2012年，第35页。
3　秦晖：《传统十论：本土社会的制度、文化与其变革》，复旦大学出版社，2003年，第215页。

可以将其解聘，但不能羞辱士大夫。因此，君君臣臣父父子子的社会，也就是一个各种权、责对等的机制。在此机制之下，夫妻举案齐眉，父慈子孝，君臣为朋友相敬相爱的公序良俗，才是受到鼓励的。

12.12 子曰："片言可以折狱者，其由也与（欤）？"

先秦以来，在断狱过程中，必须兼听原告、被告二者的讼词，才能做出公正的判断。《尚书·吕刑》中就提到了"两辞"，即双方的讼词。在西周晚期的《训匜》中，就记载了被判处刑罚的牧牛，也有自己的"辞"，即讼词[1]。包山楚简中也记载了司法过程中的听讼，有相互对立的"两辞"[2]。秦简《封诊式》中也谈到断案要让原告和被告双方"各展其辞"[3]。可知，从西周以来一直到秦朝，兼听双方的证词，才能做出较为客观的判断。一般来说，断案不能仅仅听信一面之词，而要兼听双方。

但孔子认为，如果子路是诉讼中的一方，那即使只听他的一面之词（片言），也可以判案。"折狱"，《古论》作"制狱"。李零先生谈到，古文字"折"和"制"常用为通假，如睡虎地秦简《日书》甲种的"制"字，就作从衣从折[4]。折狱，也就是断案。为什么在断案中，子路的证言如此可信？那就是因为，子路的人品以诚信著称，不说假话。例如，在《左传·昭公十四年》中就记载"小邾射以句绎来奔，曰：'使

1　唐兰：《陕西省岐山县董家村新出西周重要铜器铭辞的译文和注释》，《文物》1976年第5期，第58页。
2　陈伟：《包山楚简初探》，武汉大学出版社，1996年，第141—142页。
3　睡虎地秦墓竹简整理小组：《睡虎地秦墓竹简》，文物出版社，1978年，246页。
4　李零：《丧家狗：我读〈论语〉》，山西人民出版社，2007年，第228页。

季路要我，吾无盟矣。'使子路，子路辞。季康子使冉有谓之曰：'千乘之国，不信其盟，而信子之言，子何辱焉？'"可知，子路的信誉度，被视为超过了千乘之国。因此，如果子路争讼，仅凭他的一面之词也可以断案，因为他的信誉度太好了。

孔子推崇古老的封建习惯。周礼本身就是一种灵活的不成文习惯法，其中包含大量由社会中自然精英来裁决的内容。封建时代的司法，本身就是多中心、多元的，并不是完全被"利维坦"一家给彻底垄断，诸事一决于成文法类似秦律那样的武断决绝。通过西周青铜器铭文中所见各类与司法有关的材料可知，在封建时代，司法纠纷的双方，既可以寻求周王或周王任命的其他领主进行裁决，也可以寻求第三方领主，或是名誉口碑很好的自然精英作为第三方仲裁者等多种方式[1]。孔子对子路作为司法调解、仲裁者能力的肯定，适合放置到这一背景下的去进行理解。

读者最好不要将子路理解为明清以来，那种流行的民间包公戏中，作为官僚的"青天大老爷"，面前摆放一排铡刀、"威武"牌子之类的代入感。如果一定要通过类比来帮助理解，这种封建不成文习惯法中的仲裁者，更适合被理解或类比为过去四川民间社会通过"吃讲茶"来调解、仲裁的"袍哥大爷"。根据学者的调查研究，茶馆是社会自治方面除了"宗族仲裁"以外的另外一种"社会仲裁"。人们会通过茶馆喝茶这一"公共空间"，邀请"袍哥大爷"这些类似先秦乡饮酒礼中"长者"、"杖者"，去作为仲裁者。"'茶馆讲理'这个实践显示了乡民的相对自治状态，他们试图在没有官方介入的情况下解决冲突，说明一种国家

1　李竞恒：《试论周礼与习惯法》，《天府新论》2017 年第 6 期，第 44—52 页。

之外的社会力量的存在，这种力量是基于调解人的社会声望"；"遇到争端，居民们大多喜欢选择'茶馆讲理'，而不是到地方衙门告状"[1]。

这种社会中有"多中心"的司法渠道，不是只有单一选项的那种成文法、官僚制的渠道，而是有更丰富、多元的选择。司法仲裁的自然精英，可以是封建的领主、低级的贵族，或其他宗族首领、社区长老甚至民间各类有口碑的人士。

秦以后的成文律令时代，儒家一直在尝试重建封建时代的司法精神，通过乡党、地方上口碑好的自然精英，去扮演习惯法的执行者，作为社会自发产生的法官，去绕开机械的律令。《后汉书·党锢列传·蔡衍》记载，蔡衍"少明经讲授，以礼让化乡里。乡里有争讼者，辄诣衍决之。其所平处，皆曰无怨"。《三国志·魏书·公孙瓒传》裴注引《吴书》中记载刘虞："乡曲咸共宗之。时乡曲有所诉讼，不以诣吏，自投虞平之。虞以情理为之论判，皆大小敬从，不以为恨。"这些汉代以来的儒者，通过德性与良好口碑，经营和参与建设社会小共同体。通过以习惯法提供各类仲裁，为社会服务，可以绕开机械而严酷的官府成文律令。

子路无宿诺。

前面是孔子称赞子路的信誉度高，对子路的称呼是"由"，直呼其名。但这里称"子路"，称呼的是字。可知，这里对子路的记载，不是孔子的评价，当为孔门后学的追记。

1　王笛：《袍哥：1940 年代川西乡村的暴力与秩序》，北京大学出版社，2018 年，第 121、123 页。

于省吾先生考证，指出"宿"是"夙"的通假字，金文中多有"夙夜"之语，是"早"的意思[1]。《集解》说"子路笃信，恐临时多故，故不豫诺"。意思便是，子路特别讲究诚信，怕答应了又办不到，因此不会早早地答应下来。这一句，也是讲子路的诚信，与上一句有关，但不是孔子说的。

12.17 季康子问政于孔子。孔子对曰："政者，正也。子帅以正，孰敢不正？"

这段对话，发生在孔子生前的最后几年。季氏家族向来多无礼僭越之事，诸如八佾舞于庭，以《雍》作为撤祭礼的音乐，对泰山之神行旅祭等僭越行为。这一系列对礼制的破坏，虽然打击了鲁君，但其实是打开了潘多拉的魔盒，使其家臣上行下效成为可能。鲁定公五年，季平子一死，家臣阳虎就作乱，囚禁了季康子的父亲季桓子，逼迫季桓子盟誓，还将其软禁三年多。鲁定公八年，阳虎甚至发动叛乱，甚至准备处死季桓子。因此到了鲁哀公时期，季氏已经相当衰微，处于溃败和世家破产的前夜[2]。

季氏在平子以前，尚处于兴盛状态，因此还没有衰亡的焦虑。到了此时，衰亡在即，因此有向孔子请教为政之事。上博楚简中，对此事也有记载，《仲弓》篇附简云"孔子曰：'唯正（政）者，正也"[3]，与这里的记载完全一致。孔子的回答很简单，政治就一定要"正"。显然，这一回答正是对症下药。季氏破坏礼乐，打击鲁国国君，固然能逞一时

1　于省吾：《论语新证》，《社会科学战线》1980 年第 4 期，第 139 页。

2　何怀宏：《世袭社会：西周至春秋社会形态研究》，北京大学出版社，2011 年，第 122 页。

3　马承源主编：《上海博物馆藏战国楚竹书（三）》，上海古籍出版社，2003 年，第 283 页。

之威，但社会秩序崩溃的闸门自此打开，君不君，则自然臣不臣。季氏对自己的君鲁侯作乱，因此自己的家臣阳货也对其作乱，所谓上行下效，君不君，臣不臣。自己不正，也就得吞下不正的苦果。孔子说，如果你的政治本身就是正确、正派的，那你参与的政治规则就具有合法性。在此种合法性中，谁敢去动辄作乱呢？

12.19 季康子问政于孔子曰："如杀无道，以就有道，何如？"孔子对曰："子为政，焉用杀？子欲善而民善矣。君子之德风，小人之德草。草上之风，必偃。"

季康子面对季氏家族逐渐走向衰败的政治危机，想到了用杀戮来重建社会秩序。在谈话中，他请教孔子，如果杀掉坏蛋来成就好人如何？孔子的回答是，您的执政，为什么一定要杀人呢？这里，就涉及古儒治国思想一个长期被误解的问题。

古儒是否主张通过杀人来重建社会秩序？很多人会不假思索地回答，那当然，孔子就杀掉了少正卯。笔者曾在一次与某位"自由主义者"辩论的过程中，涉及这一问题。那位"自由主义者"大谈孔子是主张杀人的，说儒家不是好东西，主张杀掉异议分子，理由就是《史记》中记载的"孔子诛少正卯"。后来笔者向他介绍了钱穆先生、徐复观先生对这一问题的考证，以及"孔子诛少正卯"这个神话传说是如何流传出来的之后，他感到非常惊诧。

实际上，早在宋明以来一直到清代考据学，王若虚、陆瑞家、阎若璩、崔述等学者早就对"孔子诛少正卯"的传说多有考据，均指出该传说不可信，是战国末期晚出的故事。梁启超也强调"孔子诛少正卯"是法家造出来的，孔子只是宾相，无权杀士大夫，这个故事与太公杀华士、子产杀史何完全一样。"孔子神话的另一种是法家造出来的。法家刻薄寡恩，闭塞民智，因恐有人反对，所以造出孔子杀少正卯一类的故事来"；"这种故事，不过是法家拿来做挡箭牌，预备别人攻击他们刻薄时说一声'太公、子产、孔子都已如此'"[1]。二十世纪三十年代，钱穆先生也考证指出所谓"孔子诛少正卯"的传说来自于深受法家思想影响的《荀子》一书。战国时才有诛杀士人的议论，荀子则日渐趋向于"盛唱诛士之论"[2]。徐复观先生，对这一故事的形成，有更为详细的考证。首先，春秋是世卿时代，不仅孔子没权力诛杀，而且在文献中从未有过"少正"世卿的谱系记载。所以捏造这一故事之人，本身距世卿时代已经很远，才留下了这一漏洞。其次，孔子担任鲁国的司寇，不过是司空下面的小司寇，官位不过是下大夫，不可能随意诛杀世卿。说孔子是"大司寇"，恰恰源于捏造这个故事的人，远离孔子时代，不了解当时的官制。其三，战国法家要诛杀士人，就给孔子披上法家的外衣，用作支持现实政策的依据。在《韩非子·内储说上》中就记载："殷之法，刑弃灰于街者，子贡以为重，问之仲尼。仲尼曰：'知治之道也。'"实际上，刑杀弃灰于街，正是商鞅治秦之事，但却被韩非子转移到孔子身上。《内储说上》篇中还提到孔子下令不救火的人等同于投降罪，用刑法威慑民众。而这个故事就源自于同篇中越王、大夫种命令不救火等于投降罪的记载。

1　梁启超：《中国历史研究法》，上海古籍出版社，2011年，第249页。
2　钱穆：《先秦诸子系年》，商务印书馆，2002年，第29—30页。

经过此变形，孔子的形象，与大夫种等人毫无区别，已经成为法家的代言人。第四，孔子诛杀少正卯的传说，就是《韩非子·外储说右上》中太公望诛杀狂矞、华士故事的变体。韩非子说，太公望分封到齐国，将狂矞、华士两位齐地名士诛杀"以为首诛"，理由就是这二人自以为是贤才，不为统治者所用，而且败坏法令。这里，不但与"诛少正卯"的理由相似，而且连"首诛"的用语都是承续的。第五，《管子·法禁篇第十四》所举十七个"圣王之禁"，其内容与诛少正卯故事内容大体相同，甚至连"行辟而坚，言诡而辩，术非而博，顺恶而泽"的罪名也都来自此处。这些大量的例子可以证明，孔子诛杀少正卯的故事，酝酿于战国末期的法家思想，以韩非、《管子》内容为代表，流传到两汉，通过《家语》一书窜入《史记》，"这是与法家思想及专制政治有密切关连的故事"[1]。

从宋明学者一直到徐复观先生，各种严肃的考据学都可以证明所谓"孔子诛少正卯"这一神话故事的晚出，其根本不是古儒思想。但现代某些自诩的"自由主义者"，对中国传统抱有近乎本能的厌恶，认为只要对孔子一顿乱骂，就是"真正的自由主义者"。此种现象，本身就显示了中国某些自诩"自由主义者"思想资源的不成熟。

上博楚简《仲弓》简 7 中，孔子提出要"宥过赦辜"，反对严刑峻法[2]。在出土文献中，明确可知古儒的为政思想是宽宥有过错的人，赦

---

1 徐复观：《一个历史故事的形成及其演进：论孔子诛少正卯》，见徐复观：《中国思想史论集》，上海书店出版社，2005 年，第 96—109 页。

2 廖名春：《楚简〈仲弓〉与〈论语·子路〉仲弓章读记》，《淮阴师范学院学报》2005 年第 1 期，第 3—4 页。

免犯了罪的人，是一种基于仁政的立场，反对严刑峻法。郭店楚简《尊德义》简 35、36 也提到"杀不足以胜民"[1]，同样也是反对在政治维度以杀戮来确立秩序的立场。这种思想，与孔子告诉季康子为政不要杀人，是完全相通的。只有理解这一点，才能真正历史地把握古儒的政治思想。

12.22　子夏曰："富哉言乎！舜有天下，选于众，举皋陶，不仁者远矣。"

子夏赞美在上古舜的时代，早期华夏文明实现了优秀的治理。首先是当时"夷夏联盟"的盟主舜，在"众"中选出了一位东夷版块的少昊部族首领，担任掌管整个"夷夏联盟"的大法官，他就是皋陶[2]。此处要注意，有资格备选舜"选于众"的人，其条件至少是一个部族的首领或酋长，而不是一些人想象中"原始民主"，人人有份那种。皋陶这位酋长大法官，曾经提出过一种重要的法学思想：无罪推定原则。即"罪疑惟轻，功疑惟重。与其杀不辜，宁失不经"

也许读者会说，作者你说的就是伪古文尚书《大禹谟》吧？那可不是先秦原典，不足为凭信的。不过笔者认为，伪古文尚书的问题确实非常复杂，出土文献也证实，其中一些确系伪书，如晚出伪古文《说命》三篇，与新发现的战国竹书清华简《傅说之命》颇为不同。这就说明，传世伪古文《说命》并不是《尚书》原本，清华简《傅说之命》才是已经遗失了的《尚书·说命》三篇[3]。尽管如此，并不能说古文尚书就全

1　李零：《郭店楚简校读记》，北京大学出版社，2002 年，第 140 页。
2　郑玄注本解此章，强调了"皋陶为士师，号曰庭坚"，此处即突出了皋陶掌管司法的地位与意义。参见王素：《唐写本论语郑氏注及其研究》，文物出版社，1991 年，第 136 页。
3　廖名春：《清华简与〈尚书〉研究》，《文史哲》2010 年第 6 期，第 125 页。

部是伪作。实际上，古文尚书的情况，可能远比我们想象的复杂，其中既有伪书，也有真传，或至少是有所本的间接真材料。古文《大禹谟》通过与郭店楚简《成之闻之》的比较，可知其思想内容、语句颇有相似甚至相合之处。所以学者指出："先秦大禹佚本与今《大禹谟》内容、思想、文字惊人相似，足证今《大禹谟》为先秦古本而来，决非造伪者网罗残章断句所能为之。"[1]

笔者赞同郭义峰先生的观点，郭店楚简《成之闻之》的内容，确实与传世《大禹谟》关系密切。古文《大禹谟》的情况，与古文《说命》不同，属于有大量先秦材料的版本流传，是较为可信的。在澄清这一前提下，引用《大禹谟》的内容，应该问题不大。

《大禹谟》中，就记载了舜的大法官皋陶谈到，在司法过程中，应该努力做到"罪疑惟轻，功疑惟重。与其杀不辜，宁失不经"的基本原则。意思是，面对疑点的断罪，宁愿往轻地推测。而面对有疑点的功劳，则宁愿往重地推测。与其在断案中杀死无辜之人，还不如放走罪人。这句话的精神，其实也就是"与其枉杀一人，不如错放三千"的无罪推定原则。皋陶的深受古儒的好评，应当与他的这一司法思想有关。实际上，在后世的儒学史中，受到这一思想影响的观念，一直不绝如缕。汉文帝时期由"博士诸生"等儒者所作的《礼记·王制》篇，就提出了疑罪从无的司法观点："疑狱，氾与众共之，众疑，赦之"，即有疑点的案子要拿出来众人讨论，如果大家都认为存疑，便作赦免处理，这正是针对

---

1 郭义峰：《也谈郭店楚简引〈书〉问题》，见江林昌等主编：《中国古代文明研究与学术史》，河北大学出版社，2006年，第123页。

秦朝遗产的。汉代儒书《孔子家语·刑政》也有："疑狱，则泛与众共之，疑者赦之"，主张疑罪从无。汉儒贾谊在《新书·大政上》主张："疑罪从去，仁也；疑功从予，信也"，即疑罪从无是仁政的司法要求。汉儒刘向在《新序·杂事第四》中曾经记载一个寓言，据说魏国有疑罪，一半的司法人员主张应该做有罪推定，魏王便请教大商人陶朱公。经陶朱公启发，魏王意识到应该"狱疑则从去"，于是"梁国大悦"，确定了疑罪从无的司法原则，因而获得民众的拥护。

在成都2011年发现的汉碑《裴君碑》中，就赞美这位儒者"陨涕陷辜，轻疑必赦"[1]，对犯罪之人心存哀矜，同时在司法过程中，只要有轻微的疑点，都要将嫌疑人赦免。当时的人将这一行为刻在碑上，表明在东汉人看来，无罪推定的践行是一种美德。与此类似的，汉末三国的王朗，掌管大理司法，也践行"务在宽恕，罪疑从轻"的原则，并"以治狱见称"（《三国志·魏书·王朗传》）。到了晋朝，法律进一步儒学化，《晋书·王湛传》记载，有一个叫韩帐的士兵逃跑后自首，说因为丢失了牛所以逃走，但是官吏怀疑他偷牛，所以进行了拷打。王坦之认为，"懈怠失牛，情或可恕；加之木石，理有自诬。宜附罪疑从轻之例，遂以见原"。意思是，有罪推定的拷打，肯定会得到自诬的冤辞，而应该根据法律的"例"，做"罪疑从轻"的处理。

由此可见，"罪疑从轻"的儒家思想已经进入了晋朝的法律。南朝刘宋的儒者何承天也主张"疑者从轻"，当时一个鄢陵县小吏因为射鸟，惊到了抚军将军刘毅，被判处死刑"弃市"，何承天引经据典，强调"狱

---

1 赵超、赵久湘：《成都新出汉碑两种释读》，《文物》2012年第9期，第64页。

贵情断，疑则从轻"，论证了这名小吏虽有犯上的疑点，但也只应该轻微罚款即可（《宋书·何承天传》）。同时期的士族谢庄在奏改定刑狱中，也指出了"罪疑从轻，既前王之格范；宁失弗经，亦列圣之恒训"，主张根据此种精神，改革并完善司法程序（《宋书·谢庄传》）。在陈朝的议定律令中，周弘正指出了"重械之下，危惰之上，无人不服，诬枉者多"，"夫与杀不辜，宁失不经，罪疑惟轻，功疑惟重，斯则古之圣王，垂此明法"，他的主张得到了盛权的赞同："尚书周弘正明议，咸允《虞书》惟轻之言，《殷颂》敷正之言"（《陈书·儒林·沈洙传》）。即六朝以来，对于儒家司法疑罪从轻精神的实践与诉求，是一直延绵不绝的。而在当时的北方，儒家汉族士人苏绰也对西魏、北周的各项改革，提供了司法方面的建议，强调"先王之制，与杀无辜，宁赦有罪；与其害善，宁其利淫。明必不得中，宁滥舍有罪，不谬害善人也"（《周书·苏绰传》），即两害相权取其轻，在只能零和选择的情况下，宁可错放坏人，也不能冤枉好人。其思想与遗产，对隋唐的法律与制度文化，产生了影响。

在以"回归三代"理想为号召的宋代，这一原则更是深入地运用于司法实践中。随着政治文化儒家化的加深，进一步发扬了疑罪从无和疑罪从轻的法律，《宋刑统》继承了《唐律》的原则，甚至比唐代更加严格。如程颐在《上仁宗皇帝书》中承认，宋仁宗的态度是"官吏有犯入人罪者，则终身弃之"，意思是制造过冤案的官员，一辈子也没机会东山再起了。整个宋代司法，都坚持"重入罪，轻出罪"的传统，不慎放跑了罪犯，不是天大的问题，无辜者蒙冤入狱，才被视为天大的问题[1]。不但苏轼

---

[1] 周永坤：《"出入人罪"的司法导向意义：基于汉、唐、宋、明四代的比较研究》，《法律科学》2015年第3期，第7—8页。

大声赞美"与其杀不辜，宁失不经"的这一原则（《省试刑赏忠厚之至论》，《苏轼集》卷四十），而且在具体司法活动中，常有疑罪从轻的实践[1]。宋代司法中"错放三千"过多，以至于朱熹批评说，这会导致"盖为此人曾杀那人，不斩他，则那人之冤无以伸"（《朱子语类》卷一百一十）。但朱熹同样认同"罪疑惟轻"的原则。而根据亲身经历了明清易代的姚廷遴回忆，晚明时期的司法，对人命、强盗以及"万恶访犯"，新犯死罪都是三推六问，确定有罪，才加以监候。临刑时稍有可疑的，就会立刻刀下留人。这种谨慎惜命的司法态度，是到了清朝才真正改变的[2]。当然，从轻和从无二者之间又有高下之分。明代人梅鸾在《尚书考异》中就指出，"罪疑惟轻，贤人以下。忠厚之事，圣人似不止此"，意思是罪疑从轻原则，只是一般儒者就能主张的水平，而疑罪从无，才是真正圣人的司法思想。

应该说，皋陶提出"罪疑惟轻"的司法思想，对后世儒学的司法理念有深远的影响。凡是古儒思想对社会实践较有影响力的时期，这一原则都在不同程度上指导和影响了司法活动的开展，并受到赞扬。

1　马泓波：《宋代矜贷制度浅析》，《西北大学学报》2011 年 9 月，第 168 页。
2　〔清〕姚廷遴：《记事拾遗》，见《清代日记汇抄》，上海人民出版社，1982 年，第 163 页。

子路第十三

13.2 仲弓为季氏宰，问政。子曰："［老老慈幼］，先有司，赦小过，举贤才。"曰："焉知贤才而举之？"曰："举尔所知，尔所不知，人其舍［之］诸（者）。"

仲弓向孔子问政的对话，也见于上博楚简《仲弓》篇，内容颇有相似之处。可知，仲弓向孔子问政的这一段对话，一直在儒门后学中流传，在传抄中有不同的写本，但内容都是此次对话的记载。通过简本与传世本的对读，很多长期不能澄清的问题和争议，可以有了明确的答案。

上博简《仲弓》简1记载"季桓子使仲弓为宰"。仲弓担任季桓子的家臣"宰"，便向孔子请教为政之道。孔子提出，为政之道应该"老老慈幼，先有司，举贤才，惑（赦）怵（过）愳（与）皋（罪）"（简7）[1]。将楚简本与传世《论语》对照，二者都提到了"先有司"、"举贤才"，赦免过错。但楚简本多了"老老慈幼"一句，正如整理者所说，传世本《论语》缺记了"老老慈幼"四字。"老者安之，少者怀之"一直是儒家的理想，施行仁政，让老者晚年安顿无忧，对幼小慈爱抚育，恰恰基于的就是此种人道主义的价值理念。应该说，出土文献使这段对话的面貌更加符合孔子的本意，"老老慈幼"四字当是在传抄过程中佚失的。

"有司"，见于西周金文，是政府相关掌事人员的统称。西周王朝

1　马承源主编：《上海博物馆藏战国楚竹书（三）》，上海古籍出版社，2003年，第264、268页。

有三有司，诸侯也有三有司[1]。因此，这里的"有司"，是对从中央到地方各级政府组织的统称。"先有司"一句，过去的注疏，均不得要领。王肃说是为政要先任命官员，朱熹则说为政要先管理好官吏的僚属，清人赵佑则说是先建立政府才能明确责任[2]。但根据楚简《仲弓》简8—9，可知"先有司"的意思，实际上是指政府应该走在前面，先为民众做出表率。简8—9云："仲尼曰：'夫民安旧而至（重）曑（迁），□又（有）城（成）。是古（故）又（有）司不可不先也。'"[3]从简文可知，孔子是说民众安土重迁，不容易被征调服劳役。因此，但凡遇事，政府（有司）应该走在前列，做出表率。郭齐勇先生正是基于简本，也指出"先有司"的意思是让政府人员"先之劳之"，"服务大众，忠于职守"[4]。看来，古儒对政府提出了很高的要求和服务意识，并不是将政府高高放在民众之上。

　　"赦小过"，是要求政治精英宽宏大度，不要对民众吹毛求疵，到处寻找小过错。简19中就谈到："山有崩，川有竭，日月星辰尤差，民无不有过。"在孔子看来，缺陷是一种自然的事实。正如山也会崩塌，河流也可能枯竭，甚至日月星辰的运转也会出现偏差，天道如此，人又孰能无过呢？意识到人都会犯错，本身就是一种张灏先生所说的"幽暗意识"。孔子基于此种对人性幽暗缺陷的认识，提出应该赦免小的过错，甚至赦免"辠"，即有罪之人。

1　张亚初、刘雨：《西周金文官制研究》，中华书局，1986年，第57—58页。
2　程树德撰，程俊英、蒋见元点校：《论语集释》第三册，中华书局，2008年，第883页。
3　马承源主编：《上海博物馆藏战国楚竹书（三）》，上海古籍出版社，2003年，第269—270页。
4　郭齐勇：《上博楚简所见孔子为政思想及其与〈论语〉之比较》，见《儒家文化研究》第一辑，生活·读书·新知三联书店，2007年，第8页。

除了要求政府服务民众，宽赦有过之人外，孔子还强调了"举贤才"的重要性。此时，传统世卿世禄的世袭贵族社会正在走向瓦解，由于教育和知识向民间的下渗，有才能的寒门士人崛起，开始逐渐取代仅仅凭靠血缘而居于高位的贵族[1]。因此，孔子所强调的贤才，便是那些出身寒门但又具备才能的士人。强调寒门士人的重要性，恰恰表明孔子对世卿世禄制度的某种否定[2]。对古儒来说，"君子"不再是一种血统，而是一种后天培养的贵族精神。

仲弓听孔子谈到选举贤才，便问如何才能寻找贤才。孔子的回答，是你应该推荐你熟悉的人，不熟悉的人，甚至被别人忽略的人。传世本"举尔所知，尔所不知，人其舍诸？"是一个反问句。传统解释是，提拔你知道的人，那些你不知道的人，别人难道会埋没他吗？[3]不过，正如李零所言，传统解释中，孔子预设了你不提拔自己不熟悉的人，但别人会提拔。但现实却是，很多有才能的人，被别人给舍掉了。传统的解释，并不符合我们的生活常识。但出土的竹简写本，显示传统解释的错误，恰恰因为两千年来的误读。楚简本作"举而（尔）所智（知），而（尔）所不知，人其豫（舍）之者"[4]。实际上，传世本"人其舍诸"，是竹简本"人其舍之者"的错写。"舍诸"是把"者"读为"诸"，再去掉"之"字[5]。出土文献，呈现出孔子的真实讲解，并不是叫仲弓别

1　何怀宏：《世袭社会：西周至春秋社会形态研究》，北京大学出版社，2011年，第158—159页。

2　廖名春：《楚简〈仲弓〉与〈论语·子路〉仲弓章读记》，《淮阴师范学院学报》2005年第1期，第4页。

3　杨伯峻：《论语译注》，中华书局，1980年，第133页。

4　马承源主编：《上海博物馆藏战国楚竹书（三）》，上海古籍出版社，2003年，第270页。

5　李零：《丧家狗：我读〈论语〉》，山西人民出版社，2007年，第234—235页。

去管不认识的人，恰恰是叫他一定要举荐别人理都不理的贤才。

综合来看，出土文献纠正了今本《论语》的几处重要问题。1、今本漏掉了孔子"老老慈幼"的人道主义理想；2、传统解释"先有司"，未能明白这是要求政府要先于民众更劳苦，为民众服务；3、传统解释说孔子要求只举荐熟人，但实际上孔子要求除了熟人，还应该留意那些被别人遗漏的贤才。

13.4 樊迟请学稼。子曰："吾不如老农。"请学为圃。曰："吾不如老圃。"樊迟出。子曰："小人哉，樊须也！上好礼，则民莫敢不敬；上好义，则民莫敢不服；上好信，则民莫敢不用情。夫如是，则四方之民襁负其子而至矣，焉用稼？"

这一条，是孔门弟子樊迟请教农业的问题，孔子批评他，说他的精神气质，和种地的庶民、小人差不多。在后世一直到现代汉语中，"小人"一词被用来指称道德特别败坏的人，导致我们读《论语》，会有很强的语义代入感。如"唯女子与小人为难养也"一句，就会让后世包括现代的读者觉得，孔子是将女性与道德败坏者划为一类了。于是便会觉得，孔子对种地"深恶痛绝"。

实际上，汉语的发展过程中，词性变化的特点，是亲近词外延不断扩大，带有轻微贬义的词不断变深，而指称的覆盖面却越来越小。例如，"亲戚"一词，在先秦语言中指骨肉至亲，但到了后世，则泛指任何有轻微血缘关系的人。又如前面多次提到的"朋友"，本是指血缘很近的兄弟，但后来演化为非常淡漠的非血缘关系也叫"朋友"。同样，"兄弟"一词从西周的血缘兄弟，转变为非血缘，一直演化为现代街头混混也动辄称呼陌生人为"兄弟"。与之相反，"小人"一词本来并无多少贬义色彩，只是指普通务农的庶民。但由于普通庶民缺乏贵族精神，每天只知道柴米油盐的，古儒并不是说"小人"道德败坏，只是不喜欢其缺乏贵族精神，只知道柴米油盐的特点。但越来越多的"小人"，却不自称小人了，而是将小人中道德最败坏的那部分人才称为"小人"。这样，演化到现代汉语中，没有贵族精神的人中那种最败坏的，才被一般世俗、普通的民众（即古语中的"小人"）称为"小人"。

在《尚书·无逸》中多次提到从事农业稼穑的人就是"小人"，商王武丁年少时在外面劳苦，就当过"小人"，他的儿子祖甲，也是"旧为小人"，因此知道农业稼穑的艰辛。《无逸》是伏生所传今文尚书，因此其内容是非常可信的。实际上，从古老的《尚书》可知，"小人"就是从事普通农业劳动的庶民，商王年轻时在民间从事过农业劳动，知道稼穑的劳苦，因此不敢放肆荒乱。《尚书》中记载周公谈到这几位当过"小人"的商王，都是赞美的口吻，并无任何贬义。在出土文献清华楚简《保训》中，更有明确记载"昔舜旧作小人，亲（耕）于鬲（历）茅（丘）"[1]。伟大的圣贤舜，年轻时曾长期在民间务农，身份是一名"小人"。在此更可以进一步明确，先秦语境中的"小人"，最初并非道德败坏之人，而只是普通民众的身份而已。

古儒推崇贵族精神，认为人应该以追求贵族精神，践行贵族美德为尚，而不必追求普通庶民的大众意识形态。但这并不意味着，普通民众

1　李学勤主编：《清华大学藏战国竹简（壹）》，中西书局，2011年，第143页。

"小人"就是邪恶败坏的。高贵与败坏之间，有一个很大的灰色地带。因此，要理解孔子对樊迟的评价，只能是孔子说，樊迟你这人啊，和普通大众差不多。而不能理解为，孔子说樊迟已经败坏透了。

孔子是"吾少也贱，故多能鄙事"（《子罕》），擅长各种技能。因此樊迟向孔子请教种植粮食，孔子说自己不如老农。樊迟又问，那在园圃中种菜的技艺，这技艺您总懂吧？孔子说，这技艺我也不如专门的老菜农。"圃"字，甲骨文中就有，作🌱，形为田地中生长菜苗的形象[1]。其后又作🌱，形为种菜之地四周建有篱围。在篱围中专事种菜的职业，也称为圃，尤其以老圃最有经验。樊迟认为，种粮、种菜对社会来说是非常重要的。程树德先生就推测，说樊迟是想学习农家神农学派的知识[2]。樊迟与重农学派的关系密切，这一学派非常类似于18、19世纪欧洲的民粹主义[3]。

在民粹主义者看来，农民集体是伟大的，应该由崇拜上帝转为崇拜人民[4]。民粹主义者反对社会分工，反对自由贸易和商业文明，赞美原始自给自足的农民，认为这才是人类文明的希望，是道德的源泉。实际上，在《孟子·滕文公上》就记载了一位农家的民粹主义者许行，反对社会分工，主张人人都从事体力劳动，孟子对此人的观点进行了有力的批评。像是许行这种迷恋民粹乌托邦的知识分子，在任何时代

1　刘钊：《谈古文字资料在古汉语研究中的重要性》，见刘钊：《古文字考释丛稿》，岳麓书社，2005年，第423页。
2　程树德撰，程俊英、蒋见元点校：《论语集释》第三册，中华书局，2008年，第897页。
3　李零：《丧家狗：我读〈论语〉》，山西人民出版社，2007年，第235页。
4　金雁：《倒转"红轮"：俄国知识分子的心路回溯》，北京大学出版社，2012年，第460—461页。

都有。而在二十世纪，这类乌托邦分子为了践行其宏大的意识形态理想，制造了骇人听闻的人间灾难。而在两千多年前，孟子就对民粹主义者进行了有力的批评，捍卫人类文明的自发秩序与常识，这是非常宝贵的智慧。

原始儒学捍卫社会分工这个论述，让人想起了古罗马史学家李维（Titus Livius）在《自建城以来史》第二卷中的一个比喻，当时罗马平民觉得罗马的"劳心者"在占自己便宜，集体出走了，后来元老院找来一个擅长言辞的平民叫墨涅尼乌斯·阿格里帕去解释，他就说国家相当于一个完整的人体，有胃有嘴巴有四肢，各部分看到只是胃在接受供养，觉得不公平，于是嘴不接收送来的东西，牙齿拒绝咀嚼，以为这样可以制服胃，最后发现整个身体都陷入了极度的消瘦。这时候身体各部分才发现，胃不仅仅是接受供养，它还吸收营养，把食物消化后形成的血液均衡地输送到各个部位的血管里面。听了这个，罗马平民们便改变了以前的看法[1]。我们站在现代社会当然无法赞同古代的贵族制，但托克维尔也详细讲过古代社会，贵族并不是吃白饭的盘剥者，他们其实肩负了社会治理、凝聚地方小共同体、为属民提供庇护等多种义务和工作，法国君主搞中央集权剥夺贵族权力的同时，其实也瓦解了各地方的自治能力，最终导致不谙实际治理的沙龙文人议政和一系列灾难。

因此，孟子说的"大人之事"、"劳心者"或者古罗马人比喻的"胃"，其实都是在表达，社会需要分工，除了一线的生产劳动的"老农"、"老

1　［古罗马］提图斯·李维著，王焕生译：《自建城以来（第一至十卷选段）》，中国政法大学出版社，2009年，第85页。

圃"们之外，也需要一些人脱离直接生产，用他们的管理能力、德性、专业知识去凝聚以小共同体为本位的社会自治，并在此基础上形成良好的社会公共服务，这门职业就是"大人之事"。在这个意义上，中国和西方的古典智慧是相通的，而不是什么"中西文化差异"。

米塞斯教授曾谈到，分工的不断扩大，才能造就经济的进步，这种进步同时也是社会的进步[1]。在点滴积累和生长的自发社会秩序中，社会的分工保障了自发秩序的发展。古儒坚决捍卫社会分工，恰恰就是尊重了社会自发演化秩序的明智态度。此外，古儒也主张精英政治，相信精英与普通民众的分工不同。孟子的这一思想，其实就来自于孔子对樊迟的回话。孔子告诉樊迟，如果政治精英践行礼乐，巩固政治的美德基础，同时培育一种讲究信用的政治，这样就必然可以建立起良好的公共生活。有了良好的公共生活，四面八方的民众，也会纷纷抱着自己的孩子前来。这才是走向良好公共秩序之路，而不是去崇拜"紧贴大地母亲"的民粹，歌颂那些反智的话语。

13.9 子适卫，冉有仆。子曰："庶矣哉！"冉有曰："既庶矣，又何加焉？"曰："富之。"曰："既富矣，又何加焉？"曰："教之。"

孔子前往卫国，冉有驾驭马车。"仆"字为驾驭马车之意，同时往往与上下文有关。杨树达先生就谈过，"古人记仆御之事，其上文必有记人行动之辞"，如《令鼎》就记载王归自某处归，濂仲给王担任

---

1 ［奥］路德维希·冯·米塞斯，王建民、冯克利等译：《社会主义：经济与社会学的分析》，中国社会科学出版社，2008 年，第 262 页。

仆[1]。这一语法结构，与"子适卫，冉有仆"完全相同。孔子坐车在前往卫国的路上，感叹卫国的人口众多。冉有便问，既然卫国人口多，那应该怎么做？在此，需要注意的是，人口不但是保障繁荣、社会分工的基础，也是保持文明火种延续的基础。正如哈耶克所说，如果人口数量减少到一万年前的水平，人类将无法保住文明。"即使将已获得知识储存在图书馆里，如果没有足够的人从事广泛的专门化和劳动分工所要求的各种工作，人们也不能利用这些知识。书本知识不能使某个地方的10000人在原子弹浩劫后免于退回到狩猎采摘的生活"[2]。

孔子回答，人口众多，就应该让他们富裕。冉有问，富裕之后呢？孔子回答，富裕了，再教化他们。孔子的这一政治观点，与现代自由社会的理念是相通的。徐复观先生就谈到："'富民'、'教民'，是孔子德治的综括性的目的、内容。而先富后教，无形中成为与各种极权主义的大分水岭。极权主义者多是以控制人民的胃，使人民经常在半饥状态下，以行其极权之教的。"[3]徐复观先生对孔子这一席话的理解，颇为深刻。古儒主张大社会、小政府，要藏富于民。古儒热爱美德，希望整个社会培育出具有德性的公共生活。可是，古儒不会将德性置于一般民众的生存权之上。他们深知，正义的社会，应该首先保障民众的生存权，让他们富裕起来，在此基础上才能培育真正的德性，否则就只能是伪道德、伪君子，以理杀人。

1　杨树达：《积微居金文说》，上海古籍出版社，2007年，第255页。

2　［英］弗里德里希·奥古斯特·哈耶克著，冯克利、胡晋华等译：《致命的自负》，中国社会科学出版社，2011年，第154页。

3　徐复观：《孔子德治思想发微》，见徐复观：《中国思想史论集》，上海书店出版社，2005年，第191页。

富裕和财富的储蓄，是克服"时间偏好"和建立文明秩序的基石。奥地利经济学派提出的这项"时间偏好"（Time preference）理论，讲现在消费与将来消费的边际替代率，说简单点就是储蓄给将来，还是马上就消费。马上就消费，就是有更强的时间偏好，反之就是时间偏好更低。如汉斯 - 赫尔曼·霍普（Hans-Hermann Hoppe）就曾经在内华达大学的课堂上提到同性恋有更高时间偏好，因为没有子嗣作为未来的储蓄。实际上，人类文明的诞生本身就是克服时间偏好的产物，因为从人的天性来说，都倾向于马上享受得到的事物，而将其进行储蓄留给未来，则需要克服本性，克服那种根深蒂固"爽一把就死"的原始本能。随着进入文明时代，财产权的稳定，可以有助于人们克服时间偏好，有了稳定财产，一切储蓄都是有意义的，能看到明天的希望，除了积累财产，还包括储蓄善行、为家人积累口碑，这些都是留给未来和子孙的宝贵财富，这样的社会必然有利于美德。反之，在超强时间偏好的社会，因为无法保证有财产或信誉之类，人们会倾向于在短时间内骗一把、抢一把就跑，爽一把就死。很显然，有稳定的共同体、财产能得到保护的地区和人群，可以更好地克服时间偏好，积累美好的未来。而共同体瓦解、遍地原子散沙，或者多天灾人祸的地方，很难积累稳定财产，这些地区和人群就倾向于短时间的博弈，爽一把再说，我死后哪管它洪水滔天。

明清以来的淮北洪水区域，由于不断发生水患，人们很难储蓄财富，因此具有更高的时间偏好。民国时期一位工程师对淮海地区的描述是，由于不断发生水灾，"无论造了多好的住宅，有了多大的储蓄，大水一到，完全取消。所以一到丰年吃喝赌都来，用完大吉"；"大水去后，永久是灰心丧气，绝少积极建设，和储蓄的心理"[1]。由于不定期的洪水会摧毁地面上的一切财产、储蓄、积累，因此储蓄未来显得毫无意义，丰收之后赶快吃喝赌博用光，今朝有酒今朝醉，根本不需要考虑明天或更长远的未来，反而成了一种更"理性"的选择，其时间偏好就非常的强烈。这种时间的博弈线条就非常短，既没有恒产，也不会有恒心，其社会环境自然是非常不利于公序良俗发育的。很多恶性和犯罪，其实都是强烈时间偏好的产物，为了一个短平快的东西，爽一把就死。清朝时期的官吏对这些区域，也曾想到过"教化"，但在黄淮之水作为人祸天灾的不定期泛滥这种情况下，奢谈"教化"可谓迂阔之至。教化，必先富民，仓廪足而后知廉耻，无法形成财富储蓄、积累的地方，也就无所谓克服时间偏好，而"教化"只能站在更长时间线条的一边。因此，孔子提出要先富再教的道理，其实蕴涵着巨大的智慧。

著名经济学家阿马蒂亚·森（Amartya Sen）曾谈到，在实行开放政体的国家，即使是印度、博茨瓦纳、津巴布韦这样的贫困社会，也从未发生过大规模的饥荒。但在无法自由迁徙的国家，则普遍存在着制度性的大规模饥荒[2]。这说明，大饥荒的灾难，是一种结构性、制度性的产物和必然。儒家将这种政治，称之为"率兽食人"。在一个非自由、不开放的社会中，统治者对社会进行严密的控制，通过对资源的剥夺，将饥饿作为社会控制的手段。显然，此种政治，正是孔子所极力反对的。

1　马俊亚：《被牺牲的"局部"：淮北社会生态变迁研究（1680—1949）》，北京大学出版社，2011年，第364页。

2　［英］阿马蒂亚·森著，任赜、于真译：《以自由看待发展》，中国人民大学出版社，2002年，第11—12页。

孔子主张，正义的社会，一定是一个开放系统，能藏富于民，保障民众的生存权，建立起积蓄未来的种子。只有在民间真正富裕，能够克服原始时间偏好的社会中，对于未来充满了希望与信心，这时才能进行教化，培育和鼓励发育出各种互助的小共同体，整体性提升公序良俗美德，培育出良好而健康的公共生活。

13.12 子曰："如有王者，必世而后仁。"

孔子这句话，仍然是在讲克服"时间偏好"，对于建立璀璨文明成就的重要性。原始儒学是鼓励积累文明的学问，早在孔子时代，就强调克服时间偏好，把时间线放长远的重要性。《论语·子路》中就记载，孔门文学科的高材生子夏，在管理莒父这座城邑时，曾经向孔子请教"问政"。孔子就强调："无欲速，无见小利。欲速则不达，见小利则大事不成。"即强调了不要追求短平快的政绩，这些短平快的东西其实都是小利而已。真正要做到克服时间偏好，放长线钓大鱼，才能积累起财富、信誉、秩序、未来这些更长远，更有意义的东西。孔子还指出"必世而后仁"（《论语·子路》），也就是达到"仁"这种很高德性境界的养成，不可能一蹴而就，而是需要漫长的时间积淀，以至于很多代才能慢慢养出，开出文明成就的花朵。

"世"既是一个时间长度单位，也是一个代际不断积累的小共同体单位。通过"世"的积累，就可以形成"世家"。金文中的"世"字，很多就是从"木"或从"竹"的构形，表现新发枝丫；有的则从"百"，

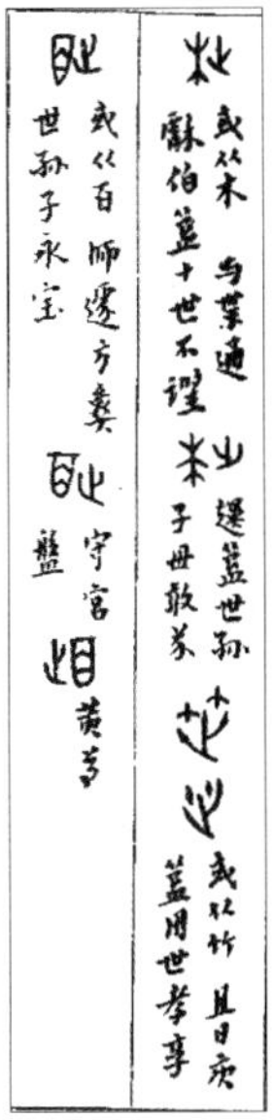

图 13.1 金文中的"世"字

寓意新生枝叶之多（图 13.1）[1]。就是一棵植物，不断长出、再生发出新枝丫的那种有生命力的形状，生发的新枝丫，数量以"百"表达众多。《诗经·小雅·采菽》中描述植物枝叶的茂盛，就像是"世"一样的结构，所谓"维柞之枝，其叶蓬蓬"。唐代学者孔颖达注解："言维此柞木干上之有枝条，其生叶蓬蓬然茂盛"；"以叶相承无衰落，以兴维此诸侯先祖之有子孙，其才智亦茂盛，继世以德相承。"所以"世"一方面是长远的时间线条，同时也是家族小共同体的生命线条。

早期华夏三代时期那种古典共治的结构，就是众多世家能克服时间偏好，若干个世家保持着抱团合作的状态。原始儒学又将这些世家比喻为"乔木"，"所谓故国者，非谓有乔木之谓也，有世臣之谓也"（《孟子·梁惠王下》）。英国大法官培根也曾使用类似比喻，来描述古老的世家贵族，他在《论贵族》中说："当看见一座尚未破败的古堡或古宅，或看见一棵依然枝繁叶茂的参天古树，谁都免不了会肃然起敬；而当目睹一个历经岁月沧桑的贵族世家，这种恭敬之情当然会更深更甚！"[2] 这些古老的贵族世家，像是古老的乔木一样根深叶茂，令人敬畏。

这种关系下，作为贵族的村社领主，也和治下的村民之间凝结成世代博弈的关系，因此不会像后世那种只当三年就拍屁股走人的流官一样，

1　容庚：《金文编》，科学出版社，1959 年，第 108 页。
2　［英］弗兰西斯·培根著，曹明伦译：《培根随笔集》，北京燕山出版社，2000 年，第 49 页。

具有超强时间偏好，赶快搞个大的政治工程然后升官走人，至于留下什么烂摊子不关他的事。王夫之曾这样描述三代时期的画面："名为卿大夫，实则今乡里之豪族而已。世居其土，世勤其畴，世修其陂池，世治其助耕之氓，故官不侵民，民不欺官。"（《读通鉴论》卷十九）王夫之提到，这些领主和他们属下的民众之间，是世世代代互相打交道的关系，大家之间博弈时间线条非常长，如果其中一方用跌破底线的方式去互动，那么作恶成本就会非常高。因此其互动机制便以温情脉脉的圆融为主。领主不欺负属民，属民也不欺负领主，双方都克服了时间偏好，考虑更长远子孙的未来和子孙的关系。

　　傅斯年也观察到，古老封建时代的官民关系亲密，"试看《国风》，那时人民对于那时公室的兴味何其密切"[1]。因为双方都属于世代博弈和交道的共同体内，这和后世流官完全不同。在流官的时代，频繁爆发农民起义，因为流官只对朝廷负责，反正当几年官就走人，时间偏好极其强烈，赶快搞个大工程，升迁走人，至于当地以后怎么样，管本官啥事？但古老封建时代，世家领主和属民的关系是以动辄几百年来计算的，因此双方的博弈行为模式都是最大化克服时间偏好，会考虑得非常长远。顾炎武就意识到地方官克服自己时间偏好的重要性，因此在《郡县论》中提出要让县令世袭的方案，如果县令做得好、不违法，就可以传给子孙，完全和当地人同生死共命运，那么县令的思考时间线就会大不一样，他会尽可能克服时间偏好，为这个县的长远未来，以及自己在这个县的

1　傅斯年：《论孔子学说所以适应于秦汉以来的社会的缘故》，见傅斯年：《史学方法导论》，上海古籍出版社，2011年，第127页。

长期名誉、口碑而努力，因为自己家族的未来"世"已经和这个地方永久绑定在一起。

所以，顾炎武"寓封建于郡县"的思路，就是鼓励在县这一级地方培植扎根更深、考虑未来更长远、时间偏好更低的一些世家进行治理。这恰恰是帮助中央集权郡县制时代，克服地方流官之时间偏好与彻底掏空地方这种不良冲动的一种手段，保护了各个县一级的自治与长远未来。在没有封建的时代，却能得到封建的好处，而避免封建的坏处。其落脚点的"世"字，既是一个克服时间偏好的时间线索，也是一个血缘共同体的生命之河的线索。

孔子所说的"王者"，无论是"受命之王"，还是"革命之王"，其建构政治合法性的依据，就是建立在遍地有众多世家的这一基础之上，而非在流民、流官的状态之下。遍地分布着众多能克服时间偏好的坚韧小共同体，这些才是华夏文明的长远造血机制。

13.16 叶公问政。子曰："近者说（悦），远者来。"

叶公即诸梁，是楚国平定了白公胜之乱的著名功臣（见《左传·哀公十六年》）。在楚昭王时期，他被分封到叶地。到楚惠王时期的公元前479年，前太子建的儿子白公胜发动叛乱，被叶公击败。叶公保住了楚惠王的王位，因此立有大功。后来他又将令尹之职让给公孙宁，将司马一职让给公孙宽，是敬贤尚德之人。清人钱坫推测，叶公向孔子问政，应该是孔子从蔡国到其封地叶之时，时间在鲁哀公六年[1]，即公元前489年。

1　程树德撰，程俊英、蒋见元点校：《论语集释》第三册，中华书局，2008年，第920页。

　　在上博楚简《柬大王泊旱》中，将叶公称为"圣人诸梁"。可知，在楚地人们的心目中，叶公是一位"圣人"[1]。这一极高的评价，显然是叶公晚年平定叛乱，并将高位全部让贤之后的结果。在他向孔子问政时，还不是楚人心目中的"圣人"。但可以想见，叶公当时至少有一颗向道之心。

　　孔子的回答，也很有针对性。叶公的封地，在河南平顶山市叶县，这里远离楚国的本土，却临近中原华夏国家。整个春秋时期，楚国一直在蚕食华夏国家的领土，灭掉了大量华夏诸侯，或是与晋国争夺弱小的郑国，或是直接将陈国变成自己的一个县。此前吴国讨伐楚国时，差点将楚国灭掉，支持吴国的就有蔡国、唐国这些华夏小诸侯。可知，孔子这番话，完全是针对楚国的政策和叶公领地的特殊位置而发的。古儒反对诉诸简单的暴力，主张怀柔远人。如果远人不服，则修文德以来之。像是周文王那样，以文德的力量，感动了天下三分的诸侯，将其吸引而来，才是真正的理想与榜样。因此，如果叶公有向道之心，就应该利用现有的地理位置，善待附近的华夏小国，让他们能欣然喜悦。这样，即使是远方的华夏诸侯，也会改变对楚国的印象，去交好这个国家。

　　这种以德性吸引其他封建领主、部族首领前来联盟或效忠的方法，是上古和封建时代最常见的政治整合方式。其中一些方法是提供各类公共服务，如提供安全保障，或根据习惯法进行调解等方式，将其他部族、小邦首领们吸引过来。柳宗元在《封建论》中谈到上古时期"争而不已，

---

[1]　刘信芳：《上博藏竹书〈柬大王泊旱〉圣人诸梁考》，《中国史研究》2007 年第 4 期，第 15—17 页。

必就其能断曲直者而听命焉。其智而明者，所伏必众，告之以直而不改，必痛之而后畏，由是君长刑政生焉”[1]，正是描述上古习惯法由“能断曲直”的君长耆老们裁决。梁启超也曾谈到，上古之时“诸部落大长中，有一焉德望优越于侪辈者，朝觐、狱讼相与归之”[2]，也言及狱讼之事会寻找德望较高的部落首领进行裁决。《三国志·魏书·乌丸鲜卑东夷传》记载，乌桓部落“常推募勇健能理决斗讼相侵犯者为大人”，能调解决斗和诉讼的威望之人，就可以被推举为“大人”。在过去的凉山地区，一个黑彝哪怕原本并无名气，倘若能成功调解几桩诉讼纠纷，名声便会很快传播于家支内外，人们有急事便愿意上门求助[3]。

《孟子·万章上》中也描述了提供良好公共服务的上古部落首领，能够吸引其他群体前来寻求效忠或服务：“讼狱者，不之尧之子而之舜”，“朝觐讼狱者，不之益而之启”，描述上古司法诉讼都会寻找有名望的部族首领，虞族的首领舜和夏族的首领启，都因为具有公正的德性，因此其他氏族首领都愿意找他们来裁决诉讼和调解纠纷。《周易·讼卦》：“利见大人”，《彖》孔疏：“所以于讼之时，利见此大人者，以时方斗争，贵尚居中得正之主而听断之。”“利见大人”的经文，描述的正是三代时期的诉讼，会寻找“贵尚居中得正”的领主大人这一历史。《周易·中孚》之《象》“君子以议狱缓死”，《噬嗑》“利用狱”之说，都与此种上古司法裁决有关。此外，更著名的习惯法仲裁案例是周

1　〔唐〕柳宗元：《封建论》，《柳河东集》上册，上海人民出版社，1974 年，第 44 页。
2　梁启超：《古代百姓释义》，见梁启超：《中国上古史》，商务印书馆，2016 年，第 89 页。
3　易建平：《部落联盟与酋邦：民主·专制·国家：起源问题比较研究》，社会科学文献出版社，2004 年，第 496 页。

文王的"虞芮质厥成"之事。《诗经·大雅·绵》："虞芮质厥成"，
毛传、齐诗皆言虞、芮争田，诉于文王，即两个部族之间发生了地产权
的纠纷，便找到口碑良好的周族君长文王进行仲裁。《史记·周本纪》
除了记载"虞、芮有狱不能决，乃如周"之事外，还记载"文王阴行善，
诸侯皆来决平"，可知文王是口碑良好的部族君长，因此不止有虞、芮
二族前来请求裁决，其他君长部族的诉讼也往往请求文王进行裁决。

　　上古和封建时代一位有抱负的首领或酋长，要想做到孔子所说，不
依靠暴力征服，却能做到"近者悦，远者来"，其"修文德"和"怀柔
远人"的最佳方式，其实就是提供高质量的公共服务，提供公共安全、
依据古老习惯法提供公正仲裁等，都会成为吸引"远者"们的重要契机
与手段。甚至在春秋五霸时期，追求"方伯"的手段，都还带有一点上
古与封建时期那种以各类公共服务之德，来吸引追随者们"近者悦，远
者来"而成为盟友的一点历史余晖之色彩，而不同于战国时代那种诉诸
纯粹赤裸暴力的游戏规则。

13.18 叶公语孔子曰："吾党有直躬者，其父攘羊，而子证之。"孔子曰："吾党之直者异于是：父为子隐（檃），子为父隐（檃），直在其中矣。"

　　叶公向孔子问政时，也询问了一项司法案件。他说，我家乡有正直
的人，他父亲偷了羊，他还出庭作证，证明他父亲的犯罪行为。孔子则
回答说，这种行为算不上正直，我的家乡是亲亲相隐。根据出土材料可知，
楚国的司法中就有证人的制度，包山楚简 136—137 "皆言曰"以下一
段就是证人的陈述。"可见在楚国证人制度由来已久。"同时，对证人

资格有规定，是为了使证言公允可靠[1]。但是，包山楚简出土法律文书《集箸言》简138记载："同社、同里、同官不可证，匪至从父兄弟，不可证"[2]，在楚国司法中，不要说父母子女之间直接互相揭发，就是比较疏远的堂兄弟，甚至同一个社区的熟人之间，也不能互相举证。这种制度，保护的是血缘家族共同体、乡党地缘小共同体。因此，叶公所说儿子在法庭上担任证明自己父亲犯罪的证人，已经违背了楚国司法制度的内容。

孔子"亲亲相隐"的说法，一直以来遭到诟病和指责，认为这是不顾及公共伦理，将私人关系置于公共利益之上，因此会导致社会的不公正，乃至成为替暴政辩护的思想资源。实际上，这一问题可以分为两个层面来解读，即文字训诂层面，古儒对具体制度的理解层面。

王弘治先生最早根据《说文》的记载，指出"父为子隐，子为父隐"的"隐"字实际上是"檃"的通假字。檃栝，也写作"隐栝"，在《荀子》、《韩非子》中多次出现，是一种古代木工活的工具，主要用于木工的纠错，有"绳墨"的功能，后来引申为矫正错误。实际上，将"檃"解释为互相隐瞒的"隐"，是汉代学者的理解，于是相沿至今。正确的意思，应该是父亲纠正儿子的错误，儿子纠正父亲的错误，这样就不会发生错误[3]。此后，廖名春先生也赞同此说，指出《左传》、《孝经》、《荀子》中多处提到儿子也应该纠正父亲的错误，而不是去隐匿错误。这一解释，

1　陈伟：《包山楚简初探》，武汉大学出版社，1996年，第143—144页。

2　朱晓雪：《包山楚简综述》，福建人民出版社，2013年，第463页。

3　王弘治：《〈论语〉"亲亲相隐"章重读：兼论刘清平、郭齐勇诸先生之失》，《浙江学刊》2007年第1期，第93—98页。

非常符合古儒的思想[1]。

　　笔者未见两位先生文章之前，也曾根据《说文》段注引《公羊传》何序、《荀子·性恶》《荀子·大略》《盐铁论·申韩》等文献中的记载，推测此"隐"字可能读

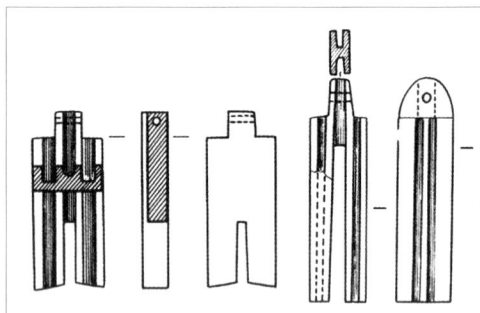

图 13.2　左为西安西北医疗设备厂汉墓 M167 出土的"檃栝"，右为陕西省交通学校汉墓 M3 出土

为"檃"，即纠错之器。其功能也颇似古代文献中的"檠"，如马王堆帛书《明君》中的"务檠弓弩"，即纠正弓弩之意[2]，可以引申为纠错。及见两位先生的文章，乃抚掌称善，深表赞许。在此，也就不多赘言了。

　　杨宽就曾指出，"一种矫正木料曲直的工具，叫做檃栝或榜檠，可以把木料经过蒸煮，放到檃栝中，经过一定的时间把曲木压直"[3]。檃栝的形制，在考古学中有发现。东周的战争中需要大量的箭支，而箭杆所用的竹子、木条在天然状态下很少有笔直的，因此需要工匠人为加以矫正绳直。在西安西北医疗设备厂汉墓 M167 和陕西省交通学校汉墓 M3 就出土过铜制的檃栝（图 13.2），侧面都有凹槽，用以整直和矫正竹木的箭杆[4]。

　　这些箭杆矫正器虽然是汉代的器物，但功能当是从东周延续而来。檃栝，最初当只是木工活中一般木质材料的整直、矫正器，后来也引申

1　廖名春：《从〈论语〉研究看古文献学的重要性》，《清华大学学报》2009 年第 1 期，第 24—25 页。

2　国家文物局古文献研究室编：《马王堆汉墓帛书·壹》，文物出版社，1980 年，第 36 页。

3　杨宽：《战国史》，上海人民出版社，2016 年，第 105 页。

4　陈洪、李宇：《"檃栝"考论》，《考古与文物》2013 年第 1 期，第 52—54 页。

指箭杆等竹木材料的整直。但无论是木工整直的木头，还是工匠整直的箭杆，都是将不正直的事物加以纠正，使其正直。也正如古儒所理解的父子关系，也应该是互相纠正，将错误消弭于隐蔽状态，防患于未然。所以，孔子说"听讼，吾犹人也，必也使无讼乎！"（《颜渊》），即是希望将诉讼消除于未然状态。如果能互相纠错，自然就不会犯错。

上博楚简《内礼》简 7 云："孝而不谏，不成孝；［谏而不从，亦］不成孝。"[1] 出土的古儒文献表明，在当时古儒看来，真正的孝道，是一定要对父亲的错误进谏，以便于纠正父亲的错误。而如果这种谏言没有取得效果，没能纠正父亲的错误，那仍然不能称之为孝道。可见，对古儒来说，能及时纠正父亲的错误，非常重要。叶公谈到那位出庭证明自己父亲犯罪的儿子，其实不能叫正直，也不能称为孝道，因为他没能纠正父亲的错误，以至于父亲陷于不义。

也许，很多读者会问，那如果努力纠错之后，却未能纠正父亲的错误，最后仍然导致了犯罪行为，那应该怎么办呢？这时出庭作证，能否称为正直？

《孟子·尽心上》中提到，舜的父亲杀人，应该怎么办？孟子回答说，天子的父亲犯法，大法官皋陶也同样会将其绳之以法。学生问，难道天子不能禁止大法官吗？孟子回答，"夫舜恶得而禁之？夫有所受之也"，是说天子不能干预司法，因为大法官有独立的司法权。此种不受君权干涉的独立司法观念，使人很容易想到英国普通法传统中法官对王

1　马承源主编：《上海博物馆藏战国楚竹书（四）》，上海古籍出版社，2004 年，第 225 页。

权干预的抵制[1]。既然父亲犯了罪，而身为天子的自己又不能干预司法，那怎么办？孟子认为，这时舜只能偷偷带着父亲出逃，躲在遥远的滨海地区。

在此，可知即使舜未能像"鬻栝"一样纠正父亲的错误，最后酿成了犯罪的惨剧，但舜仍然不会"大义灭亲"。当然，舜拒绝大义灭亲的前提，并不是去破坏司法独立、司法正义，而是在这一前提之下，带着父亲逃走。原始儒学通过假设出一个最极端的例子，其实是推导出亲属容隐，才能更好保护社会公序良俗，以及小共同体最后的底线。这一层底线一旦被突破，损害的不仅仅是人伦，而是社会中小共同体最后纽带的解体。"大义灭亲"短暂爽感之后，其所造成的恐怖深渊，是根本得不偿失的。必须注意到，恰恰是法家那种绝对的权力主义，最主张"大义灭亲"，造成最彻底的原子化，以及互不信任，目标就是要摧毁社会中仅剩的最后一点点小共同体资源。爹亲娘亲不如大秦君主亲，为了大秦君主，可以告爹杀娘出卖妻儿。

法家从商鞅变法开始，就建立起首匿相坐之法，鼓励父子相告[2]。岳麓秦简 1621、1994 记载，秦律中规定如果儿子犯了"完城旦以上"的罪，而父母不告发儿子，就要被罚款两副铠甲。这是非常重的罚款，可以导致一个家庭瓦解，父母沦为居赀。所谓"其父母、典、伍弗先告，

1　高全喜：《何种政治？谁之现代性？》，新星出版社，2007 年，第 29—34 页。[美] 小詹姆斯·R. 斯托纳著，姚中秋译：《普通法与自由主义理论：柯克、霍布斯及美国宪政主义之诸源头》，北京大学出版社，2005 年，第 48 页。
2　张金光：《秦制研究》，上海古籍出版社，2011 年，第 509 页。

赀其父若母二甲，典、伍各一甲"[1]，父母告发儿子的责任，是赀二甲，高于里典、同伍的一甲，真的是丧天心灭人伦。简155正还规定，"同居"的各类家人之间也有互相告发的义务。简1390正规定："父母、子、同产、夫妻，或有罪而舍匿之其室及蔽匿之于外，皆以舍匿罪人律论之"[2]。继承了秦律的汉初张家山汉简《二年律令·盗律》中也规定，如果抢劫钱财，就要株连妻、子为城旦舂。而如果妻、子们能"若告吏"，即告发自己的丈夫、父亲，并参与"捕"，就可以免除被株连，即"皆除坐者罪"[3]。《二年律令·收律》中也记载："夫有罪，妻告之，除于收及论。妻有罪，夫告之，亦除其夫罪"，鼓励夫妇之间互相告发。在云梦秦简《法律答问》中记载，丈夫有罪，妻子先告发，就不连坐妻子。而"妻有罪以收，妻媵臣妾衣器当收，且畀夫？畀夫。"[4]可知，在法家专制主义的原则中，鼓励夫妻相互告发，丈夫先告了妻子，甚至用将妻子财产赠与丈夫的方式来鼓励其告发。

在张家山汉简《奏谳书》记载秦国秦王政二年四月丙辰的案例，即黥城旦讲乞鞫案中，也是让讲的父亲出庭作证儿子是否偷牛。在张家山汉简《奏谳书》记载秦国案例的黥城旦讲乞鞫案中，也是让讲的父亲"士伍处"出庭作证儿子是否偷牛[5]。秦国法律要做的，是瓦解小共同体，

1　陈长松主编：《岳麓书院藏秦简（伍）》，上海辞书出版社，2017年，第133页；陈长松主编：《岳麓书院藏秦简（陆）》，上海辞书出版社，2020年，第149页。
2　陈长松主编：《岳麓书院藏秦简（肆）》，上海辞书出版社，2015年，第40页。
3　张家山二四七号汉墓竹简整理小组编：《张家山汉墓竹简（二四七号墓）》，文物出版社，2006年，第18页。
4　睡虎地秦墓竹简整理小组：《睡虎地秦墓竹简》，文物出版社，1978年，第224页。
5　张家山二四七号汉墓竹简整理小组编：《张家山汉墓竹简（二四七号墓）》，文物出版社，2006年，第100页。

鼓励父子、兄弟、夫妇之间互害，汉儒总结为"以子诛父，以弟诛兄，亲戚相坐"，"至于骨肉相残，父子相背，兄弟相慢"（《盐铁论·周秦》）。秦律中鼓励父子、夫妻、兄弟之间为了所谓"公室告"而互相告发，即各种政治与社会关系中的罪行。这一目的恰恰在于，将国家的力量延伸到家庭内部，用国家强力破坏传统伦常，其逻辑立足点就在于爹亲娘亲老婆亲不如秦始皇亲。其目标就是要让整个社会中，最后一点点小共同体的自组织资源也彻底瓦解，人们变为彻底互不信任的原子个体，哪怕是至亲之间也会互相告发，变为互害的原子散沙。这种对比之下，很明显楚国法律中"同社、同里、同官不可证，匿至从父兄弟，不可证"的制度，比秦法要求"大义灭亲"要文明得太多。

在秦以后的华夏文明历史主流中，原始儒学亲亲相隐的原则，一直占据着主流。只有清廷这样的特例，才敢于公然践踏"亲亲相隐"的伦理底线。清兵入关后，以残酷的圈地逃人法，制造出强迫汉民父母和子女也不能相隐的恶政。"清廷为严缉逃人，即便是父母子女骨肉至亲，'天性难割之情'，亦毫不顾惜，与普通人之间相互容隐一体科刑。清初立法之苛，逆情悖理之甚，祸众虐民之极，不让暴秦。"[1]

正是为了守护社会、小共同体与伦常最后的底线，无论是原始儒学、战国时期的楚国，还是后来的中国传统与西方法律，都给"亲亲相隐"留下了空间。原始儒学给后世主流华夏文化奠定了"亲亲相隐"的基调，这是传统中华法系的优良传统，可惜后来在现代遭到破坏。俞荣根先生

1　苏亦工：《因革与依违：清初法制上的满汉分歧一瞥》，《清华法学》2014 年第 1 期，第 99—100 页。

曾经沉痛地提到一起发生在 20 世纪 90 年代的"佘祥林案"，佘祥林被认定为杀害妻子的凶手，佘祥林的母亲杨五香四处奔走为儿子申冤，却被认定为"包庇犯罪"、"妨碍司法公正"，被关进看守所长达九个月，最后身心备受折磨，郁郁而终，年仅五十四岁。俞荣根先生沉痛地指出："假如佘祥林发生在古代，杨五香不可能被关押，因为有'亲亲相隐'的法律明文，对自己的亲生儿子，她理当'包庇'，应当'包庇'，为他辩诬，人情所然，天理所使，至大至爱，何罪之有！假如佘祥林案发生在现在的英、美、法、德、日等国或我国台湾地区，佘母也不至于被拘押，因为这些国家和地区的现行刑法和刑诉法规定，为使家属免于刑罚处罚，即使是故意包庇或窝藏，亦'不处罚'，为爱子蒙冤而奔走呼号，是其分内权利，情当力争，理当力争，法当力争，何来'妨碍司法公正'！"[1]

刘强教授说："'亲亲互隐'不仅是中国传统文化的一个'公理'，而且也为西方现代法理所认同，可以说'放之四海而皆准'。比如，西方现代法律之'沉默权'概念，就与'亲亲互隐'有着异曲同工之妙。"而 2012 年 3 月 14 日通过《中华人民共和国刑事诉讼法》修正案增加的第一百八十八条第一款规定"证人没有正当理由不出庭作证，人民法院可以强制其到庭，但是被告人的配偶、父母、子女除外"。这一修订案的新增，正是通过在某种价值观上对于华夏正统的回归[2]。正是这种向华夏正统的回归，才能保护伦理与常识，不再出现"佘祥林案"中杨五

1　俞荣根：《礼法中国：重新认识中华法系》，孔学堂书局，2022 年，第 326—327 页。
2　刘强：《四书通讲》，广西师范大学出版社，2021 年，第 219—221 页。

香那样的悲剧。

这样，就大致可以总结出《论语》此条的研究结论。第一，亲亲相隐的"隐"字读为"檃"，意思是纠正错误的工具，孔子希望家庭内以道为尚，互相纠正错误，这样就不会发生大错。第二，如果竭尽所能，仍未能防止犯错，那么可以在不破坏司法正义的前提下，维护亲人，至少不能出庭作证。第三，鼓励亲人互相告发的，是法家专制主义的思想。儒家的前提，则是不破坏司法正义，但也不对亲人落井下石。这一点，与孟德斯鸠《论法的精神》以至于英美普通法、欧陆法中亲属作证特免权的精神是相通的。

13.20 子贡问曰："何如斯可谓之士矣？"子曰："行己有耻，使于四方，不辱君命，可谓士矣。" 曰："敢问其次。"曰："宗族称孝焉，乡党称弟（悌）焉。"曰："敢问其次。"曰："言必信，行必果，硁硁然小人哉！抑亦可以为次矣。" 曰："今之从政者何如？"子曰："噫！斗、筲之人，何足算也？"

在一次谈话中，子贡请教孔子关于"士"的理解。应该说，子贡非常敏感，因为中国思想的轴心突破、世卿社会的瓦解、知识文化的下渗，以至于东周思想的繁荣，实际都与当时"士"这一阶层的崛起有莫大的关系。从古文字材料来看，"士"字和"王"字最初都源出自斧钺之形，如金文 ◯（《臣辰卣》）、◯（《嗷士卿尊》）等，和"王"字一样，作倒立的斧钺形。对于此种现象，徐中舒先生最早指出"王"、"士"二字之间存在同源的关系[1]，其后吴其昌、严一萍、林沄亦持此说，林

---

[1] 徐中舒：《士王皇三字之探原》，见《中央研究院历史语言研究所集刊》1934 年第四分。

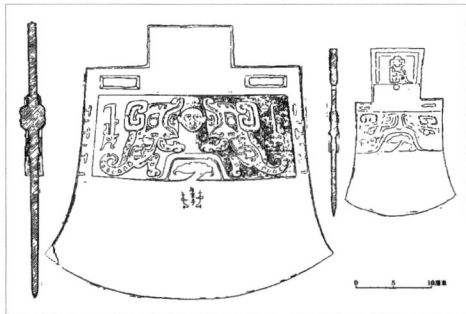

图 13.3　殷墟妇好墓出土之大钺、小钺（中国社会科学院考古研究所编：《殷墟妇好墓》，文物出版社，1980 年，第 106 页。）

沄还认为甲骨中的一些"王"字实际上应该读为"士"[1]。根据白川静的考证，"士"、"王"二字都是殷周贵族武器斧钺（图 13.3）之形象，"王"字是大钺的形象，"士"字则为小钺之形象。由于"士"是追随于王的，因此大小斧钺又有了礼仪等级的含义[2]。

上古时期遍地分布众多部族，即朱熹所谓"执玉帛者万国"时代，只是"如今溪、洞之类，如五六十家，或百十家，各立个长"（《朱子语类》卷55）。这些规模不大的部族中，手持斧钺的共同体基本成员便是"士"，而多士之长便是"王"，故士、王同源。国与国之间的交战，"不过如今村邑之交哄[3]"，村邑、部族中的"王"便率领多士参与械斗，保境安民。上古时期最早的"士"，习于武事，执斧钺相从于王，从事械斗与战争等活动。但另一方面，到了西周以后，随着封建礼乐传统的奠定与成熟，作为低级贵族的"士"，与更高级的"大夫"一起，作为贵族"士大夫"文化的秉承者，具有了更多"文之以礼乐"的技能与含义。他们学习并掌握礼仪活动和各种文教知识，有诗书礼乐的修养，因此并不能一概以

1　林沄：《王、士同源及相关问题》，见《林沄学术文集》，中国大百科全书出版社，1998 年，第 22—28 页。

2　［日］白川静著，苏冰译：《常用字解》，九州出版社，2010 年，第 166 页。

3　吕思勉：《先秦学术概论》，东方出版中心，2008 年，第 86 页。

最初持斧钺的那种"武士"而论之。正如余英时先生所分析，"士"到了孔子时代，确实成为了文士。但这些文士并非由单纯的"武士"演化而来，其前身是一种能文能武之士[1]。

在春秋晚期，贵族身份在解体和下滑，平民精英在上升，双方在"士庶人"、"士庶子"这个区间发生了碰撞，产生了交集。值此"士"之身份转型时期，子贡向孔子请教，究竟何种能力与修养，才能称之为真正的"士"？孔子说，能具有羞耻之心，出使各国，不辱君命的，可以称之为"士"。春秋时的外交，实际就是一套非常复杂的礼仪场合，不但需要庄重虔敬的人格修养，更需要文教诗赋与随机应对的能力[2]。其中包括使用贵族绅士圈子内"黑话切口"，用《诗》中句子"断章取义"进行交往，以及冠冕堂皇之外交活动，甚至政治交易等能力。孔子强调"士"的外交能力，实际上便是突出了"士"的文教色彩，其诗书礼仪修养，以及灵活运用绅士圈子内话语、修辞技巧的重要性。

子贡又问，那更次一点的"士"是怎样的？孔子说，这种"士"，虽然不能胜任列国之间的庙堂礼仪与外交，但至少能在宗族乡党这种传统小共同体中，遵守古老的共同体习俗，践行孝悌之道。这种"士"的生态位，不像前者那种纵横于诸侯列国之间，在俎豆钟鼓的花环中那样精彩。在小共同体中践行传统礼俗，显得比较土鳖和相对无趣。但这种"刚毅木讷"的能力，其实也是需要训练与德性养成的。以这种生态位去守护一个"士

1　余英时：《士与中国文化》，上海人民出版社，2003年，第16—19页。
2　彭林：《中国古代礼仪文明》，中华书局，2013年，第200—212页；陈来：《古代思想文化的世界：春秋时代的宗教、伦理与社会思想》，生活·读书·新知三联书店，2002年，第178—187页。

围子"，不至于分崩离析掉从而变成一堆原子化的散沙，这也是具有积极的意义。在此，"士"扮演着一个小共同体凝结核的重要角色。

子贡又问，那更次一点的"士"呢？孔子说，那他至少具有小人之德，对私人关系讲究信用，言必信行必果。正如前面所分析的，当时语境中"小人"一词并无后世的贬义色彩，小人虽然没有君子、绅士的公共情怀、礼乐修养，但至少在传统私人领域能做到讲信用，这是对"士"最低的要求了。因此，越是优秀的士，越是具有在"诸夏"层面之文教能力，以及跨越地域性知识的修养，具有公共活动的能力。反之，最差劲的士，至少应该具有小人的私人德性。从这也可看出，当时的"士"，其评价系统已经转向了一个更加丰富的，立体多层面，跨越了各种传统小共同体，一直到沟通更普遍诸夏邦交能力的更大格局。而士的最低要求，则显示了一定数量出身小人、野人身份的人，已经跃升为下级的"士"，或是"士庶人"的层面。孔门的子路，就是一位典型。在走向"君子"的生态位，但心智结构仍然停留在古老的"野哉"状态。

最后，子贡请教，说当今那些比较常见的从政之人，总体水平怎样？孔子说他们是"斗、筲之人，何足算也"，评价不高。斗、筲的"筲"，出土所见就有楚国的筲形杯，带环耳[1]。斗，是能装下十升的小容器，筲，即只能装五升的小容器，器量非常小。孔子认为，当今政坛上那些出头露面的人，都是些器量很小的人。"算"字，古音与"选"字相同，文献中也多可通"选"，且《诗经》、《周易》、《左传》中"选"也多

1　李零：《丧家狗：我读〈论语〉》，山西人民出版社，2007年，第242页。

有"区别"之意[1]。孔子的意思是，当今从政的这帮人，有的是十升大小的容器，有的是五升大小的容器，有点区别，但区别也是五十步笑百步，哪里值得去更细分来区别他们。

13.22 子曰："南人有言曰：'人而无恒，不可以作巫医。'善夫！不恒其德，或承之羞。"子曰："不占而已矣。"

"人而无恒，不可以作巫医"这句话，是当时南方某地的一句谚语，孔子认为，这句话说得非常好。这里，他引用了《周易·恒卦》九三的爻辞，可知当是他"五十以学易"之后的感受。

这句话强调说，人如果没有恒心，就做不了巫医。传统旧注或认为是"巫医"是"卜筮"之误，或如朱熹那样将"巫"和"医"分开理解[2]。实际上，早期医学中，有一个巫医不分的阶段。早期的医药，本就是巫师探索摸索而出的。《山海经·大荒西经》："有灵山，巫咸、巫即、巫盼、巫彭、巫姑、巫真、巫礼、巫抵、巫谢、巫罗十巫，从此升降，百药爰在"，正是描述众多巫觋通过巫术活动，获取山中百药的早期巫医面貌。在甲骨卜辞中，有"巫御"、"巫不御"（《合集》5651、5652）的记载，正是卜问巫觋是否能治好疾病。卜辞还记载，商王有"朕耳鸣"的疾病，便亲自担任巫师，通过祭祀"御"的方式治疗（《合集》22099）。

李零曾谈到，"南人有言曰"在上博、郭店楚简中都作"宋人有言

1　徐前师：《〈论语〉"斗筲之人，何足算也"解》，《古汉语研究》2005年第4期，第95—96页。

2　程树德撰，程俊英、蒋见元点校：《论语集释》第三册，中华书局，2008年，第933—934页。

曰"，因为宋国在鲁国的西南方，因此宋人也可称为"南人"[1]。宋国是殷商后裔，比较重视殷人古老的巫觋占卜等传统。而考古学显示，殷文化中确实具有浓厚的巫医不分的色彩，甲骨卜辞每以疾病为先王、先妣、先臣作祟于生者的结果，因此以巫觋祛除作祟的方式治病。而在河北藁城台西遗址一位巫觋的墓葬中，发现了占卜的卜骨，也发现了用于医疗的"石砭镰"等医疗用具[2]。这些材料均显示出殷文化传统中的医术、巫术本为一体。实际上，在马王堆出土的《五十二病方》中，仍有大量用跳禹步来治病的巫风观念[3]。而在公元前460—前350年的古希腊，其医疗思想才逐渐与鬼神信仰分离[4]。可知，中国、西方的早期医学都与巫觋观念紧密联系在一起，到后世才逐渐分离。孔子生活时代的宋国，仍具有浓厚的殷文化传统，因此将巫医视为重要的职业。

巫医是重要的职业,其职业素养除了深谙小传统的巫史文化知识外，还必须有持之以恒的精神。例如，包山楚简的占卜记载，一共就有三年。第一年为公元前318年，卜问墓主的病情与身体状况。第二年，则有分属于三天的七次占卜，墓主虽然病情恶化，但还希望通过不断占卜而获得康复。第三年，两天之内有十一次占卜[5]。这样漫长、反复而繁杂的巫医占卜，确实需要非常持久的耐心与职业修养。因之，如果缺乏恒心、耐性，根本就无法从业于巫医的活动。宋国人对此有深刻的认识体会，因此有这句谚语。孔子觉得，这句谚语说得很有道理，没有恒心，是做

1　李零：《丧家狗：我读〈论语〉》，山西人民出版社，2007年，第243页。
2　宋镇豪：《夏商社会生活史》下册，中国社会科学出版社，2005年，第743—751页。
3　马王堆汉墓帛书整理小组：《五十二病方》，文物出版社，1979年，第56页。
4　［英］戈登·柴尔德著，李宁利译：《历史发生了什么》，上海三联书店，2008年，第184页。
5　李零：《中国方术考》，东方出版社，2001年，第273—275页。

不出什么大事的。如果不再占卜，那一定是没有恒心，不能再坚持下去。

13.24 子贡问曰："乡人皆好之，何如？"子曰："未可也。""乡人皆恶之，何如？"子曰："未可也。不如乡人之善者好之，其不善者恶之。"

孔子这一对民意的判断，恰恰是对民粹主义思路的批评。子贡问，如果在"乡"这样一个不大的地域共同体之内，共同体成员的人数不多，那么众人的口碑，应该是重要的参考吧。如果大家都说他好，能叫好人吗？孔子说，这也未必。子贡又问，那如果大家都说他坏，能叫坏蛋吗？孔子说，那也未必。因为形成舆论的民众，他们本身也分为好的、不好的，因此得进行甄别。

古儒的政治观念，继承了西周以来的民本主义思想。在儒者看来，主权属于人民，"民为贵，社稷次之，君为轻"（《孟子·尽心下》），人君受命于天，而"天听自我民听，天视自我民视"（《尚书·泰誓》），因此人君实际受命于民，即政府受命于人民。人民的意志，被视为是天意。此种人民主权思想，确实与洛克（John Locke）《政府论》中的人民主权说具有相通的思路[1]。不过，洛克的"民意"有一明确边界，即他的人民主权政府并没有让所有人都让渡出一切关于身体、财产的权利。相反，卢梭的人民主权说，则要求公民在组建政府时将自己的"本身和全部力量"以及"他所享有的财富"全部献给集体[2]。

---

1 ［英］约翰·洛克著，叶启芳、瞿菊农译：《政府论》下篇，商务印书馆，2009年，第59—61页。
2 ［法］让·雅克·卢梭著，何兆武译：《社会契约论》，商务印书馆，2003年，第27页。

这样，洛克的人民主权，由于划定了公权力和私人权利的明确界限，因此是可以捍卫消极自由的政府。反之，卢梭的人民主权，将所有私人权利都献给集体，只能导致从民粹集体主义到现代极权的灾难。正如塔尔蒙（Jacob Talmon）所言，卢梭的人民主权，以"公意"的方式，形成了一种人民主权的独裁统治，这种人民独裁的民主，以"民意"的政治决断实行极权统治，剥夺个体的权利[1]。而以赛亚·伯林（Isaiah Berlin）也谈到，卢梭所谓的"自由"，乃是有完全资格共享一种有权干涉每个公民生活任何方面的公共权力。这种"自由"可以比暴政对个体的束缚更加严厉[2]。

在后世的儒家思想中，一直存在着一条类似于卢梭人民主权说的隐蔽线索：《周礼·秋官·小司寇》中的司法原则，"听民之所刺宥"，郑玄注："民言杀，杀之；言宽，宽之。"就是说，这种民粹色彩的人民主权论，主张以抽象的"民意"或类似于卢梭的"公意"来践行司法，如果街头大众要求杀，那就杀人；如果街头大众说不杀，那就放过他。总之，大多数人的"民意"就是正确的、神圣的。此种以"民意"、"公意"为神圣的观念，在宋代也非常流行。王安石就认为"民，别而言之则愚，合而言之则圣"（《续通鉴长编纪事本末》卷六八《青苗（上）》），张载则说"大抵众所向者必是理也"（《经学理窟·诗书》）。程颐也认为，"夫民，合而听之则圣"（《遗书》卷二三，《伊川先生语九》）。陆九渊则谈"夫民，合而听之则神"（《象山全集》卷三四《语录上》）。

1　［以］J.F.塔尔蒙著，孙传钊译：《极权主义民主的起源》，吉林人民出版社，2011年，第45—50页。

2　［英］以赛亚·伯林著，胡传胜译：《自由论》，译林出版社，2011年，第211页。

在这些儒者的思想中，民众作为集体，必然是"神"或者是"圣"，人民集体的意志也就是"理"。按照此种观念，天理不会犯错、神、圣都不会犯错。这样，神圣的人民公意，就可以肆无忌惮，践踏一切。按照这种思路，子贡的问题，就应该是"乡人皆好之，善"，"乡人皆恶之，恶"这样的结论。再进一步，就应该是"民言杀，杀之；言宽，宽之"，就如同法国大革命的街头呐喊。

孔子思想的智慧，恰恰也体现在对"乌合之众"可能集体犯错的思考上。在孔子看来，抽象的"人民公意"本身就是一个伪命题，我们根本无法通过这一抽象的"民意"原则来确定正义。正如勒庞（Gustave Le Bon）所说，民众群体的集体感情，总是极端简单而夸张，群体中的个体类似于原始人。他们无法作出精致的区分，而是将事情视为一个简单的整体，根本看不到各种中间过渡状态[1]。孔子早就发现，群体的"公意"简单地划分"好"、"坏"，一定不能被作为判别正义的客观标准。所以，对是非的正确判断，必须依赖于真正的善者，而不是抽象的"民意"，甚或是乌合之众的狂暴情绪。孔子的这一智慧，对反思现代民粹主义，防范各种形形色色的极权主义民主论，是一项有益的教诲。

13.29 子曰："善人教民七年，亦可以即（节）戎矣。"

一直以来，大家都认为孔子主张有善人能教民七年，然后就能让他们去打仗。实际上，这种误读，恰恰源自战国文字的通假规律。

1　[法]古斯塔夫·勒庞著，冯克利译：《乌合之众：大众心理研究》，广西师范大学出版社，2011年，第72页。

图 13.4 战国齐刀币"節（即）墨之法刀"

在定州汉墓竹简本中，这里的"即"字就写作"节"字。传世本《周易》中，"不利即戎"，马王堆帛书《周易》本就写作"不利节戎"。张诒三先生就推测，这里的"即戎"原应该作"节戎"，是抄写过程中减少了笔画，成了"即戎"[1]。这一推测，颇有道理。笔者在此再补充两条材料，证明战国文字中"即"和"节"存在着大量的通假情况。在战国文字中，"节"与"即"字形非常接近，如"节"作 （郭店楚简：《成之闻之》26），"即"作 （九店楚简 M56：114），且二字上古音都在精母质部，非常容易混淆。因此，战国齐刀币"即墨之法刀"，就写作"节墨之法刀"，"即墨法刀"也写作"节墨法刀"[2]（图 13.4）。"即墨"写为"节墨"的现象，陈直先生也早就注意到了[3]。可知，战国文字中，"即"、"节"可以通用。另外，在战国晚期的云梦睡虎地 M4 秦墓中出土的家信木牍上，"今书即到"，写作"今书节到"[4]。

也许读者会追问说，你仅举了"节"可以读为"即"的例子，但并未提供"即"该读为"节"的例子。实际上，战国文字中就有不少"即"读为"节"的例子，可以证实笔者的观念。例如，郭店楚简《性自命出》简 17 云"体其宜（义）而即（节）廈（文）之"；又如简 21 云"善其

---

1 张诒三:《〈论语·子路篇〉校点两则》,《古籍整理研究学刊》2005 年第 3 期, 第 63—64 页。
2 吴良宝:《先秦货币文字编》, 福建人民出版社, 2006 年, 第 61—62 页。"节墨法刀"中"法刀"二字、也有学者释读为"大刀", 见吴振武:《战国货币铭文中的"刀"》, 见山西省文物局、中国古文字研究会、中华书局编辑部:《古文字研究》第十辑, 中华书局, 1983 年, 第 305 页。
3 陈直:《史记新证》, 天津人民出版社, 1979 年, 第 87 页。
4 湖北孝感地区第二期亦工亦农文物考古训练班:《湖北云梦睡虎地十一座秦墓发掘简报》,《文物》1976 年第 9 期, 第 61 页。

即（节）"；简 20 云"所以虔（文）即（节）也"[1]。在郭店楚简《性自命出》中，有多处"节"字就写作"即"，情况与《论语》此处"节"写作"即"完全一样。又例如郭店楚简《语丛一》简 31、97 云："豊（礼），因人之情而为之即（节）虔（文）者也"[2]。在此，"节"也是被写作"即"。

以上材料完全可以证明，"即"、"节"不但古音相同，字形相近，而且经常被混用。"节"可以被写作"即"，而"即"也完全可以写作"节"。定州汉墓竹简本作"节戎"，反而是保留了早期抄本的原始形态。"节戎"，即节制战争。孔子的意思，并不是说善人教化民众，七年后就可以将他们投入战争去当炮灰。反之，他是希望通过教化、仁政可以制止战争。孔子的思想，不是让民众去参战，而是想办法制止战争。卫灵公向孔子请教战阵，孔子说自己只懂得俎豆习礼，不懂打仗（《卫灵公》），他也反对羿善射，奡荡舟，认为崇尚暴力是不可取的（《宪问》），而管仲能九合诸侯，不以兵车战争相威胁，也受到了孔子极高的评价（《宪问》）。尤其是，他评价武王的《武》，虽然尽美，却未能尽善（《八佾》）。从孔子一以贯之的思想来看，他倾向于在有条件的前提下，去规避战争。即使是武王伐纣，推翻暴政的正义战争，也不是最理想的善。因此，他希望精英对民众的教化，施行仁政，可以有效地节制战争与暴力。

由于未能识别"即"本为"节"字，对孔子思想的理解，就容易发生不可避免的偏差。甚至有学者将"善人教民七年，亦可以即戎矣"与马王堆帛书《君正》"七年而可以征，则胜强敌"联系起来，将其视为

1　李天虹：《郭店竹简〈性自命出〉研究》，湖北教育出版社，2002 年，第 149—153 页。
2　刘钊：《郭店楚简校释》，福建人民出版社，2005 年，第 181 页。

解释《论语》的文字，并进一步将道法家与古儒联系混淆到一起 [1]。但如果明确了"即"乃"节"字之误，便可以洞晓孔子反对战争暴力的思想，也就不可能将古儒与道法家混为一谈。而道法家是为"君人南面之术"服务的。此种思想，恰恰是古儒所坚决反对的 [2]。将古儒与道法家混淆的内容区分清楚，意义重大。

13.30 子曰："以不教民战，是谓弃之。"

孔子希望能尽量规避不必要的战争，但这并不意味着要惧怕战争，以懦弱的心智去回避以勇气进行自卫的能力。如果一个政治共同体的成员"民"，对于战争与武力活动是非常陌生的话，那么很难想象这些人群能长期保有自己的自由。所以，如果让这些民众放弃军事和自卫能力，等于将他们彻底抛弃。可以说，原始儒学对于军事技能，是较为重视的。近现代以来，一些学者就认为儒是懦弱、文弱的文化，如顾颉刚就认为，因为"儒教的垄断"而导致"国民的身体大都是很柔弱的" [3]，将清朝暴力征服和统治下臣民的萎靡病态，视为"儒家"的结果。

实际上，原始儒学源自殷周封建军事贵族文化，自然会天然带有强烈的军事贵族之刚健属性。有学者指出："孔子身为封建贵族的后人，显然并不是未学军旅，仅知俎豆而已。《论语》〈述而〉〈子路〉等篇

1　黄人二：《马王堆帛书经法君正章试解：兼论老子乙卷前古佚书之性质与先秦汉初论语之传》，《考古》2012 年第 5 期，第 56—57 页。
2　余英时：《中国思想传统的现代诠释》，江苏人民出版社，1989 年，第 72—81 页。
3　顾颉刚：《古史辨自序》上册，河北教育出版社，2001 年，第 104 页。

里都有一些话可以证明孔子曾对弟子谈及军旅之事的重要原则。"[1] 马克斯·韦伯（Max Weber）也将孔子理解为封建时代的骑士，"孔夫子的'高尚的男子'—君子（绅士）本来毕竟是习过武的骑士"；"如同西方中世纪一样，中国也有等级制骑士风范的统一，还有车骑战斗封臣"[2]。孔子本人，就颇具此种封建骑士时代的武德精神气质，他说"三军可夺帅也，匹夫不可夺志也"（《论语·子罕》），意思是军队的首领可以被改变，但儒者意志和信念却不能被强迫改变。《吕氏春秋·慎大览》说"孔子之劲，举国门之关"，他有举起城门的力量。所谓"勇服于孟贲，足蹑郊菟，力招城关"（《淮南子·主术》），比勇士孟贲更能打，力气大得能一手举起城门。类似记载，还见于《淮南子·主术》、《论衡·效力》等文献。孔子力量大，有封建贵族的战斗知识，也将这些贵族战争的技艺传授给弟子，他们也都以"士"自诩，而封建时代的"士"，本身便具有允文允武的特质。因此，原始儒学拥有战斗的力量与技巧，并有能力训练民众，让他们具备基本的军事素养。

原始儒学推崇必要的武德、勇气，赞美为保卫共同体而不惜牺牲的行为。《左传·哀公十一年》记载鲁国在抵御齐国入侵的战斗中"公为与其嬖僮汪锜乘，皆死，皆殡。孔子曰：'能执干戈以卫社稷，可无殇也。'"这位战死的汪锜，属于未成年人，当时习俗认为未成年死者属于"殇"，不应该按照成年人礼仪殡葬。孔子则认为，汪锜能拿起武器，勇敢地保卫自己的共同体，虽然战死，但不应该算作"殇"，应该得到

---

1 邢义田：《天下一家：皇帝、官僚与社会》，中华书局，2011 年，第 227 页。
2 ［德］马克斯·韦伯著，王容芬译：《儒教与道教》，商务印书馆，1999 年，第 69、89 页。

完全成人牺牲者的礼遇。此事也见于《礼记·檀弓下》："与其邻里汪踦往，皆死焉。鲁人欲勿殇重汪锜，问于仲尼。仲尼曰：'能执干戈以卫社稷，虽欲勿殇也，不亦可乎！'"都是对拿起武器保卫共同体勇敢行为的高度赞美。原始儒学所反对的，是不考虑后果的那种"暴虎冯河"，而不是有勇气捍卫、保护自己安全的"战"。

理解这一前提，才能了解孔子主张教民进行军事训练的意义。刘强教授指出："未经训练之庶民，不习战事、好生畏死，荣誉感及团队精神难以形成，仓促应战，不仅不能勇敢杀敌，反而可能临阵怯场，四散逃命，伤亡会更加惨重。"[1]原始儒学之士熟谙军事技巧，也懂得组建小共同体，培育共同体荣誉感的方式。将这些必要技巧引入"战"这一特殊的共同体生活、自卫方式，正是平民精英在传统贵族生态位上，参与社会治理，履行社会责任的一种重要方式。

1　刘强：《四书通讲》，广西师范大学出版社，2021年，第286页。

宪问第十四

14.3 子曰："邦有道，危言危行；邦无道，危行言孙（逊）。"

孔子说，如果在一个正义的社会，可以有正直的言论与正直的行动；而在一个不正义的社会，那就说话小心，但却继续坚持正直的行动。

"危"字，清人黄式三说是严厉地管理自己，郑玄说是高论的言行，程树德先生从《广雅》，理解为"正"[1]。李零从颜师古、李贤注将"危"理解为"直"[2]。这些解释中，清儒黄式三的说法最缺乏依据，因为即使是训为"厉"，也应该是汉儒包咸说的"厉言行"，何晏说的"厉行不随俗"，都是讲独立的人格与践行，而不只是什么严厉的自我管理。一直到明代，士大夫仍然有一股"直而愚"的元气。正如钱穆先生所说，清代儒学存在着一种普遍的犬儒主义，从乾嘉以后，潜移默化，日益"屈膝奴颜于异族淫威之下而不自知"[3]。体现在思维方式上，是谨小慎微的犬儒主义，讲究"难得糊涂"。

康熙时期，清朝汉臣便尽量不说话，康熙指责这些汉臣"若不涉于彼之事，即默无语"，都是一群"泥塑木雕之人"（《清圣祖实录》卷二三六，四十八年正月乙未）。士人不再是积极以天下为己任，而是沉默无语，尽量不惹事的聪明人。历经了乾隆、嘉庆、道光三朝的大官曹振镛，晚年回答门生的提问，为何自己能为官五十多年，不但没犯错，还越来越

---

1 程树德撰，程俊英、蒋见元点校：《论语集释》第三册，中华书局，2008年，第950—951页。
2 李零：《丧家狗：我读〈论语〉》，山西人民出版社，2007年，第250—251页。
3 钱穆：《中国近三百年学术史》上册，商务印书馆，1997年，第80页。

富贵？曹振镛的回答是，"无他，但多磕头，少说话耳"。当时有《一剪梅》词描述清朝官员的风格是"莫谈时事逞英雄，一味圆融，一味谦恭"（朱克敬《瞑庵杂识·瞑庵二识》）。泥塑木雕加多磕头少说话的"圆融"，是清朝士人保命和获取富贵之道。"难得糊涂"，也成为这个朝代受到推崇的价值观。清儒将孔子的"危言危行"理解为一种狭隘的私人领域道德，而不是对公共生活的关注，恰恰是征服王朝长期高压政治下形成的避祸心态，是潜移默化犬儒主义思维的结果。这里，程树德、李零的观点是正确的，"危"就是正、直，也就是正直。危言就是正直的言论，危行就是正直的行动，都带有强烈的公共色彩。

孔子的意思是，在一个正义的社会，具有基本的言论空间，因此士君子可以发出正直的言论。但在一个非正义的社会，言论空间很小，正直的言论可能招致政治迫害。这时，一方面言论要小心谨慎以避祸，但这并不是简单的犬儒主义，而是在保全生命的前提下，能继续坚持正直的行动。如果在行动上也退缩了，那才是真正的犬儒主义。正如诺贝尔经济学奖获得者阿马蒂亚·森对孔子此言的评价："孔子并不反对实践中的谨慎小心或策略行为，但他没有放弃教导人们反对坏的政府"[1]。

14.4 子曰："有德者必有言，有言者不必有德。仁者必有勇，勇者不必有仁。"

这句话涉及古儒价值系统中对两种人生态度的理解。西方思想史中，

1　［英］阿马蒂亚·森著，任赜、于真译：《以自由看待发展》，中国人民大学出版社，2002年，第238页。

有所谓沉思的人生（vita contemplativa）与行动的人生（vita activa）两种模式。正如阿伦特（Hannah Arendt）所言，柏拉图以来即将沉思的人生视为最高价值，而贯穿以中古经院神学，一直延及近代思想[1]。中国思想传统中，则与此差异很大，体现为将"立功"置于"立言"之上，又将"立德"置于"立功"之上（《左传·襄公二十四年》），并不以纯粹的理论知识为意义本身。

无论是立德，还是立功，大致都对应了西方思想传统中"行动的人生"，即以践行为人生价值的归旨。"立言"，虽不完全等同于西方柏拉图传统中以沉思获得终极意义的方式，但却是与思考、观念有关的人生归旨。余英时先生就孔子的这一观点谈到："这是儒学最显著的特点，即以精神价值的重要性在生活的实践而不在理论上的思辨"[2]。

清儒将周公、孔孟称为能解字的圣人，高唱"古训明而义理明"，实为对古儒思想的极大误读[3]。古儒的价值系统中，将义理的价值落实为生活经验的实践，但清儒则将训诂解字视为圣人之德。正如龚鹏程所分析的，清儒以专业考据为专门技艺的同时，其精神底色则并非纯正儒学，而是与民间底层分享了共同的精神世界[4]。由此可知，广泛参与所谓"盛世修典"的清儒，大量从事"立言"工作，并以此沾沾自喜，以为是继承了三代圣王之德，实际是颠倒了古儒的价值系统。对古儒来说，

1　［美］汉娜·阿伦特著，姜志辉译：《精神生活·思维》，江苏教育出版社，2006年，第4—6页。

2　余英时：《陈寅恪与儒学实践》，《陈寅恪晚年诗文释证》，东大图书公司，2011年，第278页。

3　钱穆：《中国近三百年学术史》下册，商务印书馆，1997年，第534页。

4　龚鹏程：《乾嘉年间的鬼狐怪谈》，见《中华文史论丛》，上海古籍出版社，2007年，第179—180页。

正义的践行，才是一切学问与知识的终极归旨。对于儒家文化而言，做一个真正的 Justiceman 比抽象地讨论 Justice 重要得多。

14.5 羿善射，奡荡舟，俱不得其死然。禹、稷躬稼而有天下。

后羿和奡是两名上古时期以武力著称的原始军事贵族，都出自东部"夷"这一文化区域板块。后羿擅长射箭，并以武力驱逐了西部夏朝的君主太康。在东部地区的上古信仰中，后羿、弓箭、射日的神话，与殷商的扶桑—十日信仰之间具有密切联系。传统注疏中，往往将"奡荡舟"解释为一个叫"奡"的大力士，力气很大，可以在陆地上划动船来行走。但清人崔述已经指出，"奡荡舟"是陆地行舟是错误的。奡即浇，为寒浞的儿子，"奡荡舟"的意思就是奡在灭斟寻的战斗中，独自一人摇动斟寻的战船，将其倾覆[1]。奡为浇，是后羿之臣寒浞之子，《襄公四年》《哀公元年》和《竹书纪年》记载浇灭夏朝的同姓诸侯斟寻，大战于潍，覆其舟。梁启超认为，"荡舟"即此次水战，这是舟师最早见于史料的记载。汉代孔安国说"奡荡舟"是陆地行舟，是因为未见《竹书》，不解其意，于是就进行附会[2]。也有学者认为，"奡"为上古信仰中的鳌，即以龟鳌为崇拜对象之族群，并与制作甲胄有关[3]。大致而言，这句话中的两个反面形象，后羿、奡都属于上古时期"夷夏东西"版块中东部

1　〔清〕崔述：《夏考信录》卷二，顾颉刚编订：《崔东壁遗书》，上海古籍出版社，1983 年，第 124 页。
2　梁启超：《纪夏殷王业》，见梁启超：《中国上古史》，商务印书馆，2016 年，第 116 页。
3　孙作云：《后羿传说丛考：夏时蛇鸟猪鳌四部族之斗争》，见杜正胜编：《中国上古史论文选集》上，华世出版社，1979 年，第 503—508 页。

"夷"这一集团中的军事贵族，以擅长射箭和水战而著称。而与之形成对照的两位正面形象，即大禹和后稷，则是属于"夷夏东西"版块中西部"夏"这一序列的两位部族首领[1]。

这两位西部"夏"文化的部族首领，在军事领域没有突出的特点，但却在建设领域。大禹尽力沟洫，治平洪水，为农业繁荣、财富积累与天下安定作出了至关重要的贡献。而周人部族的祖先后稷，则以擅长农事而著称，为周族乃至整个"夷夏联盟"在内的早期华夏人群都做出过贡献。在新发现姚河源城出土西周甲骨卜辞中，也有关于后稷与农稼关系的记载："曰：甶稼稷卜"的内容[2]。后稷促进周人农业的贡献，主要是注重新的历法节令，选育播种的良种，比过去粗放种植更重视田间管理这三点，推动了当时农业水平的发展[3]。农业的产生与发育，是克服原始人"时间偏好"的重要手段，促进了财富、经验的积累偏好，进而促进了社会的分工、协作与文明发育[4]。在一些远古的极端情况下，确实存在"血比汗水更值钱"的情况，但如果这是一种常态，那么世界上就只会存在各种流血的野蛮征服竞赛，而不会有更深层次依靠汗水辛劳，去积累和推动文明发育的过程。真实的历史中，勇于流血和武力固然有其某种价值，但文明最终的成就却是要"躬稼而有天下"。在此，正好用上古华夏东部版块两个反例，对照西部版块两个正面形象，形成

1　李竞恒：《论大禹和夷夏联盟的禅让制度》，《中原文化研究》2021年第6期，第25—31页。
2　马强：《姚河塬城址出土"稼稷"甲骨文及其相关问题》，《江汉考古》2023年第4期，第140页。
3　杜勇：《西周兴亡史研究》，科学出版社，2024年，第27—28页。
4　李竞恒：《恒产恒心：克服时间偏好》，见李竞恒：《爱有差等：先秦儒家与华夏制度文明的构建》，广西师范大学出版社，2024年，第172页。

鲜明对比。

实际上在西方传统中，以躬耕辛劳流汗的"躬稼而有天下"，同样被视为是文明发育的基石。如在古罗马，也是以农耕立国的。罗慕路斯建立罗马城，象征性的动作便是用农民的牛耕犁开一道垄，犁掘起的土块，都被慎重投回圈内，唯恐圣土落在外面。蒙森提到："许多民族也曾如罗马人那样战胜敌人，掠夺土地，可是没有一个民族能像罗马人那样使其以血汗所得之地据为己有，以犁锄保全干戈所夺来的土地"；罗马的伟大奠基于公民对土地拥有最广泛而直接的统治权和这些深深扎根的农民的牢固团结"；"农业是罗马人最早和最普遍的职业"[1]。很多罗马精英的名字，就是农作物，比如西塞罗就是豌豆，图兰鲁斯就是扁豆，法比乌斯就是菜豆等等。

古罗马精英的人格典范，就是著名的辛辛纳图斯，罗马作家李维在《建城以来史》第三卷中记载说，他名声和德性都高，躬耕于昆克提乌斯庄园，罗马共和国遭遇危机，元老院请他出山，"使节们找到他时——当时他正在用铲子挖沟，或是在犁地，不过有一点很清楚，那就是他正在干农活"。放下农具出山，他担任公职拯救了国家后，又继续回到自己庄园躬耕。以辛辛纳图斯为象征的这种古罗马精英，其生命力和德性正是扎根在"躬稼而有天下"。后世北美文化中，如华盛顿躬耕弗农山庄之类，类似的弗吉尼亚士绅文化，也都是向这种古罗马传统进行模仿和致敬的。以此来看，传统华夏和传统西方，在"躬稼而有天下"这种认知上，也还是有共同语言和价值观的。

1　［德］特奥多尔·蒙森：《罗马史》第一卷，商务印书馆，2004 年，第 168、175 页。

14.9 或问子产。子曰："惠人也。"问子西。曰："彼哉！彼哉！"问管仲。曰："人（仁）也。夺伯氏骈邑三百，饭疏食，没齿无怨言。"

孔子对郑国的执政子产，有非常高的评价。在此，他认为子产是一位"惠人"，何谓"惠人"？在《公冶长》中，孔子赞美子产"其养民也惠"（见《公冶长》5.16 章）。

可知，子产之所以是"惠人"，原因便是他能养民也惠，藏富于民。孔子的这一评价，与子产能很好地保护民间商业与私有财产有关。

根据《左传·昭公十六年》的记载，西周晚期郑国官方便与商人之间达成了一项契约："尔无我叛，我无强贾，毋或匄夺。尔有利市宝贿，我勿与知。"根据这项契约的规定，商人不能背叛主权者，但主权者也不能强买和夺取商人的货物，更不能干预商人的财产和营业。换言之，这项社会契约中的政府定位，便是一位类似"守夜人"的角色。商人的财产权、自由市场获得了很好地保护。正因如此，郑国的政府与商人之间互相信任，商人也愿意支持并保卫自己的国家[1]。

郑国有保护商业和财产权的契约传统，因此商人地位较高，也愿意维护国家的利益。最著名的便是弦高犒师的典故，公元前 627 年，郑国商人弦高到成周去经商，在滑国遇到了要偷袭郑国的秦军，为了保护郑国，他急中生智假冒郑国使者，用自己的十二条牛犒劳秦军，并派人回国报信防备，秦军认为郑国已有准备，便放弃了偷袭计划（《左传·僖公三十三年》）。《左传·成公三年》记载，晋国的大臣知䓨在邲之战中被

1　余英时：《商业文化与中国传统》，见余英时著，程嫩生、罗群等译：《人文与理性的中国》，上海古籍出版社，2007 年，268—269 页。

楚国俘虏，有"郑贾人"试图将他藏在要贩运的丝绵"褚"中带走逃离，但还未行动，楚国人就将知䓨放回去了。知䓨想报答这位郑国商人，商人却说"吾无其功"，因为知䓨是楚国人放的，自己没帮上忙，便拒绝了赏赐，又到齐国去做生意。从这里也可看出，郑国商人很讲究诚信，讲究无功不受禄。此外，他们经常参与国际间的政治活动，也说明社会地位不低，有一定道义和理想的观念。显然，只有长期生活在一个财产得到良好保护的社会，才会养成这样的品德和趣味，所谓仓廪足而知礼仪。

郑国从立国以来，就尊重与商人之间的商业契约，以及对财产的保护这一背景，有助于理解子产作为"惠人"的含义。当时晋国的权贵韩宣子向郑国商人索要一件玉环，郑国执政官子产以"这不是国家府库收藏的器物"为理由回绝了。韩宣子又用压价的方式，向商人强行购买玉环。这时，子产搬出了两百年前的这项契约，谈到了商人与国家的约定，国家有义务保护商人的财产权。最后，韩宣子只能放弃强买的打算。

子产作为执政，能坚守古老的社会契约，保护商人的财产权、自由贸易。实际上，他对民间社会的保护，也就是养民，捍卫民间的私有财产，是真正的惠民。子产捍卫民间社会，包括商人在内的民众，也都高度尊敬子产。《左传·昭公二十年》记载，子产死后，"郑人皆哭泣，悲之如亡亲戚"。因此，孔子对这位保护民间社会的君子，给予了高度评价，将他称为"惠人"。

又有学生问，那楚国的执政子西怎么样？子西，历代注疏说叫"公子西"，但楚国青铜器的䤸陵君铜器中，楚公子叫"王子申"，楚穆王之子司马子反有"王子昃鼎"，楚庄王之子令尹子庚有"王子午鼎"，楚平王之子令尹子西有"王子申盏盖"[1]。由此可知，楚王之子一般称为"王子"，而不是"公子"，表明楚人称王之后以周天子的规格自称，而不是自视为诸侯，称诸子为"公子"。这些楚国的王子，往往担任令尹，管理政府。子西，也就是担任令尹的王子申。在葛陵楚简中也称为"子西君"[2]。

《史记》说楚昭王打算重用孔子，想分封给他书社五百里的领地，但却被这位王子申给阻挠了。这种说法，后来也被朱熹等人继承，说他的罪过之一是阻止昭王重用孔子。但据崔述、钱穆先生的考证，说子西阻挠楚王重用孔子之说，不过是后来陋儒的附会而已，正如附会齐国不用孔子是晏婴阻挠的结果一样[3]。因此，孔子对王子申评价极低，并不是因为此人阻扰了自己仕途的私人恩怨，而是出于别的原因。实际上，王子申最大的问题，便是他没有听从"圣人"叶公的建议，把王孙胜从吴国给迎回来了，最后导致王孙胜发动叛乱，把"恩公"王子申也给干掉了。孔子说这位令尹，就那么回事，算不上什么人物。显然，王子申缺乏真正的政治智慧，因此未能获得孔子的好评。

又有学生请教说，那管仲怎么样？孔子认为，管仲算得上"仁"。他剥夺了伯氏的封地骈邑，让伯氏穷得只能吃最简单的饮食，可他至死对管仲都没有怨言，则可见管仲必有其才能与人格魅力，才让他的仇敌也如此敬重。

"骈邑"，于省吾先生认为当读作"邲"，即《春秋》庄公元年

1　何浩：《邬陵君与春申君》，《江汉考古》1985 年第 2 期，第 75—76 页。
2　河南省文物考古研究所：《新蔡葛陵楚墓》，大象出版社，2003 年，第 183 页。
3　钱穆：《先秦诸子系年》，商务印书馆，2002 年，第 56 页。

所记载的"邢"，根据杜预的注，推断在今山东青州临朐县东南[1]。这里的"邑"，是伯氏的封地。但三百个"邑"，显然说明这些"邑"非常小。春秋晚期齐国的铜镈中记载赏赐有"二百九十又九邑"。齐国叔尸钟提到齐侯赏赐叔尸三百个邑。陈絜先生谈到，这样的"邑"，实际上只能是一般的农村聚落[2]。按照以上的推测，"骈邑三百"的意思便是邢地周围农村的三百个基层聚落。这些农村聚落虽然小，但数量一多，还是可以保证领主伯氏的家族过上丰衣足食的生活。

管仲剥夺了伯氏在邢地的三百个农村聚落，伯氏的经济状况迅速恶化。但他至死都不怨恨管仲，孔子是从这里凸显管仲的贤德、功劳与人格魅力。

14.11 子曰："孟公绰为赵、魏老则优，不可以为滕、薛大夫。"

孟公绰是鲁国孟氏之人，下一条中就提到了"公绰之不欲"，可知他人欲寡淡。在 2011 年成都出土的东汉《李君碑》中，也提到了"公绰不欲"[3]，用来形容官员的清心寡欲。可知，孟公绰的廉静寡欲，给后世留下了深刻的印象。

孔子认为，孟公绰是廉静寡欲的谦谦君子，可以担任晋国赵氏、魏氏大邦的家老，但不能胜任滕国、薛国这些小邦的具体管理。朱熹在注释中提到，家老的特点，是威望高，但却没有具体繁琐的政务。当时晋

1　于省吾：《论语新证》，《社会科学战线》1980 年第 4 期，第 139 页。
2　陈絜：《周代农村基层聚落初探：以西周金文资料为中心的考察》，见朱凤瀚编：《新出金文与西周历史》，上海古籍出版社，2011 年，第 109—110 页。
3　赵超、赵久湘：《成都新出汉碑两种释读》，《文物》2012 年第 9 期，第 63 页。

国公室衰弱，政治上被智氏、赵氏、魏氏、韩氏、中行氏、范氏六家强卿掌管。赵氏、魏氏虽然不算最强大，但领土、实力却超过普通中小诸侯国。当然，孔子不喜欢这些强卿坐大，所以当赵氏的家臣佛肸在中牟发动叛乱时，孔子动过念头去帮忙。因为打击这些强卿，实际上可以起到巩固诸侯公室的作用。

作为强卿的家老，地位尊贵，但并不是一线工作的负责人。《国语·晋语八》记载："叔向闻之，见宣子曰：'闻子与和未宁，遍问于大夫，又无决，盍访之訾祏。訾祏实直而博，直能端辨之，博能上下比之，且吾子之家老也。'"韦昭注："家臣室老。"可知，范宣子的家老訾祏，地位较高。遇到事务，宣子首先想到的是和具体负责的"大夫"商量，实在拿不定主意，才去找家老。因此，这种威望高，又不太管事的工作，最适合清廉的孟公绰。

滕国，虽然是诸侯国，但却是一个蕞尔小邦。根据考古发掘资料，滕国故城位于山东省滕州市西南七公里的"滕城"遗址。该城分为内城和外城，内城周长 2795 米，外城周长 20 里。滕国弱小，因此每位新君继位，几乎都要去朝见鲁国国君。而宋国则一直对滕国虎视眈眈，并不断对滕国用兵[1]。图 14.1 为滕国故城遗址平面图，城墙最长的南面才 850 米，而城墙最短的东面只

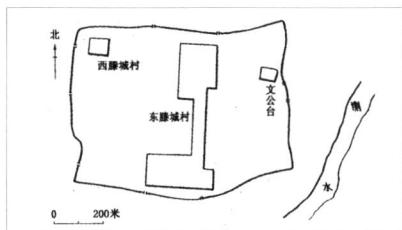

图 14.1　滕国故城遗址平面图

1　张志鹏：《滕国新考》，《河南大学学报》2011 年第 4 期，第 77 页。

有 555 米 [1]。

薛国，也是位于山东滕州市的一个小国，属于东夷文化系统。根据 1978 年对薛国故城遗址的发掘，可知该城周长 10610 米，面积约 7.36 平方公里，每面城墙有三道城门，各有通往城中的道路。城内有宫殿区、居民区、手工业作坊区等 [2]。

滕国、薛国都是蕞尔小邦，但从考古发掘来看，这些小邦也有相当面积的城市、街道、手工业区，一定规模的人口与经济管理等问题。因此，这些小国的具体管理其实又非常琐碎和繁琐，属于第一线的行政管理工作。这类工作，需要细致、能忍受繁重、琐碎、具有丰富行政管理经验的大夫才能胜任。孟公绰的性格，显然不适合做这一类型的工作。

在孔子看来，人尽其用，发挥所长，才能养成好的公共生活。只有小人在"使人"的时候，才会有"求备"的想法（《子路》）。汉儒就说"夫人才、行，少能相兼"（《后汉书·韦彪传》），并引用孔子的这句话。德性高的，不一定能成为好的吏，而行政能力强的吏，德性往往有问题。所谓"忠孝之人，持心近厚；锻炼之吏，持心近薄"。这种二者的区分，到了汉代，更是明显表现为"儒"和"吏"之间的不同。孔门既有四科，则可知孔子对于人才，并不求完备，而是因势利导，发挥所长。孟公绰这样的道德君子，就不能拿去担任具体繁琐的行政工作。

1　李学勤：《东周与秦代文明》，上海人民出版社，2007 年，第 91 页。
2　山东省济宁市文物管理局：《薛国故城勘察和墓葬发掘报告》，《考古学报》1991 年第 4 期，第 449—490 页。

14.14 子曰："臧武仲以防求为后于鲁，虽曰不要君，吾不信也。"

臧武仲是鲁国世卿臧氏的贵族，当时的人觉得他聪明，是一位"圣人"（《左传·襄公二十二年》）。他的多智，也是孔子所承认的。他的个子矮小，攻打邾国失败，被国人作歌曲讽刺为"朱儒"（《左传·襄公四年》）。这位聪明的矮子，特别喜欢搞小聪明，却因此得罪了不少人。

他先是参与季氏的家族内斗，支持季武子废长立幼，却得罪了季氏长子季孙弥。而季孙弥又与孟孙氏家族关系很好，因此也得罪了孟孙氏。孟孙氏家族成员便向季武子告发臧武仲要造反，季武子先是不信，但臧武仲却带了甲士去参加孟孙氏的葬礼，加上孟孙氏家人继续诬告臧武仲，导致季武子对臧武仲翻脸，派兵攻打臧氏。臧武仲顶不住，只好逃到邾国。

防城是臧氏家族的领地，臧武仲逃走后，派人带了大蔡龟给被废的哥哥臧贾，想让臧贾继承臧氏家族，请求鲁襄公批准。臧武仲回到防城，告诉鲁侯，只希望能保住防地的家族宗庙，让家族祭祀得到延续。由于防地靠近齐国，因此鲁国也不敢轻易失去这一城池，最后只能答应臧武仲的请求（《左传·襄公二十三年》）。因此，整个事件中，臧武仲都在玩弄小聪明，占据着自己的领地防城来向鲁国政府请求，其实和要挟差不多。

防城，在今山东省费县方城镇古城里村，地势平坦开阔。根据1995 年对防城遗址的发掘，可知该城面积有 14 万平方米，城垣周长1400 米，东西最长 440 米、南北最宽 370 米（图 14.2）。此城最早是鲁国在春秋早期筑城，后又不断增筑和修补[1]。

从考古发掘可知，防城的面积非常小，还不如蕞尔小邦滕国的内城

1　防城考古工作队：《山东费县防故城遗址的试掘》，《考古》2005 年第 10 期，第 25—36 页。

大，而且这还是不断增筑城池之
后的结果。如此小的政治军事力
量，却能对鲁国政府形成要挟的
态势，那就只能从地理位置的角
度去解释。《春秋·隐公九年》
就记载了"公会齐侯于防"，可
知春秋早期开始，这里就是齐鲁
交界之处。长期以来，这里就是
鲁国东部边疆的重镇。臧武仲恰

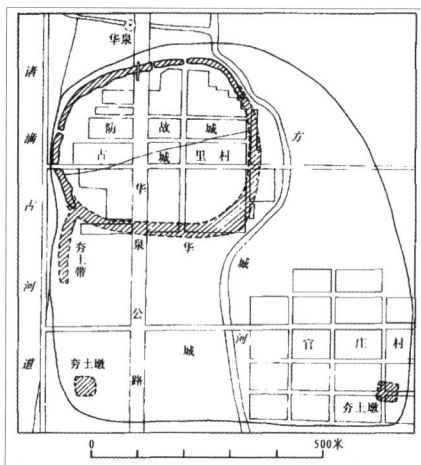

图 14.2 防城遗址平面图

恰也是看到了这一点，所以亲自跑到防城，请求延续臧氏家族。这背后
的潜台词其实是：我这城虽小，但我亲自坐镇，如果你们不答应，那我
完全可以连同城池一起投降齐国。到时，鲁国的东面边界就直接暴露在
齐国的威胁之下了。

　　由此可知，臧武仲这位要小聪明的矮子，早就看穿了鲁国的软肋所
在。表面上恭恭敬敬，言辞悲切，其实是综合考虑到整体政治环境的。
臧武仲的这点小聪明，自然被孔子看穿。孔子说，你占据着地理位置如
此重要的城堡，坐镇城中与国君讨价还价，说这不是要挟，我才不信呢。

14.16 子路曰："桓公杀公子纠，召忽死之，管仲不死。"曰："未仁乎？"子曰："桓公九合诸侯，不以兵车，管仲之力也。如其仁！如其仁！"

　　子路深受"小传统"的影响，脑子里装满了各种古老的殷周时代观
念，尚力、崇质、重视鬼神与祭祀、重视单纯的血缘关系。这里，他对
"仁"的理解，仍旧是从古老的私人忠诚角度进入的。

管仲、召忽一起辅佐公子纠，与公子小白竞争，都想当齐侯。竞争的结果，是公子纠失败，公子小白成为齐桓公，还打败了公子纠的支持者鲁国，指着鼻子要鲁国杀了公子纠。惨败的鲁国只能听话，将公子纠处死，召忽也跟着一起死掉了。但公子纠的臣管仲却活了下来，不但没追随旧君去死，还投奔了旧君的敌人，辅佐齐桓公。在子路看来，这种背叛行为，不能称之为“仁”。

孔子却认为，管仲的功劳，在于整合了华夏诸国的秩序，共尊周室，抵御戎狄入侵。齐国多次聚合诸侯，以和平的手段举行盟会，这都是管仲的功劳。就凭他的这一大节，就可以上升到“仁”的高度。伴随着西周政治秩序的崩溃，犬戎入侵镐京，晋、郑、秦三国帮助周朝东迁洛邑。在春秋早期，周王室没有能力担当起凝聚各华夏国家，一起抵御戎狄入侵的这一责任。而管仲能辅佐齐桓公，作为一位方伯，来担当起保卫华夏文明的重要责任。公元前663年，山戎攻击燕国，齐国出兵救援。公元前661年，狄攻破邢国，齐国救援邢国。公元前660年，狄攻灭亡卫国，杀死卫君，齐国派兵驱逐狄人，并帮助卫国进行重建。如果没有管仲在大格局上的辅佐与指导，当时华夏文明所遭受的苦难，会更加严重。

“九合诸侯”的“九”字，毛奇龄认为是“九次”会盟，程树德、杨伯峻、王力等都理解为“多次”会盟。陈平先生提出，古文字“九”作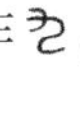，是伸手取物聚合之意。“九”字也与“纠”字的关系密切，《说文》、《庄子》、《史记》等文献中也谈到了“九”有“聚”的含义和用法。所以，“九”应该理解为“聚合”之意[1]。这样，管仲的功劳就不是促成“九次”

1 陈平：《“九合诸侯”之“九”义考》，《天津大学学报》2012年3月，第186—187页。

会盟诸侯，而是促成了聚合诸侯会盟，每次都不用暴力威胁。孔子对管仲的高度评价为"仁"，恰恰就是从聚合诸侯而不以暴力为理由来确定的。

14.17 子贡曰："管仲非仁者与（欤）？桓公杀公子纠，不能死，又相之。"子曰："管仲相桓公，霸诸侯，一匡天下，民到于今受其赐。微管仲吾其被发左衽矣。岂若匹夫匹妇之为谅也，自经于沟渎而莫之知也。"

孔子对管仲的大节，评价颇高。在安徽大学藏战国竹简《仲尼曰》中，孔子评价管仲是："管仲善，善哉！老讫"[1]。管仲为守护华夏文明作出了贡献，作为善德，最后得到寿终正寝的福报，得到孔子的赞美。作为一位伟大的政治家，管仲的思想也被孔子视为一项值得肯定和重视的遗产。在上博楚简《季康子问于孔子》简 4 中，孔子就曾引用过他的名言："且管仲有言曰：'君子龚（恭）则遂，乔（骄）则侮，备言多，难……[2]。"可知，尽管孔子不满管仲树塞门、有反坫等不知礼的行为，但在总体上仍旧将他视为一位值得肯定的仁人，因此才会引用他的名言。

管仲辅佐齐桓公，匡正天下的秩序，保卫了华夏国家免遭野蛮民族的入侵。西周较为稳定的政治秩序的崩溃，导致西周晚期、春秋早期以来的戎狄入侵日趋严重。在齐桓公之时，野蛮民族狄灭掉了邢国、卫国，甚至将卫君杀死。齐桓公帮助这两个灭亡的华夏国家复国，并重建其城池。北方的蛮族山戎入侵燕国，在管仲的辅佐下，齐国击败了山戎，保卫了华夏国家燕。而对南方的蛮族楚，齐桓公也联合华夏诸侯进行了讨

---

1 安徽大学汉字发展与应用研究中心编，黄德宽、徐在国主编：《安徽大学藏战国竹简（二）》，中西书局，2022 年，第 85 页。
2 马承源主编：《上海博物馆藏战国楚竹书（五）》，上海古籍出版社，2005 年，第 206 页。

图 14.3　阿富汗西伯尔罕贵霜墓左衽服装复原，摘自邢义田书

图 14.4　顿河上游查斯贴斯冢墓出土合金罐上基泰人的左衽形象

伐[1]。换言之，当时华夏诸国的危机非常严重，东南西北以至于中原腹地，都在遭受戎狄的入侵。如果没有贤能的管仲辅佐齐桓公，东征西战，击败蛮族，保卫华夏社会，依照当时的恶化速度，华夏文明有灭亡的危险。

孔子说，如果没有管仲，我们现在都被蛮族统治，文明灭亡，过着"被发左衽"的野蛮生活了。"左衽"，即衣服的前襟向左。从华夏文明起源开始，衣服便是前襟向右，称为"右衽"，从考古发掘所见商代、西周的人形金属、玉器、石器来看，都是右衽。邢义田先生发现，考古所见在受到斯基泰文化影响的民族服饰中，从欧洲、西亚、中亚到贝加尔湖、我国新疆等地考古材料，多有左衽的现象（图 14.3、图 14.4）。中国古代的戎狄与这些草原人群之间有相当的联系，戎狄的左衽服装，便可能与斯基泰文化，以及各种内亚人群有渊源上的关系[2]。

至于夷狄民族的"被发"现象，通过东周时代东南、西北与北方地区考古材料反映的情况来看，东南地区多流行齐眉剪发，盘桓小髻、垂辫等发型；西北及北方人群多流行发辫和垂髻。因此，"被发"并不是

1　吕思勉：《先秦史》，上海古籍出版社，2006 年，第 156—157 页。
2　邢义田：《画为心声：画像石、画像砖与壁画》，中华书局，2011 年，第 258—272 页。

专指披头散发或某一种发型，而是对区别于华夏冠冕、束发的周边各种发型的统称[1]。考虑到管仲辅佐齐桓公对抗的野蛮国家遍布四方，而南北各处蛮族的习俗完全不同，再辅之以考古资料，可以明确表明，孔子说的"被发"当是对各种非华夏束发类发型的统称。

孔子赞美管仲，如果没有他辅佐齐国，组织衰败的华夏诸邦抵抗四方的蛮族入侵，华夏文化、礼乐、衣冠一定早就灭亡了。文明毁灭后的华夏后裔，只能穿深受斯基泰草原文化影响的左衽衣服，他们也将改变华夏束发的习俗，成为野蛮人，垂辫、垂髻、剪短发。对此，学者指出，孔子相信"为了保卫华夏文化传统不被披发的游牧民族威胁，就有正当的理由使用强力"[2]。孔子反对战争，但他支持正义的战争，汤武放伐推翻暴君的抵抗权，他决不放弃；同样，为了保卫文明社会，抵抗野蛮征服者的战争，也获得了他高度的肯定。

14.19 子言卫灵公之无道，康子曰："夫如是，奚而不丧？"孔子曰："仲叔圉治（司）宾客，祝鮀治（司）宗庙，王孙贾治（司）军旅。夫如是，奚其丧？"

孔子晚年在鲁国回忆起亲身经历之事，谈起卫灵公诸多无道的荒悖之行。季康子感到不可理解，既然都无道到了这份上，怎么还不灭亡？孔子说，这无道之国有三位能臣，能勉强维持局面，因此亡不了。

仲叔圉，即孔文子，孔子说他是"敏而好学"之人（《公冶长》）。

1　王方：《东周时期"被发"的考古学解读》，《东南文化》2010年第5期，第78—82页。
2　Nicola Di Cosmo, Ancient China and It's Enemies: The Rise of Nomadic Power in East Asian History, Cambridge University Press, 2002, P105.

根据《左传·哀公十一年》的记载，仲叔圉曾将自己的女儿嫁给太叔疾，太叔疾的前妻和嬖妾都是淫人宋朝之女，因此宋朝造反逃走后，仲叔圉赶快劝太叔疾换老婆，别和宋朝这种淫人扯上关系，搅合在一起。为此，仲叔圉甚至将自己的女儿都嫁给了太叔疾。由此可见，仲叔圉不但是个热心肠，而且也不乏正义感。当然，后来太叔疾继续和宋朝的女儿混在一起，就像是自己有两位正妻一样。仲叔圉觉得这人真烂，自己的好心被荒废，就想派人攻打太叔疾，后来被孔子劝阻下来。由此可知，孔子对仲叔圉也印象颇好，站在他这边，为他拿主意。

这位仲叔圉，因为敏而好学，因此擅长礼的知识，能够交接宾客，为国家搞外交。"治宾客"的"治"字，于省吾先生指出，这里的三个"治"字，古文字本应作"嗣"，通假"司"。"治"的初文本作"嗣"，意思是"司职"，而不是"治理"的"治"[1]。因此，这里是说搞外交是仲叔圉的司职，而不是说他在"治理"外交。

卫国的都城在帝丘，即河南濮阳县的高城遗址，卫国祭祀祖先的宗庙，也在此处[2]。祝鮀是谀佞之人，在卫国司职宗庙管理，是卫国的太祝官。从《左传》来看，祝鮀的口才非常好。《左传·定公四年》记载卫国参与会盟，歃血为盟排次序时，本来蔡国排在卫国前面，因为蔡国的祖先蔡叔是卫国祖先康叔的哥哥，但经过祝鮀的一番长篇大论，说服了别人，最后让卫国排在了蔡国前面。从这里，也可以见到祝鮀口才好，

1　于省吾：《论语新证》，《社会科学战线》1980 年第 4 期，第 139 页。
2　河南省文物考古研究所、首都师范大学历史学院、濮阳市文物保护管理所：《河南濮阳县高城遗址发掘简报》，《考古》2008 年第 3 期，第 18—30 页；袁广阔、南海森：《试论濮阳高城东周城址的性质》，《中原文物》2009 年第 1 期，第 45—47 页。

思维敏捷。钱穆先生说，祝鮀谄佞口才好，可以取悦鬼神，因此让他司职宗庙，讨好鬼神，因此卫灵公虽然无道，却也可以获得鬼神的庇佑，而不至于灭亡[1]。

王孙贾是周王的后裔，曾向孔子请教过"与其媚于奥，宁媚于灶也"（《八佾》3.13）。此人擅长掌管军队，符合卫灵公动辄"问陈"的性格。

在季康子看来，政治的安危安全取决于主权者，因此当主权者无道时，政治就必然溃败糜烂。但孔子则认为，政治并不是完全取决于类似霍布斯（Thomas Hobbes）观念中的那种绝对主权者，政治具有公共性，其好坏的程度，取决于包括了士大夫群体在内构成"混合政体"的多种元素。如果有一支具备较高水平的士大夫执政力量，则人君的无道，也不至于导致彻底的溃败。

14.22 子路问事君。子曰："勿欺也，而犯之。"

孔子教导子路，作为朋友之伦的君臣关系，应该是怎样的。这句话，训诂上的解释争议不大，意思是对君主不要欺骗他，但能触犯他[2]。在韩非子式的专制君主制结构下，君主虽然追求掌控一切，但君臣之间的关系则充满了阴谋诡谲与各类欺诈。官僚表面跪拜君权，而背后欺瞒使坏。君主则尝试控制一切，但不得不与臣下进行各类"势"与"术"的权术斗争，每天像防贼一样互相算计。

韩非借"黄帝"之口，说"上下一日百战"，"下匿其私，用试其上"，

---

1 钱穆：《孔子传》，生活·读书·新知三联书店，2002年，第46页。

2 黄怀信：《论语汇校集释》下册，上海古籍出版社，2008年，第1298页。

说法家集权式的君臣关系，其实就是君臣之间每天进行无数次阴谋算计与权术斗争，臣下为了利益，搞出无数阴谋。甚至说"臣之所以不弑其君者，党与不具也"（《韩非子·扬权》），认为臣下成天要琢磨怎么弑君。在这种法家阴谋政治的图景中，君臣之间除了"舜逼尧，禹逼舜"、"太甲杀伊尹"之外，便只剩下要么臣秘密欺君，要么君大搞尊君卑臣，琢磨怎么奴役和弄死臣。法家和秦制大君制度下的臣，在公开场合是绝对没有制度性"犯之"的这种权利，只能唯唯诺诺，尊君卑臣，君上圣明。但在实际中操作中，则搞出各种阴暗和宫廷斗争权术，来算计秦制大君，甚至算计取而代之等。

儒学理解的君臣关系，从一开始便是对等的"师友"、"宾主"之间[1]。黄宗羲说"夫治天下犹曳大木然，前者唱邪，后者唱许。君与臣，共曳木之人也"（《明夷待访录·原臣》），将君臣关系解释为一起唱着号子节拍，共同拉大木头的合作者关系。这种理解，绝不是到了晚明才有的突发奇想，其实不过是向原始儒学精神与知识的一种回归而已。在这种关系中，君与臣之间是堂堂正正的合作者。君待臣以礼，臣事君以忠。"君之视臣如手足，则臣视君如腹心；君之视臣如犬马，则臣视君如国人；君之视臣如土芥，则臣视君如寇雠（《孟子·离娄下》）；"抚我则后，虐我则仇"（《孟子·梁惠王下》）。这种堂堂正正的关系下，权利与义务对等是公开的，围绕合作契约来展开。君不是那种无所不管的秦制大君，臣也不需要通过阴谋诡诈的"一日百战"来对付、算计秦制大君。这种

1　李竞恒：《从师友到主奴：中国古代君臣关系》，见李竞恒：《岂有此理？：中国文化新读》，四川人民出版社，2023 年，第 36—45 页。

关系下的臣待君，当然是"勿欺也"，不需要阴暗地谋划与君百战。但不同意君之处，也是堂堂正正，没有私人恩怨地拿出来，就事论事，从公议出发，该"犯之"就犯之。

阿马蒂亚·森在重新评价东亚的古典传统时谈到，孔子并没有提倡盲目地服从国家。当子路问孔子，如何为君主服务时，孔子要求告诉他真实的情况，即使这会冒犯他[1]。这里，阿马蒂亚·森对古儒的理解是恰如其分的。孔子从未主张盲目地服从权威，儒者从道不从君，儒者只对正义的观念负责，而不是对政治权威唯命是从。在必要的时候，触犯政治权威，是非常正常的。

14.38 子路宿于石门。晨门曰："奚自？"子路曰："自孔氏。"曰："是知其不可为而为之者与（欤）？"

"石门"，杜预说齐国有地点叫石门。但程树德谈到，"石门"不是一个地名，而是鲁国的一座城门[2]。子路在这里遇到了掌管城门的小吏。《集解》中何晏认为晨门是一位"阍人"。古书中的阍人，往往受过刖刑，被砍了一条腿而担任门卫。从考古材料来看，周代铜器上确实常有表现受过刖刑的阍人守门之形象。如故宫博物院藏西周晚期铜鬲上就有刖人担任守门阍者的造型[3]，山西闻喜县上郭村出土周代青铜车形

1　[英]阿马蒂亚·森著，任赜、于真译：《以自由看待发展》，中国人民大学出版社，2002年，第238页。

2　程树德撰，程俊英、蒋见元点校：《论语集释》第三册，中华书局，2008年，第1030页。

3　王文昶：《从西周铜鬲上刖刑守门奴隶看"克己复礼"的反动本质》，《文物》1974年第4期，第29页。

器上也有刖者守门的形象 [1]。文献如《韩非子·外储说下》也记载说"所刖者守门"。但我们不能就据此得出，守门者就一定是受过刖刑阉人的结论。

《史记·魏公子列传》记载说管大梁城门的侯嬴身份为"门监"。《水经注·淯水》则说他是"晨门"，可知门监即晨门。但此人并非残疾，更非刖人阉者。陈直先生谈到，战国至西汉，守门的门监中人多有隐士君子，如侯嬴为大梁门监，史举为上蔡监门，姚贾为监门子，张耳、陈余、郦食其都担任过里监门，梅福为吴门市卒 [2]。这表明随着血缘世袭社会的瓦解，社会身份剧烈变动和起伏的时期，很多低级士身份或有知识的平民，即大致属于"士庶人"这个含混阶层的人群中，往往通过担任守门者。或将其作为隐士的身份，或暂时蛰伏以相机而动。《战国策·齐策四·齐宣王见颜斶》中说："监门、闾里，士之贱也"，那么这类守门者，到了战国时期，就属于社会地位下滑到最卑贱身份的一种"士"。因此综合来看，这位鲁国石门的晨门，不能理解为受过刑的阉人，而是类似于后面那些例子中的隐居蛰伏之士。

从考古资料来看，新石器时代晚期的龙山时期，当时具有军事防御功能的城堡，已经出现了"晨门"。例如，在淮阳平粮台城址，城墙的南门道内两侧便建有对称的土坯墙门卫房 [3]。由此可知，这种管理城门的"晨门"工作，具有久远的历史。这一久远古老的工作，往往对应着崇尚古老时代和古朴生活的隐者之志。这位鲁国的晨门，应当属于隐士。

1　张崇宁：《"刖人守囿"六轮挽车》，《文物季刊》1989 年第 2 期，第 46 页。
2　陈直：《史记新证》，天津人民出版社，1979 年，第 136 页。
3　任式楠：《中国史前城址考察》，《考古》1998 年第 1 期，第 2 页。

晨门将孔子视为"知其不可为而为之"的人，因为隐者见天下之事不可为，因此就退出公共生活，走向自己的内心世界，在内心世界中寻求正义。正如以赛亚·伯林所说，如果缺乏正义的公共生活，人们便只能在内心去寻找"积极自由"，"他们借助某种人为的自我转化过程，逃离了世界，逃脱了社会与公共舆论的束缚；这种转化过程能够使他们不再关心世界的价值，使他们在世界的边缘保持孤独与独立，也不再易受其武器的攻击 [1]"。在古代地中海世界，伴随着古典城邦制度的崩溃，公共生活的衰败，直接导致了犬儒主义（cynicism）、斯多葛主义（Stoicism）、伊壁鸠鲁（Epicureanism）等原子个体、走向内心世界信仰观念的出现。

这一过程，同样可以适合于解释中国东周时期大量隐士出现的原因。既然公共生活不可为，那么可为的，便只剩下自己内心的"自由"。此种"自由"，并不依赖于现实社会中的自由、身份、正义，正如圣安布罗斯（Ambrose·SAINT）所说，"智者身为奴隶仍有自由"。而中国的憨山和尚"当诏狱拷治时，忽入禅定。榜棰刺爇，若陷木石"（钱谦益《大明海印憨山大师庐山五乳峰塔铭》，《牧斋初学集》卷六十八）。一个是西方的号称就算当奴隶，只要内心自由，也便"自由"了；一个是中国的，遭受严刑拷打，最后没办法，也便"忽入禅定"，获得了"自由"与"解脱"。直到如今，还有大师在强调，面对雾霾，应该"只凭自己的精神防护，不让雾霾进到心里"。

这位鲁国的隐士，见天下缺乏正义的公共生活，却又无法改变它，

1　［英］以赛亚·伯林著，胡传胜译：《自由论》，译林出版社，2011 年，第 184 页。

便为自己寻找了一条"禅定"之路。但在此种溃败的政治背景下，孔子并未选择通过"隐逸"或"禅定"之类的办法去实现内心的正义。对于古儒来说，正义必须要通过积极的行动，在社会领域去实现。知其不可为而为之，不但是一种对现实正义的信念，其本身便是一种姿态，表明了古儒心目中意义实现的维度所在。在古儒看来，"智者"身披奴隶的镣铐，虽然号称"心灵自由"，却仍然受奴役。在雾霾中享受心灵鸡汤如痴如醉之人，也仍然在走向死亡。因此，正义不是痛饮各种版本的心灵鸡汤，而是去解开奴隶的镣铐，去治理灰暗的雾霾，即使知其不可为，也要为之。

14.39　子击磬于卫，有荷蒉而过孔氏之门者，曰："有心哉，击磬乎！"既而曰："鄙哉！硁硁乎！莫己知也，斯己而已矣。深则厉（砺），浅则揭。"子曰："果哉！末之难矣。"

孔子在卫国，遇到了一位隐士。

当时，他正在击编磬，以奏乐抒情。编磬，是将石头或玉石磨制而成的磬悬挂在架子上，每一片磬的大小、音色不同，因此可以演奏出清脆悦耳的旋律。磬的出现非常古老，在龙山时代陶寺遗址大墓中就出土鼍鼓和石磬，属于礼仪活动的乐器，与商代的组合与功能颇为相似[1]。山西闻喜、襄汾也都出土了龙山时代用于礼仪活动使用的大石磬[2]。图

1　杜正胜：《从考古资料论中原国家的起源及其早期的发展》，见中华书局编辑部：《中研院历史语言研究所集刊论文类编：考古编四》，中华书局，2009年，第3458—3459页。
2　李裕群、韩梦如：《山西闻喜县发现龙山时期大石磬》，《考古与文物》1986年第2期，第60、94页；襄汾县博物馆夏宏茹、梁泽峰：《山西襄汾县张槐遗址出土大型石磬》，《考古》2007年第12期，第86—87页。

14.5（1）、（2）、（3）为春秋时代磬的形制，（1）为陕西凤翔南指挥村春秋晚期一号秦公墓出土之磬，（2）为山西侯马上马村春秋中晚期晋墓 M13 出土之磬，（3）为安徽舒城九里墩春秋晚期舒墓出土之漆绘磬[1]。

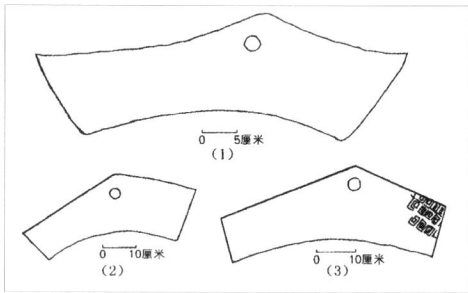

图 14.5　春秋时代之磬

这些磬的石片上都有穿孔，可以用绳子将其悬挂在架子上。在东周的曾侯乙墓出土之编磬，磬架是由青铜铸成的，悬挂有磬块 32 件（图 14.6）[2]。

图 14.6　曾侯乙墓出土青铜架悬挂的编磬

编磬的音调，清脆悠扬，吸引来了一位途经门口的隐士。这位隐士背着草筐子，感受到编磬音律中所蕴藏的情感，非常有心。郑玄说这份用心是对现世社会有所批评，朱熹说是圣人未能忘怀天下[3]。总之，音律背后曲折复杂的内心世界，被这位形象草根的隐士给听出来了。他停下来，继续驻足静听，继而又感叹道，这音律真是鄙陋。

硁硁，音 kēng kēng，本为石磬之音，这里代指击磬的音乐。隐士说，

1　李纯一：《先秦音乐史》，人民音乐出版社，1994 年，第 102—103 页。

2　湖北省博物馆：《曾侯乙墓》上册，文物出版社，1989 年，第 134 页。

3　程树德撰，程俊英、蒋见元点校：《论语集释》第三册，中华书局，2008 年，第 1032 页。

你这音律背后的心思，就是没人理解你而已。接着，他引用《诗经·卫风·匏有苦叶》的诗句"深则厉，浅则揭"来说明孔子偏要"知其不可为而为之"，不懂得顺应时势，不明白进退之道。

"厉"字，于省吾先生考证，甲骨文中有"砅"字，形为两石之间有水，为垫石块以渡过水之意，后世借"砅"为"厉"，引申为过河的桥梁[1]。再后来"厉"字又被通假于"迣"，引申为"厉渡万里"[2]。因此，"厉"字并不是朱熹、杨伯峻等人说的穿着衣服过河[3]，而是说，如果水深，就踩着高高的石块或是经过桥梁渡过河去。隐士是说，水深就踩着石头过河，水浅就提着下裙过河，遇着什么境遇，就用什么对策。水那么深，你却不走石头桥，真是"知其不可为而为之"。

这一评价，与鲁国晨门隐士的观点，非常相似。既然天下无道，那还是退归内心世界吧，干嘛还汲汲于天下？关于孔子击磬和见荷蒉隐士之事，也见于出土汉代画像石。1871年嘉祥武氏家族墓就出土了一块《论语》中此处"荷蒉"主题的画像石（图14.7），其中右侧的孔子在击磬，外面路过的则是荷蒉者[4]。

图14.7　汉代画像石中的孔子击磬，以及荷蒉隐士

对于隐士的批评，俞樾《群经平议》中引《淮南子·道

1　于省吾：《甲骨文字释林》，中华书局，2009年，第172—174页。
2　杨树达：《汉书窥管》上册，上海古籍出版社，2006年，第133页。
3　杨伯峻：《论语译注》，中华书局，1980年，第158页。
4　王意乐、徐长青等：《海昏侯刘贺墓出土孔子衣镜》，《南方文物》，2016年第3期，第68页。

应》高诱注，将孔子所说"果哉"的"果"理解为诚然。孔子的回答是："确实如此，按您说的那样做，确实没什么难度。"俞樾之意是，孔子表面上肯定了这位隐士，但其实只要对比一下，在一个无道的社会中，放任自隐确实没难度，但要关注社会的正义，却是很难的。孔子的修养很好，不会反唇相讥，但他的回答却有自己坚定的立场。笔者认为，俞樾此说可从。孔子并不是无言以对，这里的"果"，也不能理解为皇侃、朱熹等人说的果断、武断。孔子的回答，非常隐婉，既不与隐士针锋相对，但也坚持自己不忘却天下正义的立场。

14.40 子张曰："《书》云：'高宗谅阴，三年不言。'何谓也？"子曰："何必高宗，古之人皆然。君薨，百官总己以听于冢宰三年。"

在此，子张对古代的政治制度颇有疑惑，因此向孔子求教。因为根据《尚书》的记载，商王武丁在他的父王小乙去世后，有三年时间都没有开口说话。子张觉得，君主是统治国家的人，不开口说话，怎么能治国呢？但孔子回答他说，岂止是商王武丁在居丧的三年中不说话，其实古代的君主都是如此。根据古制，先君薨逝之后，新君居丧三年，不亲自管理朝政，而是由宰相来统领百官之政。

程树德曾谈到，三代之时，新君即位，能够守为子之孝，而掌管国政的大臣，也不会作乱。但到了子张所生活的春秋晚期，新君为人子不能尽孝，而大臣也不能忠诚，君臣之间相互猜忌防范，因此子张感到难以理解这一古制[1]。也许现代的读者会指出，根据殷墟卜辞等材料，根

---

1 程树德撰，程俊英、蒋见元点校：《论语集释》第三册，中华书局，2008 年，第 1040 页。

本无法证明殷代曾经实行过新王"三年不言"的古制。不过，这并不妨碍我们对孔子心目中的三代良政之理解。在孔子和早期儒家看来，所谓人君权柄下移之说，根本就是无稽之谈。因为在孔子那里，人君本来就不是"主得专其柄"（《商君书·算地》）的专制独夫，而是天下礼仪与美德的表率。将美德的践行移于人君，将具体的政治操作交给首相负责的政府，不但与宋儒"天下治乱系宰相，君德成就责经筵"有思想上的传承与联系（程颐《论经筵第三劄子》），对于现代人理解古儒的思想，同样意义重大。

　　汉学家倪德卫（David S. Nivison）和夏含夷（Edward L. Shaughnessy）认为西周君主继位时，要先为其父守丧两年，到第三年才称王。东周学者如孟子所提倡的三年之丧，是一种复古，而不是创造出一种新制度。"守丧期间种种近似萨满苦修的磨砺，给予继承人与先祖有效沟通的力量"[1]。如果此说成立，那么三年之丧就是一种殷周时期贵族社会的古老习惯法。

　　巫风盛行的商代可能存在这种带萨满性的丧礼文化，最著名的例子便是此处子张所引用的"高宗谅阴（或作谅闇、亮阴）"。《尚书·无逸》记载商王武丁"作其即位，乃或亮阴，三年不言"。根据这些记载，商王武丁继位后，有三年沉默不说话，应当便是从事一种萨满性的宗教修炼，以加强与死去父亲、祖先们的交通能力。陈梦家说商王是群巫之长，这种磨砺和修炼显然有助于提升商王的权威和统治能力。能三年不

1　［美］倪德卫著，魏可钦等译：《〈竹书纪年〉解密》，上海古籍出版社，2015年，第229—230页。

言，而一直沉浸在带有萨满宗教修炼的情境中，这也得益于三代时期政治文化中，强大而漫长的"共治"传统，各类"冢宰"、"贵戚之卿"、"师保之臣"，能够有效保障秩序的运转。

出土的先秦儒家文献中，就有孔子所谈到的新君不参与朝政的内容。在上博楚简《昔者君老》简4中记载，国君逝世后，"大（太）子乃亡（无）（闻）亡（无）圣（听），不斞（问）不命（令），唯忝（哀）悲是思"[1]。国君死后，新君"太子"不闻国政，不下命令，只是一心一意沉浸在悲哀中，这种态度，正是以孔子为代表的早期儒家，对于政治与伦理的观点。而且值得玩味的是，这篇出土文献的简1中，记载老国君有一位同母弟弟，在老国君病重时，与太子一起"并听之"。而老国君死前的遗言，希望"尔司"能够"各共尔事"（简4）。这样看来，这篇文献中的"冢宰"，应该就是老国君的同母弟弟，而老国君也希望在自己死后，政府各个机构能够做好各自的工作，在首相"冢宰"的统领下，保持良好运转。因此，新君才能够"不问不令，唯哀悲是思"，独自去实现自己的德性。可以说，这篇出土的古儒文献，简直就是宋儒"天下治乱系宰相"的先秦版本。

结合出土文献来看，以孔子为代表的古儒，他们心目中的三代古制，对人君的个人德性，提出了很高的要求。同时，在古儒看来，天下、国家不是一家一姓的私产，不是高高在上的独夫玩弄于股掌之间的财产，而是众人共同的事业。在以首相为负责人的政府系统中，"百官"们各自运转，能够做到"各共尔事"，人君作为道德表率，端拱于上，

1　马承源主编：《上海博物馆藏战国楚竹书（二）》，上海古籍出版社，2002年，第246页。

自然天下大治。

14.43　原壤夷俟。子曰："幼而不孙（逊）弟（悌），长而无述焉，老而不死，是为贼。"以杖叩其胫。

原壤，是一个放任于伦常礼乐之外的狂士，也是孔子的发小，而且两人之间保持了几十年的相处关系。《礼记·檀弓下》记载，原壤是孔子的发小，他母亲去世后，孔子帮他制作棺外的椁室，他一点也不悲伤，还登上母亲的寿材，高歌"狸首之斑然，执女手之卷然"，嘲笑孔子的手"卷卷然而柔弱"（孔疏），说孔子的手像女人。这首歌据学者考证，属于一首没有被收入"《诗》三百"的逸诗，是《狸首》中繁荣一章。其内容蕴含有在乐会时，神人不期而会的原始内蕴[1]。弟子们都觉得原壤太过分，要求与之绝交。但孔子却认为，既然是发小故人，如果没有大奸大恶，也没必要绝交，由他去吧。由此可知，孔子以一种友谅忠恕的宽厚态度来面对这位故人，而原壤却完全不拿伦常礼仪当回事。

这次，孔子又遇到原壤装疯。他见孔子来了，便立马摆出一个最没礼貌的"夷俟"姿态来迎接。夷俟即蹲踞、箕踞。李济先生根据考古资料谈到，在殷墟出土的石质人像中，蹲踞、箕踞的远比正规跪坐为多。这表明在殷商时期，无论是神是人，平民或贵族，都习惯于夷俟的坐姿。认为箕踞为不恭敬之态，是一种周人的观念。从周人那里，发展出的坐姿礼仪认为只有跪地而坐，双手恭敬地放在膝盖上，才是一种礼貌[2]。

1　胡宁：《原壤所歌：逸诗〈狸首〉考》，《历史研究》2014 年第 4 期，第 178—188 页。
2　李济：《跪坐蹲居与箕踞：殷墟石刻研究之一》，见张光直主编：《李济文集》卷四，上海人民出版社，2006 年，第 483—496 页。

殷墟石刻的夷俟人像，可见图 14.8。

图 14.8　殷墟出土之贵族夷俟形象

从石刻的头饰、衣纹上王室、贵族专用的饕餮纹等材料来看，此人身份相当高。但殷人却将这样一位贵人表现为夷俟的形象，确实可知殷文化并不认为夷俟为失礼。从形象上也可知，古人席地而坐，为了舒服，有时便以双手后撑，双腿叉开，显得颇为休闲随意。有时，夷俟也未必是双手撑地，也可放置于膝盖之上，但双腿仍是分开，如图14.8。

图 14.9 这一组汉代的夷俟形象，出土于墓葬之中[1]。汉代时期，中国人仍保留了席地而坐的习俗，因此这一非正坐的姿态，也是对夷俟一类形象的描述。从这两件席地而坐时期的材料，可知无论是否双手撑地，夷俟

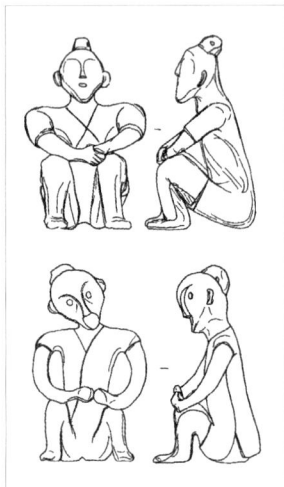

图 14.9　重庆巫山麦沱汉墓发现之夷俟形象

的基本特征一定是双腿分开。由于当时还未出现内衣[2]，遮羞实际上是靠下裙。如果跪坐，将臀部压在平直的脚跟之上，不但显得有礼谦恭，最关键的是不会露羞。但如果双腿分开，夷俟而坐，在没有内衣的时代，则带有羞辱对方的意味。所以荆轲刺杀秦王失败，被砍伤后，便以这一姿势面对秦王，表达其蔑视之情。因此，礼貌的坐姿应该是正坐。

1　重庆市文化局、湖南省文物考古研究所、巫山县文物管理所：《重庆巫山麦沱汉墓群发掘报告》，《考古学报》1999 年第 2 期，第 167 页。
2　沈从文：《中国古代服饰研究》，上海书店出版社，2006 年，第 105 页。

从考古发掘中对殷墟大量人骨材料尤其是两侧足骨的研究表明，殷商时代居民男女两性中因正坐形成的骨骼跪踞面出现频率极高，这就表明"形成跪踞面的行为在殷商居民中是普遍存在的"[1]。这就表明，殷商时代一般的民众，平时也就是席地正坐，正坐也是当时日常的社会习惯，因此大部分人的脚骨上会因长期正坐而形成"跪踞面"。如果再结合出土的贵族夷俟石刻形象，就表明殷商文化主要流行正坐，正坐是一种社会习惯。但殷人有时也夷俟，且并不将夷俟的姿势视为非礼，因此才会表现贵族夷俟的形象。

如果原壤生活在商代，他的这一举动，自然不会被孔子视为非礼。但孔子见他夷俟，就责备他无礼，孔子虽然是殷人后裔，却服膺周道、周礼，所谓"周监于二代，郁郁乎文哉吾从周"，可知孔子坚持了周礼的标准。在后世看来，夷俟成了一种野蛮外族的坐姿。所谓"蹲夷踞肆，与鸟兽无别"（《后汉书·鲁恭传》）。以此视之，原壤确实做得太没分寸，完全是一种玩世不恭的犬儒主义心态。

见原壤如此，孔子只能说他老不死，还这么胡闹。顺手伸出手中的拐杖，轻微叩击原壤分开的双腿，意思是让他坐端正了，保持一个正坐的姿势。这一幕，是犬儒主义者与儒者的小小交锋，犬儒老顽童，不停胡闹，以行为表达观念，见儒者孔子来了，便故意叉开腿，夷俟而坐，属于半开玩笑半嘲弄儒家的小闹剧。孔子与他是发小，认为他虽然自放于伦常礼法之外，但只要还没干特别跌破底线的事，也还不至于绝交。因此多年下来，大概也习惯了。这次原壤胡闹，孔子也便半幽默半纠错

1 原海兵：《殷墟中小墓人骨的综合研究》，吉林大学博士学位论文，2010年，第88页。

地说，老不死的，快坐好了。这说明，尽管孔子不愿看破伦常，还在"知其不可为而为之"，去努力捍卫社会的正义。但他也知道，这是不可为而为之，礼崩乐坏，好的秩序瓦解，越来越多的士人看破这一切，或是隐逸，或是装疯卖傻。尽管选择的道路不同，但他还不至于要动辄去"攻乎异端"，而是对这些人有某种程度的"理解之同情"。

原壤此种放任于伦常之外的心态与人格，很容易使人想起古典希腊城邦政治溃败之后，在公民政治与公共生活残破的废墟上，那些各类形形色色，放任于礼法之外的古怪哲士们[1]。这也表明，以周公制礼作乐为代表创建起来高度发达的古典政治秩序正在快速走向崩溃，传统的公共生活败坏了，相当数量受过知识教育的精英在痛苦与失望中，要么选择了逃避，躲入自己的心灵世界成为隐士，要么就玩世不恭，成为装疯卖傻且类似于犬儒主义（Cynicism）的虚无之人。就连孔子的故人发小都是如此，也可见当时社会秩序的溃败，已经到了何等严重的程度。

这些脱离于礼法之外的隐者，与早期道家学派之间其实具有密切关系，而孔子其实和这些人之间其实存在着某种心灵默契，如楚狂接舆、长沮、桀溺、荷蓧丈人等礼法之外的方外隐士，也通过嘲讽孔子，并以《凤歌》等内容来隐约地表达对孔子的建议，其实与原壤颇有相似之处。某种意义上来说，孔子对这些自放于礼法之外的隐士，具有一些"理解之同情"，愿意聆听他们发出的信息，但却不能同意和接受他们的观点。逃避、戏谑、嘲讽、隐藏，都可以得到理解，并且也具有某种观念的批判性，但这些却不能解决真正的现实问题。

---

1 陈恒：《希腊化研究》，商务印书馆，2006年，第243—295页。

卫灵公第十五

15.1 卫灵公问陈于孔子。孔子对曰："俎豆之事，则尝闻之矣；军旅之事，未之学也。"明日遂行。

钱穆先生考证，孔子此次见卫灵公，是鲁定公十五年[1]。按此，即为公元前 495 年。当时，孔子刚从匡蒲之地，经历了危险回到卫国。这时，卫灵公打算讨伐晋国救范氏、中行氏，对战争很感兴趣。大概是见孔子及弟子们能从匡蒲地区的叛军中厮杀逃出，觉得孔门应当也懂战争，因此有"问陈"之事。

李零先生谈到，"陈"同"阵"，前者是古体，后者是后起俗体字。但卫灵公请教的"陈（阵）"，不是狭义上打仗的阵法，而是广义上的军事。上博楚简《曹沫之陈》，就记载鲁庄公向曹沫请教军事，其"陈"字也是泛指战争[2]。

孔子回答卫灵公，说我只学过"俎豆之事"，没学过打仗的知识。俎、豆都是礼器。俎的形制，在商代时既已定型，有石制、铜制，也有木质的漆俎。俎一般被用于与鼎搭配，鼎烹煮肉食，煮好后用匕将肉捞出放置于俎之上，因此俎上常有用以滤掉肉汁的小孔，如图 15.1 的战国青铜俎，高 17.6 厘米[3]。

根据扬之水先生考证，除了这一类最典型的俎之外，还有一种在楚

1　钱穆：《孔子传》，生活·读书·新知三联书店，2002 年，第 47 页。
2　李零：《丧家狗：我读〈论语〉》，山西人民出版社，2007 年，第 269 页。
3　图见李零：《论楚国铜器的类型》，《入山与出塞》，文物出版社，2004 年，第 295 页。

简中被称为"大房"的俎。这类俎，用于盛放切下一半的牲肉，也是一种带有立板的俎（图15.2）[1]。这类俎见于曾侯乙墓、信阳长台关二号墓、枣阳九连墩二号墓、包山楚墓。

豆的形制，最早出现于仰韶文化时期，商代有陶豆、铜豆等[2]。至迟在商代，豆已经成为了一种青铜礼器。孔子从小生活在礼仪之邦鲁国，对俎、豆非常熟悉，《史记·孔子世家》记载"孔子为儿嬉戏，常陈俎豆，设礼容"，可知孔子自小便对俎、豆这些器物非常熟悉，并以之作为设礼之器。图15.3为孔子故里曲阜鲁国故城出土的陶豆[3]。

在此，俎豆之事是代指礼乐文化。孔子说，自己只学过关于礼乐中摆放俎豆的知识，却不懂行军打仗。正如孔子在《子路》（13.29章）中所说，善人为政教民七年，"可以即戎矣"，即制止战争。孔子反对战争，尤其是对于一些有好战倾向的人来说，他会特别强调并凸显这

图 15.1　战国时期带滤孔的青铜俎

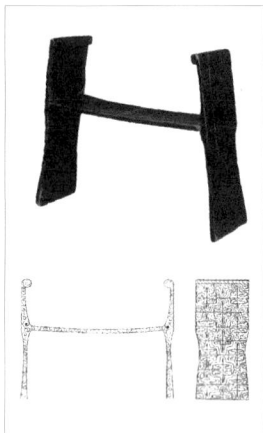

图 15.2　曾侯乙墓出土的木质漆俎"大房"

图 15.3　曲阜鲁国故城出土之春秋陶豆

1　扬之水：《明式家具之前》，上海书店出版社，2011年，第23—28页。
2　严志斌：《商代青铜器铭文研究》，上海古籍出版社，2013年，第40页。
3　山东省文物考古研究所、济宁地区文物组、曲阜县文管会：《曲阜鲁国故城》，齐鲁书社，1982年，图版肆叁。

一面。但作为一种价值观与一般原则，在通常情况下，他反对战争，尤其是卫灵公这样无道的战争。但实际上，作为精通周代封建军事贵族"六艺"知识的精英，他对于军事知识与技巧颇为熟谙，但面对卫灵公，他刻意隐藏和淡化了这一面。

从孔子开始，原始儒学就没有绝对的一种适合机械硬套的标准，而是见到胖子要叫他减肥少吃饭，见到瘦子要叫他多吃饭补充营养，而并没有一种叫"多吃饭"或"少吃饭"的绝对机械标准。理解这一点，是把握原始儒学的关键。类似的，在武德、战争方面，持一种中庸的立场。西方古典政治哲学中对于"武"和"勇"，也有一种类似中庸的态度。即 "让嗜血的人变得节制，让晕血的人变得勇敢"，有了勇敢与节制作为基础，才能是一个正义的基石[1]。因此对于卫灵公这种更倾向于"嗜血"的人，孔子就要给他讲究"节制"，说我不懂战争。而卫灵公此举，则让孔子颇为失望，他脑子里装的，始终只有在晋国打仗那点儿事，要么就是在国内宠信些谗佞之人，因此孔子选择了离开。

15.5 子曰："无为而治者，其舜也与？夫何为哉？恭己正南面而已矣。"

很多人认为无为而治是"道家思想"，这样说当然也不能说错，但从政治治理的角度来说，最早提出无为而治的，恰恰是儒家，而这一思想在漫长的历史中，一直有演化和未曾中断的脉络。而道家的"无为"，其实后来是与道法家、法家之间具有更密切的关系，即百官有司备极律

1　林国华：《政治哲学如何研究"血"？》，见林国华：《在灵泊深处：西洋文史发微》，北京大学出版社，2014年，第235页。

令地运转，但掌握了帝王心术的君主可以"无为"。这种权术，和原始儒学主张的"无为"差异很大。原始儒家之所以最早提出无为，主要是原始儒学是古老封建秩序中产生的，封建秩序要求各封邦、部落、领地根据古老习惯进行自治，为政者只需要尊重这些古老习惯，端己南面即可。

孔子早就提出了为政者当静默无为的观点。如前文中分析《为政》篇中说"为政以德，譬如北辰，居其所而众星共（拱）之"，朱熹注"无为而天下归之"。意思就是为政者要像静默的北极星一样，无为而治，用德性教化和感染追随者，让他们成为众星围绕。只不过，孔子盛赞静默不动的北极星，在汉代被一些学者改为了不断变动的北斗，这可能和秦汉国家权力的强化有关，强调治理者角色的积极性。但显然，汉儒的改动并不是孔子原意。在此处，孔子又赞美了古代君王的典范舜帝美德，在于"无为而治"，他本人只是恭敬地端墨无为，做好一个道德和礼仪上的表率，垂拱南面，听任天下各部落、各氏族进行自治。

在《宪问》篇中，子张问高宗谅阴之事，孔子回答说，"古之人皆然。君薨，百官总己以听于冢宰三年"，就是说君主作为礼仪性的角色，可以长达三年从事"谅阴"，实现礼仪和美德的实践与养成，而具体治理可以交给宰辅。孔子这条主张，很容易令人联想起宋儒程颐"天下治乱系宰相，君德成就责经筵"之说。程颐要求君主只负责养成君德，"一方面将天下治乱的大任划归宰相，另一方面则要求皇帝北面以师经筵讲官。在程颐的设想中，这是缩短君臣之间政治距离的两个主要轨道"[1]。南宋陈亮也强调，以儒立国的宋代制度，对君主的要求正是"端拱于上

1　余英时：《朱熹的历史世界》，生活·读书·新知三联书店，2011 年，第 226 页。

而天下自治"（《龙川文集》卷二《论执要之道》）。宋儒继承的这种对君主的认识，其渊源正来自先秦原始儒学的"无为"思想。类似的，在《雍也》篇中，孔子赞赏弟子仲弓有担任君主的美德，朱熹说，这是因为仲弓"宽洪简重，有人君之度也"，就是说君主为政宽大简单而不失威严，是其人格美德，也是这一思想渊源的产物。

在《礼记·中庸》篇中，这一原始儒学文献也提出了无为而治思想，"是故君子笃恭而天下平"、"舜举众贤在位，垂衣裳恭己无为而天下治"。这里又举了舜为例，说他垂衣裳而治天下，也是君主无为而治，具体事务交给各氏族酋长"众贤"去打理。这些"众贤"，《大戴礼记·主言》说"昔者舜左禹而右皋陶，不下席而天下治"，也是说舜整天坐在席子上休息，轻松地无为而治，具体做事的是夏部落的酋长禹，和东夷部落的酋长皋陶。战国时代的儒者，将这一思想追溯到更为久远的黄帝时代，说"黄帝尧舜垂衣裳而天下治"（《周易·系辞下》）。另外在《孟子·滕文公上》，也引用过孔子之言"君薨，听于冢宰"的君主无为观念。类似的例子还见于上博楚简《昔者君老》，新君继位后"无闻无听，不问不令，唯哀悲是思"[1]。

到了汉代，汉文帝所行虽实为黄老刑名法术，但毕竟降低了原有秦朝以来国家动员力的程度，故有"与民休息"之称。阎步克指出："文帝的'与民休息'更接近儒生政治主张，又事近可征，遂被儒者引以对抗尚法倾向了。"[2]一直到盐铁论战时期，儒生都以一种类似"辉格解释"

1　马承源主编：《上海博物馆藏战国楚竹书（二）》，上海古籍出版社，2002年，第246页。
2　阎步克：《士大夫政治演生史稿》，北京大学出版社，2015年，第330页。

的方法，将汉文帝描述为无为之君，以对抗武帝以来"穷兵极武"的政治遗产。这种早期儒家的观念，也见于汉代的《淮南子》。你可能会说，这书是偏道家的，也有杂家色彩，凭啥说这是儒家思想？笔者的意见是，哪部分是儒家思想，主要还得看内在义理，肯定谁，否定谁。比如《淮南子·泰族》："舜为天子，弹五弦之琴，歌《南风》之诗，而天下治。周公膳臛不收於前，钟鼓不解於悬，而四夷服。赵政昼决狱而夜理书，御史冠盖接于郡县，复稽趋留，戍五岭以备越，筑修城以守胡，然奸邪萌生，盗贼群居，事愈烦而乱愈生。"在此，《淮南子》赞美了舜、周公，都是儒家的圣贤，反面人物则是儒家蔑视的秦始皇赵政。舜无为而治，弹琴唱歌，任由天下自治，得到了良好成果。周公每天吃肉听音乐，也多无为，却四夷宾服，秩序井然。秦始皇从早到晚忙着判案子，读公文，越折腾破事越多，他们之间形成了鲜明的对比。与此类似的儒家思想，也见于《淮南子·主术训》："君人之道，其犹零星之尸也。儼然玄默，而吉祥受福。"就是说，君主要像祭祀礼仪上扮演神像的"尸"那样，当个泥菩萨，静默不动，自然会得到吉祥。

一直到晋朝，舜成天弹琴唱歌的无为形象，都是被视为高度正面的。《晋书·段灼传》说"舜弹五弦之琴，咏《南风》之诗，而天下自理"。段灼就给晋武帝建议说"陛下当深思远念，杜渐防萌，弹琴咏诗，垂拱而已。"意思是，希望晋武帝模仿舜帝，逍遥地弹琴唱歌，沉默垂拱无为，这才是最好的治理。实际上，在魏晋时期的名士，虽然崇尚玄学，但底色仍然是儒家的，准确说是以儒家礼法为根基，以三玄放逸为补用，名士风流并不以背弃周孔为前提。在东晋出现的梅本伪古文尚书《武成》中，也专门强调要"崇德报功，垂拱而天下治"，可见东晋人认为垂拱而治的思想源自于古老的殷周先王之道。

东晋宰相王导执政，宽简清静，甚至被称为"网漏吞舟"，正是儒家治理思想的体现，并捎带一点道玄修饰色彩。晋元帝想要疏远王导，周嵩便上书强调，从商朝武丁到春秋五霸，都是"宗师其道，垂拱受成，委以重权，终致匡主"的（《晋书·周嵩传》）。南朝时齐明帝想扩大皇权，乾纲独断，所谓"躬亲细务，纲目亦密"。面对此种情况，国子生出身的钟嵘就上书强调"三公坐而论道，九卿作而成务，天子可恭己南面而已"。齐明帝见此颇为不悦，而顾暠也指出皇帝事必躬亲，这是"代庖人宰而为大匠斫也"。面对士人以儒家无为思想而提出的指责，齐明帝只好"不顾而他言"（《南史·文学·钟嵘传》）。

而到了隋朝末年的杨玄感，面对隋炀帝的暴虐和不断折腾，便将隋文帝描述为"无为而至化流，垂拱而天下治"的无为而治形象（《隋书·杨玄感传》），与隋炀帝形成强烈对比反差。实际上，隋文帝也并非无为之君，甚至还重用酷吏和严刑峻法，但杨玄感继承和发扬了儒家文化中将君主无为而治视为美德的这一思想，对隋文帝形象进行了重新解释和包装，用以批判隋炀帝的无道。实际上，隋文帝时代，太学儒生出身的杨尚希，就曾借助古代的例子，所谓"武王以安乐延年"，希望隋文帝为政"举大纲"而已，"繁碎之务，非人主所宜亲也"（《隋书·杨尚希传》）。隋文帝活着时，被劝导要尽量无为，死后则被包装为无为形象。

此种无为、清静、宽简的治理思想，在此后一直延续。乃至到王夫之那里，仍然一以贯之："夫古之天子，未尝任独断也，虚静以慎守前王之法，虽聪明神武，若无有焉，此之谓无为而治……则有天子而若无"[1]。综合来看，无为而治的思想最早源自孔子，经其后学传承，一直不绝如缕，并不是道家独有的发明。《老子》文本与思想晚于孔子，这也基本是现在学术界的共识。当然，我们不是说《老子》无为思想源自于儒家，且二者对于"无为"的理解也存在差异，但将"无为"视为一种治理思想，确实是儒家的学说。

15.6 子张问行。子曰："言忠信，行敬笃，虽蛮貊之邦，行矣。言不忠信，行不笃敬，虽州里，行乎哉？立，则见其参于前也；在舆，则见其倚于衡也，夫然后行。"子张书诸绅。

子张向孔子请教关于修身之行，孔子提出了语言、行动两方面的意见。说话要忠厚而有信用，行动要有诚敬而笃实，不要大大咧咧，缺乏"敬"的态度。显然，这些意见，是针对子张的性格而发的。

孔子告诫子张，如果说话忠厚而有信用，行为诚敬笃实，那么即使是在野蛮人的社会，也可以行得通。"蛮貊"，见于郭店楚简《忠信之道》："忠，悬（仁）之实也；信，戎（义）之昇（期）也。氏（是）古（故）古之所以行乎蛮貊者，女（如）此也"[2]。据学者考证，"蛮貊"是靠近北方燕地的胡人部族，又称"蛮貊"、"夷貊"、"四貊"等，代指周边非华夏的散乱族群[3]。在西周《貊子卣》铭文中，记载周王赏赐给貊人一个首领"貊子"三只鹿（《集成》05409）。这表明，"貊"这

---

1 〔清〕王夫之：《读通鉴论》卷十三，中华书局，2020年，第403页。
2 周凤五：《郭店楚简〈忠信之道〉考释》，《中国哲学》第21辑，辽宁教育出版社，2000年，第138页。
3 林沄：《说"貊"》，《史学集刊》1999年4期，第53—60页。

样原始扁平的部落状态，虽然也有小范围的首领，但却没有真正发育成熟的国家机制，社会发育水平低下。

宋立林教授指出，郭店楚简《忠信之道》正是子张学派的思想[1]。因此，这篇子张学派的文献，高度强调了"忠信"之道，恰恰是继承并发扬了孔子对子张这番对话的思想。尤为可喜的是，在出土文献中，也同样强调了如果能行忠信之道，君子也能通行于"蛮貊"这样发育水平低下的野蛮社会。换言之，忠信之道，不仅仅是华夏族的一种"文化"，在孔子看来，更是一种具有更广泛普遍适用性的价值公约数。

孔子认为，如果君子按照"忠信"这一普世价值来践行，同样可以获得野蛮社会的认同。而如果缺乏忠信的言行，那么别说普世，或者整个华夏世界，就是连在你身边的基层社区，也是行不通的，无法获得承认的。"州里"，见之于包山楚简，可知"州"和"里"是非常基层的政区组织[2]。这里，就由基层政区组织，引申为自己所生活的基层社区。

要做到言行的忠信，就必须无论是坐立行止，都不忘记这一原则。如果在地上站立，就应当像是面对前方的土墙一样，正对着忠信的言行。俞樾说，"参"字读为"絫"，古字为"厽"，是积土为墙的意思[3]。如果是坐在车舆中，平视着前方的车衡，就像是忠信之道布满于车衡一样。总之，无论是站立，还是跪坐，是静止还是移动，忠信之道总是不离开自己的眼前。

1　宋立林：《由新出简帛〈忠信之道〉、〈从政〉看子张与子思之师承关系》，《哲学研究》2011 年第 7 期，第 50 页。
2　鲁鑫：《包山楚简州、里问题研究缀述》，《中原文物》2008 年第 2 期，第 99—103 页。
3　程树德撰，程俊英、蒋见元点校：《论语集释》第四册，中华书局，2008 年，第 1066 页。

先秦人坐车，一般都是跪坐于车舆中。在商代马车的车舆中就铺设有竹席[1]，可知是供乘车者跪坐的。安阳花园庄发现的 M54 墓主生前曾长期乘坐马车，通过对遗骨的研究发现，这位贵族的脚掌骨前部有明显长期跪姿形成的痕迹，俗称"跪踞面"[2]。黄文新先生也指出，跽坐当是古代乘车的一种最佳方式，有利于减震，并且不容易坠车，有利于双手用于操作武器作战[3]。宋镇豪先生也持跪坐的观点，认为这种坐姿使乘员"可以手倚栏杆，以获得舒适效果"[4]。因此，先秦时乘车，一般都跪坐于车舆中。这样，乘车者的视线前方，正好就是马车的车衡木。先秦马车中车衡的位置、出土实物，可参见图 15.4、图 15.5[5]。

图 15.4　张家坡西周墓 M2 之车衡复原图

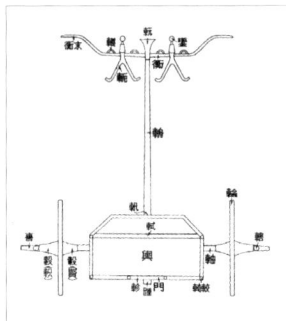

图 15.5　车衡所在马车的位置

可知，跪坐于车舆中，视线必然平视车衡。这样，孔子就希望有志于行的君子，即使是端坐于车中，也时刻不忘忠信之道，就如同忠信的道理都写在车衡上一样，随时都不忘却。子张听了，觉得非常受用，尤其是自己年轻，性格张扬，说话、办事不够忠厚笃实，孔子这一提醒，正是有的放矢。因此，他立刻就要将这席话记下来，以便于时时刻刻牢

1　中国社会科学院考古研究所：《安阳殷墟郭家庄商代墓葬: 1982 年—1992 年考古发掘报告》，中国大百科全书出版社，1998 年，第 130 页。

2　中国社会科学院考古研究所：《安阳殷墟花园庄东地商代墓葬》，科学出版社，2007 年，第 77 页。

3　黄文新：《先秦马车乘坐方式与成员》，《江汉考古》2007 年第 3 期，第 70 页。

4　宋镇豪：《夏商社会生活史》上册，中国社会科学出版社，2005 年，第 316 页。

5　郭宝钧：《殷周车器研究》，文物出版社，1998 年，第 5、38 页。

图 15.6　江陵枣林铺 M1 楚墓出土表现垂绅的木俑

记。可是，这时他又发现，手上没带竹简、木牍，便灵机一动，将这席话写在自己的"绅"上面。

"绅"是古代绅士腰上大带子的下垂。白川静说"申"是延伸之意，礼服的长衣带称为"绅"，即其引申义[1]。绅士都配绅，"绅士"一词也来自于佩戴"绅"的士人。包山楚简的遣策有"紫绅"之说，即紫色的绅[2]。根据江陵望山二号楚墓竹简 7 有"革、缉绅"的内容，可知有皮革、缉丝两种质料制成的绅（大带）[3]。皮带不容易写字，因此子张用来写下这段话的绅，应当为"缉绅"，即丝帛一类的制品，类似于帛书。李零的比喻颇为有趣，他说古人的绅就像是现代西装的领带，子张找不到笔记本，便急中生智将内容写在领带上[4]。东周楚墓的木俑衣着上就表现有"绅"的形象，如江陵枣林铺 M1 楚墓出土木俑（图15.6）的大带垂绅就是垂于身前[5]。

子张听到孔子讲的重要内容，事先没作准备，因此手头没有简帛，只能写在自己的"领带"上。不过，现代读者可能会问，你既然没准备"纸"，为何手上会有笔墨？实际上，这需要解释一下先秦、秦汉时代从事文职工作之人的习惯。当时的做文案的人，经常将毛笔夹在耳朵后面，叫"珥笔"，或者把笔杆像是簪子一样插在发中，叫做"簪笔"（图15.7）。《史记·滑稽列传》就记载西门豹"簪笔磬折"，《庄子·田

1　［日］白川静，苏冰译：《常用字解》，九州出版社，2010 年，第 238 页。
2　湖北省荆沙铁路考古队：《包山楚简》，文物出版社，1991 年，第 38 页。
3　商承祚：《战国楚竹简汇编》，齐鲁书社，2001 年，第 103 页。
4　李零：《丧家狗：我读〈论语〉》，山西人民出版社，2007 年，第 273 页。
5　江陵县博物馆：《江陵枣林铺楚墓发掘简报》，《江汉考古》1995 年第 1 期，第 24 页。

子方》记载宋元君将画图，众史臣站着
"舔笔和墨"，即是以笔入口取津液和墨。
汉代官吏，还有站立书写的习惯，时常
在耳朵上夹一支笔或在头上插一支笔，
可以随时书写，记录长官的指令[1]。可知，
先秦的西门豹也是将笔插在头上，笔上
有干墨，有时就如同宋元君的众史一样，用舌头舔舔鼻尖，就可以写字，
很多时候还站着写字。簪笔、珥笔，也是一些先秦儒者的习惯，因此子
张正好便抽出了头上或耳后的笔，舔一舔，就将孔子的话记在"领带"
上了。

图 15.7 汉代人"簪笔"，将毛笔插在耳边备用的形象

　　从郭店楚简《忠信之道》来看，这席话，子张是听进去了的。他将
这些内容记在自己的"领带"上，后来一直传抄，传授给"子张氏之儒"。
言行的忠信，成为子张氏之儒非常重要的一种思想。

15.7 子曰："直哉史鱼！邦有道如矢，邦无道如矢。君子哉蘧伯玉！邦有道则仕，邦无道则可卷而怀之。"

　　此条也见于安徽大学藏战国楚简《仲尼曰》："仲尼曰：直哉史鱼！
邦有道如矢，邦无道如矢"[2]。在此，孔子同时赞誉了两种面对无道政
治的人生态度。第一个是史鱼，即史鰌，郑玄的注说此人是卫国大夫。
他最著名的事迹是对卫灵公的"尸谏"：他死前告诫儿子，我活着不能

1　邢义田：《地不爱宝：汉代的简牍》，中华书局，2012 年，第 35—38 页。
2　安徽大学汉字发展与应用研究中心编; 黄德宽、徐在国主编:《安徽大学藏战国竹简（二）》，
中西书局，2022 年，第 80 页。

劝国君重用贤人蘧伯玉，也未能使国君远离男宠弥子瑕，这是我的过错。我死后，把遗体置于窗户下就行了。结果，卫灵公来凭吊，看遗体没按礼制陈放，问了才知缘故。在惭愧之余，便按照史鱼的遗愿，改过自新，重用蘧伯玉，远离弥子瑕。此事见于《新书·胎教》、《大戴礼记·保傅》、《韩诗外传》卷七、《新序·杂事》、《孔子家语·困誓》[1]。按此说，史鱼至死都还用"尸谏"的方式参与了卫国之政，是至死不能忘怀国事的典型。因此，孔子感慨他是正直如矢之人，即使面对无道，也不放弃原则。

另一人则为蘧伯玉，他的美德，与史鱼有所不同。他在有道之邦入仕，但遭遇无道之政，便不会如史鱼那样去碰得头破血流，而是选择离去。在上博楚简《弟子问》简19中，孔子曾将蘧伯玉与子路进行比较："巨（蘧）白（伯）玉佳（止）虐（乎），子牌＝（雍雍）女（如）也；丌（其）圣（听）子逐（路）迸（往）虐（乎），子噩＝（愕愕）女（如）也。曰：'女（汝）戜（诛）……。'"[2] 竹简的内容很清楚："蘧伯玉不仕危邦，孔子很高兴；听闻子路往仕（卫国），孔子惊愕地说：'你恐怕有杀身之祸。'"[3] 竹书中记载表明，孔子对蘧伯玉拒绝在无道的社会出仕表示赞赏，而对于子路奋不顾身最终杀身成仁表示惋惜。

这一态度，并非表明孔子主张放弃对社会的责任，以保全性命为第一要务。实际上，考虑到子路参与卫国这一危邦的政治斗争，只是蒯聩

1　程树德撰，程俊英、蒋见元点校：《论语集释》第四册，中华书局，2008年，第1068页。
2　马承源主编：《上海博物馆藏战国楚竹书（五）》，上海古籍出版社，2005年，第278页。
3　苏建洲：《〈上博五·弟子问〉研究》，《"中央研究院"历史语言研究所集刊》第八十三本第二分，2012年，第223页。

与出公父子之间的乱政，谈不上有价值维度特别高远的正义诉求。子路愿意在危邦中献身，仅仅是出于"食其食者，不避其难"的私人忠诚（《史记·仲尼弟子列传》）。为主君殉死，属于远古、殷周以来的古老传统，虽然也具有某种道义价值，但实在谈不上深刻与高远。因此，子路死于危邦，孔子表示惋惜，这实在不值得。但这并不表明，孔子仅仅主张明哲保身。实际上，在孔子那里，不顾个人安危，以死抗争的箕子就获得了"仁"的高度评价，而选择"危邦不入"，逃离商纣统治的微子，也同样获得了"仁"的好评（见《微子》18.1 章）。

史鱼的性格与行动，类似箕子；而蘧伯玉的选择与观点，接近微子。而这前后两组貌似"矛盾"的选择，居然都受到了孔子的好评。这表明，决不能以机械的认知方式简单地归纳出一条"孔子的价值标准"。在孔子那里，不能忘怀于天下，以捍卫正义原则为己任的信念，与圣贤推崇审慎的美德观之间并不构成一种矛盾。关键在于，这其中既要考虑到选择者求仁得仁的信念，也要考虑到他所为之奋斗的目标在价值系统中具有怎样的位置。总之，这些都取决于具体的语境、选择环境，不可作公式化的误读。

15.10 子贡问为仁。子曰："工欲善其事，必先利其器。居是邦也，事其大夫之贤者，友其士之仁者。"

子贡请教行符合仁之事，孔子说，首先要和一个诸侯国的士大夫搞好关系，尤其是亲近同一级士人中的"仁者"。这就好比是工匠要干好活，就一定要先磨砺好金属工具一样。建立起与贤人、仁人的交往圈子，

图 15.8　郑州商城出土打磨青铜器表面毛刺的砺石

这是为仁的先决条件。

"利"字，清人惠栋曾指出《古论》作"利"，冯登府则谈到了《鲁论》作"厉"[1]。实际上，这个"厉"字正是古人用以磨砺金属工具的石块（图 15.8）。李济先生就总结到，殷代的武士必然配置砺石，用以磨砺青铜武器[2]。在殷墟常有青铜戈和磨砺所用砂石块一起出土的现象[3]。这种现象说明，砂石块可以磨砺戈刃，正是"工欲善其事必先利其器"。由于青铜戈的保养十分重要，因此磨砺青铜用的砺石常与之一起出土。用于磨砺戈的砺石在考古中多有发现，张光直先生就指出，砺石的作用明显与现代士兵所配备用于枪械润滑功能的"小油听"相似[4]。除了打磨武器之外，先秦时期铸造出来的各类青铜器表面的毛刺，也都需要用砺石加以打磨，让其更加光洁。

因此，"利其器"指的便是用砺石磨砺青铜工具。那么，如果要追求"仁"的境界，就需要人生中的砺石，来磨砺自己的人格之器，最后才能达到"仁"。

1　程树德撰，程俊英、蒋见元点校：《论语集释》第四册，中华书局，2008 年，第 1075 页。
2　李济：《殷商时代的历史研究：并由此窥测中国文化的渊源及其所代表之精神》，见张光直等编：《李济考古学论文选集》，文物出版社，1990 年，第 826 页。
3　中国社会科学院考古研究所安阳工作队：《1984 年秋安阳苗圃北地殷墓发掘简报》，《考古》1989 年第 2 期，第 125 页；中国社会科学院考古研究所安阳工作队：《1980—1982 年安阳苗圃北地遗址发掘简报》，《考古》1986 年第 2 期，第 114—117 页。
4　张光直著，张良仁、岳红彬、丁晓雷译：《商文明》，辽宁教育出版社，2002 年，第 187 页。

　　孔子的意见是，侍奉贤大夫，与仁德之士交朋友，在这样的人际关系中来磨砺自己的人格之器。这里，孔子将子贡与士的关系视为"友"，即一种平等的朋友关系，他也是将子贡视为"士"。换言之，在孔子看来，商人可以是士，士也可以是商人，这是一个非常重要的观点，有助于我们理解儒学中的士商关系。

　　余英时先生曾注意到，随着明代中后期商品经济的长足发展，在思想史中出现了"士商一体"的观念。例如，晚明的李维桢就在一篇为盐商撰写的墓表中指出"士商异术而同心"，"异业而同道"。他还谈到，商人希望其侄儿"处乎儒若贾之间"。余英时先生还根据一些 16 世纪的晚明资料发现，这一时期的商品经济不断扩展，商人逐步发展了一个"自足"的世界。尤其值得注意的，便是商人的士人化，同时也是士人的商人化。"贾而士行"，被视为褒词[1]。余英时先生对中国文化中士商一体现象及其观念的研究，揭示出一项重要的发现——儒学思想并不能简单地以"重农抑商"而一概论之。重视"耕战"与农民们"编户齐民"的观念，本身便是战国秦汉以来法家专制主义的余绪。从商鞅开始，便制定了打击商业贸易与商人的政策，要求将人民束缚在土地上，便于其"国家社会主义"之控制[2]。对法家的秦国来说，打击的对象既包括

1　余英时：《士商互动与儒学转向》，见余英时：《现代儒学的回顾与展望》，生活·读书·新知三联书店，2005 年，第 194—213 页。

2　李竞恒：《墨家与通往奴役之路》，《社会学家茶座》2013 年 1 辑，山东人民出版社，第 30 页。哈耶克认为，"国家社会主义"同样适合于描述前现代的国家控制模式，例如早期的古埃及实行了较为自由的经济制度，但这一趋势后来被破坏，导致其十八王朝实行了"国家社会主义"。哈耶克也认为，古罗马的衰落是因为从公元 2 世纪起实行了"国家社会主义"的结果。分别见〔英〕弗里德里希·奥古斯特·哈耶克著，冯克利、胡晋华等译：《致命的自负》，中国社会科学出版社，2011 年，第 33 页；〔英〕弗里德里希·奥古斯特·哈耶克著，杨玉生、冯兴元、陈茅等译：《自由宪章》，中国社会科学出版社，2012 年，第 247 页。

了商人，也包括了游士[1]。对于真正信奉"重农抑商"的法家政治来说，独立的士、商都被视为敌对和需要打击的对象。

晚明社会出现了"士商一体"的观念，对于儒学思想史来说，并不是第一次。因为在孔子与子贡的这番谈话中，孔子已经将商人子贡视为"士"。在孔子这里，士商本来就可以是一体的。晚明社会提出的"士商异术而同心"，"异业而同道"，本身便可以被视为儒学思想内在逻辑的延伸，当这一思想资源获得外部社会发达的市场回应之后，则自然拓展了儒学价值观与解释力的丰富性。

15.11 颜渊问为邦。子曰："行夏之时，乘殷之辂，服周之冕。乐则《韶》、《舞（武）》。放郑声，远佞人。郑声淫，佞人殆。"

孔门的高足颜渊向孔子请教"为邦"之道，孔子极为欣赏颜渊，因此给出的答案，也具有很高远的理想。"为邦"一词，也见于九店楚简[2]，意思便是治国之道。

孔子认为，最佳的治国之道，需要整合夏商周三代的优势，将历法、器用、礼乐结合得恰到好处。首先，历法上需要用夏代的夏正历法，这一历法的特点，是岁首建寅。殷历法是岁首建丑，周历法为岁首建子。孔子高度推崇夏正之历，因此孔门弟子曾皙在给儿子取名时，就接受了这一观点，将夏正历法中特别受尊崇的"参宿"，作为儿子曾参之名（见《学而》1.4章）。从考古资料来看，长沙子弹库帛书、睡虎地秦简《日

1　徐复观：《两汉思想史》第一卷，华东师范大学出版社，2002年，第72页。
2　湖北省文物考古研究所、北京大学中文系：《九店楚简》，中华书局，2000年，第50、111页。

书》都可以证明楚国使用的是夏正历法[1]。《左传》中的记载可知，晋
国也是使用的夏正，但出土晋侯编钟则是用周正。出土的蔡侯编钟，也
是行夏正之历，还有一些东周青铜器，使用的也是夏正历法[2]。换言之，
夏正作为历法，在当时一些诸侯国中仍在继续使用，是一种并不算脱离
现实的历法。

在车制方面，孔子认为殷代的大辂很好。曾侯乙墓竹简中就有"路
（辂）车"、"大路（辂）"的记载。天星观、新蔡楚简中也有"大路
（辂）"、"戎路（辂）"等记载[3]。大辂，也就是一种大马车。很早
就有学者谈到，考古证据表明殷代马车是从外族传入[4]。如古代西伯利
亚的安德罗诺沃人（Andronovo people）处借鉴而来。内蒙古阴山的岩
画、俄国乌拉尔山的辛达雪塔（Sintashta）古墓中有发现。显示了中国
古战车在设计与技术特征上与北方地区的相似性[5]。上古汉语中的"马"、
"车"二字都源自西北的古代印欧语[6]。南哈萨克斯坦卡拉塔乌（Karatau）
山脉的岩画中就有马车形象，时代为公元前二千年末叶或稍晚[7]。这处

1　李零：《长沙子弹库战国楚帛书研究》，中华书局，1985 年，第 30 页。
2　李学勤：《由蔡侯墓青铜器看"初吉"和"吉日"》，见李学勤：《夏商周年代学札记》，
辽宁大学出版社，1999 年，第 97—103 页。
3　萧圣中：《曾侯乙墓竹简释文补正暨车马制度研究》，科学出版社，2011 年，第 174—175 页。
4　徐中舒：《北狄在前殷文化上之贡献：论殷虚青铜器与两轮大车之由来》，见徐中舒：《先
秦史十讲》，中华书局，2009 年，第 48 页。
5　Nicola Di Cosmo, Ancient China and It's Enemies: The Rise of Nomadic Power in East Asian
History, Cambridge University Press, 2002, PP54—55.
6　周及徐：《汉语和印欧语史前关系的证据之二：文化词汇的对应》，见周及徐：《历史语
言学论文集》，巴蜀书社，2003 年，第 159—160 页；梅维恒：《古汉语巫（Mag）、古波斯
语 Magus 和英语 Magician》，见［美］夏含夷主编：《远方的时习：〈古代中国〉精选集》，
上海古籍出版社，2008 年，第 77—78 页。
7　［美］夏含夷：《中国马车的起源及其历史意义》，《古史异观》，上海古籍出版社，2005 年，
第 110—112 页。

岩画中的马车形象🐎，与甲骨文的"车"🚗字完全一致。山东滕州前掌大遗址出土商代晚期的马车通过复原，车上还安装有遮阳的伞，以及防御的大盾（图 15.9）[1]。

殷代大辂的形制，实际上是自西北外族传入，但这并不会降低中国文化的地位。正如徐中舒先生在考证殷代大车源自北狄的那篇文章中所总结，华夏祖先能取得高度繁荣的文明，恰恰是能够迅速地汲取"他人之长"并迅速融汇为己有，且能"发扬而光大之"的结果。在这一吸取精华并发扬光大的精神下，异族的马车变为了华夏文化的大辂，此一后起器物受到了孔子的高度评价。

图 15.9　复原的前掌大遗址商代晚期马车

对"冕"的考证，见《泰伯》8.21 章。虽然殷代铜器铭文中已有"冕"字，但冕作为一种礼仪制度，是在周代成熟的。因此，孔子认为周代的冕最佳。冕制伴随着华夏周制而共存，随着秦政崛起而遭到废黜。很多人想象中，包括历史一般教科书中，秦皇、汉武都是戴着冕旒的形象。但实际上，这些秦政大君并没有戴过华夏周制之冕。《晋书·舆服制》记载："秦变古制，郊祭之服皆以袀玄，旧法扫地尽矣。汉承秦弊，西京二百余年犹未能有所制立。及中兴后，明帝乃始采《周官》、《礼记》、《尚书》及诸儒记说，还备衮冕之服"。这就是说，秦政摧毁了古老华夏的封建礼乐传统，秦始皇、汉武帝都不再穿戴周制的冕。整个西汉两

1　李森、刘方、韩慧君、梁中合：《前掌大墓地马车的复原研究》，见中国社会科学院考古研究所：《滕州前掌大墓地》下册，文物出版社，2005 年，第 635 页。

百年，也未能重建冕制。一直到东汉时期，，才通过对古书的考证，而重建起冕的制度。对此，《隋书·礼仪七》记载："服冕以朝，实著经典。秦除六冕之制，后汉始备古章。"这些都表明，华夏周制崩溃之后，孔子所推崇的冕制也随之消亡。秦和西汉那种秦制政治文化氛围下，就根本没有冕的存在。一直要到了顾炎武所盛赞的"三代以下，风俗之美，无尚于东京者"的东汉时代，才有了复古的氛围，去重建了冕制。自此以往，虽有冕制，但却仅限于宗庙、祭祀等场合，也不像是周代那样，属于常服了。

另外，在礼乐方面，孔子认为最典雅高贵的，还是古朴的《韶》乐，是用陶埙吹奏的（见《述而》7.14 章）。这里的"乐则韶舞"，根据俞樾，应读为"乐则《韶》、《武》"，"舞"是"武"字的通假。这样解释，就很通顺了，程树德先生颇为赞同此说[1]。当然，《武》乐虽然美妙，却还达不到《韶》的至善至美。

在有了好的历法、器用、服装、礼乐之后，还应该远离低俗的趣味与奸佞之人。孔子说的"放郑声"，便是远离当时低俗的流行音乐。郑卫之声，向来以低俗而著称，孔子希望将其"放"了。"放"是什么意思？有人认为，"放"是彻底消灭，如朱熹就认为要将这些低俗音乐全部"禁绝之"，李零则理解为"不灭不行"[2]。但考察"放"字的古义，"放"字指的是驱逐，而不是灭绝。《说文》："放，逐也。"《孟子·万章上》："放驩兜于崇山。"《战国策·齐策》："齐放其大臣孟尝君于

1　程树德撰，程俊英、蒋见元点校：《论语集释》第四册，中华书局，2008 年，第 1086 页。
2　李零：《丧家狗：我读〈论语〉》，山西人民出版社，2007 年，第 275 页。

诸侯。"《史记·屈原贾生列传》："虽放流，眷顾楚国，系心怀王。"
早期文献中，"放"字主要讲放逐，而不是灭绝。《礼记·乐记》中就
谈到郑卫之音是淫乐，有害于德，因此"祭祀弗用也"。在此，并没有
谈到郑卫之音有害于德，因此就要"禁绝"，就要"不灭不行"，而只
是说不能让这些东西登上宗庙祭祀的大雅之堂。

　　因此，这里的"放"应该理解为驱逐，而不是用暴力彻底禁绝。从
《乐记》来看，驱逐是指将这些低俗音乐从庙堂上赶下去，所谓"恶紫
之夺朱"。换言之，孔子只是希望庙堂政治有一个载德厚重的礼乐文化，
而不是要将草根文化赶尽杀绝。他希望的是把两者分开，庙堂的归精英，
市井的归草根，将草根文化从庙堂"放"出去就行了，并不是要加以彻
底毁灭。对于草根社会的低俗文化，当保护其"消极自由"，同时在有
条件的情况下再以"积极自由"加以引导。

　　君子精英依靠德来感化社会，而不是靠暴力镇压来强行禁止。正如
前文依靠郭店楚简等出土文献复原的孔子思想，"民可使道之，不可使
折之"（见《泰伯》8.9 章）。对低俗无德性的草根文化，暴力禁止不了，
民众也不会被暴力折服。君子为政，要做的只是不要让草根入侵庙堂，
维系住夏正历法、殷人大辂、周人之冕、陶埙的《韶》、《武》等为代
表的最高礼乐文化就行了。

15.14　子曰："臧文仲其窃位者与（欤）！知柳下惠之贤而不与立（位）也。"

　　孔子曾批评过臧文仲的奢侈、僭越周天子之礼等不足。在此，他又
批评了臧文仲不能用人的缺点。在此，孔子专门提到了一位贤人柳下惠。

柳下惠，即《左传·僖公二十六年》中的展禽，此人属鲁国的展氏，名获、字禽。《庄子·盗跖》的《疏》中说，"柳下"是他的封地，也有说法是他的居住地。根据《世本》的记载，展氏是鲁孝公的儿子公子展的后裔[1]。按此，则展禽的家族属于鲁国世族，虽然不甚显赫，但有小块世袭封地，则属于一位有"氏"的小贵族。清人阎若璩认为，展禽的封地"柳下"位于齐国之南，鲁国之北，两国交界之处[2]。《国语·鲁语上》记载臧文仲让国人去祭祀海鸟，遭到了展禽的批评，臧文仲听后深表赞成，还专门让人将这席话记载下来，送给司马、司空、司徒。据此，可知展禽确实是一位贤人，不但敢于指出执政上卿的错误，而且说出了颇有见识的一席话。臧文仲显然很清楚展禽的贤德，却并未举荐他坐上高位。

在《荀子·大略》中，记载子夏赞美柳下惠"与后门者同衣而不见疑"，清人王先谦引《毛诗·小雅·巷伯》故训传"妪不逮门之女，而国人不称其乱"来加以解释。前人解释此条，不能理解"同衣"的含义。正如前文笔者引用云梦秦简《日书》中"夫妻同衣"即夫妻同房的例子（见本书《乡党》10.5 章），先秦的"同衣"是同寝衣，也就是男女同房。"后门者"，说的即是从后门求入的女子。由此可知，至迟在战国晚期，人们已经普遍相信柳下惠是一位"坐怀不乱"的君子。当然，那时还没有"坐怀不乱"的柳下惠形象，而是与女子同房且同盖寝衣而不乱，后来演化为"坐怀不乱"。无论怎样，至迟在战国晚期人们看来，

---

1 〔清〕秦嘉谟等辑：《世本八种》，中华书局，2008 年，第 197 页。
2 程树德撰，程俊英、蒋见元点校：《论语集释》第四册，中华书局，2008 年，第 1095 页。

柳下惠是一位能以礼自制的君子，这是毫无疑问的。这一形象到了汉代，流传更广，在武梁祠石刻中就出现了柳下惠怀抱女子的图像（图15.10）。柳下惠在一棵树下，抱着一位女子，树上有鸟，旁边还有一只舞蹈的熊。

图 15.10　汉武梁祠石刻中的柳下惠坐怀不乱

柳下惠"同衣而不见疑"，"坐怀不乱"的传说，并不见于早期儒家文献或其他子书，可能属于子夏一派后学或荀子学派重视礼法而编撰的寓言。在《论语》、《国语》等早期文献中，柳下惠都是以"贤"而闻名。这里，孔子再次批评了著名的臧文仲，说他知道柳下惠的贤德，却不给他高位。这里的"立"字，俞樾在《古书疑义举例卷一·异字同义例》中就谈到，这里的"立"应该读为"位"，"言知柳下惠之贤而不与禄位也"。

从这里可知，孔子的政治思想中，"尚贤"具有非常重要的地位。考虑到从《左传》反映的春秋时代思想环境来看，"尚贤"的思想并不是当时话语的一部分，甚至晏子等贤相都反对尚贤[1]。因此，臧文仲重视世卿制度，并不尚贤的行为，在当时并不算一种错误。但孔子通过对历史人物臧文仲的批评，实际上表达了自己主张打破世卿制度，在尊敬旧贵族的同时，也能引入"尚贤"政治实践的理想。

1　［以］尤锐著，孙英刚译：《展望永恒帝国：战国时代的中国政治思想》，上海古籍出版社，2013年，第147页。

15.24 子贡问曰："有一言而可以终身行之者乎？"子曰："其恕乎！己所不欲，勿施于人。"

这一段中"己所不欲，勿施于人"的教诲，早已成为至理名言而脍炙人口。而最为有趣的是，与孔子这一思想类似的伦理观念，在古代基督教、印度教、琐罗亚斯德教（Zoroastrianism）等不同古老传统中都有表述。例如，在基督教的《新约·马太福音》、《路加福音》中，都谈到"你们愿意人怎样待你们，你们也要怎样待人"[1]。在古代波斯琐罗亚斯德、印度《摩诃婆罗多》中也都有类似的价值表述。"己所不欲勿施于人"的原则，被托马斯·杰克逊（Thomas Jackson）称为人类伦理观念中的"道德黄金律"[2]。实际上，正如阿马蒂亚·森所发掘的那样，在古代中国、印度、伊斯兰等不同文化中，都存在对自由、宽容等价值观的诉求与文化资源[3]。这一道德黄金律的原则，也适用于所有不同的民族。

余英时先生谈到："'己所不欲，勿施于人'则是'君子'的最低标准，这应是人人都能做得到的。故孔子以为这是'一言而可以终身行之者'。如果连这一点也做不到，那当然便不能算是'君子'了。"[4] 余英时先生的观点很有道理，孔子在此提出的"己所不欲，勿施于人"，正是恕道的践行原则。如果不具备恕道，那就连君子最基本的要求也没

1　《马太福音》7：12、《路加福音》6：31，《耶经》和合本。

2　许明龙：《"己所不欲，勿施于人"与道德黄金律》，《中华读书报》2012 年 6 月 13 日，第 10 版。

3　［英］阿马蒂亚·森著，任赜、于真译：《以自由看待发展》，中国人民大学出版社，2002 年，第 238—242 页。

4　余英时：《中国思想传统的现代诠释》，江苏人民出版社，1989 年，第 169 页。

达到，还遑论其他？

很多人指责儒家搞双重标准，对他人用道德高标准，对自己要求就没那么高，因此是"己所不欲，施之于人"。但实际上，这是很大的误解。正如前文引上博楚简《仲弓》的"先有司"部分（见《子路》13.2 章），古儒要求政治精英必须劳作在前，才能成为普通民众的表率。汉儒孔安国在解释《论语·里仁》时，就提出："小人不能为君子之行，非小人之过，当恕，而勿责之。"可知，儒者并不要求庶民小人做到"君子之行"，对于普通民众，保持一种恕道，不去谴责他们。体现在道德要求上，早期儒家对道德和修身的要求，仅仅是对各级政治精英而提出来的，而不是对民众的要求[1]。而杜维明先生也谈到，儒家的"礼"，对老百姓的约束一般较少，但对社会精英的约束很大[2]。

实际上，即使是到晚清、民国那些深受儒学熏染的早期现代学者，仍然具有对精英严格要求，对民众宽松要求的思想。如章太炎就批评戴震的情欲思想，认为这不能作为精英的持身标准。而蔡元培一边欣赏李卓吾的情欲思想，一边践行刘宗周的修身。"以最宽容的态度处理众人欲望之事，但以严格的锻炼对待自己"[3]。儒学讲究严格对待精英，也严格要求自己，但对普通民众"当恕"、"勿责之"。这一原则，恰恰不是"己所不欲，施之于人"，而是"己所不欲，勿施于人"的放大。

1　陈来：《竹帛〈五行〉与简帛研究》，生活·读书·新知三联书店，2009 年，第 45 页。
2　河西：《自由的思想：海外学人访谈录》，生活·读书·新知三联书店，2012 年，第 33 页。
3　王汎森：《中国近代思想与学术的系谱》，吉林出版集团，2011 年，第 136—137 页。

15.26 子曰："吾犹及史之阙文也。有马者，借人乘之。今亡矣夫！"

关于此段的理解，历来分歧很多，关键在于这段话确实很令人费解，"史之阙文"究竟是什么？"有马者借人乘之"又是指的什么事？均不甚清楚。《集解》说"史之阙文"指古史习惯好，不懂的知识就不写，很有分寸。而"有马者借人乘之"说的是烈马不能调教，就拿去给别人用，皇侃的说法也较为类似[1]。甚至连杨伯峻先生也大致是这样理解的[2]。还有人认为，"史之阙文"和"有马者"的内容没什么关系，"有马者借人乘之"这七个字是衍文，类似于郢人写书"举烛"一类的错误[3]。还有人将"有马者借人乘之"理解为孔子曾从学过的老师们，说他们将"史之阙文"毫无保留地传授给自己[4]。

周策纵先生则认为，孔子是说过去的史官们缺少"文"，因此动辄将车马借给庶人，而不考虑礼制的等级规则，太过于"质"，不过现在没有这种现象了[5]。周先生的考证繁复，但却未考虑到古儒的历史观都是厚古薄今，而非自晚清以来接受了社会进化论的史观。因此，孔子谈论过去，自然是以厚古而薄今，而非批评过去不好。况且周先生的立论，是春秋晚期之前礼制等级观念不严，因此贵族动辄以车马借给庶民，并毫不介意。但从考古资料来看，孔子之前的殷周，礼制等级观念比孔子时代严格得多，车马更是贵族精英的重器，不但数量少，而且极其贵

---

1 程树德撰，程俊英、蒋见元点校：《论语集释》第四册，中华书局，2008年，第1113页。

2 杨伯峻：《论语译注》，中华书局，1980年，第167页。

3 黄怀信：《论语汇校集释》下册，上海古籍出版社，2008年，第1421页。

4 蔡英杰：《〈论语〉一则》，《古汉语研究》2000年第2期，第69页。

5 周策纵：《说〈论语〉"史之阙文"与"有马者借人乘之"》，见《周策纵自选集》，山东教育出版社，2004年，第139—177页。

重，得到了精心的养护。当时，车马甚至与某种宗教观念紧密配合在一起[1]，根本不可能动辄借给庶民。因此，周策纵先生的解释，也是不成立的。

笔者认为，这段话确实难以理解，但对其进行解释，仍然是有可能的。以上诸说，都有缺陷，如《集解》说烈马不能调教，就拿去给别人用，这显然不是一种美德，孔子也没必要惋惜这一风习的消失。至于说"有马者借人乘之"是衍文，也缺乏足够的理由。尤其是，古代文献多脱漏，但衍出七个字的现象还是很少见。如果说在既没有考古证据，也缺乏最具有说服力的传世训诂资料情况下，要对这句话进行理解，可能就需要对当时的历史语境进行思考。

朱熹的注说，这句话体现了当时的"时变之大者"。笔者认为，朱熹的这一解释，值得注意，这段话确实体现了孔子早年与晚年之间社会的巨大变化。顾炎武在《日知录》中曾感慨："春秋时犹尊礼重信，而七国则绝不言礼与信矣；春秋时犹宗周王，而七国则绝不言王矣；春秋时犹严祭祀、重聘享，而七国则无其事矣；春秋时犹论宗姓氏族，而七国则无一言及之矣；春秋时犹宴会赋诗，而七国则不闻矣；春秋时犹有赴告策书，而七国则无有矣。邦无定交、士无定主。此皆变于一百三十三年之间"[2]。顾炎武早就敏锐地发现，春秋与战国之交的短暂时间内，从政治结构、礼仪制度到世道人心与风俗习气，全部都发生

1　李竞恒：《干戈之影：商代的战争观念、武装者与武器装备》，中华书局，2024 年，第 401—407 页。

2　〔清〕顾炎武著，黄汝成集释：《日知录集释》中册，上海古籍出版社，2006 年，第 749—750 页。

了翻天覆地的变化。这一剧变，也就是从春秋晚期开始的。

换言之，生活在礼崩乐坏、秩序瓦解春秋晚期的孔子，对时代之变，有敏锐的对比与感受。他出生在公元前552年（或公元前551年），这一时期，社会虽然在缓慢地走向变化，但仍旧更多保留着西周以来的古老传统。"史之阙文"的"史"，很可能所指是古老的史官文化，那些周公之道的尾迹，孔子还曾亲身经历过，但现在却已失传，成为了"阙文"。在他早年生活的时期，还经历过鲁国封建时代那些最后的秩序。二十岁时，孔子还是一个士等级的最低级贵族，而他长子伯鱼出生，鲁昭公还派人赐给他鲤鱼作为礼物。当时鲁国各种小共同体温情脉脉的残存文化还在，人们还很淳朴，古老的传统仍旧鲜活。有士人或低级贵族来借马，就爽快地借给别人乘用。这些古朴醇厚的风俗，到孔子晚年的时期，已经基本见不到了，因此感慨"今亡矣夫"。

15.27 子曰："巧言乱德，小不忍［则］，乱大谋。"

黄怀信先生发现，此条的定州汉墓竹简本、高丽本、正平本、天文本、足利本等都没有"小不忍则乱大谋"中的"则"字。因此，他推测这里的"则"字是后人所增[1]。现在出土的先秦文献证据，可以表明这一推测具有相当的理由。在郭店楚简《语丛二》简51中有"小不忍，败大势"之文[2]。郭店楚简中该句，与《论语》这句话的内容是相同的，只是"乱大谋"表述为"败大势"。这样的句子结构，也没有"则"字。因此，

1　黄怀信：《论语汇校集释》下册，上海古籍出版社，2008年，第1421页。
2　刘钊：《郭店楚简〈语丛二〉笺释》，见刘钊：《古文字考释丛稿》，岳麓书社，2005年，第287页。

这句话的先秦抄本面貌，应该是"小不忍，乱大谋"。

孔子这句话，是希望君子不要巧言令色，别从小处着眼，动辄患得患失。君子就应该从大局的视野入手，把握整体和全局，不在细节上患得患失，能隐忍便隐忍，这就要求一位君子必须学会自制力。古代西方的斯多葛主义，便认为自制力是一种美德[1]。懂得自制和隐忍，才可能更好地把握整体和全局。

15.39 子曰："有教无类。"

考古学家苏秉琦认为，孔子说"有教无类"的对象，是指不同的民族。因为春秋时代中原地区人种差别很大，所以"有教无类"并非指社会贫富等级，而是种族特征差别，这是孔子"反对种族歧视"[2]。苏秉琦先生此说，并不符合孔子的思想。《论语》中，孔子就认为"夷狄之有君，不如诸夏之亡也"（《八佾》），他还赞扬管仲，使华夏文明得以免于沦为"被发左衽"的夷狄（《宪问》）。在孔子看来，夷狄文化是野蛮的，远不如华夏文明，因此他不可能宣称自己对夷狄"有教无类"。最为关键的是，没有任何史料证明孔子教育的学生中有外族人。

实际上，孔子这句话，针对的还是华夏社会中的教育情况。只不过，他的教育打破了殷周以来贵族阶层垄断的王官学，将知识向平民的社会等级传播，使得平民阶层的精英能够跻身于"士"的行列。孔子之前，学在王官，教育的都是贵族子弟，平民没有受教育的权利。甲骨卜辞中

1　［古罗马］马可·奥勒留·安东尼著，何怀宏译：《沉思录》，生活·读书·新知三联书店，2009年，第4页。
2　苏秉琦：《中国文明起源新探》，生活·读书·新知三联书店，2001年，第5页。

有"多子徙学"的记载，即殷人贵族子弟前往太学学习。从《麦尊》、《静簋》、《伯唐父鼎》等西周铜器铭文可知，周代的太学又叫辟雍，在太学中举行礼仪、集会、聚餐、练武、奏乐、习射等多种活动，是贵族文化的教育机构[1]。当然，"王官学"也不能被望文生义地直接理解为，商王、周王的王室才设立或掌控的知识与教育垄断。从大量青铜器铭文材料来看，周代称王的诸侯，除了楚、徐、吴、越之外，还有矢、录、乖、吕、隥、豳、申、丰、犬等很多，其中多有长期向周王室效劳的诸侯，属于周人礼乐封建共同体内部的成员。"王"的最初含义，是部族首领。众多地方性之部族首领，所代表的地方性贵族知识，分布在各个诸侯国与领主那里。这些知识并不都是来自天子机构那里，而是共同构成了"王官学"的丰富内涵[2]。

孔子打破了王官学的传统，使得以前只有类似于殷代"多子"这样高贵身份才能接受教育的平台，向所有的社会等级开放。《荀子·大略》中说子路、子贡是"故鄙人也"，表明他们都是平民寒门出身，孔门弟子中甚至有公冶长那样的缧绁之臣。孔子教育这些贫苦出身的弟子，就是"有教无类"。

孔子"有教无类"的伟大创举，深刻地影响了中国"士"的文化，其中也隐含着"起点平等"的价值诉求。正如何怀宏先生所说："'有教无类'，用今天的话说就是'人人我都教育，不加任何区别'。不区

1　杨宽：《周代的贵族教育和重要礼制》，见杨宽：《先秦史十讲》，复旦大学出版社，2006年，第230—243页。
2　李竞恒：《治理的技艺：三代王官学新说》，《原道》第39辑，长沙：湖南大学出版社，2020年，第205—212页。

别地域贫富，而尤其重要的是，不区别血统、出身，不管其来自贵族还是非贵族……也就是说，人人都应当享有平等的受教育的机会。考虑到古代教育资格与其他人们所欲对象（名望、权力、财富）的紧密联系，这中间还隐含着要求人们发展自己的机会平等、起点平等"[1]。何怀宏先生对孔子"有教无类"思想的分析，有深刻的认识。将教育从封闭的贵族血统—政治剥离出来，向全社会所有人开放，实际上便使得一切人都获取了提升自己社会地位的机会。

孔子反对实质平等，但他赞成并实践起点正义、机会平等的原则。如果有一个起点平等的游戏规则，那就使得最贫寒的人们也具备了改变自己命运的可能与机会。

15.42　师冕见，及阶，子曰："阶也。"及席，子曰："席也！"皆坐，子告之曰："某在斯，某在斯。"师冕出，子张问曰："与师言之道与（欤）？"子曰："然，固相师之道也。"

如前文中所分析，先秦时期的瞽者在礼乐文化中享有崇高的地位，因此孔子对瞽者也非常尊敬（见《子罕》9.10章）。大量的材料显示，先秦礼乐文明中的乐师，一般都是盲人瞽者。实际上，盲人由于丧失了视力，因而对诗歌、音乐等知识往往具有超凡的天赋与领悟力，在诗教传统中扮演了重要的角色。古希腊的荷马史诗，在希腊社会中具有类似中国"经学"的崇高地位[2]。

1　何怀宏：《世袭社会：西周至春秋社会形态研究》，北京大学出版社，2011年，第169—170页。
2　刘小枫：《〈弓弦与竖琴〉中译本前言》，［美］伯纳德特著，程志敏译：《弓弦与竖琴：从柏拉图解读〈奥德赛〉》，华夏出版社，2003年，第1—6页。

根据维柯的研究，荷马就是一位盲人，"Homēros 在伊阿尼亚土语里意思就是'盲人'。"而且《奥德赛》中歌唱的诗人们往往也是盲人，他们为贵人在筵席、求婚欢宴上歌唱。维柯谈到，这些盲人都具有惊人的记忆力。翻译维柯作品的朱光潜先生，在这一结论的注释中提到，中国过去的说书人、算命先生等也往往是盲人，可以作为旁证[1]。当然，后世的盲人，只能说书、算命，或是如瞎子阿炳那样在街巷中流浪。但他们的祖辈，即那些能吟诵诗歌、作乐、交通鬼神的先秦瞽者，则享有崇高的社会与文化地位。他们在庙堂之上演奏黄钟大吕，是宗周礼乐文化的捍卫者，是受到普遍尊敬的知识精英。

因此，要理解孔子对盲乐师的尊敬，就必须回到当时先秦礼乐文化的语境中去，而不能用自己身边瞎子阿炳、算命先生之类的经验去猜想。后人远离了先秦语境，不知道早期经典形成时代盲乐师的崇高地位，因此便以自己生活时代的经验去猜测，从而得出错误的结论。例如，朱熹的注释中，就引用了一种观点认为"圣人不侮鳏寡，不虐无告"，因此孔子对盲乐师好，只是因为可怜他，不欺负他。显然，这种观点是错误的。孔子尊敬师冕，并不是因为这位盲乐师地位卑下、非常可怜，而是因为这些盲乐师精通诗颂、雅乐，即使在礼崩乐坏的时代，也仍然是承载着宗周辉煌礼乐文明的遗老，是可以主持庙堂雅奏，追溯三代隆盛的贤德。

季氏第十六

16.1 季氏将伐颛臾。冉有、季路见于孔子曰："季氏将有事于颛臾。"孔子曰："求！无乃尔是过与？夫颛臾，昔者先王以为东蒙主，且在邦域之中矣，是社稷之臣也。何以伐为？"

季氏讨伐颛臾这事，发生在鲁哀公十年孔子晚年回到鲁国以后。当时有个时代背景，就是在此之前便频繁与作为鲁国附庸的东夷邾国作战。鲁哀公元年（公元前494年）开始，到鲁哀公八年（前487年），光是与邾国的武装冲突就发生了五次[1]。对同样属于附庸的东夷小邦颛臾用兵，也是在这一背景下展开的。这一系列的折腾，其实也正是发生在季氏走向了极度衰败的时候。这次讨伐颛臾后，短短数十年时间内，这个在鲁国政坛上执牛耳多年的强盛世卿，迅速地走向了灭亡，时间当在鲁元公（前429—前408年）时期[2]。可以说，季氏的此次军事行动，正是极度衰败后奋力挣扎，以图挽回颓败之势的最后努力。但这一努力，不但不能取得预期的效果，反而可能激化内部的矛盾。正如孔子所说"吾恐季孙之忧，不在颛臾，而在萧墙之内也"。

颛臾，是山东土著的风姓之邦。位于现在山东省平邑县东柏林镇固城村，故城遗址接近正方形，南北长600米，东西长550米。考古发掘显示，颛臾所在的柏林镇一带在新石器时代的大汶口、龙山时期就有

---

1 程石泉：《论语读训》，上海古籍出版社，2005年，第292—293页。
2 何怀宏：《世袭社会：西周至春秋社会形态研究》，北京大学出版社，2011年，第122页。

丰富的文化遗存[1]。这些考古证据表明颛臾古国具有悠久的历史，是山东地区的东夷原住民。但这个小国虽然古老，规模却并不大，一个正方形的小城，也就几个足球场那么大一点。

从周人早期伐商和东征，并经营"东土"秩序开始，就尊重颛臾等东夷原住民小邦，让其继承古代传统，作为"东蒙主"祭祀蒙山。在蒙山南的蒙阳河东岸，就有颛臾祭祀蒙山的夯土古祭坛遗址，在"学大寨"时期被平毁。二十世纪六十年代在蒙山周边，也还发现有一些遗迹与青铜器[2]。章太炎和杨向奎都认为，颛臾和任、宿、须句等专门祭祀济水、蒙山的小国正是文献中古老的"神守国"，其特点是十分古老，数目众多，且不设兵力，并因祭祀山川神灵而在东方夷族中具有神秘权威。周初东征之时，由于这些神守小国缺乏兵力，因此成为周人的"社稷之臣"。而周人也利用这些神守国在东方夷族心目中的宗教权威，对东土进行控制[3]。二十世纪九十年代，在颛臾故城遗址（图 16.1）中，曾出土过春秋时代的礼器青铜鼎（图 16.2）[4]。高规格礼器的存在，显示出颛臾和神守、祭祀活动之类的关系。

这样的一个蕞尔小邦，一直以来连诸侯的身份地位都没有，只能给鲁国这样的小国做附属国，世代主持蒙山的祭祀，在鲁国的境内，担任鲁君之臣，一直相安无事。颛臾作为鲁国的附庸，在封建法的理解中，

1 　山东省平邑县博物馆：《山东省平邑县新石器时代遗址调查》，《华夏考古》2001 年第 3 期，第 15 页。
2 　顾向明：《余子氽鼎与先秦蒙山祭祀新探》，《临沂大学学报》2021 年第 5 期，第 69—70 页。
3 　朱继平：《从淮夷族群到编户齐民：周代淮水流域族群冲突的地理学观察》，人民出版社，2011 年，第 54—55 页。
4 　郎剑锋：《山东大学博物馆收藏的三件青铜器》，《文物》2016 年第 6 期，第 90 页。

图 16.1　山东平邑县的颛臾故城遗址

图 16.2　颛臾故城出土春秋时代青铜鼎

当然也是在鲁国的"邦域之中",是鲁国的"社稷之臣"。但这时,季康子却忽然打算要拿颛臾开刀,发动战争。冉求、子路将这一消息告知了孔子,遭到了孔子的批评。孔子显然坚持周初以来的传统,以及古老封建法的不成文契约。即封臣履行对上一级封建主的效忠,履行了其封建义务(祭蒙山),其封建主(鲁国)就有保护这一"土围子"的责任与义务。因此要让这些神守国以"文化软实力"的身份担任周人的"社稷之臣",为周人服务。而周人也对这些古老的神守小国实行怀柔,使其保有自己的小共同体自治与文化传统,上下相安,各不相犯。

季氏这种进一步破坏封建契约传统的武断行为,进一步将自己置于僭主的生态位。当游戏规则从遵守古老不成文习惯的"礼",转化为"尚力而不尚礼"的野蛮社会达尔文丛林状态后。像季氏这样去打开潘多拉魔盒的,其实会是第一批遭到反噬而被毁灭的,后来的历史也证明了这一点。

冉有曰:"夫子欲之,吾二臣者皆不欲也。"孔子曰:"求!周任有言曰:'陈力就列,不能者止。'危而不持,颠而不扶,则将焉用彼相

矣？且尔言过矣，虎兕出于柙，龟玉毁于椟中，是谁之过与（欤）？"

　　冉有被孔子批评，赶忙解释，说这是"夫子"要这么干，我和子路两位家臣，可都不同意啊。"夫子"一词，孔门弟子都用来指称老师，但这里用来指称季康子。根据杨宽先生的研究，"夫子"一词最早见于殷周语言，用以指称军队千夫长、百夫长之类的军官。由于军官也兼任教官、教习，因此"夫子"引申为教师[1]。大夫以上的官爵，普遍领兵，所以，季康子也可以被称为"夫子"。

　　见冉有辩解，孔子又进一步批评，指出他们作为人臣，有责任矫正人君，纠正人君的错误。如果你们干不好，还要你们辅佐干嘛？这里，孔子引用了一位远古史官的名言"陈力就列，不能者止"。周任，陈来认为是一位周初的官员[2]。但《尚书·盘庚》中记载"迟任有言曰"，江永就认为，"迟任"便是《论语》中的"周任"。何琳仪先生谈到，"周"与"迟"的上古音是舌音幽脂通转，因此"周任"也就是《盘庚》中的"迟任"[3]。笔者同意此说，周任当为盘庚之前的殷代古史，生活时代极其古老。他的格言，不但在商代被引用，而且一直流传到孔子的时代，被作为厚重的名言。周任这句话，说的就是有多大能力干多大事，干不了就别干。孔子称引，就是告诉两位弟子，辅佐季康子，就得纠正他的错，纠正不了，就别干了。

1　杨宽：《周代的贵族教育和重要礼制》，见杨宽：《先秦史十讲》，复旦大学出版社，2006年，第252—253页。
2　陈来：《古代思想文化的世界：春秋时代的宗教、伦理与社会思想》，生活·读书·新知三联书店，2002年，第145页。
3　何琳仪：《幽脂通转举例》，见《古汉语研究》第一辑，中华书局，1996年，第351页。

孔子又举例子说，老虎、犀牛从兽笼里面跑出来，这是谁的错？珍贵的龟壳、玉器在铜匵中被弄坏，这是谁的错？

兕，见于甲骨文，是一种大犀牛，商王的狩猎中常有捕获，殷墟考古中也有犀牛皮制作的皮甲[1]。"柙"，正如李零先生所说，其古文字象老虎戴着手铐，本指关押老虎或关押老虎的笼子[2]。张政烺先生也谈到，从甲骨文廪辛、康丁卜辞中，即有此"虤"字，一直到孔子时代的东周《庚壶》，仍在使用"虤"字，象老虎为器械所执[3]。秦汉时期豢养老虎等猛兽，还有专门的虎圈啬夫之类专人管理笼中、圈中饲养的虎、兕等猛兽。河南永城保安山汉代梁孝王李后墓，其中18号墓室就是表现饲养猛兽的兽圈所在，四侧有石板围栏形成回廊和护栏，以便于观看猛兽[4]。如果看管不谨慎，猛兽有时会从"虎圈"之类地方溜出去，对人形成危害。如《汉书·外戚传》就记载元帝率后宫观看虎圈，结果发生了"熊佚出圈"的突发事件。显然，"虎兕出于柙"就是虎圈啬夫之类管理者的职责过错与失职。

先秦时期往往用"椟"装珠宝玉器和珍贵的龟壳，"买椟还珠"的典故就与此有关。"楚人有卖其珠于郑者……郑人买其椟而还其珠"（《韩非子·外储说左上》）。椟，字亦作"匵"，是古人盛放珠宝首饰和玉器的盒子，有些是青铜制成。如在山东枣庄市东江村小邾国三号墓中出土一件青铜

1　李竞恒：《干戈之影：商代的战争观念、武装者与武器装备》，中华书局，2024年，第322—325页。

2　李零：《丧家狗：我读〈论语〉》，山西人民出版社，2007年，第286页。

3　张政烺：《庚壶释文》，见《张政烺文集·甲骨金文与商周史研究》，中华书局，2012年，第298—299页。

4　刘超、周亮：《河南永城保安山二号墓18号墓室功能探析》，《中原文物》2021年第4期，第87—88页。

图 16.3　山东枣庄市东江村小邾国三号墓出土青铜匧，《小邾国文化》彩图 25 页

图 16.4　小邾国三号墓出土青铜匧中收藏的玉器

器。李零指出，这一器物，正是古书中的"匧"[1]。到 2021 年底，已经出土发现的铜匧有二十五件，出土铜匧的墓葬等级普遍较高，基本都是墓中出土有三个青铜鼎以上的礼仪配置等级。孔子说收藏在匧中的龟玉被损毁，是有人需要负责的。从考古来看，铜匧中确实有收藏珠宝、玉器的现象。如虢国墓地 M2012 出土铜匧中，就有绿松石、料珠等组成的串饰。在小邾国 M3 铜匧（图 16.3）中，则装有玉玦和玉耳勺（图 16.4）[2]。

老虎、犀牛关在笼子里，有专门的人来负责饲养和管理，正如汉代"虎圈啬夫"之类的人物。但老虎、犀牛从笼子里跑出来，那只能是管理员失职。龟甲、玉器收藏在高等级器物的铜匧中，若是被损坏，自然也是相关管理人的责任。季康子发疯要"打内战"，你们这些当家臣的

---

[1] 李零：《读小邾国铜器的铭文：兼论东江墓地的墓主和年代》，见政协枣庄市山亭区委员会编：《小邾国文化》，中国文史出版社，2006 年，第 176 页。

[2] 孙战伟：《春秋时期铜匧研究》，《江汉考古》2024 年第 3 期，第 94 页。

不去制止，这难道不也是失职吗？

冉有曰："今夫颛臾，固而近于费。今不取，后世必为子孙忧。"孔子曰："求！君子疾夫舍曰欲之，而必为之辞。丘也闻有国（邦）有家者，不患寡而患不均，不患贫而患不安。盖均无贫，和无寡，安无倾。夫如是，故远人不服，则修文德以来之。既来之，则安之。今由与求也，相夫子，远人不服而不能来也；邦分崩离析而不能守也。而谋动干戈于邦内。吾恐季孙之忧，不在颛臾，而在萧墙之内也。"

冉求听了孔子的批评，赶忙解释说，颛臾这蕞尔小邦，又坚固又靠近季孙氏的老根据地费城，现在季氏衰落，还不把它拿下来，以后季氏再衰败下去，恐怕就会被颛臾给有机可乘了。

周初之时，颛臾等神守国兵力可谓不足。但到了春秋晚期，似乎也形成了一定的武力。从颛臾故城遗址的保存情况来看，残存夯土城墙最高处还有十余米，而且城墙规划整齐，可知当时设计时便经过了仔细的规划与营建。这座精心修建的颛臾小城，虽然不大，质量却比较高，是一座坚固的城堡。季氏的主要根据地，便是僻处于鲁国东南的费城。童书业先生说，正是因为费城僻处东南，离国都较远，因此才长期为季氏所有[1]。但此时季氏正在走向衰落，实力大减。更要命的是，本来自己老根据地的优势，是地处偏僻，因此受到的威胁小。但靠近费城的，却有一个颛臾，而且城堡坚固。以前，季氏强盛时，没把颛臾当回事。现在衰落了，突然觉得很有威胁，想先动手，消除潜在隐患。

冉有把季氏的理由陈述一番，也就表明他虽然号称不同意攻打颛臾，

---

1 童书业：《春秋左传研究》，上海人民出版社，1980年，第331页。

但内心其实是同意季康子这一计划的，颇有言行不一的意味。孔子听了这辩解，又批评说，一位绅士身份的人，最忌讳言行不一，还非要胡乱找个借口。对于诸侯和世卿贵族来说，最重要的是有均衡、安定的秩序。不怕资源少，就怕不均衡；不怕经济差，就怕没安定。杨树达先生说"不患寡而患不均，不患贫而患不安"，从下文"均无贫"一语校对，"'寡'、'贫'二字当是互误"[1]。若是按此说，则原文当为"不患贫而患不均，不患寡而患不安"。但二十世纪七十年代出土的金关汉简卅井次东隧简云："《论语》曰：'不患寡，患不均。'"[2]可知汉代写本与传世本一致，恐并非误写，此处仍当以传世本为好。

很多人理解此处，都误以为孔子希望搞平均主义，在经济领域搞社会平等。实际上，孔子的这句话，前提就是对"有国（邦）有家者"之间的关系来说的，针对的是诸侯与世卿贵族之间的关系。对于诸侯和世卿贵族而言，最重要的是均衡的政治关系：既不能是君权扩张，压倒世卿，也不能是世卿扩张，架空诸侯。诸侯、世卿之间的均衡关系，就是孔子主张的"均"。至于"寡"和"贫"，也都是针对诸侯、世卿关系来说的，意思是就算资源少，但只要安定就好，比杀来杀去，破坏了封建时代的不成文游戏规则强。

如果诸侯、世卿的关系均衡，就不会有哪一方特别贫困，国内的资源会有一个比较合理的分布。因此，孔子最重视的，恰恰是国内均衡、合理的政治结构，此种结构能保证安定平和的社会秩序，不会以暴力解

---

1 杨树达：《积微翁回忆录》，上海古籍出版社，1988 年，第 347 页。
2 郝树声：《从西北汉简和朝鲜半岛出土〈论语〉简看汉代儒家文化的流布》，《敦煌研究》2012 年第 3 期，第 66 页。

决资源的分配问题。季康子要动用武装暴力解决国内的政治问题，这恰恰对孔子的"均衡安定"主张是一种破坏。而且动用暴力解决问题，本身便是服膺于暴力主义的逻辑，按照这一新的游戏规则展开，进入丛林法则状态，杀人者终被杀，季氏也会自食其果，引来内乱，即所谓"祸起萧墙"。

16.2 天下有道，则庶人不议。

"庶人不议"一处，孔子说好的政治秩序，庶人们就不会议论纷纷，质疑其合法性。但晚清康有为，六经注我，非要删去一个"不"字，作"天下有道，则庶人议"，注释说"大同，天下为公，则政由国民公议"[1]。康有为的政治观念底色，带有浓厚的民粹主义和左翼虚无色彩，例如这里便是以卢梭式的"人民主权论"来强说古儒，还毫无理由地篡改经文。

这里，孔子说的"庶人"，实际上与"士"的关系非常密切。《周礼·天官·宫伯》中有"王官之士庶子"，当时还没有出仕的贵族卿大夫子弟，就称为"士庶子"。《沇儿钟》铭文中有"以乐嘉宾，及我父兄、庶士"（《集成》00203）。春秋青铜器《邾公华钟》云："台（以）乐大夫，台（以）宴士庶子。"杨树达先生考证，"士庶子"也就是"士庶人"，是为了押韵而改"人"为"子"字。因此，这里显示的信息，实际上便是士与庶人连言，既显示了下级贵族身份的降低，同时也可见庶民地位的上升。《国语·楚语下》中也有"士庶人"的称呼。余英时先生根据这些材料，指出《论语》此处的议政的"庶人"，实为类似"士庶人"

---

1 〔清〕康有为：《论语注》，中华书局，1984 年，第 250 页。

的所指，其中即有"士"在内[1]。

过去论此条者，从未注意到东周文献和考古证据中"庶人"往往也包含了"士"的内容。在此，孔子认为天下有道，则士人、庶民不会批评当局，换言之也就是预设了士人以"道"的担纲者自居。在孔子以前，学在王官，士人也是政治结构中最低级的贵族精英。但由于王官制度的崩溃，士人逐渐从王官制度结构中游离出来，不再是天子诸侯的仆从，而以"道"的捍卫者自居。过去，士只能是王权、贵族的臣仆。而当他们独立出来，以"道"的代表者自居时，实际上也就高于了现实统治者。此处，正是体现了孔子对士人以"道"担纲，批评现实政治的肯定。

16.8 孔子曰："君子有三畏：畏天命，畏大人，畏圣人之言。小人不知天命而不畏也，狎大人，侮圣人之言。"

这里，讲的是敬畏之心。君子经过了人文主义的修养，懂得尊敬三个对象：天命、大人、圣人之言。廖名春先生谈到，这里的"畏"应该训为"敬"，即"敬重"，而不是简单的畏惧。他引用了《广雅·释训》、《礼记·曲礼上》、《大学》、《大戴礼记·曾子立事》等大量文献，证明这些"畏"都是"敬"之义。出土郭店楚简、汉帛书《五行》中的"畏"也是"敬"之义，《论语·子罕》中"后生可畏"也当作"敬"[2]。此说很有道理，孔子讲的，便是君子对天命、大人、圣人之言保持敬意。

君子有贵族精神，死守贵族的伦理、深刻的信念，对厚重的传统与

---

1 余英时：《士与中国文化》，上海人民出版社，2013年，第9—10、40页。
2 廖名春：《〈论语〉"君子有三畏"章新释》，《孔子研究》2011年第6期，第68—73页。

伦理有深刻的敬意。但对民众"小人"而言，柴米油盐才是最真切的信念，菜市场讨价还价，这些才构成了草根民众最真切的意义世界。当然，这不是说自然生活不重要。恰恰相反，东亚文化重视自然语言，重视自然生活本身，这比起陷入各种抽象玄学的生活方式来说，是一种更健康的状态。但重视自然生活，并不意味着就不必保持对天命、大人和圣人之言的敬意。然而一些草根"小人"听到古代圣贤的言论，便会说这是"不接地气"、"迂腐不堪"、"完全没用"之类。

黑格尔说"仆从眼中无英雄"、"不是因为英雄不是英雄，而是因为仆从只是仆从"[1]。仆人之所以能够"狎大人"，因为他看不到，更看不懂高贵的思想与更高的人格深度。这一点，古今中外都相通。在市井小人们看来，圣贤、英雄都是要吃饭穿衣的。至于其不能被理解的那些部分，想必就是迂腐可笑的东西了。对于"迂腐不堪"、"不接地气"的古代圣贤君子，伟大的道德箴言，很多草根民众既不了解，也不愿意去尊敬，甚至拿圣贤开涮，作为嘲讽的对象。

如果说大多数没文化的草根"小人"们缺少教育，因此远离圣贤文化的话。那么一些堕落后的精英与"小人"的合流，或"小人"在掌握了一些知识之后，扮演着反抗精英、主流"大传统"的冲锋者形象。从刘邦这种秦吏出身者向儒士的冠上便溺，到以原始道教攻击儒学的黄巾，以及对士族社会的"复仇者"孙恩、卢循[2]；再到极端"浮薄""放浪"

1　[德]黑格尔著，王时造译：《历史哲学》，上海书店出版社，2006 年，第 29 页。
2　田余庆：《东晋门阀政治》，北京大学出版社，2012 年，第 300—309 页。

反抗士族的晚唐寒人[1]，甚至建议杀光所有唐朝进士的草根文人李振；宋代有"吃菜事魔"之乱。而唐宋以后伴随着金元战乱，以及社会解体，那些流沙性、散沙化的流民博弈文化，更是加剧了"狎大人"文化的传播。在这种背景下，敢于"狎大人，侮圣人之言"的氛围，让政治生态变得更为残酷。到朱元璋不但杀戮、侮辱士人，甚至想诛杀孟子；一直到太平天国"拜上帝教"要焚烧禁绝孔孟之书。"小人"或"小人化的士人"们反抗、侮辱士人精英文化的资源，主要便是底层流氓文化、草根原始宗教。

16.10 孔子曰："君子有九思：视思明，听思聪，色思温，貌思恭，言思忠，事思敬，疑思问，忿思难，见得思义。"

孔子谈到了君子应该有九种考虑，看问题，要考虑看清楚；听言论，要能够不被壅塞；气色，要温和；外貌，要恭敬有礼；说话要能忠信；做事情，要能够敬业；有疑惑，要能够请教；如果愤怒，要能够想到考虑后果；看见有好处，要考虑是否符合正义。

这里的"听思聪"，朱熹的解释，是"听无所壅，则聪无不闻"，意思是什么都要听，不要堵塞言路。上博楚简《竞（景）公疟》简5，记载晏子告诉齐景公要"思圣（听）"，意思是"有一个宽松的环境让人说话"[2]。在古人看来，能开言路倾听，是达到耳聪思明的先决条件。要听言说，就一定要考虑耳聪思明，即"听无所壅"，什么都能听，最

1 余英时：《朱熹的历史世界：宋代士大夫政治文化的研究》，生活·读书·新知三联书店，2011年，第216页。
2 马承源主编：《上海博物馆藏战国楚竹书（六）》，上海古籍出版社，2007年，第175页。

后再作出对比分析，得出正确的结论。这样，自然就需要广听各方之言，要能容得下人说话，有一个宽松的言论环境。

"见得思义"，强调的是在获取利益时，一定要考虑这是否符合正义原则。亚当·斯密认为，正义是撑起整个社会的栋梁，如果没有正义，人会为了利益，变成狮子一样凶狠残暴。因此，自然女神在人类的心中深植自责的意识，好让他们在违反正义时受到惩罚的恐惧，以此来保护弱小，惩罚有罪者[1]。斯密认为，好的开放社会秩序之建立，前提便是基于道德风俗的良善。只有公序良俗的正义社会，才可以与开放的自由市场相配置。孔子要求一位有教养的君子，能够做到"见得思义"，是在获取利益面前考虑这样的途径是否符合正义原则，如果能在这一问题上有所反思，自然有助于培育正义的开放社会。高全喜先生曾谈到，苏格兰启蒙思想家的人性论、道德论与中国的古儒有很多相似之处[2]。对于现代读者来说，孔子思想作为一项宝贵的传统资源，这些都是值得重视和思考的内容。

16.12 齐景公有马千驷，死之日，民无德而称焉。伯夷、叔齐饿于首阳之下，民到于今称之。其斯之谓与（欤）？

这段话前面没有"子曰"，因此该怎么理解，有很多不同解释。朱熹认为这句话本来有"孔子曰"三字，只是传播中掉了，明代的葛寅亮猜这句话应该和前一句联为一章。黄怀信先生认为，这段话和前面一句

1　［英］亚当·斯密著，谢宗林译：《道德情操论》，中央编译出版社，2008 年，第 99 页。
2　高全喜：《休谟的政治哲学》前言，北京大学出版社，2005 年，第 4 页。

没有内容上的联系，因
此不能被硬套为一章。
程颐最早推测，"其斯
之谓与"前面应该是"孔
子曰：诗云：'诚不以
富，亦祇以异。'"另外，
他谈到虽然早期抄本，
如皇本、正平本、天文本、

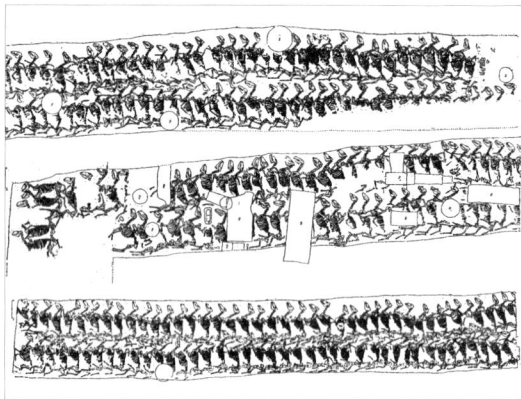

图 16.5　齐故城河崖头齐景公墓旁发现的大型殉马坑

敦煌抄本等中"德"字都作"得"，但仍当以阮元校勘观点为训，本字
为"德"，不是"得"，因为这里谈的还是德性[1]。

齐景公有四千匹马，非常富有，但死的时候，民众说他没什么德性
可被称赞。齐国是大国，财富很多，养马的数量显示了其富有。考古发现，
齐景公不但活着养了很多马，就是死了也还杀了大批的马殉葬，将这些
财富带入黄泉世界。在山东临淄齐国故城东北河崖头村五号大墓发现了
大型殉马坑，有数百匹马，排列成行，马龄多为六七岁口，包以乱席（图
16.5）。整理者分析，这就是齐景公墓的殉马坑[2]。根据梁云先生就发掘
材料的推算，这一大型殉马坑遗址至少殉葬了 600 匹马。他指出，这一
奢侈的殉马发掘遗存，可以与《论语》中"齐景公有马千驷"的记载对
照理解[3]。

1　黄怀信：《论语汇校集释》下册，上海古籍出版社，2008 年，第 1494 页。
2　山东省文物考古研究所：《齐故城五号东周墓及大型殉马坑的发掘》，《文物》1984 年第
9 期，第 14—19 页。
3　梁云：《战国时代的东西差别：考古学的视野》，文物出版社，2008 年，第 111 页。

齐景公活着很有钱，享受生活，不修德性。他死了以后，将600匹马拿来殉葬。如果按照四匹马拉一辆车来算，一个小国才四五百匹马，而齐景公死后厚葬消耗的财富，居然超过了一个小国，其奢侈程度，不难想见。人奢侈到这份上，还想在老百姓那讨好口碑，就实在说不过去了。

与齐景公奢靡形成鲜明对比的，是以德性著称的伯夷、叔齐。根据《史记·伯夷列传》的记载，伯夷、叔齐是孤竹国君的两位公子，互相谦让君位，最后离开孤竹国，投奔周国。武王伐纣，他们表示反对，最后逃到首阳之山，采薇而吃，最后饿死在首阳山，死前还作了一首歌。伯夷、叔齐被饿死的传说，后来越传越神，发展出各种版本。但这里孔子只是说"饿于首阳"，没有说"饿死于首阳"，后来的黄庭坚就认为没有饿死这回事[1]。但无论是否饿死，但他们愿意为了捍卫其道德信念，而过着挨饿的生活，则是可以想见的。

图16.6　曹定云先生所举"猷"族徽铜器铭文例

在1973年辽宁喀左县北洞发现了商代晚期的青铜窖藏，在青铜器上发现了"孤竹"的铭文，李学勤先生推测殷墟卜辞中的"竹"，有的便是"孤竹"的省称[2]。曹定云先生认为，商代铜器中的"猷竹"徽号（图16.6），即是"孤竹"，源自"竹"这一殷人国族。孤竹位于河北北部、辽宁南部沿渤海湾一带。这一国族受到了殷商

1　程树德撰，程俊英、蒋见元点校：《论语集释》第四册，中华书局，2008年，第1165页。
2　李学勤：《试论孤竹》，《社会科学战线》1983年2期，第204—205页。

文化的强烈影响，与商王朝保持着密切的
关系[1]。这些考古资料都表明，孤竹国与商
王朝有紧密的历史联系，其政治、文化与
商朝的历史传统有高度的复合关系。因此，
作为孤竹国公子的伯夷、叔齐，必然对商
朝有深厚的感情，不愿意背叛先祖以来许
多代前即已臣服的商朝，更不愿意背弃深
刻塑造了孤竹国文化的殷商传统。因此最
后，他们宁愿选择挨饿，也不与新起的周
朝合作。

图 16.7 朝鲜燕行笔记《燕纪程》
中，记载朝鲜使臣不接受清皇赐
给的食物，是"不食周粟之义"

伯夷、叔齐这种选择背后，是基于一种对古老历史传统的认同与维
护，对现实利害关系的拒斥，是超功利的文化遗民态度。这种超越了简
单功利的伦理选择，受到了孔子的赞扬。在古儒看来，奢靡而没有德性
的富贵，不过是如同云烟一般，转瞬即逝的虚无，正如齐景公的殉马坑，
葬了就葬了，如果不是考古学家的发掘，也没谁记得他还有个殉马坑。
但伯夷、叔齐坚守志节挨饿的往事，不但在孔子的时代仍然被称扬，在
此后的两千多年，也一直流传于后世。中国文化没有强烈的宗教精神，
而以历史的伦理评判为类似于宗教的功能。体现在对历史人物齐景公、
伯夷、叔齐的评价上，也颇为典型。

笔者在通读朝鲜李朝《燕行录》文献时曾发现，明朝灭亡之后的朝

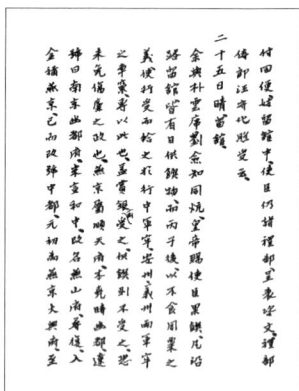

---

1 曹定云：《殷代的"竹"和"孤竹"：从殷墟"妇好"墓石磬铭文论及辽宁喀左北洞铜器》，
《华夏考古》1988 年第 3 期，第 71—83 页。

鲜士人，对于燕行路上要经过的祭祀伯夷、叔齐的"夷齐庙"，有着非常复杂的情感（图 16.7）。因为伯夷叔齐宁死不食周粟，让朝鲜士人在臣服清廷时，感觉到一种羞愧。如蔡济恭在出使时，接受清廷赏赐的葡萄、苹果、紫金梨后，就感慨"此行真愧采薇诗"[1]。明清鼎革之后，朝鲜李朝对于"夷齐庙"的祭祀也特别上心，并专门从朝鲜带来干薇献祭，形成了一种制度："无论四时，例自我国带干薇而来，至此为供"[2]；朴趾源就提到："夷齐庙例为中火站，必供薇蕨，无论四时厨房，自我国持干薇而来，至此为羹，以供一行，此故事也"[3]。可以说，孔子所称赞伯夷、叔齐，作为一种华夏的，最后扩展到整个东亚所共享的伦理精神象征。在酷烈如天崩地裂般的明清鼎革之后，仍然被东亚文化圈的汉字书写中，视为具有凛冽千秋的符号意义，可谓具有不绝如缕的文明星火传承色彩。

16.13 陈亢问于伯鱼曰："子亦有异闻乎？"对曰："未也。尝独立，鲤趋而过庭。曰：'学诗乎？'对曰：'未也。''不学诗，无以言。'鲤退而学诗。他日又独立，鲤趋而过庭。曰：'学礼乎？'对曰：'未也。''不学礼，无以立（位）。'鲤退而学礼。闻斯二者。"陈亢退而喜曰："问一得三，闻诗，闻礼，又闻君子之远其子也。"

陈亢字子禽，是一位来自陈国的孔门弟子，出身于没落的陈国公族

1 〔朝鲜〕蔡济恭：《含忍录》，〔韩〕林基中编《燕行录全集》第十八卷，韩国东国大学校出版部，2001 年，第 378 页。以下所引《燕行录全集》均同。
2 未详：《燕行日记》，《燕行录全集》第九十二卷，第 224 页。
3 〔朝鲜〕朴趾源：《热河日记》，《燕行录全集》第五十四卷，第 39 页。

旁系，身份也是大致在"士庶人"、"士庶子"这种孔门最常见的低级贵族、平民精英交汇的这一阶层。一般人总觉得，人都是自私的，会特别溺爱自己的孩子，将"独门秘籍"传授给子女，但不会轻易将其外传。陈亢就以这样的心思来猜度孔子的。因此，他便想从孔子的长子伯鱼那里，去打听一番。

可伯鱼却回答，自己并没得到什么"独门秘籍"的私传，孔子只给他讲过两个内容，一是提醒他学赋诗，二是提醒他学礼。而这两件事，在西周和春秋的贵族圈子中，哪怕是对最低级的士来说，都属于最常识性的知识。如陈来所说："'诗'是春秋时代文化交往和语言交往的基本方式和手段，至少是贵族礼仪交往所必须的修辞手段。"[1]在《左传》中，引用诗的数量有上百次，重要的礼仪社交都要引诗、赋诗。

例如《国语·晋语五》中记载秦穆公帮助公子重耳成为国君之事，秦穆公先赋《黍苗》"芃芃黍苗，阴雨膏之"，就是隐喻秦国帮助重耳，就像是阴雨帮助黍苗生长一样。秦穆公又赋《鸠飞》"我心忧伤，念昔先人"，意思是自己的夫人穆姬是重耳的姊妹，他们有共同的父亲晋献公，因此会念在这个份上帮助重耳。重耳赋《河水》"沔彼流水，朝宗于海"进行回答，意思是自己当了新国君，一定会像是河水朝宗大海一样服事秦国。秦穆公听了很高兴，又赋诗《六月》"以佐天子"，表示自己不敢当大海，希望重耳能服事并振兴周天子。

说来说去，秦穆公和重耳交流的，也就是一桩普通的政治买卖，却

---

[1] 陈来：《古代思想文化的世界：春秋时代的宗教、伦理与社会思想》，生活·读书·新知三联书店，2002年，第166页。

被搞得富丽堂皇，雍容典雅，一般没受过教育和训练的人，也根本听不懂他们在说什么。这种熟练和灵活选用贵族绅士圈子内专属《诗》中句子，来进行暗示和对话交流的情况，也有些类似于过去土匪或四川袍哥圈子内的专属"黑话""切口"，外人根本听不懂他们在对话什么，如"天王盖地虎，宝塔镇河妖"之类。王笛指出："隐语是一种非常有效地把本组织成员与他人区别开来的工具。"

通过对晚清、民国时代四川袍哥社会的研究显示，袍哥组织成员有自己的内部话语经典《海底》，构成其隐语的资源。"袍哥成员对《海底》的熟悉程度，显示了他们在组织中的地位、经验以及能力，并成为一种验证来人身份的特殊的沟通方式"[1]。在四川方言剧《傻儿师长》中，有一段民国时代四川袍哥圈内的"黑话"对"切口"。土匪首领问："有宝献宝，无宝受考。"樊傻儿回答："同扶汉室，造福必昌。"首领又问："公片宝扎，请拿上符。"樊傻儿回答："金字牌、银字牌，小弟与兄送宝来！仁兄今日得宝后，步步高升坐八抬！"通过一层层内部"黑话""切口"的对接，最终被确定为圈子内中的"自己人"，得到热烈欢迎，并因而最后得以作为一位首领加入该山寨。

与此类似的是，要做一个西周和春秋时代有教养的绅士君子，要得到圈子的接纳与信任，确定自己在诸夏列国绅士圈子中的"地位、经验以及能力，并成为一种验证来人身份的特殊的沟通方式最基本的要求"，就如同袍哥对话暗语中对于《海底》的熟练那样，一位周代绅士至少是

1　王笛：《袍哥：1940 年代川西乡村的暴力与秩序》，北京大学出版社，2018 年，第 108—109 页。

要听得懂贵族圈子中的专属黑话切口，熟悉那些来于"诗"中的句子、话语以及各类可以引申的典故，能熟练使用这种贵族专门的语言系统。所以，孔子告诫伯鱼，不学诗，无以言，在贵族圈子中连话都不会说。

当然，除了听懂语言，进行语言表述之外，身体行礼的姿容也很重要。周人的古礼中，每一个环节站立的位置非常重要，一会儿要西向，一会儿要东面，一会儿又升上台阶，一会儿又走下庭院。陈梦家先生指出："谓伯鱼曰：'不学礼，无以立'，乃指不知行礼时所应立的地位"[1]。陈梦家先生此说，很有道理。这里的"立"字当原作"位"，意思是行礼时站立的位置。由于礼仪复杂，无论是燕礼、射礼、乡饮酒礼、聘礼，还是丧礼、既夕礼、士虞礼、冠礼、婚礼、士相见礼，凡此种种，都有复杂的仪式和程序，每一个程序站立的位置都很有讲究。如果没有专门学习过礼，就连怎么站都不懂，最后一定会闹笑话。

因此，无论是提醒伯鱼学诗，还是提醒伯鱼学礼，其实都是当时君子生活中最基本的要求。离开了这点基本知识，就听不懂语言，说不了话，做不了事，连该站在哪儿都不知道。可知，孔子对长子伯鱼的期望，其实并不高，就是能成为君子圈内普通一员就行了，能听得懂话，做得了事。

陈亢了解了这一背景，非常感慨，说听了这席话，有了三个收获，不仅知道了要学诗，要学礼，最关键的是知道了孔子不像一般人那样，藏着掖着，给自己的小孩开小灶，传授"独门秘籍"。君子不会溺爱自己的小孩，主张"易子而教"、"父子之间不责善"（《孟子·离娄上》）。

1　陈梦家：《西周青铜器断代》上册，中华书局，2004 年，第 407 页。

古儒甚至认为应该"君子抱孙不抱子"（《礼记·曲礼上》），君子可以抱自己的孙子，但不要抱自己的小孩，这中间的道理，正是君子远其子，在文化上保持一定的距离。无条件溺爱儿女的方式，也绝非君子之道。

16.14　邦君之妻，君称之曰"夫人"，夫人自称曰"小童"，邦人称之曰"君夫人"，称诸异邦曰"寡小君"，异邦之人称之亦曰"君夫人"。

这一章，有人认为前面应该有"子曰"二字，是孔子说的[1]。实际上，上博楚简、郭店楚简的儒书与《礼记》内容多有相似、相同之处，其中也有很多内容与《论语》相似或相同。《论语》与《礼记》和早期儒书，应当有一个共同的起源。李零先生推测，《论语》就是从类似《仲弓》、大小戴《礼记》的一些篇章摘录的[2]。梁涛先生也谈到了《论语》内容是孔门后学从《礼记》类文献中选出的共识部分[3]。考虑到《论语》产生的这一背景，那就很容易理解这一条内容了：它虽然不是孔门师弟的语录，但却是早期儒书中对"礼"的记载，很可能是从《礼记》类早期儒书中摘录《论语》内容时混入的。

这一段，讲的主要是礼书中的称谓。这类称谓，在早期礼书中非常常见，如《礼记·曲礼下》就记载说诸侯见了天子要自称"臣"，在民众面前要自称"寡人"，在服丧时要自称"适子孤"，祭祀时要自称"孝子某某"，死了要叫"薨"。天子的配偶叫"后"，诸侯的配偶叫"夫人"，

1　黄怀信：《论语汇校集释》下册，上海古籍出版社，2008 年，第 1504 页。
2　李零：《简帛古书与学术源流》，生活·读书·新知三联书店，2004 年，第 299 页。
3　梁涛：《〈缁衣〉、〈表记〉、〈坊记〉中的"子曰"问题》，见杜维明主编：《思想、文献、历史：思孟学派新探》，北京大学出版社，2008 年，第 85—86 页。

大夫的配偶叫"孺人"，士的配偶叫"妇人"，庶民的配偶叫"妻"。诸侯的配偶在天子面前自称为"老妇"，在其他诸侯面前自称"寡小君"，在诸侯丈夫面前自称"小童"。在包山楚简中，即将楚怀王夫人称之为"君夫人"[1]，属于东周时期的常见称谓。实际上，《论语》这一段，与《礼记·曲礼下》中的内容非常相似，只能再次印证了《论语》与《礼记》类文献的共同起源。

这段话告诉读者，诸侯的配偶也可以叫"小君"，也是称"君"的。女子称"君"，可以得到出土铜器铭文的印证。例如，《尹姞鬲》中，尹姞就将王后称为"天君"[2]。在《蟎鼎》中，家臣将君夫人"任氏"称为"皇君"。《冘尊》、《莒侯少子簋》等器铭中都称夫人为"君"[3]。女子也称"君"，这表明宗周之礼中女性地位并不低下，这是需要注意的。

1　朱晓雪：《包山楚简综述》，福建人民出版社，2013 年，第 476 页。

2　孙庆伟：《周代金文所见用玉事例研究》，见《古代文明》第 3 卷，文物出版社，2004 年，第 321 页。

3　陈絜：《珥生诸器铭文综合研究》，见朱凤瀚主编：《新出金文与西周历史》，上海古籍出版社，2011 年，第 85—86 页。

阳货第十七

17.2 子曰："性相近也，习相远也。"

郭店楚简《性自命出》有"四海之内，其性一也。其用心各异，教使然也"。陈来先生指出，这种思想正是继承了孔子"性相近、习相远"的人性论观点，即人都有喜怒哀乐之性，即"其性一也"。但人心道德不同，则是教育的结果[1]。这是孔子的人性论观点，认为人的自然本性是接近的，善恶之分是后天养成的结果使然。

有趣的是，在孔子这里，并不存在一个"人性本善"或"人性本恶"的预设。他只是描述了人的自然本性接近，而善恶不同源自后天养成，至于自然本性是怎样的，孔子并未多作解释。实际上，世硕、公孙尼子等孔门再传弟子，他们都倾向于认为人性"有善有恶"，"这当是孔子之后儒家论性的主要倾向"[2]。也有学者指出，公孙尼子《乐记》中的人性论是中性偏恶的，郭店楚简《性自命出》的人性论，也包含了性恶论的色彩，这种性恶论或至少是"性非善"的观点，出现在荀子之前，有一个发展过程[3]。陈苏镇先生也谈到了郭店楚简"性自命出"是一种"性有善有恶"论[4]。陈来先生还提醒到，孟子对告子的批评，往往使人忽

1　陈来：《竹帛〈五行〉与简帛研究》，生活·读书·新知三联书店，2009 年，第 83 页。
2　李存山：《"郭店竹简与思孟学派"复议》，见郭齐勇主编：《儒家文化研究》第一辑，生活·读书·新知三联书店，2007 年，第 62 页。
3　邹华：《郭店楚简与〈乐记〉》，《西北师大学报》2004 年 11 月，第 39—40 页。
4　陈苏镇：《〈春秋〉与"汉道"：两汉政治与政治文化研究》，中华书局，2011 年，第 143 页。

视了告子本人也是一个儒家[1]。可以看出，直到战国时代，中性的人性论仍然是儒学的一种有力观点，才遭到孟子的反对。

如果用历史的眼光来看，孔子的人性论，最大的可能便是一种中性论，既不认为是性恶，也不认为是性善，这种观点，在七十子时代应该是主流。《论衡·本性》中说"宓子贱、漆雕开、公孙尼子之徒，亦论情性，与世子相出入，皆言性有善有恶"。可知在七十子及其弟子的思想中，"性有善有恶"大概是当时比较常见的观点。只是发展到战国时代，社会背景剧变，才分化出以孟子为代表的绝对性善论，以荀子为代表的完全性恶论。当然，由于战国时期官僚科层组织的发育、传统小共同体的衰败和瓦解，以及庞大的国家动员能力的强化。在这一背景下，思孟学派为了强调小共同体有自治、自组织的能力，不需要用官府的皮鞭管着，而发扬并强调性善论，潜台词就是在小共同体中，人民更倾向于性善的行为与博弈模式，因此有自我管理的能力，不需要官府更多管制[2]。这种思想，在战国时期以来的背景下，也是具有积极意义的，比依靠强大官府律令管制的"性恶论"靠谱得多。

在苏格兰启蒙思想家休谟那里，人性是一种"有限的慷慨"，既反对古代反社会的自我享乐主义，也反对超越了利益之争的博爱主义，所以基于其人性论的"同情"，其延伸也是有限度的。高全喜先生就认为，休谟基于人性论的同情，很类似于儒家的"等差之爱"，是一种基于人

1　陈来：《竹帛〈五行〉与简帛研究》，生活·读书·新知三联书店，2009 年，第 91 页。
2　李竞恒：《性善论：为小共同体自治的辩护》，见李竞恒：《爱有差等：先秦儒家与华夏制度文明的构建》，广西师范大学出版社，2024 年，第 68—77 页。

性的由己推人[1]。孔子的人性论预设，其实就是中性论，善恶都是后天养成的结果。基于这一人性发展的古儒之仁爱，也必然是基于人性的有限之爱，是等差之爱。古儒反对只有自私的杨朱，也反对爱无等差的墨家，这一基于人性论的仁爱观，至今仍具有意义。

17.4　子之武城，闻弦歌之声。夫子莞尔而笑，曰："割鸡焉用牛刀？"子游对曰："昔者偃也闻诸夫子曰：'君子学道则爱人，小人学道则易使也。'"子曰："二三子！偃之言是也。前言戏之耳。"

　　杀鸡还要用杀牛的刀吗？意思是治理这么个小地方，还用得着这么上心，搞得这么像模像样的吗？

　　当时杀鸡，一般都用日常的铜削刀，刀体小而轻薄，刀柄上有环圈，在东周考古中十分常见，如侯马晋国铸铜作坊中的小环首刀（图17.1）[2]。而当时杀牛，并非日常行为，而是庄严的宗庙祭祀时举行的。根据礼制，天子、诸侯要用"鸾刀"宰杀牛等牺牲，并肉袒割牲，非常讲究（如《礼记·乐记》、《郊特牲》等文献中都有记载）。宰割牛牲的刀，就是祭礼上的鸾刀[3]。鸾刀，孔颖达、朱熹说是刀上有铃，高亨说是刀上有凤鸟。实际上，"鸾"的意思是高贵、华美，是装饰了绿松石、兽牙、蚌片等具有复杂纹饰的青铜刀。例如，在殷墟 M186 出土的木柄铜刀（图 17.2），就有绿松石、兽牙等复杂装饰和图案，非常高贵华美。刀体宽大，正是用于祭祀的鸾刀。而另一件鸾刀造型的玉刀上，

1　高全喜：《休谟的政治哲学》，北京大学出版社，2005年，第105页。
2　山西省考古研究所：《侯马铸铜遗址》上册，文物出版社，1993年，第93页。
3　刘源：《商周祭祖礼研究》，商务印书馆，2004年，第159页。

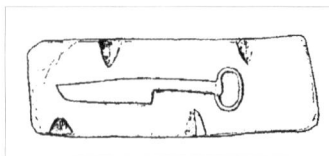

图 17.1　东周普通日用的环首小
刀，割鸡之类所用

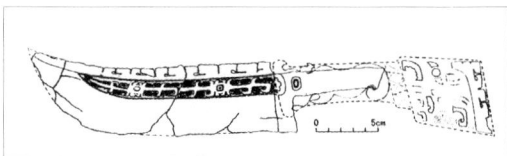

图 17.2　装饰华美的青铜鸾刀，用以祭祀时宰杀并切割
牛牲

还装饰了六只凤鸟纹，也符合"鸾凤"的纹饰含义[1]。

　　从孔子所举例对比的两种刀来看，一种是轻薄常见的普通铜削刀，一种是庙堂之上装饰华美厚重用于祭礼的青铜鸾刀，一卑一尊，形成了鲜明的对比。似乎是在说，治理这种地方，干嘛还搞得这么认真？没必要嘛。子游一听，以为孔子真这么想，便解释道，您以前讲过，君子、小人学道都有好处，君子学道，可以更加爱人，庶民小人们学了道，受到礼乐文化的熏陶，至少更加易使。孔子听了，对身边的其他弟子们说，子游说得很正确，刚才是在开玩笑。

　　孔子拿两种刀来举例开玩笑，说明他并不是老板着脸的形象。相反，他也很有幽默感，不时开开玩笑。另外，这一条也看得出来，孔子对子游很欣赏，完全赞同他的观点。前面谈到，子游认为君子应该"怀刑（型）"，不是用刑法恐吓民众，而是胸怀道德的范型，将自己和民众都铸造成器，厚植民德，培育公序良俗（见《里仁》4.11 章）。子游经营南武城，使城中四处都有弦歌之声，这一实践，本身便属于"君子怀型"之例。

17.5　公山弗扰以费畔（叛），召，子欲往。子路不悦，曰："末之也

1　吕学明：《中国北方地区出土的先秦时期铜刀研究》，科学出版社，2010 年，第 224 页。

已，何必公山氏之之也。"子曰："夫召我者，而岂徒哉？如有用我者，吾其为东周乎？"

公山弗扰是季氏费城的邑大夫，盘踞着季氏的老根据地费城，打着帮助鲁国公室打击权臣季氏的名号，发动叛变，召孔子一起参加，孔子动了心。宋人金履祥说，孔子之所以动心想要前往，是因为这位"陪臣"打着帮助鲁君张大公室的旗号。尽管如此，崔述认为公山弗扰仇恨孔子，不会请他加入叛乱；而赵翼则认为《论语》虽然非常可信，但还是会有一两条篡入的错误，比如这一条就是错的 [1]。实际上，崔述的疑问不能成立，因为崔述的理由是《左传》提到公元前 498 年 "堕三都" 时，公山弗扰不肯摧毁费城的城墙，因此率领武装人员袭击鲁国，可见他很恨孔子，怎么会召孔子一起造反？但实际上，刘宝楠《正义》分析得很清楚，公元前 501 年公山弗扰先是占据费城背叛季氏，但还没背叛鲁国。到了公元前 498 年 "堕三都" 时，他才真正发动了对鲁君和孔子的战斗，这是两件事。

所以，崔述、赵翼的怀疑，其实是没将其区分清楚。尤其是赵翼，想将孔子塑造成一位 "自尽其臣子之常经"（雍正语）的完美奴才形象，绝不会与 "叛臣贼子" 合作，应该坚决反对 "乱贼"，毫不动摇。实际上，清代人生活在高度专制主义的社会氛围中，早已习惯了尊君卑臣、三跪九叩、主子奴才的大环境，因此对过去的历史常感到无法理解。例如，在赵翼的《廿二史札记》中，在谈到汉代士人对皇帝上书毫无忌讳时，他觉得很惊诧，说这些 "狂悖无忌讳之语，敌以下所难堪，而二帝受之，

1　程树德撰，程俊英、蒋见元点校：《论语集释》第四册，中华书局，2008 年，第 1190—1192 页。

不加谴怒"，实在无法理解。因为他本人生活在一个空气都几乎窒息的文网严密，动辄触怒文字大狱的时代；在谈到东汉党祸时，他又体会出了"用晦保身之法"；在谈到南宋相权强大时，又说南宋灭亡是因为臣下狂谬，君主太弱[1]。如果从这一背景来看，就可以理解，为什么赵翼宁愿相信《论语》是错的，也不愿相信孔子曾打算和公山弗扰合作。

实际上，孔子曾打算和公山弗扰合作，完全符合孔子生活的历史背景。公元前 501 年公山弗扰召他合作时，还没背叛鲁国，打的还是"公室"旗号，过了三年他才公开造鲁国的反。三年前后，情况完全不同。宋人金履祥说公山弗扰、佛肸都是家臣反诸侯的权臣，这些家臣都号称要张大公室，所以孔子愿意尝试与他们合作。这样的解释，才符合当时的历史背景。

子路对孔子打算与公山弗扰、佛肸合作，拜见南子，以至于管仲不追随故主而死等事都表示不满，表明子路理解的政治，就只是忠君而已。而且这种忠诚，是极端狭隘和肤浅的，绝不是孔子所说的"大臣"之道，也不是"为人谋而不忠乎"的"忠"。子路理解的这种忠诚，放到清朝，一定会受到以乾隆为代表满洲大君的高度认同，但他却无法理解孔子，那种为了捍卫"混合政体"而采用的一种"默会知识"，一种灵活多变

---

1 〔清〕赵翼：《廿二史札记》，中华书局，2007 年，第 48、108、569 页。此外，赵翼在分析南朝皇权喜爱启用寒门士人时认为，这是因为士族政治分割了皇权，因此士族可以"不屑竭智尽心以邀恩宠"。一方面，大骂分化了专制皇权的士族政治，一方面对向皇权摇尾乞怜"邀恩宠"的政治文化大表同情。对此，陈明先生的评价最为公允，他指出，东晋皇权弱，因此士人清议也小，南朝皇权变强，因此士人清议增加。南朝皇权打击士族，提升了皇权专制，如同秦政一样，启用寒门士子作为专制君主的技术官僚。因此，赵翼的评论，仅仅属于"皮相之论"。见陈明：《儒学的历史文化功能——士族：特殊形态的知识分子研究》，学林出版社，1997 年，第 258 页。

的"打地鼠"方法。

对孔子来说，帮助叛乱的家臣打击世卿，张大公室，以及拜见南子以见卫君，其实都与管仲不拘小节在道理上是完全相通的，是为了"东周"。"东周"一词，历来解释各异，钱穆先生认为是继承西周而起的"新王"，而非遵循西周旧制[1]；傅斯年先生也认为，这是要继衰败的周朝而造第四代[2]；冯友兰先生则认为，这是要让西周的文化完全在东方实现[3]；杨伯峻认为是文王武王之道在东方复兴[4]，黄怀信也认为这是说要在东方再造周朝之道[5]。综合来看，诸说的差异，仍是带有今古文之争的痕迹，钱、傅二位先生的"新王"、"第四代"之说，显然有今文经思路的痕迹；冯、杨、黄诸先生之说，则带有古文经思路的痕迹。在这一点上，笔者以为争执"东周"与"西周"之间的关系，似乎离题太远。

如果跳出经学影响的痕迹，回归当时语境，倒是杨树达先生说得简练靠谱："为东周，欲行道也"[6]。说简单点，孔子的意思，就是说我和这些坏人合作，不过是为了践行自己的"道"而已。在这句话的语境中，"道"就体现为先张大公室，再以诸侯秩序拱卫周王室。天子、诸侯、世卿各得其分，保有各自的小共同体，秩序井然，各不相犯，一改礼崩乐坏的现实。原始儒学的基本立场，是在政治上捍卫一种混合政体的平衡，哪一边太过于打破平衡了，就得像"打地鼠"一样将其打成相

1　钱穆：《两汉经学今古文评议》，商务印书馆，2003年，第312页。
2　傅斯年：《周东封与殷遗民》，见《中研院历史语言研究所集刊论文类编·历史编·先秦卷》第一册，中华书局，2009年，第58页。
3　冯友兰：《中国哲学史》上册，华东师范大学出版社，2006年，第50页。
4　杨伯峻：《论语译注》，中华书局，1980年，第182页。
5　黄怀信：《论语汇校集释》下册，上海古籍出版社，2008年，第1532页。
6　杨树达：《论语疏证》，上海古籍出版社，2006年，第447页。

对的平衡。其实诉求的是混合政体，即王权、贵族权、平民权之间达成一个混合的、动态的平衡状态。

《尚书·洪范》里面描述商代的政治博弈，除开龟壳和蓍草占卜这些神权因素外，王、卿士（即贵族权）、民之间的意见表达是倾向于平衡的。也许《洪范》反映的并非完全是商代的政治制度史实，但是其作为儒家经典所反映的政治思想，所表达诉求则非常清楚，是要在三者之间实现混合政治与平衡。柳诒徵指出，《洪范》的内容表明"当时国事分为五权：天子一人一权，卿士若干人一权，庶民若干人一权，龟一权，筮一权。五权之中，三可二否，皆可行事"，"天子、卿士反对，庶民藉龟、筮之赞成，亦可以使天子、卿士放弃其主张，而从庶民之说也。《洪范》之尊重庶民若此，可以行其君主之制，遂谓为专制乎？[1]"

孔子尝试与公山弗扰、佛肸这类占据费、中牟据点叛乱的家臣合作，就是因为在诸侯国的君权弱了，中间的季孙、赵氏之类贵族权独大，就可以借助更下层家臣的力量来打击它们，以巩固公室君权。这类似打地鼠游戏，尽量保持三者之间平衡，哪个独大冒头出来就锤一下[2]。金庸的小说《射雕英雄传》中，黄蓉嘲讽儒生朱子柳，说"当时尚有周天子，何事纷纷说魏齐"，意思是孔、孟应该只尊王权，而忽视贵族权。显然，黄蓉或者说金庸对儒学的理解是错误的，他们将儒学理解为一个静态固定不变的金字塔结构，而不是变动的打地鼠游戏。由于战国秦汉以来皇权独大，限制皇权（或王权）成为后世儒者面对的重要功课，用贵族来

---

1 柳诒徵：《中国文化史》上册，北京师范大学出版社，2016 年，第 103 页。
2 李竞恒：《孟子与混合政体的"打地鼠"游戏》，见李竞恒：《爱有差等：先秦儒家与华夏制度文明的构建》，广西师范大学出版社，2024 年，第 60—67 页。

限制君权就成为紧迫问题，因此容易在视野上忽视贵族权独大也是会出各种问题。

如果只是贵族制一头独大，没有强王权或强大平民权的制衡，也会是一种糟糕的存在。顾炎武早就在《殷纣之所以亡》一文中，讨论商代的政体结构问题，说"商之衰也久矣，一变而《盘庚》之书则卿大夫不从君令，再变而《微子》之书则小民不畏国法"，且"民玩其上"（《日知录》卷二）。顾炎武注意到，君权、贵族、平民之间应该有一种微妙的平衡，商代的贵族"卿大夫"们不听商王的号令，不一定是好事。而到商晚期，连平民们也变成民粹，搞成不尊重一切权威的"民玩其上"，商朝政体基本就散架了。

因此，哪些时候需要强王权，哪些时候贵族权太过了，或者民权演化为民粹，都是在不断变化的，需要考虑到具体语境，加以防范，并维护均衡。在顾炎武看来，"上古以来，无杀君之事"，夏桀、周厉王是跑了，纣王是自杀，而且纣王自杀，"此武王之不幸也"，因为武王不会杀纣王。这种不跌破最后底线的规则，以及对君的有限尊重，在很多现代知识分子看来是没有意义的，但在顾炎武看来却是三代时期的良风美俗。

17.11　子曰："礼云礼云，玉帛云乎哉？乐云乐云，钟鼓云乎哉？"

孔子认为，礼乐并不是外在的器物与仪式，而是指向人内心的修养。在行礼中，赠送玉器、丝绸表达敬意，礼的意义在于发掘和培育内心的敬意，而玉器、丝绸这些仪式中的礼物，并无任何道德意义。在仪式的奏乐过程中，重要的是培育君子的心灵，击奏音乐的青铜钟、建鼓

也都不过是客观的物品，并无任何道德意
义。礼乐仪式的精髓，在于透过这些物品
养成君子的涵养，而不是盯着这些道具看。
正如余英时先生所说："他不是向天地这
些外在事物去寻找'礼之本'，而是求诸
人的内心。"[1]孔子的这一见解，表明他对
礼乐的认识，已经由韦伯所谓"仪式伦理"
上升到了"心志伦理"的高度，"仪式"
不再是意义本身，它只是获得意义的渠道
与工具而已（参见本书《为政》2.8 章）。

图 17.3 曾侯乙墓鸳鸯形漆盒上
左、右两侧分别表现的撞钟、击
鼓图

礼仪活动需要奏乐，当时的礼乐重器便是青铜编钟和建鼓。在曾侯
乙墓出土的鸳鸯形漆器盒子上，右侧画着击鼓图，左侧画着撞钟图（图
17.3）[2]。左右两边分别表现击鼓、撞钟，表明"钟鼓"的配合，是礼乐
文明中最重要的载体与象征符号。

17.15 子曰："鄙夫可与事君也与（欤）哉？其未得之也，患[不]得之。既得之，患失之。苟患失之，无所不至矣。"

这里的"鄙夫"也就是"鄙人"，即生活在城外边鄙的野人、小人。
正如前面分析的，周代国野制度下，这些乡村居民地位低于城中的国人，
属于不受礼乐教化的人群。孔门弟子中，出身于庶民野人背景的不少，

---

1 余英时：《天人之际》，余英时著，程嫩生、罗群等译：《人文与理性的中国》，上海古
籍出版社，2007 年，第 7 页。
2 湖北省博物馆：《曾侯乙墓》，文物出版社，1989 年，第 362—365 页。

典型的便是子路、子贡。子路身上保留的野人习气很多，与君子文化有更多隔膜。但子贡身上，几乎看不到野人习气，可见他的学习能力很强，并能通过学习改变自身的气质，完善君子人格。对孔门来说，教育的重要意义，便是改变人的精神气质，由粗鄙无文变得彬彬有礼。子贡的经历，诠释了教育对改变人格与精神气质的巨大作用。因此，对孔子来说，"鄙人"、"鄙夫"并不是一种身份，因为身份可以改变。这里的"鄙夫"，指的是来自村野小人的习气，是典型的野人、小人们的思维方式与人格气质。

孔子认为，具有草根鄙夫气质的人，最好别去事君行政。因为他们什么都没有，就特别希望获取各种资源。"其未得之也，患得之"一句，苏东坡认为应读为"患不得之"，李零先生从之，此处应该补"不"字[1]。边鄙村野之人缺乏教育，没有仁爱之心、是非判断，希望获得很多，因此会为了得到资源，什么手段都敢用。如果他们获得了资源，又会担心守不住，还是会不择手段，干出许多非常之事。"无所不至"，便是什么事都干得出来，毫无底线。

孔子践行"有教无类"，显然并不以出身论、血统论为原则（见《卫灵公》15.39 章）。他在乎的是，通过教育改变人的气质，让原本乡野粗鄙之人，能成为真正的君子，去捍卫价值与意义，而不是为了几万块钱就去写文章吹捧领导。这里他批评的鄙夫，正是那些没有改变原有精神气质，为了各种物质利益，毫无底线，无所不用其极的人。对古儒来说，"事君"的核心，是能"恒称其君之恶"，是在君权面前保持独立

1　李零：《丧家狗：我读〈论语〉》，山西人民出版社，2007 年，第 303—304 页。

的思想、人格，毫不屈从。拿财物来引诱你，却毫不动心；再用暴力威胁你，却宁死不屈（《礼记·儒行》）。这样的原则，才是孔子的事君之道。既然那些鄙夫们，为了利益，可以什么都出卖，什么底线都践踏，那还能指望与他们一起去事君吗？

17.19 子曰："天何言哉？四时行焉，百物生焉，天何言哉？"

1970 年代金关汉简出土《论语》残简有"曰：天何言哉？四时行焉，万物生焉"的文字。传世本"百物"，汉简本作"万物"[1]。《太平御览》引《论语》也曾作"万物生焉"，黄怀信先生认为这是记忆错误，不足凭[2]。但出土汉简的证据，表明《太平御览》中作"万物"必有所本，而非记忆错误。这一版本，很可能是《古论》或《齐论》的面貌。笔者以为，作"万物生焉"更好。

这一段，表述的是儒家的"天道"观。儒家理解的"天"，是一个非人格化的存在，它无言无声，静默的自然世界是它的默示。对于儒家理解的自然品质之"天"，有人批评道："儒家的'上帝'是瞎的、聋的，对不幸陷入绝望深渊的人漠不关心。这不能怪'天'本身，它原本就没有慰藉苦难人灵的爱心和赎情"。"这种痛苦将是无以复加的，因为屈原跪下来向天呼告，却没有一个倾听他哭诉的上帝（天）！"[3]刘小枫先生为何将屈原视为"儒家"的代表，笔者对此无法理解。但要说古儒

1　郝树声：《从西北汉简和朝鲜半岛出土〈论语〉简看汉代儒家文化的流布》，《敦煌研究》2012 年第 3 期，第 66 页。
2　黄怀信：《论语汇校集释》下册，上海古籍出版社，2008 年，第 1574 页。
3　刘小枫：《拯救与逍遥》，上海三联书店，2001 年，第 95—96 页、111 页。

有向天呼告，而"天"无所回应，则确有其事，至少孔子在危难时就曾向天呼告。针对刘先生的观点，陈来先生回应道："诚然，儒家并不给予救赎之爱，但基督之爱并非解救和消除人类苦难眼泪的唯一方式。如果爱更多是一种安慰，那最多还只是对苦难的补偿，离开了诉诸种种社会手段（包括道德）去铲除苦难，基督的救赎难道不仅仅是一种遥远的许诺？……神圣的圣爱（Agape）固然与恕道之仁不同，但这种用全部心、情、智去拯救世人的爱是神所独有的境界，而儒家的万物一体之仁则是人心之所同然。圣爱固然在受苦受难的众生精神上发生安慰的功能，但真正消除实际的苦难，还要通过人类自己的相互之爱。"[1]

实际上，刘小枫自己也很清楚，耶教的信仰对象，在残酷的自然—历史法则中，也是软弱无力的。他谈到，在电影《逃离苏比波》中，纳粹集中营的焚尸炉烟囱耸立在美丽的田野上，背景是绚丽的太阳，空气透明清新。可是，大自然以自身的美丽，为人间的罪恶提供背景，"不曾为人间苦难流过一滴眼泪"[2]。刘先生也深知，那些惨死在奥斯维辛中人们的祈祷，没有得到其信仰之神的回应，甚至只是希望死在铁丝网外的草地上这样卑微的祈求，也没有得到回应。奥斯维辛之后的耶教神学思想，将其信仰的品质理解为"苦弱的上帝"，而非与希腊传统关系紧密，能干预自然—历史的上帝[3]。因此，祈求的品质，不再是呼唤那位"召之即来挥之即去"能行神迹的神，而是在十字架上默默参与一切

1　陈来：《王阳明哲学的有无之境》，见《陈来自选集》，广西师范大学出版社，1997年，第287—288页。

2　刘小枫：《苦难记忆：为奥斯维辛集中营解放四十五周年而作》，见刘小枫：《这一代人的怕和爱》，华夏出版社，2007年，第31页。

3　刘小枫：《祈求与上帝的应答》，见刘小枫：《罪与欠》，华夏出版社，2009年，第55—91页。

苦难的神。

换言之，陈来先生的回应并没有错，既然奥斯维辛以后耶教神学本身也必须走向不同于传统自然—历史维度的解释话语，苦弱之神参与世间苦难，为心灵提供的关怀与慰藉，而并非能改变现世苦难的直接力量。那么，答案就很清楚，要解决现世的不合理，防止最残酷的罪恶，恰恰需要的是人间世界的践行，让双脚踩满泥土，以人间的方式去努力。神教固然可以为苦弱的心灵提供慰藉与终极关怀，但它并非可以改善"消极自由"处境的直接力量。在以赛亚·伯林那里，这些终极关怀的慰藉（心灵的积极自由），甚至可能与侵犯正义的力量融洽相处。

对于公共领域之治理、人间世界的践行，恰恰需要历史、经验维度的知识与实践，二者之间需要实现一种更高的合作或实现。对儒家来说，由于"未能事人焉能事鬼"的现实主义态度，决定了儒者关注的视野，首先是切入历史与现实世界的不合理，而这一维度，恰恰是抵御形形色色历史不正义的重要保障。

此外，原始儒学源自三代王官，其根基品质本就来自古老的"巫史传统"。和很多现代学者想象中，儒学是"学术"、"人文"不同，原始儒学继承了从古老巫史传统那里延续而来的"通天"之术，具有安身立命的终极品位，不仅仅只是一种比较薄的"文教"或"政教"，而是带有更厚重的生命体量。原始儒家、原始道家，甚至原始道教，从思想史源流而言虽差异明显，包括后人津津乐道"道家与道教之不同"。但从脉络而言，三者皆为"天地之纯，古人之大体"那个意义上的"道术为天下裂"之产物，虽然形成的历史时间、历史契机各不相同，但其根基都源自一个共享的早期华夏"巫史传统"底层。

　　这个古老的"巫史传统"充满着古朴而充沛的自然生命力，贯通共同体的生命意义，与作为个体之生命终极意义的解释与落实。其落脚点不在逃避"自然—历史"，而是立足于"自然—历史"的事实与惊叹，以不同方式会通天人之际，又立足大地，提供各种关于生命安顿，以及共同体治理的知识与关怀。在这种既古朴质拙，却又深邃的洞见之上，"自然—历史"之"天"不需要神教式人格化的"言"。四时行，百物生，顺其自然为"法天"，顺其历史为"法先王"，因此也百世可知。《礼记·哀公问》中，孔子讲"无为而物成，是天道也"，其含义与本章之论述"天"的义理相通。落脚在巫史传统"天人之际"的厚重承载之上，践行和不断解决经验性的问题。哪怕是原始道教的"二十四治"或"符水治病"之类，其落脚点的维度与生态位，仍然与原始儒学形成照应或呼应，而区别于地中海世界的神教精神与文化脉络。

17.21 宰我问："三年之丧，期已久矣！君子三年不为礼，礼必坏，三年不为乐，乐必崩，旧谷既没，新谷既升，钻燧改火，期可已矣。"

　　宰我曾在白天睡觉，孔子就提醒过他，房子老了会掉土，想修也修不了了，是提醒他珍惜时光（见《公冶长》5.10章）。这一次，宰我又对古儒的"三年之丧"礼制提出了质疑。

　　胡适先生曾据《左传》考证，"三年之丧"的礼制，不见于历代鲁君之用，也不见于周王室的丧制。同样，《孟子》所载东方的滕国父兄也不了解"三年之丧"的礼制。根据傅斯年先生的研究，孔子说三年之丧是"天下之通丧"，这里的"天下"，特别是宋、卫等地。胡适、傅斯年都发现了"三年之丧"是殷代遗礼，保存于殷文化旧土，古儒的丧制，与这一殷人古礼密切相关[1]。据钱穆先生判断，宰我是鲁国人[2]。那么，宰我对作为殷文化传统的"三年之丧"表示不能理解，也就毫不奇怪了。

宰我认为，如果三年不行礼乐，此种长期的非常状态就可能导致礼崩乐坏的秩序崩溃，反而可能违背了"礼"的真正精神。他的意见是，新谷子收获的入仓库仪式、钻燧改火为代表的一年四季，整整一年，就完全够了。根据胡适引《左传》的记载，鲁僖公死于他在位三十三年十一月十二日，次年即文公元年夏四月入葬，又次年冬文公就在齐国聘妇，《左传》认为这是"礼也"。此外，鲁文公死于十八年二月，次年正月到三月就在为新君聘迎夫人。这些材料确实可以表明，继承了周公之道的鲁国，确实没有"三年之丧"的旧制，而是实行的一年之期。宰我的观点，完全是纯正鲁人的想法。

鲁人行一年之丧，一年的四季中会有四次改火的仪式，因此也用"钻燧改火"代指一年。钻，指用木头钻木取火。春天用榆、柳树的木头；夏天用枣或杏子树的木头；秋天用桑树或柘树的木头；冬天则用槐树、檀木[3]。在居延汉代烽燧遗址中就出土了钻木取火的木头，居延汉简中称为"出火燧"，上面还写着"急"字，希望能急速钻出火苗；在新疆罗布泊也出土了汉代的钻木工具，钻燧之钻杆凿孔木片用绳子系在一起（图 17.4）[4]。钻燧的引火物，根据《韩诗外传》卷七的记载，所谓"束

1　胡适：《说儒》，见刘梦溪主编：《中国现代学术经典：胡适卷》，河北教育出版社，1996年，第 399—402 页。
2　钱穆：《先秦诸子系年》，商务印书馆，2002 年，第 72 页。
3　程树德撰，程俊英、蒋见元点校：《论语集释》第四册，中华书局，2008 年，第 1234 页。
4　孙机：《汉代物质文化资料图说》，文物出版社，1991 年，第 349 页。

缊请火"，即以缊袍之麻絮作为引火物。

除了用木头的钻，在天晴有充足阳光时，也可以用青铜燧反射聚焦阳光引火。《论衡·率性》记载："阳燧取火于天，五月丙午日中之时，消炼五石，铸以为器，磨砺生光，仰以向日，则火来至。"在陕西扶风黄堆60号西周墓出土过一件青铜凹面镜（图17.5），即取火的阳燧。根据计算，这件周代阳燧的凹面原始曲率半径为R=207.5毫米[1]。宰我用"钻燧改火"的比喻，提出服丧一年就可以了。

子曰："食夫稻，衣夫锦，于女（汝）安乎？"曰："安。""女（汝）安，则为之。夫君子之居丧，食旨不甘，闻乐不乐，居处不安，故不为也。今女（汝）安，则为之。"宰我出，子曰："予之不仁也。子生三年，然后免于父母之怀。夫三年之丧，天下之通丧也。予也有三年之爱于其父母乎？"

孔子对宰我提出了批评，将他称为"不仁"。需要注意的是，孔子评价宰我不仁，并不是因为宰我作为鲁国人，坚持一年之丧的礼制观点，而是因为宰我在父母去世后仍然吃饭香、穿好衣服，并心安理得。在孔子看来，仁心的养成才是最为关键的要素，他强

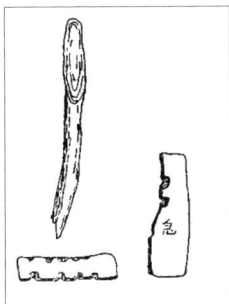

图17.4 上为居延汉代烽燧遗址中出土的钻木取火工具，下为罗布泊出土

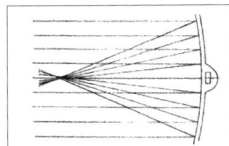

图17.5 扶风黄堆西周墓出土青铜阳燧，下为其投影线图

---

1 杨军昌：《周原出土西周阳燧的技术研究》，《文物》1997年7期，第85—87页。

调的不是某种礼制的仪式，而是对"仁"的追求。"当子夏把孔子'绘事后素'的话理解为'礼后乎'的时候，孔子对子夏极为满意。"[1]在此，一个人的"仁"，必然体现为亲亲之爱的自然流露，而不是对"礼"之形式的抽象追求。

上博楚简《弟子问》简7—8云："吾闻父母之丧，食肉如饭土，饮酒如淆。"[2]《广韵·肴韵》："淆，混淆浊水。"古儒的文献记载了面对父母之丧，人应该具有的自然之哀恸，吃肉如同吃土，饮酒味同污水，这是基于人自然之亲的悲哀情绪。父母去世，为父母服丧三年，虽然最初是源自殷人贵族那种带有萨满教修炼色彩的旧礼。但孔子这里，却给此旧瓶注入新水。他指出，三年之丧是因为我们作为婴幼儿时，在父母的怀中三年，这些亲亲之爱，是刻骨铭心的。没有任何理由可以宣称，为了一个抽象的"礼乐"，可以让我们抛弃这最温情的缅怀和对人心之仁的追求。

宰我的错误，不在于他要以鲁国的一年之丧礼来否定殷人的三年之丧礼，而在于他漠视人性，毫无感情，宣称要为了一个抽象的"礼乐"来减损亲亲之爱。因此，礼必须后于仁，而不能害于仁，这才是古儒对"礼"之精神的深刻认识。

孔子将三年之丧，于远古贵族那种萨满教的出神修炼之外，注入了孝的精神，使之承载了情感和思慕的精神内容。三年之丧在早期很可能只是限于王室或极少数诸侯、贵族圈子的小共同体内，以至于鲁国、滕

1　杜维明：《仁：〈论语〉中一个充满活力的隐喻》，见杜维明著，曹幼华等译：《儒家思想：以创造转化为自我认同》，生活·读书·新知三联书店，2013年，第95页。
2　马承源主编：《上海博物馆藏战国楚竹书（五）》，上海古籍出版社，2005年，第272页。

国的君长、贵族们对此都感到比较陌生。但儒家学说是在贵族社会即将瓦解的前夜，开始将殷周时期的贵族精英学说向平民开放，以期在平民精英中形成新的"造血"机制，其礼学知识一定是有所依据的。因此孔子、孟子都鼓励平民模仿早期贵族，行三年之丧。这种礼制比较有利于凝聚亲情，团结家族共同体，保持社会不陷入一种原子个体的散沙化状态。

　　古儒之后的丧礼制度，长期被处理为淡漠的状态。秦朝和西汉社会的丧礼安排倾向于简洁，尽快处理完毕好继续为官府效劳。岳麓秦简中的一条秦始皇的令规定很清楚，"令曰：吏父母死，已葬一月；子、同产，旬五日；泰父母及父母同产死，已葬，五日之官"[1]。就是说父母安葬一个月就要回去办公，儿子和兄弟姊妹的葬礼给十五天假，祖父母死了丧葬假期就五天。这在高度重视宗教、迷信、死亡的古代社会，是非常简单粗暴的。在汉初，情况和秦朝差不多。2006 年云梦发现汉文帝时期的安陆县官佐"越人"墓中出土质日简册记载，他父亲在乙未日（11 日）去世，他在己亥日（15 日）回家治丧，甲辰日（20 日）葬父，乙巳日（21日）便回去上班，总共过程十天，埋葬以后第二天就回去上班了，完全没有守丧之类的内容[2]。

　　虽然秦和汉初对父母之丧倾向于简单，但当时秦制却要求臣民对皇帝必须服三年之丧。《晋书・礼志中》记载："秦燔书籍，率意而行，亢上抑下。汉祖草创，因而不革，乃至率天下皆终重服，旦夕哀临，经罹寒暑，禁塞嫁娶饮酒食肉，制不称情。"就是说秦朝特别尊崇皇权，

1　陈长松主编：《岳麓书院藏秦简（伍）》，上海辞书出版社，2017 年，第 196 页。

2　熊北生、陈伟、蔡丹：《湖北云梦睡虎地 77 号西汉墓出土简牍概述》，《文物》2018 年第 3 期，第 44 页。

"亢上抑下"就是一边张扬皇权，一边压抑臣下和百姓，让他们都为皇帝"重服"，每天要临哀，禁止百姓嫁娶和聚餐，这是极其不符合人情的，所以晋朝的杜预等人说这是"制不称情"。一直到西汉早期，还是这个样子。汉文帝对此做了些调整，发明了"以日易月"，就是用服丧一天来代替一个月，那么秦制下给皇帝服三年，就被简化成了三十六天，算是做了一种调和，就是在尊皇权的同时，给社会正常人情留了点空隙。

当然，儒学在东汉以后影响到制度，《后汉书·刘恺传》说："旧制，公卿二千石刺史不得行三年丧，由是内外众职并废丧礼。元初中，邓太后诏：长吏以下，不以亲行服者，不得典城选举。"就是说秦汉旧制是不允许官员对父母行三年丧的，但东汉确立规定，不对父母行三年丧的人不允许出任法官，因为对法官的德性要求是应该高于普通人的。既然是社会精英，就应该首先作表率，对自己小共同体的爱，其价值必须置于官府的价值之上。如果没能力达到这种德性，至少是不能作为法官的，因为两汉以来法律的儒家化过程，司法不再是秦朝那种机械性的执行律令文字细节，而是有了更多自由心证和自由裁量的空间，这就对法官和司法工作者的德性，有了更高的要求。

17.22 子曰："饱食终日，无所用心，难矣哉！不有博弈者乎？为之犹贤乎已。"

人都有惰性，吃饱了饭，无所事事，大有人在。特别是在史前和早期时代，普通人能吃饱，往往是一种极乐状态。列维-斯特劳斯（Claude Levi-Strauss）通过人类学田野调查就发现，原始采集社会的人群一旦捕获猎物，会毫不加节制地大快朵颐，"只要试试每天吃野蛮人平日所吃的食物，马上可以了解饥饿的感觉；在此情形下，能够尽情大吃一顿，不仅仅是令人觉得填饱肚子，简直是令人觉得进入了幸福极乐之界"[1]。进入定居农业和文明时代之后，普通人的生存状态虽然有了改善，但能在丰年状态下"饱食终日"也属不易。而吃饱喝足后，却往往可能陷入一种大脑的麻木状态，反而无所用心，白白浪费光阴。

这种麻木的精神状态，恰恰也是不用心的结果，怕动脑筋、想问题。显然，人要进德，用心是最起码的先决条件。无论是三省吾身，还是退而习礼，甚至于去体会颜子之乐，都需要用心思投入，而不是心智麻木，无所事事，像宰我那样白天睡觉。孔子认为，你就算是玩一点儿低级趣味的游戏，活跃一下心智，也总比当酒囊饭袋，吃饱了无所事事的好吧。

低级趣味的游戏，他举了两个例子，一个是博戏，一个是围棋。

博戏，又叫六博，从东周到秦汉都在流行，是市民小民们的最爱，类似于现代人打麻将。六博（图17.6）是由博局、六箸、十二颗棋组成的。双方每人六颗棋子，一般为黑白二色。玩法是"投箸行棋"。还有一种"骰子"，叫"茕"，功能与箸一样，用来投棋。其中一种的棋子是一大五小，最大的棋子叫"枭棋"，代表棋子的首领，在对博过程中，以吃掉对方"枭棋"为胜。

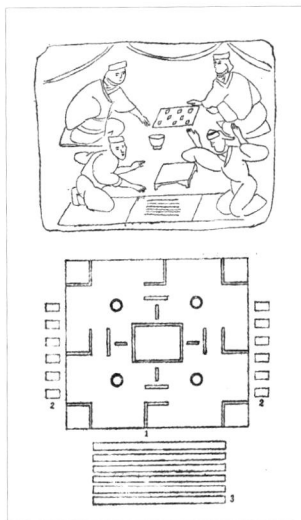

图17.6　上为四川新津出土汉代画像砖博戏图，下为云梦睡虎地秦墓出土博具

1　［法］列维-施特劳斯著，王志明译：《忧郁的热带》，生活·读书·新知三联书店，2005年，第414页。

也有的玩法中没有"枭棋"[1]。在曲阜鲁国故城 M3、M52、M51 三座墓葬，就曾出土过博具[2]。这表明博戏在东周的鲁国社会中，确实是一种流行的大众游戏。

"弈"是围棋，时代极其古老，很可能产生于史前时代[3]。目前出土发现最早的围棋实物，是西汉早期阳陵遗址中的一件围棋棋盘，是利用一件铺地方砖刻画而成，线条扭曲不直，属于临时随意加工而成[4]。显然，在工地上随意地用一块地砖划几道扭曲不直的线，就用来当作围棋盘下棋，如此随意，自然是当时工地上工人休憩时的娱乐工具。但这也表明，在当时的社会，围棋还没有登上大雅之堂，还在最底层的民众中间流行。只是到了魏晋时代，围棋才上升到士人精神的自觉层次，有了韦昭写《博弈论》，曹摅的《围棋赋》，甚至将围棋称为"手谈"，视同清谈，被纳入到士人内心自觉的系统中[5]，只有这以后，围棋才登上了大雅之堂。在西汉早期，围棋只不过是大工地上劳工们稍作休憩的粗糙娱乐，在更古老的先秦时代，也大致如此，流行于底层社会，不登大雅之堂。

在传世文献中，博弈这两种游戏，有时候还会与聚饮等低俗活动联系在一起。如上博简《容成氏》简 45 中，就说商纣"厚乐于西（酒），

1　傅举有：《论秦汉时期的博具、博戏兼及博局纹镜》，《考古学报》1986 年第 1 期，第21—35 页。

2　山东省文物考古研究所、山东省博物馆、济宁地区文物组、曲阜县文管会：《曲阜鲁国故城》，齐鲁书社，1982 年，第 181 页。

3　郑也夫：《围棋·文化·边际人》，《读书》1990 年第 2 期，第 57 页。

4　陕西省考古研究院：《汉阳陵帝陵陵园南门遗址发掘简报》，《考古与文物》2011 年第 5 期，第 12 页。

5　张如安：《中国围棋史》，团结出版社，1997 年，第 48—50 页。

尃（博）亦（弈）以为櫷（嬉）"[1]。在先秦时的人们看来，酗酒、玩博戏、围棋，都是类似的堕落游戏，因此都加到商纣身上。从这里也可感受到，"博弈"在当时的语境中，是何等的低俗和受到轻蔑。

孔子举了他生活时代两种最鄙俗的娱乐活动为例，来说明即使是沉溺于些不登大雅之堂的游戏，也胜过了麻木无所用心，当酒囊饭袋混日子的状态。这也表明，在古儒看来，当酒囊饭袋混日子浪费生命，是比低俗的智力活动更大的罪过。

余英时先生曾以十七世纪英国清教伦理为例，他们认为浪费时间是最大的罪恶，睡眠过长是极不道德之事，人在世间尽职必须勤劳等，这些精神均与唐宋之际新禅宗、新道教、新儒学的精神转型颇有类似处。尤其是宋代新儒家，不浪费光阴，不说闲话、不问闲事，不可懒惰等观念，均与近代韦伯强调清教伦理颇有相似之处[2]。余英时先生所论，颇具深厚的历史穿透力和洞察力。而笔者所强调的则是，宋代新儒家诸如朱熹强调"在世间吃了饭后，全不做些子事，无道理"等精神，其实也同样与先秦古儒思想有密切联系。孔子早就指出，浪费时间是错误，在世间"吃了饭后"，也很有必要"做些子事"。

17.24 子贡曰："君子亦有恶乎？"子曰："有恶。恶称人之恶者，恶居下［流］而讪上者，恶勇而无礼者，恶果敢而窒者。"曰："赐也亦有恶乎？""恶徼以为知（智）者，恶不孙（逊）以为勇者，恶讦以

1　郭永秉：《上博简〈容成氏〉所记桀纣故事考释两篇》，见武汉大学简帛研究中心：《简帛》第五辑，上海古籍出版社，2010年，第228—238页。

2　余英时：《士与中国文化》，上海人民出版社，2013年，第400—439页。

为直者。"

子贡请教孔子，君子也厌恶人吗？孔子回答说，一位君子绅士厌恶四种人：第一种是喜欢说别人的坏话的人，第二种是恶意、无底线毁谤攻击自己封君的封臣，第三种是勇猛却不通礼的莽夫，第四种是果断做事却听不进意见的人。其实对孔子说这四点的理解，一定不能脱离开封建时代那种比较温情脉脉的背景。如果代之以后人更为熟悉的那种金元、明清以后的历史、时代氛围去解读，就非常容易发生误读。

孔子讨厌的第二种，是"居下流而讪上者"。根据程树德先生考证，汉石经、皇本、邢本都没有"居下流"的"流"字，惠栋也认为汉代以前各种版本都没有这个"流"字[1]。此外，定州汉墓竹简本也没有这个"流"字[2]。应该说，这一推测是合理的。因为如果加上"流"字，"下流"就成了"君子恶居下流"的意思，"居下"的社会身份含义就变成了"居下流"的道德含义。这里，"居下"才是正确的，指的是封建时代的君臣上、下关系。

孔子认为，在封建时代的君臣关系中，双方能够做到温情脉脉的以和为贵，向着早期宗法社会氛围靠近，固然是好的。但如果双方发生了矛盾，要解决的方法也是应该通过堂堂正正的方式，而不是私下搞恶意诽谤。如果君有错误，臣应该堂堂正正地指出，以善意进谏的方式，而不是恶意阴毒地肆虐攻击。如果君实在不能接受，那么作为体面的绅士，也应该体面地离去，就像孔子在鲁国"不致膰俎于大夫"后离去那样。

1　程树德撰，程俊英、蒋见元点校：《论语集释》第四册，中华书局，2008年，第1242页。
2　河北省文物研究所定州汉墓竹简整理小组：《定州汉墓竹简〈论语〉》，文物出版社，1997年，第85页。

郭店楚简《鲁穆公问子思》简 1—2 云："鲁穆公问于子思曰：'何如
而可谓忠臣？'子思曰：'恒称其君之恶者，可谓忠臣矣。'"[1]在古儒
看来，君子作为臣，以人格而论并不低于自己的君，君也并不代表着真
理的化身。不断指出君的错误，乃是君子士人作为大臣的责任。不断斧
正"上"的错误，帮助其进德，正是君子践行"为人谋而不忠乎"的表现。

如廖名春先生所说，楚简中子思对人君的批评精神，恰恰与后来孟
子主张人君反复劝谏不听则易位的思想一脉相承[2]。这些古儒的思想表
明，君子堂堂正正的价值追求与饱满人格，从未放弃过批评权力的社会
责任。但古儒作为一种封建时代绅士的学问，讲究体面和博弈之底线，
不能容忍后世游民、流民时代那种无底线的博弈模式。封建时代的君子、
绅士对"上"的批评，应该是公开的、公正的，同时也是善意和庄严的，
而不是流民时代那种"无底线战争"，私下动用各种下三滥手段，去进
行恶意的造谣和诋毁。"恒称其君之恶"与"君臣一日百战"时代的"讪
上"，完全是两回事。

宋代以后，后世流民时代建立的皇权，便是这种流沙阶层的博弈状
态。如朱明以流民底色建立那种试图乾纲独断的皇权，而在"明儒直而
愚"的背景下，发生各种惨酷的上下冲突。廷杖与锦衣卫之下，君臣之
间的体面其实早已无从谈起。在这个意义上来说，明朝皇帝、臣子、流
民，其实是同一个阶层的产物，早已远离了封建时代语境中的"君臣"
关系。面对明朝扭曲的皇权，明代士大夫往往以一种残忍酷烈的方式与
皇帝互相折磨，其肉体遭受廷杖或其他伤害，但却受到社会的普遍尊敬。

1　李零：《郭店楚简校读记》，北京大学出版社，2002 年，第 85 页。
2　廖名春：《郭店楚简儒家著作考》，《孔子研究》1998 年第 3 期，第 71 页。

如孟森先生指出："明之廷杖虽酷，然正人被杖，天下以为至荣，终身被人倾慕"[1]。

这种状态比之清廷的"君师合一"，以及其彻底主奴化的君臣关系。固然尚有底线和元气，但却是以病态残酷，甚至自虐扭曲为代价的。在这种流民散沙化的零和博弈游戏中，皇帝将逆龙鳞之臣称之为"讪君卖直"，其实从某些角度而言，也不是全无道理。赵园说从明代畸形政治下，士人的那种病态激情之中，"读出的就不只是明儒的坚忍，还有他们心性的'残'与'畸'"；"掩蔽着弱者式的复仇：以血肉淋漓、以死为对施虐的报复"[2]。当历史走到了君臣上下皆为流沙，进入零和博弈的状态下，施虐的上位者，与"讪君卖直"的下位者，共同构成了扭曲病态的画面。

如果脱离开孔子发言的那种封建时代语境和背景，而代入更为熟悉的那种金元、明清式的政治文化，就很容易把孔子这句话给错误理解为，他站在"上位者"的立场，支持明、清式的君主权力，要捍卫金字塔形的权力结构，不给下位者批评上位者的空间之类。要脱离那种后世读者的阅读语感，回到《论语》本身的时代语境，就要尽可能去理解孔子的"历史世界"及其"时代精神"这些背景，否则很容易发生误读。

1　孟森：《明史讲义》，上海古籍出版社，2002 年，第 81—82 页。
2　赵园：《明清之际士大夫研究》，北京大学出版社，2006 年，第 11 页。

微子第十八

18.1 微子去之，箕子为之奴，比干谏而死。孔子曰："殷有三仁焉。"

"仁"是很高的价值，孔子很少轻易以"仁"许评人物。但在这里，孔子将商代晚期三位选择了不同人生道路的君子都赞许为"仁"，这里也可看出孔子的"仁"，绝非一种机械化的人格公式，而是具有非常丰富的道德内在逻辑。

微子是商纣的庶兄，面对商纣的暴政，在多次劝谏无效的情形下，微子选择了"邦无道，免于刑戮"（《公冶长》）的态度，逃逸于幽隐之处，躲过了杀身之祸。徐中舒先生、朱凤瀚先生都曾根据出土的西周《史墙盘》铭文，指出其中赞美祖先"青（静）幽高祖，在微灵处"即为微子启。他因为多次劝谏商纣而不听，因而选择了退隐。"静幽"、"灵处"皆取幽隐、退逊之意[1]。可见，微子后人对他逃逸于幽隐之处的经历，有深刻的记忆，因此还歌颂了祖先的这一经历。

箕子，传统观点认为他是纣王的叔父。如果按照甲骨卜辞的习惯，则商纣也应该将他称为"父某"。不过，殷墟文化二期出土有《亚其觚》和多件标注"其"字的铜器，晁福林先生认为这个氏族是箕子的先世[2]。笔者也曾推测，殷人铜器铭文中的"其"、"眞"、"冀"，乃至箕子的"箕"，应当都与早期的"其"氏有密切关系，也是从商王族

---

1 朱凤瀚：《商周家族形态研究》，天津古籍出版社，2004年，第283页。
2 晁福林：《夏商西周的社会变迁》，北京师范大学出版社，1996年，第333页。

中分化而出 [1]。如果推测不误，箕子应该不是商纣的直系血缘叔父，而是关系较远的另一氏族首领，在商王室担任职务。面对商纣的暴政，这位远亲曾多次进谏劝解，在发现不但毫无效果，而且甚至可能招来杀身之祸后，他选择了装疯佯狂。

比干，传统说法一般也认为他是纣王的叔父。但也有学者分析认为，比干所属的比氏源出于殷人并氏，这一氏族与商王族为远亲关系 [2]。因此比干氏的首领和箕子一样，都不能视为商纣王的诸父，而只是其远亲，担任氏族的首领，并在王朝任职。面对商纣王对"成汤之政"、"盘庚之典"古老政治传统的破坏，这位比干氏的首领进行了持续不断的进谏。与前两位不同的是，在得知毫无效果的情况下，他没有选择"免于刑戮"，而是选择了"无求生以害仁，有杀身以成仁"（《卫灵公》）的价值维度，以身殉道。

当然，我们可以说在商代的政治结构中，商王只是"群巫之长 [3]"或仅仅是"诸侯之长"，而非"诸侯之君" [4]。在这个意义上，历史中的商王很可能并没有如此强大的君权，可以任意屠戮王朝重臣、大族首领。但由于"天下之恶皆归焉"的效果，至迟在春秋时代的集体记忆和历史观念中，商纣王就是能诛戮大臣的暴君形象。换言之，这里叙述的三仁事件，有其历史真实原型（如《史墙盘》所记微子事），但也有一些成分代表了春秋时代的历史观念，甚至是历史想象。不过，这里最重

1　李竞恒：《商周时代的巤国》，《中华文化论坛》2010 年第 4 期，第 70—71 页。
2　王永波：《并氏探略：兼论殷比干族属》，《考古与文物》1992 年第 1 期，第 47—55 页。
3　陈梦家：《商代的神话与巫术》，《燕京学报》第 20 期，第 535 页。
4　王国维：《殷周制度论》，见王国维：《观堂集林》上册，河北教育出版社，2002 年，第 296 页。

要的，不在于商纣王只是作为"诸侯之长"，是否真能拥有如此强大的君权诛杀重臣。而在于孔子认定，在暴政中的三种价值选择，都可以是具有意义的。这里的暴政语境，既有历史的叙述背景，也具有一定的象征色彩。因此，不必完全拘泥于实证与孔子所作价值叙事之间的绝对重合。

孔子对三种不同的选择，均给出了"仁"的高度评价。尽力之后，没有希望了，选择了隐退，这是仁的高度；尽力之后，最终选择装疯佯狂，也达到了仁的高度；当然，知其不可为而为之，最后英勇就义，也是仁的境界。可是，如果我们习惯于按照某种精确推论的明确价值标准来衡量，如桑德尔（Michael Sandel）之类，尝试在极端道德困境中也试图找出一条能前后一致，内在逻辑高度自洽，能自圆其说的答案推论，就无法理解孔子的这一深刻思想。实际上，在桑德尔那里，无论是著名的变动电车轨道选择，还是拷打恐怖分子的小孩来获取他隐藏核弹的位置之类例子，其实都为了引申出某些道德困境，根本无法以简单化一的"道德原理"来裁量。这才是我们所生活这个世界的复杂性所在，试图以简单化、貌似逻辑自洽、能放之四海皆准的道德理型来裁衡所有伦理事件，恰恰是一种错误的观念。正如以赛亚·伯林所说，在逻辑上的两难是不可解决的，步出困境之路存在于某种含混性，并没有一种解决方案在终极意义上可以保证不会犯错[1]。

伯林作为一只"狐狸"，确实深谙在价值维度中，很难以一种"绝对标准"来放之四海，而只能在具体经验和情境中作出适当的不同判断。

1　［英］以赛亚·伯林著，胡传胜译：《自由论》，译林出版社，2003年，第102—103页。

如果我们从追求"绝对真理"的视角来理解孔子对"仁"的不同标准与定义，必然会茫然无所得。但如果能理解这一点，便能更深切地领悟孔子思想的精深所在。

18.2 柳下惠为士师，三黜。人曰："子未可以去乎？"曰："直道而事人，焉往而不三黜？枉道而事人，何必去父母之邦？"

士师一职，根据出土的鲁国青铜器铭文可知，是鲁国掌管狱讼的官员。春秋的《士商齠簋》，郭沫若就谈到其中的"士"，正是文献中的"士师"。此外，另一件鲁国铜器《鲁士厚父簠》中的"士"，也属于"士师"[1]。西周时代，还没有专职的司法官员，司法呈现为一种"去中心化"的结构。到了东周，鲁国就设有专门掌管司法的官员。柳下惠，就曾担任过这一职务。

正如前文所交代的，柳下惠是一位正直的人，孔子曾批评臧文仲不能用他。由于柳下惠的正直，多次得罪人，有三次被罢黜士师官职的经历。起初齐国攻打鲁国，想要获得宝物岑鼎，鲁国国君本来打算用个假货献上去糊弄过关，柳下惠却坚持要送真货，不然就失信于人。因为这个原因，柳下惠第一次被鲁君罢黜了；第二次，臧文仲见到鲁国东门外有很多海鸟"爰居"，认为这是神，便让人们去祭祀。柳下惠却认为，这非常不合于先王的古礼，而且恐怕还是灾祸的先兆。这一次说中了，却得罪臧文仲，又将他罢黜；第三次，是大夫夏父弗忌想把鲁僖公的宗庙排位放在鲁闵公之前，因为鲁僖公是鲁闵公的兄长，但是这却违背了

---

1 张亚初、刘雨：《西周金文官制研究》，中华书局，1986 年，第 38 页。

祭祀的昭穆制度顺序，因此遭到柳下惠的批评。这样，夏父弗忌又再一次将他贬黜[1]。由此可见，柳下惠得罪的既有国君，也有权臣，原因都是他太认死理，坚持其"直道"。

　　因为柳下惠太直了，在多次得罪人之后，便有人劝他，要不就离开鲁国吧。但柳下惠认为，自己秉承忠直的原则，无论走到哪儿，都免不了再继续得罪人，遭到罢黜。而如果四处逢迎讨好人，我在这就能混得很好，那又何必离开父母之邦鲁国呢？"去父母之邦"，是东周时的习惯用语，有时也称为"去父母"。如铜器《哀成叔鼎》中就有"余郑邦之产，少去父母"，这里"少去父母"的意思就是"去父母之邦"[2]。可知，父母之邦也可以称之为"父母"，形容自己的母国如同父母一样亲切。正因如此，当时的士人观念仍多是安土重迁，留恋父母之邦，不到万不得已，是不希望离开的。孔子晚年离开鲁国，周游列国，确实是对鲁国政治非常失望后的选择，即使如此，最终仍是回到了自己的"父母之邦"。

18.5 楚狂接舆歌而过孔子曰："凤兮凤兮，何德之衰！往者不可谏，来者犹可追。已而已而！今之从政者殆而！"孔子下，欲与之言。趋而辟（避）之，不得与之言。

　　楚狂接舆唱的这首歌，属于韵文，"何德之衰"处的"衰"字应该读为 cuī，与"追"字押韵。

1　程树德撰，程俊英、蒋见元点校：《论语集释》第四册，中华书局，2008 年，第 1255 页。
2　张政烺：《哀成叔鼎释文》，见《张政烺文集·甲骨金文与商周史研究》，中华书局，2012 年，第 264 页。

　　楚狂接舆的身份，有至少四种不同的说法。一种是《庄子·逍遥游》的疏说接舆是陆氏，名通，字接舆[1]；一种认为，"接舆"是楚国的一个氏[2]；也有人认为"接舆"没有实际含义，仅仅和"晨门"、"何蓧丈人"一样，因为当时孔子乘车，遇到的这一位就称为"接舆"。不过，这一观点遭到了程树德先生的反对，因为这里"孔子下"并不是下车的意思。程树德认为，"接舆"的"接"是一个氏的名称[3]。

　　这位楚地的狂士，也属于对政治与公共生活完全绝望的人物，其退入内心世界，以癫狂的方式嘲讽这个陷入秩序瓦解的世界。《楚辞·涉江》中有"接舆髡首"之说，他可能还曾遭受过髡刑，被剃掉了头发。《战国策·秦策三·范雎至秦》中，范雎给秦王说"箕子、接舆，漆身而为厉，被发而为狂，无益于殷、楚"。按照此说，那么这位楚狂接舆，是故意装疯卖傻。他将身体涂漆，产生恶疮而疑似麻风病，让人们远离他，因此过着离群索居和佯狂的隐居生活。范雎说他这么做，对于楚国的治理其实毫无意义。

　　他唱着歌曲，经过孔子的住处，歌词中将孔子比喻为楚人崇尚的凤鸟。闻一多曾提供了一种论证，表明接舆直接将孔子称作歌词中的凤鸟。《庄子·人间世》引此处作"何如德之衰也"，在汉石经《论语》中，这个"如"字作"而"，"而"字也训为"汝"。因此这里应该读作"何如（汝）德之衰也"，是直接将孔子象征的凤鸟称为"汝"[4]。

1　〔清〕郭庆藩：《庄子集释》上册，中华书局，2006年，第27页。

2　〔唐〕林宝撰，岑仲勉校：《元和姓纂》，中华书局，1994年，第1628页。

3　程树德撰，程俊英、蒋见元点校：《论语集释》第四册，中华书局，2008年，第1262—1263页。

4　闻一多：《龙凤》，见闻一多：《神话与诗》，华东师范大学出版社，1997年，第72—73页。

图 18.1　左为天星观楚墓出土之鹿角凤鸟，右为马山楚墓丝织品上的凤鸟纹

　　在楚人的文化中，凤鸟是巫觋升天乘坐的神鸟。在招魂等引导中，能够引导亡魂升天和"反本"，抵达彼岸的西海。楚人有尊崇凤鸟的文化与观念，《说苑》卷四中甚至记载了楚人之《志》认为射杀雉鸟必死的信仰，因为雉带有凤鸟的形象。对于雉尚且不敢轻易伤害，则可知对凤鸟的尊崇之情了。《尹文子·大道上》也记载了楚人想将凤凰献给楚王，让楚王颇为感动的故事[1]。楚人尊奉凤鸟，与楚人祖先有关，因祝融之精赤凤亦为楚人祥瑞，而楚王也多以凤鸟自比。而《楚辞》中，还多以凤鸟比喻贤德之士[2]。楚狂接舆以凤鸟比喻孔子，既有楚地精神文化的色彩，其象征含义也较为丰富。

　　楚墓中也多见凤鸟的各种形象，有的以鹿角漆器制作，有的则为丝织品上的图案。图 18.1 为江陵天星观楚墓出土之鹿角凤鸟[3]，以及江陵马山楚墓出土丝织品上的凤鸟纹[4]。以这些楚人文物为依照，既可知道楚人对凤鸟的崇信与迷恋，也可知楚人心目中凤鸟的大致形象。如此，

1　宋公文、胡礼兴：《谈楚俗尊凤崇龙》，《东南文化》1991 年第 1 期，第 104—107 页。

2　李竞恒：《早期中国的龙凤文化》，人民出版社，2018 年，第 213—218 页。

3　湖北省荆州地区博物馆：《江陵天星观一号楚墓》，《考古学报》1982 年第 1 期，第 103 页。

4　湖北省荆州地区博物馆：《江陵马山一号楚墓》，文物出版社，1985 年，第 65 页。

则楚狂接舆所歌中以凤鸟寓孔子的"凤"，其形象亦不难想见。

既然楚狂接舆将孔子隐喻为崇高的凤鸟，则孔子之德，也是深获这位楚国隐士的肯定与好评。孔安国、皇侃、朱熹都谈到，凤凰的特点是遇到圣君才出现，而遭遇无道则归隐。楚狂的意思是，您既然是圣德的凤鸟，那为什么还愿意在这个无道的世界中打拼下去？过去的错误，已经改变不了，但现在退隐还来得及。还是算了吧，算了吧，现在的从政者都很危险。

孔子听到这位隐居狂士的谏言之歌，便"下"去，想和他谈谈。传统注释，一般认为这是孔子从车上下来，但程树德先生指出这是楚狂在孔子住处门口唱歌，因此孔子不是从"车中"下来，而应该是从住处的台阶下来。这里可能是楚国的馆驿，孔子从正堂下台阶，穿过庭院出门，需要一点时间。而就在这点间隙中，楚狂接舆已经迅速地快走离去了。朱熹注释说，孔子"下车"，是想给楚狂解释一番，结果楚狂"自以为是"，根本不想听，所以走了。应该说，朱子的这个解释太过了，孔子对楚狂，还算是欣赏，而楚狂走掉，也不叫"自以为是"，而是表达自己的意见，但点到为止即可。

18.7 子路从而后，遇丈人，以杖荷蓧。子路问曰："子见夫子乎？"丈人曰："四体不勤，五谷不分，孰为夫子？"植其杖而芸。子路拱而立。

孔门师徒由楚国叶地返回蔡国途中，子路掉队，便向路边稻田中的老农询问，您见到夫子了吗？老农则认为，你们这些人，四体不勤五谷不分，谁是你的"夫子"。一边说，一边扶着手中的竹杖，用脚踩田薅秧。

薅秧是为了去除稻田的杂草，将杂草踩入泥中，沤烂了可以成为肥

图 18.2　四川新都县出土汉代画像砖中的"植其杖而芸"

图 18.3　秦陵六号陪葬坑文官俑的"拱而立"形象

料。另一方面，可以翻动泥土，活动秧苗，促进新根的生长。早期薅秧，都没有其他工具，诸如薅秧耙之类。最古老的薅秧方法，基本就是靠双脚在烂泥中踩动，手中持一根木杖或竹棍，用作支撑和辅助移动，这就是"植其杖"的意思。在甲骨文中，就有"夌"字，据《说文》便是用脚踩踏夷草，其甲骨文字形即为持棍踩踏薅秧[1]。图 18.2 为四川新都县出土汉代画像砖中扶"杖"薅秧之图[2]，与孔子时代一样，都是"植其杖而芸"。"植"字，正是扶杖之意。

老农不理会子路，继续自顾自地扶着竹棍在稻田踩杂草。子路也不生气，只是有礼貌地拱手而立，站在一旁。图 18.3 为秦陵六号陪葬坑出土的文官俑形象[3]，这些文官都是"拱而立"的姿态，古人认为这一姿势能体现敬意，以此可以窥想子路拱而立的仪态。

止子路宿，杀鸡为黍而食之，见其二子焉。明日，子路行以告。子曰："隐者也。"使子路反（返）见之。至，则行矣。子路曰："不仕无义。长幼之节，不可废也；君臣之义，如之何其废之？欲洁其身，而乱大伦。

1　陈英杰：《说夌》，见宋镇豪主编：《甲骨文与殷商史》新二辑，上海古籍出版社，2011 年，第 182—183 页。
2　刘兴林：《汉代"薅秧画像砖"再认识》，《华夏考古》2002 年第 4 期，第 82 页。
3　秦始皇陵考古队：《秦始皇陵园 K0006 陪葬坑第一次发掘简报》，《文物》2002 年第 3 期，第 10—22 页。

君子之仕也，行其义也；道之不行，已知之矣。"

老农见子路有礼，加之天色已晚，便留他过夜，杀鸡煮黍米饭给子路吃，并让他见过自己的两个孩子。在古时，杀鸡以待旅客，是一种非常高的规格。汉代传置机构敦煌悬泉置，是政府设置的高规格接待处，在此出土的简牍账本中记录了招待旅行官员的账目。根据发现的汉简可知，对官员"长史君"、"大司农卒史"、"丞相史范卿"、"使者王君"等才提供杀鸡用餐，并有详细记录[1]。可见，在古时行旅于路途，必须有较高身份才能吃到鸡。老农杀鸡作黍待子路，规格不低，是很慷慨的。显然，老农见子路恭敬有礼，改变了嘲讽的态度，也是以礼相待。让子路见见自己的孩子，也是对他的礼貌和尊重。

第二天，子路将遇到老农的经历告诉孔子。孔子知道，这位老农和楚狂接舆是一类人，属于隐者。便让子路回去找老农。但当子路回到老农住所后，老农已经出去了。郑玄、皇侃等古注都说，子路见老农离去了，便对老农的两个孩子说了一番话，让他们在老农回家后转达[2]。大致意思是说，您既然让我见了两个孩子，说明您懂得长幼之序。既然家庭的长幼之序不能废，那为什么要否定政治层面的君臣关系？天下混乱，您想爱惜羽毛，却破坏了维持共同体与公共生活的基础啊。

子路的这番话，表明他对隐者的理解与孔子并不完全相同。对孔子来说，隐者是退出了公共生活的人，但他们能守护私人领域的价值，在某种程度上仍然具有对现实的批判意义，因此也是可以获得肯定的。商

1　甘肃省文物考古研究所：《敦煌悬泉汉简释文选》，《文物》2000 年第 5 期，第 38 页。

2　程树德撰，程俊英、蒋见元点校：《论语集释》第四册，中华书局，2008 年，第 1277 页。

纣无道，微子离去隐居，退出了公共生活，孔子却仍然将他称为"仁"。而在子路看来，退出公共生活，就意味着对公共生活基础的破坏。所以，在子路那里，离去的微子不能获得好评，而只有以死抗争的比干，才是正道。由此也可以看出，圣人思想与人格的圆融所在。孔子肯定那种为了追求正义的公共生活而勇敢抗争的人，但并未紧张到认为除此之外，别无任何选择。对于微子等隐退之士，他仍然给予足够的理解与尊重。

18.9 大师挚适齐，亚饭干适楚，三饭缭适蔡，四饭缺适秦，鼓方叔入于河，播鼗武入于汉，少师阳、击磬襄入于海。

图 18.4 南阳崔庄汉画像石上表现的播鼗鼓形象

这八位乐师，是孔子时代的著名音乐家。这一条，是描述他们流散到了各地。亚饭干、三饭缭、四饭缺的称呼，表明礼乐制度下音乐演奏与贵族饮食之间的关系非常紧密，所谓钟鸣鼎食，即以音乐配奏以助进餐。播鼗武则为善奏鼗鼓的乐师，此种鼓为长柄手摇小鼓，非常类似于后世的拨浪鼓，在汉代画像石上常有演奏鼗鼓的形象。图18.4 为南阳崔庄汉代画像石上刻画的演奏鼗鼓形象 [1]。

陈直先生曾根据《史记·礼书》中"仲尼没后，受业之徒，沉湮而不举。或适齐、楚，或入河、海"的记载，推测司马迁此说可能出于《占论》，因此这里的大师挚、亚饭干等乐师，乃是"与孔子同时兼弟子"[2]。这些乐师确实与孔

1　郭学智：《南阳汉画像中鼗鼓的图像学解读》，《民族艺术》2010 年第 3 期，第 110 页。
2　陈直：《史记新证》，天津人民出版社，1979 年，第 66 页。

子同时，可是陈直先生认为他们是孔门弟子，则不能成立。例如，根据《论语》记载，大师挚只是鲁国的乐师，孔子赞美过他的音乐很美（见《泰伯》8.15 章），却并未言及这是孔门弟子。此外，击磬襄即师襄，孔子曾向他学过音乐。他不但不是孔门弟子，反而还曾当过孔子的老师。击磬是非常古老的职业，殷墟花东卜辞中，就记载"子其以磬妾于妇好"（《花东》265），即大贵族"子"将击磬的女乐，进献给女贵族妇好。

李零认为，这八位乐师都是鲁乐师，"他们四处逃散，正是'礼崩乐坏'的象征"[1]。李天虹则认为，这些乐师属于周代王官礼乐机构"大司乐"，这段话的记载表明周王朝的乐师四处流散，这是礼崩乐坏的结果[2]。应该说，这段话确实反映了礼崩乐坏的情况，传统乐师机构溃散，流落到各地。但这些乐师，是否全部是鲁国人，或者全部是周王官的人，则不能一概而论。大师挚、击磬襄确实是鲁国乐师，但从亚饭干、三饭缭、四饭缺的名称来看，则似乎不是鲁国人。首先《白虎通·礼乐》记载了天子每天要吃四顿饭。而《周礼·大司乐》说天子吃饭的"大食"，有三次要奏乐[3]。那么，第一顿饭不奏乐，亚饭、三饭、四饭都要奏乐，这三位乐师的名号，就正好可以与周天子的礼乐等级对应起来，应当属于周朝王官机构的乐人。

因此，这三位乐师应该是周王官机构的人员。这里说的八位，既有鲁国乐师，也有周王朝的乐师。周代的礼乐制度，在周王室、鲁国保留

1　李零：《去圣乃得真孔子：〈论语〉纵横读》，生活·读书·新知三联书店，2008 年，第112 页。
2　李天虹：《郭店简〈性自命出〉中的乐论》，见《简牍学研究》第三辑，甘肃人民出版社，2002 年，第 74 页。
3　程树德撰，程俊英、蒋见元点校：《论语集释》第四册，中华书局，2008 年，第 1288 页。

得最好，可是这两处的乐官机构最后都溃败了，乐师流落到四面八方。周、鲁尚且如此，则当时整个天下礼乐的崩坏，也就可想而知了。这一背景，有助于今人进一步理解孔子生活时代的状况。

18.10　周公谓鲁公曰："君子不施（弛）其亲，不使大臣怨乎不以。故旧无大故，则不弃也。无求备于一人。"

古儒推崇周公，将周公视为奠定了宗周礼乐文明的圣哲。这一条，是记述周公对其子伯禽的告诫。当时周公辅佐成王，共同完成了对殷商遗民反叛的镇压，征服了东方的商奄之地[1]。在征服了殷顽反抗势力的废墟上，周人亟待建立新的政治秩序，因此有了大规模的分封。其中，就将周公长子伯禽分封到叛乱重镇商奄，建立了鲁国，让他经营周人在东方的统治。这一席话，便是伯禽就封鲁国侯之后，周公对他执政提出的告诫。

周公告诉长子伯禽，君子的治国要点，是"亲亲"，君臣上下要亲密，一定要用故旧老臣，也别对他们苛责太高，只要政府能运转，没大问题就行了。关键在于，君臣上下内部一定要亲密团结，这样才能在充满敌意的商奄地区进行有效的治理。"君子不施其亲"中的"施"字，

1　传统观点认为，周初的东征，是周公负责并完成的。但大量出土周代铜器铭文可以表明，东征时周成王已经成年，东征是周成王领导、周公负责策划，一起共同完成的大业。如《禽簋》铭文："王伐奄侯，周公某（谋）"，见唐兰：《西周青铜器铭文分代史征》，中华书局，1986 年，第 37 页；《小臣单觯》铭文云："王后黻克商，在成师，周公锡（赐）小臣单贝十朋。"清华简《系年》云："成王敉伐商邑，杀录子耿，飞廉东逃于商奄氏。成王伐商奄，杀飞廉。"见彭裕商：《清华简〈系年〉札记二则》，李学勤主编：《出土文献》第三辑，中西书局，2012 年，第 32 页。可知，周初的东征，周成王是主帅，周公是辅佐者。

有的古本中便作"驰"字，由于古字中"施"、"驰"二字多通假，因
此程树德认为此处当作"驰"[1]，此说非常正确。不过，一般都认为"驰"
是"弃忘"之意，笔者则认为，根据《说文》"驰，弓解也"的解释，
"驰"原意是弓体的松懈，引申为弃而不用。周公的意思是，君子治国，
应当重用亲族，只有周人宗法制的君臣内部亲密，才能抵御外部商奄顽
民的叛乱。这一点，对于周初的诸侯封国，意义非常重大。正如许倬云
先生所说："分封的队伍深入因国的土著原居民之中，也必须保持自群
之内的密切联系，庶几稳定以少数统治者凌驾多数被统治者之上的优势
地位"[2]。

　　同时，不能让作为亲族的大臣们因为不受重用而抱怨。"不使大臣
怨乎不以"，此处的大臣，自然是征服者周人内部的血族亲属，在宗法
制中担任大臣。"以"字，根据《集韵》"以，用也"的解释，即用人
之意。这些从宗周地区带往商奄的血族亲属，也属于文王、周公、伯禽
几代人以来的"故旧"，是周人统治当地的核心力量。没有这些故旧血
族近亲、远亲、旁支氏族们的支持，就不可能击败殷人，巩固周朝的政
治秩序。

　　因此，这些故旧人员们只要没犯大错，就一定不要抛弃他们，因为
他们是你政治力量的基础。尤其是，不要太苛求他们每个人都具备极高
的能力，因为只要驻扎在商奄的周人群体都能团结紧密，自然不必人人
都能力突出。

1　程树德撰，程俊英、蒋见元点校：《论语集释》第四册，中华书局，2008 年，第 1293 页。
2　许倬云：《西周史》，生活·读书·新知三联书店，1993 年，第 161 页。

古儒推崇君臣之间亲亲相爱护，浑然如一体。而后世秦制，行尊君卑臣之道，君上如神明，而士大夫如草芥，叔孙通、公孙弘等乡愿之儒，更是进一步以制度化的方式，强化了这种关系。但凡是追求并捍卫古儒的价值维度的后世儒者，都会尽量批评尊君卑臣之道，而向往君臣亲密一体的原则。如余英时先生在研究宋代士大夫对于天下的担纲意识中，便引用过《朱子语类》卷八九中朱熹说的一段话："古之君臣所以事事做得成，缘是亲爱一体。因说虏人（女真人）初起时，其酋长与部落都无分别，同坐同饮，相为戏舞，所以做得事。"[1]在宋儒看来，西周时代的君臣亲爱如同一体，没有悬殊的尊君卑臣，因此可以成就辉煌的业绩。哪怕是野蛮的女真军事集团，在初起时也因为君臣亲密一体，而得以成功侵略。《论语》中保留的这一条，正是记载了朱熹理想中的"古之君臣"，是如何强调相亲一体的。

18.11 周有八士：伯达、伯适（括）、仲突、仲忽、叔夜、叔夏、季随、季騧。

前面交代了，周人重视自己的"故旧"，主张团结宗亲旧臣，君臣上下亲密，互相爱护如一体。这里，便交代了周人自己"故旧"中的八位著名人士。

根据《逸周书·克殷解》"乃命南宫忽……乃命南宫伯达"的记载，可知这里提到的"伯达"、"仲忽"都是属于周人的南宫氏。王宇信先

1 余英时：《朱熹的历史世界：宋代士大夫政治文化的研究》上册，生活·读书·新知三联书店，2004年，第20页。

生据此认为《论语》此处提到的这八位，都是南宫氏[1]。可是，这八位人物的伯仲叔季辈分排列都有两位，显然不可能是同一个家族的成员。因此，只能说这八人中包括了周人故旧大族南宫氏，但不能说全部都是南宫氏的成员。

南宫氏是周人故旧，在周原甲骨文中就有 H31：2 有南宫氏的记载。由于该片甲骨今已经粉化不存，因此能看到的是徐锡台、陈全方两位先生的摹本（图 18.5）[2]。

图 18.5　上为陈全方先生摹本，下为徐锡台先生摹本，虚线所圈为"南宫"二字

尽管两个版本的摹本小有差异，但"南宫"二字清晰可见。可以充分证明，先周文王时代，南宫氏已经是周人政治生活中的重要力量，是真正的周人股肱之旧。其中的"伯适"，后来名气很大，在《封神演义》中为"大将军南宫适"，是所谓"文王四友"之一。这位南宫适，在灭商后在南方建立起自己的封国"曾"，著名的"曾侯乙"就是他的子孙后代。在青铜器铭文中，南宫适写作"南宫括"。随州文峰塔 M1 曾侯墓出土编钟铭文记载："伯括上庸，左右文武"，"挞殷之命，抚定天下。王遣命南公，营宅纳土，君此淮夷"[3]。据铭文可知，南宫适是辅佐周文王、武王的重要大臣。在灭了商朝，并抚定天下之后，奉周王之命，南下在"淮夷"之地建立起曾国。随州义地岗墓群发掘的 M169 出土"嬭

1　王宇信：《西周甲骨探论》，中国社会科学出版社，1984 年，第 148 页。
2　曹玮：《周原甲骨文》，世界图书出版公司北京公司，2002 年，第 137 页。
3　湖北省文物考古研究所、随州市博物馆：《随州文峰塔 M1（曾侯與墓）、M2 发掘简报》，《江汉考古》2014 年第 4 期，第 16 页。

加编钟"铭文中，也记载"伯舌（括）受命，帅禹之堵，有此南洍"[1]。描述了南宫适听从周王之命，沿着大禹治水南下的道路，前往开拓新领土，建立起曾国。

此外，湖北随州枣树林 M190 曾国镈钟铭文（图 18.6）中记载："丕显高祖，克仇匹周之文武。淑淑伯括，小心有德。召事一帝，遹怀多福。左右有周。"[2] 铭文中强调了，曾国的高祖南宫伯括，辅佐周文王、周武王，地位高贵且显耀，是建立周朝的左膀右臂。后来"皇祖建于南土，蔽蔡南门，誓应京社，适于汉东"，在汉水流域建立起曾国，是周人经营南土的重要力量。

图 18.6　湖北随州枣树林 M190 曾国镈钟铭文中记载的"伯括"

1　郭长江、李晓杨、凡国栋、陈虎：《嫡加编钟铭文的初步释读》，《江汉考古》2019 年第 3 期，第 9 页。
2　武汉大学历史学院、湖北省文物考古研究院、北京大学考古文博学院、随州市博物馆、曾都区考古队：《湖北随州枣树林墓地 190 号墓发掘报告》，《考古学报》2023 年第 1 期，第 46 页。

从这里交代的周人"八士"中至少包括了两名南宫氏成员来看，这"八士"中的其他人必然至少也属于和南宫氏同样地位的周人大族故旧。类似的周人重臣排列，也见于清华简《良臣》："文王有闳夭、有泰颠、有散宜生、有南宫适、有南宫夭、有芮伯、有伯适、有师尚父、有虢叔。"其中的"南宫夭"即南宫适的长子曾侯谏，受命在南土去建立曾国[1]。这些周人重臣的排序组合，有姬姓、异姓的不同大臣，姬姓中也有同一家族成员。这就表明，周人政治的原则中，重视故旧股肱之人，这"八士"便是其中的代表人物。《汉书·翼奉传》中说："古者朝廷必有同姓以明亲亲，必有异姓以明贤贤，此圣王之所以大通天下也。"这样的政治原则，也就是古儒推崇的君臣上下相互爱护如一体之道，是"亲亲"与"纳贤"的兼容。

---

1 程浩：《由清华简〈良臣〉论初代曾侯"南宫夭"》，《管子学刊》2016 年第 1 期，第 99—100 页。

子张第十九

19.4 子夏曰："虽小道，必有可观者焉；致远恐泥，是以君子不为也。"

这里，子夏在讨论小道的重要性。在《汉书·艺文志》中引用这句话，说是"孔子曰"，《后汉书·蔡邕传》也引用"致远恐泥"，说是"孔子以为"[1]。可知，在汉代的《论语》传播序列中，有一种版本认为这句话是孔子说的，而不是我们现在看到的是子夏所说。陈国庆先生就认为作"孔子曰"的这个版本，可能是当时的《齐论》或《古论》[2]。不过笔者认为，这句话不是孔子所说，或是子夏转述孔子之言，而应该就是子夏自己的观点。

从皇侃以后的注释，基本都认为，子夏这是在反对追求小道。意思是说，各种小技巧、小技能虽然也有可观之处，但距离大道太远了，学习小道会耽搁正事，影响追求大道，因此就没必要去钻研小道。不过，笔者认为这种解释，既与子夏的性格、思维方式不吻合，也与后面的内容不吻合。首先，子夏的性格与思维方式，是非常拘谨的，重视各种细枝末节和繁琐的技艺。这些繁琐的细枝末节，其实就是"小道"，子夏的入学路径，用"汉宋之学"比喻，就是典型的"汉学"之祖，从繁琐的技艺、经学知识入手求道。对子夏来说，各种琐碎的"小道"，都有其存在的价值，不能用"宏大叙事"将其完全否定，他需要为"小道"

1　程树德撰，程俊英、蒋见元点校：《论语集释》第四册，中华书局，2008 年，第 1307 页。
2　陈国庆：《汉书艺文志注释汇编》，中华书局，2006 年，第 163 页。

辩护。其次，在后文中就有子游对子夏的批评（见《子张》19.11 章），子游说，子夏培养出来的门人，只会"洒扫应对进退"这些小道。子夏听了，很不服气，便说"孰先传焉？孰后倦焉？譬诸草木，区以别矣"。在子夏看来，做事就得从小事上做起，琐碎的细节非常重要。正如李零先生所说"子夏重小道，子游重大道，这是两者的不同"[1]。换言之，在重视"小道"的子夏看来，"小道"也"必有可观者"，这种想法再正常不过了。一屋不扫，何以扫天下？在一屋不扫的情况下，大谈扫天下，便是"致远恐泥"。最靠谱的办法，便是从细枝末节入手，缓缓前行。

子夏这席话，完全是为其学派方法的辩护。汉儒尊子夏，认为子夏之言是得之于孔子亲传。因此，《汉书·艺文志》和《后汉书·蔡邕传》中的蔡邕都认为这是孔子之言。笔者认为，将其视为孔子之言，倒未必一定是《齐论》或《古论》的写法，而应该是汉儒自己的理解。所以，这席话是子夏本人的观点，不是转述孔子之言。所谓孔子之言的说法，是汉儒尊崇子夏的结果；第二，这席话并不是子夏谴责"小道"，反而是在为"小道"辩护。

19.7 子夏曰："百工居肆以成其事，君子学以致其道。"

子夏重视通过一点一滴地积累，逐渐养成以求学而通往求道的学习路径。在此，他以周代的手工业者为例子，来说明学习、求道，必须完全下潜为一种与日常紧密一体的生活方式，才能真正达到目标。

在商代历组卜辞中，就有卜问"百工"的记载（《屯南》2525）。过

---

1 李零：《丧家狗：我读〈论语〉》，山西人民出版社，2007 年，第 324 页。

去中国大陆史学界，常将周代文献中的"百工"解释为奴隶。还认为铜器铭文如《伊簋》、《孟簋》中将"百工"、"工"与"臣"并称，可以证明这二者是一类。学者就指出，卜辞中的"工"，最初是官，封建时代世卿世禄、世官，因此百工也就是世官之类的身份[1]。实际上，金文中的"臣"身份复杂，不能就简单地视为"奴隶"。更重要的是，铜器铭文中"百工"有时还与很多重臣并称，如《令彝》中就将"百工"与"诸侯"、"卿史寮"等高级贵族、重臣并称。显然，这不能反证"百工"就是周代的重臣。实际上，"百工"的地位与一般平民一样，不存在更为卑贱的身份，甚至有时他们能享受到高于平民的待遇，如《尚书·酒诰》中就谈到，如果"百工"酗酒，就不能杀死他们，而应该以教育为主。《左传·昭公二十二年》记载"单子使王子处守于王城，盟百工于平宫"，百工能参与政治层面的盟誓，可见属于封建时代政治上的有效阶级，等级是不低的。

这些具有手工技能的百工，平时住在自己的手工业区，即"肆"中。根据考古发现来看，这些人有专门的手工业区域，他们生于斯、长于斯，最后死于斯、葬于斯。例如，周代周原遗址发现的齐家制造块手工区，发现了跨越整个西周时代的 38 座墓葬，都是遵守一定规则埋葬的，死者墓中陪葬制块的工具和碎石料。这些人，实际上便是生于斯、葬于斯的百工[2]。在曲阜鲁国故城的林前村西北制骨遗址也伴有居住遗

1　孙亚冰：《从甲骨文看商代的世官制度：兼释甲骨文"工"字》，见宋镇豪主编：《甲骨文与殷商史》新四辑，上海古籍出版社，2014 年，第 26—38 页。
2　孙周勇：《西周手工业者"百工"身份的考古学观察：以周原遗址齐家制块作坊墓葬资料为核心》，《华夏考古》2010 年第 3 期，第 120—123 页。

址，在居住区域也有制造骨器的
原料出土[1]。这表明，鲁国的"百
工"也是住在手工业区，其生活
与手工业生产联系非常紧密。在
楚国都城的百工铸造作坊中，还
发现了大量储存起来的稻米。这
些稻米，也是住在作坊中百工们
的食粮[2]。可知，楚国的百工，
也住在手工业区的"肆"中，这
里既是工作区，也是吃饭和生活
的地方。

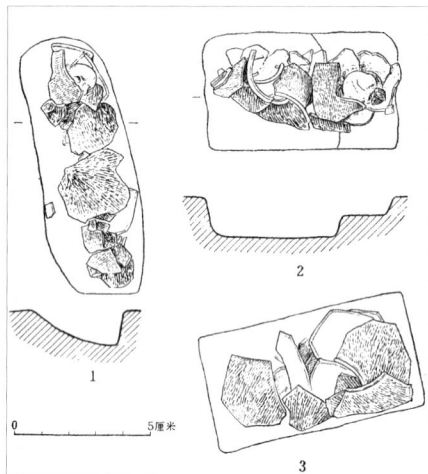

图 19.1　侯马东周铸铜遗址中埋葬"百工"们
夭折小孩的瓮棺葬

此外，在东周的晋国铸铜工业遗址，除了发现百工的坟墓之外，
还发现了 21 座幼儿的瓮棺葬（图 19.1）[3]。这些手工业区埋葬的幼儿，
显然都是百工们的子女。可知，这些百工就在手工业区长大、成家、抚
育后代。而他们的后代，如果没有夭折，也将继承父辈的手艺，成为百
工[4]。他们在自己的手工业区域中，从小耳濡目染，学习手工技巧，以
此为生，最后埋葬在这里。罗泰（Lothar von Falkenhausen）说山西侯
马遗址一些工人就生活在他们工作的地方，周代的工业生产现场经常有

1　山东省文物考古研究所、山东省博物馆、济宁地区文物组、曲阜县文管会：《曲阜鲁国故
城》，齐鲁书社，1982 年，第 18—19 页。
2　湖北省博物馆：《楚都纪南城的勘查与发掘（下）》，《考古学报》1982 年第 4 期，第
487—488 页。
3　山西省考古研究所：《侯马铸铜遗址》上册，文物出版社，1993 年，第 432 页。
4　先秦手工业者的技艺、职业，普遍都是世代相传，见袁艳玲：《周代青铜礼器的生产与流
动》，《考古》2009 年第 10 期，第 69 页。

墓葬，也表明他们一直就生活在该地[1]。

换言之，周代百工的生活方式，是将自己的整个生命都沉浸在手工业的技艺当中。他们在这里长大，从小耳濡目染，在这里工作、学习，每天钻研工业的技巧，不断提升技艺水平，最后一直到死，都葬在附近。当时的专业职位，古人认为其专业性最好由家族传承，以"工匠精神"的方式将家族口耳相传的默会知识与职业精神传承下去。所谓"苟官世其家而不美其绩，鲜矣；废其职而欲善其事，未之有也。若刘累传守其业，庖人不乏龙肝之馔，断可知矣"（《南齐书·崔祖思传》）。夏朝的豢龙氏家族，就是负责世代养鳄鱼的专职家族，如果他们的家族职务能够传承，夏王也就能够随时吃到鳄鱼肉。类似的，商朝有世代制作酒器的"长勺氏"工匠小官家族，有负责掌管制造陶器的"陶氏"百工小官世家，"殷民六族"和"殷民七族"，很多都是类似有专属职业性的技术性百工小官家族。《曶鼎》铭文"王若曰：'曶！命汝更乃祖考司卜事'"（《集成》02838），记载了一个世代负责掌管占卜的技术官员家族。

又如史官，西周《史墙盘》铭文中（《集成》10175），记载了一个史官家族，连续七代人连续担任史官的家族技术业务传承。史家司马迁，也是继承了父亲司马谈的史官家学，担任太史令官职，将其业务发扬光大。很多史官家族，世代以史官的职业操守、职业道德进行传承，如著名的晋国董狐，齐国的太史三兄弟与南史氏，为了秉笔直书甚至一家献出生命为代价，这种精神往往可以通过家族的家风进行传承。王安石《答

1　Lothar von Falkenhausen: Chinese Society in the Age of Confucius（1000-250 BC）: The Archaeological Evidence, Cotsen Instituteof Archaeology, University of California, 2006, P417.

韶州张殿臣书》中就说："自三代之时，国各有史，而当时之史，多世其家，往往以身死职，不负其意。"所以，在封建时代包括那些世代传承的"百工"在内，各种工官，都具有更强烈和鲜明的"工匠精神"色彩。

子夏谈到百工，用百工的生活方式来比喻儒者的学习和进德，实际上就是要强调儒者也应该像百工一样，完全下潜到学习的氛围中去，将一点一滴的学习，完全转化为一种生活方式，就像是百工一样——每天沉浸其中，不断琢磨，不断提升，从生到死，都不间断，将学习求道完全作为一种终身的生活方式。只有这样，不断地进取、努力，才可能通过点滴、缓慢地积累，慢慢窥见"道"的所在，接近"道"之博达。这种对于世家传承和"工匠精神"的重视，正是封建时代残余下来的价值观念。重视不断地学习和点滴积累，这也是子夏学派的重要特点。

19.10 子夏曰："君子信而后劳其民，未信则以为厉己也；信而后谏，未信则以为谤己也。"

古儒的教育中，将平民精英培养为传统贵族"君子"生态位的治理者，向来是非常重要的内容之一。儒者的理想是实现道，而弘道就必须通过具体不同共同体层面的政治实践来落实。作为要"得君行道"的士君子，其身份正好介于君主与民众之间的不同层面，小到家臣、邑宰，大到封建贵族领主，都面对"治理"这一维度。

要践行自己的政治观念，就必须获得下位者的民众和上位者君主双方的信任。但此种信任，实际需要相当的人格修养才能获取。正如余英时先生所言，先秦的士君子认为自己代表了"道"，且相信"道"尊于

"势"，因此必须要以"道"来引导"势"。但由于士君子缺乏有组织的宗教团体，尤其是西方式的宗教团体，而"道"也缺乏具体的形式，因此"知识分子只有通过个人的自爱、自重才能尊显他们所代表的'道'。此外，便别无可靠的保证"[1]。正如余英时先生的分析，士君子如果想在政治领域践行"道"，就必须有良好的人格修养和信誉品质，并以此种人格获取人民和君主的信任，除此之外，再别无任何可靠的保障。

子夏在此，便是强调了君子信誉的重要性。如果他缺乏信誉，便根本无法获得民众和君主的信任，"道"也就无从展开。子夏说，君子要获取民众的信任，如果不能获取民众的信任，他们便会觉得你的所作所为，像是恶疾一样蹂躏他们；对君主，也必须以人格取得他的信任，否则你的良好谏言，会被他视为恶意的诽谤。用现代术语来说，治理者要尽可能避免陷入"塔西佗陷阱"。

"未信则以为厉己也"中的"厉"字，在传世文献和出土文献中通假麻风一类毒疮恶疾的"疠"。如马王堆帛书《周易·渐》初六"小子厉"就写作"小子疠"[2]。劳榦先生指出："癞字通疠，可解为麻风，亦可解为瘟疫。字或作厉，《战国策·楚策》孙卿曰'厉人怜王'又《战国策·赵策》亦称豫让'漆身为厉'，此厉病由漆造成，乃是漆疮。《礼记·月令》：'仲春行冬令，民多疫疠'。所以疠或癞是泛称一切蔓布较广的毒疮，麻风是其一种，却不是专称麻风。"[3]患"厉"的生病形象，

1　余英时：《士与中国文化》，上海人民出版社，2013年，第96页。

2　廖名春：《帛书〈周易〉论集》，上海古籍出版社，2008年，第368页。

3　劳榦：《汉晋西陲木简新考》，见《"中央研究院"历史语言研究所单刊》甲种之二十七，"中央研究院"历史语言研究所，1985年，第119页。

也见于云梦秦简《封诊式》："毋麋（眉），艮本绝，鼻腔坏，刺其鼻
不嚏。肘膝□□□到□两足奇（踦），溃一所。其手毋胘。令号，其音败。
厉也。"[1]在张家山汉简《脉书》中，"厉"的形象是"四节疕，如牛目，
麋（眉）突，为疠"[2]。从劳榦先生的梳理可知，"厉"是毒疮类的恶疾。
在云梦秦简中的"厉"，记载了面部和四肢的糜烂，眉毛脱落，声音沙
哑，正是麻风病患者的形象。而张家山汉简医书中也描述了这种恶疾是
四肢长毒疮，眼睛肿大，眉毛突出。总之，这些毒疮类的恶疾非常恐怖，
不但病患痛苦万分，而且生理病态触目惊心，令人怖惧之余，唯恐避之
不及。

　　子夏用可怕的毒疮类瘟疫来形容民众的恐惧态度，正是对民众心态
的生动描述。如果士君子不能以自身的人格修养获取民众的信任，则民
众会将你的所作所为，视同麻风病一样可怕的恶疾，认为你一定是要让
他遭受痛苦万分的蹂躏，因此会避之不及，就像是躲避那四肢糜烂的可
怕瘟疫一样。同样，如果士君子不能以自身的人格获取君主的信仰，则
你在他心目中必为趋利之徒，这样你的任何良好谏言，在他那里就不过
是为了利益不择手段的诽谤而已。

　　士君子要行道，尤其在原始儒学模仿封建小共同体所组建"孔门"[3]，
在"儒分为八"之后，更偏向于"游士"的模式。在此背景下，没有任
何可以凭借的组织或制度，没有类似西方中古时代那样的教团组织。在

1　睡虎地秦墓竹简整理小组：《睡虎地秦墓竹简》，文物出版社，1978 年，第 263—264 页。
2　张家山二四七号汉墓竹简整理小组：《张家山汉墓竹简（二四七号墓）》，文物出版社，
2001 年，第 236 页。
3　李竞恒：《孔门封建考：论孔门为模拟封建关系组建的小共同体》，《孔子研究》2023 年
第 5 期，第 99—105 页。

缺乏制度性保障的前提下，具体做事的士君子，只能以肉身成为"道"的载体。在此力量对比悬殊的情况下，士君子唯有通过不断修身、自爱，培育良好的人格品质，才能配得上"道"之担纲者的角色。也唯有如此，他才能以人格力量获取民众、君主的信任，进而推行其"道"的理想。因此，《大学》中从"修身"至"平天下"，确有其深刻的历史文化背景。

19.12　子游曰："子夏之门人小子，当洒扫应对进退则可矣，抑末也。本之则无，如之何？"子夏闻之，曰："噫，言游过矣！君子之道，孰先传焉？孰后倦焉？譬诸草木，区以别矣。君子之道，焉可诬也？有始有卒者，其惟圣人乎？"

　　子游重视大道之学，注重本末、轻重之分，正如丁四新先生所言，子游是在"儒学的根本处著力尤深，是由本到末、由重到轻的授学之教"。子游之传学重本以立末，其本即原始儒学义理之本原，"也即是道"[1]。因此，在子游看来，子夏传学的路径太过于琐碎，体现在"洒扫应对进退"等细枝末节上，抓不到义理的根本，隔靴搔痒，在"末学"上转圈，缺乏最基本的方法论。但在子夏看来，陈义过高，未必是君子进德的不二法门，通过循序渐进的点滴积累，同样是通往"道"之所在的途径，或者说应该通过由近及远地践行才能通往"道"。子游、子夏在孔门都属于"文学"科，长于经学知识的研习和传授，但他们对求道的理解，却大相径庭，一个认为要先有方法论才能解决问题，一个认为要逐渐解决问题才能理解方法。二者之争，颇能见到后世"汉宋之争"、"道问

1　丁四新：《郭店楚墓竹简思想研究》，东方出版社，2000年，第190—191页。

学与尊德性"乃至"问题与主义之争"的某种脉络。

面对子游的指责，子夏进行了辩解。他说，言游你说太过了，君子求道，哪一种应该先传授，哪一种应该后劝勉呢？这犹如各种不同的草木，还是要区别对待的。"孰后倦焉"的"倦"字，一般解释为疲倦，《集解》和朱注都这样理解。有学者认为，这个"倦"和"劝"是通假字，理由是二字上古音接近，而且《庄子·天运》、《汉书·严助传》中的"劝"、"倦"都有通借之例，字形也接近[1]。按此说，则子夏的意思是，哪些知识应该先传授，哪些应该后劝勉，是有循序渐进过程的。人都应该从小事入手，最后逐渐走向大道。能有始有终，先掌握大道，再熟练小道，只有圣人才有那样的能力。既然不是圣人，那就只能老老实实，少谈假大虚的方法论，还是先从扫地洒水开始干起吧。

应该说，子游与子夏二者的求道路径差异，不能简单地视为谁对谁错的问题。后世的学者，更应该将这两种不同的路径与后世"汉宋之争"、"道问学与尊德性"、"问题与主义之争"等思想史问题连贯起来思考，进而理解儒学之道的内在丰富性。

19.19 子贡曰："纣之不善，不如是之甚也。是以君子恶居（处）下流，天下之恶皆归焉。"

子贡是精英主义者，一直向上看，自我期许也很高。他说的这段话，也带有浓厚的精英主义色彩，要君子都朝着向上流奋斗。

在周人和后世的叙事话语中，商纣王是邪恶与残暴政治的代名词。

---

1 陈蒲清：《〈论语〉析疑二则》，《古汉语研究》1997 年第 2 期，第 64 页。

在漫长的历史演绎过程中，这个历史人物逐渐变成了一个符号象征，不再是一个具体的活人，而是"魔鬼"的代名词。实际上，商纣王的很多行为，在殷周之交的时代，并非属于丧心病狂的罪恶发作，而是被包装的结果。例如，东周文献中多次提到商纣王俎醢侯伯的行为，其实并不是他个体人格的残暴，而仅仅属于一种殷人政治文化的古老传统[1]。他的很多行为，都可从殷人的宗教文化礼仪角度来获得理解，如根据《史记·周本纪》记载，他战败自焚时，佩戴了大量的玉器。实际上，这种焚烧玉器的行为，便有古老的传统，能够追溯到文明起源前夜的良渚文化，那里有许多玉璧都遭受过焚烧[2]。

正如张光直先生所说，商纣佩戴玉自焚，与此种古老的传统有密切关系[3]。再比如，周人指责商纣"惟妇言是用"，而实际上，通过对甲骨卜辞的研究可知，殷文化中有贵女和重视母系的习俗，商代女性亦多参与政治活动。商纣之政谋及妇人，并非道德败坏，而是习俗使然[4]。至于酗酒的指控，则亦属于殷文化的传统而已。还有学者甚至认为，纣王的疯狂行为，可能是因为商代晚期青铜器铅含量可以高达百分之二十，导致慢性铅中毒的妄想症和狂躁，以及脑病或精神病等[5]。当然，纣王被符号化的情况，显然不是"铅中毒"或"精神病"那么简单。

1　王晖：《自序》，《古文字与商周史》，中华书局，2003 年，第 10—11 页。
2　南京博物院、汪遵国：《良渚文化"玉殓葬"述略》，《文物》1984 年第 2 期，第 29 页。
3　张光直：《中国青铜时代二集》，生活·读书·新知三联书店，1990 年，第 62 页。
4　王晖：《商周文化比较研究》，人民出版社，2000 年，第 385—391 页。
5　童恩正：《酒与商代的灭亡》，《历史知识》1989 年第 5 期；朱彦民：《商代社会的文化与观念》，南开大学出版社，2014 年，第 544—547 页。

　　而如果换一个角度来看，商周之交的周人，亦不乏非仁之举。例如，《史记·周本纪》记载，周王获胜后，不但继续对商纣王的尸体施以暴力，而且也同样将暴力施于商王的妃妾身上。再如，考古发现表明，殷墟的八座商王大墓，即 M1001、M1002、M1003、M1004、M1217、M1500、M1550、M1400 在早期都遭受过盗掘，而且盗坑直接深达墓室中央，盗坑面积与椁室面积大小差不多。显然，如此大规模的盗掘行为，只能属于周人官方所为，时间在周公东征时期[1]。周人不但有组织地破坏了历代商王的祖坟，还取走了所有宝物，毁掉尸骨，最后还付之一炬[2]。这样看来，殷周之交的时代，商纣王并非完全是丧心病狂的魔鬼，而周人征服者也并非全然是仁爱的天使。商纣的行为，更多是继承了殷文化的传统，而周人的侮辱死者，以至于挖人祖坟等事也谈不上"仁义"二字。周人的真正成就，在于制礼作乐，奠定了后世华夏文明的礼乐基础，但这已经是商周之交以后的事情了。我们应当对本国历史文化怀有温情与敬意，但古人犯下的错误，也应当承认。

　　出于政治合法性的考虑，周人赞美历代商王大戊、武丁、祖甲等人的伟大，堪比周文王，他们敬天保民，修德尊礼，是有德之君(《尚书·无逸》)。但商代最后一位国王商纣，则必须被妖魔化。随着时间的推移，越来越多的罪恶被"层累地"叠加到商纣身上。出土文献与传世文献的比较，也可以看出一些头绪。例如，后世文献中多次提到商纣有炮烙的酷刑，而在出土楚简《容成氏》中，记载商纣的"炮烙"，情况是："作为九

1　杨宝成：《殷墟文化研究》，武汉大学出版社，2003 年，第 57 页。
2　井中伟：《殷墟王陵区早期盗掘坑的发生年代与背景》，《考古》2010 年第 2 期，第 88 页。

成之台，置盂炭其下，加圜木于其上，思民道之，能遂者遂，不能遂者，内（坠）而死，不从命者，从而桎梏之。於是乎作为金桎三千。"根据楚简记载可知，"炮烙"的原型，实际上是让民众参与的一种冒险活动，下面铜器中放炭，高处架设圆木，让参与者走过去，能走过去的就通过，不能过去的才坠落而死。如果拒绝参加这一"冒险"，就被戴上桎梏关起来。从该内容来看，正如赵平安先生所说，商纣的这一活动其实更接近游戏，而不是专门的酷刑[1]。

历史上的商纣是否真的有过这一游戏，姑且可以不论。但将楚简内容与战国晚期《荀子·议兵》、《韩非子·喻老》以至于汉代《史记·殷本纪》等文献中关于"炮烙之刑"的记载对比，则可窥见其罪恶程度不断被夸大的趋势，如这一带有远古宗教色彩的冒险游戏逐渐被解释为酷刑的过程。实际上在原始萨满教氛围浓厚的商代，其宗教礼仪中保留了大量远古萨满性质的元素。杨儒宾先生就根据伊利亚德对萨满教的研究解释，指出"制火"（mastery over fire）对于萨满教具有更根本的、最普及的意义和巫术技术。萨满的磨炼中，需要行走于炭火、吞炭、触碰火红的铜铁。不但能够制火，而且能从口、鼻乃至全身吐出火焰。后世道教的仙人，如赤松子、宁封子等，也都是能使火，"入火不烧"。此外，《吕氏春秋·过理》中记载纣王剖孕妇、看比干的心，以及观察涉水者的骨髓等。这些在萨满教中，也都具有升天和"脱胎换骨"的含义。神巫会帮助新手巫师，刮肉剩下骨架，换上新器官和放血，最后升天和

1　赵平安：《〈容成氏〉所载"炮烙之刑"考》，见赵平安：《新出简帛与古文字古文献研究》，商务印书馆，2009年，第255—259页。

复活，以新巫师的姿态重回人间[1]。换言之，纣王那些后世语境中的"暴虐"，在萨满原始宗教中，恰恰是伟大神巫的法术与技巧。

纣王的另一项罪恶是"酒池肉林"，实际上饮酒吃肉是殷商祭祀礼仪的重要内容，张光直就认为商朝贵族、巫觋通过喝酒沉醉产生幻觉，来达到和祖先、神灵交流沟通的效果。《史记》中记载商纣为长夜之饮，类似记载亦见于战国楚简《容成氏》"纣为酒池，厚乐于酒，溥夜以为淫，不听其邦之政"，甚至达到了"以酒为水"的地步。商纣所谓"以酒为池，县肉为林"，更是通过广为流行的封神演义小说、影视系列而深入人心。而"酒池肉林"在当时的文化中，却很可能只是具有严肃的宗教礼仪含义。以"肉林"为例，晁福林教授就曾指出，甲骨卜辞中多有"奏"字，如"刿奏"，即割裂祭祀牲体的祭肉，悬挂在树上进献给神灵，此即"悬肉为林"的历史原型。《史记·殷本纪》酒池肉林"悬肉为林"，原型为"奏"。"奏"是将割取牲体之肉，悬挂于树上进献于神[2]。

树上挂满祭肉，必然配以美酒奉献，甲骨中有奏、酒并列的记载，如《甲骨文合集》第 23256 片"祭其酒、奏，其在父丁"，即以大量的裸祭之酒与悬挂于树的肉祭祀父丁之神。类似的献祭对象还有岳、河、山、四土、祖乙、妣壬等自然神、祖先神等。所以，纣王的"酒池肉林"，也是商王例行的祭祀礼仪，最后被夸张变形为一种罪恶形象。

实际上，生活在春秋晚期的子贡，已经非常清楚商纣王的罪恶，并没有当时日常叙事中那么深重。可是，商纣已然成为"魔鬼"的代名词，被视为象征着暴政的符号。尽管我们可以说，商纣的罪恶没有一般观念和叙事中那样深重，可是作为亡国之君，他也确实有失德之处，如甲骨卜辞可见商纣时期不断对东方的淮夷用兵，穷兵黩武的后果自然会损坏商朝的民力与国力，增加民众的负担，激化社会的矛盾，最后给周人以可乘之机[1]。更重要原因还在于，纣王自诩雄才伟略，故意去破坏了商朝古老的不成文宪法，利用王权与"小臣"和"四方逋逃"结盟，去打击老臣、重臣等"旧有位人"中间贵族，最终丧失人心而土崩瓦解[2]。诸如此类的过错，不但加速了商朝的灭亡，而且给人以不断妖魔化的口实与可能。子贡对这一点有理性的思考与认识，既洞悉商纣的魔鬼形象是被逐渐建构出来的，但又明白确实他犯了错误，因此处于道德上的"下流"，天下所有的恶行都被归到他的身上。

所以，商纣这一负面形象警示后人，当君子就一定不要向"下流"看齐。有时候，一些不大不小的毛病就可以毁掉自己的公众形象，在流言蜚语中，不断被符号化。因此子贡强调，我们要以商纣为负面榜样，懂得君子的小恶也可以被逐渐放大，甚至最终被妖魔化。正因如此，才更加需要以史为鉴，自爱自重，不要留下话柄，以免"天下之恶皆归焉"。

最后，顺便谈一下"君子恶居下流"的"居"字应该读为"处"。

1　裴锡圭：《关于商代的宗族组织与贵族和平民两个阶级的初步研究》，见裴锡圭：《古代文史研究新探》，江苏古籍出版社，1992年，第336—337页。
2　李竞恒：《纣王形象和殷周鼎革史实》，见李竞恒：《岂有此理？：中国文化新读》，四川人民出版社，2023年，第271—272页。

在战国文字中，处写作"凥"。《说文》云："凥，处也。从尸得几而止。《孝经》曰：'仲尼凥。'凥，谓闲凥如此。"不过，《玉篇》、《正韵》等都认为"凥"是古"居"字。《说文》所引《孝经》"仲尼凥"，今本作"仲尼居"。《楚辞·天问》："昆仑县圃，其凥安在。"王逸注："凥，一作居。"由此可知，传统观点一般都认为"凥"就是"居"的古字。段玉裁在《说文》注中就说"凥"和"居"就是同一个字，但后来"居"取代了"凥"。

按照这种观点，则《论语》此处的"君子恶居下流"，古本应该是"君子恶凥下流"，"居"原本作"凥"。《论语》此处原作"凥"应当不误，但"凥"是否就读为"居"则未必。在包山楚简 32 中，有"居凥（处）名族"的记载[1]，可知战国文字中"凥"和"居"是不同的两个字，不能混为一谈。战国文字中，居字从尸从古，凥字从尸从几，写法是不同的[2]。在上博楚简《颜渊问于孔子》简 13 有"先凥忠也"，即"先处忠也"[3]。李零先生也谈到，楚简、秦简中的"处"作"凥"，与"居"有别，是到了汉代才开始混淆，《说文·尸部》已经把"凥"当作"居"[4]。因此，"君子恶凥下流"实际上应该是"君子恶处下流"，汉代抄本抄成了"君子恶居下流"。

19.24 叔孙武叔语大夫于朝曰："子贡贤于仲尼。"子服景伯以告子贡。

1　湖北省荆沙铁路考古队：《包山楚简》，文物出版社，1991 年，第 19 页。
2　李守奎：《楚文字编》，华东师范大学出版社，2003 年，第 519、804—805 页。
3　马承源主编：《上海博物馆藏战国楚竹书（八）》，上海古籍出版社，2011 年，第 156 页。
4　李零：《人往低处走：〈老子〉天下第一》，生活·读书·新知三联书店，2008 年，第 30 页。

子贡曰："譬之宫墙，赐之墙也及肩，窥见室家之好。夫子之墙数仞，不得其门而入，不见宗庙之美，百官之富。得其门者或寡矣。夫子之云，不亦宜乎！"

叔孙武叔是叔孙氏的第八代宗子，名州仇。根据《左传·定公十二年》的记载，叔孙武叔在孔子担任司寇时就与孔子结下了仇怨。当时孔子主持堕三都，叔孙武叔一开始也同意，堕掉自己家族的郈邑，但后来他又接受了孟孙氏的意见，抵制堕三都，最后导致孔子的计划失败。如此看来，叔孙武叔对孔子缺乏好感，甚至以抬高孔子弟子的方式来贬损孔子形象，也不是无缘无故的。他在朝堂上对大夫们说，孔子不如自己的学生子贡，这事被孔子热心的支持者子服景伯听说了，便转告了子贡。

子贡非常维护孔子的形象，对孔子的感情也深厚。对于孔子的形象，他举例说，如果以房屋的围墙打比方，我子贡这扇墙不过只有肩膀高，很容易就能看见墙内的好房子。可是，孔子周围的墙有几仞高，找不到它的正门，你就看不见墙内的宗庙建筑有多美，众多官舍的富丽堂皇。能找得到正门的人或许不多，所以叔孙武叔说这样的傻话，也在情理之中了。

子贡以当时建筑物的围墙结构举例，来说明自己与孔子之间的遥远距离。在此，有必要了解子贡形容孔子博大渊深的"宗庙"封闭建筑。先秦宗庙是祭祀与政治的重要礼仪中心，其建筑结构的特点尤其表现为封闭、幽深。宗庙建筑也被称为"閟"，正如于省吾先生所说是"神宫幽邃，故言閟也"[1]。幽暗深邃，正是先秦宗庙建筑追求的结构与心理

1　于省吾：《甲骨文字释林》，中华书局，2009 年，第 62 页。

效果。巫鸿先生指出，古代城市建筑本身就是一种"闭合空间"，"位于城内的宫庙进而由一道墙壁围廊环绕，而祖庙之中又是层垣重门，造成数个'闭合空间'，越深入就越接近于宗庙尽端的太祖庙。当朝拜者穿越层层门墙，视野逐渐缩小，与外界愈益隔膜。由视觉至心理上的反应自然而然地是'闭也'、'静也'、'神也'……中国祖庙独特之处在于对宗教'秘密'的深藏不露"[1]。从发掘的西周陕西岐山凤雏甲组宗庙建筑遗址，以至于后世文献中记载的宗庙结构来看，均反映了宗庙建筑需要幽秘的闭合空间，以达到静穆和深邃通神的效果。

由此可知，子贡以这样神圣伟大的宗庙建筑比喻孔子的深厚德性，是何等高度的敬仰与尊崇。而孔子作为圣人的深厚德性，又如何如同幽深闭合的宗庙建筑一样，难以为外界俗人所窥见。孔子的深邃与伟大，就隐藏在高达几仞高的宗庙围墙之内，幽秘而难以企及。"仞"，是一个长度单位，王素、赵岐、王逸、曹操、李荃、颜师古、房玄龄、鲍彪等人认为是八尺；郑玄、高诱、李谧、郭璞、陆德明等则认为是七尺[2]。无论如何，"数仞"是一堵非常高的墙，

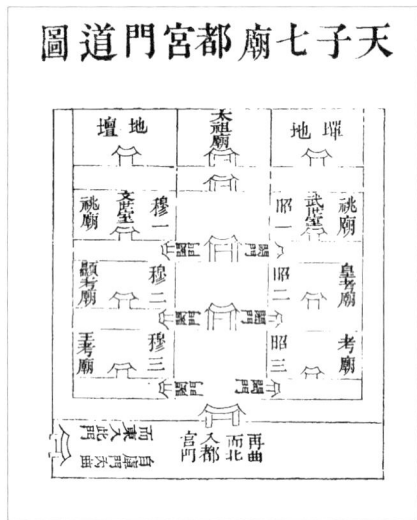

图 19.2 经学家复原的先秦宗庙结构

1　［美］巫鸿著，郑岩等译：《礼仪中的美术：巫鸿中国古代美术史文编》下卷，生活·读书·新知三联书店，2005 年，第 533 页。
2　程树德撰，程俊英、蒋见元点校：《论语集释》第四册，中华书局，2008 年，第 1339 页。

能够有效地形成闭合空间，这是没有问题的。要理解子贡的形容，就必须回归到当时宫庙建筑的语境结构中去。图 19.2 为经学家复原的先秦宗庙结构图（清任启运《朝庙宫室考》），从这里也可以看出复杂、幽深的封闭结构。

　　另外需要注意，这堵高深围墙之内，除了隐藏的宗庙之美，还有"百官之富"。但是，此处所说的"百官"，绝不是一群文武百官，而是在描述上百座官舍，形容官舍建筑的众多与富丽。正如杨树达先生考证那样，"官"字在早期文献中，都不是指官员，而是指官府、官舍这些建筑[1]。因此，子贡是在描述，这高墙之内，除了有封闭深邃的宗庙之外，还有富丽壮伟的官舍建筑，都是在形容孔子的博大精深，难以为俗人所尽窥。

　　通过子贡的描述，可知孔子在他心目中形象的高大，几乎难以用笔墨来形容。面对无知世卿的冷嘲，子贡进行了呵斥，以近乎夸张的语言，形容了自己与孔子之间遥不可及的差距。在此，既可以看到子贡这位儒商对孔子的敬仰之情，对先师的有力捍卫，同时也可以看到早期儒学面临的严峻形势。叔孙武叔的这些言论，绝非凭空产生，亦非仅此一人。应该说，他代表了当时相当一部分世卿贵族对儒门的态度。在流言蜚语和诽谤四起的形势下，正是子贡等孔门七十子，不断努力维护孔子的形象，坚守了早期儒学的阵地，使得古儒之学能不绝如缕，在后世激烈的竞争环境中生存下来，并得以不断发展。

1　杨树达：《积微居小学金石论丛》，科学出版社，1955 年，第 19—20 页。

尧曰第二十

20.1 尧曰："咨！尔舜！天之历数在尔躬，允执其中。四海困穷，天禄永终。"舜亦以命禹。曰："予小子履，敢用玄牡，敢昭告于皇皇后帝：有罪不敢赦。帝臣不蔽，简在帝心，朕躬有罪，无以万方；万方有罪，罪在朕躬。""周有大赉，善人是富。虽有周亲，不如仁人。百姓有过，在予一人。"

《尧曰》中杂有大量《尚书》类文献，这些材料与孔门师徒的对话、传道没有直接的关系。不过，这些《尚书》类材料很可能是早期古儒传授经书的教材，逐渐在传播、传抄的历史过程中混入了《论语》。汉学家艾兰就曾谈到《论语·尧曰》："这段古文在语言上类似于《尚书》，而且并没有提到孔子或者他的门徒。所以，很多注家认为它是后来插入的。根据楚竹书的发现，我们可以很容易想到，这一段文字在被加入《论语》之前，曾经像在郭店一号墓中发现的以及上海博物馆收藏的其他楚竹书一样，作为一篇手稿单独流传过"[1]。笔者赞同这一观点，即这一段《尚书》类文献曾经是单独流传，在后来才逐渐混入《论语》。

这几段话，都是古代圣王治道的格言，包括尧、舜、商汤、周武王。这些古代圣王的典谟佳言，被古儒作为教材，进行传授，讲解具备什么样的品德才是有德之君。这些重要的教材竹简，由于经常使用，后来便

---

[1] ［英］艾兰：《楚竹书〈子羔〉与早期儒家思想的性质》，见复旦大学出土文献与古文字研究中心：《出土文献与传世典籍的诠释: 纪念谭朴森先生逝世两周年国际学术研讨会论文集》，上海古籍出版社，2010 年，第 251 页。

逐渐被混入了《论语》，变成了其中的一部分。

首先，圣明的尧在禅让时，告诉舜说："上天的大命已经落到你的身上，诚实地保持那正确吧，假若天下的百姓都陷于困苦贫穷，上天给你的禄位也会永远地终止了。"[1]此处，杨伯峻先生的翻译基本是正确的。首先是尧对舜强调了天命转移，更强调了富民的重要性。其后，舜治理天下，无为而治，大社会小政府，藏富于民，并将此政治原则传授给禹。

接下来，本章又抄写了商汤的政治格言。商汤说我小子履谨用黑色的牛，向伟大的天帝献祭。对有罪的夏桀，我不敢去擅自赦免他。上帝您臣下的善恶，我不敢遮掩，因为您的内心全都很清楚。如果我有罪，请不要惩罚天下人；如果天下人有罪，那就请都归到我一个人头上吧。这一段商汤的格言，显示了儒家政治构建原则中的重要思想，即公天下的道理。天下设立君主，是为了保护万方民众的利益，而不是将天下视为君主的私产。这样的观念，在后世对真正具有儒学信仰的君子，一直具有强大的激励作用。黄宗羲们对金元以来扭曲的政治文化，尤其是明代君主专制的猛烈批评，均是以天下为天下人之天下这一民本原则为出发点的。

上面所引尧舜、商汤之言，在理解上问题不大。下面所引用周武王之言，"周有大赉，善人是富。虽有周亲，不如仁人。百姓有过，在予一人"则需要进行一点解释。朱熹的注释说，这是周武王灭商后，大行赏赐，让善人都富有。商纣王虽然有很多至亲，但却不如我们大周朝有很多仁人。实际上，正如张政烺先生所说，朱子的这个解释是错误的，

1　杨伯峻：《论语译注》，中华书局，1980 年，第 207 页。

因为他的解释建立在伪古文《尚书·泰誓》的基础上。"大赍"，的确是赏赐，但"善人"、"仁人"，并不能理解为一般道德意义上的好人，在这个语境中实际上是说顺服周朝的殷人。顺从周朝，就是善人、仁人。武王说，我虽然有周人亲属的帮助，但也比不上你们殷人的支持。所以，这几句是讲周初的怀柔政策，殷人氏族归顺周朝则亦为仁人。大量的周代青铜器证明，顺从周人的殷人接受了周王的赏赐，并以此为荣，因此作器物纪念[1]。这一段，强调的是政治需要联合、合作、怀柔，而不是一味地依靠野蛮和暴力征服。

20.2　子张问于孔子曰："何如斯可以从政矣？"子曰："尊五美，屏四恶，斯可以从政矣。"

子张心气高，年纪小，对政治有很高的热情，这里记载的正是少年子张与晚年孔子的对话，讨论了君子从政需要具备怎样的美德。孔子的回答，既对君子的内在修养提出了很高的要求，同时也阐述了一系列的儒家政治原则，其中既含有藏富于民、捍卫社会利益的经济思想，也包括了反对刑杀与残酷虐政的人道主义精神。应该说，晚年孔子对少年子张说的这席话，具有非常厚重的历史背景，蕴含有丰富的政治智慧。

这几项君子的从政原则，孔子将其归纳为"尊五美"、"屏四恶"，即遵从五项美好的德性，屏除掉四项恶劣的政习。从出土文献的情况来看，孔子的这一思想，对先秦儒学影响深远，而且传播广泛，在遥远楚

1　张政烺：《古代中国的十进制氏族组织》，见《张政烺文集·甲骨金文与商周史研究》，中华书局，2012年，第98—99页。

地出土的战国儒书中，就有非常类似的表达，表明了这些观念在先秦古
儒知识中的重要性。在上博楚简《从政》简15中就谈到"四毋"、"五德"，
正好可以对应《论语》此处的"四恶"、"五美"。楚简中的"四恶"，
是"毋□（暴）"、"毋□（虐）"、"毋贼"、"毋贪"。而从政的"五
德"，"一曰愄（宽），二曰共（恭），三曰惠，四曰仁，五曰敬"[1]。
显然，这些后世古儒的知识，与孔子这里所提出为政思想之间有非常密
切的关系。出土文献中的这些为政之道，其经济社会观点、人道主义立
场，完全继承了孔子的基本原则。

子张曰："何谓五美？"子曰："君子惠而不费，劳而不怨，欲而不贪，
泰而不骄，威而不猛。"子张曰："何谓惠而不费？"子曰："因民之
所利而利之，斯不亦惠而不费乎？择可劳而劳之，又谁怨？欲仁而得仁，
又焉贪？君子无众寡，无小大，无敢慢，斯不亦泰而不骄乎？君子正其
衣冠，尊其瞻视，俨然人望而畏之，斯不亦威而不猛乎？"子张曰："何
谓四恶？"子曰："不教而杀谓之虐；不戒视成谓之暴；慢令致期谓之
贼；犹之与人也，出纳之吝谓之有司。"

　　孔子解释"五美"的为政之道，首先要"惠"，但是又不能浪费政
府财政。因此，最好的办法是"因民之所利而利之"，让民间社会能获
得并保有他们的经济利益。孔子曾赞美子产，是一位"惠人"，就是因
为子产能保护民间社会，保护私营商业，保护民间的私有财产（见《宪
问》14.9章）。能保护民众之利，藏富于民，不与民争利，这就是"惠"。

1　杨朝明：《上博竹书〈从政〉篇与〈子思子〉》，见江林昌等主编：《中国古代文明研究
与学术史》，河北大学出版社，2006年，第196—197页。

做到这一点，也就不会有过多政府财政之"费"。

对民众的劳苦，要有深切的体会，应当选择民众能胜任之的劳作，不能横征暴敛，乱耗民力。做到这一点，又有谁会埋怨为政君子呢？从楚简《为政》来看，孔子不但主张要节省民力，而且认为有公共事务时，政府"有司"应该走在前面，履行好政府的公共服务职能（见《子路》13.2章）。

面对民众的需求（欲），应该尽力去满足，而不是用一套"伟大标准"去束缚民间的需求，大搞"灭人欲"。在此，孔子的观点，是划定底线，而不是用一套至高标准来强加于社会。底线，便是不能滑向贪欲纵横、底线沦丧的溃败型社会。一个能保护民间正常需求的合理社会，一定是区别于暴政下道德沦丧、贪欲纵横的溃败型社会。

为政君子要做到"威而不猛"的人格修养，他威严庄重，有君子的端庄仪态，却不因此显得道貌岸然，冷若冰霜，甚至是严肃得可怕。楚简《为政》简8中，就谈到了这种严肃得让人觉得可怕的坏处，即所谓"□（猛）则亡新（亲）"[1]。楚简中指出，过于刚猛严肃，就会让人丧失亲和力，没人敢于亲近他。实际上，儒者也容易犯这样的错误，为了进德，满脸严肃，缺乏温润的人格，也缺乏幽默感，板起脸来教训人。宋儒有很多了不起的思想贡献，也有担纲精神。但宋儒在亲和力方面，就做得比较失败。程颢做得较好，但程颐便过于刚猛严肃，搞得宋哲宗很反感，而朱子也因这一类问题让宁宗受不了。其实，程颐也意识得到

1　杨朝明：《上博竹书〈从政〉篇与〈子思子〉》，见江林昌等主编：《中国古代文明研究与学术史》，河北大学出版社，2006年，第196页。

刚猛威严之气，有损于圆融亲和的人格，他说"孟子有些英气。才有英气，便有圭角，英气甚害事"（《孟子序说》，《四书章句集注》）。就算是贤德如孟子，也因为刚猛英豪之气，有了圭角，与孔子圆融的人格不同。程颐能意识到这一点，却仍然坚守着自己刚硬的"圭角"，让人们不愿意亲近儒生，这是非常令人遗憾的。想想孔子与弟子之间轻松幽默的圆融关系，后儒在刚猛这方面，确实偏离得太远。这也是我们后人，在研习《论语》时，需要理解和反思之处。

要做到"威而不猛"的圆融人格，孔子认为，要正衣冠，端正自己的视线，有"俨然"的姿态。"俨"字，本身应该作"严"。定州汉墓竹简本就是作"严"[1]。容庚先生曾谈到，《诗经·六月》中"有严有翼"，据《传》"严，威也"，是孳乳为俨。《荀子·正论》"今子宋子严然而好说"中严读为"俨"[2]。《尔雅·释诂》"俨，敬也"，《集韵》"俨，恭也"，《礼记·曲礼上》"俨若思"，郑注"俨，矜庄貌"。可知，"俨"确实是"严"的孳乳字，意思是威、恭、敬、矜、庄。在西周金文中经常出现"严在上"的语言，如《番生簋》"丕显皇且（祖）考穆穆克誓（哲）阙德，严在上"；《叔向簋》："其严才（在）上"；《宗周钟》："先王其严才（在）上"；《虢叔旅钟》："皇考严才（在）上"等[3]。于省吾先生也指出，西周金文的"严在上"，是形容"威严也"[4]。

1　河北省文物研究所定州汉墓竹简整理小组：《定州汉墓竹简〈论语〉》，文物出版社，1997年，第98页。
2　容庚：《金文编》，科学出版社，1959年，第62页。
3　王人聪：《西周金文"严在上"解：并述周人的祖先神观念》，《考古》1998年第1期，第72页。
4　于省吾：《双剑誃吉金文选》，中华书局，1998年，第84页。

可见，至迟从西周开始，周人便普遍将"严"视为一种美德，认为祖先有"严（俨）"之恭敬。因此，要做到"威而不猛"，也应该具备西周以来"严"的人格精神，威、恭、敬、矜、庄，但不让人觉得可怕。

　　子张又请教了为政的"四恶"。孔子指出，不教化却刑杀民众，是对民众虐；不对民众提出劝诫，却急切地责问严重后果，这是对民众暴；政治缺乏信用，一会儿缓慢，一会儿又急切催促，出了问题就问刑，这是对民众贼；如果给人赏赐，却吝惜财物，还要像是管仓库的保管员"有司"那样瞻前顾后，请示上级，很不果断，这种行为，就叫"有司"（此从皇侃说）。结合孔子对为政的这几点意见，几乎可以说全部印证了后世的政治失败。清人刘逢禄就说，秦朝与项羽的失败，都是栽在"四恶"上[1]。秦朝的失败，是因为任刑而杀，酷政逼迫。项羽的楚制虽较为仁厚，但却吝惜官爵，有功不赏，最后导致失败。楚简《为政》中说的"四恶"，是"毋□（暴）"、"毋□（虐）"、"毋贼"、"毋贪"，意思与此完全一致，表明古儒政治观念中反对残忍政治，主张以仁厚为本的思想，在孔子之后一直在延续并传播。

1　程树德撰，程俊英、蒋见元点校：《论语集释》第四册，中华书局，2008年，第1375页。

孔门封建考
——论孔门为模拟封建关系组建的小共同体[*]

　　摘要： 孔子教授门徒，并非只是后世意义上的"教育"或"教学"活动，孔门本身就是模仿封建时代君臣、宗法关系建立起来的小共同体。孔子"师"的身份，最初源自掌管领土、属民、军队的封建贵族，此类"师"在金文中多见。"夫子"之称，也源自早期军事贵族，周代多有领主被称为"夫子"。"弟子"，则源自宗法组织中有血缘关系的子弟，和宗族首领之间为君臣关系，而弟子称"徒"，也源自封建时代步行的宗族子弟。弟子加入孔门，行"委质"之礼，也是封建时代封臣对封君效忠的仪式，弟子之间的关系则模仿西周宗法血缘称"朋友"。束脩并非只是简单的"学费"，而是共同体成员同食的祭肉。君、亲、师有着共同的来源，封建宗法组织的"君"从血缘而言作为父家长是"亲"，作为首领又掌管领导和教化功能，角色为"师"，孔门则是以模拟血亲的关系，实现了君、亲、师合一的新方式，发展出适合新时代的共同体建构方式。

　　关键词： 孔门；封建；共同体；模拟；君臣

---

* 本文原刊《孔子研究》2023 年第 5 期。

一、"师"最初为封建领主

孔子创建儒学，将"王官学"的贵族世家知识向平民精英开放，从而为"百家言"的产生提供了契机[1]。作为这一关键环节，孔子创立的孔门组织，天然带有过去封建贵族组织资源的色彩。孔子称"师"，便是典型例子。从周代金文的材料来看，"师"一般是拥有领地、私人武力的封建贵族，其统领和教化属下的功能，在后世才逐渐衍生为教学意义上的"师"。孔子作为孔门之"师"，其继承的便是西周以来封建共同体组织治理者、教化者的角色。

杨宽先生最早指出，西周的"师氏"、"大师"、"师尚父"之类是统帅军队出征或防守的军官，乃至是最高级别的武官，这些武官在大学中培养贵族子弟的军事骨干，因此也产生了教师的含义[2]。实际上，西周时期的武力是建立在宗族血缘组织的基础之上，"师"作为军官的角色，前提其实首先是贵族领主、宗法首领的身份。一些"师"并不能看出是军官，但却是高级贵族，如《师𡮍鼎》铭文"师𡮍作免伯宝鼎"（《集成》02281），没有和军事有关的信息，但可以看出他和诸侯级别的免伯关系密切，且为其铸造铜鼎礼器相赠，应当具有大贵族身份。《伯太师鼎》铭文"伯太师作馈鼎，我用畋用狩"[3]，可知一些师甚至具有畿内诸侯"伯"的高级身份。《师卫鼎》铭文"丰公捷反夷，在师赉师卫，赐贝六朋"

1　李竞恒：《治理的技艺：三代王官学新说》，见《原道》第 39 辑，长沙：湖南大学出版社，2020 年，第 205—216 页。

2　杨宽：《西周史》下册，上海人民出版社，2016 年，第 722—726 页。

3　吴镇烽编著：《商周青铜器铭文暨图像集成》，上海古籍出版社，2012 年，第 02027 号。以下引用该书皆简称《铭图》。

（《铭图》02185），这位师卫随从诸侯丰公讨伐反叛的夷族，得到其赏赐，应当属于军事性的中级封建贵族，其武力应当还是以自己族人和封地民众为主体；在《师卫簋》铭文中，还记载这位师卫得到了召公赏赐的"贝廿朋、臣廿、厥牛廿、禾卅车"（《铭图》05142），很明显这位师卫是拥有大量家臣、车马、牛和粮食的贵族领主。《曾太师宾乐与鼎》"曾太师宾乐与作鼎"（《铭图》01840），可知曾国有太师，但不能看出该太师有军官身份。

《史密簋》铭文记载周王命令师俗、史密伐东国，"师俗率齐师、遂人左"，"史密右，率族人、莱伯"（《铭图》05327），此器中的师也是军事首领身份，同伐东国的史密比他身份略低，但也有"族人"这种武力，可以推测师俗也有自己的宗族武力，是自己领地上的治理者。《师酉簋》为周王册命师酉继承其祖业，掌管邑人、虎臣，其家臣多有西门夷、秦夷、京夷、弁狐夷等归附夷人家族（《集成》04288），这位"师"也是掌控了众多武力性家族的贵族领主。在其他各类器铭中的"师"，或作周王司土之官（《集成》04312）；或担任执政者的封臣，掌管百工、牧臣妾（《集成》04311）；或奉王命率武力"羞追于齐"，受赐画盾、瑂戈等物（《集成》04216）；或受王命率齐师、莱人、僰人、虎臣等征伐淮夷（《集成》04313）；或受王命率其宗族武力"乃友"保卫周王，并受赐夷人三百（《集成》04342）；或受王命率左右虎臣保卫周王，"作爪牙"（《集成》04467）；或受王命率成周武力戍边防御淮夷，受伯雍父赏赐（《集成》05419）；而诸侯伯雍父，又称"师雍父"，也率武力戍边防御淮夷，并派家臣与同一诸侯等级的胡侯通使（《集成》00948、06008）；还有"师多父"因自己家臣掌管土地、臣仆之功，对其进行赏赐（《铭图》

11810）。

　　师作为封建领主的地位之高，还见于西周晚期共和时代最高执政称"师"的现象。周代王朝高级执政称"师"，最初见于"师尚父"，即太公望称师。《诗·大雅·大明》云"维师尚父，时维鹰扬，凉彼武王，肆伐大商"，他既是吕氏的君主，也是周人伐商的指挥，可见"师"地位之高。西周晚期共和时代最著名的执政者为共伯和，见于古本《竹书纪年》、《吕氏春秋·开春》等文献，亦见于新见的清华简《系年》[1]，学者亦多从之。在两件青铜簋中，伯和父亦称为"师和父"（《集成》04274、04324），关于师和父的身份，郭沫若认为就是共伯和[2]，杨宽认为师和父为师氏，共伯和为诸侯，二者不同[3]。共和时代最高执政的共伯和是否称师，还可以与同一时期高级执政的情况来参考。日本学者白川静认为，西周共和其实并非只是共伯和一人在执政，而是豪族的轮流执政，初期由师和父执政，再轮流到师询、毛公。他认为，共伯和其实就是伯和父、师和父的误传[4]。按照此说，共和时代最高执政有师和父、师询，皆称师。晚期的执政毛公，应该也是称师的，西周中期器《师毛父簋》记载周王册命封赏师毛父（《集成》04196），邢伯为右者。此器虽较早，但可知毛伯是称师的，共和时期的毛公应当也有师的尊号。因此，共和时代轮流的最高执政都称师。

　　综合西周的材料来看，称师者都是当时的封建贵族，其中很多人确

1　李学勤：《清华简〈系年〉及有关古史问题》，《文物》2011 年第 3 期，第 71 页。
2　郭沫若：《两周金文辞大系图录考释》，上海书店出版社，1999 年，第 149 页。
3　杨宽：《西周史》下册，上海人民出版社，2016 年，第 896 页。
4　［日］白川静著，袁林译：《西周史略》，三秦出版社，1992 年，第 142、169—185 页。

实具有军事统帅身份，但并不仅限于掌军一种角色，而是一般拥有自己领地、属民、私人武力的综合性身份，其中一些人的身份极高，担任周人最高统帅或执政者。无论怎么说，"师"最初的角色是封建领主，是治理者。《周礼·地官·师氏》说师的角色是"以三德教国子"，"凡祭祀、宾客、会同、丧纪、军旅，王举则从，听治亦如之。使其属帅四夷之隶，各以其兵服守王之门外"，可见"师"要负责政治治理中的各项具体内容，也掌管武力，拥有丰富的治理经验，因此也需要将这些政治、军事的经验传授给贵族子弟，这是"师"传道授业身份的来源。

孔子建立孔门，在师门中以"师"的身份传授贵族王官之学，并对师门进行治理，并不是后人单纯理解的"教师"。这种源自西周封建领主的身份，其实还具有"君"的含义，是孔门这一共同体组织的管理者、治理者和法人代表。"师"带有一定的军事贵族色彩，而孔门传授射、驭的军事技能，孔子本人也颇具武德，所谓"勇服于孟贲，足蹑郊菟，力招城关"（《淮南子·主术》），孔门弟子除子路外，也多具有武力，如子夏、颜回、曾参、有若、公良孺、原宪、公皙哀等都颇擅武事[1]，孔门本身也是一个封建时代带有武力色彩的组织，孔子就是这一组织的首领"师"。

二、"夫子"、"弟子"、"徒"的来源

孔门弟子尊称孔子为"夫子"，这也是封建时代对贵族领主的一种称谓。《论语·季氏》孔门在师徒对话中就将鲁国执政的大领主季康子

1　李竞恒：《早期儒家有"武德"，并非文弱书生》，《南方周末》2020 年 11 月 19 日。

称为"夫子"，冉有说"夫子欲之，吾二臣者皆不欲也"，即季康子想讨伐颛臾，而孔子指责子路、冉有说"今由与求也，相夫子"，即他们二人担任"夫子"季康子的家臣，应当履行封臣义务。杨宽指出"夫子"称谓和"师"类似，最初源自殷周时期军事组织的千夫长、百夫长等指挥者[1]。《尚书·牧誓》中，记载周武王的战前动员，要求"夫子勖哉"、"勖哉夫子，尚桓桓，如虎如貔，如熊如罴"，希望这些军事性的封建贵族"夫子"们努力作战，像猛虎和巨熊一样勇于战斗。在《左传》中，"夫子"一词共出现了五十一次，是对贵族领主的称谓，类似例子甚多，如《左传·文公元年》秦穆公对大夫说"孤实贪以祸夫子，夫子何罪"，便是尊称秦军统领孟明为夫子；《左传·成公十四年》"今夫子傲，取祸之道也"，将晋国大领主郤犨称为夫子；《左传·襄公二十二年》"吾见申叔，夫子"，"如夫子则可"，杜注"夫子，谓申叔也"，是用夫子称谓贵族领主申叔豫；《左传·襄公二十七年》"夫子存我，德莫大焉"，将宋国领主向戌称为夫子，"夫子之身，亦子所知也"，将齐国执政大贵族崔杼称为夫子。

从这些资料可知，"夫子"一词在殷周之际已经出现，是对贵族领主的尊称，称夫子者一般拥有领地、家臣，并带有一定军事指挥色彩，含义与"师"相近。但称师更倾向于具体社会身份，称夫子则偏向一般尊称。孔门弟子尊称孔子为"夫子"，程树德认为，当过大夫的人都可以称夫子，"孔子为鲁司寇"，所以孔门弟子称其为夫子[2]。但孔子作

1　杨宽：《西周史》下册，上海人民出版社，2016年，第726—727页。
2　程树德撰，程俊英、蒋见元点校：《论语集释》第一册，中华书局，2008年，第2页。

为鲁司寇也并没有封地、封臣，并不是典型意义上的"夫子"，且称其为"夫子"只是孔门内部，因此孔子称夫子应该和称师相似，是孔门这一封建君臣—师徒组织的领主和治理者。

孔子称师、称夫子，其追随者则称弟子、称徒。弟子一词，源自周代封建宗法血缘关系，即宗族内对子、弟的统称，由父家长、宗子统帅，身份为血亲兼君臣，最早的君臣关系就源自于家族内部的父子、兄弟。子弟、弟子，就是作为子在父那里是臣，作为弟在兄那里是臣，如西周铜器《虡簋》铭文中弟弟虡对哥哥"君公伯"行礼，自称"厥臣弟"（《集成》04167）；《繁卣》铭文中辛公为兄，繁为弟，两人之间行君臣之礼（《集成》05430）。朱熹说三代时期的古人"待臣仆若子弟，待子弟如臣仆"[1]，就是发现了子弟、弟子最初源自家族组织内"臣"的身份。《论语·为政》"有事，弟子服其劳"，此处"弟子"正是描述家族内子弟对父兄行孝悌之道；《论语·学而》"弟子入则孝，出则悌"，邢昺疏"言为人弟与子者，入事父兄"，可以很明显看出"弟子"一词源自家族血缘共同体的身份。《仪礼·士相见礼》"与老者言，言使弟子"，贾公彦疏引南朝雷次宗云"学生事师虽无服，有父兄之恩，故称弟子也"，可见孔门师徒之间是模拟封建时代血缘宗法的君臣—父兄关系，孔子说"回也视予犹父也"（《论语·先进》），正是对此种模拟宗法血缘的描述。

弟子之外，孔门追随者也称"徒"，如孔子批评冉有为季氏敛财乃是"非吾徒也"（《论语·先进》），很明确将弟子称"徒"。"徒"的称谓见于西周金文，如《史密簋》记载师俗率有"族徒"参战，铭文中还

---

1 〔宋〕黎靖德编，王星贤点校：《朱子语类》，中华书局，2004年，第235页。

提到了"族人"，此"族徒"即族人组成的宗族武力[1]。"徒"字按《说文》意为"步行"，族徒即宗族血缘共同体中身份较低下族人担任车后步行的士卒。"师"率领"徒"，正是领主父家长率领作为臣的子弟。此类封建领主率领"徒"作战，亦见于《禹鼎》（《集成》02833）、《师袁簋》（《集成》04313）等。《墨子·非儒下》"其徒属弟子皆效孔某"，孙诒让云"徒属犹言党友"[2]，党友也是血缘的关系，下文中会有论述。孔子作为孔门之"师"，有封建领主的身位而乘车马，"不可徒行"（《论语·先进》），而追随的弟子以模拟封建时代宗法血缘的方式，作为孔门子弟、族人，担任追随车行的"徒"。

三、"朋友"与同食祭肉

孔门弟子之间，属于"朋友"之伦，而"朋友"源自西周时期的兄弟、堂兄弟、族兄弟关系，是一种血缘宗法本位的共同体关系。传世本《论语·学而》云"有朋自远方来"，此句在《古论》和《齐论》中作"朋友自远方来"[3]。李学勤先生研究认为，《古论》是战国六国文字书写，是在齐鲁系文字基础上受到楚文字影响的书写文本[4]，代表了更早期的文献面貌。战国文字中，"友"、"有"二字形近[5]，上古音皆在匣母之部，

1　方述鑫：《〈史密簋〉铭文中的齐师、族徒、遂人：兼论西周时代乡遂制度与兵制的关系》，《四川大学学报（哲学社会科学版）》1998年第1期，第87—88页。
2　〔清〕孙诒让：《墨子间诂》上册，中华书局，2009年，第306页。
3　程树德撰，程俊英、蒋见元点校：《论语集释》第一册，北京：中华书局，2008年，第5页。
4　李学勤：《论孔子壁中书的文字类型》，见李学勤：《中国古代文明研究》，华东师范大学出版社，2005年，第201页。
5　何琳仪：《战国古文字典》上册，中华书局，1998年，第11、13页。

因此"朋友"很容易被抄混为"有朋"，"朋友自远方来"应当才是早期面貌。

"朋友"一词在西周金文中，并非指无血缘关系意义上的 friend，而是指有血缘关系的兄弟或族人[1]，"本是亲族称谓"[2]，"'朋友'实在是氏族社会中氏族成员"[3]。实际上，超越血缘关系的"朋友"概念，最初都来源于血缘兄弟、族人，是一个世界性的现象，在古代欧洲亦然。英文中的 free 一词，源自于古高地日耳曼语 fri，本义为"亲爱"，与 friend "朋友"同源，指有血缘关系的人[4]；马克·布洛赫在《封建社会》一书中指出："在法国，当人们谈到亲属成员时，通常直接称之为 amis（朋友），在德国则称之为 Freunde（朋友）。一份写自 11 世纪法兰西岛的法律文献这样列数家族成员：'他们的朋友们，即他们的母亲、兄弟、姐妹们以及血缘或婚姻维系的亲属。'"[5]

周代金文材料中，"朋友"往往和祭祀、饮食有关。《杜伯盨》铭"用享孝于皇神且（祖）考于好朋友"（《集成》04450）；《乖伯簋》"好朋友与百诸婚媾"（《集成》04331）；《先兽鼎》"朝夕飨厥多朋友"（《集成》02655）；《麦鼎》"用飨多诸友"（《集成》02706）；《毛公旅鼎》"我用饮厚暨我友"（《集成》02724）；《祈伯簋》"其用于厥朋友"（《铭图》04738）；《命簋》"命其用以多友簋飲"（《集成》04112）；《伯绅簋》"其

1　陈絜：《周代农村基层聚落初探：以西周金文资料为中心的考察》，见朱凤瀚主编：《新出金文与西周历史》，上海古籍出版社，2011 年，第 121 页。
2　［日］白川静著，曹兆兰选译：《金文通释选译》，武汉大学出版社，2000 年，第 126 页。
3　杨向奎：《宗周社会与礼乐文明》，人民出版社，1992 年，第 184 页。
4　陈国华：《宪法之祖〈大宪章〉》，见陈国华译：《大宪章》，商务印书馆，2016 年，第 17 页。
5　［法］马克·布洛赫著，张绪山译：《封建社会》上卷，商务印书馆，2017 年，第 216 页。

用飤正，御史、朋友、尹人"（《铭图》05100）；《叔女弌簋》"用侃喜百姓、朋友暨子妇"（《集成》04137）；《伯康簋》"用飨朋友"（《集成》04160）；《室叔簋》"于室叔朋友"（《铭图》05207）。《史颂簋》"令史颂省苏姻友"（《集成》04232）；《应侯再盨》"用绥朋友"（《铭图》05639）；《弭仲簠》"诸友饪飤俱饱"（《集成》04627）；《伯公父簋》"用绍诸老、诸兄"（《集成》04628）；春秋晚期《王孙遗者钟》"用乐嘉宾、父兄及我朋友"（《集成》00261）。综合来看，周代铜器铭文中的朋友指兄弟、从兄弟或远亲族人，是以血缘为纽带凝聚在一起的小共同体，而铸造器铭者会特别强调这些"朋友"们在祭祀"皇神祖考"等神灵后会一起分享祭祀的食物，或为"飨"，或为"飤"、"饮厚"、"饪飤俱饱"。

当孔子赞美朋友自远方来，不亦乐乎之时，其实是用模拟血缘宗法共同体的方式构建孔门共同体，让来自不同地区"远方"跨血缘的弟子们成为模拟兄弟、族人血缘关系的"朋友"，建立起一个新的共同体，而孔子则成为这群"朋友"的模拟血缘宗族父家长和领主。孔门作为跨血缘，以精神纽带相维系的新时代小共同体组织，但却是模仿更古老封建宗法时代的组织方式而建立起来的。

古代同一个小共同体的成员，会一起分享祭肉。笔者曾考证，孔子说"自行束脩以上，吾未尝无诲焉"（《论语·述而》）中的"束脩"并非是后世理解的"学费"，孔子也不是靠收取束脩为生的。相反，《论语·雍也》中，子华出使齐国，冉子很自然地想到为子华之母向孔子请粟；原宪担任邑宰时，孔子还主动接济原宪的"邻里乡党"。《论语·乡党》中，"朋友死，无所归，曰：'于我殡。'"亦可见孔子助人之勤。因此，《论语·先进》中，颜回死后，其父颜路自然向孔子请求"请子之车以为椁"[1]。可知，孔子不是靠弟子提供的"束脩"为生，相反还经常接济弟子，甚至包括弟子的家人、邻里、乡党，因为他扮演着共同体成员保护者的领主角色。束脩的含义其实是精神性的，即古老共同体成员共食祭肉之礼。

李玄伯曾借助法国学者库朗热（Fustel de Coulange）《古代城邦》一书中以宗教、家族、家神祭祀理解古希腊、罗马小共同体同吃祭肉仪式，来解读孔子的"非祭肉不拜"[2]。同食祭肉是凝聚一个共同体身份的重要仪式，周代金文中那些"朋友"们在祭祀后的"飨"、"飤"、"饮厚"、"饪飤俱饱"等也包含了同食祭肉的内容。《史记·孔子世家》"鲁今且郊，如致膰乎大夫，则吾犹可以止"，《集解》引王肃："膰，祭肉"，鲁国不再给孔子颁发祭肉，是促成他脱离父母之邦这一共同体去周游列国的最终原因。《礼记·檀弓上》："颜渊之丧，馈祥肉，孔子出受之。入，弹琴而后食之。"据《仪礼·士虞礼》"朞而小祥"，贾公彦疏"是祭故有肉也"，孔子悼念孔门爱徒，也是通过同食祭肉来完成的。缴纳束脩祭肉，是加入孔门，成为模拟宗法血缘"朋友"，并向"师"孔子效忠之礼，同食祭肉也代表这位"朋友自远方来"的新成员成为了孔门共同体的一员。

四、向封君效忠的"委质"之礼

封建时代封臣需要向封君敬献"委质"之礼表达效忠，缔结和确定

---

[1] 李竞恒：《论语新劄：自由孔学的历史世界》，福建教育出版社，2014 年，第 138 页。
[2] 李玄伯：《家邦通论》，见杜正胜编：《中国上古史论文选集》下册，华世出版社，1979 年，第 946 页。

新的封建君臣关系 [1]。孔门的"束脩"，除了共同体的精神层面礼仪含义外，也具有封臣"委质"的含义 [2]。《史记·仲尼弟子列传》记载子路"儒服委质，因门人请为弟子"，《索隐》引服虔注《左传》："古者始仕，必先书其名于策，委死之质于君，然后为臣，示必死节于其君也。"根据这一解释，子路成为孔门弟子，使用的就是封建时代向封君效忠的封臣礼"委质"。这一礼仪，也显示出孔门是模仿封建时代宗法、君臣关系而组建的新型小共同体。

孔子本人对于"委质"之礼非常熟悉，《孟子·滕文公下》云："孔子三月无君，则皇皇如也，出疆必载质"，即孔子一旦有几个月时间脱离于封建君臣关系之外，便会焦急不安，离开一个邦国，便会带上新的"委质"礼物去寻找新的封君 [3]。在封建社会中，君臣的关系是相对的，《仪礼·丧服传》郑玄注"天子、诸侯及卿大夫有地者，皆曰君"，所以当时，"一个国家内存在着不同层次的众多君主" [4]。孔子在自己建立的封建组织孔门中，扮演君师和模拟血缘的宗族家长角色，同时他还会寻求自己的封君，缔结自己的封建君臣关系。孔子率孔门周游列国，孔门在一定程度上被视为一种独立型的政治力量，如钱穆先生《先秦诸子系年》曾考证孔门在匡、蒲遭遇的战斗其实是同一件事 [5]，是因为叛乱的蒲人担心孔门这一组织帮助卫君。这种恐惧也和孔门的战斗力有关。在战斗中，"有弟子公良孺者，以私车五乘从孔子，其为人长贤德，有

1　许倬云：《西周史》，生活·读书·新知三联书店，2001 年，第 174 页。
2　杨宽：《西周史》下册，上海人民出版社，2016 年，第 864 页。
3　杨逢彬：《孟子新注新译》，北京大学出版社，2017 年，第 173—174 页。
4　赵伯雄：《周代国家形态研究》，湖南教育出版社，1990 年，第 245 页。
5　钱穆：《先秦诸子系年》，商务印书馆，2002 年，第 35—40 页。

勇力"，在战斗中宣称"宁斗而死"，并"斗甚疾"，使"蒲人惧"，最终孔门共同体与蒲人共同体之间达成了停火盟约（《史记·孔子世家》）。孔门在一定程度上是可以与地方共同体之间建立盟约的封建组织，孔子在统领孔门的同时，也以"委质"的方式寻找自己的新封君。

在考古资料中亦能见到封建时代晚期"委质"的迹象，如 2014 年荆州夏家台楚墓 M106 出土竹简《日书》"利……见君公，请命为臣，吉"[1]，这是当时有志于成为封君之臣者用以占卜黄道吉日的材料，选择好日子去向封君委质效忠，可以获得成功。显然，在封建时代，除了血缘宗法关系意义上的君臣之外，超血缘关系的君臣关系缔结，是一种双向选择的过程。在山西发现春秋晚期的侯马盟书中，也能见到"委质"类的君臣关系缔结典册，如 156 坑 20 片云："章自质于君所"，如有违反则人神共弃；或记载若不"从此明质之言"，也将遭受神罚[2]。类似的委质文献还见于河南温县发现的东周盟书，如"自今以往达事其主，敢不歆歆焉判其腹心"，若委质之臣不向封君履行效忠誓言，就会遭遇神灵"麻衣非是"的惩罚[3]。

从这些材料来看，超血缘宗法君臣关系者的委质缔结，往往也带有一定宗教性仪礼的色彩。孔子通过招收无血缘关系的各种"朋友自远方来"，建立孔门组织，这一共同体中的成员互相为朋友，以"委质"礼与孔子建立师徒兼君臣关系，都是超越了古老封建宗法血缘关系的新组

1　田勇、蒋鲁敬：《荆州夏家台 M106 出土战国楚简〈日书〉概述》，见《出土文献研究·第十九辑》，中西书局，2020 年，第 35 页。
2　山西省文物工作委员会：《侯马盟书》，文物出版社，1976 年，第 38—40 页。
3　郝本性：《河南温县东周盟誓遗址发掘与整理情况》，见艾兰、邢文编著：《新出简帛研究》，文物出版社，2004 年，第 77 页。

织方式。古儒对此颇为熟悉，因此郭店楚简儒书《语丛一》中就有相关
记载，如简 80—81 云："友、君臣，无亲也"，简 87 云："君臣、朋
友，其择者也"[1]，庞朴先生就指出，这是"一种互相选择的关系"[2]。
通过自愿的选择，没有血缘宗法关系的新人以"委质"礼方式加入孔门，
这是孔门模拟封君、封臣关系而发展出的新型共同体组织模式。

结　语

在古老的封建时代，君、亲、师三种角色往往是同构或同源的，宗
法血缘的家族首领是父家长，在家族和领地内是君的角色，负责治理和
保护下属，而担任职位多率兵者称"师"，又往往兼任教化、传授贵族
技能的角色。孔子建立的孔门，将贵族王官学向平民精英开放的同时，
也是按照古老封建贵族时代的组织方式来建立自己的团体。在孔门共同
体中，孔子称师、称夫子，既是孔门治理者的角色，也进一步将传统意
义上"师"的教化、知识传播角色进行了发扬，但当时称"师"的含义
仍与后世不同，而是带有更浓厚传统封建贵族的意味，而贵族领主"夫
子"也逐渐转化为教化者的词汇。

孔门成员作为"朋友自远方来"的陌生人，按照模拟血缘的方式成
为"朋友"，将古老"朋友"的宗法血缘含义转化为超血缘的意义，其
成员称"弟子"、"徒"，都是模拟宗法血缘关系及其衍生出的君臣关系，
孔门一方面模仿了封建宗法时代的血缘组织，但又进一步将其发扬到超

1　李零：《郭店楚简校读记》，北京大学出版社，2002 年，第 160 页。
2　庞朴：《初读郭店楚简》，《历史研究》1998 年第 4 期，第 8 页。

血缘精神共同体的高度。弟子加入孔门，也模仿封建时代行"委质"效忠礼，所不同者是委质礼束脩又具有共同体成员分享祭肉的神圣维度，孔门师徒得以通过此种共同体的组织方式实现各种合作与互助。在这个意义上，孔门是模仿古老封建关系建立的共同体，但又进一步发展出新的共同体组织形式，君、亲、师超越了更古老的狭隘血缘关系，而是以义理、人格、知识等魅力相召唤，通过互相选择的方式，抟成适合新时代并创造新时代的组织方式。

试论周礼与习惯法 *

摘要：周礼是一种不成文的习惯法，以传统周人共同体的古代习俗为基础，并部分吸收了夏商习惯法而形成的。这些不成文习惯法规范着周人的政治、经济、文化、生活等各种细节，一些青铜器铭文中所反映的土地交易、司法惩戒等活动都是周礼习惯法的具体判例。有的情况下，周王会任命掌管具体某项司法活动的人员，但更常见的情况是在王官之外，由各种名誉良好的领主根据习惯法进行仲裁，或者由当事人之间依据惯例自行调解。此外，周人对其他族群的习惯法表示尊重，即所谓"君子行礼，不求变俗"，宋国、殷人、淮夷等不同族群也根据自己传统的习惯法进行自治。

关键词：周礼；习惯法；习俗；不成文法；自治

一、三代古礼为习惯法

有许多学者指出，三代时期的古礼具有习惯法的性质。梁启超先生谈英国不成文法，指出："无文字的信条，谓之习惯，习惯之合理者，

---

* 本文原刊《天府新论》2017 年第 6 期。

儒家命之曰'礼'[1]；杜维明先生在访谈中认为："这个礼，用现在英美的术语来说就是习惯法[2]"，"严格意义上来说，礼很大一部分相当于英美的习惯法[3]"；李泽厚先生提出："所谓'周礼'，其特征确是将以祭神（祖先）为核心的原始礼仪，加以改造制作，予以系统化、扩展化，成为一整套习惯统治法规（'仪制'）[4]"；李山先生认为晋国铸刑鼎是丢弃了古老的不成文习惯法[5]；杜正胜先生也谈到，封建城邦时代的"礼"是法，而与之相对的是后世的法律"刑"[6]。另外，美国学者昂格尔（R.M. Unger）也曾论述到："'礼'的概念充分体现了中国封建社会中法的含义"，而封建法最惊人的特点便是排他性地相信习惯，而不知成文法典为何物[7]。

拜占庭查士丁尼的《法学总论》中对习惯法的定义是："不成文法是习惯确立的法律，因为古老的习惯经人们加以沿用的同意而获得效力[8]"。在中国历史上，习惯法长期体现为"俗例"、"乡例"、"乡规"、"土例"等形式[9]，是高度基于共同体习俗、惯例而形成的规范。三代时期有"礼"，

---

1 梁启超：《先秦政治思想史》，上海古籍出版社，2014 年，第 88 页。
2 河西：《自由的思想：海外学人访谈录》，生活·读书·新知三联书店，2012 年，第 33 页。
3 叶祝弟：《21 世纪儒学与市场中国的出路：杜维明教授访谈录》，《探索与争鸣》2013 年第 9 期，第 14 页。武树臣先生也认为，周代以礼仪风俗为基础的判例法，"思维方式与英国法系十分相近"，见《儒家法律传统》，法律出版社，2003 年，第 101 页。
4 李泽厚：《孔子再评价》，见李泽厚：《中国古代思想史论》，天津社会科学院出版社，2004 年，第 4 页。
5 李山：《先秦文化史讲义》，中华书局，2008 年，第 132—133 页。
6 杜正胜：《编户齐民：传统政治社会结构之形式》，联经出版事业公司，1990 年，第 230 页。
7 ［美］昂格尔著，吴玉章、周汉华译：《现代社会中的法律》，中国政法大学出版社，1994 年，第 83 页。
8 ［古罗马］查士丁尼著，张企泰译：《法学总论：法学阶梯》，商务印书馆，1989 年，第 11 页。
9 梁治平：《清代习惯法：社会与国家》，中国政法大学出版社，1996 年，第 38 页。

礼源自于部族氏族的风俗习惯，"部族氏族的风俗习惯是部落成员在长期的共同生活中自然而然地形成的规范"[1]。

夏商周三代的古礼，正是这样一种源自古老风俗习惯而形成的不成文规范和习惯法，在长期历史演进中形成的习惯加以沿用、提炼而形成的不成文法。三代的"礼"覆盖了当时政教礼俗的各个方面，对从生老病死到宾客交接、婚丧嫁娶、财产交易、庙社议事等各个方面均有详细的规范，甚至"杀人之中亦有礼焉"[2]。程树德先生指出："其时八议八成之法，三宥三赦之制，胥纳之于礼之中"，三代之礼涵盖范围颇广，诸多司法领域都可涵摄于礼之中[3]。礼不同于后世由国家人为设计和颁布出来的成文法典，它是以漫长历史演进过程中自发产生的习惯、风俗为基础，提炼、汇编整理而来。

三代时期并无成文法典，文字在殷周时代大多被用于宗教祭祀领域，吉德炜（David N. Keightley）就认为青铜铭文、甲骨卜辞并不是给人类观看的，或者至少不是给所有人看，其预设的读者是天上的祖先神[4]。周代金文中有涉及司法活动的铭文，但这一时期并无成文法，记载判例的铭文被铸造在祭祀祖先的青铜器上，藏于"神宫幽邃[5]"的宗庙之中，一般人很难看到，但相关领域的贵族则可能阅读记载类似判例的铭文作为仲裁的依据。武树臣先生就指出："当时铸在礼器上的判例常常被置

1　张晋藩主编：《中国法制通史·第一卷：夏商周》，法律出版社，1998年，第118页。

2　李学勤主编：《十三经注疏·礼记正义》上册，北京大学出版社，1999年，301页。

3　程树德：《九朝律考》，中华书局，1963年，第11页。

4　David N. Keightley, Marks and Labels: Early writing in Neolithic and Shang China, Edited by Miriam T.Stark: Archaeology of Asia, Blackwell Publishing, 2006, P191.

5　于省吾：《甲骨文字释林》，中华书局，2009年，第62页。

于贵族的庙堂之中，一般民众无权进入宗庙，故不得'观鼎'。"[1]周代"礼不下庶人"的含义之一，也意味着庶民不了解由领主贵族口耳相传或铸藏于宗庙神器上的不成文法判例。因此郑国子产铸刑书、晋国赵鞅铸刑鼎，制作并向庶民公布成文法典，司法不再是由领主贵族依据古老习惯和判例而掌握的技艺。《左传·昭公六年》记载"昔先王议事以制"，杜注："临事制刑，不豫设法也"[2]，即在具体司法仲裁中造法，而非预先设定好严密的成文法典。马小红教授就认为，由裁断者综合各个方面"议"而量刑的"议事以制"，正是习惯法时代的特征[3]。

伴随着东周礼崩乐坏的过程，封建社会被郡县制与编户齐民的新结构所取代，古老的周礼习惯法也被新的成文法典所取代，其中一些部分被保存在各类儒书中，但湮灭已久，后人对周礼的理解会产生隔阂感。"礼"字很容易被理解为只是"讲礼貌"或举行一些仪式，但其作为不成文法的治理意义很容易被忽视。本文尝试结合传统文献与铜器铭文所见司法活动，讨论周礼习惯法。

二、三代习惯法之间的差异

三代既是三个不同历史时期的早期王朝，但夏、商、周又分别是不同的政治文化共同体，正如张光直先生所言，夏、商、周为共存列国关

---

1 武树臣：《儒家法律传统》，法律出版社，2003年，第58页。
2 李学勤主编：《十三经注疏·春秋左传正义》下册，北京大学出版社，1999年，第1225页。
3 马小红：《中华法系中"礼""律"关系之辨正：质疑中国法律史研究中的某些"定论"》，《法学研究》2014年第1期，第180页。

系，朝代更替所反映出的不过是这三国之间势力强弱的沉浮而已[1]。这三国在族群、文化方面各不相同，因此各有自身独特的政教礼俗与习惯，文献中多有将该三国礼俗进行比较的文字，如《论语·八佾》记载社礼的差异："夏后氏以松，殷人以柏，周人以栗[2]"；《礼记·檀弓上》记葬具的不同："夏后氏墍周，殷人棺椁，周人墙置翣"；记祭牲、敛葬时间、战争用马的不同："夏后氏尚黑，大事敛用昏，戎事乘骊，牲用玄。殷人尚白，大事敛用日中，戎事乘翰，牲用白。周人尚赤，大事敛用日出，戎事乘骝，牲骍用"[3]；《檀弓上》又记载三者殡礼之不同："夏后氏殡于东阶之上"，"殷人殡于两楹之间"，"周人殡于西阶之上"，孔子也自称"殷人"[4]；《礼记·王制》记载三者养老的差异："夏后氏以飨礼，殷人以食礼，周人修而兼用之"，"夏后氏养国老于东序，养庶老于西序。殷人养国老于右学，养庶老于左学。周人养国老于东胶，养庶老于虞庠。"[5]

这些记载表明，夏（杞）、商（宋）、周三者之间的文化差异较大，各有自身的政教礼俗，因此建立在不同礼俗基础之上的习惯法也颇有差异。周人灭商之后，殷人共同体仍然保留了按照本族群习惯法进行自治的权利，《尚书·康诰》记载周公对康叔之言："汝陈时臬司师，兹殷罚有伦"，孔颖达疏："其刑法断狱，用殷家所行常法故事。"[6] "故事"

1　张光直：《中国青铜时代》，生活·读书·新知三联书店，1983年，第31页。
2　程树德撰，程俊英、蒋见元点校：《论语集释》第一册，中华书局，2008年，第200页。
3　李学勤主编：《十三经注疏·礼记正义》上册，北京大学出版社，1999年，第177—179页。
4　李学勤主编：《十三经注疏·礼记正义》上册，北京大学出版社，1999年，第207页。
5　李学勤主编：《十三经注疏·礼记正义》上册，北京大学出版社，1999年，第420、425页。
6　李学勤主编：《十三经注疏·尚书正义》，北京大学出版社，1999年，第365页。

一词，据裘锡圭先生分析，即后世所谓"成例"，"成例、规范、制度通常是人们长期遵循的，往往起源很早"[1]。断狱用殷人的成例，即尊重殷人习惯法中的传统判例，尽量避免外部武断的司法介入。殷人各种古老的传统判例，一般以口耳相传等不成文知识保存在各类领主、族长或耆老的经验中。所以《康诰》强调"丕远惟商耇成人"，孔安国传："当大远求商家耇老成人之道。"又如《诗经·大雅·荡》："殷不用旧。虽无老成人，尚有典刑。曾是莫听，大命以倾。[2]"诗中内容也是描述，殷人的"典刑"都掌握在"旧"以及"老成人"这些氏族耆老手中，但纣王没有尊重这些古老的习惯法，因此导致灭亡。据韦伯（Max Weber）对习惯法的研究，早期的司法仲裁，高度依赖于娴熟传统的老者、氏族长老或选举出来的仲裁法官，依据习俗和传统进行仲裁[3]。因此结合这些材料来看，殷人习惯法各类传统判例的知识也都掌握在殷人氏族长老们的手中，周公希望康叔尊重殷人的氏族长老，让他们以殷人习惯法进行自治。

周人东征之后，封建诸侯，殷民六族封于鲁，殷民七族封于卫，这些殷人宗族对外向周人领主效忠，对内则在相当程度上沿用殷人本族的习惯法进行自治。《左传·定公四年》记成王封伯禽"因商奄之民"，封卫侯"皆启以商政"，唐叔治夏人则"启以夏政"，杜注"因其风俗，

1　裘锡圭：《中国出土文献十讲》，复旦大学出版社，2004年，第268页。
2　李学勤主编：《十三经注疏·毛诗正义》下册，北京大学出版社，1999年，第1160页。
3　［德］马克斯·韦伯著，康乐、简惠美译：《韦伯作品集Ⅸ：法律社会学》，广西师范大学出版社，2005年，第144—145、157页。

开用其政"[1]。"商政"、"夏政"皆为殷人、夏人族群共同体的传统习惯法，周人允许这些人群仍使用自身习惯法。在鲁国的《甋卣》铭文中，记载鲁侯对东方土著贵族甋说，"汝姓继自今，弗有汝型"，是在"法则周公"的大背景下，允许这些东方旧族秉持原来旧有的"型"[2]，即土著的殷人习惯法，鲁侯并且对此赞赏有加。

又如《左传·定公六年》记载阳虎盟国人于亳社，可知鲁国的殷人各氏族仍然保存着殷人自治的"亳社"这一公共空间。据王晖先生考证，周代除鲁国外的其他诸侯也建有亳社[3]，而在周人王畿中的殷人氏族亦有亳社。如2014—2015年在周原凤雏建筑旁，就发现有立有石基的庭院，这正是迁徙到周原殷人氏族的"亳社"[4]。由此可知，分布在周人王畿和其他诸侯国的殷人氏族保有亳社这一政教礼俗的公共空间，能以"商政"继续实行内部自治。周人大致尊重异质人群的习俗，《诗·大雅·韩奕》记载韩侯受命之"因时百蛮"[5]，即尊重其封地各蛮族的习惯法。类似的例子，还见于宣王时铜器《驹父盨》铭文中，"见南淮夷"，"堇（谨）夷俗，豖（遂）不敢不苟（敬）畏王命"[6]。据铭文可知，周王对臣下达的王命中，会强调"谨夷俗"，即尊重当地人群的传统与习惯法。

周人尊重夏（杞）、商（宋）等国以及分封给周人诸侯的殷人氏族

1　李学勤主编：《十三经注疏·春秋左传正义》下册，北京大学出版社，1999年，第1549—1550页。

2　王沛：《刑书与道术：大变局下的早期中国法》，法律出版社，2018年，第9页。

3　王晖：《古文字与商周史新证》，中华书局，2003年，第20页。

4　周原考古队：《陕西宝鸡市周原遗址2014—2015年的勘探与发掘》，《考古》2016年第7期，第43页。

5　〔清〕王先谦：《诗三家义集疏》下册，中华书局，1987年，第980页。

6　王辉：《商周金文》，文物出版社，2006年，第252页。

继续使用自身习惯法，此种观念也保存在礼书之中。《礼记·曲礼下》：
"君子行礼，不求变俗"，孔疏："俗者，本国礼法所行也"，"如杞、
宋之臣入于齐、鲁，齐、鲁之臣入于杞、宋，各宜行己本国礼法也"[1]，
明确记载了杞、宋继续沿用夏、商传统习俗与礼法的治理。《仪礼·士
冠礼》"若不醴"，郑玄注："谓国有旧俗可行，圣人用焉不改者也"，
贾疏："用旧俗则夏殷之礼是也"[2]。周王治下不同族群分别使用本族
习惯法，其精神与《大宪章》第 56 条相同："英格兰法律将适用于英
格兰一侧地产之归属，威尔士法律将适用于威尔士一侧地产之归属"[3]。

周人以暴力手段东征，建立了新王朝的秩序，殷人虽然畏威，但还
并未怀德，因此周人以怀柔之政，允许殷人各氏族以其传统习惯法实行
高度自治，降低了治理成本。正如顾炎武所言，"（宋国）自其国人言
之，则以商之臣事商之君，无变于其初也"[4]。以商（宋）的各氏族旧
臣继续侍奉商王室的后裔宋君，并继续以传统殷人习惯法自治，对于殷
人来说确实并无明显的改变和亡国之痛，因此愿意承认周人的治理[5]。

从考古材料来看，周代各国的殷人氏族也都保存着原有的各类礼俗。
文献所载分封给鲁国的殷人六族有条氏、徐氏、萧氏、索氏、长勺氏、
尾勺氏，1973 年在山东兖州县李宫村发现了其中"索氏"的氏族器物。
出土的铜器有铜爵、铜觚、铜卣，其中铜卣和铜爵上有"索"族的氏族

1　李学勤主编：《十三经注疏·礼记正义》上册，北京大学出版社，1999 年，第 109 页。
2　李学勤主编：《十三经注疏·仪礼注疏》上册，北京大学出版社，1999 年，第 42 页。
3　陈国华译：《大宪章》，商务印书馆，2016 年，第 52 页。
4　〔清〕顾炎武：《日知录》上册，上海古籍出版社，2015 年，第 84 页。
5　杜正胜：《略论殷遗民的遭遇与地位》，见《"中央研究院"历史语言研究所集刊》第
五十三本第四分，1982 年，第 691 页。

铭文[1]。殷人盛行饮酒，罗泰（Lothar von Falkenhausen）认为这和祭祖仪式萨满性的醉酒恍惚有关[2]。饮酒是殷人共同体祭祀与政教礼俗的重要内容，与禁酒的周人习惯法不同，但分封给周人诸侯的殷人氏族，仍保留有典型的殷人觚、爵酒器组合，可见"殷民六族"仍然保有传统以饮酒礼活动整合共同体治理的礼俗。从曲阜鲁国故城的墓葬情况来看，甲组西周墓盛行殉狗的腰坑，而乙组西周墓则完全不见殉狗和腰坑，且两组墓的随葬品摆放位置也多有差异[3]。曲阜甲组墓属于殷人氏族，乙组墓属于周人宗族，前者完整保存着商文化的葬俗，与后者区分明显，正可对应"启以商政"之说。《叔尊》铭文言鲁侯"致文"，即给鲁地带来周人之礼法[4]，但周人习惯法应当只是适用于鲁国的周人，而不适用于鲁国的殷人氏族。另外在洛阳发现的殷人氏族墓葬，与鲁国的情况一样，都继续沿用殷人礼俗。如洛阳东关发现五座殷人墓皆有腰坑，并随葬酒器觚、觯[5]；洛阳五女冢西周殷人墓，出土有铜爵、铜觚等酒器[6]；唐城花园殷人墓有腰坑与殉狗[7]。

这些考古材料均能与文献印证，显示周人对殷人各氏族"启以商政"，

1　郭克煜、孙华铎 等：《索氏器的发现及其重要意义》，《文物》1990 年第 7 期，第 36—38 页。
2　Lothar von Falkenhausen: Chinese Society in the Age of Confucius（1000-250 BC）: The Archaeological Evidence, Cotsen Institute of Archaeology Press, 2006, P49.
3　山东省文物考古研究所、山东省博物馆、济宁地区文物组、曲阜县文管会：《曲阜鲁国故城》，齐鲁书社，1982 年，第 188 页。
4　朱凤瀚：《叔尊与鲁国早期历史》，见朱凤瀚主编：《新出金文与西周历史》，上海古籍出版社，2011 年，第 10 页。
5　洛阳市文物工作队：《洛阳东关五座西周墓的清理》，《中原文物》1984 年第 3 期，第 25—28 页。
6　洛阳市第二文物工作队：《洛阳五女冢西周早期墓葬发掘简报》，《文物》2000 年第 10 期，第 4—11 页。
7　安亚伟：《河南洛阳市唐城花园西周墓葬的清理》，《考古》2007 年第 2 期，第 94—96 页。

较为完整地保留了殷人族群的政教礼俗，以及建立在这些礼俗之上的殷人习惯法。周人尊重各族群传统的习惯法，固然是出于降低治理成本的动机。但这也反映出，夏（杞）、商（宋）、周等各族各有自身的传统习惯法，在政教礼俗等各个方面差异较大。

三、周礼习惯法的形成

周公制礼并不是凭空发明出一套礼制，而是在周人传统习惯法基础之上融入部分夏、商习惯法进行的汇编，以适应封建、宗法的新秩序。孔子所言，"殷因于夏礼，其损益可知也；周因于殷礼，所损益可知也[1]"正是反映了三代习惯法之间继承发展的关系。换言之，周礼中也汇入有夏、商习惯法的内容。

周人早期习惯法的特点是较为灵活，比较容易部分吸收异族习惯法。例如，周人并无使用日名的礼俗[2]，但从新的考古材料来看，周人曾尝试使用殷人的日名礼俗。宣王时铜器《应公鼎》铭中将武王称为"帝日丁"。李学勤先生指出："周武王有日名丁，这是以往大家不了解的"[3]。又如2009年在山东高青县出土铜簋铭文有"祖甲齐公"铭文，此"祖甲"即齐太公，以"甲"作为其日名[4]。另《史记·齐太公世家》记载太公之后的齐侯又连续三代使用日名，分别是丁公、乙公、癸公。周和姜齐

1　程树德撰，程俊英、蒋见元点校：《论语集释》第一册，中华书局，2008年，第127页。

2　张懋镕：《周人不用日名说》，《历史研究》1993年第5期，第173—177页。

3　李学勤：《新出应公鼎释读》，见李学勤：《通向文明之路》，商务印书馆，2010年，第146—148页。

4　李学勤：《论高青陈庄器铭"文祖甲齐公"》，见李学勤：《新出青铜器研究》，人民美术出版社，2016年，第369页。

属于西部周文化联盟，都曾尝试将殷人习惯的部分内容汇入周人习惯，可以推测周人习惯法本身也可以吸取其他人群习惯法的内容。

周公制礼汇入有殷人习惯法，可以王国维先生总结殷周制度区别中的嫡长子继承制为例。周人早期并未完全实行嫡长子继承制，古公舍泰伯、虞仲而立季历，文王不传位给长子伯邑考之子，而是传于次子武王，皆可以为证[1]。武王死后，管叔叛乱也带有争夺王位的性质，因为他是武王之弟，周公之兄，按照兄终弟及的殷人习惯法，管叔享有王位继承权[2]。周公确立的嫡长子继承制，实际上部分吸收了殷人习惯法的传统，因为商代晚期王位的继承，出现了嫡长子继承制的雏形，由武乙、文丁、帝乙、帝辛、武庚的传承顺序来看，并无兄终弟及之事。《史记·宋微子世家》亦言微子为纣庶兄[3]，嫡庶之别的制度雏形在商晚期已经出现。周公显然吸取了商代晚期以来出现的兄终弟及殷人习惯法，将其纳入周人制度，并作为定制。殷人虽然出现了嫡长子继承制的雏形，但兄终弟及的习惯法仍然被使用。《宋微子世家》记载宋国君主继承法，仍然多有兄终弟及，如微子死后由其弟微仲继承；宋湣公死后，由其弟炀公继承；宣公死后，由其弟穆公继承。宋宣公死前宣称"父死子继，兄死弟及，天下通义也"[4]，将父死子继和兄终弟及两种都视为"通义"，可见殷人有关继承的两种不同习惯法之间存在矛盾，而周人汲取了商代晚期出现的嫡长子继承制这一部分，将其固定了下来，以配合新的宗法制

1　晁福林：《夏商西周的社会变迁》，北京师范大学出版社，1996年，第133页。
2　杨宽：《西周史》上册，上海人民出版社，2016年，第152页。
3　〔汉〕司马迁：《史记》第五册，中华书局，2009年，第1607页。
4　〔汉〕司马迁：《史记》第五册，中华书局，2009年，第1622页。

社会。

周礼的整合过程中，在多个方面吸收了夏、商的习惯法。如《礼记·礼器》记载三代用尸之礼："夏立尸而卒祭，殷坐尸，周旅酬六尸"，孔疏："周旅酬六尸者，此周因殷而益之也"[1]。周代祭祖的用尸之礼，是根据殷人礼俗的坐尸加以增益、修订后的产生的。《礼记·王制》记载三代养老之礼："夏后氏以飨礼，殷人以食礼，周人修而兼用之"[2]，可知周人关于养老的政教礼俗中同时吸收了夏、商习惯法的内容，只是将二者进行了修订。《尚书·康诰》："兹殷罚有伦"，孔颖达疏："殷家刑法有伦理者兼用之"，"又周承于殷后，刑书相因，故兼用其有理者。[3]"此处明确指出，周人选择性地汲取了大量殷人司法中的判例，继承这些他们认为合理的习惯法判例，达到了商周礼之间"相因"的结果。

冯时先生曾举有实例，来论述周礼与殷礼的传承关系。在周初殷遗民的《我方鼎》铭文中，完整地记载了殷人丧葬之礼从启殡到埋葬的过程。包含了朝庙奠、祖奠、大遣奠、包奠、读赗等诸古礼，仪节十分完整，能够与后世《仪礼》、《礼记》等儒家文献全部印证[4]。儒家文献记载周代古礼，而周初殷遗民所使用的传统殷礼，竟能够与后世儒家文献全部印证，这本身就是一个很好的例子，显示了周人的丧葬礼俗继承了部分殷人的传统丧葬礼俗规定，这些内容后来都被汇编到了周礼习惯法之中。梅因（Henry Maine）曾谈到，原始状态采用的惯例，一般是

1　李学勤主编：《十三经注疏·礼记正义》中册，北京大学出版社，1999 年，第 746 页。
2　李学勤主编：《十三经注疏·礼记正义》上册，北京大学出版社，1999 年，第 420 页。
3　李学勤主编：《十三经注疏·尚书正义》，北京大学出版社，1999 年，第 364—365 页。
4　冯时：《我方鼎铭文与西周丧奠礼》，《考古学报》2013 年第 2 期，第 185—210 页。

在大体上最适合促进其物质和道德福利的，如果它们能保持其完整性，以至新的社会需要培养出新的惯例，则这个社会几乎可以肯定是向上发展的 [1]。周人在汲取了大量更古老习惯法惯例的基础上，不断培养出新的惯例，从而将华夏文明推向一个新的高度。

三代习惯法之间存在较多区别，但周礼的形成过程中也汲取了不少的夏、商习惯法，并将其加以选择、修订和增益。商代与周代之间，并非是剧烈的文化断裂，而是一种自发秩序的自我演进和增益。正如吉德炜所说，周代精英提供了新的意识形态及社会结构的提升，但这些仍然是高度基于商代的传统，商代是中国文化形成的重要祖源 [2]。

四、早期习惯法的仲裁

罗曼·赫尔佐克（Roman Herzog）曾谈到，早期习惯法只能通过询问最年长的人们才能定下 [3]。古老的惯例往往掌握在部族耆老、氏族首领的口耳相传之中，当涉及氏族成员或部族之间的纠纷时，当时人会寻找口碑良好、德高望重的首领依据习惯法进行仲裁或调解。柳宗元在《封建论》中谈到："争而不已，必就其能断曲直者而听命焉。其智而明者，所伏必众，告之以直而不改，必痛之而后畏，由是君长刑政生焉。" [4] 正是描述上古习惯法由"能断曲直"的君长耆老们裁决。梁启超先生也

1　〔英〕梅因著，沈景一译：《古代法》，商务印书馆，1996 年，第 11 页。
2　David N. Keightley, The Ancestral Landscape: Time, space, and Community in Late Shang China. ca.1200—1045B.C.Institute of East Asian Studies, University of California, Berkeley, 2000, P129.
3　〔德〕罗曼·赫尔佐克著，赵蓉恒译：《古代的国家：起源和统治形式》，北京大学出版社，2003 年，第 346 页。
4　〔唐〕柳宗元：《封建论》，见《柳河东集》上册，上海人民出版社，1974 年，第 44 页。

曾谈到，上古之时"诸部落大长中，有一焉德望优越于侪辈者，朝觐、狱讼相与归之"[1]，也言及狱讼之事会寻找德望较高的部落首领进行裁决。《三国志·魏书·乌丸鲜卑东夷传》记载，乌桓部落"常推募勇健能理决斗讼相侵犯者为大人"，能调解决斗和诉讼的威望之人，就可以被推举为"大人"。在过去的凉山地区，一个黑彝哪怕原本并无名气，倘若能成功调解几桩诉讼纠纷，名声便会很快传播于家支内外，人们有急事便愿意上门求助[2]。

《孟子·万章上》中也描述了提供良好的公共服务的上古部落首领，能够吸引其他群体前来寻求效忠或服务，所谓"讼狱者，不之尧之子而之舜"，"朝觐讼狱者，不之益而之启"[3]，也即像虞族的首领舜和夏族的首领启这样有名望的部族首领，都具有公正的德性，因此其他氏族首领都愿意找他们来裁决诉讼和调解纠纷。清华简《两中》记载，夏启"狱讼丛起，必极民情"[4]，极大地根据社会习俗，进行公正裁决。《周易·讼卦》："利见大人。"《象》孔疏："所以于讼之时，利见此大人者，以时方斗争，贵尚居中得正之主而听断之。""利见大人"的经文，描述的正是三代时期的诉讼，会寻找"贵尚居中得正"的领主大人这一历史。《周易·中孚》之《象》"君子以议狱缓死"，《噬嗑》"利用狱"之说[5]，都与此种上古司法裁决有关。

1　梁启超：《中国上古史》，商务印书馆，2016 年，第 89 页。
2　易建平：《部落联盟与酋邦：民主·专制·国家：起源问题比较研究》，社会科学文献出版社，2004 年，第 496 页。
3　〔宋〕朱熹：《四书章句集注》，中华书局，1983 年，第 308 页。
4　黄德宽主编：《清华大学藏战国竹简（拾肆）》下册，中西书局，2024 年，第 102 页。
5　李学勤主编：《十三经注疏·周易正义》，北京大学出版社，1999 年，第 45—46 页、第 100 页、第 243 页。

　　此外，更著名的习惯法仲裁案例是周文王的"虞芮质厥成"之事。《诗经·大雅·绵》："虞芮质厥成"，毛传、齐诗皆言虞、芮争田，诉于文王[1]，即两个部族之间发生了地产权的纠纷，便找到口碑良好的周族君长文王进行仲裁。《史记·周本纪》除了记载"虞、芮有狱不能决，乃如周"之事外，还记载"文王阴行善，诸侯皆来决平[2]"，可知文王是口碑良好的部族君长，因此不止有虞、芮二族前来请求裁决，其他君长部族的诉讼也往往请求文王进行裁决。杨宽先生认为虞、芮之间的土地纠纷、司法仲裁之说不可信，文王只是让这两国结好而已[3]。但如果从早期习惯法常见的邀请君长、耆老、领主作为裁决者，以及西周金文中所见的土地纠纷等背景来看，文王曾充当了虞、芮二部族之间地权纠纷的仲裁者当属史实。

　　充当裁决者通常可以也可以获取经济上的收入，《国语·齐语》："索讼者，三禁而不可上下，坐成以束矢"，即诉讼双方需要向仲裁者缴纳捆束的箭矢作为费用[4]，《周礼·秋官·大司寇》也记载，诉讼的两造需要"入束矢于朝，然后听之。"穆王时期的铜器《亲簋》铭文中记载，一名叫亲的贵族，在社会上处理司法诉讼的仲裁，收取有"十锊"的费用[5]；厉王时铜器《扬簋》铭文记载，贵族扬处理"讯讼"，要收取"五锊"的费用[6]；此外，清华简《摄命》记载周孝王对领主"摄"的册命，

1　李学勤主编：《十三经注疏·毛诗正义》下册，北京大学出版社，1999年，第993—994页；〔清〕王先谦：《诗三家义集疏》下册，中华书局，1987年，第841页。

2　〔汉〕司马迁：《史记》第一册，中华书局，2009年，第117页。

3　杨宽：《西周史》上册，上海人民出版社，2016年，第79页。

4　徐元诰：《国语集解》，中华书局，2006年，第230页。

5　李学勤：《论簋的年代》，《中国历史文物》2006年第3期，第7页。

6　郭沫若：《两周金文辞大系图录考释》释文，科学出版社，2002年，第118页。

其中也提到领主在受理狱讼时的"受币"费用问题[1]，即向诉讼者收取礼物。因此口碑良好的仲裁者，除了可以获取政治声望之外，也可以通过仲裁调解获取经济上的利益。

五、周代司法仲裁与习惯法

进入西周之后，周人设立有王官的司法机构，但更多情况下，一般的司法裁决与民事诉讼仍然可以在王官之外寻求各类领主、长老，或者根据周礼习惯法自行调解，试述如下。

1. 周王与王官仲裁

周王本人可以进行司法仲裁，如厉王时器《融攸比鼎》铭文就记载，领主融攸比向周王控告另一领主攸卫牧侵占其土地，周王下令对此事进行调查，王官命攸卫牧起誓，并归还其土地[2]。在周代司法中，周王应当拥有最终的决断权，《礼记·王制》云："大司寇以狱之成告于王，王命三公参听之。三公以狱之成告于王，王三之，然后制刑"[3]。大司寇机构作出的司法判决，再由三公审核，最终报告给周王定谳。

周王之外，司法王官的重要机构为大司寇，《尚书·立政》："司寇苏公，式敬尔由狱"[4]；《尚书·吕刑》"吕命"，孔传："吕侯见命为天子司寇"[5]；《左传·定公四年》："康叔为司寇"[6]，文献所见

---

1 李学勤主编：《清华大学藏战国竹简（捌）》，中西书局，2018 年，第 118 页。

2 王辉：《商周金文》，文物出版社，2006 年，第 226 页。

3 李学勤主编：《十三经注疏·礼记正义》上册，北京大学出版社，1999 年，第 412 页。

4 李学勤主编：《十三经注疏·尚书正义》，北京大学出版社，1999 年，第 478 页。

5 李学勤主编：《十三经注疏·尚书正义》，北京大学出版社，1999 年，第 533 页。

6 李学勤主编：《十三经注疏·春秋左传正义》下册，北京大学出版社，1999 年，第 1551 页。

司寇由诸侯苏公、吕侯、卫侯等担任，地位较高。有学者认为司寇的地位并不十分显要[1]，但新见共王时器《士山盘》铭文记载周王命司寇之属的士山立莽侯为君，都、方二国反对，因此遭到了周人的"惩"和"刑"，莽国内部的反对者虘、履、六蛮都遭到了流放，可知周人司寇能定诸侯之狱讼[2]。这也符合《周礼·秋官司寇·大司寇》"佐王刑邦国"、"诘四方"[3]对其职务的记载。除大司寇之外，周王也会任命专职的王官去掌管司法仲裁。如《虢簋》铭文就记载周王任命虢去掌管成周里人、诸侯、大亚的"讯讼罚"[4]，属于掌管司法的王官。《舲簋》铭文记载，周王命令舲"邑于郑，讯颂"，就是掌管郑地的司法[5]。另外琱生诸器所见召氏领主的土地诉讼，也是向执政的王官上诉的[6]。

2. 领主的仲裁：

尽管西周有专职的司法王官，但更多情况下的司法仲裁仍然依赖于传统习惯法中的领主裁判权、长老会议之类，或者由当事人根据习惯法自行解决，并不需要王官的介入。典型的领主裁判权见于《诗经·甘棠》记载召伯虎在领地中巡游仲裁，鲁诗认为是"巡行乡邑，有棠树，决狱政事其下"[7]，周人的封建领主在领地内巡游，以习惯法的领主裁判权

1　张亚初、刘雨：《西周金文官制研究》，中华书局，1986年，第25页。

2　李学勤：《论士山盘：西周王朝干预诸侯政事一例》，见李学勤：《文物中的古文明》，商务印书馆，2008年，第195—198页。

3　李学勤主编：《十三经注疏·周礼正义》下册，北京大学出版社，1999年，第902页。

4　郭沫若：《两周金文辞大系图录考释》释文，科学出版社，2002年，第119页。

5　吴镇烽编著：《商周青铜器铭文暨图像集成》12册，上海古籍出版社，2012年，第344页，编号05258。

6　朱凤瀚：《琱生簋与琱生尊的综合考释》，见朱凤瀚主编：《新出金文与西周历史》，上海古籍出版社，2011年，第74页。

7　〔清〕王先谦：《诗三家义集疏》上册，中华书局，1987年，第83页。

裁决其臣民的诉讼，《行露》诗中提到的"何以诉我狱"，"何以诉我讼"这些内容都与召伯虎作为领主的裁判权有关。

领主裁判权的例子还见于《训匜》铭文，牧牛向领主伯扬父讼告自己的上司"师"，领主伯扬父定谳，命其缴纳两项罚金，但也免除了对牧牛的鞭刑，牧牛立誓不再上告，此事被属史记录下来[1]。又如《曶鼎》铭文中，曶的五名家臣被效父扣押，发生纠葛，曶因此向领主邢叔提起诉讼，由邢叔进行仲裁。另一件关于"寇禾"的诉讼对象，则是"东宫"[2]。"东宫"一词，或以为是"太子"，但《效卣》、《驭簋》中又分别有"公东宫"、"伯东宫"之说[3]，可知"东宫"为公、伯之类的领主而非太子。曶曾因司法纠纷，分别曾向邢叔、东宫两位领主提起诉讼。

由封建领主依据习惯法进行仲裁的情况较为常见，至东周之时仍有此风。《左传·成公四年》记载郑伯夺占许男之田，"郑伯与许男讼焉"，此次诉讼由楚君担任仲裁者[4]；《左传·成公十一年》记："晋郤至与周争田"，郤至认为这是"吾故也"，周王也只能"命刘康公、单襄公讼诸晋"[5]，晋侯这一封建领主担任了仲裁者角色；《左传·昭公二十三年》晋为盟主，鲁国夺取邾国田地，邾国寻找晋侯进行诉讼，使鲁卿与邾大夫坐，杜注："坐讼曲直"[6]。《国语·晋语九》记载邢

1 李学勤：《岐山董家村训匜考释》，见李学勤：《新出青铜器研究》，人民美术出版社，2016年，第93—96页。
2 王辉：《商周金文》，文物出版社，2006年，第170—171页。
3 黄凤春：《从叶家山新出曾伯爵铭谈西周金文中的"西宫"和"东宫"问题》，《江汉考古》2016年第3期，第81页。
4 李学勤主编：《十三经注疏·春秋左传正义》中册，北京大学出版社，1999年，第718页。
5 李学勤主编：《十三经注疏·春秋左传正义》中册，北京大学出版社，1999年，第747页。
6 李学勤主编：《十三经注疏·春秋左传正义》下册，北京大学出版社，1999年，第1431页。

侯与雍子发生土地纠纷，讼于叔鱼[1]，也是根据周礼习惯法寻找领主仲裁者。

3. 领主长老会议：

除了向领主诉讼之外，也可以向领主组成的长老会议提起诉讼，而不必诉诸王官。《卫盉》记载的土地交易是通过伯邑父、荣伯、定伯、伯、单伯五人组成的领主会议依据习惯法作证通过了土地交易。在《五祀卫鼎》铭文中，卫与邦君厉之间的土地纠纷是通过由邢伯、伯邑父、定伯、伯、伯俗父五名领主组成的长老会议进行裁决的[2]，夏含夷将《五祀卫鼎》中这五位领主称为"五人陪审团"[3]。这两次仲裁土地交易长老会议的人员有相同的，也有不同的，是当时人寻找德高望重的领主长老来组成的。

4. 当事人依据习惯法自行调解：

除了以上方式之外，一些土地交易或争议也可以由当事人根据周礼习惯法自行调解。如《九年卫鼎》铭文中，裘卫与矩、颜之间的土地交易，便是依据周人习惯法自行完成的，既没有通过王官，也没有通过领主或领主长老会议。又如在《倗生簋》铭文中，领主格伯与倗生之间"贾卅田"的土地交易，也是由两名当事人根据习惯法自行完成的[4]。还有一个著名的例子是《散氏盘》铭文，矢国与散国之间的土地纠纷，由当事人双方自行调解，由矢将眉、井邑的土地赔付给散，矢方派出十五人，散方

1　徐元诰：《国语集解》，中华书局，2006年，第443页。
2　王辉：《商周金文》，文物出版社，2006年，第134—139页。
3　[美] 夏含夷著，陈双新译：《西周青铜器铭文》，见夏含夷主编：《中国古文字学导论》，中西书局，2013年，第84页。
4　唐兰：《西周青铜器铭文分代史征》，中华书局，1986年，第442—443、464—465页。

派出十人勘验土地边界，并以习惯法"誓"的方式达成了协定[1]。散氏盘所见案例，白川静指出是"由当事者间自行解决"，"并无其他官署介入"，"在当事者双方之与会者见证之下，进行定界接受的仪式"[2]。

周代多有当事人自行调解而不必诉诸王官的习惯法案例，赵伯雄先生指出："领主间的土地转让，是并不一定要报告王官的"[3]；李学勤先生也谈到，《倗生簋》、《散氏盘》、《九年卫鼎》所见案例"都没有王官参与"[4]。正如罗曼·赫尔佐克所说，古代习惯法大多讲述它们源于天神和英雄的神话传说联系在一起，违反它们容易带上亵渎神明的色彩[5]。周人司法的裁决，无论是领主裁判或是当事人自行调解，都会伴随着"誓"这一带有宗教礼仪色彩的仪式。

封建习惯法的特点，正是这些"礼"与各类宗教性的传统惯例相混杂，因此形成强大的社会效力，约束各方依据传统和惯例行事。由于依据惯例的有效性，因此大量裁决并不需要王官政府机构的介入，而是可以通过各级领主、长老或不同小共同体之间自行调解，具有更强的自治能力与灵活性，社会的一般公序良俗与法规之间互为一体。

1　王辉：《商周金文》，文物出版社，2006 年，第 228—229 页。
2　［日］白川静著，温天河、蔡哲茂译：《金文的世界：殷周社会史》，联经出版事业公司，1989 年，第 133 页。
3　赵伯雄：《周代国家形态研究》，湖南教育出版社，1990 年，第 113 页。
4　李学勤：《西周金文中的土地转让》，见李学勤：《新出青铜器研究》，人民美术出版社，2016 年，第 91 页。
5　［德］罗曼·赫尔佐克著，赵蓉恒译：《古代的国家：起源和统治形式》，北京大学出版社，2003 年，第 346 页。

附录三

试论原始儒学的重商与自由贸易思想传统 *

摘要：从商族的先公时代开始，殷人就有重视商业贸易的传统。考古和甲骨卜辞，都显示商代商人有较高的地位，而殷遗民也多从事工商业活动。孔子本身就是殷人后裔，对于商业和财富的态度较为友善宽和。儒商子贡，被孔子评价为瑚琏之器。保护商人财产的子产，则被孔子视为"仁"。以孔子、七十子、孟子为代表的原始儒学，对商业、贸易、财富抱持一种温和友善的态度，赞成社会分工，并反对价格管制。孟子主张"关市讥而不征"，其主张与《大宪章》第13条，免除各市、区、镇、港的关卡税的主张是一致的。与古希腊柏拉图、亚里士多德等敌视商业、商人的主流思想家不同，原始儒学对于市场贸易、工商业、社会分工持正面肯定态度。这些思想遗产，不仅影响到汉代的司马迁、贤良文学等人的观念，甚至在近代通过传教士，以及法国重农学派魁奈（Francois Quesnay）等人，对欧洲经济思想产生了影响。

关键词：原始儒学、商业、自由贸易、财富、社会分工

---

* 本文原刊《孔子研究》2025 年第 3 期。

一、商族文化与孔子对商业和财富的态度

  《周易·系辞下》记载，在遥远的神农氏时代，就出现了最早的商业与市场："聚天下之货，交易而退，各得其所"。在商族的先公时代，就已经善于经营远程商业贸易活动。《周易·大壮》六五、《旅卦》上九分别提到他们"丧羊于易"、"丧牛于易"，即商族的先公族长王亥赶着牛羊，前往河北易水流域的有易部落进行商业贸易[1]。甲骨卜辞和商代金文材料显示，当时殷人有较繁多的商业活动。如"呼雀买，物呼雀买"（《合集》10976 正），"其买"、"弗买"（《合集》11433、21776）等，都涉及贵族领主的商业买卖。甲骨卜辞中有"多贾"，见于宾组，历组卜辞中尤多。也有具体某地的商贾，如"亳贾"等。师组卜辞中，还记载商贾将龟甲引入商朝[2]。商代金文族徽中，有些是人背贝串"朋"的图像，代表了以贸易为职业的氏族。张光直先生指出，以商贸与货贝为族徽，也显示了殷商的商人与商业具有受人尊敬的社会地位[3]。在殷墟发掘的郭家庄南 M1、M2、刘家庄 M2、殷西 M907、M1118、戚家庄 M63 等商贾墓葬，随葬青铜器都有"贾"字铭文。随葬成套青铜礼器，显现出作为商贾的墓主拥有一定的社会地位[4]。此外，花东甲骨卜辞中，还记载"子呼多贾，见于妇好"（《花东》37）。即大贵族"子"，介绍多名商贾，去面见女领主妇好，进行商业活动。由此，亦可见商代高级

---

1 杨升南：《从甲骨文的"买"字说到商代的商业》，《中原文化研究》2019 年第 3 期，第 7 页。
2 李学勤：《兮甲盘与驹父盨》，见李学勤：《新出青铜器研究》，人民美术出版社，2014 年，第 122 页。
3 张光直：《中国考古学论文集》，生活·读书·新知三联书店，1999 年，第 382 页。
4 杜金鹏：《殷墟铁三路 89 号墓葬讨论》，《江汉考古》2024 年第 4 期，第 88 页。

贵族介入商业之常态。

商朝灭亡之后，商族人仍然继承和发展了擅长经商贸易的传统，《尚书·酒诰》记载，当时殷人"肇牵牛车，远服贾，用孝养厥父母"，即殷遗民用牛车转运各类商品，参与远程贸易，通过经商获取财富，去孝养自己的父母。在殷遗民的聚居中心雒邑，在周代发展为重要的商业中心，商贾众多。西周铜器《颂簋》铭文记载周王命颂"司成周贾，监司新造贾用宫御"（《集成》04332），可见殷遗民聚集的成周，商业十分兴盛，因此周王专门指定人对此加以管理，并采买王室所需商品。《史记·货殖列传》说洛阳的商人"东贾齐、鲁，南贾梁、楚"，足迹走遍天下去经商。在原商朝王畿的卫国，商业活动也十分活跃，人们熟悉的《诗经·卫风·氓》，就描写当时卫地民间"抱布贸丝"的商业活动。据《史记·仲尼弟子列传》，孔门著名的儒商子贡也是"卫人"，当是受到此种殷文化重视商业风俗的熏染。

孔子本身也是殷人后裔，《礼记·檀弓上》中孔子自称"而丘也，殷人也"，《史记·孔子世家》中孔子说"予始殷人也"。从曲阜鲁国故城的墓葬考古情况来看，甲组西周墓盛行殉狗的腰坑，而乙组西周墓则完全不见殉狗和腰坑，且两组墓的随葬品摆放位置也多有差异[1]。曲阜甲组墓属于殷人氏族，乙组墓属于周人族群，鲁国的殷人氏族完整保存着商文化的习俗。这就意味着，孔子从小对于自己殷人身份，以及鲁国殷人的社会习俗、经济活动都有一定的了解。在文化观念上，孔子继

---

1 山东省文物考古研究所、山东省博物馆、济宁地区文物组、曲阜县文管会：《曲阜鲁国故城》，齐鲁书社，1982 年，第 188 页。

承了商族人重视和积极看待商业与财富的传统，与后世"汉承秦制"以后"重农抑商" 的后儒大异其趣。余英时先生指出，《论语》中孔子反复说"沽"，使用商人的语言，说明他对商业和市场非常熟悉[1]。有学者根据《孔子家语·在厄》记载孔子困于陈、蔡，"子贡以所赍货，窃犯围而出，告籴于野人"的记载，表明孔子与弟子周游列国时捎带货物，"孔子也和弟子们一起从事过商业活动"[2]。

孔子本人并不敌视商业活动和财富，他认为"富而可求也，虽执鞭之士，吾亦为之"（《论语·述而》）。富有是值得追求的，所反对的只是"不义而富且贵"，而"富而好礼"（《论语·学而》），则是他最赞赏的模式。《论语·学而》中，子贡向孔子请教贫和富的两种立身态度，余英时推测，当子贡问这个问题时，"他必定要么已经富有，要么正在变得富有"[3]。子贡的这一问题，正是作为一名商人所关注的。朱熹的注也曾推断，子贡可能早年贫寒，通过经商而致富，"故以此为问"。孔子的回答既肯定了贫而安乐的生活方式，同时也鼓励并赞许了富裕商人的"富而好礼"。因为孔子一直主张先富而后教，富裕的生活更容易让人守护廉耻，以及去追求"马斯洛需求层次理论"中那些更高层面的内容。《史记·货殖列传》中记载子贡"鬻财于曹、鲁之间，七十子之徒，赐最为饶益"。《论语·公冶长》中，孔子将儒商子贡评价为"瑚琏"之器。关于此二器，高明先生认为，宋人以来将"瑚"作"簠"，理解为方形之器，该

1　余英时：《商业文化与中国传统》，见余英时著，程嫩生等译：《人文与理性的中国》，上海古籍出版社，2007年，第276—277页。
2　马涛：《儒家传统与现代市场经济》，复旦大学出版社，2000年，第68页。
3　余英时：《商业文化与中国传统》，自《人文与理性的中国》，程嫩生、罗群等译，上海古籍出版社，2007年，第276页。

字亦多见于金文[1]。"琏"字在战国文字从"轨"，于省吾先生指出，"簋"字古文作"轨"，因而传抄为"连"、"琏"[2]。因此，"瑚琏"就是方形的礼器"簠"和圆形的礼器"簋"两种，也对应着天圆地方的高远含义，是非常高的评价[3]。《论语·先进》中孔子说子贡"赐不受命，而货殖焉，亿则屡中。"一些后儒狃于汉代重农抑商以后的成见，以为这是孔子在批评子贡。但实际上，这个"命"字指爵命，"即殷仲堪所谓'不受矫君命'，江熙所谓'赐不荣浊世之禄'"[4]。因此，这句话其实也是孔子对子贡的赞许，称许他不贪慕浊世的官爵，而能通过商业成功，去获得士君子的经济自由与人格尊严。

孔子从不反对财富，并且希望贤德的弟子能富裕。《史记·孔子世家》中，孔子曾对颜回说："颜氏之子！使尔多财，吾为尔宰。"希望颜回能够富有，自己来担任其家宰，就很能说明原始儒学对于财富的基本态度。孔子从未将普遍存在的贫困视为美德之源。他认为"贫而无怨难，富而无骄易"（《论语·宪问》），显然已经注意到更富裕的经济状况，才能更容易让人养成知礼仪的美德。而贫困对人的进德，往往构成潜在的伤害。因此，在教化程序上，孔子主张对民众要先富后教，《论语·子路》中孔子与冉有对话："子适卫，冉有仆。子曰：'庶矣哉！'冉有曰：'既庶矣，又何加焉？'曰：'富之。'曰：'既富矣，又何加焉？'曰：'教之。'"孔子认为首先要富民，让社会与民众积累财富，在此

1　高明：《簠、簋考辨》，《文物》1982 年第 6 期，第 72 页。
2　于省吾：《论语新证》，《社会科学战线》1980 年第 4 期，第 134 页。
3　李竞恒：《论语新劄：自由孔学的历史世界》，福建教育出版社，2014 年，第 91—93 页。
4　孔祥来：《儒家经济思想的"自由放任"倾向》，《孔子研究》2021 年第 3 期，第 26 页。

基础之上才能施展良好的教化，实现"富而好礼"的良风美俗[1]。

此外，很多人认为，中国没有契约传统，但西周的郑国在立国时代，便和商人们建立起一项宪法性的契约，所谓"尔无我叛，我无强贾，毋或匄夺。尔有利市宝贿，我勿与知"（《左传·昭公十六年》），即商人不背叛国家，则国家就保证不强买商人们的商品，也不会强行索取或抢夺，而是保护商人巨额财富的财产权。两百年后，势力强大的晋国权臣韩宣子向郑国商人索要一件玉环，郑国执政官子产以"这不是国家府库收藏的器物"为理由回绝了。韩宣子又用压价的方式，向商人强行购买玉环。这时，子产搬出了两百年前的这项立国契约，谈到了商人与国家的约定，国家有义务保护商人的财产权，否则"敝邑强夺商人，是教敝邑背盟誓也"。最后，韩宣子只能放弃强买的打算。子产坚持了郑国的古老契约，守护了商人财产，他能"养民"的德性，受到了孔子的高度评价，认为他是"惠人也"（《论语·宪问》），"其养民也惠"（《论语·公冶长》）。其养民之"惠"，重要内容便是守护与商人的古老契约，并对财产权进行保护。此外，《论语·尧曰》中孔子告诫子张所谓"惠而不费"，乃是"因民之所利而利之"，也正是让民众通过市场手段之"利"，从而达成契约[2]。

综合来看，孔子继承了商民族重视商业的文化传统。孔门的卫人子贡，也受到过殷地这一文化传统的熏染。孔子高度评价儒商子贡，以及

---

1 孔子先富后教的思想，也见于《家语·贤君》、《说苑·建本》等文献记载。侯家驹：《先秦儒家自由经济思想》，台北联经出版事业公司，1983 年，第 38 页。
2 盛洪：《儒学的经济学解释》，中国经济出版社，2016 年，第 186—187 页。对于孔子所言"因民之利而利之"，早在康有为时期，就注意到这是主张"所因者，国家全不干预"的经济自由思想。康有为：《论语注》，中华书局，1984 年，第 303 页。

能保护商人财产权的子产。陈焕章早就注意到："孔子从未轻视商人，在汉朝以前，从未有孔教徒提倡重农抑商的政策。"[1]孔子开创了原始儒学这一学派，相比于汉代以后的儒家，孔子在价值观念上对于商业、财富有更为积极的评价态度。

二、孟子的自由贸易与社会分工思想

（1）孟子反对关卡税，主张自由商业：

孟子继承了孔子、七十子以来原始儒学重商和自由贸易的经济思想这一传统，并根据自己所生活的战国时期的现实，而加以发挥创造。在混乱的战国时期，各诸侯国在商贸途径的各陆路、水路上都设置有众多关卡、关津，以便收取沉重的商税。而这些盘剥，对于商业贸易与商人合法利益，都造成了侵害，成为一种沉重负担。孟子主张自由贸易，反对各诸侯国对自由贸易的管制与破坏，这是继承了孔子以来的基本精神。《大戴礼记·主言》中，孔子就告诉曾参："昔者明主关而不征，市廛而不税。"据孔颖达疏解，"此夏殷之法"[2]，即孔子继承了夏商以来的古老传统，反对关卡税，并将这一理念传授给七十子这一代儒者。据《孔子家语·五仪解》、《说苑·指武》等文献中，孔子时也提出"弛

1　陈焕章著，韩华译：《孔门理财学》，商务印书馆，2015年，第322页。
2　方向东：《大戴礼记汇校集解》上册，中华书局，2008年，第10—12页。

关市之税，以惠百姓"的主张[1]。

战国时期军国动员频繁，关市在基层密布，其税收也成为诸侯国的重要经济来源。《管子·问》，说关卡收入是诸侯"外财之门户也"。《管子·乘马》记载当时"方六里名之曰社，有邑焉，名之曰央，亦关市之赋"。方圆数里之间的基层聚落范围内，就可能分布着收取税金的关市。《管子·幼官》、《大匡》中，提出良好治理状态下的关市税是"市赋百取二，关赋百取一"或"五十而取一"，而实际的收取量只会高得多。而《管子·问》专门强调"征于关者勿征于市，征于市者勿征于关"，这也反映了当时关卡税与市廛税之间的不断重复征收，给商业活动造成更大的压力。北大藏汉简《节》，内容偏向道法家，其中提出"令关市轻征赋"[2]。

从考古资料来看，战国时期关卡商业税的数量众多，其税金盘剥可以导致商业的沉重负担。如包山楚简《集箸》简 149 的《敛关津》，就记载了楚国征收赋税的"陵迅尹"，对十个邑、四条水道日常可以被免征"关金"，但当地的尹令，以及征收赋税"陵迅尹"的家相可以征收未计量的关税[3]。简文中提到的十个邑和四个水域通道，虽然可以"不量其关金"，但其实还是有其他的征收方式。而且潜台词也意味着，其

1　马涛《儒家传统与现代市场经济》，复旦大学出版社，2000年，第68页。《左传·文公二年》中，孔子批评臧文仲不仁，其中一条理由是"废六关"。杜注认为，六关是为了禁止商人这些"末游"。但《孔子家语》中，此处作"置六关"，王肃解释是，鲁国没有这六关，臧文仲设置了这六关，"以税行者，故为不仁"。清人惠栋也指出，"废"与"置"古字通，所以此处实际是置六关。李学勤主编：《十三经注疏·春秋左传正义》上册，北京大学出版社，1999年，第496页。孔子反对的，正是臧文仲增加关卡收税的行为。

2　北京大学出土文献研究所编：《北京大学藏西汉竹简（伍）》，上海古籍出版社，2014年，第39页。

3　朱晓雪：《包山楚简综述》，福建人民出版社，2013年，第374—376页。

他地方的关津，都是要收取"关金"的。1957 年和 1960 年，安徽寿县先后出土五件楚王颁发给贵族鄂君启的车节和舟节，各有错金铭文。车节铭文云"得金节即毋征"，"不得其节即征"，即鄂君启节是楚王发给特权阶级颁发的"金节"凭证，在通过关卡时能享有不征税的特权。舟节铭文云："见其金节毋征，毋舍桴饲；不见其金节则征。如载马、牛、差以出内关，则征于大府，毋征于关。"[1]学者据这些铭文指出："战国中期楚境范围内，于大小城邑的水、陆交通沿线当均设有关卡，一方面具有维护社会治安或军事防御上的功能，同时亦有征收商业赋税、稽查贩运违规物资的作用。"[2]铭文记载当时楚国水路关卡上，凭借特权金节可以免除征税，但如果运载牛、马出关则由大府征税。显然，鄂君启这种享有免征税的特权贵族只是极少数。绝大部分的普通商人、平民无论是走陆路还是走水路，关卡都要遭受盘剥。"平民百姓不似鄂君启之权贵，通商行旅是要遭到重重关卡征敛的"[3]。

在张家山二四七号墓出土汉简《算数书》中，记载了战国末期关卡收税的算术题，说商人带着盾、狐、狸、犬出关，要缴纳关金税"百一十一钱"。另一道题记载经过关卡，要缴纳狐皮的"关并租廿五钱"。百姓如果背着米出关，要经过三个关卡，"三税之一"[4]，即三分之一的物品都会被作为关金税。本来带着三斗三升四分升三的米，经过三个关卡压榨，最后只剩下一斗米。可见当时遍地的关卡税，是非常沉重的负担。

1　于省吾：《"鄂君启节"考释》，《考古》1963 年第 8 期，第 442—447 页。

2　徐少华：《从鄂君商贸析战国时期的关税》，《江汉考古》2016 年第 5 期，第 91 页。

3　杜正胜：《古代社会与国家》，台北允晨文化实业股份有限公司，1992 年，第 600 页。

4　张家山二四七号汉墓竹简整理小组：《张家山汉墓竹简（二四七号墓）》，文物出版社，2006 年，第 136—137 页。

战国时期一些声音，也在批评当时沉重的关卡税。如上博楚简《容成氏》就带有一些儒家思想倾向，这一出土文献赞美了大禹时代"关市无税"，民众没有沉重的关卡税。而到了夏朝末年的夏桀则相反，"以征关市，民乃宜怨"。简文将征收关卡税和桀纣统治联系在一起[1]。

针对战国时代的这些沉重关税，孟子主张自由贸易，对关卡税进行了严厉批评。《孟子·尽心下》："古之为关也，将以御暴；今之为关也，将以为暴。"即指出古人建立关隘的初衷，是了抵御施暴。而现在的关隘之税，却成了汲取民众血汗的一种暴行。《孟子·公孙丑上》："关，讥而不征，则天下之旅皆悦，而愿出于其路矣。"孟子认为，如果某国废除沉重的关卡税，那么天下其他各国的商人，都会积极踊跃前往该国，进而推动该国的市场与经济繁荣。如侯家驹所言："孟子关于赋税的基本思想，是'薄税敛'，与'取于民有制'。"其赋税思想，是"宁管理，不征税"[2]。《孟子·滕文公下》中记载的对话，以生动方式展现了孟子希望废除沉重关卡税，实现自由通商的诉求："戴盈之曰：'什一，去关市之征，今兹未能，请轻之，以待来年，然后已，何如？'孟子曰：'今有人日攘其邻之鸡者，或告之曰：是非君子之道。曰：请损之，月攘一鸡，以待来年，然后已。如知其非义，斯速已矣，何待来年？'"在孟子看来，这种严酷的关卡税盘剥，和对民众财产的偷盗行为，属于同一性质的。原始儒学这种一以贯之的理念，属于"一极端的自由贸易学说"[3]。

孟子的为政理念中，有联合贵族、平民的共同利益，去共同削弱王

1　马承源主编：《上海博物馆藏战国楚竹书（二）》，上海古籍出版社，2002 年，第 263 页。
2　侯家驹：《先秦儒家自由经济思想》，台北联经出版事业公司，1983 年，第 139 页。
3　陈焕章著，韩华译：《孔门理财学》，商务印书馆，2015 年，第 354 页。

权的倾向[1]。在"去关市之征"的努力方向上，孟子的这一诉求与中世纪英格兰《大宪章》中限制王权的条款之间存在异曲同工之妙。《大宪章》的第 13 条就规定，免除过去约翰王设定的各市、区、镇、港之关卡税，皆享有免费通关权[2]。废除关卡税，对于贵族、普通平民来说都有好处，而限制的则是任性的强王权。

（2）孟子为社会分工的辩护：

孟子生活时代，社会思潮中流行着各种反对社会分工的思潮。其中著名的两个例子，是许行门派和齐国的陈仲子。《孟子·滕文公上》记载："有为神农之言者许行，自楚之滕，踵门而告文公曰：'远方之人闻君行仁政，愿受一廛而为氓。'文公与之处，其徒数十人，皆衣褐，捆屦、织席以为食。"许行这一学派，拒绝社会分工，尽可能一切从事体力劳动，实现自给自足。其"道义"的形象，在社会上形成很大影响力。楚国有陈相、陈辛两兄弟，本来都是儒家学派陈良的弟子，学儒数十年，但在老师死后就放弃儒学，拜入许行门派跟随学习。可见这一类学派的思潮，已经对原始儒学形成强大挑战。

钱穆先生认为许行是南方楚国的墨家，是禽滑釐的弟子[3]。蔡元培认为许行学派"慨于工商业之盛行"，"为贫富悬绝之原因，则有反对

1 李竞恒：《爱有差等：先秦儒家与华夏制度文明的构建》，广西师范大学出版社，2024 年，第 60—67 页。
2 陈国华译：《大宪章》，商务印书馆，2016 年，第 33 页。
3 钱穆：《先秦诸子系年》，商务印书馆，2002 年，第 408—409 页。

物质文明"[1]。梁启超认为许行学派介于墨家和道家之间，观念上"要归诸无政府"[2]。杨宽认为许行学派，属于"农家和法家的抑商主张"[3]。徐中舒认为许行学派代表了"南方农村公社的观念"[4]，是社会发育较为滞后的产物。现代学者也认为，许行、陈相师徒为代表的这一学派，标志着源自楚国农家的鼎盛期[5]。许行学派确实与民粹主义者有相似之处，认为自给自足的村社劳动才是美德之源，而鄙视社会分工、商业贸易。带有"皈依者狂热"的陈相，与孟子辩论。在辩论中，陈相说许行所用的铁农具、做饭用的陶器等，也都是用自己种的粮食换来的。孟子就据此指出，许行同样参与了社会分工，不可能凡事皆亲力亲为。例如大禹率领各部落进行"疏九河，瀹济漯，而注诸海；决汝汉，排淮泗，而注之江"的巨大工程。此后中原地区洪水消退，才能耕种粮食。大禹忙于治水，三过家门而不入，就算想亲自耕田，也是不可能的。大禹之后，出现了后稷这样的农官，契这样的司徒民政官，必要的专业科层组织建立起来，作为一个小政府服务于大社会，有其存在的正当性，而不是在"盘剥民众"。

在辩论中，孟子认为商业市场的交易，必然产生社会的分工合作。杨宽在《战国史》中提到，许行所在的神农家和法家一样，都有抑制商

1　蔡元培：《中国伦理学史》，高平叔编：《蔡元培全集》第二卷，中华书局，1984年，第35页。

2　梁启超：《先秦政治思想史》，上海古籍出版社，2014年，第122页。

3　杨宽：《战国史》，上海人民出版社，2016年，第160页。

4　徐中舒：《论尧舜禹禅让与父系家族私有制的发生和发展》，见徐中舒：《先秦史十讲》，中华书局，2012年，第12—14页。

5　高华平：《农家源流与楚国的农家学者》，《船山学刊》2013年第3期，第105—112页。

业的主张[1]。陈相就认为，理想状态是所有商品价格相等，轻重相等的
丝绸和麻布也都价格等同，这样就算五尺高的孩子到了市场，也不会受
到欺骗，就会实现社会正义。孟子针对这种人为制定市场价格的谬论，
提出这是扰乱天下之说。如果大鞋和小鞋子都同一个价格，谁还去生产
大鞋子？如果丝绸原料和麻线原料轻重价格一样，谁还来生产丝绸。所
以许行这种想法是"乱天下也"。"巨屦小屦同贾，人岂为之哉？从许
子之道，相率而为伪者也，恶能治国家？"如果要像许行那样，一切自
给自足，尽可能排斥市场交易，就得实行严格的价格管制，这一定会导
致最后人们都买不到自己需要的商品，价格管制的结果是一切物资都短
缺。孟子为自由市场辩护，权力之手不要去制定价格，以为自己能做到
"调控市场"。

　　孟子在与弟子匡章的对话中，还批评过齐国以"廉洁"著称的陈仲子。
据《孟子·滕文公下》的记载，陈仲子的哥哥陈戴，有上万钟粮食的俸
禄，但陈仲子认为他这是不义之财，便远离哥哥和母亲，独自到"於陵"
这个地方去居住。於陵，位于现在的山东邹平县的古城村周围，至今仍
然有残存城墙和战国砖瓦陶片[2]。陈仲子在於陵，"彼身织屦，妻辟纑，
以易之也"，即亲自织草鞋，妻子纺麻绳，去交换粮食维持生活，其实
还是参与了社会分工与商业贸易。《汉书·邹阳传》记载"於陵子仲，
辞三公为人灌园"，即陈仲子辞去了齐国的"三公"高位，给人浇灌园
子谋生。师古注还说，后来楚王听说他贤德，又派人给了他"金百镒"，

1　杨宽：《战国史》，上海人民出版社，2016 年，第 90—91 页。
2　张光明：《齐文化的考古发现与研究》，齐鲁书社，2004 年，第 49 页。

聘请他作楚国宰相。陈仲子又拒绝了，并带着妻儿们逃走，"而为人灌园，终身不屈其节"[1]。梁启超认为陈仲子属于"遁世个人主义"的道家，与田齐王族同氏，属于很高贵族等级，但是他的思想"与杨朱一派正相反，然其为极端的个人主义则一也"[2]。孟子认为，这种追求极端"廉洁"的人，拒绝一切合理的社会分工，最终不过是"蚓而后充其操者也"，只有变成蚯蚓才能符合其"廉洁"标准。

孟子关于对社会分工中"大人之事"和"小人之事"的论述，与古罗马史学家李维（Titus Livius）在《自建城以来史》第二卷中比喻有异曲同工之妙。当时罗马平民集体出走，不愿意接受"劳心者"的治理。后来元老院找来一个擅长言辞的平民墨涅尼乌斯·阿格里帕去解释，他指出国家相当于一个完整的人体，有胃、有嘴、有四肢。但各部分看到只是胃在接受供养，觉得不公平。于是，嘴不接收送来的东西，牙齿拒绝咀嚼，以为这样可以制服胃，最后却发现整个身体都陷入了极度的消瘦。"这时大家发现，胃也不疏于职守，它不仅受抚养，而且也抚养，把我们赖以生存和强健的东西归还身体各部分，食物被消化后形成的血液被均衡地分流在各处血管里。"理解到这一点后，罗马平民们便改变了以前的看法[3]。孟子所说"大人之事"、"劳心者"或古罗马人比喻的"胃"，其实都是在表达，社会需要分工，除了生产劳动之外，也需要一些人脱离直接生产，提供良好的社会公共服务，即"大人之事"。

1　〔清〕王先谦：《汉书补注》第八册，上海古籍出版社，2012 年，第 3815—3816 页。

2　梁启超：《先秦政治思想史》，上海古籍出版社，2014 年，第 121 页。

3　〔古罗马〕提图斯·李维著，王焕生译：《自建城以来（第一至十卷选段）》，中国政法大学出版社，2009 年，第 85—87 页。

除了劳心和劳力之分工外，孟子还为众多行业的社会分工进行辩护。"在孟子（孔子亦是如此）心目中，各种产业的地位无分轩轾，而与秦后儒家重农轻商（亦即轻工）之思想，截然不同"；"只要能通其功，易其事，所有的产业都是重要的，而无轻重之分"[1]。通过自发秩序下社会自身形成众多行业的分工，再以自由商业交换的方式实现合作，才能形成繁荣与富足的社会。而在此富民基础之上，才能施展教化，达到富而好礼。

三、从经济史的角度重新思考原始儒学

先秦的原始儒学，从孔子、七十子、孟子以来，甚至一直到荀子，都一以贯之地重视商业与市场分工。《荀子·王制》中和孟子一样，也主张"关市几而不征"。《荀子·王制》中强调社会分工，通过市场贸易，中原地区能够得到北海的走马吠犬，南海地区的羽毛、象牙，东海地区的鱼、盐和染料，西海地区的皮革。"故泽人足乎木，山人足乎鱼，农夫不斫削，不陶冶而足械用，工贾不耕田而足菽粟"。水边的人能获得足够的木材，山上的人能得到足够多的鱼，农民不用冶炼能获得足够的农具，工匠不用亲自耕田却能获得足够的粮食。"天之所覆，地之所载，莫不尽其美，致其用"。只要通过社会分工与充分发展的自由市场贸易，就能产生这样神奇效果的。《荀子·王霸》提出："关市几而不征，质律禁止而不偏，如是，则商贾莫不敦悫而无诈矣。"《荀子·富

1　侯家驹：《先秦儒家自由经济思想》，联经出版事业公司，1985 年，第 114 页。

国》则批评了战国时期各国君主，对商业和民间财富的榨取："厚刀布之敛以夺之财，重田野之税以夺之食，苟关市之征以难其事。"

可以说，自孔子以来一直到荀子，整个先秦原始儒学传统都是重视商业、自由贸易与社会分工的。原始儒学对于商业和契约思维十分熟悉，因此有时也用来比喻和理解君臣关系。如清华大学收藏竹简的儒书《治政之道》中，就提出了"君臣之相事，譬之犹市贾之交易，则皆有利焉"[1]。意思是，君臣关系本质上是一种和商业交易相似的契约关系在这一背景下，梁启超评价原始儒学："儒家言生计，不采干涉主义。"[2] 总结其重视经济自由这一特点，可谓十分精确。秦汉以后儒家"重农抑商"，其实是偏离了原始儒学的早期传统，而是继承了商鞅、韩非以来"重关市之赋，则农恶商"，"利出一孔"，"商怯，则欲农"，"商欲农，则草必垦"等观念，塑造秦汉国家的精神性格遗产。但直到西汉时期，继承了原始儒学观念的司马迁、贤良文学等，仍然对秦汉式严格管控市场的模式进行批评[3]。中国古代轻视商业的文化，不是先秦儒家，"而是来源于先秦的法家"[4]。

过去一些经济学家对儒学有偏见，如罗斯巴德（Murray Rothbard）就认为，儒家与法家接近，而老庄才主张自由经济。鲍芝（David Boaz）也认为，道家老子是第一个自由经济的主张者。但实际上，随着学术认识的深入，已经有经济学家指出，根据《论语》、《孟子》甚至

---

1 李守奎：《清华简〈治政之道〉的治政理念与文本的几个问题》，《文物》2019 年第 9 期，第 46 页。
2 梁启超：《先秦政治思想史》，上海古籍出版社，2014 年，第 190 页。
3 李竞恒：《岂有此理？：中国文化新读》，四川人民出版社，2023 年，第 93—96 页。
4 马涛：《儒家传统与现代市场经济》，复旦大学出版社，2000 年，第 73 页。

《盐铁论》等文献中所反映的原始儒家思想，恰恰是主张经济自由和为商业传统辩护的[1]。与中国原始儒学形成鲜明对比的，是西方"两希传统"的思想源头，最初都是敌视商业与财富的。哈耶克曾谈到，西方柏拉图与亚里士多德，都对商人表示藐视。西方"两希传统"中携带着都蔑视商业活动的基因，柏拉图在《理想国》中嘲讽商人是"是些身体最弱不能干其他工作的人干的"。"在古希腊，当然主要是斯巴达人，即那些最强烈反对商业革命的人……在柏拉图和亚里士多德那儿，我们便可发现一种向往恢复斯巴达行为方式的怀乡病。"[2]古希腊之外，"希伯来传统"的耶稣则用鞭子把兑换银钱、卖牛羊和鸽子的商人们驱逐出圣殿，并认为富人升天比骆驼穿过针孔更难，富人应该变卖所有财产分给穷人。早期基督教的基本盘是奴隶和贫民，并实行财产共有，敌视商业与致富[3]。在欧洲宗教改革运动中，各类向原始基督教回归的运动，也伴随着大量反商业、反私有财产的狂热运动[4]。

十六、十七世纪，很多欧洲传教士将中国儒家自由放任经济思想传播到欧洲，如马弗里特《中国：欧洲的楷模》一书，上卷介绍儒家思想通过传教士笔记、信件等传到欧洲，下卷为魁奈（Francois Quesnay）

1　Roderick T. Long;Austro-Libertarian themes in early Confucianism. Journal of Libertarian Studies: Volume 17, no. 3 (Summer 2003), PP35-60.

2　[英]弗里德里希·哈耶克著，冯克利等译：《致命的自负》，中国社会科学出版社，2011年，第31、第101—102页。

3　《耶经·约翰福音》第二章、《耶经·马太福音》第十九章。尼采认为，几乎所有的现代左翼意识形态，都是基督教的现代变体。吴增定：《导读》，[德]尼采：《敌基督者》，生活·读书·新知三联书店，2017年，第111页。

4　[美]默瑞·N.罗斯巴德著，张凤林译：《亚当·斯密以前的经济思想：奥地利学派视角下的经济思想史》，商务印书馆，2012年，第237—269页。

对中国思想的梳理[1]。魁奈就曾通过西卢埃特受到过"中国哲学家的书籍"影响，并且十分崇尚儒家的思想。而西卢埃特就是在 1687 年，从孔子的原始儒学著作中获得了关于"听从自然的劝告"，"自然本身就能做成各种事情"的观点。英国学者赫德森就认为魁奈的自然秩序思想就是中国主张君主"无为"的观念。日本学者泷本诚一认为，法国重农学派的经济自由放任观念与中国思想相同，我国学者侯家驹也曾指出"我国儒家经济思想启发了西方自由经济思想"。儒家主张的无为，以治理为目的，尤其讲究德治，这对于魁奈当时正在积极寻求一种新的经济原则，以此取代他所坚定反对的国家干预型重商主义政策来说，显然产生了很大启迪作用。"重农学派的自由放任原则，实际上主要是中国儒家的无为思想之变形"[2]。

可以说，原始儒学的重视商业、自由贸易与对财富的态度，在一定程度上参与和塑造了欧洲启蒙时代与近现代经济的演化发展。原始儒学的这一源头，最初来自作为"殷人"的孔子，继承并发扬了殷商族群重视商业、善于经商的文化传统。通过孔子、七十子、孟子一直到荀子以来的继承发扬，原始儒学的经济思想，形成了一以贯之的独特学术风格。对于原始儒学经济思想的深入发掘，有助于将华夏先秦文化的优秀智慧，与现代社会的问题意识进行对接。

1　盛洪：《儒学的经济学解释》，中国经济出版社，2016 年，第 192—193 页。
2　谈敏：《法国重农学派学说的中国渊源》，上海人民出版社，2014 年，第 212—214 页。

初版后记

十年前，我在成都面向社会讲《论语》课。听众中既有孩子，也有家长。当时我忙着钻研甲骨文和殷周青铜器，对经典文献的关注，主要还是在经学领域。既然有人请我讲《论语》，当然也很乐意，但翻开那些讲读《论语》的教材，总觉得不是那么回事。于是，我尝试用自己比较熟悉的考古学知识，对《论语》内容进行阐释。在课堂上，我先讲解原文，在涉及"孔子的历史世界"时，我会在黑板上将那些器物、图像画出来。这种比较生动的讲法，也获得了一些孩子和家长的兴趣，让我对这种思路有了一些信心。

此后，我的研究主要还是围绕着中国的早期文明阶段，撰写了一部三十多万字的书《干戈之影：商代的战争观念、武装者与武器装备》，用甲骨文、考古资料，去复原商代战争的面貌。此后几年，我的研究兴趣又转移到了中国西南地区的考古、巴蜀史、西南民族研究。尽管如此，此前讲授《论语》课的经历，却给我留下了许多疑惑，也让我养成了在闲暇时搜集《论语》研究材料的习惯。正如很多学者所言，《论语》一书，看似简单，其实疑问、难点非常多。因此，我时常在休息时间研读《论语》，并不断撰写和积累札记。

说来见笑，我手中一些《论语》版本，由于被长期翻阅，有的已经破烂不堪，形状如腌菜，纸页掉了用胶水粘好，翻了几年后又掉，于是再粘，如此循环。日积月累，多少有了些新见解，而本书的初稿，也渐渐成型。撰写这部书，很大程度上，是希望给自己一个交待，毕竟讲授《论语》课，发现了很多问题，累积在胸中，不吐不快。更重要的是，希望拙作的出版，能够给学界的朋友、传统文化爱好者们提供一个阅读《论语》等传统经典的新思路，达到抛砖引玉的效果。

实际上，古文字、出土文献、考古资料以及各种现代社会学知识的使用，对于今人深入认识《论语》，意义不可低估。但遗憾的是，很多考古知识丰富的朋友，对经典阅读的兴趣不大，很少关注《论语》的研究。而很多关注经典的朋友，情怀有余，却不熟谙考古资料，对"孔子的历史世界"也非常陌生。因此，打通二者之间的夹缝，可能是进一步推动《论语》研究的一条重要出路。希望拙作的出版，成为一次有益的尝试。

我要感谢陈明先生，与他的相识，是我的荣幸。很早以前，就拜读过他的大作《儒学的历史文化功能》，颇为服膺贯穿全书的精彩史识与论述。后来没想到，我的一篇拙文《耶儒之间》，承蒙陈先生厚爱，选入了《原道》，这对我是很大的鼓励。此次拙作出版，又有幸得到陈先生赠赐的《序》，对拙作多有鼓励，在此深表感谢。我要感谢张祥龙先生，当年阅读他《思想避难》一书，当我读到张先生对"孝"充满深情的论述时，被他的文字深深打动，心已融化在他力透纸背的中国情怀之中。此次得到他的肯定与推荐，是我的荣幸。

感谢福建教育出版社的编辑徐建新兄，认真负责地审阅拙作，同时我们也笺递牍传，在网络上畅谈古今中外学问，令人非常惬意，在此表达对徐兄的敬意与感谢。关不羽（网名）兄一直鼓励我撰写此书，他的儒者风范和广博的知识，对我影响颇深，我也敬他为长兄。与他把酒、品茗，纵论古今之史、中外之学，是一种非常愉快的经历。

李竞恒

2014 年 4 月 22 日

修订版后记

拙作写于 2013 年，徐建新兄将其收入"论道书系"，2014 年由福建教育出版社出版，至今已经十年。星霜荏苒，逝者如斯，十年匆匆而过。在此期间，我利用空闲时间，搜集新的相关考古、古文字资料，并保持对《论语新劄》进行增补、修订与打磨，又增加近二十万字。

2016 年，梁文道先生主持的节目"一千零一夜"，曾经推荐过本书，再版之际，要对梁先生表示感谢。2014 年拙作初版时，得到过张祥龙先生的推荐。然而在 2022 年，先生已归道山。我在《悼念张祥龙先生，记与先生的一次缘分》中说："纪念先生最好的方式，便是学习先生的人格，并继承发扬先生未竟的事业。"[1]

十多年以来，我一直与关心并致力于重新发掘原始儒学，并将华夏原始儒学的精义，与苏格兰启蒙拓展出那种"不古不今"的演绎路径，在现代自由市场和工业、技术的条件下，进行对接、发扬与再创造思考的前辈与朋友们，进行了很多交流，也获得了很多启发。感谢刘强教授、鲍鹏山教授对拙作的推荐，与两位老师的交流和学习，是非常愉快的经历。在拙作修订再版之际，向所有帮助过我的前辈、师友们表达诚挚的谢意。

本书的编辑吴庆先生，我们十多年前在网上相识，一直保持联系和

---

1 李竞恒：《悼念张祥龙先生，记与先生的一次缘分》，见朱刚编：《缘在之思：张祥龙先生纪念文集》，北京大学出版社，2023 年，第 230 页。

交流。对于发掘华夏文明、原始儒学的真精神，对华夏民族的热爱，以及汉服等话题，是我们共同感兴趣的内容。此次由他来推动拙作的修订再版，也是美好的缘分。

李竞恒

2024 年 9 月 19 日